Seiffert · Mozarts frühe Streichquartette

Münchner Universitäts-Schriften
Philosophische Fakultät

Studien zur Musik
herausgegeben von
Rudolf Bockholdt

Band 11

Wolf-Dieter Seiffert

Mozarts frühe Streichquartette

Wilhelm Fink Verlag München

Die Deutsche Bibliothek - CIP-Einheitsaufnahme

Seiffert, Wolf-Dieter:
Mozarts frühe Streichquartette / Wolf-Dieter Seiffert. -
München: Fink, 1992
  (Studien zur Musik: Bd. 11)
  Zugl.: München, Univ., Diss., 1990
  ISBN 3-7705-2831-X
NE: GT

ISBN 3-7705-2831-X
© 1992 Wilhelm Fink Verlag, München
Satz, Druck und Buchbindearbeiten: Firma Siemens AG
Gedruckt mit Unterstützung aus
den Mitteln der Münchner Universitäts-Schriften
und der Firma Siemens AG München

Vorwort

Diese leicht gekürzte und überarbeitete musikwissenschaftliche Studie zu Mozarts frühen Streichquartetten wurde im Sommersemester 1990 von der Philosophischen Fakultät der Ludwig-Maximilians-Universität München als Dissertation angenommen.

Meinem verehrten Lehrer Herrn Prof. Dr. Rudolf Bockholdt gilt der erste Dank; in fortwährendem, regem Dialog mit ihm entstand diese Arbeit. Ein Seminar zu Mozarts «Haydn-Quartetten» unter Leitung von Frau Prof. Dr. Marianne Danckwardt wies den Weg zum Untersuchungsgegenstand; zahlreiche ihrer Anregungen gingen in die Arbeit ein. Für seine unermüdliche Unterstützung schulde ich Herrn Prof. Dr. Wolfgang Rehm großen Dank. Wertvoll war mir die gründliche Korrekturlesung und der Gedankenaustausch mit Herrn cand. phil. Dirk Scholz. Zahlreiche weitere hier nicht namentlich zu nennende Persönlichkeiten und Bibliotheken halfen durch wertvolle Hinweise oder Bereitstellung von Quellen. Die Notenbeispiele erstellte Michael Nowotny.

Ein besonderer Dank gilt der Studienstiftung des Deutschen Volkes, die mir durch ein großzügiges zweijähriges Stipendium meine Arbeit erst ermöglichte. Auch der Ludwig-Maximilians-Universität und der Siemens AG München möchte ich danken: Sie steuerten einen erheblichen Druckkostenzuschuß bei.

Schließlich darf die schiere Engelsgeduld meiner Frau nicht unerwähnt bleiben, der ich auch für so manchen kritischen Einwand und für ihre Korrekturlesung an dieser Stelle meinen Dank gerne wiederhole. Im Angedenken an meinen Vater sei der lieben Mutter diese Studie in tiefer Dankbarkeit gewidmet.

München, Dezember 1990

Inhalt

Abkürzungen und Tabellenübersicht IX
I. Einleitung 1
II. Quellenlage und Werkübersicht
II.1 Autographe, Erst- und Frühdrucke 16
II.2 Werkübersicht 25
III. Die Streichquartettsätze
III.1 Exemplarische Untersuchung von Kopfsätzen 29
    (a) «Italienischer» Zyklus 29
      - KV 156 (134b)/1 29
      - KV 160 (159a)/1 38
      - Zwischenergebnis 43
    (b) «Wiener» Zyklus 43
      - KV 169/1 43
      - KV 173/1 48
      - Zwischenergebnis 55
III.2 Zum schnellen Sonatenkopfsatz. Gliederung 55
III.3 Schnelle Sonatensätze in Binnen- bzw. Finalestellung 68
    (a) Binnensätze 68
    (b) Finali 70
III.4 Langsame Sonatensätze 73
    (a) Kopfsätze 73
      - KV 159/1 75
    (b) Binnensätze 78
      - «Italienische» Sonatensätze 79
      - «Wiener» Sonatensätze 91
III.5 Menuett 96
    (a) Tempo di Minuetto 97
    (b) Menuett und Trio 115
III.6 Rondo 131
    (a) Finali 131
    (b) Binnensatz: KV 173/2 135
III.7 Sonderformen 137
    (a) Kopfsätze 138
      - Thema mit Variationen: KV 170/1 138
      - Umrahmte Form: KV 171/1 141
    (b) Fugenfinali 145
      - KV 168/4 146
      - KV 173/4 150
III.8 Zusammenfassung 154
    (a) Melodische und harmonische Topoi 156
    (b) Satztechnische Konstanten 163

	- Viola	164
	- Terz- und Oktavkoppelung	167
	- Oktav- plus Terzkoppelung	169
	- Unisono	170
	- Doppelte Paarbildung	172
	- Imitation	172
	- Sequenz	175
	- Satzschlüsse	176
IV.	Gattungstypologische Vergleiche bei Mozart	179
IV.1	Sinfonie und Streichquartett	180
	(a) Allegro-Kopfsatz	184
	(b) Langsamer Satz	190
	(c) Menuett	194
	(d) Finale	199
	(e) Zusammenfassung	202
IV.2	Die Quartett-Divertimenti KV 136-138 (125a-c)	206
	(a) «Divertimento»	207
	(b) Satzfolge - Satzfaktur	211
	(c) Lösungsversuch	217
V.	Einflüsse	222
V.1	Mailand	223
	(a) Giovanni Battista Sammartini	224
	(b) Luigi Boccherini	228
V.2	Johann Michael Haydn	232
V.3	Joseph Haydn	242
	(a) Sonatensatz	247
	(b) Menuett	250
	(c) Langsame Einleitung: KV 171/1	258
	(d) Quartettfugen	259
	(e) Zusammenfassung	263
VI.	Besetzungsproblematik	265
VI.1	Forschungsbericht und Problemstellung	266
VI.2	Interpretation der Tabellen 8, 8a, 8b	275
	(a) 1770: Erstmals "Viole" und "Violini"	276
	(b) "Viola", "Viole" und "2 Viole" seit 1770	278
	(c) "Baßo", "Baßi" und "Violoncello"	282
	(d) Exkurs: Klavierkonzerte KV 413-415 (387a, 385p, 387b)	285
VI.3	Die Instrumentenbezeichnung der frühen Quartette	286

Anhang

Tabellen 8, 8a, 8b	293
Literaturverzeichnis	313
Register	339

Abkürzungen

- Mozarts Werke werden stets nach KV^1 und wenn davon abweichend in nachgestellten Klammern nach KV^6 zitiert: KV 155 (134^a)
- Einzelsätze werden durch Schrägstrich und arabische Ziffer hinter die KV-Nummer gesetzt: KV 155 (134^a)/1
- Tonbuchstaben sind *kursiv* gesetzt
- hochgestellte Ziffer = Oktavlage (a^1 = "eingestrichenes a")
- c^1+e^1 = Akkord; c^1-e^1 = Tonfolge
- Kurztitel bei Literaturangaben und Werkverzeichnissen: siehe Literaturverzeichnis
- Bibliothekssigel gemäß RISM

Sonstige Abkürzungen

fol.	folio (Blatt)	v	verso
L	langsamer Satz	V.I, II	erste, zweite Violine
M	Menuett	Va.	Viola
NMA	Neue Mozart-Ausgabe	Vc.	Violoncello
r	recto	4tel	Viertel
R	Rondo	8tel	Achtel
S	schneller Satz	16tel	Sechzehntel
T.	Takt(e)	32stel	Zweiunddreißigstel

Tabellenübersicht

Nummer	Seite	
1	25 - 26	Werkübersicht
2	147	Fugen und Kanons bis 1779
3	181	Sinfonik/Quartett 1769 - 1774
4	196	Menuette 1769 - 1774
5	211	Werkübersicht KV 136 - 138 (125a-c)
6	233	Michael Haydns Streichquartette
7	281	"Viole" und "2 Viole"
8, 8a, 8b	293 - 311	Autographe Instrumentenbezeichnungen: Viola, Baßo

Vorahnungen der großen Streichquartette finden sich überall in diesen Quartetten des Siebzehnjährigen, und es sind nicht bloß Vorahnungen, wie ja der Frühling nicht bloß eine Vorahnung des Sommers, sondern eine bezaubernde Jahreszeit für sich ist.
(Alfred Einstein)

I. Einleitung

Wolfgang Amadeus Mozarts Frühwerk steht fraglos im Schatten seiner reifen Meisterwerke. Von den 18 großen Bühnenwerken kennt das Repertoire bestenfalls ein gutes Drittel; von den überlieferten Sinfonien stehen die späten fünf oder sechs ständig, die übrigen höchst selten auf den Konzertprogrammen; man zählt 26 Werke für Streichquartett-Besetzung, gespielt werden nahezu ausschließlich die letzten zehn. Man ziehe welche musikalische Gattung auch immer heran: Gut zwei Drittel des Mozartschen OEuvres werden deshalb weitgehend nicht zur Kenntnis genommen, weil ihr Schöpfer in seinen letzten Lebensjahren Kompositionen höchsten Ranges und letztgültiger Qualität schuf. Das Urteil über Mozarts Bedeutung gründet sich auf einen kleinen Ausschnitt seiner Kompositionen.

Die Wurzeln dieser verengten Sichtweise sind zweifelsfrei bereits bei Mozart selbst zu suchen. Erst ab dem "9ten Hornung" 1784, mit 28 Jahren also, begann er systematisch, alle von ihm komponierten Werke in einem handschriftlichen "Verzeichnüß aller meiner Werke" niederzulegen[1]: für die Mozartforschung eine Quelle ersten Ranges. Sicherlich mag der Zeitpunkt als willkürlich empfunden werden. Daß es Mozart aber für unnötig hielt, sich wenigstens versuchsweise rückblickend über seine bis dato geschaffenen Kompositionen Klarheit zu verschaffen, wirft ein helles Licht auf sein eigenes Urteil. Eine latente Abqualifizierung oder zumindest Interesselosigkeit gegenüber seinen Werken der 1760er- und 70er-Jahre scheint für den «Wiener» Mozart kennzeichnend. Er wußte sich inzwischen gereift.

Auch die Rolle des Vaters Leopold Mozart, der den Großteil der Autographe der Frühwerke in Salzburg verwahrte, dürfen wir in dieser Hinsicht nicht unterschätzen. Sein 1768 niedergeschriebenes "Verzeichnisz alles desjenigen was dieser 12jährige Knab seit seinem 7ten Jahre componiert, und in originali kann aufgezeiget werden"[2] betont den Status des Wunderkindes; alle nach 1768 geschriebenen Werke seines Sohnes katalogisierte er nicht mehr. Der Vater war es auch, der bis etwa 1780 im wesentlichen bestimmte, was zur Veröffentlichung geeignet schien und was besser zurückgehalten werden soll-

---

1 O. E. Deutsch, Werkverzeichnis.

2 KV⁶, S. XXV; N. Zaslaw, List.

te. Eine Briefstelle legt hiervon beredtes Zeugnis ab und läßt uns verstehen, warum Mozarts Frühwerk, ungeachtet seiner enormen historischen Bedeutung und Qualität, bis heute unterschätzt wird. Leopold Mozart schrieb am 24. September 1778 seinem Sohn nach Paris:

> "was dir keine Ehre macht, ist besser wenns nicht bekannt wird, desswegen habe von deinen Sinfonien nichts hergegeben, weil ich vorauswuste, daß du mit reiffern Jahren, wo die Einsicht wächst, frohe seyn wirst, daß sie niemand hat, wenn du gleich damals, als du sie schriebst, damit zufrieden warest. man wird immer heickler"[3].

Auch bezüglich der Gattung des Streichquartetts läßt sich, vielleicht sogar in besonders ausgeprägter Form, zwischen den frühen und späten Kompositionen, die noch dazu chronologisch recht weit auseinanderliegen, eine deutliche Trennungslinie hinsichtlich Aufführungsrealität wie Interesse der Forschung ziehen. Freilich stehen die Werke für vier Streicher vom Beginn der 1770er-Jahre durchaus nicht auf derselben Höhe klassischer Vollendung wie die zehn Meisterwerke der 80er-Jahre. Doch wird man schwerlich ein adäquates Verständnis der berühmten Quartette Mozarts erreichen, ohne die frühen in ihrer Eigenart erfaßt zu haben. In diesem Zusammenhang ist an O. Jahn zu erinnern, der zurecht darauf verwies, daß eine "Würdigung der künstlerischen Entwicklung Mozarts [...] ohne eine erschöpfende Kenntniß seiner Jugendwerke nicht möglich" sei[4]. Bevor übereilte Werturteile gefällt werden[5], sollte man sich an das Diktum Alfred Einsteins halten, das als Motto dieser Arbeit vorangestellt wurde[6], und Mozarts frühes Quartettschaffen als eigenständiges, eigenwertiges und eigenartiges Phänomen zu verstehen suchen.

Die offenkundige Beiläufigkeit oder gar Abschätzigkeit, mit der Wissenschaft und Konzertleben an dieser Werkgruppe meistenteils vorübergehen, scheint nach genauerer Betrachtung ungerechtfertigt und vorurteilsbeladen. Abgesehen davon, daß der neugierige Quartettspieler hier auf stets lebendige, teilweise sogar hochrangige Musik stößt, abgesehen auch davon, daß Gemeinsames wie Trennendes der frühen und der späten Quartette erst durch die intensive Beschäftigung mit allen fraglichen Kompositionen erkennbar wird, ist die Beschäftigung mit den frühen Quartetten Mozarts vor allem unter gattungsgeschichtlichem Aspekt von größter Bedeutung. Mozarts frühes Kam-

---

3 Bauer-Deutsch II, Nr. 491, S. 485, Zeile 72-76. Vgl. auch den unten, Anm. 33, ausschnittweise zitierten Brief Leopolds an den Verleger Breitkopf, in dem er mit gewissem auf die eigenen Qualitätsmaßstäbe zielenden Nachdruck versichert: "wir lassen sehr wenig auskommen [= im Druck erscheinen], [...] weil ich viele Sachen in Stich und Druck sehe, die mich zum Mitleiden rühren"; Bauer-Deutsch III, Nr. 582, S. 93, Zeilen 15 f. und 20 f. Vgl. auch O. E. Deutsch, Dokumente, S. 171.

4 O. Jahn I, S. XXVI.

5 Vgl. etwa die sich selbst disqualifizierende Polemik Hans Kellers: "On the whole, Mozart's early quartets are quite abominable; far from being suitable for concert performance, most of them are not even worth-while playing within the confines of a really musical chamber. [...] Even the worst early works are, of course, of genuine musicological interest, but why play them at all and thus insult Mozart's genius?"; H. Keller, Chamber Music, S. 94 ff.

6 A. Einstein, Mozart, S. 243.

mermusikschaffen steht im fruchtbaren Spannungsfeld zwischen sukzessiv gattungskonsolidierender Entwicklung und die Gattungsgrenzen wie die Besetzungsformen übergreifenden Momenten. Die Quartette der 1770er-Jahre sind in diesem Kontext von herausragender Bedeutung, stellen sie doch Mozarts früheste Kammermusik-Versuche dar. Nur im Bemühen um eine Abgrenzung des Quartettsatzes von anderen Besetzungsarten und Gattungen (vor allem Sinfonie und Divertimento) kann das Spezifische der frühen wie auch der reifen Kammermusik Mozarts erfaßt werden. Der vergleichende Blick auf in etwa gleichzeitig entstandene Quartette anderer Meister bestimmt Stellenwert und Qualität des hier untersuchten Gegenstandes.

Mozarts frühe Quartette bilden eine klare, in sich abgeschlossene Werkgruppe. Alle 16 Werke entstanden Anfang der 1770er-Jahre. Auf diese recht intensive Hinwendung zum Quartettsatz schwieg Mozart, vergleichbar Joseph Haydn, knapp zehn Jahre auf jenem Gebiet, bevor er Meisterwerke ersten Ranges komponierte. Als Grund dafür mögen (wie bei Joseph Haydn auch)[7] in erster Linie biographische und sozialgeschichtliche Umstände verantwortlich sein. Die Quartette entstanden nämlich überwiegend auf Reisen und nicht etwa in Salzburg - selbst die Niederschrift zumindest des ersten der drei als «Divertimento» bezeichneten Werke begann Mozart bereits in Mailand:[8]

KV 80 (73[f]) «Lodi»-Quartett	Lodi (bei Mailand)	März 1770
KV 136-138 (125[a-c]) «Quartett-Divertimenti»	Mailand, Salzburg	November 1771 bis Frühjahr 1772
KV 155-160 (134[a]-159[a]) «italienische Quartette»	Bozen, Mailand (Salzburg?)	Herbst 1772 bis Frühjahr 1773
KV 168-173 «Wiener Quartette»	Wien (Salzburg?)	August und September 1773

Dieser Umstand, so bemerkenswert er ist, kann freilich durch die damalige Situation der Stadt Salzburg erklärt werden: Ganz im Gegensatz zu den mu-

---

7 Zu J. Haydn vgl. v. a. K. Geiringer, Haydn, bes. S. 178 und S. 183 f.; L. Finscher, Studien, bes. S. 160 f., S. 236 f. und 241, wobei nur die zeitliche Distanz der frühesten («op. 1 + 2») zu den um 1770 folgenden («op. 9, 17, 20») Quartetten sozialgeschichtlich-biographisch erklärt werden, die Spanne zwischen «op. 20» und «op. 33» jedoch aus einer vermeintlichen kompositorischen Krise des «op. 20» resultieren soll.

8 Vgl. Kap. IV.2.
Mozart drei Italienreisen im Überblick:
1. Reise: Abreise 13. Dezember 1769, Ankunft in Mailand 23. Januar 1770, Ankunft in Bologna 24. März 1770, Ankunft in Rom 11. April 1770, erneute Ankunft in Mailand 18. Oktober 1770, Uraufführung des "Mitridate, Re di Ponto" KV 87 (74[a]) am 26. Dezember 1770, Abreise 4. Februar 1771, Ankunft in Salzburg 28. März 1771.
2. Reise: Abreise 13. August 1771, Ankunft in Mailand 21. August 1771, Uraufführung des "Ascanio in Alba" KV 111 am 17. Oktober 1771, Abreise 5. November 1771, Ankunft in Salzburg 15. Dezember 1771.
3. Reise: Abreise 24. Oktober 1772, Ankunft in Mailand 4. November 1772, Uraufführung des "Lucio Silla" KV 135 am 26. Dezember 1772, Abreise Anfang März 1773, Ankunft in Salzburg 13. März 1773.

sikalischen Zentren Paris, London oder Wien, in denen auch die ersten Drucke der jungen Gattung des Streichquartetts erschienen, war Salzburg musikalische Provinz, in der die Kirchenmusik sowie höfische und bürgerliche Unterhaltung (Serenaden, Divertimenti, Konzerte, Schauspiel) dominierten[9]. Streichquartette fanden dort nicht den nötigen Kreis von «Kennern» und Interessierten. Daß es selbst in den 1780er-Jahren noch schwierig war, in Salzburg vier Streicher zu finden, um in privatem (geschweige denn öffentlichem) Kreis zusammen Quartettmusik zu realisieren, beweist ein Brief Leopold Mozarts an seine Tochter vom 8. Dezember 1785, in dem er von einer Zusammenkunft zur Einstudierung der «Haydn-Quartette» seines Sohnes berichtet: "Ich konnte ihm [einem der Tochter bekannten Besucher] keinen Brief schreiben, noch etwas mitgeben, weil eben den Preyman mit noch 2 andern erwartete, um die 6 Quartetten zu probieren, da die Leute nicht allzeit haben kann"[10].

Sein frühestes Streichquartett (KV 80/73[1]) schrieb Mozart auf seiner ersten Italienreise in Lodi am 15. März 1770, dem Tag der Abreise aus Mailand[11]. Das «Regio Ducal Teatro» hatte ihm kurz zuvor für die kommende Saison die Scrittura einer Opera Seria ("Mitridate, Ré di Ponto") zugeschlagen. Nicht zuletzt seine aufsehenerregenden Konzerte und der lebhafte Kontakt zu (sowie der vermutlich fruchtbare Austausch mit) den führenden Komponisten und gesellschaftlichen Kreisen der Musikmetropole trugen zu diesem ehrenvollen, wenn auch für den Veranstalter risikoreichen Auftrag (Mozart war seinerzeit immerhin erst vierzehnjährig) bei. Ohne der Frage eines vermeintlichen Einflusses durch Sammartini oder anderer norditalienischer Meister vorgreifen zu wollen, kann man festhalten, daß Mozart mit Sicherheit "nicht nur, wie im Italien des späten Settecento üblich, die Oper und die Kirchenmusik, sondern als lombardische und vor allem [...] Mailänder Spezialität auch die Instrumentalmusik" (Sinfonien, Konzerte, Kammermusik) zu Gehör bekam[12]. Mozart komponierte während seines ersten Mailandaufenthalts allerdings keinerlei Instrumental- sondern ausschließlich Vokalmusik (Arien und Motetten). Gleichwohl könnte ihn der lebhafte Eindruck der Mailänder Instrumentalkompositionen bewogen haben, ein Stück für vier Streicher zu komponieren, das dann bei seiner Wiederkehr im Spätsommer dort zur Aufführung hätte gelangen können. G. Barblan möchte, gestützt auf Leopold Mozarts Brief vom 10. Februar 1770, sogar von einem Kompositionsauftrag des Grafen Firmian ausgehen[13].

9 E. Hintermaier, Hofkapelle.
10 Bauer-Deutsch III, Nr. 907, S. 467, Zeile 56-58.
11 L. Finscher, Lodi, S. 248 ff. beleuchtet den biographischen Hintergrund, der zur Entstehung des «Lodi»-Quartettes führte.
12 ibid.
13 G. Barblan, Mozart, S. 70; ders., Milano, S. 644, Anm. 5. Im angesprochenen Brief, den auch L. Finscher, Lodi, S. 249, zitiert, berichtet Leopold Mozart von der freundlichen Aufnahme durch den Generalgouverneur der Lombardei und "was der Wolfg: in gegenwart des Maestro Sammartino und einer menge der geschicktesten Leute für Proben seiner Wissenschaft abgelegt" habe. Von Kammermusik oder gar einem Auftrag ist nicht die Rede, wobei ohnehin zu fragen wäre, ob die Komposition eines einzelnen, bescheidenen Quartettwerkes - verglichen mit der ruhmreichen Bestellung einer Opera Seria -

Es existieren nur wenige authentische Äußerungen Mozarts oder seines Vaters zu jenen frühen Streichquartetten, so daß deren konkrete Entstehungszusammenhänge und auch deren Beurteilung durch ihren Urheber für uns weitgehend im Dunkeln liegen. So erwähnt Mozart eher zufällig sein «Lodi»-Quartett acht Jahre nach dessen Niederschrift (24. März 1778)[14] seinem Vater gegenüber: "ich hab vor meiner abreise zu Mannheim dem H: v: Gemmingen das Quartett welches ich zu Lodi abends im wirthshaus gemacht habe, und dann das Quintett [KV 174], und die Variationen von fischer [KV 179 (189^a)] abschreiben lassen"[15]. Da er ausgerechnet sein frühestes Quartett - und nicht etwa eines der inzwischen entstandenen weiteren 15 Werke «a quattro» - kopieren ließ, kann man immerhin vermuten, daß er nicht negativ über diesen Erstling urteilte[16].

Wie in Kap. IV.2 ausführlich dargestellt werden wird, muß es ebenfalls ungewiß bleiben, welchen Anlaß Mozart hatte, die drei Quartett-Divertimenti (KV 136-138/125^{a-c}) zu verfassen. Sie entstanden wiederum nach einem Aufenthalt in Mailand. Mozart begann deren Niederschrift wohl nach Abschluß der Arbeiten an "Ascanio in Alba" (Uraufführung am 17. Oktober 1771) während der gut sechs Wochen hinausgezögerten Heimreise in Mailand[17] und vollendete die drei kurzen Werke erst zu späterem Zeitpunkt in Salzburg. Erneut vermutet man den Grafen Firmian als Besteller[18]. Authentische Äußerungen des Komponisten oder aus dessen näherer Umgebung liegen uns nicht vor.

Erneut - wir befinden uns jetzt auf der dritten und letzten Italienreise der beiden Mozarts Ende 1772 bis Anfang 1773 - steht die Komposition von Quartetten in Verbindung zur Stadt Mailand und dem Auftrag einer großen Opera Seria ("Lucio Silla"). Die Entstehungsumstände dieser sechs Werke KV 155-160 (134^a-159^a) sind hierbei verwickelter, als bislang angenommen. Daß es sich zunächst nicht um Auftragswerke, sondern um Kompositionen aus freien Stücken handelt, beweisen zwei Briefstellen Leopold Mozarts, "die gerade ihrer Beiläufigkeit wegen Interesse erweck[en]"[19]. Dort heißt es, ohne daß wir wüßten, um welches der sechs Quartette es sich handelt[20], lapidar: "Der Wolfg: befindet sich auch wohl; er schreibt eben für die lange Weile ein quatro." (Bozen, 28. Oktober 1772) und: "der Wolfg: schreibt ein Quartetto" (Mailand, 6. Februar 1773)[21]. Das klingt weder nach der Kompositionsabsicht

---

überhaupt als Auftragswerk in Frage käme. Bauer-Deutsch I, Nr. 160, S. 312, Zeile 4-16, hier 12-14.

14 W. Plath, Vorwort 1966, S. IX.

15 Bauer-Deutsch II, Nr. 439, S. 326, Zeile 16-19. Biographisches Material zu Freiherr von Gemmingen findet man neuerdings zusammengetragen in H. Schuler, Gemmingen.

16 Vgl. auch W. Plath, Vorwort 1966, S. IX f. und L. Finscher, Lodi, S. 250 f.

17 Vgl. Bauer-Deutsch I, Nr. 254-258, wo die Quartettwerke keine Erwähnung finden.

18 A. Einstein, Mozart, S. 241; A. Hoffmann, Salzburger Sinfonien.

19 W. Plath, Vorwort 1966, S. X und B. Paumgartner, Mozart, S. 160, Anm. 83.

20 Vgl. die Auseinandersetzung W. Plaths mit den ungerechtfertigten Identifizierungen von WSF und A. Einstein in: W. Plath, ibid.

eines sechsteiligen Quartettzyklus und schon gar nicht nach einem Kompositionsauftrag für einen (Mailänder) Gönner, der seine Werke demnach im Februar 1773 - gut drei Monate nach der Niederschrift eines aus "lange Weile" komponierten Werkes - immer noch nicht in Händen gehabt hätte.

Doch konnte Mozart wohl gegen Ende des Mailandaufenthalts diese Quartette sehr wahrscheinlich einem Interessenten verkaufen. Eine weitere, bislang übersehene Briefstelle läßt zumindest diesen Schluß zu. Wenige Tage bevor Mozart in einem Brief auf sein «Lodi»-Quartett zu sprechen kommt (s. o.), ermahnt ihn sein Vater (am 23. Februar 1778), Mannheim zu verlassen und endlich nach Paris aufzubrechen, um dort eine Anstellung anzustreben oder wenigstens gutes Geld zu verdienen:

> "das Clavier muß dir die erste Bekanntschaft und dich bey den Grossen beliebt machen, dann kann man auf Subscription etwas stechen lassen, welches ein bischen mehr einträgt, als wenn man einem Italiänischen Cavalier 6 quartetti Componiert, und etliche duggatten, oder gar ein Tabattierl von 3 duggatten dafür bekommt. da ist es in Wienn noch besser, wenigst kann man da eine Subscription auf geschriebne Musik machen. beydes hast du und andere aus der Erfahrung"[22].

Demzufolge hatte Mozart seinerzeit sowohl handschriftliche Kopien einer oder mehrerer seiner Kompositionen in Wien zur Subskription angeboten (möglicherweise spielt Leopold sogar auf die Quartette KV 168-173 an; vgl. Kap. II) als auch sechs Quartette einem Italiener abschriftlich verkaufen können. Weil Leopold in obigem Zitat davon ausgeht, daß sein Sohn weiß, worauf er sich bezieht, bedarf er keiner weiteren Präzisierung hinsichtlich der gemeinten Werkgruppe noch des Zeitpunktes der Veräußerung. Hält man sich vor Augen, wie konsequent Leopold die Niederschriften seines Sohnes verwahrte[23], so ist es unwahrscheinlich, daß er sich auf uns unbekannte Werke bezieht[24]. Es handelt sich jedenfalls um sechs Quartette und sie wurden an einen "italiänischen Cavalier" verkauft; deshalb dürfte es sich bei den fraglichen Werken um die Quartette KV 155-160 (134^a-159^a) handeln und man kann als Käufer Mozarts österreichische Gastgeber (etwa Graf Firmian oder dessen Zahlmeister Albert Michael von Mayr) ausschließen.

Aus dem oben dargestellten Entstehungsgang kommt der unbekannte Empfänger der Quartette nicht als Auftraggeber in Betracht. Er wird bestenfalls Mozart angeregt haben, aus den bereits (zwanglos) begonnenen Quartetten - vielleicht existierte bis dato auch nur dasjenige, welches er aus "lange Weile" in Bozen komponiert hatte - einen Zyklus zu formen, der traditionellerweise

---

21 Bauer-Deutsch I, Nr. 264, S. 457, Zeile 27-28 und Nr. 283, S. 480, Zeile 39-40. Immerhin ist nicht zuletzt auch eine Arie der Zauberflöte "aus lauter langer Weile" entstanden; Bauer-Deutsch IV, Nr. 1160, S. 136, Zeile 10.

22 Bauer-Deutsch II, Nr. 429, S. 295 f., Zeile 114-120.

23 Vgl. Anm. 76.

24 W. Plath, Vorwort, S. VIII, geht davon aus, daß uns alle frühen Quartette Mozarts "soweit wir wissen und sagen können, vermutlich komplett überliefert" sind.

aus sechs Einzelwerken zu bestehen hatte. Ganz davon abgesehen, hätte Leopold vermutlich von jenem Auftraggeber nach Salzburg berichtet[25].

Auch von den entstehungsgeschichtlichen Umständen der nächsten, wiederum sechs Werke umfassenden Streichquartettserie KV 168-173, die ebenfalls 1773, diesmal während eines Wien-Aufenthaltes entstanden sind, wissen wir nichts. Was Leopold Mozart dazu veranlaßte, nur wenige Monate nach der dritten Italienreise mit seinem Sohn nach Wien zu fahren, kann ebenfalls nicht zweifelsfrei geklärt werden[26]. Sicherlich wird die berufliche Zukunft des dem Kindesalter entwachsenen Sohnes im Vordergrund des Interesses gestanden sein. Möglicherweise erhoffte sich Leopold Mozart sogar, für seinen Sohn die Nachfolge des kränkelnden (und tatsächlich ein Jahr später gestorbenen) Wiener Hofkapellmeisters Florian Leopold Gassmann zu erreichen. Zumindest wäre dies unter Vorbehalten aus der Korrespondenz erschließbar[27], wenn auch die Beziehungen Mozarts zum Wiener Hof wohl kaum eng genug gewesen sein dürften, um diese Position als noch nicht einmal Zwanzigjähriger einzunehmen.

Nur durch die authentische Datierung der Autographe (vgl. Kap. II) wissen wir, daß Mozart in jenen Wochen des Wiener Aufenthalts im August und September 1773 neben wenigen anderen Kompositionen die Streichquartette KV 168-173 schrieb, wobei der offensichtliche Eifer, mit dem er dabei ans Werk ging, im Gegensatz zu den bis dato geschriebenen Quartetten bemerkenswert ist. Ob diese Serie jedoch als Auftragswerk entstanden ist, wie mehrfach vorsichtig vermutet wurde[28], muß aufgrund mangelnder Dokumente Spekulation bleiben. Ein solcher Auftrag hätte sich wohl in der Korrespondenz niedergeschlagen und ist daher eher unwahrscheinlich. Eine Briefstelle mag man allerdings mit den frühen «Wiener» Quartetten in Verbindung bringen: Leopold Mozart berichtet kurz vor der Heimreise nach Salzburg am 18. September 1773: "Der Wolfg: Componiert an etwas ganz Eyferig"[29]. Ob eines der Quartette damit gemeint ist?[30] Daß die Musikmetropole Wien Mozart in

---

25 Möglicherweise stehen sowohl die autographe endgültige Numerierung "I-VI" als auch die bemerkenswerte autographe Korrektur (vgl. Kap. VI) in der Instrumentenleiste bei KV 155 (134ª) in ursächlichem Zusammenhang damit. Weil Leopold am 6. Februar 1773 (s. o.) nur beiläufig vom neuerlichen Entstehen eines Quartetts berichtet, dürften zumindest zwei Quartette vor Auftreten des "Cavaliers" existiert haben. Die Rückreise von Mailand nach Salzburg erfolgte jedenfalls erst einen Monat später (Ankunft: 13. März).

26 Vgl. dazu A. Orel, Sommerreise; Bauer-Deutsch (Eibl) V, S. 330-343; O. E. Deutsch, Dokumente, S. 131.

27 Bauer-Deutsch I, Nr. 294, S. 496, Zeile 69-71; vgl. dazu: Bauer-Deutsch (Eibl) V, S. 339.

28 O. Jahn I, S. 591 f.; H. Abert I, S. 327; H. Mersmann, Kammermusik, S. 250; A. Einstein, Mozart, S. 247: "Kommando des Vaters"; A. Orel, Sommerreise, S. 42 ("Anlaß offen"); K. Geiringer, NOHM VII, S. 259.

29 Bauer-Deutsch I, Nr. 298, S. 503, Zeile 40.

30 Bauer-Deutsch (Eibl) V, S. 343, vermutet eher andere Werke dahinter; vgl. auch Bauer-Deutsch (Eibl) VI, S. 133, zu Zeile 4. J. H. Eibl, Addenda, S. 22, erwägt auch die «Wiener» Quartette. Falls sich Leopold hier auf eine Streichquartett-Komposition bezieht, kommen lediglich die beiden undatierten Werke KV 172 oder KV 173 in Frage; KV 168-171 sind jeweils authentisch auf August 1773 datiert (vgl. Kap. II).
Welche zwei Quartette Leopold Mozart in seinem (verschollenen) Brief vom 20. März 1781 - vgl. Bauer-Deutsch (Eibl) VI, Nr. 583a - seinem Sohn zur Übersendung nach Wien

jeder Beziehung stimulierte, bedarf keiner Betonung. (Die Frage, inwieweit sich dieses Umfeld jedoch auf die Kompositionen des jungen Mozart ausgewirkt haben mag, bleibt der Untersuchung in Kap. V vorbehalten).

Können wir also wenig Gesichertes zu den konkreten Entstehungsbedingungen der frühen Streichquartette Mozarts aussagen, sei es nun hinsichtlich der Frage nach möglichen Auftraggebern[31], nach historisch dokumentierbaren Aufführungsdaten und -orten oder nach authentischer Beurteilung des eigenen Quartettschaffens bezüglich Qualität und Stellung zu den übrigen Werken dieser Zeit[32], so gibt auch die Quellenlage (vgl. Kap. II) auf diese Fragen keine Antwort: Wir kennen bis heute zum Beispiel keine einzige Stimmenkopie aus der Zeit ihrer Komposition, was freilich nicht besagen muß, daß Mozart das Corpus aller 16 frühen Quartette geschrieben hätte, ohne eine konkrete Aufführung vor Augen zu haben. Immerhin bietet Leopold Mozart in seinem Brief vom 7. Februar 1772 dem Leipziger Verleger Breitkopf unter anderem auch Streichquartette zur Veröffentlichung an, woraus wir schließen können, daß sich die Mozarts über das wachsende Interesse der musikalisch Gebildeten an dieser noch jungen Gattung im Klaren waren: "Wollten sie etwas von meinem Sohne zum Druck befördern, so wäre bis dahin [gemeint ist Ende September 1772, dem Datum der neuerlichen Abreise nach Italien] die beste Zeit: sie darffen nur benennen, was ihnen am Anständigsten wäre. Es mögen Klaviersachen, oder Trio mit 2 Violinen und einem Violoncello, oder quartetten, das ist mit 2 Violinen, einer Viola und Violoncello [...] kurz, es mag seyn von einer Gattung Composition als es immer ihnen vorträglich scheinet, alles wird er machen, wenn sie es nur bald melden"[33]. Zu diesem Zeitpunkt hatte Wolfgang

anbot, läßt sich nicht mit Sicherheit sagen. Bezeichnend ist jedoch, daß Mozart für diese Kompositionen in Wien Anfang der 80er-Jahre keine Verwendung hatte: "die 2 Quartetten brauch ich nicht"; Bauer-Deutsch III, Nr. 585, S. 100, Zeile 101. Da es sich aber um zwei zusammengehörige Kompositionen zu handeln scheint, ist wohl eher an die beiden 1777/78 entstandenen Flötenquartette zu denken als an eine Auswahl aus den Streichquartettzyklen. Zu den Flötenquartetten und zur Problematik ihrer Authentizität vgl. W.-D. Seiffert, Dejean.

31 H. Abert I, S. XIX, geht wie viele andere Autoren davon aus, daß Mozart einer der letzten Komponisten gewesen sei, der nahezu ausschließlich nach erfolgtem Auftrag komponiert hätte. Dies trifft augenscheinlich gerade für die Gattung des Streichquartetts nicht zu. Abgesehen von den schlecht dokumentierten frühen Quartetten, lassen auch die späteren keinen Auftraggeber erkennen; von den großen sechs «Haydn-Quartetten» (KV 387, 421/417^b, 428/421^b, 458, 464, 465) wissen wir mit Bestimmtheit, daß sie Mozart aus innerem Antrieb, durch Joseph Haydns Vorgabe der Quartette «opus 33» angespornt, schuf. Über die Entstehungsbedingungen des einzelnen D-dur-Quartetts KV 499 (1786) wissen wir nichts. Die letzten drei Streichquartette (KV 575, 589, 590) sollten zwar dem preußischen König Friedrich Wilhelm dediziert werden, waren aber gewiß kein Auftragswerk von diesem; vgl. J. H. Eibl, Addenda, S. 60.

32 H. Beck, Vorwort, S. IX, betont zurecht die "entscheidende Bedeutung, die gerade dem Jahr 1773 in Mozarts Leben und Schaffen zukommt [...]: die großen Begegnungen mit der musikalischen Welt des 18. Jahrhunderts [sind] bis zu einem ersten Grade abgeschlossen, [...] dasselbe Jahr [bezeichnet] den Beginn einer ersten Phase längeren Verweilens und Reifens in Salzburg, welche die Synthese zwischen den Vorbildern und Mozarts eigenem künstlerischen Charakter einzigartig vollenden läßt".

33 Bauer-Deutsch I, Nr. 263, S. 456, Zeile 23-29; Unterstreichung original. Mehrfach kommt Leopold Mozart Breitkopf gegenüber auf dieses Thema zu sprechen: Zweieinhalb Jahre später,

Amadeus Mozart allerdings lediglich das «Lodi»-Quartett und bestenfalls die drei Quartett-Divertimenti KV 136-138 (125^{a-c}) niedergeschrieben (vgl. obige Übersicht). Breitkopf antwortete nicht auf diese Offerte, doch darf uns nicht zuletzt die zyklische Anordnung der bald darauf folgenden zwei Serien der «italienischen» und der «Wiener» Quartette zu je sechs Werken (die damit die übliche Form der Veröffentlichung kammermusikalischer Werke widerspiegeln) ein Hinweis sein, daß Mozart bestrebt war, sich nicht nur in dieser neuen Gattung zu üben, sondern das Komponierte auch der Öffentlichkeit anzubieten.

Das Unternehmen, die frühen Quartette Mozarts monographisch zu behandeln, um vor allem die gattungsgeschichtlichen Wurzeln der späterhin so zentralen Gattung des Streichquartetts bloßzulegen, das komplexe Verhältnis dieser gewissermaßen sich *in statu nascendi* befindlichen Gattung zum überaus reichhaltigen Frühwerk Mozarts zu untersuchen und somit zu weiterführenden Fragen anzuregen, reizt umso mehr, als bis heute eine breiter angelegte wissenschaftliche Untersuchung zu den frühen Quartetten Wolfgang Amadeus Mozarts fehlt.

Dennoch kann nicht behauptet werden, daß sich die Forschung nie mit ihnen beschäftigt hätte. Zu Beginn der Mozartforschung nahm man die frühen Streichquartette kaum wahr (vgl. auch Kap. II). Franz Xaver Niemetscheks Biographie kennt sie nicht[34], Georg Nikolaus Nissen, der den Nachlaß für Konstanze Mozart ordnete, verzeichnet im Anhang seiner Biographie zwar alle Streichquartette Mozarts, kommt jedoch nicht weiter auf die Frühwerke zu sprechen[35]. In Otto Jahns groß angelegter Mozartbiographie werden sie kurz erwähnt, wobei auf den vermeintlichen Niveauunterschied der beiden Zyklen abgehoben wird und sonst nur allgemeinere, wenn auch weitsichtige Beobachtungen Platz finden[36].

---

am 6. Oktober 1775, nennt er erneut neben anderen Gattungen ebenfalls Streichquartette; Bauer-Deutsch I, Nr. 320, S. 527, Zeile 8 f. Am 4. Oktober 1778 sind wieder "Claviersachen, oder Trios oder Quarteten etc. für Seiten oder blasinstrumenten" des Sohnes im Gespräch. Hierbei äußert er, sicherlich auch aus Geschäftsgründen, seine Vorstellung von guter Musik: "Hauptsächlich muß der Componiste sich der Leichtigkeit befleissen, damit es zum Gebrauch aller Liebhaber ausfällt und sicher abgehet"; Bauer-Deutsch II, Nr. 495, S. 493, Zeilen 16-19. Und es vergehen nochmals gut drei Jahre, bis sich Leopold erneut (und erneut vergeblich!) an den Verlag Breitkopf wendet: "Sie könnten es mit einem paar Synfonien, - oder Clavier Sonaten versuchen - oder mit quarteten, Trios etc:"; Bauer-Deutsch III, Nr. 582, S. 93, Zeilen 16 f.

34 F. X. Niemetschek, Mozart, S. 76.
35 G. N. Nissen, Mozart, Anhang S. 21.
36 O. Jahn I, S. 588-594 bzw. O. Jahn I^2, S. 314-317. Schon H. Abert bemängelt, O. Jahn sei "auffallend achtlos" insbesondere an der ersten Quartettserie und ihrer "psychologische[n] Bedeutung" vorübergegangen; H. Abert I, S. 290, Anm. 1.
Hatte A. Oulibicheff in der Erstauflage (^{1}1847, III, S. 37) seiner lesenswerten Mozartbiographie die frühen Quartette noch vernachlässigt, so kommt er in seiner Zweitauflage, wohl unter dem Eindruck der Biographie O. Jahns, ausführlicher auf die sechs «Wiener» Quartette zu sprechen. Er vergleicht sie erstmals mit den frühesten Haydnquartetten und spricht auch von deren unerreichtem Vorbildcharakter. Mozarts frühe Instrumentalmusik wertet er evolutionär als "Vorstudien, [...] an denen sich nicht blos die technische Handhabung und Vervollkommnung des Künstlers knüpft, sondern an denen [...] die ganze allmählige Entwicklung der höheren absoluten Instrumentalmusik sich abspinnt, bis sie

Die Streichquartette der «Wiener Klassiker» stehen im Zentrum der Untersuchung Eugène Sauzays, der dabei zwar Joseph Haydns (Ludwig van Beethovens ohnehin), nicht aber Mozarts frühe Streichquartette beachtet[37]. Auch in Constantin v. Wurzbachs Mozartbuch finden sie keinen Platz[38]. Adolf Sandberger stellt in seiner bahnbrechenden Studie zu den Anfängen des Streichquartetts vor allem Joseph Haydns «op. 33» in den Mittelpunkt: Im Zusammenhang mit den beiläufig genannten ersten Quartetten Mozarts deutet er die möglichen stilistischen Einflußsphären Italiens und Wiens an und weist damit erstmals den Weg, auf welchem ihm bald viele Autoren folgen sollten[39].

Erst mit der Mozart-Biographie von Théodore de Wyzewa und Georges de Saint-Foix[40], die zweifellos ihre Meriten besitzt, wird der Blickwinkel (nicht nur bezüglich der frühen Quartette!) auf vermeintlich auf Mozarts Schaffen einwirkende «Einflüsse» eingeschränkt, ja dessen Qualität ausschließlich durch diese Wechselwirkung von Vorbild und genialer Nachahmung legitimiert. Gerade die mit begeisterter Feder geschriebenen Untersuchungen zu den Frühwerken leiden unter dieser unnötigen methodischen Beschneidung. Auch jenes fragwürdige Postulat der sogenannten "grande crise romantique", die Mozart um die Jahreswende 1772-73 auf dem Weg zur Adoleszenz begleitet habe und in die unsere Quartette weitgehend fallen sollen[41], schmälert die Ergebnisse dieser "Erzväter der modernen Mozartforschung"[42] nicht unbeträchtlich.

---

als neue Kunstform zu einem vollendeten Abschnitt der Kunstgeschichte wird"; A. Oulibicheff, Mozart, ²1864, I, S. 231 f.

37 E. Sauzay, Quatuor.

38 C. v. Wurzbach, Mozart; auf S. 90 f. werden lediglich die bis dato (unvollständig) gedruckten Quartette genannt.

39 A. Sandberger, Geschichte, S. 245-247, 264.

40 WSF I, S. 301-304 (zu KV 80/73^f), S. 436-441 (zu KV 136-138/125^{a-c}), S. 478-482 (zu KV 155-156/134^{a-b}), S. 497-502 (zu KV 157-158), S. 513-515 (zu KV 159), S. 519 f. (zur gültigen Zweitfassung des langsamen Satzes aus KV 156/134^b); WSF II, S. 12-14 (zu KV 160/159^a), S. 55-78 (zu KV 168-173).

41 WSF I, S. 468-522: "Seizime periode. Le dernier voyage d'Italie et la grande crise romantique" und WSF II, S. 31-89: "Dix-Huitime periode. L'influence Viennoise et le retour décisif à l'esprit allemand." Die fixe Idee jener "romantischen Krise" machte die beiden Autoren unkritisch gegenüber den zweifellos unterschobenen sechs Violinsonaten «KV 55-60» (KV Anh. C 23.01-23.06), die sie zu Hauptzeugnissen jener vermeintlich psychisch labilen biographischen Situation Mozarts erheben; WSF I, S. 502-513 und S. 515-519. Noch 1958 wurde, unter anderem durch stilistische Vergleiche mit Mozarts «italienischen» Quartetten versucht, dessen Urheberschaft von «KV 55-60» (und damit die Hypothesen Th. de Wyzewas und G. de Saint-Foix) zu bekräftigen: G. Gärtner, Echtheit. Vgl. jedoch KV⁶, S. 887 ff. und F. Neumann, Echtheit. Auch die von Joseph Schuster stammenden, Mozart unterschobenen, «Mailänder Quartette» KV Anh. 210-213 (Anh. C 20.01-20.04) bestätigen, G. de Saint-Foix zufolge, vollkommen Mozarts «romantische Krise» jener Monate von Ende 1772 bis Frühjahr 1773; G. de Saint-Foix, Quatre Quatuors, passim; vgl. jedoch KV⁶, S. 880 (mit der dort angegebenen Literatur) sowie L. Finscher, Mailänder Streichquartette.

42 L. Finscher, Lodi, S. 246.

Erfreulich dicht am musikalischen Satz und völlig unbeeinflußt von Th. de Wyzewas und G. de Saint-Foix Methodik bewegt sich Thomas F. Dunhills kleine Mozart-Streichquartett-Monographie[43], in der die frühen Quartette immerhin nähere Betrachtung erfahren. Weit davon entfernt, eine umfassende Studie zu Mozarts Streichquartetten zu sein, bildet Th. F. Dunhills Buch doch einen (frühen) ersten Schritt in eine Richtung, die seither, mit Ausnahme der kurzen Untersuchung A. H. Kings[44], nicht weiter beschritten wurde.

Wie tiefgreifend Th. de Wyzewas und G. de Saint-Foix Ausführungen zu Mozarts frühen Streichquartetten nachwirkten, beweisen die beiden wohl bis heute bedeutendsten Monographien zu Mozarts Leben und Werk: die einschlägigen Biographien H. Aberts und A. Einsteins. Hermann Abert[45], der sehr scharfsinnig die Schwächen der allzu einseitigen Vorgehensweise der beiden Franzosen erkannte[46], sah ebenso wie Alfred Einstein[47] Mozarts frühes Quartettschaffen nahezu ausschließlich unter dem Aspekt der Beeinflussung und der Nachahmung anderer Meister. Im «Lodi»-Quartett sei "vom eigentlichen Quartettstil [...] noch keine Spur vorhanden"[48], es zeige vielmehr "den Zwischenzustand der Quartettproduktion um 1770 sehr klar"[49]; Sammartini sei hier der Lehrmeister, dem Mozart "ziemlich genau" folge[50]. Auch die nachfolgenden drei Quartett-Divertimenti seien geprägt von Sammartini und seinem Mailänder Schülerkreis; deutlichster Beweis dafür sei die sinfonische Haltung, die nur ansatzweise von kammermusikalischer Qualität durchdrungen sei[51]. Erst die Serie der «italienischen» Quartette trage Züge echter Streichquartettmusik, wenn auch hier noch das italienische Idiom entscheidend wirke. H. Abert sieht, ganz im Sinne Th. de Wyzewas und G. de Saint-Foix, den "Fortschritt gegen früher [...] weniger in der Form als im Ausdruck. Die Grundlage ist noch immer italienisch, wenn auch mit einem stärkeren Zusatz deutscher [...] Züge [...]; Aber der eigentliche Wert dieser Stücke liegt auf dem persönlichen Gebiet. [Die Musik nimmt hier einen] höchst persönlichen Ausdruck an, [...] Vor allem drängte jetzt [...] die dunkle, oft bis zum Pessimismus gesteigerte Leidenschaftlichkeit [...] mit aller Macht zur Aussprache"[52].

A. Einstein setzt das persönliche Moment dieser Werkgruppe weniger hoch an, betont aber die "ungeheure[n] Fortschritte", die Mozart "in einem halben

---

43 Th. F. Dunhill, Quartets.
44 A. H. King, Mozart.
45 H. Abert I, S. 288-291 und S. 327-329.
46 ibid., S. XII f.
47 A. Einstein, Mozart, S. 238-247.
48 H. Abert I, S. 289.
49 A. Einstein, Mozart, S. 238.
50 H. Abert I, S. 288 f.; A. Einstein, Mozart, S. 238.
51 H. Abert I, S. 289; A. Einstein, Mozart, S. 240 f.
52 H. Abert I, S. 290. Wie WSF glaubt auch H. Abert in den (Mozart unterschobenen) Violinsonaten KV 55-60 "Äußerungen echt Mozartscher Schwermut und Leidenschaft" erblicken zu müssen; ibid., S. 292.

Jahr als Quartettschreiber" gemacht habe und zeigt sich von etlichen Sätzen überaus angetan[53]. Mit H. Abert ist er sich aber völlig darin einig, daß die in Wien entstandene frühe Quartettserie unter dem überwältigenden Eindruck der frühen Quartette Joseph Haydns (vor allem dessen «op. 17» und «op. 20») geschrieben worden sei. Deutet H. Abert nur an, Mozart fühle sich bisweilen "seinem großen Vorbild gegenüber befangen, als suchte er durch sorgfältige Arbeit zu ersetzen, was ihm an Sicherheit fehlte"[54], so vertieft A. Einstein diesen Gedanken dadurch, daß er die Konfrontation Mozarts mit dem Werk Haydns (intuitiv äußerst plausibel) als entscheidende Krisis Mozarts aufwertet. Er bewegt sich somit wieder ganz nahe an der Wertung der französischen Mozartforscher. Die "Begegnung wirft ihn völlig aus der Bahn, [...] Mozart ahmt hier nur nach, was Haydn, der Ältere, Reifere sich erarbeitet hatte. [...] Mozart ist, sozusagen, durch Haydn aus dem Konzept gebracht"[55].

Spätestens seit A. Einsteins wichtigem und populärem Buch ist damit die Ansicht zementiert, Mozarts frühe Quartette stünden in enger Abhängigkeit von Vorbildern (etwa Sammartini oder Haydn). In Italien habe er zwar allmählich zu einem persönlichen Stil auf der Basis beschwingter «sinfonia a quattro»- Tradition gefunden, doch an Joseph Haydns frühem Quartettwerk sei er letztlich gescheitert[56]. Etliche populäre Mozart-Biographien tradieren diesen Standpunkt, sofern sie die frühen Quartette überhaupt zur Kenntnis nehmen[57].

Sicherlich wird aufgefallen sein, daß Mozarts frühe Streichquartette im bisherigen Forschungsbericht vorwiegend im Kontext der Biographien zur Sprache gelangten. Dies spiegelt jedoch weitgehend die Forschungssituation bis in die Mitte der 50er-Jahre unseres Jahrhunderts wider. Abgesehen von wenigen Arbeiten zum Werk Mozarts, in denen die frühen Quartette eine über die bloße Erwähnung hinausreichende Rolle spielen[58], wendet sich die Forschung im Laufe der folgenden Jahre unter divergierenden Fragestellungen nur sporadisch diesen Werken zu, meist ohne den Faktor des hypothetischen «Einflusses» einer ernsthaften Prüfung zu unterziehen[59], bis sich schließlich Ludwig

53   A. Einstein, Mozart, S. 241-244; Zitat S. 241.

54   H. Abert I, S. 327.

55   A. Einstein, Mozart, S. 244, 245, 247.

56   Vgl. zu diesem Komplex die in Kap. V diskutierte Literatur. Hier seien nur die wichtigsten Namen genannt, die H. Aberts und A. Einsteins Wertung folgen: A. Schurig, Mozart (unter dem Eindruck der Methode WSF); L. Schiedermair, Mozart, S. 78, 97, 104 f.; E. Valentin, Mozart; E. Schenk, Mozart, S. 198, 243; E. F. Schmid, Mozart; B. Paumgartner, Mozart, S. 143, 160, 170 f.

57   R. Petzoldt, Mozart, S. 81 f.; H. Seeger, Mozart, S. 110; J. Müller-Blattau, Mozart, S. 15. Frühere Popularbiographien gehen an Mozarts ersten Streichquartetten zumeist vorüber oder äußern sich eher abfällig, wie z. B. H. v. d. Pfordten, Mozart, S. 82; L. Schmidt, Mozart, S. 59. Bemerkenswert früh betont hingegen E. F. Schmid den Wert dieser Werkgruppe, obwohl auch er Sammartini bzw. J. Haydn als unmittelbare Vorbilder namhaft macht; vgl. E. F. Schmid, Biographie, S. 13 f.

58   R. Gerber, Probleme; W. W. Cobbett, Mozart; H. Mersmann, Kammermusik; R. v. Tobel, Formenwelt; F. Blume, Entwicklung; H. C. R. Landon, Concertos; H. Keller, Chamber Music.

Finscher in mehreren Studien mit jenen Kompositionen und mit den ihnen zugeschriebenen Eigenschaften und Wertungen auseinandersetzt[60]. Seine Ergebnisse deuten erstmals an, daß weder Sammartini noch Boccherini oder andere italienische Meister als unmittelbare Vorbilder speziell für Mozarts «Lodi»-Quartett in Frage kommen, daß darüberhinaus trotz unübersehbarer Parallelen wohl auch das frühe Quartettwerk Joseph Haydns nicht als intensiv wirkendes Vorbild Einfluß auf die «Wiener» Serie Mozarts von 1773 genommen habe. Die Hauptargumente für diese Korrektur jener tradierten Forschungsmeinung beziehen sich im Falle der «italienischen» Werke auf die falsch oder ungenügend verstandene Quellenlage, im Falle der «Wiener» Werke auf den fundamentalen Unterschied zwischen verwandter Motivik sowie Satzfolge und wesensfremder Satztechnik.

Unter diesem Aspekt einer unbefangeneren Betrachtung der Mozartschen frühen Quartette soll Finschers Ansatz vertieft und um einige Aspekte erweitert werden, zumal er sich in späteren Arbeiten von dieser fruchtbaren, der überkommenen Literatur entgegenstellenden Hypothese scheinbar wieder zurückgezogen hat und auch das als mögliche Inspirationsquelle von ihm präferierte Kammermusikwerk Johann Michael Haydns aufgrund direkter Werkvergleiche sowie neuerer Quellendatierungen als «Vorbild» ebenfalls ausgeschieden werden muß[61]. Inwiefern Mozart tatsächlich musikalische Modelle unkritisch und ohne tieferes Verständnis im Jugendwerk kopiert hat, so Finschers Ansicht[62], muß ebenfalls in die Diskussion einbezogen werden. Unbestritten bleibt zwar Mozarts prinzipielles Interesse für alle musikalischen Strömungen seiner Zeit. Von «Vorbildern», die er nachgeahmt habe, von kompositorischer «Abhängigkeit», die gerade seine frühen Quartette bewiesen, kann jedoch nicht die Rede sein.

Einige Arbeiten der letzten Jahre zur Deutung des «Basso»-Begriffs und den sich daran anschließenden Untersuchungen zu Besetzungsfragen bei Mozart[63] streifen Mozarts frühes Quartettwerk. Einer näheren Betrachtung wer-

---

59 E. Kroher, Polyphonie (zum nachgeahmten «Vorbild» bes. S. 374, 377 f.), wobei bereits wesentliche satztechnische Unterschiede angesprochen werden; vgl. Kap. V.3 mit weiteren Literaturverweisen zu Mozarts Quartettfugen. J. P. Larsen, Haydn und Mozart (mit vorsichtiger Zurückhaltung); G. Gärtner, Echtheit; M. Radulescu, Violine (beide ohne Erwähnung von «Vorbildern»); E. Blom, Mozart, S. 233-244 (sehr pauschal); F. Blume, Haydn und Mozart (manifeste Unterstützung der Thesen H. Aberts und A. Einsteins; vgl. Kap. V.3); W. Plath, Vorwort 1966 (summarische Bestätigung; vgl. dort S. XI); W. Kirkendale, Fuge (folgt A. Einstein); K. Geiringer, NOHM VII (folgt H. Abert); R. Barrett-Ayres, Haydn (folgt in seinen recht ausführlichen Untersuchungen H. Abert und A. Einstein); G. Salvetti, Mozart (ebenfalls wie H. Abert und A. Einstein, bringt unter dem Einfluß Fausto Torrefrancas überdies Luigi Boccherini und Felice de Giardini ins Spiel; vgl. Kap. V.1); W. Konold, Streichquartett (der trotz der mittlerweile vorliegenden Ergebnisse L. Finschers A. Einstein folgt).

60 L. Finscher, Lodi; ders., Aspects; ders., Indebtedness.

61 L. Finscher, Universalstil, S. 272. Zu M. Haydn: ders., Lodi, S. 256; ders., Indebtedness, S. 409; ders., Coda, S. 92 ff. Vgl. in größerem Zusammenhang Kap. V.2.

62 L. Finscher, Indebtedness, S. 409; ders., Universalstil, S. 272

63 C. Bär, Serenadenquartett; J. Webster, Scoring; W.-D. Seiffert, Anmerkungen; vgl. Kap. VI.

den sie auch in der Dissertation von N. Schwindt-Gross unterzogen, die hinsichtlich der «durchbrochenen Arbeit» zwischen Mozarts und Haydns Quartettsatz prinzipielle Diskrepanzen feststellt. Schwindt-Gross konstatiert: Weil bei dem einen bereits im Frühwerk der Schwerpunkt eher auf der "Verselbständigung des Raumfaktors", bei dem anderen eher "Diskursivität" wesenhaft sei, seien beide Komponisten letztendlich inkommensurabel[64]. Ungeachtet der Tatsache, daß Mozarts kompositorisches Schaffen der 1760er- und 70er-Jahre in jüngerer Zeit erfreulicherweise häufiger in das Blickfeld der Wissenschaft gerät[65], finden sich in jüngster Zeit einige Untersuchungen zur musikalischen Form, in denen auch frühe Quartettsätze Mozarts eine Rolle spielen[66].

Ziel der Arbeit ist es, die kompositorischen Kräfte in den frühen Quartetten Mozarts sowie deren formale, satz- und besetzungstechnische Gestaltung möglichst exakt zu fassen, um schließlich den bislang betonten, vermeintlich unmittelbar wirkenden «Einfluß» durch zeitgenössische Komponisten als unzureichende Erklärung des Sachverhaltes zurückzudrängen. Die eng geknüpften Beziehungen innerhalb des erstaunlich konsistenten Mozartschen Frühwerkes sollen verdeutlicht werden. Aufgrund der Stoffülle muß sich vorliegende Arbeit enthalten, auf kompositorische Bezüge zu Mozarts späteren Quartett-Meisterwerken näher einzugehen. Dieser Frage in einer vertiefenden Untersuchung nachzuspüren, lohnte zweifellos die Mühe.

Die bunte Vielfalt der Quartettsätze erfordert eine klar strukturierte Vorgehensweise, will man möglichst vielen individuellen Merkmalen, aber auch Allgemeingültigem der frühen Streichquartette Mozarts gerecht werden. Nach einem Überblick zu den Quellen und den zu untersuchenden Satztypen (Kap. II) bietet sich daher ein Vorgehen an, das vom isoliert betrachteten Einzelsatz auf übergeordnete Fragestellungen ausgreift (Kap. III). Einer formtypologisch differenzierten Untersuchungsanordnung, untergliedert nach der Stellung in der konkreten Satzfolge, wird deshalb der Vorzug gegeben, weil sich bei Mozart - und das will gezeigt sein - mit dem Satztyp bereits eine bestimmte Satzcharakteristik hinsichtlich der Proportionen, der Tonartenfolge, der vierstimmigen Satztechnik und des Tonfalls entscheidet. Übergeordnete Kompositionsmerkmale gelangen in der Fragestellung nach einer übergreifenden Satztechnik und einer möglichen wie auch immer gearteten Entwicklung der Gattung «Streichquartett» (Kap. III.2 und III.8) zusammenfassend zur Diskussion. Bewußt wird anfangs nicht auf mögliche musikalische Einflüsse (sei es durch italienische Meister, Michael oder Joseph Haydn) geachtet, da zunächst einmal das, was Mozart niedergeschrieben hat, als Untersuchungsgegenstand im Zentrum stehen soll.

64 N. Schwindt-Gross, Streichquartette, S. 136; zu Mozarts Streichquartett-Frühwerk vgl. dort S. 136-141 und 151-153.

65 Vgl. neben den bereits genannten Arbeiten v. a. M. H. Schmid, Mozart; K. H. Hansell, Opera; S. Kunze, Mozarts Jugendwerk; V. Mattern, La finta giardiniera; A. Tyson, Studies; N. Zaslaw, Symphonies.

66 L. Finscher, Coda; J. Neubacher, Finis; A. Raab, Unisono; W.-D. Seiffert, "Absatzformeln".

Mozart komponierte seine frühen Streichquartette jedoch nicht in einem Vakuum. Einerseits schrieb er zur gleichen Zeit etliche Werke anderer Gattung (v. a. Opern und Sinfonien), andererseits stand er in ständigem regen Austausch mit anderen Komponisten und deren Musik. Die Aufdeckung möglicher Wechselbeziehungen innerhalb des eigenen OEuvres (Kap. IV.1), der Versuch einer näheren Bestimmung der in der Forschung hinsichtlich ihrer Besetzung und gattungsimmanenten Stellung umstrittenen Quartett-Divertimenti (KV 136-138/ 125^{a-c}) (Kap. IV.2) und das Aufzeigen und vergleichende Interpretieren möglicher Korrelationen zu musikalischen Werken fremder Autoren (Kap. V) - allen voran zum Quartettwerk Joseph Haydns (Kap. V.3) - stellt sich demnach als dringliche Aufgabe und schließt sich deshalb an die Untersuchung der frühen Quartettsätze Mozarts an.

In einem letzten, über die Kammermusik Mozarts ausgreifenden Schritt wird die Besetzung der frühen Quartette unter Einbeziehung umfangreichen Datenmaterials zu Mozarts Instrumentenbezeichnungen diskutiert (Kap. VI); dies ist nötig, weil die Instrumentenbezeichnungen Mozarts auffällig und scheinbar widersprüchlich sind.

II. Quellenlage und Werkübersicht

II.1 Autographe, Erst- und Frühdrucke

Als im September 1785 das Verlagshaus Artaria Comp. Mozarts sechs Streichquartette, die wegen ihrer berühmten Vorrede und Widmung an Joseph Haydn bald unter dem Signum «Haydn-Quartette» firmierten, als op. X anzeigte, wollte der Wiener Konkurrenzverleger Christoph Torricella, der einige Erstausgaben Mozarts besorgt hatte[67], nicht nachstehen. Er kündigte eine Woche vor Artarias Veröffentlichung sechs Streichquartettkompositionen Mozarts "um den billigsten Preis" an[68], ohne gleichzeitig mitzuteilen, daß es sich bei diesen handschriftlich vertriebenen Kopien keineswegs um aktuelle, sondern um frühere Werke, nämlich die sechs Streichquartette KV 168-173 des Jahres 1773 handelte[69]. Es kam jedenfalls zu einer öffentlichen Auseinandersetzung zwischen den konkurrierenden Verlegern, die Mozart alles andere als erwünscht sein konnte. Interessant ist, daß Artaria, um den Wert der früheren Streichquartette zu schmälern, diese in einer Zeitungsannonce geschäftstüchtig um drei Jahre älter machte, als sie eigentlich waren: "daß gedachte 6 Quarteten keineswegs neu, sondern ein altes Werk sey, welches er bereits vor 15 Jahren geschrieben hat"[70].

Zu welchem Zeitpunkt Torricella Kopien von KV 168-173 zur Verfügung standen, ist ungewiß, sicherlich nicht bereits aus der Zeit der Entstehung dieser Werke, da sein 1775 (!) gegründeter Verlag erst seit Anfang der 1780er-Jahre Musikalien druckte und vertrieb[71]. C. Eisen weist nach, daß alle sechs Quartette im sogenannten «Quartbuch», einem zweiteiligen Incipit-Katalog, dessen Funktion nicht mit letzter Sicherheit bestimmt werden kann (kommerzielle Verkaufsliste oder Zusammenstellung einer bestimmten Bibliothek) aus dem Wiener Raum um 1775-1780, auftauchen[72]. Möglicherweise hängt diese Ka-

---

67 KV^6, S. 942. Zum Verleger Torricella siehe A. Weinmann, Musikverlag, S. 89-107; zur öffentlichen Auseinandersetzung mit Artaria: ibid., S. 90.

68 O. E. Deutsch, Dokumente, S. 220 ff.

69 Leider hat sich keine der Torricella-Kopien erhalten. Daß es nicht um die «italienischen» Quartette KV 155-160 (134^a-159^a) ging, beweisen Kopisteneinträge in den Autographen der «Wiener» Quartette, die sich v. a. auf (verdeutlichende) Akzidentien in Tinte und Rötel beziehen; in KV 173 sind sowohl die Tempoangabe des zweiten Satzes als auch die Streichung einer *da capo*-Angabe Mozarts im selben Satz mit brauner Tinte von einem nicht näher identifizierbaren Wiener Kopisten vorgenommen worden; vgl. W.-D. Seiffert, Faksimile; ders., KB, passim, und S. a/97 (zu KV 173).

70 O. E. Deutsch, Dokumente, S. 220.

71 O. E. Deutsch, Dokumente, S. 200, und A. Weinmann, Musikverlag, passim.

72 C. Eisen, Contributions, S. 626. Demnach finden sich die Quartette in dem Buch, welches die Kammermusik auflistet, auf folgenden Seiten verzeichnet: 4/52 (KV 169), 8/41 (KV 172), 14/50 (KV 170), 18/46 (KV 173), 23/52 (KV 171) und 28/38 (KV 168), wobei die nicht-originale Reihenfolge, gemäß der Kataloganlage nach Tonarten fortschreitet (A-B-C-d-Es-F). Zum «Quartbuch», das bekanntlich eine heftige Auseinandersetzung in den

talogeintragung, die auf handschriftliche Verbreitung der frühen «Wiener» Quartette schließen läßt, mit Torricella[73] und (oder?) sogar mit dem eingangs zitierten Brief Leopolds zusammen, sein Sohn habe nicht nur sechs Quartette einem italienischen Gönner verkauft, sondern er habe auch das Wiener Subskriptionswesen unmittelbar kennengelernt[74].

Zu Mozarts Lebzeiten ist keines der 13 frühen Streichquartette im Druck erschienen. Die geschilderte Auseinandersetzung um den frühen «Wiener» Zyklus mag, da sie am Anfang der verwirrenden und vielfach korrumpierten Überlieferung der Erst- und Frühdrucke dieser Mozartschen Gattung steht, symptomatisch erscheinen. Ein Überblick der Quellenlage sei versucht[75]:

Leopold hat zu Lebzeiten die "Eigenschriften seines Sohnes auf das sorgfältigste gesammelt, und dadurch der Nachwelt einen Bestand von seltener Vollständigkeit übermittelt"[76]. Es ist mehr als wahrscheinlich, daß nach dem Tode Leopolds im Jahre 1787 auch die Autographe aller 13 Streichquartette über die Schwester Mozarts in des Komponisten Besitz nach Wien überwechselten[77]. Bis zur Jahrhundertwende bewahrte Konstanze diesen Schatz. Georg Nikolaus Nissen brachte bei seiner Sichtung und Ordnung des Nachlasses in Zusammenhang mit den wach gewordenen Verlegerinteressen (vor allem Breitkopf & Härtels und Johann Anton André) an einer Gesamtausgabe (und käuflichem Erwerb der Musikalien) auf der ersten Seite jeden Quartettes seine obligate Versicherung der Urheberschaft: "von Mozart und seine Handschrift" (o. ä.) an. Ebenso kennzeichnete er die Werke des ersten Zyklus, der schon früh in der heutigen Form zusammengebunden und nicht mehr getrennt wurde, durch eine fortlaufende Numerierung[78]. Das «Lodi»-Quartett und die sechs «Wiener» Quartette lagen zu diesem Zeitpunkt mit den Divertimenti KV 247 und 287 (271H), dem frühen Streichquintett KV 174 und dem Klaviertrio ("Divertimento") KV 254 in einem von Leopold Mozart zusammengestellten und mit einem mit Incipits versehenen Deckel eingefaßt als Konvolut vor[79]; G. N. Nissen brachte auf diesem Deckel zusätzlich Numerie-

---

1930er-Jahren zwischen J. P. Larsen und A. Sandberger auslöste, vgl. zusammenfassend J. P. Larsen, Quartbuch.

73 C. Eisen, Contributions, S. 626.
74 Vgl. Briefzitat S. 6.
75 Vgl. W.-D. Seiffert, KB, S. a/5 ff., a/15 ff., a/44 ff.
76 F. Blume, MGG, Sp. 699.
77 Vgl. Bauer-Deutsch IV, Nr. 1250, S. 259, Zeilen 11-13.
78 Im Anhang seiner Mozart-Biographie führt Nissen alle Quartettwerke Mozarts unter der Ziffer 12 im "Verzeichniss derjenigen Compositionen, welche Mozart [...] noch vollendet hinterlassen hat" auf: "28 Quartetten. 26 davon sind für zwey Violinen, Viola und Basso"; G. N. Nissen, Mozart, Anhang S. 21. Eine ausgezeichnete Zusammenfassung der damaligen Umstände im Zusammenhang mit Mozarts Autographennachlaß bietet W. Plath, Mozartforschung.
79 Vgl. die Faksimilierung des Konvolutdeckels und dessen genaue Beschreibung sowie zur allgemeinen Quellenlage: W.-D. Seiffert, KB, S. a/5 ff.

rungen und eine Zertifizierung an. Lediglich das Klaviertrio entfernte er und reihte es "unter den Clavier-/ Sachen" ein.

Möglicherweise hatte Mozart auf seiner Mannheim-Paris-Reise 1777/78 unter anderem dieses Konvolut im Gepäck, das entweder längere Zeit vor, oder aber erst zum Zwecke der Reise[80] von Leopold Mozart angelegt wurde. Für diese Vermutung spricht erstens, daß Mozart für seinen Mannheimer Gönner und späteren Wiener Logenbruder Otto Freiherr von Gemmingen-Hornberg (S. 5, Kap. I) eine Abschrift sowohl seines Quartett- wie auch Quintetterstlings anfertigen ließ, beides Werke, die dem Konvolut bis ins Jahr 1800 angehörten. Mozart muß, so Wolfgang Plath, "stolz darauf gewesen [sein], derlei als Knabe im ersten Wurf zustande gebracht zu haben", da er ausgerechnet diese Werke Gemmingen bekannt machte[81]. Zweitens sind nachweislich weitere Kompositionen dieses Konvolutes während der Mannheim-Paris-Reise zur Aufführung gelangt[82] und am 16. Februar 1778 erwähnt Leopold sogar einmal "Violinquartetten", die sein Sohn in Paris herausgeben könnte[83], so daß sich auch die sechs «Wiener Quartette», ungeachtet der fehlenden Dokumente über eine Aufführung (o. ä.), im Reisegepäck befunden haben könnten, obwohl die Widmung ausgerechnet des Quartetterstlings (KV 80/73f) an Gemmingen dagegen zu sprechen scheint.

Anfang 1800 gelangten die beiden autographen «Quartettbände» in Zusammenhang mit dem Erwerb des kompletten Mozart-Nachlasses durch J. A. André von Salzburg nach Offenbach[84], wo sie erneut gesichtet und (zunächst)

---

80 Immerhin sind die Violinkonzerte KV 207, 211, 216 und 218 alle in identischer Manier und mit vergleichbarem Deckelvorsatz zusammengefaßt; bis auf KV 207 (1773) entstanden alle Werke im Jahr 1775, also lange vor der Parisreise, obgleich freilich Leopolds Zusammenfassung auch erst nach der Parisreise denkbar ist; vgl. W.-D. Seiffert, KB, S. a/5, Anm. 3 und Chr.-H. Mahling, Vorwort 1983, S. XI.

81 W. Plath, Vorwort 1966, S. IX.

82 Das Klaviertrio KV 254 wird in einem Brief Mozarts aus München vom 6. Oktober 1777 erwähnt, die beiden Divertimenti KV 247 und 287 (271H) vier Tage zuvor am 2./3. Oktober 1777. Daß es etliche Partituren waren, die Mozart mit sich führte, geht aus einem Brief seiner Mutter vom 24. Januar 1778 aus Mannheim hervor; dort schreibt sie diesbezüglich: "auch will ich ihm [ihren Sohn] über reden das er den grossen Küffer nimt, dan wan er alle Kleider, und seine ganze Music, /:die vorhero in 3 grossen backen gewesen:/ in den Kuffer backet so wird er gewiss foll genug"; Bauer-Deutsch II, Nr. 408, S. 238, Zeilen 20-23.

83 Bauer-Deutsch II, Nr. 425, S. 284, Zeilen 51-54: "da du mit Herausgebung von Claviersachen.- Violinquartetten etc: Sinfonien. und dann auch einer Sammlung guter Franz: Arien mit dem Clavier, wie du mir geschickt: und endlich mit opern, geld und Ruhm machen kannst."

84 Wie aus der erhaltenen schriftlich fixierten «Sonderliste» über die Werke Mozarts, die André unbedingt an sich bringen wollte, hervorgeht, muß er entweder noch in Salzburg unter etlichen anderen Autographen auch die Autographe der beiden Streichquartette KV 170 und 173 separiert haben oder er fand diese beiden bereits aus ihrem Kontext getrennt vor und erkannte nicht die Zusammengehörigkeit der sechs Kompositionen (vgl. Anm. 89); alle übrigen frühen Quartette verblieben jedenfalls vorerst bei Constanze Mozart und wurden mit dem übrigen Nachlaß in 15 versiegelte «Pakken» verschlossen. Zu deren Verkauf hatte sich Constanze Mozart noch zwei Monate Bedenkzeit ausbedungen. Vgl. Bauer-Deutsch IV, Nr. 1262, S. 281-285, und die ausgezeichnete Zusammenfassung und

von Franz Gleißner numeriert wurden. Aber auch Johann Anton André selbst legte ein handschriftliches und späterhin ein in der Zählung abweichendes gedrucktes Nachlaßverzeichnis an[85], wobei sich auf der jeweils ersten autographen Seite der letzten drei frühen Streichquartette und auf dem Kartondeckel mit den Incipits Leopold Mozarts die Nummer des gedruckten André-Verzeichnisses wiederfindet. Außerdem datierte J. A. André jedes der Incipits des Kartondeckels. Zur Übersicht seien hier die verschiedenen Zählungen kollationiert:

Auf Mozart-Autograph				André-Verzeichnis	
KV	Nissen	André	Gleißner	handschriftlich	gedruckt
80	-	-	231	34	176
155	15	183	170	140/1	183/1
156	16	-	-	140/2	183/2
157	17	-	-	140/3	183/3
158	18	-	-	140/4	183/4
159	19	-	-	140/5	183/5
160	20	-	-	140/6	183/6
168	-	-	232	63	177
169	-	-	233	64	178
170	-	-	234	65	179
171	-	180	235	66	180
172	-	181	236	67	181
173	-	182	237	68	182

Ebenso bedeutsam wie die Sichtung der Autographe war der bereits im Jahr des Erwerbs[86] erfolgte Stimmendruck der Werke KV 168-173, der erstmals zuverlässig[87] Mozarts Autograph folgt und zurecht auf dem Titelblatt darauf hinweist: "Trois / QUATUORS / POUR / DEUX VIOLONS. ALTO. ET VIOLONCELLE / composé par / W.A. Mozart. / Oeuvre 94me Liv. 1. [= KV 168-170] [bzw.] Liv. 2 [= KV 171-173] N° 1509 et 10. Prix fl. 2$^{1/2}$ / Edition faite d'après la partition en manuscrit".

Obwohl J. A. André in seinem gedruckten Verzeichnis das Quartett KV 80 (73^f) mit dem Zyklus KV 168-173 aufgrund der Werküberlieferung zusammenstellte (so auch F. Gleißner) und die «italienische» Serie (KV 155-160/134^a-159^a) in der Zählung an KV 173 unmittelbar anschloß, gelangten

---

Kommentierung der damaligen Umstände bei: Bauer-Deutsch (Eibl) VI, S. 495 ff. (zu Nr. 1262; speziell zu Zeile 90 und 94). Da J. A. André schließlich den gesamten Nachlaß erwarb, reihte er beide Quartette in Offenbach wieder in ihren ursprünglichen Kontext ein.

85 J. A. André, Verzeichnis 1833; ders., Verzeichnis 1841.

86 Entgegen KV^6, S. 188 und W. Plath, Vorwort 1966, S. XIII; vgl. HaberkampED, Textband, S. 85 f. und Bildband, Abb. 27.

87 Entgegen KV^6, S. 192 und RISM M 6105 und M 6108; vgl. W.-D. Seiffert, KB, KV 168, Quelle B, S. a/45.

weder Mozarts erstes noch sein zweites bis siebentes Streichquartett bei André zum Druck.

Kurz nach Mozarts Tod erschien bei Artaria Comp. im September 1792 der Stimmendruck "Trois / QUATUORS / Très faciles / pour / deux Violons Alto et Baßo / Composé / Par / W.A.MOZART / Ier Livre de Quatuors" mit der Plattennummer 387[88], der völlig willkürlich und fehlerhaft Einzelsätze aus den beiden frühen Quartettzyklen zusammenstellt:

Quartetto I   = KV 157/1+170/1+170/4   (C)
Quartetto II = KV 160 (159^a)/1-3   (Es)
Quartetto III = KV 173/1-173/2-155(134^a)/3 (d)

Welche Quelle(n) diesem Erstdruck zugrunde lag(en), läßt sich nur vermuten. Entweder gestattete Konstanze die Abschrift der ihr vorliegenden originalen Quartett-Manuskripte[89] oder frühere Kopien wurden benutzt. Da zu diesem Zeitpunkt der Verlag Christoph Torricellas bereits in denjenigen Artarias übergegangen war, könnten zumindest die «Wiener» Quartette nach jenen Kopien gestochen worden sein, die Torricella möglicherweise aus früherer Zeit (s. o.) besaß. Weitere frühe Mozartquartette veröffentlichte Artaria Comp. im Jahre 1803 unter Verwendung des identischen Titelblattes als Fortsetzung des ersten Bandes[90]. Diese ebenfalls unzuverlässige Quelle überliefert die Quartette Mozarts wenigstens in ihrer originalen Satzfolge, ordnet sie aber nach Tonarten:

Quartetto I   = KV 171 (Es)
Quartetto II = KV 172 (B)
Quartetto III = KV 168 (F)

Unter den Frühdrucken ist dann nur noch Artarias Zusammenfassung seiner separiert erschienenen Stimmendrucke zu einer "Collection / complette / des Quatuors / Quintetti, Trio, / et Duetti / de W. A. Mozart" aus den Jahren 1807-10 erwähnenswert[91], die der relativ getreuen Ausgabe J. A. Andrés zum Trotz alle Fehler und Unstimmigkeiten seiner alten Einzelausgaben übernimmt. Die «Alte Gesamtausgabe» des Verlages Breitkopf & Härtel veröffentlichte 1881/82 erstmals das «Lodi»-Quartett und die korrekte Lesart der Werke des ersten Quartettzyklus[92].

---

88 HaberkampED, Textband, S. 82 f., 421, sowie Bildband, S. 25. Vgl. auch RISM M 6101; die Angabe der Tonart des zweiten Quartettes dieser Ausgabe (KV 160/159^a) ist in RISM zu Es-dur zu korrigieren. Ignaz Pleyel druckte ca. 1799 diese korrumpierte Vorlage mit der Plattennummer 544 nach; vgl. RISM M 6103, M 6104, wobei auch hier natürlich das zweite Quartett in Es-dur (nicht B-dur) steht.

89 Ist es ein bloßer Zufall, daß André bei seinem Nachlaß-Kauf im Jahre 1800 zunächst genau jene beiden Quartette des «Wiener» Zyklus an sich brachte, die Artaria zu seinem (korrumpierten) Erstdruck heranzog? Vgl. die Umstände des Verkaufs in Anm. 84.

90 Plattennummer 1609; die Titelseite wurde nicht neu gestochen, so daß hier nicht nur die Plattennummer des Erstdrucks "387" erscheint, sondern auch in allen erreichbaren Exemplaren dieser Quelle lediglich durch handschriftliche Korrektur die gedruckte Ziffer "Ier" zu "II^{er}" [sic] verbessert wurde; vgl. W.- D. Seiffert, KB, KV 168, Quelle C, S. a/45.

91 RISM M 7451. Vgl. auch KV^6, S. 924.

92 Bereits seit G. N. Nissens Biographie, spätestens aber seit 1833 hätte jedem interessierten Leser bekannt sein können, daß unveröffentlichte Streichquartette Mozarts existieren

Verfolgen wir noch kurz das Schicksal der Autographe, die bis heute alle erhalten sind. Nach dem Tod Johann Anton Andrés (1842) ging der Mozartnachlaß bekanntlich auf die Erben des Verlegers über und zerstreute sich größtenteils in alle Welt. Die zusammengebundenen sechs «italienischen» Quartette erhielt Johann August André, von dem aus sie im Jahre 1873[93] - dem Jahr des größten Autographenankaufs Mozartscher Werke der ehemaligen königlichen Bibliothek in Berlin[94] - möglicherweise über Jacob Landsberger in den Besitz der heutigen Staatsbibliothek Preußischer Kulturbesitz in Berlin (Musikabteilung) gelangten[95]. Das Konvolut mit den übrigen sieben Quartetten wurde unter den Erben aufgeteilt. Nie mehr ist der alte Zustand dieser authentischen Werkzusammenstellung wieder erreicht worden. In glücklicher Fügung fanden aber einige Autographe schließlich in zwei Schritten wieder zusammen. Mit den sechs «italienischen» Quartetten erwarb die Musiksammlung der Staatsbibliothek Berlin im Jahre 1873 nämlich auch die Opera KV 80 (73^f), 247 und 287 (271H) durch Johann August André und KV 169 durch Gustav André sowie KV 173. Sechs Jahre später ging die Autographensammlung des Friedrich August Grasnick in dieselbe Bibliothek über, worunter sich (von insgesamt 28 Handschriften Mozarts) auch das Quartett KV 171 (Vorbesitzer: Jean Baptist André) befand[96]. Bereits vor dem Erwerb des Quartettes KV 171, also zwischen 1873 und 1879, wurde versucht, die Quartette des ursprünglichen Konvoluts soweit wie möglich wieder zusammenzustellen: Eine Bibliothekarshand führt auf der Innenseite desjenigen Kartondeckels, den seinerzeit Leopold Mozart als Einband des Kammermusik-Konvolutes benutzt hatte, folgende Ziffern des Köchelverzeichnisses auf: "Quartette K. 80. 169. 173/ Divertimente [sic] K 247. 287"[97]. Zusammengebunden und in dieser Form heute in der Biblioteka Jagiellońska in Kraków (Polen) aufbewahrt wurden dann die vier Streichquartette KV 80 (73^f), 169, 171, 173 zusammen mit dem neu hinzutretenden Flötenquartett in D, KV 285, das man in Berlin 1873 von Carl A. André erworben hatte. Die Bindung erfolgte also frühestens im Jahre 1879, dem Jahr des Erwerbs der Grasnicksammlung. Die beiden Divertimenti KV 247 und 287 (271H) wurden endgültig entnommen und zusammen mit dem (ehemalig dem Quartettkonvolut angehörenden) Klaviertrio KV 254 (Vorbesitzer: Friedrich August Grasnick, Erwerbung: wohl 1879)[98] und KV 187 (Anh. C 17.12) (Vorbesitzer: Richard Wagener, über Jean Baptist André, Erwerbung: 1864)[99] wie das Konvolut der Streichquartette in

---

müssen, da in diesem Jahr das früheste eigenständige "Verzeichniß sämmtlicher Werke/ von / Wolfgang Amadeus Mozart", erstellt durch Leonhard Ziegler, im Druck erschienen war; vgl. den Abdruck in KV^6, S. LXI ff.

93 Zufälligerweise genau 100 Jahre nach ihrer Komposition.

94 K.-H. Köhler, Nachlaß, S. 62 f.

95 KleinWAM, S. 47 ff.

96 K.-H. Köhler, Nachlaß, S. 64.

97 W.-D. Seiffert, KB, S. a/7.

98 Nach KV^6, S. 265, erschlossen; Bemerkung zu KV 254 fehlt bei K.-H. Köhler.

Leder zusammengebunden. Auch dieses Konvolut befindet sich heute in Kraków.

Ein erwähnenswerter Beweis dieser Rekonstruktion findet sich in der (bislang unklaren) einstigen Titelaufnahme des Quartettkonvolutes[100]. Dort bestätigt sich, daß der Inhalt des Konvolutes einmal verändert wurde; zunächst nahm man die drei Quartette und die beiden Divertimenti der Erwerbung von 1873 auf. Sechs Jahre später integrierte man das neu erworbene Quartett KV 171 und trennte zum Zwecke der Bindung die Divertimenti ab, fügte gleichzeitig aber das Flötenquartett KV 285 hinzu. Hier die Inventarisierung (wohl von derselben Hand des Bleistifteintrags auf der Innenseite des Konvolutes selbst -s.o.-, oder doch zumindest zeitgleich):

"Mus. autogr. W. A. Mozart
(3 Quartetto [!] u. 2 Divertiment. [!])
v. K. 80. 169. 173. / 247. 287.
171. 285. Divertimenti.
Part. 1 vol. 4° min."

Die Ziffern "247." und "287." sowie "Divertimenti." sind nachträglich durchgestrichen worden.

Auch das F-dur-Streichquartett KV 168, das die Serie der «Wiener» Quartette eröffnet, gelangte auf Irrwegen[101] im Jahre 1969 durch Schenkung schließlich in den Besitz der Preußischen Staatsbibliothek[102] und wird heute isoliert (in einem Schmuckschuber) in Berlin konserviert. Ebenso verschlungen sind die Wege des Quartettes KV 172, das schon lange in der British Library in London aufbewahrt wird; nur KV 170 befindet sich in Schweizer Privatbesitz und ist der Forschung leider entzogen[103].

Da der «Kritische Bericht» zu dem einschlägigen Band der NMA (VIII/20/1, Bd. 1) vorliegt, erübrigt sich eine detaillierte Quellenbeschreibung[104]. Lediglich die wichtigsten Punkte seien zusammengefaßt:

Es ist durchaus kein Zufall, daß das frühe «Lodi»-Quartett - geschrieben im März 1770 - mit Streichquartetten des «Wiener Zyklus» des Spätsommers 1773 als Überlieferungseinheit erhalten ist, während die «italienischen» Quartette KV 155-160 (134^a-159^a) - geschrieben im Spätherbst 1772 und Anfang 1773 in Norditalien - und die drei Quartett-Divertimenti KV 136-138 (125^{a-c})

---

99 Vgl. zudem den "Ballo gavotte" KV 626b/28, der als Nr. 11 im Antiquariatskatalog U. Drüner, Mozart und seine Zeit ("Musique Ancienne", Liste Nr. 22), Stuttgart 1991, in kompletter Faksimilierung erscheint.

100 Für die wortgetreue Wiedergabe danke ich Frau Heidrun Siegel (Musikabteilung der Deutschen Staatsbibliothek Berlin).

101 Vgl. KleinWAM, S. 50 f.

102 Die Angabe im KV ist dahingehend zu aktualisieren. Vgl. W.-D. Seiffert, Faksimile.

103 Zur Geschichte des Nachlasses der beiden letztgenannten Quartette siehe in KV^6 jeweils unter "Autograph".

104 W.-D. Seiffert, KB.

als Werkgruppe jeweils für sich stehen. Durch Papieruntersuchungen und Schriftvergleich ist seit längerem eine alte Forschungsmeinung[105] bestätigt, wonach Mozart sein ursprünglich dreisätziges erstes Streichquartett KV 80 (73^f) im Jahre 1773 - also wohl zur Zeit der Entstehung der frühen «Wiener» Streichquartette KV 168-173 - durch die Komposition eines Finalrondos zur Viersätzigkeit erweiterte[106]. Mozart stellte also selbst einen Bezug zu seinen neueren, nicht jedoch zu seinen übrigen, dreisätzigen Quartetten her[107]. Übrigens konnte sich Vater Leopold Mozart genau an die Umstände der Komposition des «Lodi»-Quartetts erinnern, auf die sein Sohn im bereits zitierten Brief (S. 5) des Jahres 1778 anspielte, setzte doch er - sicherlich nicht ohne Stolz auf seinen Sohn - auf das Titelblatt des ersten Streichquartettes sowohl die Überschrift "Quarteto" als auch jene präzise Datierung, die unter allen Mozartautographen einmalig ist und im Zusammenhang dieses Werkes immer wieder betont wird: "à Lodi. 1770 [Wolfgang Amadeus Mozart] le 15 di Marzo/ alle 7. di sera [Leopold Mozart]"[108].

Dieser geradezu pedantisch genauen Datierung stehen die folgenden Quartett-Autographe entgegen. So sind die drei Quartett-Divertimenti unmittelbar hintereinander folgend (und autograph durchgezählt) notiert; auf der ersten Seite befindet sich von Mozarts Hand sowohl Titel ("Divertimento I:"), als auch die vage Datierung ("Salisburgo 1772") und die Nennung des Verfassers ("di Wolfgango Amadeo Mozart"). Durch Schriftvergleich läßt sich die Datierung auf Ende 1771 bis Frühjahr 1772 eingrenzen[109].

Auf den Einzelautographen der sechs «italienischen» Quartette fehlt indes, bis auf den jeweiligen, offensichtlich zum selben Zeitpunkt nachträglich gesetzten, autographen Titel "Quartetto I (bis VI)" (Tinte, Schriftduktus und Platzierung sind gleich) sowohl eine autographe (oder authentische) Datierung wie auch die Autorenbenennung. Die authentische, zyklische Zusammenfassung wird aber durch die wohl nachträglich angebrachte Durchnumerierung und Setzung der stets gleichlautenden Überschrift bestätigt[110]. Diese Werke sind auf grobem Papier, das charakteristisch für Mozarts Kompositionen der

---

105 O. Jahn I, S. 589; H. Abert I, S. 289, Anm. 2; WSF I, Nr. 198; A. Einstein, Mozart, S. 239.

106 A. Tyson, Dates, S. 328, Anm. 2 und S. 335. Nebenbei sei erwähnt, daß auch die Unterschiede hinsichtlich der dynamischen Angaben Mozarts differieren: In den ersten drei Sätzen fehlt nahezu jegliche Dynamik, im vierten Satz ist sie sehr differenziert gesetzt.

107 Sollte das «Lodi»-Quartett ursprünglich gar Bestandteil der «Wiener» Quartette werden? Zumindest seine Tonart spräche dafür, fehlt doch gerade G-dur zur «perfekten» Terzenordnung: F-A-C-Es-[G]-B-d. Vielleicht steht das plötzliche Interesse an jenem Erstling zumindest damit in Zusammenhang.

108 W. Plath, Vorwort, 1966, S. IX; L. Finscher, Lodi, S. 249; ders., Aspects, S. 122; G. Salvetti, Mozart, S. 272. Die bisher unbekannte Zuschreibung dieser auffälligen Ergänzungen verdanke ich Herrn Wolfgang Plath; vgl. auch W.-D. Seiffert, KB, S. a/8.

109 W. Plath, Schriftchronologie, S. 147. Weiterführende Informationen bei: K. H. Füssl, KB, S. f/3-14 und in Kap. IV.2, S. 209.

110 Vgl. W.-D. Seiffert, KB, S. a/15 ff.

dritten Italienreise ist[111], geschrieben. Als Pauschaldatierung kommt in Verbindung mit den bereits zitierten Briefstellen (S. 5) daher nur die dritte Italienreise in Frage[112]. Merkwürdig bleibt jedoch der Umstand, daß Mozart weder seine Autorschaft noch eine Datierung anzubringen für nötig hielt. Eine derart selbstgewisse Chronologie innerhalb dieser Quartettserie, wie sie A. Einstein vorschlägt[113], läßt sich aus dem Text und dem Papier der Autographe in keiner Weise herauslesen, weil die in identischem Schrifttypus notierten Quartette in separierten Lagen gleichen Papiers aufeinandergelegt sind[114]. Auffällig - und auch von J. A. André nicht ergänzt - ist Nissens unvollständiger Datierungshinweis auf jeder ersten Seite dieser Werke: "177-". Weder er noch der bei der Autographensichtung und -ordnung anwesende Abbé Maximilian Stadler[115], ja nicht einmal die sicherlich häufig zu Rate gezogene Konstanze Mozart wußten demnach dieses Werkcorpus chronologisch einzuordnen. So wie Mozart selbst nie mehr dokumentarisch nachweisbar auf jene Jugendwerke zu sprechen kam, so deuten auch diese äußerlichen Umstände auf einen nicht allzu hohen Bekanntheitsgrad der «italienischen» Serie, obwohl doch Artaria bereits 1792 und Pleyel ihm folgend circa 1799 (beide allerdings in korrumpierter Form) Auszüge aus diesen sechs Werken publiziert hatten.

Die letzte uns interessierende Werkgruppe, die frühen «Wiener» Streichquartette, bietet hinsichtlich der Quellenlage und ihrer Datierung keine Probleme. Die erste Seite des den Zyklus eröffnenden F-dur-Streichquartettes KV 168[116] bietet einen von Leopold Mozart verfaßten Gesamttitel der demnach

---

111 Alan Tysons freundlicher Mitteilung zufolge erscheint dieses Papier noch bei folgenden Mozartwerken: KV 121 (207^a), 135, 135^a (Anh. 109), 143 (73^a), 165 (158^a), 176, 186 (159^b), 261 und 315^g; Mozart nahm sich also solches Papier nach Salzburg mit.

112 W. Plath, Vorwort 1966, S. X und ders., Schriftchronologie, S. 150.

113 A. Einstein, Mozart, S. 241 und in KV^3, S. 198 (leider in KV^6 und daher immer wieder übernommen) bezieht die auf S. 5 zitierten Briefstellen zu dieser Werkgruppe auf KV 155 (134^a) und 157.

114 Vgl. auch W. Plath, Vorwort 1966, S. X. Von Belang mag möglicherweise dennoch sein, daß ausschließlich der erste Satz aus KV 155 (134^a) die Rastralen 2-5 und 6-9 des 10zeiligen Papiers nutzt, während alle anderen Quartettsätze der Serie die Rastralen 1-4 und 6-9 verwenden; das mag auf einen zeitlichen Abstand dieses D-dur-Satzes zu allen anderen deuten. Was die Papierlagen betrifft, so fällt - neben dem umfangreicheren B-dur-Quartett KV 159 - einzig KV 160 (159^a) aus dem Rahmen, das die stets verwendeten acht Blätter nicht wie in den übrigen Werken ineinander, sondern in zwei Lagen zu je zwei Blättern aufeinander legt. Vgl. zu diesen Fragen W.-D. Seiffert, KB, S. a/16. B. Paumgartner, Mozart, S. 160, Anm. 83, möchte aus stilistischen Gründen die Spanne der Entstehung unhaltbarerweise auf die zweite Hälfte 1772 (also noch in Salzburg) bis Mitte 1773 (also Mailand und Salzburg) erweitert wissen.

115 In M. Stadlers "Materialien zur Geschichte der Musik unter den oesterreichischen Regenten", die er etwa ab 1815 sammelte, findet sich die Bemerkung, Mozart habe in den Jahren nach 1771 "Messen, Litaneyen, Quartetten, Sinfonien ununterbrochen fort" komponiert. Dies ist deshalb bemerkenswert, weil er im wesentlichen seine Informationen über Ernst Ludwig Gerbers "Historisch-Biographisches Lexikon der Tonkünstler" bezieht, in dem (auch in den Nachtragsbänden) von Mozarts frühen Quartetten nicht die Rede ist. Sein Wissen über Mozarts Werkbestand bezieht M. Stadler also offenkundig aus seinen persönlichen Erinnerungen oder aus seiner Kenntnis der Erstdrucke; vgl. K. Wagner, Stadler, S. 137 und 140.

bewußt zyklisch angelegten Quartettserie neben Datierung und Autorangabe: "6 [unterstrichen] quartetti del Sgr: Caval: Amadeo / Wolfgango Mozart // à Viena 1773. / nel mese d'agosto." Letzteres bezieht sich auf das Einzelwerk und nicht auf den Zyklus. Die jeweils erste Seite der Autographen von KV 168-171 weist von Leopolds Hand die Datierung August 1773 auf, KV 172 ist ohne Datierung und KV 173 ist ohne Monatsangabe auf Wien 1773 datiert[117].

In auffälliger Inkonsequenz zu den Datierungen und zum Generaltitel sind jeweils Titel wie Ordnungsziffer auf den autographen ersten Seiten dieser Quartette von unterschiedlichen Händen und mit verschiedenen Tintenfarben (bzw. Bleistift) geschrieben, so daß man - im Gegensatz zur Serie der «italienischen» Quartette - nicht von einer nachträglich summarischen, sondern von einer sukzessiven (mit der Entstehungszeit nicht unbedingt unmittelbar zusammenhängenden) Titelgebung ausgehen kann:

Titel/ Farbe	Ziffer/ Farbe
KV 168 LM/ graubraun	LM/ graubraun
KV 169 LM/ hellbraun	LM/ hellbraun
KV 170 LM/ Bleistift	fremde Hand (?)/ Bleistift
KV 171 LM/ braun	LM/ Bleistift
KV 172 WAM/ dunkelgrau	fremde Hand/ Bleistift
KV 173 LM/ hellbraun	LM (?)/ Bleistift

(LM = Leopold Mozart, WAM = Wolfgang Amadeus Mozart)

II. 2 Werkübersicht

Fassen wir nun unseren Gegenstand hinsichtlich der Folge seiner Einzelsätze, der Satz- oder Tempobezeichnungen, der Tonarten, Taktsiglen, Taktanzahl und der Satzformen summarisch zusammen:

Tabelle 1

KV	Tonart	Bezeichnung	Metrum	Taktzahl	Satzform
80/1	G	Adagio	3/4	6	Sonatensatz
/2	G	Allegro	C	84	Sonatensatz
*/3	G	Minuetto/Trio	3/4	28/24	Menuett
/4	G	Rondeau	₵	99	Rondo

---

116 Vgl. W.-D. Seiffert, Faksimile, fol. 1ʳ. Von der Fuge des d-moll-Quartettes KV 173 existiert eine vollständig ausgeführte Erstfassung, die auf dem gleichem Papier wie das Gesamtcorpus der «Wiener» Quartette geschrieben ist; W.-D. Seiffert, KB, S. a/107 ff.

117 Falls Mozart an einem der sechs «Wiener» Quartette "ganz Eyferig" komponierte - um noch einmal die Diskussion von S. 7 f. aufzugreifen -, kann es sich der authentischen Datierungen gemäß nur um KV 172 oder (am wahrscheinlichsten) um KV 173 gehandelt haben, weil Leopolds Brief im September geschrieben ist.

25

155/1	D	Allegro	C	119	Sonatensatz
/2	A	Andante	3/4	50	Sonatensatz
/3	D	Molto Allegro	2/4	102	Rondo
156/1	G	Presto	3/8	180	Sonatensatz
**/2	e	Adagio	C	37	Sonatensatz
/3	G	Tempo di Minuetto (Ritornello)	3/4	36/26	Menuett
157/1	C	Allegro	C	126	Sonatensatz
/2	c	Andante	3/8	126	Sonatensatz
/3	C	Presto	2/4	126	Rondo
158/1	F	Allegro	3/4	127	Sonatensatz
/2	a	Andante un poco Allegretto	C	44	Sonatensatz
/3	F	Tempo di Minuetto (Ritornello)	3/4	64/46	Menuett
159/1	B	Andante	¢	71	Sonatensatz
/2	g	Allegro	3/4	195	Sonatensatz
/3	B	Rondo. Allegro grazioso	2/4	159	Rondo
160/1	Es	Allegro	C	105	Sonatensatz
/2	As	Un poco Adagio	3/4	62	Sonatensatz
/3	Es	Presto	2/4	154	Sonatensatz
168/1	F	Allegro	C	108	Sonatensatz
/2	f	Andante [con sordino]	3/4	67	Sonatensatz
/3	F	Menuetto/Trio	3/4	24/20	Menuett
/4	F	Allegro	2/4	119	Fuge
169/1	A	Molto Allegro	3/4	117	Sonatensatz
/2	D	Andante	2/4	120	Sonatensatz
/3	A	Menuetto/Trio	3/4	36/16	Menuett
/4	A	Rondeaux. Allegro	2/4	80	Rondo
170/1	C	Thema (mit 4 Variationen) Andante	2/4	101	Variationen
/2	C	Menuetto/Trio	3/4	32/16	Menuett
/3	G	Un poco Adagio	¢	58	Sonatensatz
/4	C	Rondeaux. Allegro	2/4	130	Rondo
171/1	Es	Adagio	C	14	(Sonderfall)
		Allegro assai	3/4	128	
		Adagio	C	17	
/2	Es	Menuetto/Trio	3/4	26/24	Menuett
/3	c	Andante [con sordino]	C	29	Sonatensatz
/4	Es	Allegro assai	3/8	162	Sonatensatz
172/1	B	[Allegro spiritoso]	3/4	127	Sonatensatz
/2	Es	Adagio	C	30	Sonatensatz
/3	B	Menuetto/Trio	3/4	30/19	Menuett
/4	B	Allegro assai	2/4	200	Sonatensatz
173/1	d	Allegro ma molto moderato	¢	136	Sonatensatz
/2	D	Andantino grazioso	2/4	94	Rondo
/3	d	Menuetto/Trio	3/4	42/28	Menuett
***/4	d	Allegro	C	97	Fuge

* Erstfassung:
80/3	C	Trio	3/4	16	Trio

** Erstfassung:
156/2	e	Adagio	C	24	Sonatensatz

*** Erstfassung:
173/4	d	[Allegro]	C	83	Fuge

Neben der rein statistischen Beobachtung, daß innerhalb der 13 Kompositionen mit insgesamt 46 Sätzen (exklusive drei Erstfassungen) immerhin 26 in Sonatensatzform stehen, neun ein Menuett und sieben ein Rondo darstellen - dazu gesellen sich als «Ausnahmen» die beiden Fugen KV 168/4 und 173/4, die Variationen KV 170/1 und der Eröffnungssatz mit langsamer Einleitung KV 171/1 - sind mehrere Beobachtungen besonders augenfällig: Zum einen lautet die Satzfolge - bis auf wenige (charakteristische) Ausnahmen - in den dreisätzigen Werken: Schnell-Langsam-Schnell (oder Menuett), bei Viersätzigkeit: Schnell-Langsam-Menuett-Schnell. Zum anderen steht in der dreisätzigen Form mit Menuettfinale (also auch im ursprünglichen «Lodi»-Quartett) immer auch der jeweils erste Satz im Dreiermetrum, während der Mittelsatz dann stets im 4/4-Takt notiert ist. In den übrigen dreisätzigen Quartetten dreht sich diese Symmetrie um, so daß hier nur der jeweilige Mittelsatz Dreiermetrum aufweist. Mozarts Bestreben, Abwechslung und Symmetrie des Metrums zu erreichen, ist offenkundig.

Als Ausnahme unter allen Werken Mozarts, jedoch nicht als "Unikum [...] in der klassischen Instrumentalmusik" oder gar im Sinne eines "Kunstfehlers" zu interpretieren[118], weisen im «Lodi»-Quartett alle Sätze die gleiche Tonart (*G*-dur) auf[119].

Die Werke der beiden folgenden Zyklen sind auffällig geordnet. Die «italienischen» Quartette folgen nicht nur in den Tonarten des aufsteigenden Quartenzirkels (D-G-C-F-B-Es) aufeinander, sondern rahmen auch jene vier Quartette, deren Mittelsatz in Moll steht, durch das eröffnende und das abschließende Streichquartett, deren langsamer Mittelsatz in Dur steht, ein. Eher Zufall mag es sein, daß die Finalsätze, bis auf das letzte Quartett KV 160 (159^a), ständig zwischen Rondo- und Menuettform abwechseln[120].

Die viersätzigen «Wiener» Quartette zeigen einen größeren Variationenreichtum der Formen, gliedern sich aber auch tonartlich sinnvoll weitgehend in aufsteigender Terzverwandtschaft (F-A-C-Es B-d). Auch in dieser Serie bilden das erste und letzte Quartett einen offenkundigen Rahmen: Alle Sätze aus KV 168 und 173 stehen als einzige auf immer gleicher Tonstufe (allerdings abweichend von KV 80/73^f stets mit einem langsamen Satz in Molltonalität) und weisen ein Fugenfinale auf[121]. Sie umrahmen jene vier Quartette, die paarweise mit einem Rondo (KV 169, 170) bzw. einem Sonatensatz (KV 171, 172) enden. Das bei Viersätzigkeit obligate Menuett steht

---

118 L. Finscher, Lodi, S. 255.

119 Tonartengleich sind beispielsweise die Sätze etlicher Streichquartette Michael Haydns (z. B. MH 304, 305, 306, 309) und nahezu alle Streichquartette Florian Leopold Gassmanns (auf Gassmann verweisen bereits WSF I, S. 303, Anm. 1). Auch Franz Schuberts viersätziges Streichquartett in *Es*-dur (D 87) vereint vier Sätze gleicher Tonart.

120 Kurios ist die identische Anzahl von 126 Takten aller drei Sätze aus KV 157.

121 Außerdem folgen nur in KV 168 und 173 zwei Sätze mit geradem bzw. ungeradem Metrum aufeinander, während die übrigen Werke, wie im «italienischen» Zyklus auch, auf steten Wechsel des Metrums achten.

gewöhnlich an dritter Position, tritt aber hinter den Eröffnungssatz, wenn dieser ungewöhnliche Form und vor allem auch langsames Tempo (KV 170, 171) aufweist.

So selbstverständlich das Menuett im 3/4-Takt steht, so wenig selbstverständlich und daher bemerkenswert notiert Mozart jedes Quartettrondo - bis auf die geringfügige Notationsdifferenz des ersten Quartettes (dort *alla breve*) - im 2/4-Takt; eine Konsequenz, die etwa im Vergleich mit Mozarts benachbarten Sinfonien ungewöhnlich zu nennen ist. Die Sonatensatzform, die sowohl den langsamen als auch den schnellen Sätzen, nur in unterschiedlicher Ausdehnung der Proportionen, zugrunde liegt, weist über ihre bloße Form hinaus so viele unterschiedliche Ausprägungen auf, daß sich eine Verallgemeinerung zunächst verbietet.

III. Die Streichquartettsätze

Es liegt es nahe, den Kopfsätzen - und zwar den in Sonatensatzform konzipierten schnellen Kopfsätzen - wegen ihres kompositorischen Gewichts zunächst das Hauptaugenmerk zu schenken, um sich eine erste Vorstellung des frühen Mozartschen Quartetts zu machen. Deshalb werden, in der Auswahl eher zufällig als gezielt, der Kopfsatz des jeweiligen zweiten und sechsten Quartetts beider Zyklen hinsichtlich Faktur und Formung beschrieben. In einem zweiten Schritt werden daraufhin die an den paradigmatischen Kopfsätzen gewonnenen Einsichten zusammengefaßt, wobei die Frage nach Gemeinsamkeiten wie Differenzen der formalen Kopfsatz-Anlage und ihrer gliederungstechnischen Gestaltung zwischen beiden Serien im Vordergrund steht. Nach der sich anschließenden Untersuchung aller sonst auftretender Satztypen der 13 frühen Streichquartette Mozarts wird ein alle wichtigen Ergebnisse zusammenfassendes Kapitel (Kap. III.8) den ersten Teil der Arbeit abschließen. Dieser Vorgehensweise wird trotz der Gefahr einer diskontinuierlichen Vergegenwärtigung des Materials und möglicher Wiederholung der Vorzug gegeben, weil sich in sinnvoller musikalischer Interpretation allgemeine wie individuelle Beobachtung gegenseitig bedingen sollte, beide ohne Verknüpfung isoliert, unscharf oder einseitig bleiben.

III. 1 Exemplarische Untersuchung von Kopfsätzen

(a) «Italienischer» Zyklus

- KV 156 (134^b)/1

Schon im ersten Takt des G-dur-Satzes KV 156 (134^b)/1 ist eine wesentliche Eigenschaft des Mozartschen Quartettsatzes evident: Es handelt sich um einen reell vierstimmigen Satz, in dem keine der Stimmen überflüssig, unselbständig oder ersetzbar wäre. Die in beschwingtem 3/8tel-Presto unvermittelt einsetzenden Eröffnungstakte (T. 1-10) legen die Rolle der Einzelstimmen zunächst in zu erwartender Verteilung fest. Die erste Violine führt in exponierter zweigestrichener Lage einen sich differenzierten Unterstimmenverband an, der durch den eindeutigen, impulsgebenden Baß auf dem jeweiligen Taktschwerpunkt und durch die nachschlagenden, in engem Intervallverhältnis stehenden Mittelstimmen gekennzeichnet ist. Sowohl die Funktion der Einzelstimme im Verhältnis zu den übrigen Stimmen als auch deren gemeinsame Realisierung des vierstimmigen Klangraumes durch Unter-, Mittel- und Oberstimme sind von vorneherein festgelegt[122].

---

[122] Zum Phänomen des Räumlichen in Mozarts Quartetten vgl. N. Schwindt-Gross, Streichquartette, S. 141, und passim.

Dabei handelt es sich nur oberflächlich betrachtet um die Satzfaktur «Oberstimme mit Begleitung». Das Violoncello beschreibt eine eigenständige Linie in korrespondierender Taktpaarigkeit, ohne Sklave der harmonisch an sich einfachen I-V-V-I-Folge zu werden, indem es die funktional naheliegenden Grundtöne durch eine zwischengeschaltete Sekundfortschreitung im zweiten Taktpaar verbindet. Über den Gewinn einer selbständigen Baßführung hinaus erreicht Mozart infolge des harmonisch labilen Terzquartklangs (T. 3/4) eine umso plausiblere, weil kräftig auf dem Grundton stehende und an den Satzanfang erinnernde Anbindung der beiden korrespondierenden Viertakter[123].

Daß es zwei Stimmen sein müssen, die zu den eigenständig verlaufenden Außenstimmen hinzutreten, erkennt man an Mozarts Bestreben, in jedem Takt Vollstimmigkeit der Akkorde zu realisieren. Vollstimmigkeit bedingt jedoch bereits zu Beginn dieses Satzes Vierstimmigkeit. Dabei orientiert sich Mozart an zwei Konstanten: dem Melodieverlauf der führenden Stimme und der möglichst konsistenten Bewegung aller Stimmen. Die ersten vier Takte veranschaulichen dieses Prinzip. In Takt 2 verändert sich durch den Sextaufschwung und den darauf folgenden Terzfall der führenden Stimme das Gefüge der Akkordstruktur: Violine II und Viola verändern entsprechend ihre Lage innerhalb des nachschlagenden G-dur-Akkordes; somit bleibt in den ersten beiden Tonikatakten die Akkordzusammensetzung: Grundton, Terz, Quint, Oktav konstant erhalten, jedoch unter situationsbedingtem Austausch der Stimmen. Gleichzeitig wird die späterhin wichtige Tendenz der Violine II deutlich, rhythmische (Nachschlagen) und melodische (Sext- bzw. Terzkoppelung in T. 2, 6-8) Begleitfunktionen zu vereinen. Daß Vierstimmigkeit zur Gestaltung des Mozartschen Quartettsatzes unabdingbar ist, beweisen spätestens die Takte 3-4. Könnte man zuvor noch der Oktavierung des Grundtones zur Darstellung des zugrundegelegten Dreiklanges entraten (Va.), so bedingt das Auftreten von (bei Mozart häufigen) Septakkorden ein vierstimmiges Akkordgerüst zur vollständigen Realisierung. Auch in Takt 7, wo der zu Takt 3 analoge Quartvorhalt der Violine I mit dem Tonikaakkord G-dur zusammenfällt, wird die elementare Bedeutung der Vierstimmigkeit evident; dort erreicht Mozart durch eine dreifache Vorhaltsspannung eine der ungewöhnlichen Akkordstellung in Takt 3 verwandte Anbindung von Takt 7 an Takt 8. Der durch die regelgemäße Leittonauflösung im Zieltakt, Schlag 2, zur Vollstimmigkeit fehlende Quintton wird sofort im Anschluß nachgereicht[124]. Nur an einer Stelle der ersten 10 Takte muß Mozart wegen drohender Quintparallele (Va./V.I) auf den zum vollständigen Septakkord fehlenden Terzton (Va. in T. 6, Schlag 3) verzichten; doch dies ist eben ein (wenn auch unscheinbarer) Beweis für Mozarts sichere Beherrschung der Stimmführungsregeln.

---

123 Der Terzquartakkord in dieser Konstellation scheint geradezu ein Signum Mozarts zu sein, erscheint er doch schon in dessen frühesten Messen; vgl. M. H. Schmid, Mozart, S. 42 und Kap. III.8.

124 An der Analogstelle in T. 116/117, der ab T. 110 die identische Musik der Quartetteröffnung vorausgeht (abgesehen von der unwesentlichen Verkürzung der Notenwerte der V.I in T. 113 und 117), setzt die V.II den Quintton; die Lösung in T. 8 war stimmführungstechnisch ökonomischer.

Mit der plötzlich in Takt 11 einbrechenden 16tel-Figur der ersten Violine, die über zwei Oktaven (g^2 bis g) girlandenhaft die *G*-dur-Tonleiter durchmißt, verwandelt sich schlagartig auch die Faktur der übrigen Stimmen. Sie akzentuieren jetzt lediglich den Schwerpunkt der Taktpaare (T. 11-14). Kurz vor Erreichen des kräftig angesteuerten Halbschlusses[125] in Takt 18 gesellt sich die zweite Violine als Unisonostimme zur ersten, die beiden Unterstimmen markieren die Töne der Dreiklangsbrechung: Die anfängliche Vierstimmigkeit wird aufgrund funktionaler Gesichtspunkte (hier: markantes Anzielen des Halbschlusses) bewußt reduziert.

Erst mit Takt 19, dem im *piano* sich anschließenden zweiten Formteil, ist wieder geregelte Vierstimmigkeit erreicht. Doch die Profilierung der Einzelstimmen im Gesamtkomplex hat sich erneut verändert. Jetzt führt die Selbständigkeit jeder Stimme zu weiterer Individualisierung des Satzgeschehens. Durch ihre Lage hervorgehoben führt wiederum die erste Violine; zu ihr gesellt sich im jeweils ersten Takt der folgenden Taktpaare (T. 19-26) die zweite Violine als Partner in der Dezime bzw. Sexte, um darüberhinaus im jeweils zweiten Takt eine abrundende Fortsetzung der ursprünglichen Begleitfigur anzuhängen, so daß eine eigenständige, stufenweise steigende Melodielinie der zweiten Violine zu verfolgen ist, die schlechterdings nicht allein in ihrer Abhängigkeit von der führenden Stimme beschreibbar und verständlich ist: Man ist unschlüssig, welcher der beiden Stimmen Priorität zukommen soll; beide Violinen bedingen und stützen einander, wobei der rhythmische Bezug der ersten Violine zur vorangegangenen Halbschlußmarkierung | ♫♩ | unübersehbar ist:

Beispiel 1

Das Verhalten der beiden Unterstimmen ist dem Quartettbeginn verwandt und doch eigenständig. Der Baß setzt wiederum unmißverständlich die «1» des Taktes, wobei hier ausschließlich die Grundtöne erklingen (wohl aufgrund der offenen I-V-I-V-Stufenfolge), die Viola übernimmt erneut das Nachschlagen. Doch dieses «Nachschlagen» hat sein Gesicht verändert. Es ist nun in zweierlei Hinsicht deutlich als Verbindungsglied konzipiert: Zunächst, und das wird durch das Pausieren in den «Anfangstakten» 19/27 deutlich, ist die Viola-Stimme rhythmische Fortsetzung der auf «2» und «3» im jeweils zweiten Takt schweigenden Violine I sowie gleichzeitiges Verbindungselement zwischen den (harmonisch klar getrennten) Taktpaaren, weil sie nicht nur «nachschlägt», sondern über die Taktgrenzen hinweg den Anschluß an die erste Violine ermöglicht. Zum zweiten verharrt sie in den Takten 19-26 konsequent auf dem Achsenton a^1, der gleichermaßen Bestandteil des Dreiklangsgerüstes der (neuen) I. Stufe und ihrer V. Stufe ist. Nicht der Wille einer latent akkordhaften Vollstimmigkeit ist jetzt das Ziel, sondern die harmonische, rhythmische und

---

125 Zu Terminus und Funktion des «Halbschluß» vgl. Kap. III.2.

funktionale Verklammerung der korrespondierenden Taktpaare. Die Viola kann demnach als zum autonom dreistimmigen Satzgeschehen frei hinzutretende «Achse» bezeichnet werden, weil sie sich zwischen erste und zweite Violine als unauffällige, aber wirkungsvolle Klangachse schiebt. Sie übernimmt hier völlig eigenständige Aufgaben im Satzgefüge.

Im Folgeabschnitt (T. 27-34) wechselt die vierstimmige Faktur ein viertes Mal. Auf die von der ersten Violine vorgetragene «Frage» (T. 27, 29, 31, 33) antwortet der gesamte Stimmenverband ähnlich der Halbschlußmarkierung in Takt 17/18. Auffällig ist erneut die möglichst vollständige Darstellung des zugrundeliegenden Drei- bzw. Vierklanges, die meist auf der «3» des Taktes erreicht wird (T. 28, 30, 32). Der Kontrast zur vorausgehenden Stimmenbehandlung könnte nicht deutlicher gestaltet werden: Der selbstbewußten Individualität aller vier Stimmen wird nun der Kontrast zwischen Solo und Tuttiblock gegenübergestellt. Dieser Tuttiblock, scharf durch Ganztaktpausen getrennt, ist nun aber in sich deutlich in Bewegung aufgefächert, denn er setzt nicht einfach starr wiederholte Akkorde unter die Tonrepetition der Violine I. Eine Gegenüberstellung der feinsinnigen Disposition der jeweiligen Stimmenkoppelungen und ihrer Austauschmöglichkeiten mit der Analogstelle Takt 136 ff. zeigt, wie wenig schematisch Mozart selbst bei solch scheinbar nebensächlichen Gestaltungsproblemen vorgeht:

Beispiel 2

T. 27ff.

T. 136ff. (transponiert)

Mit den Takten 35-42 greift Mozart nicht nur thematisch auf den Anfang des Satzes zurück, er nimmt auch wieder dessen Stimmenfunktionen auf. Hier fällt jedoch, abgesehen von der rhythmischen Differenz, vor allem die Behandlung der klanglichen Ausgewogenheit ins Auge. Im wesentlichen läßt sich die Klangbalance durch den Abstand der Stimmen zueinander verifizieren. Denn der zweimalige Oktavsprung der melodieführenden ersten Violine (T. 35/36 und 39/40)[126] bleibt nicht ohne Einfluß auf die Mittelstimmen, die, wegen der

---

[126] Bemerkenswert ist die jeweils nur als 8tel-Note gesetzte Vorhaltsauflösung in T. 38 und 42 (V.I); exakt diese Gestalt fließt dann im dritten Formteil («Reprise») bereits in die Anfangstakte 113 und 117 (vgl. T. 4 und 8) ein. In typisch Mozartscher Diktion überbrücken die Mittelstimmen hier (T. 38, 42) das «Loch» der 2/8tel-Pause durch eine Verbindung mit dem Folgetakt.

drohenden, klanglich wenig homogenen Intervallverhältnisse, ebenfalls durch Oktav- bzw. Sext/Terzsprünge den Lagenwechsel der Führungsstimme mitvollziehen, ja sogar unmittelbar vorbereiten. Die «Mittelgrundstimmen» Violine II und Viola, die hier im Gegensatz zum Quartettbeginn weder den rhythmischen Impuls noch eine enge Anlehnung an die Melodieführung der ersten Violine mitvollziehen, sind wiederum bestrebt, Vollstimmigkeit der jeweiligen Akkordzusammensetzung zu erreichen (wobei für einen Moment die Terzenverdoppelung des «d» in Takt 42 wohl aus stimmführungstechnischen Erwägungen erklingt).

Der nächste Abschnitt innerhalb des ersten Teiles (T. 43-48 und identisch wiederholt in T. 49-54/55) zeigt uns ein weiteres, bisher noch nicht verwendetes Gestaltungsphänomen. Hier lösen völlige Gleichberechtigung der beiden Violinen (T. 43-46, 49-52) bei differenzierter Begleithaltung der beiden Unterstimmen (vgl. T. 20 ff.) und gemeinsame vierstimmige Schlußwendung (T. 47-48, 53-54) einander ab. Trotz der Blockhaftigkeit dieser Schlußwendung muß auf das eigenständige Pausieren der Viola auf der Takteins jeweils unmittelbar vor dem Anschluß an den Folgeabschnitt (T. 48 und 54) hingewiesen werden. Anstelle sich in Abhängigkeit zu den Oberstimmen zu begeben, knüpft sie jeweils an die Auftaktgeste ihrer eigenen Vortakte an.

In den Takten 56-63 wandelt sich ein weiteres Mal das Satzgefüge: Hier sind die Mittelstimmen Hauptakteure. Sie sind streng (vergleichbar den Violinen in T. 19 ff.) in Terzen gebunden. Im gemeinsamen *unisono* wird der Schluß erreicht. Dieses *unisono* ist zweifellos neben der starken Sogwirkung (stärker noch als die Oktavierung der beiden Violinen in T. 15/16 mit ihrem Ziel in T. 18) dieser Satztechnik auch als indirekter Fingerzeig auf die völlige Gleichberechtigung der Stimmen zu interpretieren: Alle Stimmen stellen sich uniform unter dasselbe Motto.

Nicht weniger als sieben klar voneinander unterschiedene Funktionen übernehmen die vier Streicherstimmen also innerhalb des Satzgefüges während des recht knappen ersten Teiles:

1) führende Violine I, differenzierte Begleitung der übrigen
2) Solo der Violine I, Akzentsetzung der übrigen
3) selbständiger Terzengang der ersten und zweiten Violine, Brückenfunktion der Viola, Impuls durch das Violoncello
4) Solo der Violine I, «antwortender» Block aller vier Stimmen
5) alternierende Violinen, begleitende Unterstimmen
6) terzgebundene Mittelstimmen, Akzent der Außenstimmen
7) *unisono*

Wenden wir uns dem Mittelteil (T. 72-109) des *G-dur*-Quartettes zu. Hier läßt sich in besonderer Weise Mozarts Bestreben erkennen, jede der beteiligten Stimmen nahezu gleichwertig am Satzgeschehen teilhaben zu lassen. Einstein, der für diesen Quartettsatz ohnehin Worte des höchsten Lobes findet, weist auf den besonderen kompositorischen Wert jenes Satzabschnittes hin, der zwischen gelehrter und galanter Schreibart schwebt: "Nichts dergleichen findet sich bei irgendeinem anderen Komponisten"[127].

Die drei Unterabschnitte, in die man diesen Teil gliedern kann - Takt 72-87, 88-98 und 98-109 (s. u.) -, prägen jeweils verschiedenartige Stimmenkonstellationen und Satztechniken aus. Einigendes Band ist eine bis kurz vor Schluß taktweise auftretende vor allem rhythmisch motivierte Figur, die nicht aus dem vorhergehenden Satzgeschehen ableitbar ist: |♫ ♪| . Im ersten und dritten Abschnitt bildet sie eine konstante, immerwährend repetierte Achse (erst V.II, dann Vc.), an der sich die übrigen Stimmen orientieren. Im mittleren Abschnitt wird dies Motiv jedoch kompositorisch fruchtbar, indem es nicht nur sukzessive durch alle Stimmen wandert, sondern gleichzeitig auch Ausgang eines zweimaligen Sequenzganges (taktpaarweise ab T. 88: V.I-II-I-II-Va.-Vc.) wird. Was zunächst in der ersten Violine (T. 90/91) wie ein melodischer Anhang an jene Floskel aussieht (und als solcher auch hörbar wird), ist bereits durch die in 8teln fließenden Mittelstimmen zwei Takte zuvor vorbereitet.

Der komplexe Beginn des Mittelteils resultiert aus zwei phasenverschobenen, über viele Takte konstant beibehaltenen Viertaktgruppen, die sich um die Achse des Repetitionsrhythmus bewegen. Dabei verzahnen sich die fallende Dreiklangsbewegung der Viola und die in Sexten (plus Oktav) gekoppelten Außenstimmen solcherart, daß die jeweils nach der Dreitaktphrase eingehaltene Pause überbrückt wird, weil die Schlußnote der einen Stimme gleichzeitig immer mit der Anfangsnote der übrigen Stimme zusammenfällt. Graphisch dargestellt, würde diese Konstruktionsweise an festgefügtes Mauerwerk erinnern. Nur durch den willentlichen Abbruch dieser prinzipiell ins Unendliche fortsetzbaren Bewegung, ausgelöst durch das Schweigen der ersten Violine und den plötzlichen Aufschwung (aufgrund der unmittelbar erfolgenden Übergabe) der Repetitionsphrase (V.II) in Takt 87, findet der erste Teil seinen Abschluß. Selbst innerhalb dieser komplexen Situation achtet Mozart an den Nahtstellen der Einsätze der Außenstimmen, also in den vierstimmigen Momenten, auf Vollstimmigkeit der Akkorde (T. 75, 79, 83).

Das Violoncello, das sich zu Beginn dieses Mittelteiles in strenger Koppelung an die Violine I schon wenig baßtypisch, sondern vielmehr motivisch gezeugt bewegt hatte, übernimmt beim Ausklingen desselben Teiles (ab T. 98) die klangliche und rhythmische Stützfunktion, indem es in herausgehobener Lage die Basis für die sich darüber wölbenden, vorhaltsgeprägten Taktpaare darstellt. Dennoch ist gleichzeitig der Anklang an den Beginn dieses Formabschnitts (T. 72) deutlich: Das Band innerhalb des Mittelteiles wird geschlossen. Wiederum verharrt nämlich jene konsequent repetierte Figur in einer einzigen Stimme, wiederum wird diese Figur einen Takt lang solistisch vorausgeschickt. In zweimalig *piano* angeschlagenen, gleichsam ausklingenden (vollstimmigen) Akkorden über *D* mit nachfolgender Generalpause schließt Mozart diesen brillant-geistreichen Zwischenteil ab.

Wir sprachen zur Abgrenzung großformaler Einheiten bislang von «erstem Teil» und «Mittelteil». Wesensmerkmal des «Mittelteils» ist, daß er zu einem dritten, den Kopfsatz abschließenden Teil überleitet, sich also gewissermaßen

---

127 A. Einstein, Mozart, S. 242.

vermittelnd zwischen die beiden Hauptteile schiebt. Der erste Hauptteil wiederum, durch Wiederholungszeichen als elementarer Formabschnitt gekennzeichnet, wird nahezu wörtlich (ab T. 110) als dritter Hauptteil wiederholt. Der entscheidende Unterschied dieser beiden großformalen Einheiten besteht lediglich in ihrer unterschiedlichen tonalen Ausrichtung. Während sich der erste Teil von der Tonika zum Halbschluß (in T. 18) bewegt, diesen jedoch nicht im Sinne einer Dominante, sondern als Sprungbrett zu einer neuen Tonika, nämlich die der ursprünglichen V. Stufe, verwendet (V. = I.), nimmt der dritte Hauptteil den identischen Halbschluß (in T. 127) in seiner eigentlichen Funktion wahr und fällt zurück in die beibehaltene Tonart der I. Stufe (V. → I.). Der kräftig angesteuerte und zudem durch mehrfach wiederholte 8tel-Noten verstärkte Halbschlußmoment wird also im Sinne eines Scharniers in den Dienst der harmonikalen Situation gestellt: Soll sich der Satz öffnen (1. Teil), folgt die Umdeutung der V. Stufe zur neuen I., soll der Satz auf den Schluß ausgerichtet werden (3. Teil), bleibt die V. Stufe in ihrer dominantischen Funktion erhalten. Mozart moduliert nicht, sondern er hebt die beiden konstitutiven harmonischen Stufen voneinander ab, er verbindet nicht fließend, sondern setzt klar strukturierte Einheiten. Wir vermissen, wollten wir diesen Mozartsatz mit den Termini der Schulformenlehre klassifizieren, einen Überleitungsteil von der Tonart der I. zur V. Stufe im ersten Hauptteil, dessen Modifikation im dritten Teil, zwei gegensätzliche Themen und, wie sich sofort zeigen wird, auch einen seiner Bezeichnung gerecht werdenden Durchführungsteil[128].

Wollten wir nämlich den 38taktigen Mittelteil von KV 156 (134^b)/1 mit den Werkzeugen der Schultheorie fassen, so wäre zu fragen: Was führt die «Durchführung» durch? Wir sahen bereits, daß die Takte 72-109 nicht an Bekanntes des vorausgehenden ersten Teils anknüpfen, auch nicht jene durch die zweite Violine solistisch vorgestellte und in der Folge ununterbrochen zitierte, rhythmisch prägnante Figur erweitern, abspalten, zusammenfügen oder verändern, kurz, daß dieser Abschnitt zwischen den so deutlich aufeinander bezogenen Hauptteilen nicht im Sinne der Schultheorie «durchführt». Vielmehr fällt er durch seinen starken rhythmischen und stimmführungstechnischen Kontrast zu seinem Kontext auf, indem er primär demonstrativ die beiden Hauptteile voneinander abtrennt.

Dabei stellt sich jedoch die elementare Aufgabe, von der am Ende des ersten Teils erreichten Tonart der V. zurück zur I. Stufe führen zu müssen. Dieses Ziel erreicht der Mittelteil in drei Schritten: Im ersten Abschnitt (T. 72-87) verrückt er auf intrikate Weise das Satzgeschehen von *e*-moll (in dem er überraschend beginnt) nach *D*-dur, im zweiten Abschnitt (T. 88-98) gelangt er über eine zweistufige Sequenz von *a*-moll nach *D*-dur[129], und im dritten Abschnitt (T. 98-109) verharrt er auf *D*, jener nach dem Halbschluß des ersten Formteils (ab T. 19 ff.) gewonnenen neuen Tonika, die jetzt allerdings allmäh-

---

128 Vgl. die allgemeineren Ausführungen zu diesen formalen Erwägungen in Kap. III.2.

129 Bemerkenswert ist die Analogie zur Gliederung des Quartettanfangs: Auch dort beobachteten wir die Kombination von 4+4 + 2 Takten.

lich (z. B. durch den Septklang in T. 92) von der Tonika- in die Dominantfunktion umgedeutet wird. Als harmonischer Vorgang betrachtet, deutet der Mittelteil demnach die Tonart der Quinte zum Akkord über der Quinte um, er kommt auf das im ersten Formteil nicht realisierte Halbschlußmoment von Takt 18/19 zurück[130].

Nachdem nun Stimmengefüge und großformale Anlage angesprochen wurden, ist es freilich notwendig, sich über die Gliederung des G-dur-Satzes KV 156 (134^b)/1 Rechenschaft abzulegen.

Die ohne Umschweife anhebenden Eröffnungstakte bilden eine symmetrisch-periodische Anordnung zweier Viertaktglieder, deren erstes harmonisch sich öffnend, deren zweites durch gegenläufige Anordnung sich wieder schließend gebaut ist. Dieser periodischen Haltung korrespondiert der melodische Gestus der ersten Violine. Bewegt sich der Anfang nach emphatischem Sextaufschwung auf den Quartvorhalt der V. Stufe zu, so kehrt sich in Takt 5/6 diese Bewegung zu einer abspringenden Oktave um, die den Quartvorhalt der I. Stufe zum Ziel hat. Dort angekommen (T. 8), endet zwar der erste harmonisch und melodisch in sich kongruente Abschnitt, doch treibt vor allem die nicht schlußkräftige Terzlage den Satz voran. Auch der fakturgleiche angehängte Wechsel zwischen I. und V. Stufe vermittelt dem Eröffnungsabschnitt noch nicht die nötige Schlußkraft (T. 9-10). Im Moment des wirklichen Abschließens (T. 11) setzt jedoch gleichzeitig eine neue, in 16teln dahineilende Bewegung ein, die ihr Ziel auf dem durch Tonwiederholung und Akkordausfüllung gekennzeichneten, bereits mehrfach erwähnten Halbschluß (T. 17/18) findet. Hier endet deutlich vernehmbar, weil durch Generalpause getrennt, der erste nur 18 Prestotakte umfassende Satzabschnitt. Dieser ordnet sich demnach in zwei nahezu gleichlange Einheiten, die charakteristisch gegliedert sind: Im «a»-Teil hängt an der symmetrischen Anordnung zweier korrespondierender Viertakter ein überleitender Zweitakter. Im an der Nahtstelle (T. 11) verzahnten «b»-Teil folgt auf zwei bis auf die Artikulation identische (oktavversetzte) Taktpaare ein markanter Abschluß-Viertakter, der offen auf den Halbschluß gerichtet ist.

```
              [2+2] [2+2]  [2]  [2+2] [4]
Takte 1-18:    4  +  4  +  2    4  +  4
              ─────── a ──────  ─── b ───
Stufen:        I.                V.
```

130 Die Generalpause in T. 109 bedeutet nicht nur ein «Zur-Ruhe-Kommen» und eine Markierung der Zäsur zwischen den beiden eigentlichen Hauptteilen dieses Kopfsatzes, sondern erklärt sich auch durch die - später noch ausführlicher zu besprechende (Kap. III.2) - untergründige Verwandtschaft mit einer der häufigsten Formeln Mozarts, um einen Halbschluß zu indizieren; nur verlangsamt sich hier der eigentlich kräftige Impuls | ♫ ♪| ♩ ♪ | (vgl. T. 17/18, 126/127) auf das Dreifache | ♪ ♪ ♪ | ♪ ♪ ♪ | ♪ ♪ ♪ | .
Der Takt der Generalpause ist demnach unabdingbar aus Proportionsgründen nötig.

Auf diesen unerwartet rasch gesetzten Zäsurpunkt (das periodische Kopfthema wurde ja lediglich vorgestellt und dann abgebrochen) folgt nun eine völlig anders geartete Taktverknüpfung. Deutlich handelt es sich in den Takten 19-34 um ein paarweises Aneinanderreihen kurzgliedriger, rhythmisch-metrisch verwandter Motiveinheiten, die einerseits durch ihre unmittelbare Wiederholung und andererseits durch ihren harmonisch jeweils offenen (nämlich dominantischen) Schluß an der Nahtstelle zum Folgenden die anzustrebende Kontinuität des musikalischen Materials ermöglichen. Die Formbildung dieses Abschnittes des *G*-dur-Quartetts erinnert deswegen an das Prinzip aneinandergefügter, schwach miteinander verbundener Bausteine. Entscheidendes Merkmal dieser den Satz charakteristisch vorantreibenden Anlage ist es, nicht etwa Disparates oder zu Entwickelndes auszubreiten, sondern vielmehr eine motivische Keimzelle, einen «Baustein» je stufenversetzt mehrmals zu wiederholen. Zunächst handelt es sich um eine abtaktig (vgl. V.I) einsetzende Figur |♪♫|♩|, im folgenden Achttakter um die Umkehrung dieser Gewichtung |♫♫|♪♫|. Die beiden jeweils harmonisch offen endenden Achttaktgruppen - wiederum zu untergliedern in vier aneinandergesetzte je offene Viertakter - stehen also in auffälliger kompositorischer Beziehung zueinander; die Zweitaktgruppe dient in ihrer Funktion als kleinste Sinneinheit als stets präsenter Baustein. Schematisiert könnte man Mozarts Verfahren folgendermaßen darstellen:

```
        ── c ──    ── c' ──
       [: X    X :][: Y    Y :] usw.
Stufen:  I.    V.    I.    V.
```

In Takt 35 ff. beginnt nun ein Abschnitt, der weit längeren Atem beweist, als die periodisch anhebende und schnell auf einen Halbschluß drängende Eröffnung oder das sich daran anschließende «Bausteinverfahren». Motivisch unverkennbar an die achttaktige Periode des Satzanfangs anknüpfend (s. o.) weisen die Takte 35-42 bedeutsame, nur durch die geänderte Stellung im Satzverlauf zu verstehende Unterschiede auf: Das bis zur Oktavstreckung erweiterte und in seiner Vorhaltsgestik variierte erste Motiv trifft nämlich nun mit einer gewandelten harmonischen Entwicklung zusammen, die zunächst über die IV., dann über die V. zum offenen Trugschluß der VI. Stufe führt. Das ursprünglich periodisch geschlossene Eröffnungsmotiv drängt nun zugunsten eines größeren Bogens, der in der Tat erst in Takt 55 abschließt, über sich hinaus.

Wie in der zweiten Hälfte des Eröffnungsabschnittes (ab T. 11) der Halbschluß in einer Belebung der Notenwerte angezielt wird, so drängt auch im Anschluß eine 16tel-Kette zu dem Ganzschluß in Takt 55. Wiederum liegt als formkonstituierendes Merkmal die unmittelbare Wiederholung vor. Hier jedoch setzt Mozart nicht in sich relativ abgeschlossene Segmente aneinander, sondern er verschränkt die Wiederholung mit dem zu Wiederholenden, so daß die zu erwartende Schlußkadenz, die uns schon in Takt 41 durch Trugschluß vorenthalten wurde, durch spontanen Neuansatz des Kadenzgangs im Moment des Schließens (T. 49) ein letztes Mal hinausgezögert wird.

Die auf den in Takt 55 endgültig erreichten Ganzschluß folgenden beiden Achttakter (T. 56-63 und 64-71) bestätigen lediglich die erreichte neue Tonika der Quinte. Der erstmals auftaktig gestaltete erste Achttakter zerfällt wiederum in zwei identische, aneinandergefügte viertaktige Bausteine, die sich lediglich durch ihre Gestaltung der markanten Akzentschläge (V-I) unterscheiden, wobei zunächst die wenig schlußkräftige Terzlage (T. 59), dann die abrundende Oktavlage (T. 63) plaziert werden. Beide Bausteine insistieren in Kontrastierung zum Vorausgehenden merklich auf ihrer Funktion als Schlußglieder. Der im *piano* endende erste Hauptteil wird durch eine förmliche Kadenz abgeschlossen, die besonders durch das vorausgehende viertaktige *unisono* anvisiert und intensiviert scheint. Dieses *unisono* ist untergründig mit dem bisherigen Material verwandt und wirkt daher besonders homogen: Rhythmisch greift es (allerdings mit Auftakt) auf die paarigen Takte (T. 19 ff.) zurück, motivisch knüpft es, ungeachtet aller Unterschiede, plakativ an die Vorhalts- und Leittonspannungen des Kopfmotivs (T. 1 ff. und 35 ff.) an.

- KV 160 (159^a)/1

Betrachten wir nun unter Berücksichtigung der vorausgehenden Ergebnisse den *Es*-dur-Kopfsatz aus KV 160 (159^a).

Die großformale Anlage weist unübersehbare Parallelen zu KV 156 (134^b)/1 auf: Ein fünfzehntaktiger Eröffnungsabschnitt findet sein Ziel auf einem kräftig markierten Halbschluß mit nachfolgender Pause aller Stimmen (T. 1-15). Der Anschluß erfolgt modulationslos in der neuen Tonart der Quinte, so daß der Halbschluß nicht in seiner dominantischen Funktion, sondern lediglich in seiner allgemeinen Schlußwirkung realisiert wird. Im dritten Hauptteil (ab T. 60 ff.) werden diese ersten 15 Takte notengetreu wiederholt; nun jedoch fällt der motivisch-thematisch völlig gleiche Anschluß (T. 75) zurück zur Satztonika. Die Dominantspannung des äußerlich identischen Halbschlusses wird entgegen der Parallelstelle im ersten Hauptteil erwartungsgemäß abgeschlossen.

Wie im *G*-dur-Satz folgen auf jene Zäsur zunächst bausteinartig wiederholte Taktsegmente, die symmetrisch (2+2) konzipiert an ihrer Nahtstelle durch ihre dominantische Öffnung eine Fortsetzung der Reihung erzwingen (T. 16-23). Durch komplexere Faktur (s. u.) gerät der Anschlußabschnitt (T. 24-28) dichter durchwirkt; gliederungstechnisch liegt ebenfalls die unmittelbare Wiederholung eines Zweitakters vor, dessen Kadenzverhalten sich allerdings durch einen im Binnenglied vollzogenen V-I-Schritt am jeweiligen Schlußglied (T. 26/1 und 28/1) abrundet.

Und auch die dritte zu separierende Taktgruppierung weist erstaunliche Verwandtschaft zur Gliederung und Funktion des *G*-dur-Satzes auf, obwohl Mozart nicht - wie dort - variierend auf das Kopfmotiv zurückgreift. Beidemale schließt sich an die kurzatmig wiederholten «Bausteine» nun ein musikalisch weitgespannter Bogen an, dessen Funktion darin besteht, die endgültige Kadenz innerhalb der neuen Tonart der V. Stufe zu verzögern; die Mittel sind bekannt: Verschränkung der Glieder an deren Nahtstellen (T. 35/36, 40/41) oder trugschlüssiges Ausweichen (T. 43).

Im Unterschied zu KV 156 (134^b)/1 fehlt zur äußerlichen Abtrennung dieses ersten Teils vom Nachfolgenden das Wiederholungszeichen[131]; der Abschluß ist dennoch durch seine Akkordschläge (kein Ausklingen im *piano*, wie in KV 156/134^b), die uns bereits als Markierung des Halbschlusses aufgefallen waren, eindeutig (T. 45). Als Überleitung zum Mittelteil nutzt Mozart jene Abschlußfloskel nun äußerst geschickt; vom eigentlichen Beginn dieses Mittelteiles in Takt 49 rückblickend, wo der Quartettanfang nach *c*-moll versetzt erscheint (ein weiterer gewichtiger Unterschied zum *G*-dur-Satz), muß man im Nachhinein die Takte 45/46 und 47/48 als Modulationseinschub hören, das heißt, wir empfinden die ursprünglich kräftige Schlußwendung | ♩ ♩ ♩ 𝄾 | durch die Einführung der Sept (*piano*) in Takt 46 geschwächt (und erwarten den Sprung zum Satzbeginn), durch die stufenversetzte Wiederholung dieses Vorgangs (T. 47/48) interpretieren wir die Schlußfloskel dann geradezu als Eröffnungsfloskel.

Von «Durchführung» angesichts der Takte 49-59 zu sprechen, wäre wiederum, wenn auch aus anderen Gründen als im zuvor beschriebenen *G*-dur-Satz, verfehlt. Mozart greift zwar (stufenversetzt) auf das Material des Quartettbeginns zurück; er zitiert es jedoch lediglich sechs Takte lang in der parallelen Molltonart der Satztonika nahezu identisch, fällt dann in eine zweistufige Sequenz[132] und erreicht bereits nach insgesamt 11 Takten den Abschluß dieses Abschnitts. Anders als im *G*-dur-Satz, verklingt der Mittelteil nicht auf der erheblich ausgebreiteten Dominante, sondern kennzeichnet vielmehr deutlich den unmittelbar vor Eintritt des dritten Teils erklingenden Akkord (T. 59) in seiner halbschlüssigen Funktion[133]. Die Rückleitung von *c*-moll zur Tonika - Hauptaufgabe dieses zweiten Formteils - ist erheblich schneller und mit anderen Mitteln als in KV 156 (134^b) bewerkstelligt.

Der Satzbeginn von KV 160 (159^a)/1 scheint zunächst durch das andere Metrum, durch das Fehlen einer symmetrischen Eröffnungsperiode, vor allem aber durch die blockhafte Begleithaltung aller drei Unterstimmen zur führenden V.I gänzlich vom *G*-dur-Quartett unterschieden. Das andauernde Pochen der Unterstimmen und das demonstrative Verbleiben des Basses auf dem einzigen Ton *es* trotz kurzzeitigen Wechsels der Oberstimmenharmonik verleihen diesem Beginn das Gepräge einer eher flächigen Ausdehnung als filigraner Satztechnik, wie sie in KV 156 (134^b)/1 von Anbeginn an zu beobachten war.

---

131 Vgl. Kap. III.2.

132 Diese Sequenz wird dadurch eingeleitet, daß unmittelbar zuvor die V.I auf dem Boden einer konventionellen Kadenz (IV-V) ihre Lage wechselt und sich über den Liegeton der V.II erhebt. Statt des in T. 56 zu erwartenden Kadenzabschlusses auf *c*-moll rutschen die Mittelstimmen jeweils um einen Halbtonschritt ab, die V.I greift (bei e^2 beginnend) auf das markante Motiv von T. 16 ff. zurück, um über eine zweistufige Quintschrittsequenz die zu beschreibende Halbschlußzäsur anzuvisieren.

133 Die kompositorischen Mittel dieser Sogwirkung auf die dominantische Funktion hin wird näher untersucht in: W.-D. Seiffert, «Absatzformeln».

Hinzu kommt noch das wenig individuelle Thema, dessen zweitaktiger Kopf einer Lieblingsphrase Mozarts und seiner Zeitgenossen entspricht[134].

Doch auch dieser eher massive Satzbeginn, der nach vier Takten einer durchsichtigeren Satztechnik Platz macht, weist gleichsam unter der Oberfläche Gestaltungsmerkmale auf, die der differenzierten Rollenverteilung der vier Stimmen vom Satzanfang aus KV 156 (134^b)/1 nicht nachstehen. Zwischen der Klammer der in ihrer Haltung eindeutig festgelegten Außenstimmen (Oberstimme: Melodie; Unterstimme: repetierendes Pochen) stehen Violine II und Viola, die nicht etwa nur durch ein uniformes Pochen in 8teln und «Auffüllen» des zugrundegelegten Dreiklangs festgelegt sind, sondern zwei weitere Funktionen übernehmen. Zunächst erkennt man Mozarts erneuten Willen zur Vollstimmigkeit, da sich beide Mittelstimmen in ihrem Tonvorrat an den wechselnden Verlauf der Oberstimme unter Beachtung der harmonischen Bewegung anlehnen. Sie vollziehen dabei den Wechsel zur V. (T. 2, «1-2») und zur IV. Stufe (T. 3) mit, wie er sich durch den Verlauf der Melodiestimme ergibt, obwohl oder gerade weil der Baß ostentativ auf seinem Orgelpunkt beharrt. Die Tendenz der zweiten Violine, parallel zur ersten Violine in Terzen oder Sexten zu verlaufen, wird von Beginn an deutlich. Auf der anderen Seite, und dies war in KV 156 (134^b)/1 nicht in dieser Form zu beobachten, fungieren beide Mittelstimmen exakt an der Stelle der Melodiezäsur in Takt 2 als überleitende Verbindungsglieder; das «Loch» der 4tel-Pause wird durch eine in Terzen gekoppelte Phrase zur folgenden IV. Stufe überbrückt.

Wie wichtig die genaue Beobachtung solcher Stimmenbeziehungen innerhalb kleiner Taktgruppierungen ist, zeigt die plötzliche Veränderung der Konstellation(en) innerhalb des vierten Taktes und seiner Folge. Liegt in den Takten 1-3 (trotz latenter Terzbeziehung der Oberstimmen) eine der Faktur vom Beginn aus KV 156 (134^b)/1 sehr nahe Schichtung dreier Ebenen vor, so leitet Takt 4 durch die Bildung von gekoppelten Stimmpaaren (wiederholt in T. 8) zu einer neuen Konfiguration der folgenden Viertakter über.

Betrachten wir Takt 5/6: Wieder handelt es sich um drei zu separierende Schichten. Doch bis auf die Führungsrolle der ersten Violine hat sich die Konstellation im Vergleich zum Quartettanfang völlig verschoben. Die zweite Violine überwölbt das Satzgeschehen mit dem doppelgesichtigen Ton b^2, der sowohl Dreiklangsbestandteil von *Es*-dur als auch *B*-dur (den beiden in der Folge wechselnden Stufen) ist. In dieser Hinsicht ist dieser Liegeton der Violine II dem in KV 156 (134^b)/1, T. 20 ff. zu beobachtenden Achsenton nicht unähnlich und funktional sogar identisch. Als drittes Element gesellt sich die weitgehend in 8teln geführte Begleitung des Basses hinzu, die nun aber weit davon entfernt ist, orgelpunktartig zu repetieren, sondern vielmehr der relativ konventionellen Dreiklangsmotivik der Violine I eine eigenständige Bewegung entgegenstellt. Der Viola fällt schließlich (wie gleich darauf in T. 9 ff.) eine Doppelfunktion zu, die sich durch ständig wechselnde Bezugnahme zur Ober- oder Unterstimme manifestiert. Sie vollzieht einerseits den Bewegungs-

---

134 Vgl. Kap. III.8.

impetus der Unterstimme in gekoppelter Dezime (oder Gegenbewegung in T. 6) mit, andererseits übernimmt sie für den kurzen Moment der jeweils ersten Zählzeit die Funktion des Terzpartners der melodieführenden Stimme.

Durch das oktavierende Hinzutreten der zweiten zur ersten Violine in Takt 7 wechselt die Faktur erneut. Jetzt zielt der aus drei Stimmen gebildete Oberstimmenverband über pochendem Baß auf die Kadenzauflösung in Takt 8; mit dem bekannten Mittel der Unterstimmenüberleitung wird der Viertakter vorbereitet. Diese Wiederholung (T. 9-12) ist jedoch, weder was den Tonvorrat noch die Stimmenverteilung betrifft, wörtlich gestaltet, sondern in geradezu demonstrativer Weise unterschieden. Wichtigster Punkt: Die Violinen vertauschen ihre zuvor eingenommenen Rollen, um damit die strukturelle Gleichwertigkeit (aber auch räumliche Unterschiedlichkeit) des identischen Klangkörpers «Violine» zu verdeutlichen. Daß dieser Rollentausch keineswegs zufällig, sondern kompositorisches Ziel ist, beweist zweierlei. Zum einen mündet die Entwicklung dieses wiederholten Viertakters in das absolute Gleichwertigkeit signalisierende *unisono* beider Stimmen (T. 12-15). Zum anderen korrigiert Mozart in der autographen Niederschrift dieser Stelle spontan eine zunächst gesetzte Version des neunten Taktes, die in (mechanischer) Wiederholung von Takt 5 wieder der ersten Violine die Führungsposition überläßt. Er kanzelliert jedoch diesen Takt und ersetzt ihn (auf neuer Akkolade) durch die gültige, die beiden Violinstimmen vertauschende Lesart[135]. Damit besteht kein Zweifel an Mozarts höchst differenzierter und willentlicher Gestaltung der vierstimmigen, auf Egalität im Funktionszusammenhang gerichteten Satzfaktur.

Das Prinzip des ständigen Rollentausches praktizieren die drei Oberstimmen in den nun folgenden Zweitaktgliedern häufig. Schlossen sich in den Takten 16 bis 19 die Mittelstimmen zu reiner Terzenführung über diskret impulsgebendem Baß zusammen, so wiederholt der Viertakter 20 bis 23 die gleiche Musik, wobei die Stimm- und Oktavlage lediglich um ein System nach oben rückt. Der entscheidende Unterschied zwischen erstem und zweitem Viertakter besteht im Übergang von der Drei- zur Vierstimmigkeit. Weil die erste Violine vor ihrem Einsatz in Takt 20 schweigt, ist offensichtlich, daß der Satz (zwei terzengebunde Stimmen über einfachen Baßschritten) auch ohne vierte Stimme in sich schlüssig ist. Beim Stimmentausch schweigt nun aber die Viola nicht etwa in Analogie zur Violine I in Takt 16 ff., sondern rekurriert auf das Phänomen des liegenden Achsentones, der in diesem Falle durch synkopische Rhythmisierung dem Verlauf zusätzliche Energie verleiht. Was also in Takt 5/6 bzw. 9/10 durch die zweite beziehungsweise erste Violine verwirklicht wird, erkennen wir hier (man erinnere T. 20 ff. aus dem 1. Satz von KV 156/134[b]) in der Gestaltung der Viola: Eine eigengewichtige, den Klang (und die rhythmische Prägnanz) des an sich dreistimmigen Satzes aufwertende Stimme in Form eines die I. und V. Stufe gleichermaßen vertretenden

---

135 Vgl. W.-D. Seiffert, KB, S. a/39.

(und deshalb an eine Hornstimme im Orchestersatz erinnernden) Liegetones[136].

Die sich anschließende Faktur der Takte 24-28 beschleunigt die zuvor in sich stabilen Zweitakter zu halbtaktig wechselnder harmonischer Progression über der wiederaufgenommenen in 8teln geführten Baßbewegung. Hier spielen sich solistische Oberstimme und in Terzen geführte Mittelstimmen versatzartig eine dreitönige Auftaktfigur zu, wobei die erste Violine jeweils vom auftaktig gesetzten Spitzenton b^2 ausgehend in einen nach oben aufzulösenden Leitton abspringt und die beiden Mittelstimmen sukzessive die B-dur-Tonleiter absteigen, so daß daraus eine eigentümlich verwobene gegenläufige Bewegung resultiert. Abgesehen von dem konventionellen Pochen des Basses beziehen sich hier zwei selbständige Bewegungsabläufe unverkennbar aufeinander, wobei - im Gegensatz zum Quartettanfang - nicht mehr eindeutig ist, wer die führende und wer die dienende Rolle übernimmt.

Durch eine plötzliche, im *forte* eingeschobene Sextakkordbewegung (T. 28) mit gedoppeltem Baß erreicht der *Es*-dur-Quartettsatz jenen Abschnitt, der in zweimaligem Ansatz (T. 29-35, 36-41) die geschlossenen, wiederholten Bauglieder durch eine vollständige, auf dem Grundton und in Oktavlage endende Kadenz zum Abschluß bringt. Dabei kommen dreierlei Gestaltungsformen zur Darstellung: Zunächst schraubt sich eine 16tel-Figuration in gleichzeitigem *crescendo* in der ersten und zweiten Violine terzversetzt nach oben (T. 29-31), wobei die Viola lediglich klangverstärkend synkopisch ihren Achsenton einfügt und der Baß durch 8tel-Pochen zusätzliche Impulse gibt. Daraufhin bricht diese dynamische Steigerung abrupt ab und wird durch einen im *piano* zurückgesetzten Akkordblock (T. 33-34, 38-39) fortgeführt. In diesem Moment bricht aber nicht nur die Belebung ab, sondern es gruppiert sich auch das zuvor sukzessiv sammelnde Stimmenmaterial zu einer gemeinsamen Gebärde[137]. Schließlich tritt eine dritte Stimmenkonstellation auf, die äußerst charakteristisch für die «italienischen» Quartette Mozarts ist (s. Kap. III.8): Entweder sind die Violinen oktaviert zusammengefaßt und die Viola geht parallel in Terzen mit (T. 34/35), oder Violine I und Viola sind oktaviert, und die zweite Violine trägt in strenger Koppelung den Terzton bei (T. 39/40).

Die Schlußgruppe (T. 41-45) greift auf die Satzgestaltung der distinkten drei Ebenen von Violine I, Koppelung von Violine II und Viola sowie Baß zurück. Doch wie im zuvor betrachteten *G*-dur-Satz (KV 156/134^b) fassen diese Schlußtakte durch motivische oder rhythmisch-metrische Anklänge teilweise das Vorausgehende zusammen. Die abschließende Viertaktgruppe des *Es*-dur-Satzes erinnert nicht nur an die Satzstruktur von Vorangehendem, son-

---

136 Mozart stellt dieses bei ihm häufige Verfahren eines liegenden Achsentones der Va. hier über den Aspekt einwandfreier Stimmführung, da in T. 20/21 ausnahmsweise Quarten entstehen. Vgl. Kap. III.8 und IV.1.

137 Mozart tauscht bei der sechs Takte späteren Wiederholung (T. 38-39) die Mittelstimmen gegeneinander aus (der Baß oktaviert); bei der Auflösung des verminderten Septakkordes schreitet allerdings die Va. von *f* zu *g* fort, während die analoge Bewegung der V.II in T. 33 und 34 von f^1 zu es^1 fällt. In der Parallelstelle existiert diese auffällige, möglicherweise spontan vorgenommene Abänderung nicht.

dern verwendet in geschickter Abwandlung auch bekanntes Motivmaterial: So bezieht sich die in Terzen geführte Mittelstimmenbewegung auf den Beginn des zweiten Teiles (T. 16 ff.), auch wenn die markante Folge von 16tel- und 8tel-Notenwerten metrisch anders gewichtet ist. Hier entsteht auf jedem vierten Schlag eine Pause, die durch die erste Violine überbrückt wird. Sie verwendet dazu wiederum ihre aus den Takten 24 ff. bekannte Geste der betonten Leittonspannung.

- Zwischenergebnis

Formal bestehen zwischen den beiden bisher betrachteten «italienischen» Streichquartett-Kopfsätzen kaum Unterschiede. Zwei im musikalischen Material und in ihrer Abfolge gleiche Rahmenteile sind von einem zur Hauptstufe zurückleitenden Mittelteil unterbrochen. Im G-dur-Satz hebt dieser mit neuem Motivmaterial, im Es-dur-Satz mit dem Hauptgedanken des Satzes an. Auch jener als Zäsur deutlich spürbaren Schnittstelle innerhalb der beiden großformalen Teile (in KV 156/134^b: T. 18, 127; in KV 160/159^a: T. 15, 74) kommt jeweils die gleiche formale Funktion zu: Bewegt sich der erste Abschnitt ab der Halbschlußzäsur ohne vorausgehende Modulation in der Tonart der Quinte, so setzt der bis zu dieser Zäsur identische dritte Teil in der Ausgangstonika fort, indem er durch seinen unmittelbaren Anschluß den Halbschluß als solchen realisiert; diese Halbschlußzäsur wird jeweils durch unmittelbar vorausgehende Unisonoführung der Violinen und akkordische Verstärkung markant und zielgerichtet bereits nach wenigen Takten anvisiert.

Analog zur modulationslosen, blockhaften Aneinanderfügung der Hauptabschnitte gliedert sich der Satz im allgemeinen in kurze Zwei- oder Viertakter, die durch ihre parataktische Reihung den Verlauf im wesentlichen konstituieren. Die jeweils unmittelbare Wiederholung solch kleiner Segmente, wie der unablässige Wechsel der Verknüpfungs- und Verbindungstechniken prägen dabei das außerordentlich Lebendige des Formalen.

Lebendigkeit wird auch und vor allem durch mannigfach sich abwechselnde Stimmenkombinationen und Artikulationsdifferenzierung gewonnen. Der Satz zerfällt nicht in zusammenhanglose Einzelteile, sondern bindet die unterschiedlichen Partikel durch untergründige oder offenkundige Motivverwandtschaften aneinander. Besonders charakteristisch für den zuletzt beschriebenen Satz ist die häufig in repetierten 8teln geführte Unterstimme, wodurch ein gewisser sinfonisch breiter Gestus erzeugt wird[138]. Permanente Voll- und Vierstimmigkeit ist Mozarts primäres Anliegen.

(b) «Wiener» Zyklus

- KV 169/1

Wie die beiden zuvor beschriebenen Kopfsätze der ersten Quartettserie untergliedert sich der A-dur-Satz KV 169/1 - unser erstes Beispiel des «Wiener»

---

138 Vgl. A. Einstein, Mozart, S. 244.

Zyklus - in drei Großabschnitte, die unter formalem Aspekt charakteristische Ähnlichkeit und trotzdem beachtliche Unterschiedenheit zu den bisher beschriebenen Sätzen aufweisen. Wichtigste Nahtstelle innerhalb des ersten und dritten Abschnittes ist sowohl in KV 156 (134^b)/1 als auch in KV 160 (159^a)/1 eine nach wenigen Eröffnungstakten deutlich angesteuerte Halbschlußzäsur mit folgender Generalpause, die gleichzeitig als harmonisches «Scharnier» - offen zur Tonart der Quinte (im 1. Teil) oder der Haupttonart (im 3. Teil) - fungiert. Im A-dur-Satz, KV 169/1, bilden Takt 11 und 83 dieses «Scharnier». Einziger, aber folgenreicher Unterschied: Die unmißverständlich ankadenzierte Zäsur ist nicht halb- sondern ganzschlüssig. Im ersten Teil bleibt diese Besonderheit noch ohne Wirkung. Auf die unmißverständliche Zäsur mit Generalpause setzt (mit deutlich abgesetztem Gestus) der Anschluß (T. 12) auf der Tonart der Quinte fort. Anders die Analogstelle im dritten Teil: Nach der nahezu wörtlichen Wiederholung der ersten 11 Takte (T. 73-83) erwartet man - die beiden zuvor beschriebenen Kopfsätze vor Augen - das Verbleiben in A-dur. Mozart schiebt jedoch zwischen den erst acht Takte später «korrekt» erscheinenden A-dur-Teil (T. 92) zwei Viertakter gleicher Musik, jedoch anderer Tonstufe, ein: Zunächst folgt die IV., dann die V. Stufe, so daß der Einschub nachträglich als kadenzierende Überleitung hörbar (und verstehbar) wird. Dies verdeutlicht nicht zuletzt das fehlende Akkordfundament der beiden zaghaft anhebenden, eingeschobenen Viertakter (T. 84, 88), während der A-dur-Anschluß in Anlehnung an den ersten Teil mit vollständig erscheinenden Mittelstimmen wesentlich prägnanter einsetzt (T. 92). Die Symmetrie beider Rahmenteile ist dadurch natürlich empfindlich gestört. Gleichzeitig gewinnt das im ersten Teil nur einmal auftretende Viertaktmotiv an Profil, da es jetzt nicht nur als Zwischenstation, sondern als wesentliches Element fruchtbar gemacht wird.

Das Thema der Satzeröffnung erinnert in seiner fallenden, mit Durchgangsnoten verbundenen Dreiklangsbewegung deutlich an das bereits zitierte, von Mozart häufig verwendete Motiv aus KV 160 (159^a)/1 (Beispiel 44). Auch die auf 8teln trommelnden Unterstimmen und deren die Nahtstellen zweimal überbrückende Floskel (T. 3/4, 7/8) ist uns aus diesem Quartettkopfsatz bereits bekannt. Mehrerlei weicht jedoch von der Gestaltung des Es-dur-Satzbeginnes ab. Einerseits koppelt sich von Anfang an die zweite Violine im Terz- oder Sextabstand an die führende erste Violine, die Viola fällt mit dem Baß zusammen, so daß nicht Vollstimmigkeit, sondern eher eine (erweiterte) Zweistimmigkeit vorliegt. In ihrer deutlichen Zweischichtigkeit von Melodie- und Begleitebene wirkt diese Satzeröffnung kompakt. Andererseits erstreckt sich die motivische Ähnlichkeit ja nur auf den Themenkopf aus KV 160 (159^a)/1; die Fortsetzung des A-dur-Satzes zielt im Gegensatz zum weit ausschwingenden Es-dur-Anfang auf zerrissene Melodik und unsymmetrische Anlage (vgl. Kap. III.2), da bereits nach dem dritten Takt durch eine unerwartet heftige 16tel-Kette (nach kräftiger Oktavreckung in T. 2) die Stimmenkoppelung wie auch das kontinuierliche Pochen der Unterstimmen ein Ende finden.

Die Reihung stets unmittelbar wiederholter kurzgliedriger Motivbausteine, die kennzeichnend für den G-dur- und Es-dur-Satz waren, tritt zwar weiterhin als Kompositionsmittel auf, wird aber entschieden differenzierter eingesetzt. Das ist bereits im Eröffnungsteil deutlich: Hier führt Mozart den auf die ersten drei zusammengehörenden Takte folgenden Viertakter über einen Trugschluß zur Wiederholung (T. 7), um dadurch eine stärkere Notwendigkeit des Wiederholungsvorganges zu erreichen. Schon diese Technik geht über die parataktische Kurzgliedrigkeit der beiden Kopfsätze des ersten Zyklus hinaus. Gestaltet sind diese beiden zum Zäsurmoment in Takt 11 führenden Viertakter in deutlichem Kontrast zur Kompaktheit des Satzbeginns: Taktweise Veränderung der Faktur, Trennung und doppeltaktige Verbindung der beiden Oberstimmen kennzeichnen das Bild. Im Gegensatz dazu bleiben die Unterstimmen, wenn auch in wechselndem Intervallabstand, weiterhin gekoppelt. Aus der zweischichtig kompakten Faktur des Anfangs (T. 1-3) entwickelt sich trotz der unbedingten Koppelung der beiden Unterstimmen die vollstimmige Realisierung eines vierstimmigen Satzes; das erkennen wir vor allem in der vom Baß zwar abhängigen, vom Tonmaterial her aber am Satzgeschehen orientierten Stimme der Viola: Sie ergänzt nämlich nicht nur, aus der starren Quintkoppelung ausbrechend, den durch die Bewegung der Violine II fehlenden Terzton (T. 5 und 9), sondern springt kurz vor dem Zäsurtakt aus der Einstimmigkeit mit dem Violoncello (die sie gut hätte beibehalten können) ebenfalls in die zur vollständigen Darstellung des dominantischen Akkordes notwendige Terz in großem Dezimensprung (T. 10), um gleichzeitig in Takt 11 als vermittelnde Stimme zwischen Oberstimmenverband und Baß zu fungieren. Wie bereits mehrfach betont, orientiert sich die Stimme der Viola häufig am vertikalen Satzgeschehen, indem sie den zur realen Vierstimmigkeit der Akkordschichten fehlenden Ton beisteuert.

Der abschließende zweimalige Akkordschlag greift einerseits auf die in Takt 3 unvermittelt eintretende Schlußfloskel der Oberstimmen zurück, andererseits wirkt diese Geste durch die nachfolgende Generalpause und den ostentativen Oktavsprung als nachdrückliche (rhetorisch wie ein Schlußpunkt gesetzte) Geste des Akkordisch-Blockhaften; in jedem Fall wird die erreichte Zäsur wieder deutlich indiziert. Wie bereits hervorgehoben, liegt der wesentliche Unterschied zu den beiden zuvor untersuchten «italienischen» Kopfsätzen im Befestigen der I., anstelle der bislang üblichen V. Stufe der Satztonika.

Den beschriebenen Kopfsätzen der ersten Serie wiederum verwandt, setzt sich der zweite Abschnitt nach Erreichen des Zäsurmomentes gestisch vom kräftigen, im *forte* einsetzenden Anfang ab. Pausierte aber in KV 160 (159[a])/1 die Oberstimme (in KV 156 (134[b])/1 bleibt trotz *piano* in diesem Moment weiterhin Vierstimmigkeit erhalten), so setzt hier (ab T. 12) die elementare Stimme des Basses aus, dessen Funktion von der Viola übernommen wird. Durch die tiefe Lage aller drei Streichinstrumente verstärkt sich noch der Eindruck des Kontrastes. Der Zusammenschluß der oktavierten Violinen, der durch voll- und vierstimmiges Akkordgeschehen nach zwei Takten wieder abgebrochen wird, kann als ein weiteres Gestaltungsmittel angeführt werden, das in dieser Konstellation in den bisher beschriebenen Sätzen nicht auftritt.

45

Gliederungstechnisch läßt sich dieser Achttakter als doppelte Viertaktperiode (4+4) beschreiben, die sich an ihrem Ziel dominantisch öffnet (*H*-dur-Dreiklang). Keinesfalls liegt ein einfaches Reihungsprinzip gleichartiger Segmente vor. Eher nehmen die Perioden sublim aufeinander Bezug und entwickeln Kontinuität. So setzt der Baß erst in T. 15 ein, genau hier wechselt auch die übrige Stimmenkonstellation (plötzliche Oktaven in den Violinen); so rundet sich der erste Viertakter und setzt sich dadurch vom folgenden gestisch ab, weil nun die so markant eröffnende wie schließende Halbenote fehlt:

Beispiel 3

Der sublime Bezug der zweiten Periode (T. 16-19) zum vorausgehenden Viertakter resultiert weitgehend aus der Wiederaufnahme des *E*-dur-Akkordes (vgl. T. 12/16) und dem erneuten positionsgleichen Aufgreifen des Seufzermotivs (vgl. T. 13/17). Der Satz entwickelt sich, er entsteht nicht aus blockweise aneinandergereihten, zwei- oder viertaktigen Bausteinen.

Auch in der Folge, ab Takt 19, basiert Mozarts Satzaufbau auf einem stark modifizierten reihenden Wiederholungsprinzip. Zunächst folgt - in unmittelbarer Doppelung - eine dreitaktige Periode, die nicht etwa offen, sondern harmonisch abschließend (*E*-dur in Quintlage) aneinandergesetzt ist (T. 20-22, 23-25). Daran anschließend sind die stets modifiziert wiederholten Einheiten bis zum Wiederholungsstrich jeweils miteinander verschränkt (T. 26-29, 30-33 bzw. 106-109, 110-113), also als offene Glieder aneinandersetzt, bis in Takt 34 (114) die vollständige Kadenz erfolgt, die nur noch kurz bestätigt wird. (Nicht zu vergessen, die eingeschobene Bestärkung der I. Stufe vor dem Schlußtakt 116, analog T. 104 von KV 160/159[a]/1).

Wirkliche Vierstimmigkeit wird erstmals in den kraftvoll auftrumpfend wiederholten Dreitaktern 20 ff. erreicht. In Takt 19 werden sie mit einer in 16teln kreisenden, solistischen Umspielung des Zentraltones *h* der Violine II eröffnet. Durch ihr starres Verharren in dieser Geste ist sie funktional zweifelsfrei als Achsenton anzusprechen, obgleich diese Gestaltung doch weit über das bloße Verharren der im ersten Zyklus beobachteten «Achsentöne» hinausgeht. Gleichsam als störendes und doch klangbindendes Element verschafft sich die Konstanz der zweiten Violine hier deutliche Aufmerksamkeit - sie geht ja den Dreitaktern voraus und kommt nicht als klangverstärkendes Element zu einem autonomen Satz hinzu. Die Gruppierung der übrigen Stimmen läßt in der Folge keinen Zweifel an Mozarts Konzeption einer gesteigerten Ausschöpfung der Möglichkeiten des vierstimmigen Satzes, imitiert doch der Baß taktversetzt jene im Vortakt dissonant anhebenden und in Gegenbewegung gemeinsam artikulierenden Stimmen von Violine I und Viola; damit wird die

Baßstimme weitaus deutlicher in die Gestaltung einbezogen, verglichen selbst mit dem Mittelteil des G-dur-Kopfsatzes KV 156 (134[a])/1. Zudem behält Mozart die allgemeine Satzdichte in den folgenden Viertaktern (T. 26 ff.) bei. Keine der Stimmen hängt hier unmittelbar von einer anderen ab, alle Stimmen greifen in kaum entwirrbarer Verzahnung ineinander, nehmen aufeinander Bezug.

Bewiesen uns schon die Takte 12-15/16-19, daß sich im A-dur-Kopfsatz die Viertaktglieder nicht wie in beiden «italienischen» Kopfsätzen durch bausteinartige Reihung konstituieren, so bilden auch die Takte 30-33 eher eine entwickelte Variante des unmittelbar zuvor gesetzten, taktweise in Terzschritten fallenden Viertakters 26-29, als er dessen bloße Wiederholung wäre. In plötzlicher Auflichtung des vorausgehend engen Gewebes, verzichtet diese funktional identische Wiederholung nicht nur auf jene ins Extrem getriebene Selbständigkeit der vier Stimmen, sondern kehrt baßlos zu der einfachen Struktur einer ständig fallenden, rhythmisch stets gleich profilierten Sextakkordkette

| ♪♫♪⁊ ♪⁊ | zurück, die darüber hinaus durch *piano* und nur kurz angestoßene 8tel in starkem Kontrast zum Vorherigen stehen. Aber schon der Vergleich der Viola- mit der Violoncello-Stimme in Takt 26 ff. läßt erkennen, daß es beiden Viertaktern um das sequenzartige Fallen von E-dur zu seiner V. Stufe mit angehängter Kadenz geht: Beide «Baßstimmen» sind identisch, im zweiten Viertakter fallen die Unterstimmen jedoch durch den ganzen Oktavraum, um in der endgültig abschließenden Kadenz nach E-dur ihr Ziel zu finden.

Der ausgedehnte Mittelteil - er erreicht als einziger Kopfsatz unter allen 13 frühen Quartetten (vgl. die Übersicht auf S. 56) dieselbe Länge wie der erste Formteil - zerfällt in zwei Abschnitte, die uns in ihrer Haltung sowohl an den Mittelteil von KV 156 (134[b])/1 als auch an KV 160 (159[a])/1 erinnern; ja, es scheint so, als würden beide bisher vorgestellten Mittelteil-Konzeptionen kombiniert: Ein imitatorischer, relativ statischer Block (T. 37-57, vgl. KV 156/134[b]/1) wird von dem Zitat des Satzbeginns auf paralleler Mollstufe der Haupttonart (T. 58- 72, vgl. KV 160/159[a]/1) abgelöst. Zweifellos erweist allein schon diese Kombination verschiedener Gestaltungsprinzipien eine sowohl strukturell wie auch quantitativ gewichtigere Behandlung des Zwischenabschnittes, als sie in den vorausgehend beschriebenen Sätzen zu beobachten war. Wie ist er gestaltet?

Eine Variante des rhythmischen Impulses der zuvor verschränkt wiederholten Viertaktglieder nutzt der erste Abschnitt des Mittelteils und kehrt dabei die Bewegungsrichtung um. Wie schon im Mittelteil aus KV 156 (134[b])/1 greift Mozart auch hier auf das Kompositionsprinzip der Imitation zur Darstellung distinkter Vierstimmigkeit zurück. In isoliert paarweiser Anordnung entwickelt sich ein Satz, der durch das Sukzessive der Stimmeinsätze deren Individualität hervorhebt. Der zweite Imitationsansatz (T. 46 ff.) - vom Solocello initiiert - wird durch die plötzlich mit der Umkehrung des kurzen Motivs hinzutretende erste Violine (T. 50) verdichtet; die zweite Violine imitiert um zwei Takte versetzt die stufenweise fallende Bewegung der ersten, die Viola greift ebenfalls, wenn auch um ein 4tel verschoben, den Rhythmus jener Figur auf (T. 52

ff.). Dank der einfachen Baßschritte erkennen wir das vorläufige Ziel dieser sich verdichtenden Takte in der Ankadenzierung des *D*-dur (T. 54). In einer das kontrapunktische Gewebe beiseite wischenden, gelösten Zweischichtigkeit von Ober- und Unterstimmen wechselt ein angehängter Dreitakter zum eigentlichen Ziel des Mittelteils: der Kadenz nach *fis*-moll, die zur Wiederaufnahme des Quartettkopfes führt.

Mit zwei zwischengeschalteten Modulationstakten hebt der Mittelteil aus KV 160 (159^a)/1 in seiner Zitierung des Quartettbeginns auf parallelem Moll an (s. S. 39). Der A-dur-Satz nimmt diese Gestaltungstechnik auf, leitet sie aber in Form jener soeben beschriebenen imitatorisch geführten Modulation ein; dadurch wirkt das Überraschungsmoment, Bekanntes in unerwarteter harmonischer Umgebung zu hören, nicht bloß lapidar: Der Rückgriff auf den Satzanfang im Mittelteil ist kompositorisch in einen logischen Entwicklungsprozeß gebettet. Der erste Viertakter (T. 61-64) nach dem dreitaktigen Themenkopf lehnt sich zwar ohne Abstriche in Stimmführung und Material an das Vorbild des Quartettbeginns an, führt sogar (verwandt T. 7) zu einem Trugschluß, der seine unmittelbare Wiederholung plausibel werden läßt (s. o.), hängt jedoch an seinen vollständig kadenzierenden Abschluß nicht etwa die identische Kopie des Viertakters an, sondern springt spontan in die Tonart der Unterterz (*D*-dur), um im weiteren Verlauf eine dichte Sequenzkette zur Quinte der Haupttonart zu entwickeln, die in Takt 71/72 durch ein kräftiges *unisono* erreicht und markiert wird. Wieder variiert Mozart sein Verfahren der aneinandergereihten «Bausteine», wieder kann von schematischer Reihung nicht (mehr) die Rede sein.

- KV 173/1

Unter den 13 frühen Streichquartetten befindet sich nur ein Werk in Molltonart. An prominenter Stelle setzt Mozart das *d*-moll-Streichquartett KV 173 als Schlußstein der frühen «Wiener» Serie. Der *g*-moll-Mittelsatz aus KV 159 und der *d*-moll-Kopfsatz aus KV 173 bilden die einzigen der insgesamt 14 schnellen Sonatensätze (Allegro, Presto), die Molltonalität aufweisen, während Mozart diese sonst nur in langsamen Mittelsätzen kontrastierend zu ihrem zyklischen Umfeld verwendet[139]. Th. de Wyzewa und G. de Saint-Foix sehen in ihm evolutionistisch den ersten krönenden Abschluß der Auseinandersetzung Mozarts mit der Gattung Streichquartett ("grand et tragique"), wobei sie vehement auf den Einfluß Joseph Haydns verweisen[140].

---

139 Ohne auf Mozarts Präferenz des Dur näher eingehen zu wollen, sei doch bemerkt, daß nicht nur unter allen Streichquartetten, sondern auch unter den Sinfonien, Klavierkonzerten, Streichquintetten und Klaviersonaten immer nur und exakt zwei Werke in Moll, die übrigen aber in Dur stehen.

140 WSF II, S. 75 ff., Zitat auf S. 77. Zum vermeintlichen Einfluß Haydns siehe Kap. V.3. Nebenbei sei bemerkt, daß Th. de Wyzewa und G. de Saint-Foix das Themeninzipit aus KV 173/1 irrtümlich auf b^1 (statt a^1) beginnen lassen.
Auf die Sonderstellung des *d*-moll-Quartettes macht insbesondere auch H. Abert I, S. 328 f., aufmerksam. Aus jüngster Zeit datiert eine Untersuchung, die KV 173/1 besondere Aufmerksamkeit schenkt, da in diesem Satz Mozarts "Beschäftigung mit der Coda im Sonatensatz [...] ihren Höhepunkt erreicht"; L. Finscher, Coda, S. 85. Siehe dazu weiter unten.

Und in der Tat weicht dieser Sonatensatz sowohl in formaler als auch satztechnischer Hinsicht von den drei bisher interpretierend vorgestellten Sätzen sehr ab. Die zu benennenden Charakteristika sind aber wohl weniger als Summe kompositionstechnischer Erfahrungen - das hieße die übrigen Sonatensätze ungerechtfertigt abwerten -, als vielmehr im Zusammenhang der Tonartenwahl zu verstehen, die sui generis formal wie satztechnisch auf andere Wege zu führen scheint[141]. Setzte man die bisher zu beobachtende symmetrische Ausgeglichenheit des Formalen wie die Tendenz zur vollstimmig lebendigen Faktur als Maßstab, so kann man sich des Eindrucks nicht erwehren, der *d*-moll-Kopfsatz falle sogar ästhetisch gegenüber den übrigen Sätzen ab.

Problematisch ist es, den ersten wie den dritten Formteil, die auf den ersten Blick analog zu den bisher untersuchten Kopfsätzen erkennbar sind (doppelseitiges Wiederholungszeichen nach T. 45), in herkömmlicher Weise zu untergliedern. Eine Halbschluß- oder Ganzschlußzäsur, die nach wenigen Eröffnungstakten angesteuert und ausformuliert würde (ein «Scharniertakt»), fehlt. Vielmehr folgt auf die erste in sich geschlossene Periode von 4+5 Takten eine weitere, in *forte* und *unisono* eingeleitete (T. 9), allerdings an ihrem Ende offene, zweigeteilte Periode von 3+4 Takten, der sich sofort ein nur durch eine 8tel-Pause getrenntes, kraftvolles, nahezu ausschließlich auf einem Ton repetierendes *unisono* aller Stimmen anschließt, das durch seinen Quintfall deutlich im Sinne einer Abschlußkadenz eingesetzt ist. Auf die Aufstellung der Molltonika (T. 1-9) folgt also in raschen Schritten (über die Klänge: *d*-moll, *a*-moll, den verminderten Septakkord und *E*-dur) eine Modulation zur Tonart der Quinte; es fehlt jedoch die Dominantspannung und damit der notwendige, harmonisch gefestigte Bezug zur Ausgangstonart: In Takt 18 erreicht der Satz seine erste spürbare Zäsur, allerdings auf *A*-dur anstelle *a*-moll. Verfolgt man nun überblicksartig die weiteren Stationen, an denen tonartliche Fixierung zu beobachten ist (jeweils «festgenagelt» durch heftiges *unisono*), so erkennt man, besonders im Vergleich zum parallelen Ablauf des dritten Teils, daß der Satz harmonisch schweifend und scheinbar nicht sinnvoll zielgerichtet komponiert ist. Im ersten Teil berührt Mozart nach der in Takt 24 neuerlich fixierten Molldominante *e*-moll (T. 33) und *g*-moll (T. 42). Durch den mehr oder weniger verlegenen, modulatorischen Anhang der Takte 43-45 gelingt es im letzten Moment, über das Mittel des übermäßigen Quintsextakkordes den Bogen zur Wiederholung des ersten Teils zu spannen. Im dritten Teil (ab T. 65) kadenziert Mozart (s. u.) anstelle des unbefriedigenden *a*-moll nach *d*-moll, in die Satztonika. Da er in der Folge quintversetzt die harmonischen Stufen des ersten Teils wiederholt, gerät er zum einen auf noch entlegenere Pfade als im ersten Teil, zum anderen fixiert er dreimal zunächst die Satztonika, um dann von ihr fortzustreben:

---

141 Ein späterer Vergleich mit dem *g*-moll-Satz KV 159/2 (S. 68 ff.) und eine Untersuchung des *d*-moll-Menuetts (S. 255 ff.) führen diesen Gedanken an anderer Stelle weiter aus.

Takt:	9	18	24	33	42
Teil I:	*d*	*a*	*a*	*e*	*g*
Teil II:	*d*	*d*	*d*	*a*	*c*
Takt:	73	88	94	103	112

Von *c*-moll plausibel zur Satztonika *d*-moll zurück zu finden, erfordert größeren Aufwand als im ersten Teil. Mozart benötigt dazu sechs anstelle dreier Takte, indem er den Weg über die Stufen des Quintenzirkels (G-D-A) wählt; sie sind zweimal ebenfalls durch übermäßigen Quintsext-Akkord (T. 113, 115) schließlich durch den verminderten Septakkord (T. 116) anvisiert.

Wollte man diesen schweifenden Satzverlauf bewerten, so müßte man ihn entweder ob seiner unvorteilhaften Proportionierung als ungeschickt hilflos bezeichnen oder den Satz rückblickend von der solchermaßen notwendig werdenden Coda her interpretieren. Da *d*-moll am Ende des dritten Teils erst über mehrere Einzelschritte erreicht wird, im Anfangsbereich aber unentwegt ankadenziert wurde, besteht jetzt ein Bedürfnis nach abschließender Betonung der eigentlichen Haupttonart. Diesem Wunsch - ob kompositorisches Ziel oder zwangsläufig sich ergebende Notlösung sei dahingestellt - kommt die (als solche nicht bezeichnete) Coda nach[142].

Wie gliedert Mozart nun seinen Satz im kleinen - setzt er jeweils unmittelbar wiederholte Taktgruppen aneinander, verknüpft er sie durch Verschränkung oder läßt sich eher entwickelnde Periodik beobachten?

Die erste kompositorische Einheit ist in 9+9 Takte (18 Takte: 4+5 + 3+6) zu zergliedern, was ein wenig an die ungerade Eröffnungsgruppe in KV 169/1 (dort 11 Takte: 3+4+4) erinnern mag (vgl. die allgemeine Diskussion zur vermeintlich irregulären Phrasenbildung auf S. 64 ff.). Für den weiteren Satzverlauf sind jedoch die mehr als Devise denn in voller Ausschöpfung der inhärenten Kräfte des Materials an den Anfang gestellten drei sehr differierenden Motive von entscheidenderer Bedeutung (zur satztechnischen Gestaltung s. u.):

<u>(4) + (5)</u>   <u>(3) + (4)</u>   <u>(2)</u>
  «a»   «b»   «c»

Der Anschluß in Takt 19 ff. konzentriert sich nun in erster Linie auf das Motiv des zweitaktigen Unisonoblocks («c»), dann auch auf den zu Beginn vorgestellten fallenden Dreiklang («a»). Da der *unisono*-Zweitakter, so er vollständig zitiert wird, durch seinen ungemein schlußkräftigen Quintfall den Satz alles andere als vorantreibt, sondern im Gegensatz zu offenen Takt-

---

142 Zurecht weist deshalb L. Finscher auf die Sonderstellung dieser Coda hin. Daß sie sich, so Finschers These, als einzige Coda in den frühen Instrumentalkompositionen Mozart über das bloß Effektvolle solcher Schlüsse hinaus kompositionstechnisch "als letzte Formulierung und zugleich Entscheidung des thematischen Konfliktes, von dem der Satz handelte" legitimiere, ist, wie wir noch sehen werden, über deren Notwendigkeit aus (harmonischen) Proportionsgründen hinaus sicherlich auch wichtig; L. Finscher, Coda, S. 87, 91. Finscher sieht in den Kopfsätzen aus Haydns op. 20/3 und 20/5 die modellhafte Vorlage dieser Coda.

gliedern jedesmal den Verlauf strikt abbricht (T. 18, 24, 42), schneidet Mozart zunächst jenen markanten Abschlußton ab, verzichtet auf das massive *unisono* und setzt anstelle dessen sequenzierend und taktweise aufeinanderfolgend eine repetierende Auftaktwendung mit Trillerfigur. Die Motivbausteine werden also weder unverändert wiederholt (vgl. 1. Satz von KV 156/134b, 160/159a), bei ihrer Wiederholung auch nicht variiert (vgl. KV 169/1), sondern in motivischer Splitterung unter einen entwickelnden Sequenzprozeß gestellt.

Im Moment der Aufnahme des Motivs «a» (T. 33) greift Mozart zur bereits beobachteten Periodenverklammerung durch Verschränkung: Hier endet nicht nur die über mehrere Sequenzschritte geführte (T. 25-29), dann über einem Ruhepunkt auf *H* pendelnde und schließlich mit dem bisher unterdrückten Quintschlußfall in *forte* abgeschlossene *unisono*-Zweitaktphrase, sondern es beginnt auch gleichzeitig in der neu hinzutretenden ersten Violine die kompositorische Verarbeitung des Motivs «a». Beides, das Schließen und Öffnen, ist durch verschiedene Satzschichten vertreten, die nicht sukzessive reihend, wie bisher stets beschrieben, sondern gleichzeitig in Form einer Verklammerung von völlig eigenständigen Baugliedern auftreten:

Beispiel 4

Durch erneuten Einsatz sequenzartiger Reihung und Imitation (s. u.) gerät dieser letzte Abschnitt des ersten Teils in den Bereich von *g*-moll (T. 40), das dann auch durch das markante *unisono* «c» bestätigt wird. Eine kurze Modulation, die nicht als Entwicklungsziel des Satzes sondern eben als notwendiger Anhang erkennbar wird, ist Voraussetzung, um die Ausgangstonart zu erreichen (T. 44). Die Auftaktrepetition von «c» leitet einerseits zum Quartettanfang, andererseits zum Mittelteil - die Teile jeweils verklammernd - über.

Der Mittelteil (T. 46-64) ist weder kompositionstechnisch noch durch das verwendete musikalische Material von seinen umrahmenden Teilen wesentlich abgehoben. Dabei ist entscheidend, daß das isoliert aneinandergereihte Motiv von «c» sehr zielgerichtet den dominantischen Bereich von D^7 in Takt 54 anvisiert, der dann in vollständigem Zitat des *unisono* in Takt 56 wiederum in *g*-moll seine Auflösung erfährt; die Aufnahme des Anfangsthemas in diesem Takt erscheint, wie in Takt 33 ff., sofort in imitierter Form und wird modulatorisch vorbereitet (zur Technik s. u.). Wieder werden Motiv «c» und «a» verschränkt gekoppelt.

Der dritte Teil wiederholt, was die musikalische Substanz betrifft, im Prinzip den ersten Teil. Doch wie in KV 169/1 (vgl. S. 44, 60 f.) entsteht keine Symmetrie: Der dritte Teil ist, ungeachtet der ohnehin hinzutretenden Coda, länger. In KV 169/1 resultiert das Ungleichgewicht beider Teile aus der Notwendigkeit, auf den erreichten Zäsurmoment, der unerwartet auf der I. Stufe steht, einen Anschluß kompositorischer Stringenz zu setzen. Im d-moll-Satz existiert kein solches Zäsurmoment; die notwendige tonale Ausrichtung zur I. Stufe muß mit anderen Mitteln erreicht werden. Mozart greift zu diesem Zweck auf das bisher noch nicht kompositorisch fruchtbar gemachte Motiv «b» zurück, indem er die ursprüngliche Polarität - Dreiklangsaufstieg in drei Takten und tonleiterartiger Abstieg mit Kadenzabschluß in vier Takten - aufbricht, den Dreitakter dreimal auf terzversetzten Stufen wiederholt und dann erst den kadenzierenden Viertakter anhängt (Takte 10 ff. im Vergleich zu Takt 74 ff.):

```
(3)  (4)  (2)           (3)  (3)  (3)  (4)
---  ---  --- usw.      ---  ---  ---  --- usw.
 d   E7   a(A)           d    B    g   A7   d
```

Das mechanische «Scharnier» der bisherigen Quartettkopfsätze ist durch ein flexibles Modulationsgefüge ersetzt.

Die einzige weitausgreifende Coda (ab T. 119 mit Auftakt) unter den frühen Streichquartettkopfsätzen Mozarts spitzt ein letztes Mal den in allen drei vorangehenden Formteilen sich abzeichnenden und im Mittelteil bereits angedeuteten Konflikt zwischen den Motiven «a» und «c» zu. In stetiger Verklammerung kombiniert Mozart die nun in Terzen geführte Anfangswendung des d-moll-Dreiklangfalls mit der ursprünglich wilden Auftaktgeste, jetzt in mildem einstimmigem *piano* und mit Oktavaufschwüngen (T. 122/23, 126/27 ff.) endend. Im Moment jeden Abschlusses hebt jeweils das um einen Ganzton versetzte Motiv «a» erneut an; immer wieder unterbricht die Repetitionsfigur. Die Gestaltung der beiden kontrastiven Motive durch die zwei getrennten Schichten der solistischen ersten Violine und des dreistimmigen Unterstimmenverbandes ist also satztechnisch und dramaturgisch (Widerstreit zweier Prinzipien) eindrucksvoll komponiert[143]. Schließlich setzt sich in immer wieder auffahrendem Oktavsprung und taktweiser Intensivierung die Repetitionsfigur durch, so daß der Stimmenzusammenschluß in Takt 130 nur noch die Bestätigung der dominierenden Kraft dieser Figur ist. In viertaktigem Abschluß fällt das originale Unisonomotiv «c» ein letztes Mal triumphierend ein.

Im ersten Satz des d-moll-Quartetts stellen die Takte 1-18 in drei Abschnitten drei Motive vor, die im Satzverlauf immer wieder aufgegriffen werden. Wie sind diese Motive gebaut, wie konstituiert Mozart den vierstimmigen Satz und welches sind seine kompositionstechnischen Mittel, die diesen Satz möglicherweise auch unter diesem Aspekt von den übrigen Sonatenkopfsätzen hervorheben?

Der Anfang des Quartetts ist *piano* zu spielen. Noch dazu hebt die Violine I unbegleitet an. Dies stellt eine Eröffnung dar, die in den übrigen Quartetten so nicht anzutreffen ist[144]. Das Hauptmotiv ist erneut (vgl. die Eröffnung von

---

143 Anm. 142.

144 Solistisch beginnt lediglich KV 158/1 - dort aber in *forte* und mit deutlicher Frage-Antwort-Relation von Solist und «Tutti». Nur das C-dur-Quartett KV 157 beginnt, allerdings

KV 160/159^a/1 und KV 169/1) ein fallender, mit Durchgangsnoten verbundener (Moll-) Dreiklang. Aufgrund seines emphatischen Schwungs vom Grundton zur Oktavlage und seines stufenweisen Zurückfallens ist - abgesehen von den Notenwerten - eine Beziehung zum A-dur-Quartettbeginn nicht zu leugnen. Doch weder ein Trommelbaß begleitet, noch schließt sich eine der Mittelstimmen als Terzpartner an den Melodieverlauf. Im Gegenteil: Auf das einleitende Solo der ersten Violine folgt ein dichter, akkordischer Satz aller vier Stimmen, der auf knappestem Raum eine harmonische Ausweichung von d-moll nach g-moll vorzunehmen scheint. Unnötig darauf hinzuweisen, daß auch hier Mozart auf akkordische Vollstimmigkeit achtet, wobei die Effizienz der sich meistens in Sekundschritten bewegenden Stimmen unsere Aufmerksamkeit verdient. Nicht zuletzt durch die breiten Notenwerte und die sich an die latente IV. Stufe (T. 4) nach zögerlicher Generalpause anschließenden Korrespondenztakte (T. 5-9), die den Kadenzgang über die V. Stufe zur Moll-Tonika des Satzes abrunden, wirkt dieser Beginn wie eine melancholische Einleitung ohne eigentlich vorbereitenden (sich öffnenden) Charakter.

Die Dreitonphrase der Unterstimmen, die zur I. Stufe zurückführt (T. 8) - übrigens wechselt hier die Faktur für einen Moment in die bisher oft beobachtete Konstellation paarweiser Außenstimmen -, nimmt nun überraschend in *forte* und *unisono* die Überleitung von Takt 9 auf, um die im übrigen für sich getrennt stehenden Motivblöcke «a» und «b» zu verbinden. Erst ab Takt 10 kehrt die uns bekannte Faktur der Satzeröffnungen wieder: Solistisch geführte Oberstimme mit korrespondierend wechselndem Intervallbezug der Mittelstimmen über Trommelbaß. Der Kern dieses Themas ist nicht sonderlich individuell. Es handelt sich um eine nach oben gerichtete Dreiklangsfigur, die (an die «Mannheimer Raketen» erinnernd) sich über vier Stufen bis zum f^3 erstreckt, wobei der große Anfangsschwung sofort in einer 16tel-Bewegung abbricht und, in Umkehrung der Bewegungsrichtung, stufenweise bis über den Anfangston d^2 hinaus zurückfällt. Dieses Aufbäumen und In-Sich-Zusammenfallen erinnert in Umkehrung des Gestus an den Satzanfang (vgl. den fallenden Baß, die Dreiklangsbrechung und auch die plötzliche Terzenkoppelung der Violinen kurz vor Abschluß der Kadenz). Die abrupt angesetzte Unisonofigur («c») beschließt kategorisch knapp die zuvor zu beobachtende, sich steigernde Motivausbreitung: Von leisem, in langen Notenwerten beginnendem Anfang (T. 1-4) mündet der Satz über eine Belebung der Notenwerte (T. 5-9) in einen wilden *forte*-Einsatz, verbunden mit synkopischem Akkordteppich über pochendem Baß (T. 10-16), der in der Folge nicht mehr zur Geltung kommen soll.

Verbissen hält sich im weiteren Verlauf der so machtvoll im *unisono* aller Stimmen vorgestellte, über nahezu zwei Takte sich erstreckende, repetierende Quasi-Auftakt, der im Quintfall seinen Abschluß findet. Erst in Takt 33 ff. wird

---

vollstimmig, im *piano*; hier wird aber der erste Achttakter sofort im *forte* wiederholt. Die vorgeschlagene Dynamik *piano* der NMA für den Satzanfang von KV 80 (73^f) ist zumindest fragwürdig, da Mozart in diesem Satz überhaupt keine dynamischen Angaben macht (und auch die NMA keine weiteren dynamischen Vorschläge unterbreitet).

für acht Takte diese Motivkonzentration unterbrochen, indem die musikalische Verarbeitung des Anfangsmotivs «a» einsetzt. Wesentliches Kriterium der Satztechnik ist hier die taktversetzte Imitation des Motivkopfes, also des Dreiklangfalls. In äußerst einfacher, aber sehr wirkungsvoller Weise verknüpft Mozart in einem ununterbrochenen Band die Endnote mit der Anfangsnote des jeweiligen Dreiklangfalls, wobei sich Ober- und Unterstimme kontinuierlich abwechseln. Eine weitschweifige Terzfallkette ist das klangliche Resultat:

```
   [V.I]              [V.I]
 ----------         -----------
h - g - e - c - a - fis - d - b - g
 ----------         -----------
   [Vc.]              [Vc.]
```

Der gleiche Prozeß, nur stufenversetzt, ereignet sich auch im Mittel- (T. 56 ff.) und im dritten Teil (T. 103 ff.)[145]. Die jeweils hinzutretende Mittelstimme - es wechseln sich ebenfalls taktweise zweite Violine und Viola ab - weist unmißverständlich auf die harmonische Funktion dieser Motivanordnung hin: Durch den auf leichter Zeit («2») eingeführten Leitton kennzeichnet sie den für den harmonischen Verlauf entscheidenden Grundton, und stellt dadurch die Stammtöne der zweistufigen Sequenz von e-moll bis g-moll deutlich heraus (T. 33 ff.): $e\text{-}a\ D\text{-}g$[146].

Wie in KV 169/1 könnte man die Eröffnung des Mittelteiles als Hinführung und modulatorische Einleitung zur stufenversetzten Wiederaufnahme des Quartettanfangs verstehen, obwohl ja bereits im ersten Teil (T. 33 ff.) mit der fallenden Dreiklangsbewegung gearbeitet wurde. Doch ist eine Tendenz zur dramaturgischen Steigerung (zu dem, was man später «durchführen» nennt) der *unisono*-Figur nicht zu übersehen. Mozart greift zunächst auf die vom massiven *unisono* befreite Variante des Motivs «c» zurück, die bereits in den Takten 24/25 ff. Anwendung fand. Allerdings richtet er nun den ursprünglich abschließenden Quintfall entgegengesetzt nach oben aus, so daß aus der demonstrativen Abschlußgeste eine durch *forte*-Ausbrüche und Septakkordbildung wild anklagende, offene Frage wird. Der Modulationsgang führt dabei über den chromatisch von *fis* bis *d* fallenden Baß, die vier unterbrechenden Akkordschläge sind paarweise angelegt: Nur der Baßton rutscht chromatisch ab, die drei Oberstimmen setzen in Korrespondenzpaaren Identisches, so daß jeweils zunächst ein verminderter (T. 46 und 50), dann ein regulärer Septakkord (T. 48) bzw. ein Septakkord mit enharmonisch verwechselter Septime (T. 52) Resultat der Baßbewegung wird. Der solchermaßen erreichte übermäßige Quintsextakkord über *es* zielt nicht mehr nach *As*-dur, sondern zum dominantischen *D*-dur-Akkord, der allerdings nicht als Akkord angeschlagen, sondern wie resignierend (sich auch nicht mehr aufbäumend) durch

---

145 Immer geht dort auch das massive *unisono* («c») der drei Unterstimmen voraus, das in der beschriebenen Verklammerung mit der Ausführung von Motiv «a» verbunden ist.

146 Daß Mozart gerade die Verdeutlichung der Quintschrittgrundtöne kompositorisches Anliegen ist, erkennt man an dem plötzlichen Lagenwechsel der V.II von T. 34 zu T. 36: Da die Untersekunde zu *g* auf der Violine instrumentationstechnische Unmöglichkeit ist, wechselt die V.II in T. 36 zur eingestrichenen Oktave, obwohl sie dadurch über der Oberstimme zu liegen kommt.

*fis*¹ angedeutet wird. Nach der erstmals im *piano* zu spielenden *unisono*-Phrase (T. 54/55) schließt sich wiederum Motiv «a» sequenzierend und imitierend an, so als wollte hier der Satz an Takt 41 anknüpfen.

- Zwischenergebnis

Trotz fundamentaler Gemeinsamkeiten mit den beiden «italienischen» Quartettkopfsätzen kann man im *A*-dur-Satz KV 169/1 bemerkenswerte Unterschiede der kompositorischen Haltung erkennen. Die formale Dreiteiligkeit ist zwar erhalten geblieben, doch wächst der Mittelteil nicht nur quantitativ zu größerer Bedeutung. Die beiden harmonischen Ebenen der Rahmenteile sind durch eine markante Zäsur voneinander abgetrennt, doch nicht mit Hilfe eines nach zwei Richtungen offenen Halbschlusses («Scharnier»), sondern jeweils durch einen in der Tonika schließenden ersten Abschnitt; diese Besonderheit führt zu einer die Symmetrie der Rahmenteile störenden Erweiterung des dritten Formteiles. Das baukastenartige Reihungsprinzip verliert zugunsten einer ansatzweise thematisch-motivischen Arbeit, die vor allem durch Modifizierung und Variierung in der Wiederholung verwandter Motive besteht, an Bedeutung.

Völlig verschieden sowohl von beiden «italienischen» als auch vom frühen «Wiener» Quartettkopfsatz in *A*-dur ist Mozarts einziger Kopfsatz in Moll (KV 173/1). Zwar handelt es sich hier großformal ebenfalls um Dreiteiligkeit. Doch fehlt einerseits die klare Trennung zweier harmonischer Ebenen (I. und V. Stufe oder I. und III. Stufe) durch eine deutliche Zäsur. Im Gegenteil: die angestrebten harmonischen Felder schweifen und verhindern im dritten Teil gar ein einfaches Schließen in der Satztonika. Andererseits wird dadurch eine das motivisch antithetische Material ein letztes Mal konfrontierende Coda notwendig, die über die nahezu symmetrische Anlage der übrigen drei (Dur-) Sätze weit hinausgeht. Wie im *A*-dur-Satz ist das einfache Reihungsprinzip wiederholter Takteinheiten zugunsten entwickelnder Perioden abgelöst, wobei insbesondere im Mollsatz die starke Neigung zur Quintschrittsequenz und zum vermittelnden übermäßigen Quintsextakkord auffällt - kompositorische Mittel, welche in den anderen Sätzen sehr selten anzutreffen sind. Im Mittelteil, aber auch in den Rahmenteilen, erscheinen Abschnitte, die durch kompositorische Arbeit mit den innerhalb der ersten 18 Takte vorgestellten Hauptmotiven geprägt sind.

III. 2 Zum schnellen Sonatenkopfsatz. Gliederung

Allen vier vorausgehend vorgestellten Kopfsätzen ist gemeinsam, daß sie an der formalen Dreiteiligkeit, am dreiteiligen Sonatensatz[147], festhalten. Dies

---

147 Zur Frage, ob es sich bei der in Mozarts Frühwerk ausgeprägten Sonatensatzform um autonome Drei- oder lediglich erweiterte Zweiteiligkeit handelt, vgl. W. Merian, Sonatenform, S. 180; R. v. Tobel, Formenwelt, S. 28 f.; L. G. Ratner, Classic Music, S. 217, 220

gilt prinzipiell für alle Kopfsätze der frühen Streichquartette Mozarts, einschließlich der Kopfsätze langsamen Tempos (s. Kap. III. 4), ausgenommen KV 170 und 171 (s. Kap. III.7). Daß in dieser Hinsicht zwischen den beiden Quartettzyklen kein prinzipieller Unterschied zu beobachten ist, illustriert folgende Übersicht der Taktzahlenverhältnisse zwischen den drei Großformteilen der relevanten Sätze:

1. Zyklus	2. Zyklus
KV 155/1 53 : 18 : 48	KV 168/1 41 : 21 : 46
KV 156/1 71 : 38 : 71	KV 169/1 36 : 36 : 45
KV 157/1 52 : 22 : 52	---
KV 158/1 45 : 29 : 45 + 8 (Coda)	---
---	KV 172/1 52 : 19 : 56
KV 160/1 45 : 11 : 46 + 18 (Coda)	KV 173/1 45 : 19 : 54

Die zu beobachtende leichte Proportionsverschiebung beim Vergleich des ersten mit dem dritten Formteil fällt rein quantitativ kaum ins Gewicht: Sind im ersten Zyklus beide Formteile der Taktanzahl nach meist identisch (KV 156/134^b, 157, 158)^{148}, so verschiebt sich im zweiten Zyklus trotz prinzipiell gleicher Anlage das Verhältnis. In allen Sätzen wird der dritte Teil nun - und es ist zu zeigen, warum - um ein paar Takte länger.

Entscheidende Konstante sind in allen Dursätzen jene harmonischen Ebenen, denen sich Motivmaterial und -entwicklung unterordnen: Auf einen ersten Hauptteil, der in der Tonart der V. Stufe endet, folgt ein zur I. Stufe rückleitender Mittelteil, der in die nahezu wörtliche Wiederholung des ersten Teiles (= dritter Formteil) mündet. In der Regel wird der erste sowie der zweite mit dem dritten Hauptteil wiederholt^{149}. Beide Rahmenteile untergliedern sich wiederum in

ff.; W. Budday, Grundlagen, S. 150 und 167 f.; C. Dahlhaus, Formbegriff, S. 173; Ch. Rosen, Sonata Forms, S. 136 ff.

148 Der Taktüberhang in KV 160 (159^a) entsteht durch den Einschub des Penultimataktes 104, das auffällige Taktzahlenverhältnis von KV 155 (134^a) wird weiter unten erläutert.

149 Nur in zwei Kopfsätzen der «italienischen» Quartette, in KV 155 (134^a) und 160 (159^a), fehlen die Wiederholungzeichen an der entsprechenden Nahtstelle. Dies stellt ein wohl nicht abschließend zu klärendes Problem dar, da weder "die Anzahl der Takte [...], noch die Art der thematischen Assoziationen in der Durchführung" besonders auffällig ist, wodurch das Fehlen der sonst ja selbstverständlichen Wiederholungszeichen erklärbar würde; W. Plath, Vorwort 1966, S. XIII. Vgl. auch H. Macdonalds umfassende Studie, die aber in unserem Zusammenhang keine weiteren Erkenntnisse bietet (er zitiert hierbei lediglich obige Aussage Plaths - N.B. nicht diejenige K. H. Füssls, wie behauptet); vgl. H. Macdonald, Repeats, S. 121 f.
Daß es Mozart aber offenkundig wichtig erschien, auf eine Wiederholung zu verzichten, beweist die authentische Rasur eines ursprünglich gesetzten Repetitionszeichens im ersten Satz des D-dur-Quartetts KV 155 (134^a), T. 53/54, also an analoger Stelle. Eine Beobachtung sei damit in Zusammenhang gebracht, wenn sie auch keine letzte Erklärung sein kann. Der Verzicht auf die Wiederholung der beiden Hauptabschnitte des Sonatensatzes ist kennzeichnend für die italienische Opernsinfonia, insbesondere bei den Komponisten Niccolò Jommelli, Andrea Bernasconi und Antonio Maria Gaspare Sacchini. Auch alle Opernsinfonien Mozarts, wie viele seiner frühen Sinfonie-Sonatensätze überhaupt, verzichten auf die Wiederholung der beiden Hauptteile des Sonatensatzes, worauf bereits H.

zwei Hauptabschnitte. Sie sind primär tonartlich festgelegt: Im ersten Hauptteil geht Mozart von der Satztonika aus, um ihr im zweiten Abschnitt die Tonika der V. Stufe gegenüberzustellen, im korrespondierenden dritten Hauptteil wird auf den Wechsel der zugrundeliegenden Tonika verzichtet - beide Abschnitte verharren in der Satztonika. Charakteristisch für alle frühen Quartettsätze ist der Verzicht auf einen modulierenden Abschnitt zwischen beiden tonalen Ebenen. Es erfolgt keine Vermittlung. Beide durch Zäsur klar voneinander getrennten Formabschnitte werden auf je unterschiedliche Weise gegenübergestellt. Diese beiden Unterabschnitte eines Formteils setzen sich wiederum aus etlichen verschiedenen, kurzgliederigen musikalischen Motiven zusammen, so daß von «Themen» oder gar von Themenpolarität nicht die Rede sein kann. Insofern ist es sinnvoll, sich der "pragmatischen Schulterminologie" zu enthalten und die formkonstituierenden Satzteile möglichst unbelastet zu benennen[150]:

Beispiel 5

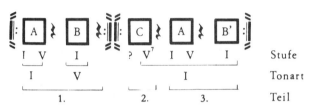

Was bei der Untersuchung der beiden beispielhaft ausgewählten «italienischen» Quartettsätze als «Scharnier» oder «Sprungbrett» bezeichnet wurde, muß als fundamentale Gestaltungskategorie der Mozartschen Sonatensätze - und zwar der schnellen, wie der langsamen - in das Zentrum der formalen Betrachtung gestellt werden[151]. «Scharnier» meint jenes Zäsurmoment, das den Eröffnungs-

---

Hell, Opernsinfonie, S. 424, aufmerksam gemacht hat; vgl. auch K. K. Hansell, Opera, S. 435 ff. und K. G. Fellerer, Mozart, S. 6. Nicht vergessen darf man deshalb die unmittelbare zeitliche Nähe der Komposition des «italienischen» Streichquartettzyklus und des «Lucio Silla» KV 135. Dessen Ouvertüre beendete Mozart bereits am 14. November 1772; vgl. N. Zaslaw, Symphonies, S. 192.
Diese Tradition, den Sonatensatz gattungstypologisch zu differenzieren, d. h. zwischen Opernsinfonie und «autarker» Sinfonie zu unterscheiden, schlägt noch in späterer Zeit durch: Im Autograph des ersten Satzes der «Haffner»-Sinfonie KV 385 wurde nachträglich ein Repetitionszeichen zwischen dem ersten und dem folgenden Hauptteil eingefügt. Als Erstfassung handelte es sich aber bei der gleichen Musik um eine Serenade, die durch Kürzung der Satzanzahl und Hinzutreten von Flöten und Klarinetten 1782 zu einer Sinfonie wurde. Erst die Gattung der Sinfonie bewegte Mozart, die Wiederholungszeichen zu setzen. Insofern könnte man mutmaßen, daß sich die beiden auffallenden Eckquartette der «italienischen» Serie formal an Mozarts Gepflogenheit der Ouvertürentradition anlehnen, was wiederum Rückschlüsse auf die intendierte Klangvorstellung geben könnte. Gerade das D-dur-Werk erinnert in seinem fanfarenartigen Beginn (und natürlich schon durch seine Tonart!) an "sinfonische Themenerfindung" (A. Einstein, Mozart, S. 241). Zur Besetzungsproblematik siehe Kap. VI.

150 Vgl. dazu die grundlegenden Arbeiten von F. Ritzel, Sonatenform (Zitat auf S. 7); L. G. Ratner, Classic Form; F. Blume, Begriffsbildung, S. 64 f.; J. P. Larsen, Sonatenform-Probleme; S. Schmalzried, Analyse; Ch. Rosen, Sonata Forms; C. Dahlhaus, Prämissen.

151 Vgl. auch die positivistisch-historisch angelegte Studie von R. S. Winter, Bifocal Close. Heinrich Christoph Koch nennt jenen «Scharniertakt» - aber gleichzeitig auch den ganzen,

57

abschnitt durch formelhafte Gestik[152] deutlich auf dem Halbschluß der Satztonika beschließt, um dann - im ersten Hauptteil - nicht zur Satztonika zurückzukehren, sondern modulationslos die Quinte als neue I. Stufe unmittelbar zu übernehmen, während der identische Halbschluß im analogen dritten Hauptteil tatsächlich in seiner dominantischen Funktion realisiert wird - das Folgende verharrt in der Satztonika. Das identische Halbschluß-«Scharnier» öffnet sich also je nach Satzposition in zwei differente harmonische Richtungen.

Beide ausgewählten Beispiele der frühen «Wiener» Quartettserie ließen einen solchen «Scharnier»-Akkord, wenn auch nicht die mit ihm verbundene deutliche Zäsur, vermissen. Bildet er eine Domäne der frühesten Quartett-Sonatensätze? Ist in dieser fundamentalen Frage eine Entwicklung zwischen den Quartettserien zu beobachten? Zur Beantwortung dieser Fragen ist besagter Zäsurmoment jeweils in seinem besonderen harmonisch-funktionalen Umfeld zu untersuchen. Die Variationsbreite in der Anwendung und individuellen Abwandlung dieser geradezu als Indiz Mozartscher Formvorstellung zu bezeichnenden Methode des gleichzeitigen Verbindens und Trennens der beiden harmonisch konstitutiven Abschnitte der Tonarten der I. und V. Stufe (im ersten Teil) und der beiden I. Stufen (im dritten Teil) ist staunenswert. Mozart steuert zwar stets mindestens eine Zäsurstelle an, verwendet dabei aber nicht etwa mechanisch das Halbschluß-«Scharnier» der Satztonika, sondern ebenso die Doppeldominante (im dritten Hauptteil Dominante) oder (seltener) den Ganzschluß. Die drei harmonischen Alternativen des formal entscheidenden Zäsurmoments können folgendermaßen dargestellt und den Quartettkopfsätzen (in Dur) zugeordnet werden:

I. TEIL   III. TEIL
(a) Zäsur auf Dominante - - - - - -   Zäsur auf Dominante
(b) Zäsur auf Doppeldominante - -   Zäsur auf Dominante
(c) Zäsur auf Tonika - - - - - - - -   Zäsur auf Tonika

Auf die jeweilige Zäsur folgt in TEIL I stets die (neue) Tonika der Dominanttonart. Auf die jeweilige Zäsur folgt in TEIL III stets die (beibehaltene) Tonika.

Bezogen auf die schnellen Sonatensatz-Kopfsätze:

(a) KV 156, T. 18, 127; KV 160, T. 15, 74; KV 168, T. 18, 85
(b) KV 157, T. 30, 104; KV 158, T. 31, 105; KV 172, T. 26, 101
(c) KV 155, T. 12; KV 169, T. 11, 83

---

ihm vorangehenden Abschnitt - «Absatz», weil dieser "nothwendig noch einen oder mehrere Theile nach sich erwarten" läßt; «Quintabsatz» nennt er den Halbschluß, «Grundabsatz» die Kadenz in der Grundtonart zu Beginn eines Quartettsatzes; H. Ch. Koch, Versuch II, S. 358 und 414 f; vgl. auch W. Budday, Grundlagen, S. 180. Damit benennt bereits Koch den elementaren Vorgang der Mozartschen Abschnittbildung. Vgl. auch die neueren Studien, welche die Kochsche Terminologie für Sonatensatzbeschreibungen des 18. Jahrhunderts, vor allem im Zusammenhang mit Werken Joseph Haydns, fruchtbar zu machen versuchen: E. Sisman, Forms; W. Seidel, Haydns op. 71 Nr. 1; H. Forschner, Instrumentalmusik; J. Neubacher, Finis.

152 Welches die Formeln sind, mit denen Mozart jene Zäsurstellen für den Hörer eindeutig indiziert, wird ausführlich abgehandelt in: W.-D. Seiffert, "Absatzformeln".

Im Falle der Lösung (a), die Mozart auch in den ersten beiden Sätzen seines «Lodi»-Quartetts anwendet[153] tritt aufgrund der bereits beschriebenen Scharnierfunktion des Zäsurmomentes kein kompositorisches Problem auf. Was sich im ersten Teil zur Tonart der Quinte wendet, setzt sich im dritten Teil materialgleich aber stufenversetzt in der Grundtonart fort.

Dieses verblüffend einfache, geradezu simple und daher umso wirkungsvollere Verfahren[154], das Mozart wahrlich nicht nur in seinem Frühwerk zur formalen Gliederung einsetzt, gewährleistet prinzipielle Symmetrie der beiden korrelierenden Hauptteile (vgl. obige Übersicht: KV 156/134^b und 160/159^a). Die Erweiterung des dritten Formteiles in KV 168 um fünf Takte resultiert deshalb auch nicht aus formalen Zwängen, sondern aus dem gewissermaßen spontanen Entschluß, für einen Moment den inhärenten Kräften eines bestimmten musikalischen Motivs nachzugehen und es ausführlicher auszuführen. Bemerkenswert ist die gewählte Satzposition: Nicht der Mittelteil, der gegenüber der vorgegebenen Taktfolge des ersten Teils ja unabhängig ist, sondern der erste Abschnitt des dritten Teiles ist hier der Ort motivisch-thematischer Arbeit. Wie ein Implantat, von seinem Umfeld jedoch keineswegs als Fremdkörper abgestoßen, sondern im Gegenteil durch die ohnehin schon vorgeprägte Tendenz dieses charakteristisch punktierten fallenden Dreiklangmotivs |♩ ♪♫| zur Fortspinnung mit ihm verwachsen, setzt Mozart diese die Symmetrie zum ersten Teil störende Erweiterung in Form unerwarteter Motivkonzentration (im ersten Moment täuscht er die neue Tonart der Unterquint vor!) und fixiert schließlich doch wieder den Halbschluß der Satztonika. Der Wechsel des tonalen Feldes erfolgt erst nach der Zäsur.

Die beiden anderen Lösungen (b+c) stellen den Komponisten im Gegensatz zum einfachsten Weg über besagtes «Scharnier» vor größere harmonisch-formale Aufgaben. Über die Zäsur einer Doppeldominante (b) in das Feld der Quinttonart zu gelangen, ist sicherlich eleganter und harmonisch folgerichtiger als das einfache «Scharnier». Doch muß sie der Komponist im analogen dritten Hauptteil vermeiden, so er nicht erneut in die Tonart der Quinte wechseln will: Bereits im Vorfeld muß er den Satz so einrichten, daß die gleiche Zäsurstelle nun statt auf der Doppeldominante auf der einfachen Dominante zu stehen kommt, damit er in der Satztonika enden kann[155].

In den drei Kopfsätzen, die diesen Weg gehen (KV 157, 158, 172), ist Mozarts Variantenreichtum außerordentlich instruktiv. KV 157/1 bietet das Beispiel einer verblüffend einfachen Lösung des kompositorischen Problems. Hier steuert Mozart bereits im Vorfeld der Hauptzäsur eine halbschlüssige Zwischenzäsur auf *G* an (allerdings das Folgende durch die Viola überbrückend), um dann im ersten Hauptteil spätestens drei Takte darauf (T. 23) die neue Tonart *G-dur* erreicht zu haben[156]; die Zäsur in Takt 29/30 befestigt

---

153 KV 80 (73^f)/1, T. 8, 47; KV 80 (73^f)/2, T. 15, 64.

154 R. S. Winter, Bifocal Close, S. 289 f.; W.-D. Seiffert, "Absatzformeln".

155 Man vergleiche unter diesem Aspekt die oben unter (b) angegebenen Taktstellen.

lediglich das erreichte Plateau der Quinttonart. Im dritten Hauptteil (ab T. 75) erklingt bis zur halbschlüssigen Zwischenzäsur (hier T. 94) die Musik des Satzanfangs; um die nahende Zäsur eine Quinte tiefer als im ersten Teil zu erreichen, nutzt Mozart den unmittelbaren Anschluß modulatorisch (über den verminderten Septakkord auf G in T. 95), indem er auf die material- und taktgleiche Musik des ersten Teils zurückgreift. Die einfache Dominante G^7 wird in Takt 104 geradezu unbemerkt erreicht.

In KV 158/1 besteht die «Zwischenzäsur» im Ganzschluß beider Hauptteile (T. 10 bzw. 84). Hierbei wird die Nähe zur formal-tonartlichen Anlage zu KV 155 (134^a)/1 und 169/1 (s. u.) deutlich. Der Weg zur zäsursetzenden Doppeldominate führt jetzt über einen vermittelnden *unisono*-Takt, der den Grundton *f* des beide Male vorausgehenden Ganzschlusses aufgreift. Der Anschluß leitet im ersten Teil unmittelbar zur Tonart der Quinte über (T. 12), so daß 20 Takte später die gewünschte zur Quinttonart *C*-dur führende Doppeldominante entsteht, während er im dritten Teil, und darin liegt die individuelle Lösung des *F*-dur-Quartetts, zunächst zur IV. Stufe strebt (T. 86), im Verlauf der materialgleichen Taktfolge jedoch plötzlich dem Subdominantbereich durch einen Sprung in die I. Stufe (T. 98-101) entweicht, so daß aus der Doppeldominante des ersten (T. 31) doch noch eine satzschlußfähige Halbschlußzäsur des dritten Teils (T. 105) wird.

Der «Umweg» über die kurzwährende Tonart der IV. Stufe ist in KV 158/1 aus dem gleichen Grunde kompositorische Notwendigkeit wie die bereits beschriebene (S. 44) Erweiterung des dritten Formteils in KV 169: Dem sofortigen Anschluß einer I. Stufe auf eine in der Grundtonart kadenzierende Zäsur mangelt es an Stringenz; nicht der Anschluß selbst, wohl aber die Zäsur wäre unmotiviert, da ohne Notwendigkeit. Der entscheidende Unterschied des *A*-dur-Kopfsatzes aus dem zweiten Zyklus (KV 169) zum *F*-dur-Satz des ersten Zyklus (KV 158) besteht deshalb lediglich in dessen Erweiterung, im sequenzierenden Einschub im Anschluß an die Grundkadenz; die Tendenz zu symmetrischen Formteilen, bedeutsames Element der «italienischen» Kopfsätze, spielt im «Wiener» Zyklus offensichtlich keine Rolle mehr.

Im Kopfsatz des Streichquartetts KV 172, dem unter allen «Wiener» Quartetten in der Literatur wohl wegen seiner Verwandtschaft zu den früheren «italienischen» Quartettkopfsätzen (s. u.) stets das geringste Interesse entgegengebracht wird ("Au point de vue historique, ce quatuor, d'une valeur musicale très médiocre, ...")[157], bietet Mozart unter formalem Aspekt einen weiteren, bisher nicht beschriebenen Lösungsansatz der Umformulierung einer zunächst gesetzten Doppeldominantzäsur. Zunächst erweitert er sequenzierend den sich an den Eröffnungsteil anschließenden Abschnitt um vier Takte (T. 81-84), nicht aber, wie man erwarten könnte, um bereits hier modulierend von

---

156 In T. 21 liegt trotz des scheinbar so eindeutigen *G*-dur-Akkordes noch kein gefestigter Tonartwechsel im Sinne eines «Scharniers» vor, da der Vorschlag auf «4» noch f^2 - nicht fis^2 - bringt.

157 WSF I, S. 73.

der Entwicklung zur Doppeldominante wegzustreben, sondern (vergleichbar nur mit KV 168/1) lediglich um den dritten Formteil insgesamt zu strecken. Daß dieser Einschub nur als folgenlose Erweiterung bekannten Materials fungiert, erkennt man an der unmittelbaren Fortsetzung dieses Implantats (T. 85 ff.), die die Taktfolge des ersten Formteils darstellt (vgl. T. 10 ff.). Ähnlich wie in KV 158/1 springt aber das Satzgeschehen in Art einer Sequenzkette aus der einfachen I-V-I-V-Folge des ersten Teils heraus (ab T. 95), um auf diese Weise höchst wirkungsvoll, jedwede Satzerweiterung in Form von Takteinschüben elegant umgehend, spiegelbildlich zum ersten Formteil im Halbschluß der Satztonika (T. 101, vgl. mit T. 26) zu münden. Nur sie erlaubt die in B-dur schließende Wiederholung des Ausgangsmaterials.

Um wieviel komplexer die Satzanlage gerät, sobald Mozart nicht den einfachsten Weg über das zäsurierende Halbschluß-«Scharnier» geht, beweist die Nähe der Lösungen (b) und (c), trachtet man sie zu systematisieren. In jedem Fall muß der Komponist bestrebt sein, im ersten Hauptteil die Tonart der Quinte als spannungsgebierendes Pendant zur Ausgangstonart (in Dur) zu etablieren, um sie im Analogteil spannungslösend zu negieren. Wenn in zwei Fällen weder eine Dominant- noch eine Doppeldominant-Zäsur als Wegscheide zwischen beiden tonalen Zentren zum Tragen kommt (= Lösung c) und sich anstelle dieses Spannungsgefälles zunächst die Satztonika als Zäsurmoment etabliert (KV 155/134^a/1, T. 12; KV 169/1, T. 11), so erinnert dies ebenso an jene Kopfsätze, die ebenfalls zunächst die Haupttonika etablieren, um dann dennoch über eine dominantische Zäsurwirkung von ihr fortzustreben (vgl. KV 157/1, T. 8, KV 158/1, T. 10 (!); KV 168/1, T. 9; KV 172/1, T. 10; auch KV 173/1, T. 9). Und in der Tat kann man in beiden unter (c) aufgeführten Sätzen feststellen, daß auch hier keineswegs auf doppeldominantische Wirkung verzichtet wird; nur geschieht dies nicht in exponierter Form einer spürbaren Zäsur, sondern gewissermaßen im «Vorübergehen»: im D-dur-Satz KV 155 (134^a)/1 in Takt 20 (E-dur, sogar mit vorausgehendem leittönigem Baß und folgendem Orgelpunkt auf der Doppeldominante), im A-dur-Satz KV 169/1 in Takt 19 (H-dur, vgl. die Analyse S. 46). Was in letzterem durch modulierende Implantate im Anschluß an die neuerliche Ganzschlußzäsur (T. 83), im F-dur-Satz KV 158/1 durch den Sprung zur Subdominanttonart und Sequenz erreicht wird, löst sich im Falle des frühen D-dur-Satzes KV 155 (134^a)/1, indem Mozart bereits im Vorfeld der Zäsur ein Dreiklangsmotiv sequenzierend erweitert (T. 76 ff.), um infolgedessen das Zäsurmoment (im ersten Formteil: T. 12) gänzlich zu überspielen. Auf diese Weise rafft er die Entwicklung zum harmonischen Ziel der Grundtonart, der dritte Teil wird (singulär unter den «italienischen» Kopfsätzen) kürzer als sein Pendant.

Die mehrfach konstatierte Proportionsverschiebung zwischen erstem und drittem Formteil des «Wiener» Quartettzyklus resultiert also bis auf die «Ausnahme» KV 169/1 aus kompositorischer Freiheit dem musikalischen Material gegenüber und nicht primär aus formaler Notwendigkeit.

Angesichts dieser Fülle unterschiedlicher kompositorischer Lösungen unter Beibehaltung einer prinzipiell gültigen Formkonstitution ist es wenig plausibel, das Formverständnis des frühen Mozart als primitiv zu rügen[158]. Die formale Gestaltung der Sonatensätze ist im Detail, wenn auch nicht in ihren Grundzügen, abwechslungsreich und niemals mechanisch ausgeführt. Kompositorischen Ehrgeiz entwickelt Mozart stets in den immer wieder verblüffend neuen Lösungen der Zäsurbildung der Hauptabschnitte und ihres Umfeldes. Mozart bietet freilich keine Formexperimente, weder im frühen noch im späteren Zyklus. Die einfache Handhabung der dreiteiligen Form Mozarts verglichen mit den auch im Prinzipiellen unterschiedlichen Individuallösungen der zeitgleichen Streichquartette Joseph Haydns könnte Mozarts Formverständnis als defizient erscheinen lassen (zum Phänomen vergleichender Qualifizierung s. Kap. V.3). An dieser Stelle sei festgehalten, daß innerhalb des Corpus der Mozartschen Sonatenkopfsätze eine Tendenz von der symmetrischen Wiederholung des ersten durch den dritten Formteil im früheren Quartettzyklus zur vorsichtigen Schwerpunktverlagerung zugunsten des dritten Teils durch motivisch gezeugte Erweiterungen im zweiten Zyklus zu beobachten ist; darüberhinaus basieren zwei Kopfsätze dieser Serie (KV 170, 171) nicht auf dem Sonatensatzprinzip, und ein weiterer (KV 173) obliegt trotz Sonatensatzanlage auch formal den grundsätzlich andersgearteten Prämissen der gewählten Molltonalität (S. 48 ff.).

Wenn wir im folgenden Mozarts Verfahren der Taktgruppenbildung untersuchen wollen, so wird damit ein weiterer wichtiger Komplex zum Verständnis der frühen Streichquartett-Kopfsätze Mozarts eröffnet; hierbei läßt sich nicht nur eine gewisse Konstanz in der Anwendung, sondern auch eine höchst bemerkenswerte Entwicklung zwischen beiden Serien beobachten.

Es sind, wie es sich bereits bei der Interpretation der ausgewählten Kopfsätze abzeichnete, im wesentlichen zwei Merkmale, die Mozart zur Gestaltung des musikalischen Kontinuums in der Abfolge von Takten, Taktpaaren, Taktgruppen, Perioden und größeren Abschnittbildungen verwendet: Unmittelbares (identisches oder modifiziertes) Wiederholen von Takteinheiten sowie bausteinartiges Aneinanderreihen kurzer Taktglieder. Symmetrische Perioden in Vordersatz-Nachsatz-Struktur treten selten und dann zu Satzbeginn (KV 156/134^b/1, 157/1, 158/1) auf. Beide Gestaltungsmittel, die freilich in abgewandelter Form gleichermaßen für die übrigen Satztypen zutreffen, unterscheiden sich in ihrer konkreten Ausformung und in ihrer Häufigkeit innerhalb der beiden Quartettserien charakteristisch (KV 80/73^f ist hierin der ersten Quartettserie verwandt), wobei von einem Reifungsprozeß, von einer kompositorischen Vertiefung durchaus gesprochen werden kann.

Nicht zufällig wählt Friedrich Blume in seinem Aufsatz zur "musikalischen Begriffsbildung" seines terminus technicus «Fortspinnung» ein Beispiel Mo-

---

158 L. Finscher spricht in vorsichtiger Andeutung von einem "problem of the, more or less, mechanical recapitulation in Mozart's Sonata form movements"; L. Finscher, Aspects, S. 123. An anderer Stelle deutlicher negativ konnotiert: In der Reprise von KV 168, die dort für Mozarts Reprisentechnik im allgemeinen steht, wird beklagt, daß "everything goes on as if nothing had happened in between"; L. Finscher, Indebtedness, S. 409.

zarts, während der Gegenbegriff der «Entwicklung» durch ein Beispiel Haydns verdeutlicht wird[159]. Wenn auch der Begriff der «Fortspinnung» wegen seiner assoziativen Nähe zur musikalischen Gestaltung der Generalbaßmusik als mißverständlich abzulehnen ist (beim Spinnen wird ja ein kontinuierlicher, nie abreißender Faden erzeugt), zudem beide Begriffe leicht ineinanderfließen könnten, so hat Blumes Definition für die Kompositionsweise der frühen Mozartschen Streichquartette ihre Gültigkeit: Es handelt sich um das "Verfahren der Aneinanderfügung an sich unbezogener, selbständiger Glieder, ein Nacheinander von Motiven, die nicht substanzverwandt zu sein brauchen, und die erst durch ihre Stellung im Zusammenhang aufeinander bezogen werden"[160]. Dieses additive Verfahren ist mit dem Aneinandersetzen musikalischer Bausteine vergleichbar[161]. Es ist das elementare gliederungstechnische Gestaltungsmittel der frühen Streichquartette Mozarts. Dabei läßt sich ein Verfeinerungsprozeß dieser Technik zwischen den ersten und den letzten der frühen Quartette beobachten. In den «Wiener» Sätzen stellt man stärkere «Substanzverwandtschaft» der Glieder fest, vor allem aber ein Aufbrechen der periodischen Zwei- und Viertaktgliederung durch Sequenzierungen, die als motivisch-thematische Arbeit oder, an den Stellen aneinandergereihter periodischer Taktgruppen, als variierende Abwandlung anzusprechen sind.

Das dublizierende Aneinandersetzen (nahezu) identischer Takteinheiten ist bestimmendes Merkmal des ersten Zyklus. Die konstituierenden Glieder können dabei aus Einzeltakten[162], aus Taktpaaren[163], aus Viertakteinheiten[164] oder gelegentlich auch aus sequenzierten Taktpaaren[165] bestehen. Seltener, meist zu Satzbeginn, liegt eine symmetrische Periode in korrespondierender Vordersatz-Nachsatz-Struktur vor[166].

Fließende Kontinuität wird durch unterschiedliche Verfahren erzeugt: Selten existieren Anordnungen, bei denen die beiden in ihrer Wiederholung identischen Taktgruppen schlicht aneinandergesetzt werden; wenigstens werden sie (a) in ihrer Schlußwendung abgewandelt, (b) dynamisch voneinander abgesetzt oder (c) einzelne Stimmen oktavversetzt[167]. Gelegentlich schließt eine moti-

---

159 F. Blume, Begriffsbildung, S. 58 ff.

160 ibid., S. 58.

161 Vgl. auch die Umschreibung bei L. Finscher, Indebtedness, S. 409.

162 Im folgenden werden jeweils nur die Takte der ersten Formteile aller schnellen Kopfsätze des «italienischen» Zyklus als Nachweis genannt: KV 155 (134^a)/1, T. 51 f.; KV 157/1, T. 13 f., 31 f., 50 f.; 160 (159^a)/1, T. 32 f., 37 f.

163 KV 155 (134^a)/1, T. 1-4, 4-8, 20-24, 40/41-43/44; KV 156 (134^b)/1, T. 19-26, 27-34; KV 157/1, T. 15-18, 25-28, 42-45, 46-49; KV 160 (159^a)/1, T. 24-28.

164 KV 155 (134^a)/1, T. 29-35 (36); KV 156 (134^b)/1, T. 56-63; KV 158/1, T. 20-27; KV 160 (159^a)/1, T. 5-11 (12), KV 160 (159^a)/1, T. 16-23 (wobei sogar die Taktpaare sowie die Einzeltakte genetisch voneinander abgeleitet sind), 32-41.

165 KV 156 (134^b)/1, T. 43 ff.; KV 157/1, T. 21-24; KV 158/1, T. 1-4.

166 KV 156 (134^b)/1, T. 1-8; KV 157/1, T. 1-4, 9-12; KV 158/1, T. 12-19.

167 Zu (a) beispielsweise im D-dur-Satz KV 155 (134^a)/1, T. 1-2 (Endung in Quintlage) wiederholt in Takt 3-4 (Endung in Terzlage, und durchziehende Viola); zu (b) ibid., T. 4-6

vische Einheit gestisch wie harmonisch bereits in der Taktmitte, so daß eine verbindende Überleitungsfigur - stets den Unterstimmen vorbehalten - notwendig wird[168]. Häufiger begegnen wir engster Verzahnung bei der Wiederholung der Segmente, indem das melodische Ziel des einen Gliedes gleichzeitig die erste Note des Folgegliedes bildet[169]. Meist unterstützt dies auch die harmonische Anlage der Bauglieder, wobei der zu erwartende Zielton zusätzlich durch dominantische Öffnung an der Schnittstelle erzwungen wird[170]. Selbstverständlich verbindet Mozart auf diese Weise nicht nur die verwandten, unmittelbar wiederholten Taktsegmente, sondern benutzt dieses Verfahren auch zum Zwecke musikalisch-logischer Kontinuität größere Einheiten. Im Moment des Schließens setzt eine neue, eigenständige musikalische Einheit an[171]; nicht nur in unseren beiden Beispiel-Kopfsätzen wendet Mozart diese Kontinuität stiftende Konstruktion mit Vorliebe zur Verzögerung einer endgültigen Kadenz an. Satzeröffnungen sind weitgehend frei von solchen Gerüstbaugliedern (vgl. die Ausnahme in KV 160/159ª/1, T. 11/12).

Wenn im Verlauf eines (Kopf-) Satzes der «italienischen» Quartette im Sinne einer verdeckten oder offenkundigen «Substanzverwandtschaft» auf einen bereits im Vorfeld erklungenen Motivbaustein zurückgegriffen wird[172], erscheint dieser in jedem Fall gestisch abgewandelt und prinzipiell eigenständig, ohne unmittelbaren Rückbezug zu seinem erstmaligen Auftreten, jedoch meist ebenfalls unmittelbar gedoppelt; er bespiegelt also den einstigen kompositorischen Einfall von einer anderen Seite, an anderer Stelle, und ist keinesfalls im Sinne einer motivischen Abspaltung oder einer weiträumigen Motiventfaltung zu verstehen. Demzufolge sind Sequenzen selten, Imitationen nur sporadisch vorgenommen.

Wie die Untersuchung des *A*-dur-Satzes KV 169/1 (s. S. 43 ff.) erweist, gliedert Mozart auch im «Wiener» Zyklus das musikalische Material weitgehend im Sinne einer Reihung. Jetzt aber werden die Motivbausteine auffällig oft bereits im Moment ihrer Wiederholung variiert, unter einen übergeordneten Kadenzplan gestellt, oder die Wiederholung wird durch einen Trugschluß des ersten Bausteines erzwungen.

Wenn R. Barrett-Ayres feststellt, daß die Quartetteröffnungen von KV 168/1 und KV 169/1 irreguläre, also unsymmetrische Taktgruppierungen ("ir-

---

(*forte*), unmittelbar wiederholt in T. 6-8 (*piano*); zu (c) KV 157/1, T. 13, unmittelbar in T. 14 wiederholt (Unterstimmen oktavversetzt).

168 Wie beispielsweise in KV 157/1, T. 2 bzw. 4 (Nahtstelle zwischen Vorder- und Nachsatz bzw. zwischen Viertaktperiode und dessen Anschluß) oder in KV 160 (159ª)/1, Takt 4 bzw. 8 (vgl. Ausführung S. 40 ff.).

169 Wie beispielsweise die Taktdoppelung T. 13/14 aus KV 157/1.

170 Wie beispielsweise die Takte 16 ff. im *Es*-dur-Satz KV 160 (159ª)/1.

171 Wie beispielsweise an der Nahtstelle zwischen T. 41/42 in KV 157/1.

172 KV 155 (134ª)/1, T. 29 ff. zu T. 13 ff.; ibid., T. 40 ff. zu T. 20 ff.; KV 156 (134ᵇ)/1, T. 35 ff. zu T. 1 ff.; KV 158/1, T. 31 ff. zu T. 1 ff.

regular phrase structure") verwenden[173], so ist dies in der Tat auffällig und für die Gliederungstechnik der «italienischen» Quartettkopfsätze in dieser Form undenkbar. Das erste und letzte Quartett (KV 168 und 173) eröffnen mit einem Neuntakter, das zweite (KV 169) mit einem Elftakter. Solche «Irregularität» resultiert aus der Vermeidung unmittelbarer Wiederholung. Sie ist ausschließlich an den Eröffnungstakten jener Quartette zu beobachten, in der Fortsetzung wird das musikalische Material durch spontanes Wiederholen gegliedert, was auf die nicht zu vernachlässigenden engen Bezüge zur kurz zuvor entstandenen Quartettreihe KV 155 (134^a) ff. verweist.

Es scheint geradezu, als ob Mozart Anklänge liedhafter Periodik zu Beginn einiger «Wiener» Quartette um jeden Preis vermeiden will. Bezeichnenderweise beginnt das *F*-dur-Quartett (KV 168/1), also das erste der «Wiener» Serie, mit den unregelmäßigsten Taktgruppen. Doch hier hebt nach einer Gliederung von zwei mal neun Takten eine Taktabfolge an, die im wesentlichen auf unmittelbare Wiederholung musikalisch aneinandergereihter Motive basiert, auch wenn nun die Verschränkung mit Folgegliedern periodische Anordnung verhindert - ein Merkmal, das in den «italienischen» Kopfsätzen in der Tat nicht derart gehäuft auftritt, als Phänomen aber von den zerrissenen Anfangstakten deutlich geschieden werden sollte. Es muß auf die wesentlichen, weil konstitutiven Satzelemente der unmittelbaren Wiederholung, der Sequenz und des geschlossenen, gewissermaßen accellerierenden Kadenzgefälles verwiesen werden: Diese rufen bei aller Irregularität nämlich ein Gefühl der Einheit und Kontinuität hervor, das zu Quartettbeginn fehlt und durch den isolierten Verweis auf irreguläre Taktgruppierung nicht ersichtlich werden kann. Takt 28 rekurriert auf Takt 24, in Takt 31, 35 und 39 setzt bei gleichzeitigem Kadenzabschluß auf Schlag «1» eine neue motivische Zelle an, wodurch hier jeweils der Beginn (und weniger der Abschluß!) einer solchen Einheit zu setzen ist[174]:

Bei Takt 19 handelt es sich um den einem gewöhnlichen Doppeltaktpaar vorausgeschickten Einleitungstakt, so daß sich der summarische Fünftakter (T. 19-23) in 1+2+2 Takte untergliedern läßt. Es schließt sich eine in der neu erreichten Tonika *C*-dur kadenzierende Sequenzkette an (T. 24-27), die (verbunden durch die erste Violine mit Septton) unmittelbar wiederholt wird (T. 28-31); freilich liegt keine wörtliche Wiederholung vor: Die punktierte, fallende Melodielinie (V.I und II in Oktaven) erscheint nurmehr in der eingestrichenen Oktave (V.I), die Mittelstimmen sind nun in Terzen gekoppelt und unabhängiger, der Baß ist ebenfalls um eine Oktave versetzt. Auch ist der analoge Schlußtakt 31 nicht wie sein Pendant Takt 27 breit ausgeführt, sondern in Form eines langen Auftaktes zu seinem Anschluß fortgeführt. In einer Gliederung gerüstsatzartig verzahnter Einheiten bewegt sich der Satz nun auf den Doppelstrich zu, indem zweimal eine erweiterte (T. 32-34, 35-38) und daraufhin

---

173 R. Barrett-Ayres, Haydn, S. 148; er führt dies auf den Einfluß Haydns zurück.

174 L. Finscher, Indebtedness, S. 409, gliedert 9+9+9+5+5+7. Nach den 18 Eröffnungstakten ist eine ungerade Taktfolge von 9+5+5+7 jedoch nur dann abzählbar, wenn man die verschränkten Takte 27, 31 und 35 jeweils zu beiden aufeinanderfolgenden Gliederungseinheiten zählt.

eine ultimativ abschließende Kadenz (T. 39-41) harmonische Grundlage der Entwicklung bildet; aus der gleichzeitigen dreifachen Steigerung der rhythmischen Intensität über elf Takte - auftaktige Dreitonfiguren mit nachschlagendem Baß (T. 31-34), durchlaufende 8tel mit in 4teln alternatim wechselnden Unterstimmen (T. 35-38), Triolenachtel mit durchgehender Viola und energisch kadenzierendem Violoncello samt abrundendem Schlußtakt (T. 39-41) - resultiert eine starke Sogwirkung auf die Zäsur des Schlußtaktes 41. Demnach ist folgende modifizierte Gliederung für den ersten Teil des *F*-dur-Quartetts vorzuschlagen:

[3+2+4] + [3+6] + [1+2+2 + 4+3] + [4 + 4 + 3]
   9   9   12   11

Die Taktgliederung R. Barrett-Ayres[175] führt - unkommentiert - in die Irre, da hier nicht der offenkundigen Tatsache Rechnung getragen wird, daß ab Takt 10 eine Wiederholung des Quartettanfangs vorliegt. Die ersten 12 Takte sind primär eben nicht als abzusondernde Einheit aufzufassen.

Das *A*-dur-Quartett KV 169/1 wird durch einen Dreitakter eröffnet, auf den in der Folge stets wiederholte Taktgruppen unterschiedlicher, jedoch symmetrischer Länge folgen: 3 + 4+4 + 4+4 + 3+3 + 4+4 + 3. Dies ist kaum als echte Irregularität zu bezeichnen, sondern erinnert entfernt (vgl. S. 44), abgesehen von der ebenfalls gegen Schluß gehäuft auftretenden Verschränkung der musikalischen Einheiten, an die «italienischen» Kopfsätze.

Wie bereits dargestellt, gliedert sich der Anfang des *d*-moll-Quartetts KV 173/1 wie der *F*-dur-Satz zunächst in zweimal neun Takte (4+5) + 9 (3+4+2), wobei ungeachtet aller Irregularität beidemale die intendierte periodische Vordersatz-Nachsatz-Struktur ins Auge fällt. Die 24 folgenden, schließlich nach *g*-moll orientierten Takte (T. 19-42) erhalten ihr einheitsstiftendes Band durch den immerwährenden, in keinem anderen Quartettsatz so gehäuft zu beobachtenden Zug zur Sequenz, die per se periodische Symmetrie aufhebt (vgl. Kap. III.8).

Wie differenziert man den Terminus der «Irregularität» verwenden sollte, so sehr mit ihm ein gewichtiger Unterschied zwischen beiden Serien manifest wird, beweist der Kopfsatz des scheinbar so gerade in 26+26 Takte zu gliedernden ersten Hauptabschnittes des *B*-dur-Quartetts KV 172. In seiner ouvertürenhaften Eröffnung (vgl. KV 155/134[a]/1) und seiner geradezu penetranten Reihung wiederholter Vier- oder Zweitakter, erinnert er - oberflächlich betrachtet - eher an die «italienischen» als an die Technik seiner benachbarten Kopfsätze. Die wahren Verhältnisse deckt der Versuch einer Kleingliederung auf: Durch gehäuftes Verzahnen der Takteinheiten wird die scheinbar glatte Periodik stets aufs Neue verunsichert:

[2+4 + 3 + 4+4 + 2+2 + 5] + [8+8 + 3 + 4 + 3]
           26   26

---

175 R. Barrett-Ayres, Haydn, S. 148.

Selbst bis in den Mittelteil (T. 53 ff.) erstreckt sich diese Technik, da er einen Achttakter (!) in unmittelbarer Folge oktavversetzt wiederholt, jedoch die Rückleitung zur Reprise mit der Schlußnote des sechzehnten Taktes zäsurlos verbindet, so daß unerwartete 8+11 Takte das Resultat sind.

Von irregulärer Gliederung in den Kopfsätzen der frühen «Wiener» Quartette sollte daher nur bezüglich der jeweiligen Eröffnungstakte in KV 168, 169, 173 gesprochen werden. Verschränkte Takteinheiten wie Sequenzierungen weisen zwar in ihrer Quantität des Auftretens über die «italienischen» Quartette hinaus, sind aber aufgrund der meistenteils erhalten gebliebenen Reihungsstruktur spontan wiederholter Motiveinheiten und ihrer Schaffung sinnvoller musikalischer Kontinuität nicht als irregulär zu bezeichnen.

Auch die Gestaltung der Motivbausteine zeigt deutlich die gleichzeitige Gemeinsamkeit und Differenz zwischen erster und zweiter Quartettserie. Mozart behält zwar - wenigstens dem Prinzip nach - sein baukastengleiches Aneinanderfügung etlicher disparater Motive aufrecht. Gerade aber im ersten, zweiten und letzten Quartettkopfsatz der «Wiener» Serie fällt jene bereits bezüglich KV 169/1 dargestellte Nuancierung der kompositorisch feinsinnig variierten Wiederholungen von Baugliedern auf, die nun eben nicht mehr auf eine "addition of tiny phrases and mostly unconnected musical events" oder gar auf "clumsy imitation"[176] hinausläuft. Abgesehen vom häufigen Einsatz der Sequenz im d-moll-Quartett, die als strukturelles Mittel in keinem anderen Satz so häufig wie hier Verwendung findet, kann von einer einfachen Reihung unbezogener, selbständiger Glieder im Sinne Blumes nicht mehr die Rede sein. Wo wäre in den «italienischen» Kopfsätzen bereits nach 12 Takten eine viertaktige Motivabspaltung zum Zwecke der Modulation zu beobachten, die sukzessive durch alle drei Oberstimmen wandert und somit als kompositorisches Mittel das Reihungsverfahren aufbricht, wie in KV 168/1, Takt 13-16[177]? Ebenfalls in KV 168/1 (T. 19 bis 29) behält Mozart eine einzige Figur in Form des insistierend punktierten Motivs der ersten Violine bei, ohne es baugleich zu repetieren. Im gleichen Satz unterliegt ein großer Abschnitt der kompositorischen Idee eines *accelerando*, das wirkungsvoll und stringent ausgebreitet wird (T. 31 bis zum Doppelstrich)[178]. Auch die beschriebene Variierung von substanzverwandten Bausteinen, etwa in KV 169/1, gehört in diesen Zusammenhang. Schließlich muß die auffallend polarisierende Motivkonstellation und die damit einhergehende Brückenbau-Gliederung benannt werden, wie sie im *d*-moll-Satz KV 173/1 vorliegt. Mit einer bloßen Reihungsanordnung, charakteristisch für die Quartettkopfsätze der ersten Serie, ist das variantenreiche, nur selten wörtlich wiederholende Verfahren Mozarts in seinen «Wiener» Sätzen nicht mehr zu fassen.

---

176   L. Finscher, Indebtedness, S. 409. Finscher weist gleichzeitig zurecht auf den völlig disparaten Zugang zum Quartettsatz zwischen Mozart und J. Haydn hin; vgl. Kap. V.3.

177   Vgl. M. Taling-Hajnali, Fugierter Stil, S. 71.

178   Viel verdeckter ist die allmähliche Belebung des «Tempo di Minuetto» in KV 158 gestaltet; s. S. 107 ff.

III. 3 Schnelle Sonatensätze in Binnen- bzw. Finalestellung

(a) Binnensätze

Zieht man das an sich gesondert zu betrachtende «Quartett-Divertimento» KV 137 (125^b) hinzu (vgl. Kap. IV.2), so werden insgesamt nur drei der frühen Quartette Mozarts - KV 80 (73^f), 137 (125^b) und 159 - nicht durch einen schnellen, sondern durch einen langsamen Sonatensatz eröffnet. Diese Ausnahmen sind bezeichnenderweise nur in den dreisätzigen, in Italien entstandenen Quartetten zu beobachten. Der langsame Kopfsatz hat natürlich Einfluß auf die Gesamtanlage dieser Quartette (vgl. Kap. III.4): Hier erscheint nämlich in Umkehrung der sonst üblichen Anordnung das Sonatensatz-Allegro jeweils an zweiter Position.

Bilden die beiden früheren, konventionelleren Sätze KV 80 (73^f)/2 und KV 137 (125^b)/2 eine historisch einheitliche Gruppe, weil sie dem Typus der italienischen Solo- und Triosonate bei gleichbleibender Tonart aller drei Sätze folgen, so muß dem g-moll-Satz KV 159/2 besonderes Augenmerk geschenkt werden. Seine scheinbare Extravaganz, auf die immer wieder verwiesen wurde[179], erklärt sich in erster Linie durch die einmalige Kombination von Satzstellung, Tempo und Tonart[180].

Für vier der sechs Mittelsätze des «italienischen» Quartettzyklus wählt Mozart Molltonalität. Der g-moll-Satz fügt sich demnach tonartlich der zyklischen Konzeption der frühen Quartette, weil gerade die Binnensätze der vier mittleren Quartette in Moll, die der Eckquartette in Durtonalität stehen. Nicht jedoch fügt er sich dem Tempo nach: Das Allegro (urspr.: "Allegro assai") ist der einzige schnelle Mollsatz unter den ersten zehn Quartetten Mozarts (fügt man die drei Quartett-Divertimenti hinzu). Außerdem ist er auch - nicht ohne Gefahr für die Proportionen des Quartettganzen - der längste aller frühen Sätze (195 Takte); nicht einmal der *Presto*-Kopfsatz KV 156 (134^b)/1 (3/8tel-Takt) erreicht ihn in der Taktanzahl nach.

Über diese bemerkenswerten äußeren Faktoren hinaus ist nicht zu überhören, daß Mozart im g-moll-Satz KV 159/2 sowohl formal als auch gestisch über die Konvention seines Kontextes hinausgeht. Wenn R. Barrett-Ayres darauf verweist, daß sich der erste Formteil (T. 1-88) von g-moll zur parallelen Durtonart B-dur bewegt, dann aber nicht, wie man erwarte, darin schließt (z. B.

---

[179] Keiner der «klassischen» Mozartbiographen geht ohne Bemerkung an diesem Satz vorüber: O. Jahn erkennt in ihm "einen Anflug von trotzigem Humor"; O. Jahn I, S. 316. H. Abert stellt Bezüge zu späteren g-moll-Sätzen hin: "das ist schon ganz der wilde, vergeblich nach Befreiung ringende Charakter so mancher späterer g-moll-Sätze des Meisters"; H. Abert I, S. 290. Th. de Wyzewa und G. de Saint-Foix sehen in ihm das Paradebeispiel für den «romantischen» Mozart dieser Jahre und weisen als erste auf die Bedeutung der speziellen Tonart hin: "un exemple parfait de la signification spéciale que Mozart attachera toujours au ton de sol mineur: une signification de tristesse inquite et fiévreuse"; WSF I, S. 514. A. Einstein empfindet das g-moll-Allegro als "grandios, finster, leidenschaftlich"; A. Einstein, Mozart, S. 244. Vgl. auch R. Barrett-Ayres, Haydn, S. 145.

[180] Insofern legitimiert sich auch die Isolation dieses Satzes von den bisher beschriebenen.

in T. 53, 74), sondern in etlichen Interpolationen über die vierte Mollstufe zurück zum Halbschluß der Ausgangstonart kehrt, so muß vorwegnehmend darauf verwiesen werden, daß diese harmonische Gestaltung ein Merkmal immerhin zweier weiterer (allerdings langsamer) Mollsätze der gleichen Serie (KV 157/2 und 158/2) ist[181]. Vor allem die Anordnung der kleineren Formteile sprengt das Gewohnte. Fielen die «italienischen» Quartettkopfsätze ohnehin durch ihre Aneinanderreihung kleingliederiger musikalischer Bausteine auf, so zählen wir in den ersten 88 Takten des Binnensatzes KV 159/2 mindestens 12 eigenständig profilierte Motive, die schroff und ohne eigentliche Verknüpfung aufeinander folgen:

1) T. 1-4
2) T. 5-12
3) T. 13-20
4) T. 21-25
5) T. 25-29
6) T. 30-35
7) T. 36-41
8) T. 42-53
9) T. 54-66
10) T. 66-74
11) T. 74-80
12) T. 81-88

Kein anderer Quartettsatz Mozarts weist überdies so viele Generalpausen auf[182]. Mit dieser motivischen Vielfalt geht auch eine unglaublich abwechslungsfreudige Satzfaktur einher, die ebenfalls das Gewohnte sprengt[183].

Wenig rätselhaft oder gar "very mysterious"[184], sondern im wesentlichen durch Tonart und Tempo sowie Motivwahl und -verarbeitung verursacht, ist der zweifellos besondere Ton, den dieser g-moll-Satz anschlägt. Setzt man die letztgenannten Faktoren mit beliebigen Allegrosätzen in Molltonalität des jungen Mozart in Beziehung (und naheliegenderweise mit dem d-moll des "Allegro ma molto moderato" KV 173/1 und der Fuge KV 173/4), so fallen neben der formalen Expandierung der Norm (des Sonatensatzes) das Zerrissen-Kurzatmige und die häufigen großen Intervallsprünge der Figuren auf[185]. Wichtig scheint auch die häufig penetrante Betonung des Halbtonschrittes oder chromatischer Motive[186], die in ihrer rhythmischen Disparität geradezu gewalthaft aufeinander stoßen[187], und die in den «italienischen» Quartettsätzen, dafür im

---

181 R. Barrett-Ayres, Haydn, S. 145. Dies trägt freilich nicht unwesentlich zur erwähnten Länge des Satzes bei.

182 Der Übergang des Mittelteils zum dritten Formteil (T. 108) wird sogar durch eine dezidierte Fermate über der Generalpause gekennzeichnet.

183 R. Barrett-Ayres, Haydn, S. 144. Man sollte vor allen Dingen auf das gehäufte oktavierte (T. 5-12, 13-20, 30 f., 66-74) oder unisone (T. 80, 85-88) Ineinanderfallen der beiden Violinen aufmerksam machen, das zur Intensivierung des quasi orchestralen Klanges beiträgt.

184 ibid., S. 145.

185 Vgl. etwa T. 5 ff., T. 9 ff., T. 14/15 ff., T. 21/22 und T. 23/24 (Tritonus), T. 25, T. 27, T. 53/54 ff., T. 66-73 (kurz gestoßen), T. 74.

186 T. 10 ff. u. ö; sie mögen an die d-moll-Fuge KV 173/4 erinnern.

187 Man verfolge z. B. die ersten 30 Takte in ihrer Phrasierung (Disparität auch zwischen den Stimmgruppen! - etwa in T. 15 ff.), metrischen Gewichtung und wechselnden Taktgruppierung.

d-moll-Kopfsatz umso konstitutivere, sonst nicht zu beobachtende intensive Verwendung der Sequenz zum Zwecke der Strukturierung. Zwar kommt Mozart ebenso häufig auf die unmittelbare Wiederholung identischer Taktgruppen (T. 25-27/27-29, 42-43/44-45, 47-50/50-53, 57-62/61!-66, 81 ff.) zurück, die in ihrer Massierung ebenfalls intensivierende Wirkung haben, doch wo wäre ein dramatischeres, stufenweises Emporschrauben einer imitierenden Repetitionsfigur (T. 36 ff.), wo ein dazu korrelierendes und dennoch synkopisch sich spreizendes Motiv über derartig großräumige Sequenzstufen (T. 74 ff.) unter den frühen Quartetten Mozarts großartiger ausgeführt als im *g*-moll-Satz?

(b) Finali

Mit seinen 195 Takten droht der *g*-moll-Mittelsatz KV 159/2 das Gleichgewicht der zyklischen Satzfolge zu zerstören. Nur ein Finale vergleichbarer Länge kann der Schlußwirkung dieses mit überbordener Kraft gestalteten Satzes entgegenwirken. Deshalb ist das Rondo KV 159/3 (159 Takte) im Vergleich zu den übrigen frühen Quartett-Rondi von ungewöhnlichem Umfang (vgl. Kap. III.6).

In beiden Quartettzyklen finden sich jedoch anstelle des Rondos auch Sonatensätze in der spezifischen Funktion des Finales. Diese Sätze (KV 160/159^a/3, 171/4, 172/4) haben zunächst einmal einen auffallenden Umfang gemein. Wäre im Falle des *B*-dur-Quartetts KV 159 kein so gewichtiges Rondofinale vonnöten, könnte man für den Sonatensatz KV 160 (159^a)/3 dasselbe wie für die beiden genannten «Wiener» Sonatenfinali sagen: Sie sind die längsten aller frühen Streichquartettsätze Mozarts. Sonatensatztypus in Verbindung mit zyklischer Finale-Stellung scheint für Mozart eine besondere Gewichtung zu involvieren[188].

Es zeichnen sich überraschende Gemeinsamkeiten des vorzustellenden Satztypus beider Serien ab. An erster Stelle muß hier wohl der charakteristische Tonfall genannt werden, der - repräsentiert durch Gliederung, Faktur und Motivik - eher auf sinfonische Großflächigkeit als auf polyphone Durchdringung zielt. Doch sollte man dies nicht negativ als noch unterentwickelte Gattungsvorstellung werten[189], sondern, da hier Übereinstimmungen in beiden Zyklen vorliegen, als Satztypus eigener Profilierung würdigen. Mozart will diesen großflächigen Anstrich, der über das «Sinfonische» der Sonatenkopfsätze und Rondi hinausgeht, gerade in Abgrenzung der Formen Fuge, Rondo und (im Falle des ersten Zyklus) «Tempo di Minuetto» besonders markieren, was nicht zuletzt auch an den Taktumfängen ersichtlich ist.

Alle drei Sätze werden von einer knappen, achttaktigen Kadenz eröffnet, die im Gestus einer Coda auch als abrundender Schlußstein wiederholt wird.

---

188 Das geht im Falle des *B*-dur-Quartetts KV 172 so weit, daß das Finale den nahezu gleichen Umfang (der Taktanzahl nach), wie alle vorausgehenden Sätze zusammen einnimmt. Er stellt auch den längsten aller 46 Sätze der zugrundegelegten Streichquartette dar.

189 A. Einstein, Mozart, S. 246 f.: "echter Mozart, wenn auch manchmal (K. 171) wieder zu sinfonisch empfunden".

Bereits hier zeigt sich, daß einerseits Elemente des Rondotypus in den Sonatensatz einfließen[190], andererseits im Sonatensatzfinale des ersten Zyklus (KV 160/159ª/3) genau diese Elemente angelegt, nur noch nicht in jener Deutlichkeit gestaltet sind, wie sie der zweite Zyklus (171/4, 172/4) vorstellt: In KV 160 (159ª)/3 endet das fanfarenartige Tutti der Eröffnung in Quintlage, ist also als Coda nicht ohne Abänderung schlußfähig (T. 147 ff.), während die Codae in KV 171/4 und 172/4 den Satzkopf unverändert übernehmen können, da er dort von vorneherein als Eröffnungs- und Schlußstein konzipiert ist (Ausweichung zu einer Mollstufe, vollständige Kadenz mit Abschluß in Grundstellung und Oktavlage).

Der frühe *Es*-dur-Satz KV 160 (159ª)/3 ist nicht symmetrisch angelegt, sondern erweitert ohne Not die einfache dreiteilige Form, indem der zwölftaktige, fanfarenhafte Themenkopf im dritten Teil unmittelbar nach seiner Vorstellung wiederholt wird (T. 99 ff.) und in einer Kadenz auf der Tonika (T. 110) - im Gegensatz zu dem Halbschluß in Takt 16 - endet. Damit ist zwar der «sinfonische» Themenkopf ein weiteres Mal statuiert, nicht jedoch das formale Einheitskonzept gewahrt. Das kompositorische Problem, das unter Aufgabe der Symmetrie gelöst wird, entsteht durch den genannten Halbschluß des ersten Teils, der bereits nach 16 Takten als Halbschluß in der Quinttonart - nicht in der Grundtonart! - erscheint. Durch jenes ungewöhnlich frühe Ansteuern der Doppeldominante muß dieser Halbschluß bei seiner im dritten Teil analog übernommenen Wiederholung zu eminenten Problemen führen, da er ja erneut - und diesmal unerwünscht - zur Tonart der Quinte führt (vgl. Kap. III.2). Mozart umgeht das Problem, indem er das zwölftaktige *Es*-dur-Hauptthema spontan wiederholt (geradezu als ob er jetzt - in T. 99 - erst bemerkte, daß *B*-dur nicht das Ziel sein darf), um es zum Ganzschluß abzubiegen; an der Zäsurstelle bleibt der Wechsel der Tonart aus[191]. Dadurch erweitert sich der dritte Formteil um einige Takte, abgesehen davon, daß eine Coda (wie in KV 172/4) hinzukommt.

Das bestimmende Gliederungsmerkmal der beiden Sonatensatz-Finali der «Wiener» Serie besteht in ihrer bausteinartigen Reihung meist unmittelbar wiederholter musikalischer Einheiten, seien sie nun unverbunden aneinandergesetzt (z. B. KV 171/4, T. 20/21), miteinander verschränkt (ibid., T. 32/33) oder in Gerüstbauweise (ibid., T. 36/37) gegliedert (s. oben, S. 62 ff.). Dieser Technik geht immer jener Abschnitt voraus, der in der markanten Zäsur des Halbschluß-«Scharniers» endet (KV 171/4, T. 12; KV 172/4, T. 26), der wiederum in der Wiederholung des dritten Teils bequem zur Satztonika zurückleitet (KV 171/4, T. 103; KV 172/4, T. 138); diese signalartigen Einlei-

---

190 In KV 171/4 beschließt der achttaktige Kopfgedanke zusätzlich den ersten Formteil, so daß die Nähe zur Rondoanlage noch unterstrichen wird [:A - B - A :] [:C A - B - A:]; darüberhinaus sind Codae, wenn auch anders geartet, für echte Finalrondi in den frühen Quartetten Mozarts typisch.

191 Dies gelingt aber nur deshalb leidlich überzeugend, weil der unmittelbare Anschluß auf dem Dominantakkord einsetzt.

tungstakte steuern zielbewußt und ohne wiederholendes Aneinanderreihen der musikalischen Glieder jenen Zäsurmoment an. Beides, das rasche Erreichen des «Scharniers» wie das darauffolgende wiederholende Aneinanderreihen von musikalischen Bausteinen, erinnern stark an den Aufbau der Kopfsätze des «italienischen», nicht so sehr an den Variantenreichum des «Wiener» Zyklus. Überhaupt fällt die geradezu demonstrativ affirmative Symmetriebildung der taktgleichen Hauptteile in der zweiten Serie auf, was wiederum eher ein Merkmal der Kopfsätze der früheren Serie ist:

KV 171/4 [:71 (12+16+43):] [:20 + 71 (12+16+43):]

KV 172/4 [:80 (26+15+39):] [:32 + 80 (26+15+39) + 8:]

Insbesondere die musikalischen Gestaltungsmerkmale lassen an chorisch besetzte Musik denken, da in allen drei Sätzen nur selten ein autonomer vierstimmiger, gelegentlich ein dreistimmiger, genau so oft aber nur ein faktisch zweistimmiger Satz oder eben die blockhafte Zusammenfassung aller Stimmen das Satzgeschehen prägen (besonders am Ende der Mittelteile). «Sinfonisch» wirken außerdem häufige Akkordschläge (die Violinen meist in Doppelgriffnotation), die zumeist eine abschließende Kadenz verstärken[192], gelegentliches $\underline{unisono}$, ebenfalls immer in der Funktion einer Betonung des Abschließens[193], weitgestreckte Oktavierungen (meist der Violinen). Diese stehen in KV 160 (159^a) mit den zuvor genannten Gestaltungsmitteln in direkter Verbindung, während sie in den beiden übrigen Sätzen eher als eigenständiges Kolorit gesetzt sind[194]. Außerdem gemahnen vor allem ausgedehnte Steigerungsflächen, die über einem stetigen Orgelpunkt und anwachsender Dynamik durch sukzessives Hinzutreten der Instrumente in Form einer sich kurzatmig in Terzenschichtung emporschraubenden Floskel erreicht werden an Sinfonik[195]. Gerade der letztgenannten Formel (auch "Mannheimer Walze" genannt) begegnet man sonst in Mozarts Quartettsätzen nicht[196]. Das in den «italienischen» Kopfsätzen gelegentlich zu beobachtende Phänomen eines in 8teln pochenden Basses (mit oder ohne Violaverstärkung), das spontan mit Orchesterhaltung assoziiert wird, ist schließlich auch in den Finalsätzen gerade der «Wiener» Serie zu erkennen[197].

Die Reduktion der musikalischen Anlage zur faktischen Zwei- oder Dreistimmigkeit resultiert im wesentlichen aus der deutlichen Bestrebung Mozarts,

---

192 KV 160 (159^a)/3, T. 35 ff., 43 ff., 53, 85; KV 171/4, T. 27 f.; KV 172/4, T. 25 f., 79 f., 110 f.

193 KV 160 (159^a)/3, T. 83-86; KV 171/4, T. (9-) 11-12, 87-91, 102 f.; KV 172/4, T. 77-79, 106 (108).

194 KV 160 (159^a)/3, T. 1-8, 35-37, 55-61, 63-65; KV 171/4, T. 29-37!, 43-51! u. ö.; KV 172/4, T. 27-31, 35-39, 57-59, 65-67, 170 f.

195 KV 160 (159^a)/3, T. 71-83; KV 171/4, T. 13-20.

196 Der Kopfsatz von KV 160 (159^a) deutet lediglich dieses auskomponierte «Orchester-Crescendo» an: T. 29-31; vgl. aber KV 136 (125^a)/1, T. 21 ff.

197 Vgl. KV 171/4, T. 13 ff., T. 72-87; KV 172/4, T. 9 ff. zusammen mit dem häufigen Motiv des durch Zwischennoten verbundenen fallenden Dreiklangs.

Stimmpaare über das bisher zu beobachtende Maß hinaus zu bilden. Ob diese Paare nun in Terzen, Sexten oder Oktaven verlaufen, spielt (nur) eine klangliche, nicht aber satzrelevante Rolle. Auch hier gehen die «Wiener» Sätze in der Vertauschung von Stimmkoppelungen bei unmittelbarer Wiederholung über den frühen Sonaten-Finalsatz KV 160 (159^a) hinaus[198]. Das B-dur-Quartett KV 172/4 nutzt in dieser Hinsicht die polaren Kräfte der Anlage in Ober- und Unterstimmenpaar besonders intensiv (vgl. nicht nur den Mittelteil), kombiniert diese Tendenz zur Stimmenreduktion aber auch mit dem Phänomen der überbrückenden Achsenbildung, die in raffiniert aufgebrochener Faktur ihren ansonsten stereotypen Charakter verliert (T. 27-39 V.II; T. 139-150 Va.).

Der sich möglicherweise aufdrängenden Vermutung, diese formale Simplizität der beiden beschriebenen «Wiener» Finalsätze sei in Kombination mit dem wenig kammermusikalischen Ton ein Zurückfallen hinter bereits gewonnene formale Nuancierung (der asymmetrischen Sonatenkopfsätze) zu werten, muß entgegengehalten werden, daß diese Anlage zweifelsfrei intendiert ist. Mozart nutzt in jenen Sonatensatz-Finali beidemale die Sonatenform deshalb in so elementarer, unmodifizierter Weise (zusammen mit der Großflächigkeit und «pauschalen» Satztechnik), weil es ihm - darin sehr verwandt den beiden Rondofinali - um eine «sinfonisch» gesteigerte, affirmative und schlagkräftige Schlußwirkung zu tun ist.

III. 4 Langsame Sonatensätze

(a) Kopfsätze

Alle in Italien oder im Zusammenhang der Italienreisen entstandenen Quartette (also auch die drei Quartett-Divertimenti) Mozarts weisen Dreisätzigkeit auf, wobei die Satzfolge: Schnell-Langsam-Schnell (oder "Tempo di Minuetto") die Regel bildet. Dieser, aus der italienischen, speziell neapolitanischen Sinfonia entstammenden «regulären» Satzfolge stellen sich drei Quartette entgegen, die durch einen langsamen Satz eröffnet werden: KV 80 (73^f), 137 (125^b) und 159. In den beiden erstgenannten Werken kommt noch jene Eigentümlichkeit hinzu, daß alle drei Sätze jeweils in derselben Tonart stehen. Hierbei ist als vorbildhaft wirkender Typus wohl am ehesten an die Triosonate[199] oder die Suite zu denken.

---

198 Vgl. etwa KV 171/4, T. 29 ff. mit T. 43 ff. oder T. 37 ff. mit T. 51 ff.; KV 172/4, T. 27 ff. mit T. 139 ff.

199 L. Finscher, Lodi, S. 255; man ziehe auch J. Haydns Barytontrios heran, die nahezu alle die Satzfolge: L-S-M oder S-M-S aufweisen.

Überraschenderweise kann nämlich für die Besetzung *a quattro*, also «Sinfonia a quattro», «Concertino a quattro», «Sonata a quattro», «Divertimento a quattro», diese Satzfolge nur für wenige Komponisten nachgewiesen werden. Unter den Kompositionen *a quattro* Sammartinis findet sie sich nur in (wenigen) Sinfonien der Dreißigerjahre; unter den wichtigen «Concertini a quattro» aus den Jahren 1763-1767 (vgl. Kap. V.1) weist nur eines einen langsamen Kopfsatz auf. Dieses hat jedoch stilistisch mit Mozart wenig gemein; außerdem steht hier der Mittelsatz in der Tonart der Quarte (B-Es-B)[200]. Einen langsamen Kopfsatz haben auch Luigi Boccherinis Quartette G 167 und G 169 (aus op. 8) sowie G 174 und G 175 (aus op. 9), Kompositionen also, die in unmittelbarer zeitlicher Nähe zu Mozarts erstem Streichquartett veröffentlicht wurden. Ch. Speck hält diese spezifische Satzfolge in sonstigen Werken *a quattro* italienischer Provenienz für "kaum nachweisbar"[201]. Ob jedoch allein die markante Satzfolge und deren monotoner Tonartenplan als zureichendes Indiz für eine Einflußnahme gerade Boccherinis auf die genannten Mozartwerke ausreicht oder ob beide nicht vielmehr ausnahmsweise eher dem alten Typus der Triosonate folgen, muß offengelassen werden, zumal die vierstimmige Faktur beider Komponisten kaum kommensurabel scheint (vgl. Kap. V.1).

Der Blick in den süddeutsch-österreichischen Raum erweist sich hier als wesentlich ergiebiger. So zeichnen sich alle dreisätzigen Quartette Florian Leopold Gassmanns durch Tonartengleichheit (Ausnahme meist das Trio) der Sätze aus; auch ist bei ihm die Folge: Langsam-Schnell-Schnell (oder Menuett/Trio) eher Regel denn Ausnahme[202]. Bezüglich der Quellenchronologie wäre ein Einwirken auf Mozart immerhin denkbar, weil sechs dreisätzige, tonartengleiche Streichquartette Gassmanns bereits 1768 bei Hummel erschienen waren[203].

Generell wäre zu untersuchen, ob sich diese Satzfolge mit ihrer charakteristischen Tonartengleichheit an die Tradition der italienischen wie österreichischen Triosonate anlehnt (was im Falle Gassmanns durchaus denkbar scheint) oder ob sie sogar möglicherweise ein Derivat der fünfsätzigen süddeutsch-österreichischen Divertimenti darstellt, da sowohl von Michael[204] als auch von Joseph Haydn[205] fünfsätzige Divertimenti in dieser spezifischen

---

200 F-Pn, Ms. 1222.

201 Chr. Speck, Boccherini, S. 17 ff.

202 Vgl. R. H. Hill, Gassmann, Katalognummern 431-436 (= RISM G 477), 441-446 (= RISM G 478), 461, 463, 464, 465, 471, 472, 473, 474, 475, 476 (ohne Trio), 478; vgl. auch die Oboenquartette und Streichquintette Gassmanns, nicht jedoch dessen Sinfonien!

203 RISM G 477, Satzfolge L-S-S: Nr. 1, 2, 6, Satzfolge L-S-M: Nr. 3-5.

204 P deest/ MH 152 (nach 1. August 1771). Vgl. jedoch die übrigen fünfsätzigen Divertimenti, deren langsamer Mittelsatz in abweichender Tonart steht: P 104/ MH 171; P 123/ MH 207; P 125/ MH 312 (mit eröffnendem Marsch). Übrigens ist auch die Binnenstellung des Menuetts in all den dreisätzigen Quartetten M. Haydns (s. oben) auffällig; sie ist jedenfalls mit italienischer Tradition (und mit Mozart) unvereinbar. Vgl. H. Hell, Opernsinfonie, S. 179.

205 Die Norm der frühen Quartette («Divertimenti») J. Haydns weist freilich einen von der Haupttonart abweichenden langsamen Satz an zentraler dritter Position auf. Vgl. aber op. 1/3 (Hob. III: 3) und op. 2/4 (Hob. III: 10).

Ausprägung existieren. Überhaupt ist auf vier Streichquartette Johann Michael Haydns zu verweisen (s. Kap. V.2), die zwar vermutlich in zeitlichem Abstand zu Boccherinis, Gassmanns und Mozarts genannten Werken komponiert wurden (ca. 1780), aber doch die merkwürdige Satzfolge: Langsam-Menuett-Schnell bei konstanter Tonartengleichheit aller drei Sätze aufweisen[206].

Wo nun der Einflußbereich auf Mozarts Satzfolge mit eröffnendem langsamen Kopfsatz genau liegen mag, muß vorerst dahingestellt bleiben. Trotzdem kann eines als sicher gelten: Keinesfalls hat sie etwas mit Sammartini zu tun oder ist gar als "tout italienne" zu bezeichnen, worauf G. de Saint-Foix und Th. de Wyzewa ohne Angabe von Quellen beharren[207]. Überdies sollte das *B*-dur-Quartett KV 159 nicht in einem Atem mit seinen beiden «Vorgängern» verglichen werden. Auf seinen Andante-Kopfsatz folgt erstens ein schneller Mittelsatz in anderer Tonart [!]; zweitens wird sich zeigen, daß er kaum etwas mit den übrigen langsamen (Binnen-) Sätzen gemein hat. Die Ursache dafür ist wohl im folgenden schnellen Mittelsatz zu suchen, der allein schon durch seine Länge und musikalische Intensität Kopfsatzcharakter hat, was sich natürlicherweise auf die Gestaltung des anschließend näher zu betrachtenden "Andante" auswirkt[208].

- KV 159/1

Der eröffnende Andante-Satz des *B*-dur-Quartetts KV 159 wartet mit mehreren Überraschungen auf. Zwar ist es eine Eigentümlichkeit mehrerer langsamer Sonatensätze Mozarts, kontrastierend zum Quartettkontext nicht vollstimmig, sondern in reduzierter Stimmenanzahl anzuheben (vgl. etwa KV 80/73^f/1, 157/2, 171/3), doch niemals pausiert dann - wie hier (T. 1-8) - die erste Violine. Dieses Kuriosum hat nicht klangliche, sondern strukturelle Ursachen, auf die Mozart mit der ungewöhnlichen Besetzung versteckt hinweist. Auslöser jener zunächst besetzungstechnischen Auffälligkeit ist die bewußte Irreführung Mozarts hinsichtlich unserer Erwartungshaltung im Zusammenhang mit rhythmisch-metrischer wie harmonischer (speziell: kadenzieller) Folgerichtigkeit. Diese wird nämlich durch den verzögerten Einsatz der Violine I gestört: In Takt 9 erfolgt ihr Eintritt um einen Takt zu früh oder zu spät, jedenfalls «falsch», im parallelen Takt 52 setzt sie im Sinne logischen Kadenzierens richtig ein (T. 9 erscheint dadurch retrospektiv als verspäteter Einsatz), freilich überraschend, weil man hier eine Analogie zum ersten Formteil erwartet und wiederum getäuscht wird.

---

206 P 124/ MH 304; P 118/ MH 305; P 122/ MH 306; P 120/ 307 (Mittelsatz in gleichnamiger Durtonart!); P 116/ MH 309.

207 WSF I, S. 514, 303 und passim.

208 Zu Mozarts erstkomponiertem Streichquartettsatz KV 80 (73^f)/1 vgl. L. Finscher, Lodi, S. 256 f.; Ch. Speck, Boccherini, S. 48-52; G. Salvetti, Mozart, S. 272-274; zu KV 137 (125^b)/1 s. Kap. IV.2.

Warum darf man diesen Einsatz als «falsch», als bewußte Täuschung unserer Erwartung bezeichnen? Das Hauptmotiv, gekennzeichnet durch zwei betonte 4tel-Schläge, klare Zäsur und darauf folgende, sehr bewegt punktierte Auftaktfigur über ruhig schreitendem Baß und leicht bewegter Mittelstimme[209], steuert in Takt 4 auf einen Trugschluß zu, auf dem es auch prompt abbricht. Erst der zweite Anlauf (T. 9 ff.) läßt keinen Zweifel an der ursächlichen Länge des Themas von dreieinhalb Takten (oder besser: sieben Halbtakten). Doch gerade der Anfang dieses Einstiegs der ersten Violine «sitzt» in mehrfacher Hinsicht «falsch». Erstens geht ihm keine korrekte Kadenz voraus (T. 8); die Kadenz in Takt 7 hätte vielmehr einen Einsatz bereits in Takt 8 erwarten lassen (vgl. so in T. 51/52). Zweitens setzt die zweite Takthälfte von Takt 8 zu einer identischen Wiederholung der vier Halbtakte währenden vorausgehenden Musik an, so daß der Einsatz der ersten Violine in Takt 9/1 wie ein unvermitteltes «Hineinplatzen» in einen in sich geschlossenen Vorgang wirken muß, dessen Abschluß erst genau einen Takt später erfolgt wäre. Und schließlich wird die Erwartung dieser identischen Wiederholung nicht nur durch die in Terzlage endende vermittelnde Triolenfigur (V.II und Va.) in Takt 8 gestisch provoziert, sondern zudem noch durch die vorausgehende Taktgruppierung in zwei korrespondierende Halbtaktpaare (T. 4/5, 5/6), die nun analog für den im Anschluß vorgestellten Zweitakter (T. 6/7/8) zu erwarten stünde, geweckt. In Takt 51 setzt demnach die Violine I an «richtiger», um einen Takt vorgezogener Stelle ein, wenn auch der eigentliche, also der periodisch konsequenteste Einsatz zwei Takte später gewesen wäre, weil dann die Symmetrie der stets wiederholten Taktgruppen gewahrt bliebe. Daß der jeweilige harmonische Anschluß auf den Einsatz der ersten Violine ebenfalls nicht zu erwarten steht [210], muß nicht betont werden: Die erste Violine wird durch diesen Umschwung der drei Unterstimmen geradezu in eine andere Richtung gezwungen.

Eine weitere Überraschung dieses Satzes besteht im Fehlen einer deutlichen Zäsur, die ja in allen schnellen Sonatensätzen die beiden harmonischen Ebenen der Satztonika und deren Quinttonart (im ersten Hauptteil) und deren Modifikation (im dritten Formteil) deutlich voneinander trennt. Der B-dur-Satz verzichtet zugunsten einer starken Anbindung aller Taktglieder, also zugunsten eines drängenden Kontinuums auf diesen bislang üblichen Gliederungsmechanismus; es wird sich zeigen, ob dieser Verzicht prinzipielles Merkmal der

---

209 Faßt man diese drei Bewegungsebenen in eins, so erkennt man die unglaubliche Mehrdimensionalität eines einzigen Mozart-Taktes: alle rhythmischen Werte, von der 32stel- bis zur Halbenote sind gleichzeitig vertreten. Seinen schwingenden, "sehr gehaltenen und doch eigentümlichen" Charakter (A. Einstein, Mozart, S. 244) erhält das Kopfmotiv wohl vorwiegend durch die Kombination des festen Setzens der ersten beiden 4tel mit der vier Mal so schnellen Bewegung der punktiert federnden Fortsetzung auf «4». Wo hätte Giovanni Battista Sammartini je ein solch getragenes und doch voll innerer Spannung vibrierendes Thema komponiert, wie es WSF I, S. 514, behaupten? "un chant, [...], qui, [...] rappelle singulirement [!] la manire de Sammartini."

210 In T. 10 Dominante der V. Stufe statt der (T. 2) VI. Stufe; vgl. den zunächst vom harmonisch neuartigen Fortgang unberührten Baß! An der Analogstelle nutzt Mozart sofort den Zug zum Subdominantbereich.

langsamen Sätze ist. Harmonisch gesehen bedarf es jener Zäsur im *B*-dur-Andante aufgrund des überraschend in Takt 10 gesetzten doppeldominantischen Akkordes über *C* nicht. Er führt die nahezu identische Musik der Anfangstakte 1-6 (lediglich mit veränderter Faktur) wie von selbst zur Quinttonart *F*-dur. In Takt 15/16 wird die Analogie zum Satzanfang zugunsten eines Halbschlusses der V. Stufe abgebrochen. Zwar wird dieses vorläufige Ziel durch vorausgehenden chromatischen Baß, fallende Oberstimmen und Vorhaltsbildung momentan intensiviert, doch entsteht durch den sofortigen Anschluß der Violinen (in Oktaven) keine auffällige Zäsur. Der analoge Takt im dritten Formteil (T. 58) ist insofern von besonderem Interesse, als hier ja keinesfalls der Halbschluß auf der V., sondern der I. Stufe zu stehen kommen muß. Mozart löst das Problem, indem er bereits nach dem Einsatz der ersten Violine (T. 52) deutlich die IV. Stufe anstrebt, die nach wenigen Takten als neue I. Stufe fungiert (T. 54 ff.). Aus deren Einflußbereich befreit schließlich jene chromatische Baßwendung, die den richtigen tonalen Kontext noch herzustellen in der Lage ist[211]. Auch ohne Zäsur wird demnach ersichtlich, daß der Andantesatz im Sinne der auf Seite 58 vorgenommenen Systematisierung in die Gruppe (b) einzuordnen wäre.

Daß der letzte Takt vor dem Doppelstrich (T. 29), ebenso wie der analoge Takt unmittelbar vor Beginn des dritten Formteils (T. 44), die erreichte neue I. Stufe der Quinttonart durch den (behutsam) eingeführten Septton sofort wieder zur Ausgangsstufe werden läßt, also den Rückbezug zum Quartettanfang stark verdeutlicht, ist als Wesensverwandtschaft zu einigen «italienischen» Quartettsätzen in Moll (vgl. KV 157/2, 158/2, 159/2) bemerkenswert und hier nur durch die exeptionelle Stellung eines langsamen Satzes interpretierbar[212]. Am Satzschluß (T. 70/71) biegt Mozart in wunderbar leichter Geste den überflüssigen Septton zur reinen Tonikakantilene um.

Wenig auffällig ist der Mittelteil von KV 159/1 gestaltet, der gleich zu Beginn abrupt dem dominantischen F^7 ein dominantisches D^7 entgegenstellt. Doch weniger der tonale, als vielmehr der substantielle wie gestalterische Aspekt bedarf der Aufmerksamkeit. Wie schon in den schnellen Sonatenkopfsätzen fällt es auch hier schwer, angesichts der wiederholten Aufnahme von Motivmaterial des ersten Teils von «Verarbeitung» oder «Durchführung» zu sprechen. Kennzeichnend ist vielmehr die Verwendung bekannten Motivmaterials zur Ausdehnung zweistufiger Sequenzen (T. 30-34, 35-37) oder die nahezu identische Übernahme ganzer Taktgruppen des ersten Teils, wenn auch auf geändertem harmonischem Boden (T. 39 ff. entspricht T. 24 ff.). Hinzu kommt die Beibehaltung - und damit der noch deutlicher werdende Rückbezug zu jenen Abschnitten des ersten Hauptteils - der in Terzen und Gegenbewegung

---

211 Eine ähnliche Konstellation ergibt sich im Mittelteil bei den Takten 37 ff., wo nur durch den plötzlichen chromatischen Baß in T. 38 die Tonart *F*-dur zur dominantisch fixierten Tonart wird.

212 Vgl. aber auch den Sinfoniesatz KV 134/1.

geführten Außenstimmpaare wie die bereits erwähnte zusammenfassende *unisono*-Wendung als Übergang zum dritten Hauptteil (T. 43/44 vgl. 28/29).

(b) Binnensätze

Nach den schnellen Kopfsätzen bildet die relativ einheitliche Gruppe der langsamen Binnensätze den wichtigsten Quartettsatztypus; er ist in jedem Streichquartett je einmal vertreten. Mit Ausnahme des letzten Quartettes (KV 173/2: Rondoanlage) weisen sie dreiteilige Sonatensatzform auf. Sie stehen alle, sofern nicht ein langsamer oder vom Formtypus auffällig abweichender Kopfsatz vorangeht, an zweiter Position der zyklischen Satzfolge. Unverkennbar ist das Bestreben, sowohl den jeweiligen Satzkontext als auch den Satztypus stets als einmalige Konstellation und in abwechslungsreicher Gestaltung auszuführen. Die Tabelle 1 (S. 25 f.) bestätigt dies: Keine mit einem bestimmten Metrum korrelierende Tempoangabe tritt ein zweites Mal auf, im dreisätzigen ersten Zyklus wird ein gerades Metrum darüberhinaus immer von einem ungeraden (oder umgekehrt) umrahmt.

Auch die Wahl der Tonarten der langsamen Binnensätze ist aussagekräftig und deutet bereits einen Unterschied zwischen erstem und zweitem Quartettzyklus an: In der frühesten Serie stehen drei der fünf langsamen Binnensätze in Molltonalität (nimmt man KV 159/2 hinzu, so stehen nur die Mittelsätze der Eckquartette in Durtonarten), wenngleich sich kein Tonartenverhältnis zur Haupttonart wiederholt:

    KV 155: *D - A*   V.
    KV 156: *G - e*   VI.
    KV 157: *C - c*   I.
    KV 158: *F - a*   III.
    KV 160: *Es - As*   IV.

In der zweiten Serie steht der langsame Satz, so er an zweiter Position folgt, entweder auf der gleichlautenden Moll- beziehungsweise Durvariante (KV 168 und 173) oder auf der IV. Stufe (KV 169 und 172); nur die langsamen Sätze in dritter Position variieren das Tonartenverhältnis zur Haupttonart, so daß folgende, auf planvolle Symmetrie gerichtete Tonartenstationen resultieren:

    KV 168: *F - f*   I.⁻
    KV 169: *A - D*   IV.
    KV 170: *C - G*   V.
    KV 171: *Es - c*   VI.
    KV 172: *B - Es*   IV.
    KV 173: *d - D*   I$^+$

Gerade die langsamen Sätze des ersten Zyklus werden gemeinhin als **Zentrum** der frühesten Quartette gewürdigt, wenn auch der Schwerpunkt des Interesses bisher auf nebulös «psychologisierender» Deutung lag, die sich durch die Häufigkeit des Mollgeschlechts geradezu aufzudrängen schien. So meint H. Abert in Abhängigkeit von Th. de Wyzewa und G. de Saint-Foix:

"Aber der eigentliche Wert dieser Stücke liegt auf persönlichem Gebiet. [...] Vor allem drängte jetzt eine Seite seines Wesens, die wir in den bisherigen Werken nur sporadisch aufblitzen sahen, mit aller Macht zur Aussprache: die dunkle, oft bis zum Pessimismus gesteigerte Leidenschaftlichkeit. Am deutlichsten offenbart sie sich in den Mittelsätzen, von denen die Tatsache allein genug sagt, daß vier davon in Moll stehen"[213].

Die langsamen Sätze der «Wiener» Serie erscheinen demgegenüber weniger spektakulär: "An Unmittelbarkeit des Empfindens erreichen sie sie [nämlich die langsamen Sätze der «italienischen» Serie] nicht immer"[214].

In der Tat bestehen zwischen den langsamen Sätzen beider Serien große Differenzen. Sie sind aber typologisch und nicht unter Hinweis auf den Mollcharakter vage gefühlshaft zu begreifen. Zusammenfassend läßt sich im ersten Zyklus die Haltung des Experimentierens, des noch nicht gefestigten, klar ausgeprägten Formtypus beobachten, während im zweiten Zyklus eine auffällige Verschmelzung und Vereinheitlichung der gewonnenen Gestaltungsmittel feststellbar ist. Nur noch zwei Typen der langsamen Satzgestaltung kennt der «Wiener» Zyklus: stark imitatorisch oder serenadenhaft, wobei sich das Tongeschlecht dazu jeweils eindeutig zuordnen läßt.

Im folgenden seien die langsamen Sätze der ersten Serie im Überblick und unter Hinweis auf deren jeweilige Besonderheit, die langsamen Sätze der zweiten Serie nach der sich anbietenden Untergliederung in Typen untersucht.

- «Italienische» Sonatensätze

Alle fünf zu betrachtenden langsamen Sätze unterstellen sich der dreiteiligen Form, doch gleicht kein Satz einem anderen in der individuellen Ausprägung dieser Form. Der e-moll-Satz KV 156 (134^b)/2 weist als einziger völlige Symmetrie der Außenteile auf (14:9:14); im a-moll-Satz KV 158/2 liegt zwar auch jene einfache Symmetrie vor, doch hängt Mozart hier einen zusätzlichen, bekräftigenden Schlußtakt an (18:7:19). Die übrigen langsamen Sätze gehen wesentlich über diese einfache, an die schnellen Kopfsätze angelehnte Reprisengestaltung hinaus. So fehlen in KV 155 (134^a)/2 zu Beginn des dritten Hauptteils die ersten vier Takte des Satzbeginns (T. 29 ff.) gänzlich, doch werden sie gewissermaßen als Coda am Schluß des Stückes nachgereicht (T. 45-48)[215], wobei sich an das trugschlüssige Ende ein knapp kadenzierender

---

213 H. Abert I, S. 290; vgl. WSF I, S. 497 ff., und passim. Vgl. auch K. G. Fellerer, Mozart, S. 5 und 7; L. Schrade, Mozart, S. 93.

214 H. Abert I, S. 327.

215 R. v. Tobel, Formenwelt, S. 154, sieht darin eine charakteristische Formgestaltung der Werke Mozarts vom Anfang der 1770er-Jahre. Unter den Quartetten bildet diese Umstellung jedoch die Ausnahme. Die «verkürzte Reprise» scheint ohnehin eher ein Merkmal der Instrumentalwerke der 60er-Jahre zu sein, bis hin zu einigen Sonatensätzen um 1770 (z. B. KV 81/73^l/3; KV 95/73^n/3; KV 113/2). Meist fehlen dann zwar die Satzanfangstakte zu Beginn des dritten Teils, sie werden jedoch nur selten (KV 208) als Coda nachgereicht. Vgl. aber noch die aus dem Jahr 1778 stammende Violinsonate KV 306 (300^l), deren Kopfsatz analog unserem langsamen Quartettsatz gebaut ist.

Zweitakter anhängt, der die unterschwellig bewahrte Symmetrie letztlich stört (20:8:20 + 2). Einen tatsächlich als «Coda» bezeichneten Anhang findet man im c-moll-Satz KV 157/2, dem eine nahezu symmetrische dreiteilige Anlage vorausgeht, indem lediglich der zur parallelen Durtonart modulierende Zweitakter (T. 12-13) im dritten Teil entfällt (44:32:42 + 8 «Coda»)[216]. Völlig ungleich sind die beiden Hauptteile des As-dur-Satzes KV 160 (159[a])/2; dieser weitschweifende Satz dehnt nach einem recht kurzen Mittelteil insbesondere jenen Abschnitt, der auf die Halbschlußzäsur folgt, so daß daraus eine Taktrelation von 22:8:32 resultiert.

In der Regel sind alle langsamen Sätze erstaunlich knapp gestaltet. Dabei reicht das Spektrum von der Erstfassung des e-moll-Satzes KV 156 (134[b])/2 mit 24 Takten über das Gros der Sätze mit etwa 40-60 Takten bis zum außerordentlichen Umfang des c-moll-Satzes (KV 157/2) von 126 Takten. In jedem Fall kann man bereits an der Ausdehnung erkennen, daß Mozart den langsamen Satz in quantitativer Hinsicht meist nicht als Zentrum des Quartettganzen angelegt hat, weil er das musikalische Material keineswegs auf breitem Raum entwickelt. Warum die langsamen Sätze dennoch als bedeutsame Zeugen von Mozarts früher Meisterschaft innerhalb der «italienischen» Serie gelten können, soll die Untersuchung der Komposition aufdecken.

155 (134[a])/2

Das A-dur-Andante KV 155 (134[a])/2 ist der Haltung nach der konventionellste und unkomplizierteste aller frühen langsamen Sätze. Kaum hebt er sich von dem Allegrotypus der Kopfsätze ab. In korrespondierende Zweitaktperioden gegliedert beschränkt er die Harmonik auf die Hauptstufen und die Satztechnik entweder auf blockhaftes Zusammenfassen aller Stimmen oder auf Auflichtung zu geringer Satzdichte. Zu Beginn erklingt ein «singendes» Thema (vgl. auch Kap. III.8). Mozart verzichtet hier demonstrativ auf filigranen vierstimmigen Satz und auf eine gezielte Trennung der Stimmebenen. Im Gegenteil: Er schließt die drei Oberstimmen in der Oktavkoppelung von Violine I und Viola mit parallellaufender Unterterz der Violine II klanglich sehr breit zusammen und setzt darunter einen in ruhigen 8teln pulsierenden Baß[217]. Kontrastierend dazu schließt sich ein Abschnitt an, der statt blockhafter Zusammenfassung der Stimmen (*forte*) ein taktweises Alternieren und Dialogisieren des Oberstimmenpaars dagegen setzt (*piano*). Dieser dynamische und satztechnische Kon-

---

216 Ginge man, mit L. Finscher, davon aus, daß das C-dur-Quartett KV 157 chronologisch als drittes innerhalb des Zyklus nach KV 155 (134[a]) und 156 (134[b]) komponiert wurde - eine Festlegung, die der tatsächlichen Chronologie kaum entsprechen dürfte - wäre in dieser «Coda», und nicht erst in der des Finales KV 157/3 (L. Finscher, Coda, S. 81), das erste Auftreten des Begriffes «Coda» in Mozarts Streichquartetten zu finden; vgl. Kap. II zur Chronologie.

217 Daß das Eröffnungs-Motiv selbst sowie der wenig differenzierte Baß sein Vorbild im langsamen Kopfsatz des «Lodi»-Quartettes haben, wird durch den Vergleich der jeweiligen Baßbehandlung und des nahezu identischen Motivs in T. 34 (KV 80/73[f])/1 deutlich.

trast wird in den Takten 13-14 durch eine Komprimierung innerhalb jeweils eines Taktes gesteigert. Der sehr kurze Mittelteil hebt in der so charakteristischen zweistufigen Sequenz an und vermittelt über den übermäßigen Quintsextakkord (T. 26 f.) den Anschluß an den verkürzt einsetzenden dritten Formteil.

KV 156 (134^b)/2, Erste Fassung

Mit einem völlig anderen Satztypus sind wir im Adagio des G-dur-Quartettes konfrontiert. Mozart verfaßte zunächst einen Satz in e-moll, den er aber unmittelbar nach der Niederschrift kanzellierte und durch einen neuen e-moll-Satz gleichen Tempos, aber anderer Diktion austauschte[218]. H. Abert stellt den urspüglichen e-moll-Satz begeistert über alle bis dato komponierten langsamen Sätze[219]. Was mag Mozart dazu verleitet haben, gerade diesen zu ersetzen?

Die Faktur dieses Satzes ist gleichbleibend schlicht: Die erste Violine führt, die übrigen Stimmen «begleiten» mit klar strukturierter Akkordik, wobei der Baß den konstitutiven Akkordton setzt, während die beiden Mittelstimmen kontinuierlich nachschlagen:

Beispiel 6

Eine Faktur, die durch ihre Funktionstrennung von Solo- und Begleitschicht von ferne an Serenadenfaktur erinnert. A. Einstein vermutet, daß Mozart dieser Serenadenton nicht genügend kammermusikalisch durchwoben erschien und er aus diesem Grunde ein zweites Adagio komponierte[220]. Vergleicht man die beiden e-moll-Mittelsätze, so überzeugt diese Vermutung, da der später komponierte Satz kaum serenadenhafte Elemente aufweist. Allerdings widersprechen die Serenadensätze der «Wiener» Serie (s. u.) dieser Hypothese. Mozart wollte offensichtlich gerade auch im ersten Zyklus dieser eigenständigen, und zum Kontext der ständig wechselnden Stimmbezüge der schnellen Sätze diametral entgegengesetzten Faktur gerecht werden. Der «Fehler» dieses ersten Versuchs liegt deshalb wohl nicht in der Wahl des Satztypus,

---

218 Der ursprüngliche e-moll-Satz ist abgedruckt in: NMA VIII/20/1, Bd. 1, S. 196 f. (mit Faks. S. XVI). Die durch WSF sowie H. Abert verbreitete Annahme, Mozart habe erst zu einem späteren Zeitpunkt den gültigen Satz geschrieben, ist durch den autographen Befund der sukzessive aufeinanderfolgenden beiden e-moll-Sätze hinfällig; WSF I, S. 482 und 519 f.; Abert I, S. 290, Anm. 3.

219 H. Abert I, S. 290; vgl. auch H. Mersmann, Kammermusik, S. 250: In der Erstfassung zeige sich "pathetischer Geist"; B. Paumgartner, Mozart, S. 160, Anm. 83: "echter Quartettsatz".

220 A. Einstein, Mozart, S. 243.

sondern in seiner Ausführung, in der Wahl seiner Mittel. Denn die Kombination der Serenadenhaltung mit einer ausschweifenden, kaum mehr fixierbaren, plötzlich wechselnden Harmonik auf der einen Seite und einer kaum «kantabel» zu nennenden Führungsstimme (bloßes Hinstellen von 4teln)[221] auf der anderen widerspricht gerade diesem schlichten Satztypus. Spürbarer Konstruktivismus herrscht, das sangliche Moment fehlt.

Die Reduktion des Satzgeschehens auf die beiden wesentlichen Außenstimmen (nur erster Teil) offenbart das Fehlerhafte:

Beispiel 7

Merkmale einer eher konstruktivistischen Kompositionshaltung beziehungsweise unorganischen Disponierung sind: das Festhalten des Basses an weiträumigen chromatischen Gängen (s. Klammern), unmotiviert große Sprünge der Oberstimme, die Häufung trugschlüssiger Wendungen, die zu strenge Parallelführung der Außenstimmen (s. Einrahmungen), Akkordprogressionen, die durch ihre harte, im kadenziellen Sinne völlig willkürliche Aneinanderfügung überraschend, aber nicht überzeugend wirken (v. a. T. 6/7: Halbschluß der Durparallele/ Dominante des Halbschlusses; 7/8: Tonikagrundakkord/ Septakkord der Durparallele in Terzlage mit Auflösung zur VI. Stufe, dabei wird die Quintparallele nur durch den Tritonus der V.I vermieden) und das Verlassen eines anfänglich durchgehaltenen, scheinbar ein Kontinuum herstellenden Metrums auf 4tel-Ebene zu dynamisch unterstützter, kontrastiver Augmentation der Notenwerte. All das mag zwar expressiv erscheinen, durch seine unkonventionellen Mittel und die gehäufte Verwendung von Chromatik gar auf Besonderes deuten (vgl. Aberts Wertung), kompositorisch fehlt aber ausgerechnet der entscheidende inhaltliche Bezug zur einfachen Faktur des gewählten Satztypus. Durch das Paradox der Vielzahl unerwarteter Ereignisse bei geradezu lebloser Kantilene auf knappem Raum wirkt der Satz wenn nicht «falsch», dann doch beliebig, unentwickelt und substanzarm. Mozart bewies

---

221 Vgl. den frappanten Bezug zu F. Schuberts erstem Satz aus der «Sonatine» für Violine und Klavier *a*-moll D 385.

daher in der Tat durch seine Kanzellierung dieser 24 Takte "frühe Kunstweisheit"[222]; ihn störte nicht der Satztypus als solcher, sondern dessen verbissene Ausführung.

156 (134[b])/2, Zweitfassung

Das kleine Wunder der endgültigen Fassung des *e*-moll-Mittelsatzes ist nur schwer in Worte zu fassen. Überraschend ist die harmonische Kühnheit, die eloquente Stimmführung, die knappe formale Disposition. Bewundernswert auch, wie nah und gleichzeitig doch so fern dieser Satz zu seiner Erstfassung steht. Der ursprüngliche Typus der strikten satztechnischen Zweiteilung in Solostimme und Begleitapparat wird zugunsten dichter Vielstimmigkeit aufgegeben. So beginnt der Satz zwar in der Haltung einer Serenade[223], doch bereits nach zwei Takten greifen die Mittelstimmen in eigenständiger Bewegung ein und führen ihn in plötzlicher Verbindung mit der ersten Violine zur Zäsur des Halbschlusses. Wie bewußt Mozart die Möglichkeiten des vierstimmigen Satzes nutzt, zeigen die sich anschließenden Takte: Zunächst führen die Mittelstimmen in Dezimenabstand, während die erste Violine im Moment der gehaltenen Note den verzierten Achsenton d einwirft (T. 7). Dann übernehmen die Außenstimmen den vorhergehenden Part der Mittelstimmen, die Viola erhält die Verzierungsgeste, und die zweite Violine wölbt darüber den Achsenton d^2 (T. 8). In völliger Eigenständigkeit der Einzelstimme und dennoch untrennbarer Verflechtung setzen die Takte 9-10 fort, um abschließend wiederum an die Faktur der ersten Takte anzuknüpfen: Solo und Begleitung (T. 11), drei eigenständige Ebenen von Violine I + Mittelstimmen + Unterstimme (T. 12-13), die, vergleichbar Takt 6, in eine gemeinsame Kadenz münden (T. 14).

Lassen sich also hinsichtlich der Faktur keine Verbindungslinien zur Erstfassung ziehen, so sind diese doch formal und gestisch allzu deutlich. Die tonale und formale Anlage ist nämlich nahezu identisch:

1. Fassung

T. 1-4   5-6   (7)-10   11-14   15-24
e-moll - D_3^7, G-dur - D^{4-3}, G-dur - a-moll - e-moll
T. 1-4   5-6   7-14   15-23   24-37

2. Fassung

Nach einem Statuieren der Ausgangstonart[224] erfolgt über den kurz angeschlagenen dominantischen Modulationsakkord in Sextakkordlage (Erst- und Zweitfassung T. 4) ein Zweitakter in der parallelen Durtonart, der in einen breit ausgespielten (Vorhaltswendung) Halbschluß (jeweils T. 6) mündet. In

---

222 A. Einstein, Mozart, S. 243.

223 I. Kecskeméti, Barock-Elemente, S. 184, möchte in dem "Mollquartsext-Thema" einen Bezug zu J. S. Bachs Arie Nr. 62 "Nun mögt ihr starken Feinde schrecken" des Weihnachtsoratoriums (BWV 248) erkennen.

224 Vgl. die überblickshafte Analyse speziell der Harmonik der Satzanfänge aller langsamen Mollsätze bei der Untersuchung des *c*-moll-Satzes KV 157/2, S. 85.

der Erstfassung folgt nun eine (wenig gelungene) harmonische Ausweichung, bevor *G*-dur etabliert wird, während in der Zweitfassung diese Tonart sofort ausführlich dargestellt ist. Nach dem Doppelstrich setzt Mozart jeweils harmonisch überraschend mit E^7-*a* fort. Im dritten Formteil wird beidemale sowohl auf den Modulationseinschub wie auf die halbschlüssige Vorhaltswendung verzichtet.

Auch die betonte Erweiterung des harmonischen Verlaufs durch Trugschlüsse und Septakkordreihungen ist beiden Sätzen gemeinsam. So geht Mozart zum einen in der Zweitfassung gleich zu Beginn von der über den Leitton (dis^2) ankadenzierten I. Stufe durch Parallelbewegung der Außenstimmen trugschlüssig in die VI. Stufe (T. 3, 2-3, vgl. Erstfassung T. 1, 2-3), so wird zum anderen das *G*-dur des zweiten Abschnittes (T. 9-10) durch die Folge G-A^7-D^7-G erweitert, wenn auch die Erstfassung hierbei wesentlich gewagter vorgeht (vgl. T. 7-8: A^7-D^7-*e*-G^7-*C*).

Was in der Erstfassung mutwillig und übertrieben erscheint, löst sich hier zu gelungener Folgerichtigkeit. Hauptmerkmal der Einheitlichkeit trotz unerwarteter Akkordfortschreitungen ist das unmißverständliche Korrespondieren von Takteinheiten (meist Taktpaaren) und das klare Befestigen der tonalen Felder der Tonika und deren Durparallele. So werden einerseits die vorherrschende Chromatik (vertreten durch ständige Vorhaltsbildungen), andererseits überraschende Akkordfortschreitungen durch korrelative Wiederholung dem Hörer retrospektiv verständlich und nachvollziehbar.

KV 157/2

So unterschiedlich auch die langsamen Sätze hinsichtlich ihrer Gestaltungsmittel erscheinen, das Merkmal der Reihung kleinerer Taktgruppen disparatesten Motivmaterials bleibt ihnen bis auf eine Ausnahme dennoch gemein. Diese Ausnahme ist in dem vielleicht gelungensten langsamen Satz der frühen Quartette zu erkennen, der bereits durch seine Länge auffiel: KV 157/2. Mozart konzentriert sich hier im wesentlichen auf ein zweitaktiges Motiv, dessen Schwerpunkt durch die auftaktige Geste stets auf der «1» des zweiten Taktes liegt.

Ist diese Reduzierung des motivischen Geschehens an sich schon bemerkenswert, so schafft die klare satztechnische Anlage weitere Vereinheitlichung. Deutlich sind Melodie- und Begleitebene stets getrennt. Nicht nur beim dreistimmigen Anfang, bei dem die Viola den Baßpart übernimmt, sondern auch nach dem Einsatz des Violoncello handelt es sich faktisch (oktavierte Violinen) um einen klar profilierten dreistimmigen Satz. Dennoch nutzt Mozart die Klangebenen des Streichquartett-Instrumentariums aus, indem beispielsweise ab Takt 26 die Träger von Melodie- und Begleitstimme(n) wechseln oder ab Takt 33 das Violoncello in breitem Orgelpunkt das ausklingende *Es*-dur akkordisch umspielt. Mit Hilfe eines plötzlichen *unisono* erweitert Mozart (ab T. 45) die eigentliche Zweitaktigkeit des Hauptthemas zur Viertaktigkeit, die Faktur wechselt von der Übersichtlichkeit der Drei- zur Komplexität der Vierstimmigkeit. In einer groß angelegten Modulationskette von 3 x (4+4) Takten über *As*-dur, *f*-moll, *c*-moll tauschen alle Stimmen systematisch, und somit einerseits die Faktur ungemein belebend, andererseits den vierstimmigen Satz als solchen kammermusikalisch durchdringend, ständig ihre Funktion aus:

Takt	49	57	65
V.I	Th-------Na-------Ak-------		
V.II	Ak-------Th-------Ak-------		
Va.	Na-------Ak-------Ln-------		
Vc.	Ln-------Ln-------Th-------		

Thema (Th), Begleitung durch Akkordbrechung (Ak), nachschlagende Zweitonfigur (Na) und taktweise gehaltene Liegenote (Ln).

Wie im langsamen Satz des D-dur-Quartetts KV 155 (134^a) erreicht der Mittelteil über den übermäßigen Quintsextakkord den dominantischen Halbschluß, wie in beiden vorausgehend besprochenen langsamen Sätzen endet das Stück mit der Floskel des dissonierenden, dreifachen Vorhalts der Oberstimmen.

Schließlich sollte noch der Aspekt der Harmonik beleuchtet werden. In allen drei langsamen Mollsätzen dieses Zyklus, nicht nur in KV 157/2, fällt Mozarts Bestreben ins Auge, zu Satzbeginn größtmögliche Komplexität zu erzeugen, die im weiteren Verlauf, meist bereits nach wenigen Takten einer durchsichtigeren Anlage der musikalischen Faktur weicht. In erster Linie setzt er dazu das Mittel komplexer Harmonik ein. Erstaunlich ist weiterhin, daß die Anfangstakte aller drei Mollsätze auf dem gleichen harmonischen Prinzip beruhen: Statuierung der Tonika, Wechsel zur II. (verminderten) Stufe und anschließendes Zurücktreten in die Tonika[225]. Im e-moll-Satz wird dieses Prinzip durch Vorhaltswendung in der Oberstimme und durch Umkehrung des verminderten Akkordes zwar verbrämt, gleichwohl durch sofortige Wiederholung intensiviert, während es im a-moll-Satz (s. u.) durch die schematische Aufeinanderfolge der ständig imitierten Dreiklangs-Gerüsttöne der I. und II. Stufe in nuce exponiert ist; hier ist dies harmonische Prinzip jedoch in eine dreizehntaktige[226], durch die Aufeinanderfolge der Baßtöne (Va.) klar gegliederte, musikalisch sinnvolle Abfolge gebracht.

Harmonische Komplexität im c-moll-Satz erzeugt aber keineswegs die einfache Folge der I. und II. Stufe (jene knüpft lediglich Verbindungslinien zu den beiden anderen Mollsätzen), sondern vielmehr der Anschluß an diese Akkordfolge (T. 5 ff.), die in ihrer Expressivität nur im e-moll-Satz ein Pendant unter allen frühen Quartettsätzen Mozarts findet. Zwischen den harmonischen Pfeilern der Molltonika in Takt 4 und Takt 12 überrascht in erster Linie der Anschluß an den neapolitanischen Sextakkord (T. 5-7, ohnehin eine vom frühen Mozart selten verwendete harmonische Variante), der nicht etwa - wie zu erwarten stünde -

---

225 Überdenkenswert scheint mir ein Hinweis von E. Hess, der als Einwand gegen I. Kecskemétis Methode der Aufdeckung verwandter musikalischer Motive zwischen Bach und Mozart auf den barocken Topos dieser harmonischen Bewegung verweist, der somit die melodische Bewegung präformiere; vgl. I. Kecskeméti, Barock-Elemente, S. 192 (Diskussion).

226 Der geradzahlige vierzehnte Takt nimmt den Hauptgedanken des ungeradzahligen ersten auf; diese auffällige Metrik entsteht durch den intensivierend eingeschobenen Takt 7, der die Doppeltaktigkeit seines Umfelds für einen Moment zur Dreitaktigkeit aufhebt.

den Quartsextakkord der Tonika einleitet, sondern überraschend über die kurz angeschlagene Tonika (T. 6/3 und 7/3) zwei verminderte Septakkorde folgen läßt, deren Außenstimmen noch dazu in Tritonus-Abstand geführt sind (T. 8-9). Das erinnert entfernt an die harmonischen Extravaganzen der verworfenen Erstfassung des e-moll-Satzes, ist aber ungleich effizienter eingesetzt.

158/2

Was in KV 157/2 als Steigerung einer anfänglich schlichten Dreistimmigkeit zur verflochtenen Vierstimmigkeit erkennbar wird, also einen planvollen Satzprozeß erkennen läßt, wird im a-moll-Satz zum Prinzip der völligen Gleichberechtigung der Stimmen erhoben, indem Mozart zu Satzanfang in strengem Kanon beginnt. Daß es sich jedoch lediglich um die Demonstration eines Prinzipes und nicht etwa um die Durchführung eines Streichquartett-Kanons handelt, erkennt man am weiteren Verlauf des Satzes. Bereits nach fünf Takten bricht das Drängende und verwirrend Vielschichtige des vierstimmigen Komplexes durch einen allzu plakativ eingeschobenen Modulationstakt plötzlich ab, um zunächst in konventionellen Taktpaaren fortzufahren und erst in den Schlußtakten (T. 16 f.) erneut durch eine imitatorisch aufgefächerte Figur auf den strengen Anfang zurückzugreifen.

Das nüchterne motivische Gewand des Kanons läßt den Beginn dieses langsamen Satzes, der darüberhinaus noch auf der außergewöhnlichen III. Stufe der Haupttonart steht, eher als kurzwährende Einleitung zum «eigentlichen» Beginn des Satzes in Takt 7 (C-dur!) erscheinen. Der «Themen»-Kopf besteht aus einer weder rhythmisch noch in der Artikulation differenzierten, an Etüdenmaterial oder eine Begleitfloskel erinnernden Dreiklangsbrechung, die um einen Sekundschritt nach oben versetzt wiederholt wird

Da die vier Stimmen taktweise wörtlich - lediglich oktavversetzt - hintereinander einsetzen, der Dreiklangskopf also viermal hintereinander erklingt, orientiert sich der lineare Verlauf jeder Einzelstimme am Akkordgerüst dieses Anfangs. Sein konstanter Wechsel zwischen I. und II. Stufe, die im Verlauf deutlich als Vertreter der V. Stufe interpretiert wird, bildet dabei die Grundlage und Orientierung[227].

Zu fragen ist, wie konsequent Mozart den Kanon einsetzt, da er spätestens in der völlig konträren Gestaltung von Takt 6 das Prinzip der Imitation aufgibt. In Takt 5 wird der Satz auf den folgenden Modulationstakt vorbereitet: Nur noch zu Beginn des Taktes imitieren zweite Violine und Baß das von der ersten Violine vorgegebene Thema. Durch das Mittel des streng imitatorischen, sukzessiven Einsetzens wird demnach nur die anfängliche Profilierung der Einzelstimme verdeutlicht und der Satz zu seiner höchsten Verdichtung (der Vierstimmigkeit) geführt. Ist dies Ziel erreicht (T. 4), wird die angewendete Satztechnik zugunsten freierer Gestaltung verlassen. Besonders evident wird diese Haltung des bloßen Aufstellens von satztechnischer Strenge beim Ver-

---

[227] Vgl. die allgemeine Einordnung dieses Satzanfanges bei KV 157/2, S. 85.

gleich mit der Parallelstelle in Takt 26 ff. Einerseits erkennt man, daß es Mozart primär auf den im jeweils ersten Takt (T. 1 und 26) vorgestellten Motivkopf der zweifachen Dreiklangsbrechung und nicht auf die Fortsetzung dieses Motivs ankommt, da er während des taktweisen imitatorischen Ganges durch alle Stimmen völlig neue figurative Umspielungen (eben nicht «Kontrasubjekte») im Vergleich zum Satzbeginn einführt. Der Themenkopf fungiert als Ordnungsträger, während die hinzutretenden Stimmen als Variierung des einfachen harmonischen Schemas interpretiert werden müssen. Andererseits gilt es, Mozarts Ökonomie zu bewundern. Er verzichtet nämlich an der Parallelstelle auf die Verdichtung des fünften Taktes (T. 30). Nach dem sukzessiven Themenkopf-Einsatz durch alle Stimmen bricht der bis zu dieser Stelle strenge Kanon (lediglich in T. 3 klappt die V.II den vierten Ton aus klanglichen und lagentechnischen Gründen statt nach unten nach oben; vgl. T. 2, V.I und T. 4, Va.) unverhofft ab, eine Kadenz zur Dominante bereitet den ursprünglich als Modulationsscharnier eingesetzten Takt (T. 6, 31) vor. Deutlicher kann man die Strenge des Anfangs nicht in ihrer Funktion als Initium ohne satzumgreifenden, konsequenten Anspruch kennzeichnen. Wie ein Stauglied verhindern die Takte 5 und 30 die Entfaltung eines echten Kanons:

Takt	1	2	3	4	5	26	27	28	29
V.I	A	B	C	D	E	A	B	C	D
V.II		A	B	C	D'		A	B	C
Va.			A	B	X			A	B
Vc.				A	B'				A

Beim Vergleich der beiden entscheidenden Takte zwischen Kanon und gesanglich entfalteter Periodizität (T. 6, 31) fällt erneut Mozarts Sparsamkeit der Mittel auf: Nur durch den Verzicht auf die Halbtonverschiebung der zweiten Violine bleibt der Satz in a-moll, statt wie im ersten Teil nach zu C-dur zu rücken. Alle drei übrigen Stimmen sind im wesentlichen identisch[228].

Der nur siebentaktige Mittelteil, dessen Funktion nicht in der Rückmodulation zur Molltonika bestehen kann, weil bereits am Ende des ersten Teils zur Tonika zurück moduliert wurde (T. 15 ff.) - ein Phänomen, welches in allen Mittelteilen der langsamen Mollsätze der «italienischen» Serie, nicht jedoch in den schnellen Sonatensätzen zu beobachten ist -, knüpft in außerordentlicher Eindrücklichkeit an den Satzbeginn an und ist dennoch satztechnisch kontrastiv profiliert. Wiederum liegt, wie bei etlichen Mittelteil-Eröffnungen der Sonatensätze und Menuette, eine bloße Folge zweier stufenweise versetzter, korrespondierender, also sequenzierender Doppeltakte vor. Wie zu Beginn des a-moll-Satzes kann man auch hier nicht von periodisch und gestisch markanter Melodik sprechen: Tonrepetitionen und eine einfache Kadenzfigur bestimmen das Geschehen. Wieder entfaltet sich der Satz sukzessive und verdichtend zur Vierstimmigkeit, nur sind die Einsatzabstände im Vergleich zum Kanonbeginn

---

228 Sogar der Anschlußton der beiden Unterstimmen in T. 32: e^1 und c bleibt gleich, wodurch das a-moll durch die entstehende Sextakkordlage instabil gegenüber der ersten, auf C-dur stehenden Version anmutet.

um das Vierfache verkürzt. Außerdem zielt dieser Verdichtungsprozeß zweimal (durch die klaren Kadenzschritte des Basses verdeutlicht) auf einen Abschluß (T. 21/1 und 23/1) und gründet seine Satztechnik nicht etwa auf das Mittel der Imitation, sondern der harmonischen Anspannung und Lösung. Insbesondere die erste Sequenzstufe sticht durch den emphatischen Spannungsakkord auf «Schlag 3» in Takt 19 hervor, wo zu einem konsonanten Akkordteppich der repetierenden Mittelstimmen die erste Violine ohne Vorbereitung im Intervall der kleinen Sekunde scharf dissonierend einsetzt[229].

Trotz seines völlig andersgearteten Duktus möchte man den Mittelteil als Komprimierung beider umrahmender Teile deuten. Nicht nur, daß sich seine Anfangstakte so stark an den Satzbeginn anlehnen, auch das Ende, der dreitaktige Übergang zum dritten Formteil (T. 23-25), deutet zurück auf den Schluß des ersten Teils. Wie dort folgt auf das durch eine Kadenz befestigte C-dur eine Imitationsfolge, die zurück zum dominantischen E-dur leitet. Die dafür verwendete Figur ist aus der Umkehrung der ersten Stelle gewonnen:

Beispiel 8

In zweifacher Hinsicht unterscheiden sich aber diese drei Takte vom Vorbild der drei Schlußtakte des ersten Teils. Einerseits verkürzt Mozart die Einsatzfolge (vgl. die Komprimierung der Anfangstakte nach dem Doppelstrich) zu einem klanglich intendierten *crescendo* durch Engführung, andererseits folgt in der Wiederholung der engegführten Viertonfigur ein starkes Diminuendo, da zunächst die erste Violine aussetzt, dann die zweite Violine in ihre tiefste Lage wechselt und die Unterstimmen schließlich in ein überleitendes *unisono* in Oktavabstand münden. Stufenweise wird also das einstimmig in Takt 26 einsetzende Kopfmotiv durch klangliche Reduktion eingeführt. In Takt 18 liegt genau das Gegenteil vor: Der dominantische Akkord wird durch vollstimmiges *forte* präzisiert. Auch wenn man also den Mittelteil in Abhängigkeit vom Vorausgehenden interpretieren muß, so wird durch die Unterschiede in der musikalischen Haltung doch deutlich, daß verwandte Mittel und Funktionen durch die unterschiedliche Satzposition sowie durch den prozessualen Verlauf der Musik in ihrer Gestaltung abweichen. In Takt 40 ist, analog zur Schlußkadenz des parallelen C-dur in Takt 12, die Satztonika a-moll erreicht. Wieder wird bei gleicher Stimmenfolge auf die Viertonfigur imitierend rekurriert; doch aus den ursprünglich drei Takten werden nun vier. Anstatt jene Imitationsfolge modulierend einzusetzen wird sie hier, am Satzende, zur nachdrücklichen Bestätigung der Haupttonart mit wiederholter Abkadenzierung.

---

229 Diese Konfiguration von sequenzierenden Vorhaltsdissonanzen begegnet uns wesentlich intensiviert im langsamen Satz aus KV 169, T. 29 ff. (s. dort). Wie der reife Mozart solch eine «barockisierende» Phrase in unnachahmlicher Weise einsetzt, zeigt der Übergang zum dritten Teil (T. 52-57) des Adagios im *D-dur*-Streichquintett KV 593.

KV 160 (159ª)/2

Kein anderer der frühen Streichquartettsätze beginnt in dieser Form bewußter Vermeidung der Haupttonart, die immerhin erst im sechsten Adagio-Takt erreicht wird[230]. Möglicherweise hängt dies mit der Wahl der Tonart zusammen, die man in Mozarts OEuvre höchst selten, dann aber meist mit harmonisch weitschweifenden Akkordwechseln oder Dissonanzenreichtum konfrontiert antrifft[231].

In auffälliger Korrelation zu den ersten 12 Takten steht der zweite Abschnitt des ersten Teils. Er folgt auf einen deutlich fixierten Halbschluß, der in Stimmführung wie Gestus nicht nur an die markanten Halbschlußzäsuren der schnellen Sonatensätze generell erinnert, sondern sich wohl auch an die analoge Situation im vorangehenden Kopfsatz anlehnt (vgl. T. 12 mit T. 4 des ersten Satzes). Wie der überraschende Anfang, der durch zweifachen Quintschritt (T. 1-2) und durch chromatisch fortschreitenden Baß (T. 4) die erwartete Tonart raffiniert verzögert, setzt auch auf den Halbschluß nicht die zu erwartende Tonart der Quinte, sondern wiederum eine zweifache Kadenz (T. 13 f.) ein. Und nochmals steuert der harmonische Gang an der Klärung der tonalen Situation vorbei, diesmal allerdings durch die vorläufige Hinwendung zu einem Trugschluß (T. 16). Der Septakkord in Takt 1 und 13, und das läßt den möglichen Einwand des Zufälligen verstummen, ist in beiden Fällen der gleichlautende, nur führt Mozart zu Beginn die chromatisch fallende Bewegung in der Oberstimme durch, während diese an der zweiten Stelle durch den Baß vorgenommen wird. Daß Mozarts Phantasie selbst bei formal wörtlicher Wiederholung stets rege bleibt, veranschaulicht schließlich der Einsatz des dritten Teils, der den einfachen Septakkord des Satzbeginns zu einem verminderten verschärft (*ges*^{1} statt *f*^{1} in Va. T. 31) und durch die Terz im Baß an den überraschenden Akkord von Takt 13 erinnert. Die fallende Sequenzkette im Anschluß an die Halbschlußzäsur (T. 43 ff.) ist nunmehr eine folgerichtige Konsequenz der ständigen Verschleierung und Umspielung der konstituierenden Hauptstufen von *As*-dur[232].

---

230 R. v. Tobel, Formenwelt, S. 195, Anm. 52, und W. Konold, Streichquartett, S. 77. Selbst die Anfangsakkorde der beiden zögerlich beginnenden Ecksätze des *F*-dur-Quartettes KV 158 weisen sofort einen direkten Bezug zur Tonika auf. Auch die *unisono*-Eröffnung des *Es*-dur-Quartettes KV 171 stellt bald das tonale Zentrum klar.

231 Natürlich denkt man sofort an den langsamen Satz aus dem *Es*-dur-Streichquartett KV 428 (421ᵇ), wo *As*-dur zunächst zwar klangsinnlich ausgebreitet, bereits nach zwei Takten aber durch merkwürdig dissonierende Klangflächen in Frage gestellt wird (vgl. T. 3-4 und 8-9, 14 ff.). *As*-dur-Sätze in langsamem Tempo finden sich auch in der "Romance" des Hornkonzerts KV 447/2, in der Violin-Sonate *Es*-dur KV 481/2 (Adagio), im Klavierquartett *Es*-dur KV 493/2 (Larghetto), in der *Es*-dur-Sinfonie KV 543/2, im *Es*-dur-Divertimento KV 563/2 (Adagio) und im "Orgelstück für eine Uhr" KV 608/2 (Andante). (Verwiesen sei auch auf den Kanon (!) im Finale des ersten Aktes aus "Così fan tutte".) Triosätze, die als Tonartenkontrast zu einem *Es*-dur-Menuett in *As*-dur stehen, wie im Streichquartett KV 171/2, im vierten Satz der Bläserserenade KV 375 oder im zweiten Menuett des Streichtrios KV 563, sind im Vergleich harmlose Manifestationen des ungetrübten *As*-dur. Zur Tonart *As*-dur in der Wiener klassischen Musik und speziell bei Beethoven vgl. G. E. Meyer, Beethoven, S. 156-183.

232 Solchermaßen in einen stringenten Gestaltungsprozeß integriert, stört auch nicht die harmonisch harte Fügung an den jeweiligen Zäsurstellen des ersten und dritten Teils,

Wenn der Schwerpunkt der Betrachtung des langsamen As-dur-Satzes bisher auf harmonischen Konstellationen lag, die zwar von der Exklusivität der Harmonik der Mollsätze zu unterscheiden sind, denen dennoch zentrale, weil formbildende Bedeutung zuzumessen ist, so resultiert dies auch aus Mozarts verblüffender Vernachlässigung des Melodischen in diesem Satz. Die ersten sechs Takte bestehen entweder aus nüchtern hingestellten Akkordfolgen (T. 1-2) oder zweitaktigen Kadenzbewegungen, die nur durch den Topos der Seufzermotivik in der ersten Violine die primär harmonische Funktion verschleiern (man vergleiche die übrigen Stimmen)[233]. Aber auch nach Erreichen der Tonika in Takt 6 - sofort tritt der Septton zur Tonika! - erscheint keineswegs eine thematische Gestalt, die an die profilierten «Themen» der übrigen Sätze erinnern könnte. Im Gegenteil: Das tonale Zentrum As-dur wird mit Hilfe der aufgebrochenen Faktur von führender Oberstimme, die den Grundton und eine fallende Tonleiterbewegung innerhalb des As-dur-Raumes formuliert, kombinierten Mittelstimmen (I^7-IV als gebrochene Dreiklänge auf- und abwärts), wobei die Viola in Takt 8 für einen kurzen Moment als Partner der Tonleiterfigur der ersten Violione auftritt, und Fundamentbaß ausgebreitet. Der Anschluß (T. 10-12) steuert unmißverständlich die Halbschlußzäsur an. Die überraschende Fortsetzung soll in erster Linie harmonisch verblüffen; daher kommen auch die Takte 13 ff. gänzlich ohne melodischen Einfall aus. Erst die Schlußgruppe (ab T. 16) formt eine hauptsächlich durch die Violine I initiierte, einigermaßen individuelle melodische Geste, die bezeichnenderweise rhythmisch an den Satzbeginn anknüpft, was dann nicht ohne Einfluß auf den knappen (achttaktigen) Mittelteil bleibt. Schließlich muß erneut auf die im Vergleich zu ihrem ersten Erscheinen wesentlich verlängerte Sequenzfolge in Takt 43 ff. hingewiesen werden, die über fünf Takte hinweg nichts weiter als eine bewegte Akkordprogression bietet und dadurch, zusammen mit den Takten 55 ff., den dritten Formteil nicht unbedeutsam verlängert. Wieder dominiert das Harmonische über das Melodische wesenhaft.

Zwischenergebnis

Außer den wenigen eher äußerlichen Merkmalen der generellen Dreiteiligkeit, der Knappheit in der Ausführung, des harmonisch analogen Beginnens der drei Mollsätze und der häufigen Mittelteilgestaltung in Form einer zweistufigen Quintschritt-Sequenz sind eher die mannigfachen, untereinander kaum vergleichbaren Individuallösungen der «italienischen» langsamen Sonatensätze zu betonen. Die Formausprägungen und die Tonartenkonstellationen differieren stets, und auch die Gestaltungsmittel sind erstaunlich breit gefächert: Verwandt-

---

während die einzig vergleichbare Konstellation im kanzellierten e-moll-Satz KV 156 (134^b)/2, T. 6 ungleich drastischer und unvorbereitet wirkt. Zum spezifischen Sequenzgang mittels fallender Sekundschritte (T. 43 ff.) vgl. die Beschreibung des f-moll-Trios von KV 158/3, S. 114 f.

233 Die Vorhaltsseufzer ermöglichen Mozart eine Belebung der zugrundeliegenden Sextakkordketten in Takt 3. Kurioserweise entsteht hier eine Folge von drei umspielten Quintparallelen zwischen beiden Violinen, die in T. 5 durch Dezimenkoppelung vermieden sind.

schaft mit dem schnellen Sonatensatz bei Präferenz dichter Stimmenkoppelung (KV 155/134ª/2); Serenadenhaltung (KV 156/134ᵇ/2, 1. Fassung); Ausnutzung aller Kombinationsmöglichkeiten des vierstimmigen Satzes bei harmonischem Reichtum (KV 156/134ᵇ/2, 2. Fassung); Motivkonzentration (KV 157/2); Kanonprinzip (KV 158/2) und absolute Dominanz der harmonisch bewegten Flächen ohne Formulierung eines profilierten Motivs (KV 160/159ª)/2).

- «Wiener» Sonatensätze

Zeigen die «italienischen» langsamen Sonatensätze untereinander wenig Gemeinsames und sind daher eher als Manifestationen experimentell divergierender Gestaltungsprinzipien zu verstehen, so lassen sich die fünf langsamen Sonatensätze der «Wiener» Serie leicht in zwei Gruppen unterteilen: Die Sätze KV 168/2 und 171/3 schließen sich aufgrund ihres (vorherrschenden) strengen Satzes, ihrer gemeinsamen Molltonalität, ihrer identischen Tempoangabe sowie ihrer identischen Spielanweisung (*con sordino*) und damit letztlich wegen ihres eher düsteren Stimmungsgehaltes eng zusammen; die übrigen (KV 169/2, 170/3, 172/3) prägen den Typus des Serenadensatzes mit führender erster Violine und mehr oder minder begleitenden Unterstimmen in Durtonalität aus. Dank dieser Konzentration auf (im wesentlichen) zwei divergente Gestaltungsmerkmale, die ihre «Wurzeln» bzw. unmittelbaren Vorläufer in den vielfältigen «italienischen» Adagio- oder Andantesätzen haben, können wir nun gegebenenfalls über die eigentliche Satzbetrachtung hinaus erhellende Rückbezüge zu den langsamen «italienischen» Binnensätzen herstellen.

Strenger Satz (Moll)

Den beiden langsamen Mollsätzen des «Wiener» Zyklus (KV 168/2 und 171/3) ist vor allem die Strenge ihrer Satzanlage gemein. Während das Prinzip des Kanons und der unmittelbaren Imitation den *f*-moll-Satz (KV 168/2) nahezu vollständig umgreift, entspannt sich der *c*-moll-Satz (KV 171/3) nach seiner anfänglich in Stimmpaaren imitierten Anlage zu einem gelösteren, wenn auch nicht von imitatorischen Abschnitten freien Satz. Durch die Wiederaufnahme der Stimmpaar-Imitation zu Beginn des Mittelteiles (T. 11 ff.) und zu Beginn des dritten Teiles (T. 19 ff.) ist der Gesamtduktus dieses merkwürdig fahlen Satzes trotzdem eher streng.

Neben der für Mozart so charakteristischen Floskel des mehrfachen Vorhaltsgestus im Schlußtakt jeden Abschnittes, den wir bereits aus einigen langsamen Sätzen der «italienischen» Serie kennen[234] ist beiden Sätzen insbesondere auch das Ansteuern von Kadenzen an Zäsurstellen gemein. Diese Kadenztakte sind nun keineswegs, wie es in den schnellen Sonatensätzen zu beobachten war, bloß formkonstitutiv, sondern erfüllen im Zusammenhang mit der Knappheit der Anlage der langsamen Sätze (KV 168/2: 67 Takte, KV 171/3: 29 Takte) und im Zusammenhang mit der Struktur polyphonen Geschehens eine weitere Aufgabe, die für Mozarts Gestaltung der strengen Satzanlage äußerst typisch ist: Stets kann

---

234 Vgl. hier: KV 168/2, T. 28 und 66/67; KV 171/3, T. 10 und 29.

sich der Kanon oder die Imitation nicht satzumgreifend durchsetzen; nach wenigen Takten polyphoner Entfaltung wird der spannungsvollen Komplexität einer auf absolute Gleichberechtigung aller vier Stimmen zielenden Entwicklung gleichsam mit Gewalt Einhalt geboten. Das Mittel dazu bietet die Kadenz, die mit einem Male alle Stimmen zu gleichzeitiger Formulierung zwingt.

Dieses Phänomen, das wir bereits im Zusammenhang mit dem *a*-moll-Satz (KV 158/2) der ersten Serie beschrieben haben[235] kennzeichnet besonders eindringlich den *f*-moll-Satz[236]. Sein Thema, das zunächst alle Stimmen in strengem Kanon erfaßt, besteht aus drei Abschnitten, die durch Pausen klar voneinander geschieden sind:

Beispiel 9

T. 1-9

Besonders der Themenkopf stellt ein Topos älterer, kontrapunktischer Musik dar[237]; genau dessen Tonfolge findet bekanntlich auch in J. Haydns *f*-moll-Streichquartettfuge Anwendung. Wie im langsamen *c*-moll-Satz (KV 171/3) läßt Mozart zunächst die Außenstimmen, dann die beiden Mittelstimmen das Thema übernehmen. Im Vergleich zum eindimensionalen Dreiklangsmotto des *a*-moll-Satzes (KV 158/2), das ebenfalls im Taktabstand alle vier Stimmen in der Weise eines Kanons einsetzen läßt, ist dieses Thema, bedingt durch seine Intervallsprünge und die sich keimartig entwickelnde Melodik, wesentlich komplexer. Im *a*-moll-Satz (KV 158/2) war der horizontale Verlauf deutlich durch das akkordisch gedachte Dreiklangsmotiv determiniert; hier jedoch entfaltet sich anfänglich ein komplexes Gebilde von vorhaltsgesättigter Kontrapunktik.

Interessant ist auch, daß der weitere Verlauf des Kanons wiederum am Themenkopf selbst orientiert ist, also nicht etwa wirklich neun Takte umfaßt, wie es zunächst durch die strenge Imitation aller Stimmen den Anschein hat. In Takt 5 ff. (V.I) knüpft nämlich der vermeintliche zweite Thementeil in Terzenkopplung an den ausschwingenden Themenkopf der Viola an; einerseits wiederholen die Takte 5 bis 7 der ersten Violine damit, lediglich intervallversetzt, die eigene Schlußbildung des Kopfes (T. 2-4), andererseits dient diese Verdoppelung der Synkope gleichzeitig den nachfolgenden Stimmen als Imitationsglied. Unverhofft ist eine Verdichtung entstanden, die den Satz nicht entwickelnd vorantreibt, sondern wie in einer Spiralbewegung immer enger zu-

---

235 Vgl. auch KV 171/2 (Trio) und KV 172/3 (Menuett), die ebenfalls die anfängliche Satzstrenge abbrechen.

236 Für KV 171/3 siehe T. 6 und 25.

237 M. Seiffert, Klaviermusik, S. 205-208; K. H. Wörner, Fugenthemen, S. 48 f.; W. Kirkendale, Fuge, S. 137 (mit weiterführender Literatur), 185 f. und 202: "Pathotypthema"; I. Kecskeméti, Barock-Elemente, S. 184 f.; R. Barrett-Ayres, Haydn, S. 122 ff.; M. Flothuis, Bearbeitungen, S. 32. Zu J. Haydn vgl. Kap. V.3.

sammenschnürt. Der dritte Abschnitt des Kanons (V.I, T. 8/9) verstärkt diese Tendenz durch seine Reduzierung auf die Synkopenform. Um nicht in das Fahrwasser träge aneinandergereihter Synkopentakte zu geraten, bleibt nur noch der befreiende Abbruch, der auch tatsächlich in Takt 10 durch das bewußte Setzen des Themenkopfes der Violine I eingeleitet wird. Nach einem zäsurierenden Trugschluß (T. 11) faßt eine klare Kadenz alle Stimmen zu einer einheitlichen Bewegung zusammen und beendet durch den plötzlichen 16tel-Impuls (zuvor erklangen nur schreitende 4tel-Noten) die Strenge des Satzanfangs, die ohnehin nicht länger aus eigener Kraft aufrecht zu erhalten gewesen wäre[238].

Daß es Mozart in diesem Moll-Andante dennoch wesentlich auf die Aufrechterhaltung des strengen Satzes ankommt und die Eröffnung nicht (wie in KV 158/2) als bloßes Initium verstanden werden soll, dem sich ein liedhaft-freier Satzabschnitt anschließt, wird aus der Fortsetzung nach dem Kadenzabbruch des Kanons deutlich. Hier schließt sich nämlich erneut ein Imitationsgeflecht an, das sogar gestisch durch die ständigen Synkopen und das schweifende Pulsieren in 4tel-Noten an den Anfang anknüpft. Zugrunde liegt aber nun nicht mehr ein Kanon aller Stimmen, sondern ein raffiniert ineinander geschobenes, chromatisch fallendes Synkopenmotiv, das über einem Fundamentbaß eine aufwärtsgerichtete viertaktige Sequenz formuliert. Das Raffinement dieser «Anordnung» besteht nicht zuletzt darin, daß wir über vier Takte hinweg nichts anderes als eine ruhige Abfolge von: Quartvorhalt - Durterzauflösung - Molleintrübung der Terz über statischen Liegetönen hören, bevor wiederum eine Kadenz (hier als Halbschluß) dem Verlauf ein Ende bereitet. Die Parallelstelle (T. 48 ff.) erweitert die Kadenzfolge durch weitere Baßschritte und Verschärfung der Harmonik (V.I, T. 51/52); folgende Graphik konfrontiert beide Stellen:

Beispiel 10

238 Den gleichen Entwicklungsgang nimmt auch die Parallelstelle T. 35-47. Hier verändert Mozart zunächst nur die Stimmeneinsätze und die Oktavierung des Basses. Entscheidend wirkt sich dann das terzversetzte dritte Themenglied (V.I, T. 42/43) aus, das den Satz zur Tonika - anstatt zur Durparallele - treibt, obwohl Mozart das Kopfmotiv bei seinem neuerlichen Auftreten als Kanonabschluß (T. 44/45) abwandelt, so daß die Noten der V.I in T. 45-47 trotz völlig verändertem harmonischen Kontext bis auf den Schlußton mit T. 11-13 identisch sind.

Sowohl der Kanon des Quartettsatz-Beginns als auch die imitierte Halbtonschritt-Sequenz wird durch das kompositorische Mittel der Kadenz deutlich abgefangen, so daß sich beidemale die in Aussicht gestellte polyphone Strenge des Satzes nicht durchsetzen kann. Die Fuge des Finales stellt demnach eine folgerichtige Konsequenz der vorsichtigen Versuche des Andante-Satzes dar (s. Kap. III.7). Erst hier ergreift nämlich ein Thema nicht nur für einen Moment alle Stimmen, um durch Kadenzgang abgebrochen zu werden, sondern wird als einziges satzbestimmendes Element wirksam.

Die beiden Mollsätze des «Wiener» Zyklus wirken, bei aller beachtlichen technischen Meisterschaft, ein wenig "unbehaglich", um das Urteil A. Einsteins an dieser Stelle anzuwenden[239], da sie einerseits zu starr in der Betonung des Musikalisch-Handwerklichen verharren, gleichzeitig aber zu unbeholfen in der Bewältigung der gestellten Aufgabe sind.

Serenadensatz (Dur)

Die drei langsamen Sonatensätze der «Wiener» Serie in Durtonalität (KV 169/2, 170/3, 172/2) treten mit einem Satztypus in Erscheinung, der in dieser klaren Ausprägung in den vorangegangenen Werken nicht oder nur unvollkommen (vgl. die Erstfassung des langsamen Satzes im G-dur-Quartett KV 156/134^b) zu beobachten ist. Es handelt sich um die Faktur des «Serenadentypus», der sich im wesentlichen durch eine liedhafte Führungsstimme (meist V.I) ausweist, die durch aufgebrochene Akkordstützung (lautmalerisch meist durch *pizzicato* oder kurze Notenwerte eine Laute o. ä. nachahmend) der übrigen Stimmen begleitet wird[240]. In der Konsequenz der Anwendung dieses Serenadenprinzips unterscheiden sich die Sätze jedoch, wobei auffällt, daß der kürzeste und gleichzeitig langsamste (KV 172/2, 30 Takte) strikt an der zu Beginn eingeschlagenen Instrumentenkonstellation festhält, während der G-dur-Satz KV 170/3 (58 Takte) gegen Schluß seiner Rahmenteile (T. 18-22 und 52-58) die starre Funktion der Stimmen aufbricht und außerdem im Mittelteil allen drei Oberstimmen abschnittsweise für jeweils wenige Takte die Führungsrolle zuspricht[241]. Der in jeder Beziehung geniale D-dur-Satz (KV 169/2) basiert zwar auf dem Serenadenmodell, bricht jedoch immer wieder zu anderen

---

239 A. Einstein, Mozart, S. 245.

240 Das bekannteste Beispiel solcher Serenadenmusik in Quartettbesetzung dürfte wohl in Romanus Hofstetters C-dur-Quartett vorliegen, das lange Zeit unter Joseph Haydns Namen firmierte (Hob. III:17). Bezeichnenderweise konnte gerade dieser Satz wegen seiner Simplizität und gleichzeitig penetranten Konsequenz normierend wirken, während die etlichen (echten) Serenadensätze der Haydnschen (und auch Mozartschen) Quartette das Modell zwar erkennen lassen, jedoch die nötige künstlerische Freiheit in der Anwendung dieses Modells nicht missen lassen. Insofern scheint der jüngste Versuch der Haydnforschung (G. Zuntz), «Haydns» op. 3 allen philologischen, quellenkritischen und stilistischen Argumenten zum Trotz wieder «rehabilitieren», also Haydn zuschreiben zu wollen, zum Scheitern verurteilt; vgl. G. Zuntz, op. 3 (dort auch alle wesentliche Literatur zu diesem Komplex). In Mannheim, Ende 1777, komponierte Mozart seine wohl ergreifendste Serenadenmusik: den Mittelsatz des Flötenquartetts KV 285.

241 T. 24-27: Va., T. 28-31: V.II, T. 32-35: V.I, T. 36-39: V.I und II.

Formen aus, wobei insbesondere die auftaktige 16tel-Bewegung in Stimmenpaaren (T. 45 ff.), die auch den ganzen Mittelteil bestimmt, aus der prinzipiellen triolischen rhythmischen Fügung der insgesamt 120 Takte herausfällt.

Ein wichtiges charakteristisches Merkmal dieser Mozartschen Serenadensätze liegt in ihrer periodisch-symmetrischen Gliederung und der schlichten Melodik der Führungsstimme, die zu Satzbeginn stets als «italienischer Zweitakter» mit betontem Vorhaltsgestus gestaltet ist[242]:

Beispiel 11

In allen Fällen kann man zweifellos den weiteren Verlauf der Melodie der ersten Violine als Variierung der Anfangsgestalt interpretieren. Das Wesen des Serenadentypus beruht in erster Linie in dieser Konzentration auf eine Ausdruckshaltung der Führungsstimme[243].

Außerdem bestimmt der Charakter der Begleitung - und hier muß man in der Tat von reiner «Begleitung» sprechen - die Sphäre der Serenadenmusik. Am nähesten zum Duktus des Ständchens steht dabei der *G-dur*-Satz, der in stetem *piano* und in kurz angerissenen Akkorden die Unterstimmen zusammenfaßt und Lautenakkorde zu imitieren scheint. Alle drei Begleitstimmen haben dieselbe Haltung[244]. In den beiden übrigen Serenadensätzen wird der Begleitapparat aufgespalten, so daß hier die beiden Mittelstimmen die Akkordprogressionen verdeutlichen und der Baß lediglich als Fundament fungiert[245].

242 Zum gewählten Terminus vgl. S. 158 ff. KV 169/2 faßt stets drei 2/4tel-Takte zusammen, KV 170/3 ist doppeltaktig, KV 172/2 halbtaktig zu zählen.

243 In KV 170/3 und 172/2 stellt die Melodiestimme auffällig häufig die betonte Vorhaltsphrase in den Vordergrund, im größer dimensionierten Andante KV 169/2 setzt der zweite Abschnitt nach einer Generalpause bewußt abtaktig und ohne Vorhaltsgestus ein (T. 16 ff.).

244 Im Mittelteil (T. 24-39) übernehmen jeweils verschiedene Stimmen die dreistimmige Akkordgestaltung.

245 In KV 169/2 besteht das Akkordgerüst aus pochenden 16tel-Triolen, welche zu Beginn sogar (selten bei Mozart!) als Doppelgriffe notiert sind; sie treten im zweiten Abschnitt erneut auf. Der Baß greift meistenteils eher motivisch überleitend, als harmonisch stützend in den Satz ein.

Beide Gestaltungskonstanten, die einfache, liedhafte, vorhaltsbetonende Führungsstimme (V.I) und die akkordische, periodisch gegliederte Begleitgruppe (drei Unterstimmen), bestimmen also den Serenadensatz aller Dur-Sonatensätze des «Wiener» Zyklus. Doch Mozart hält sich - insbesondere im *D*-dur-Satz KV 169/2 - nicht sklavisch an die Erwartungshaltung des Hörers. Vor allem auf harmonischem Gebiet treten uns unerwartete Progressionen entgegen. Den harmonisch überraschenden Anschluß der Tonart *F*-dur auf den halbschlüssigen A-dur-Akkord in KV 169/2, Takt 15 ff. (man fühlt sich an KV 155/134[a]/1, T. 36 erinnert) versteht man erst richtig, wenn man die Parallelstelle Takt 82 ff. in Betracht zieht. Das im ersten Teil stark kontrastive *F*-dur wird durch die Wendung zum parallelen *d*-moll im dritten Teil in seiner Beziehung zur Haupttonika gewissermaßen nachträglich legitimiert. Der dissonierende Abschnitt der Vorhaltsbildungen in Takt 28 ff. (90 ff.) ähnelt einem langsamen Satz der «italienischen» Quartettreihe: KV 158/2, T. 19 f. Auch der *G*-dur-Satz ist trotz seiner äußerlichen Schlichtheit nicht frei von Überraschungen. Nach drei deutlich voneinander getrennten (4tel-Pause) Viertaktern erwartet man in Takt 13-16 ebenfalls eine symmetrische Periode, zumal die Oberstimme mehr als deutlich darauf vorbereitet:

Beispiel 12

Doch bereits die fehlende 8tel-Figur auf «1» stört im vierten, eigentlichen Schlußtakt der Periode (T. 16); ein Triller leitet zu einer nochmaligen Zusammenfassung des Kadenzvorganges über, der in Takt 17 in einen ankadenzierten Quartvorhalt der Dominante mündet. Auch dieser eindeutige, Erwartungen weckende Vorhalt wird nicht zur Durterz (gleichzeitiger Leitton zur Tonika) der Dominante, sondern mit Hilfe der kleinen durch Triller verstärkten Terz als Durchgang weitergeführt, so daß der ohnehin angehängte Kadenzvorgang abgebrochen wird (in T. 18 ist wieder die harmonische Ausgangssituation: II_3, wie in T. 16 erreicht), um einem «Solo» der Violine I freien Lauf zu lassen.

III. 5 Menuett

Wie kein zweiter Satztypus unter den frühen Streichquartetten Mozarts lassen sich die Menuette in zwei deutlich unterscheidbare Erscheinungsformen klassifizieren, die gleichzeitig durch ihre jeweilige Zuordnung zum ersten beziehungsweise zweiten Quartettzyklus ein offenkundiges Unterscheidungskriterium der Zyklen insgesamt bilden: Das «Tempo di Minuetto» und das

«Menuett mit Trio». Dabei kommt den rein äußerlichen Merkmalen primäre Bedeutung zu: der Stellung im Satzzyklus und dem Umfang.

(a) Tempo di Minuetto

Das «Tempo di Minuetto» des 18. Jahrhunderts ist ein Finalsatz[246]. Mozart setzt es im ersten Quartettzyklus nur zweimal (KV 156/134^b und 158) ein; daraus wird ersichtlich, daß das «Tempo di Minuetto» kein unabdingbarer Bestandteil der dreisätzigen Anlage ist, sondern durch ein Rondo (KV 155/134^a, 157, 159) oder durch ein Sonatensatzfinale (KV 160/159^a) ersetzt werden kann. Die sehr bewußte Bezeichnung «im Tempo eines Menuettes», die offenkundig über die Bedeutungsebene der formalen Satzstellung hinaus auch auf das ästhetische Moment der Stilisierung eines ehemalig zweckorientierten Tanzes verweist[247], hat ihren Ursprung ziemlich sicher in Italien, wo sie als Bezeichnung von Sinfonie- und Kammermusikfinali bei Dreisätzigkeit gelegentlich auftaucht. Finali im Dreiermetrum ohne die Satzbezeichnung «Tempo di Minuetto» scheinen sich insbesondere in Sinfonien Mailändischer Meister herausgebildet zu haben, sind aber zunehmend auch im Wiener und Mannheimer Raum nachweisbar[248]. So tragen nur wenige Schlußsätze in Sinfonien und Concertini (mit Bläsern) Giovanni Battista Sammartinis explizit die Bezeichnung «Minuetto» (nicht «Tempo di Minuetto»!)[249]; die überwiegende Anzahl der Schlußsätze im Dreiermetrum (3/4tel- bzw. 3/8tel-Takt) hat keine oder nur eine allgemeine Tempoangabe[250].

Keineswegs also bloß "abgeschwächte Form"[251] einer weit zurückreichenden Menuetttradition, sondern eher terminologisch das Artifizielle dieses Satz-

---

246 R. J. Nicolosi, Minuet, S. 13, und T. A. Russel, Minuet, S. 97.

247 Vgl. I. Hermann-Bengen, Tempobezeichnungen, S. 82.

248 R. J. Nicolosi, Minuet, S. 13, 17.

249 Nach den Nummern des Werkverzeichnisses (= JC): JC 8, 13, 33, 39, 43, 53, 80, 84.

250 Die als unmittelbares Vorbild für KV 80 (73^f) deklarierten späten «Concertini a quattro» Sammartinis (s. Kap. V.1) weisen überhaupt kein Menuettfinale auf, während Mozarts Quartett-Erstling in seiner ursprünglichen Fassung bekanntlich mit einem Menuett schließt. Erstaunlich ist weiterhin, daß von Sammartini offenkundig auch keine einzige Komposition mit einem explizit «Tempo di Minuetto» bezeichneten Satz endet, zumindest wenn man Sammartinis Werkverzeichnis (JC) heranzieht. Dennoch mögen italienische Vorbilder für die Bezeichnung der beiden Finalsätze aus KV 156 (134^b) und 158 verantwortlich sein, da sie z. B. in Luigi Boccherinis Streichquartetten op. 2/6 (= G 164; 1761, ersch. 1767), op. 8/3 und 8/5 (= G 167, 169; 1769) für die Bezeichnung eines Finale erscheint; vgl. Ch. Speck, Boccherini, S. 201 ff.
Kaum jedoch dürfte Michael oder Joseph Haydn als Vorläufer namhaft gemacht werden: In den viersätzigen Sinfonien Michael Haydns der 1760er- und 70er-Jahre findet sich als Binnensatz stets ein Menuetto/Trio; nur eine Sinfonie dieser Zeit (Perger 4; Autograph datiert: 14. Januar 1764) ist dreisätzig, wobei das Finale die Überschrift «Tempo di Minuetto» trägt. Seine «Divertimenti a quattro» und «Quadri» weisen wie auch die seines Bruder Joseph kein «Tempo di Minuetto» auf. Zum Finalmenuett in Sinfonien vgl. auch G. Allroggen, Vorwort 1985, S. XI.

251 J. Gmeiner, Menuett, S. 88.

typs betonend, kennzeichnet Mozart demnach seine Menuettfinali mit «Tempo di Minuetto», einem Terminus, den er bis in das Jahr 1782 hinein verwendet[252], wobei die außerordentlich weiträumige Konzeption in den häufig ein «Tempo di Minuetto» aufweisenden Violinsonaten und frühen Klavierkonzerten bemerkenswert ist. Gelegentlich kombiniert Mozart mit diesem Typus auch die Rondoanlage. In Mozarts dreisätziger Instrumentalmusik bildet das Menuett, sofern es überhaupt Bestandteil der Komposition ist, nahezu immer den Schlußsatz[253].

Die beiden Streichquartettsätze im «Tempo di Minuetto» stehen somit chronologisch gesehen nach KV 30, 31 und 107/I am Beginn einer Reihe bedeutsamer Finali dieser Art. Daß das 1770 komponierte erste Streichquartett Mozarts ursprünglich mit einem Menuett (mit Trio) abschloß, und nicht, wie zu erwarten stünde[254], mit einem italienischen «Tempo di Minuetto», muß nicht verwundern. Die Satzfolge: Langsam-Schnell-Menuett[255] entspricht einem Großteil der zeitgenössischen italienischen Triosonaten, wobei diese "ältere Satzfolge [...] die Tonartengleichheit aller Sätze: gemäß der Tradition der sonata da chiesa, aus der diese Satzfolge stammt, [...] impliziert"[256]. Gerade auch das Finale (ohne Satzbezeichnung) im Dreiermetrum ist ein charakteristisches Merkmal italienischer Instrumentalmusik des 18. Jahrhunderts.

Läßt sich also das «Tempo di Minuetto» in erster Linie durch die Satzstellung vom «Menuett/Trio», das meist einen Binnensatz des süddeutsch-österreichischen Repertoires darstellt, unterscheiden, so ist es häufig auch länger als dieses[257]; einem Menuettfinale kommt natürlicherweise größeres (quantitatives) Gewicht zu als einem Binnensatz, der in vorklassischer Musik durchaus nicht von der vorgeprägten Norm[258] abweicht. Auf unsere Quartettsätze

252 «Tempo di Minuetto»-Finalsätze bei Mozart: KV 30, 31, 107/I., 156 (134ᵇ), 158, 219, 242, 246, 254, 285ᵃ, 285c, 304 (300c), 313 (293c), 377 (374e), 413 (387a). Zu den vokalen «Tempo di Minuetti» siehe: R. J. Nicolosi, Aria.

253 Ausnahmen: Die «Serenada Notturna» KV 239 (vgl. dazu: W.-D. Seiffert, Anmerkungen), die frühe Es-dur-Klaviersonate KV 282 (189ᵍ) und das Klarinettentrio Es-dur KV 498. Alle fallen generell durch besondere Satzfolgen auf. Die letzten beiden Kompositionen haben: L-M (I+II)-S, während die Serenada (mit drei tonartengleichen Sätzen) die Folge: Marsch-M-S ausprägt.
Hinsichtlich der unterschobenen vier dreisätzigen Streichquartette KV Anh. C 20.01-04 kann die für Mozart ungewöhnliche Binnenstellung der Menuette im ersten und letzten Quartett also den durch Finscher geführten Nachweis der Nichtauthentizität erhärten; vgl. L. Finscher, Mailänder Streichquartette. In Michael Haydns Quartetten (P 116/ MH 309, 118/ MH 305, 122/ MH 306 und 124/ MH 304) scheint bei Dreisätzigkeit das Menuett als Mittelsatz wiederum eher die Regel zu sein.

254 Vgl. L. Finscher, Lodi, S. 258.

255 Die originale Satzüberschrift (wohl von Leopold Mozart) lautet "Menueto".

256 L. Finscher, Lodi, S. 255.

257 Insbesondere diesen Aspekt betonen WSF I, S. 482 und 502, und passim.

258 Im Sinne W. Danckerts Unterscheidung eines «Barockmenuettes» mit symmetrisch gegliederten achttaktigen Perioden, die er für Mozarts Divertimenti, Kassationen und Serenaden feststellt, und dem "Menuett der hochklassischen Sonaten, Sinfonien, Quartette",

bezogen heißt das, daß die beiden «Tempo di Minuetto»-Sätze umfangreicher als die sechs «Menuette mit Trio» des «Wiener» Zyklus sind[259].

Der mit Abstand längste Menuettsatz ist demnach das Finale aus KV 158; er weist (ohne Wiederholung) 110 Takte auf, während die Taktzahl aller anderen Quartette unter derjenigen des anderen «Tempo di Minuetto» (KV 156 mit 62 Takten ohne Wiederholung) liegen[260]. Die beiden (unbezeichneten) Trios des «italienischen» Zyklus sind zwar ebenfalls meist deutlich länger, im proportionalen Taktzahlenverhältnis zu ihren dazugehörigen Menuetten treten sie aber keineswegs gegenüber dem «Wiener» Zyklus hervor[261].

Lediglich die merkwürdige Koinzidenz ihrer Proportionen (ca. 1,4:1) fällt auf; in allen anderen Menuetten Mozarts besteht keine derartige Verbindung oder auch nur ein annähernd gleiches Taktzahlenverhältnis zwischen Menuett und Trio, was freilich in den Finali von KV 156 und 158 Zufall sein könnte.

Daß sich Mozart durchaus solchen Fragen der Gewichtung und Terminologie und dadurch auch der nationalen Einflußsphären der beiden differierenden Menuettypen bewußt war, zeigen zwei vielzitierte Briefe der ersten Italienreise. Dort heißt es:

> die durch unregelmäßige Periodik und Zuspitzung des thematischen Verlaufs gegen Ende dieser Menuette hin geprägt sind; W. Danckert, Menuetttypen (Zitat auf S. 129). Vgl. auch umfassender, aber weniger auf Mozarts Menuette bezogen: W. Steinbeck, Menuett, S. 10 ff. und S. 23.

259 Auflistung der Taktanzahl der Menuette und Trioteile:

KV	Menuett (A : B/A-Teil)	Trio (ebenso)	gesamt
80	8 : 20	8 : 16	28 + 24 = 52
156	14 : 22	10 : 16	36 + 26 = 62
158	20 : 44	16 : 30	64 + 46 = 110
168	8 : 16	8 : 12	24 + 20 = 44
169	16 : 20	8 : 8	36 + 16 = 52
170	12 : 20	8 : 8	32 + 16 = 48
171	10 : 16	8 : 16	26 + 24 = 50
172	14 : 16	8 : 11*	30 + 19 = 49
173	14 : 28	10 : 18*	42 + 28 = 70

"*": Dieser Teil wird nicht wiederholt.

260 Selbst das Menuett in d-moll KV 173 eingeschlossen, das zwar 70 Takte zählt, allerdings explizit das Trio unwiederholt läßt.

261 Quotient der Taktzahlenverhältnisse von Menuett zu Trio:

KV	Menuett : Trio (als Faktor 1)
80/3	1,16 : 1
156/3	1,38 : 1
158/3	1,39 : 1
168/3	1,20 : 1
169/3	2,25 : 1
170/2	2,00 : 1
171/2	1,08 : 1
172/3	1,57 : 1
173/3	1,50 : 1

"Auf's nächste werde ich Dir ein Menuett, welchen Mr. Pick auf dem Theater tanzte, schicken [...], nur damit Du daraus siehst, wie langsam die Leute tanzen. Der Menuett an sich selbst ist sehr schön. Er ist natürlich von Wien, also gewiß von [Florian Johann] Teller oder [Joseph] Starzer. Er hat viele Noten. Warum? weil es ein theatralischer Menuett ist, der langsam geht. Die Menuette aber von Mailand oder die wälschen haben viele Noten, gehen langsam und viel Takte. Z. B. der erste Theil hat 16, der zweyte 20 auch 24 Takte" (24. März 1770 aus Bologna)[262].

Ein halbes Jahr später berichtet Mozart, ebenfalls aus Bologna:

"die 6 Menuett von [Michael] Hayden gefallen mir besser als die ersten 12 [von Michael Haydn], wir haben sie der gräfin oft machen müssen, und wir wünscheten daß wir im stande wären den teutschen menuetten gusto in italien einzuführen, indeme ihre menuetti so lang bald als wie eine ganze sinfonie daueren"[263].

Mozart hebt beidemale die auffällige Länge italienischer Menuette hervor, wobei er aber vermutlich das getanzte Menuett ("theatralischer Menuett" der Ballettaufführungen?) im Auge hat, das zwar auch in Wien "viele Noten" (16tel-Figuration?) besäße und langsam zu tanzen, aber wegen der geringeren Taktanzahl dem Typus «Menuett» angemessener als die italienischen Menuette sei. Rückschlüsse bezüglich dieser eindeutigen Stellungnahme Mozarts zu den italienischen Tanzmenuetten auf die Kunstmusik, besonders hinsichtlich des zu wählenden Tempos[264], sind nur mit Vorsicht anzustellen, obwohl wir ein quantitatives Taktübergewicht bei den «Tempo di Minuetto»-Sätzen gegenüber den «Menuetten mit Trio» feststellen können.

Ähnlich der sehr unterschiedlichen Gestaltung der «italienischen» langsamen Sonatensätze, die in den «Wiener» Sätzen dann zu einer Konsolidierung und gewissen Vereinheitlichung führen, prägen die beiden Menuettfinali des ersten Quartettzyklus zwei völlig verschiedene Prinzipien des kompositorischen Zugriffs aus, Prinzipien, die im «Wiener» Menuett als gefestigte Charaktere Eingang finden.

KV 156 (134^b)/3

Die formale Anlage des Finalsatzes aus KV 156 (134^b) zeigt ausgewogene Proportionalität zwischen den beiden Hauptteilen «Tempo di Minuetto»[265] und

---

262 Bauer-Deutsch I, Nr. 168, S. 323, Zeile 15 ff.; vgl. zur möglichen Identifizierung W. Senn, Menuett KV 122 und W. Plath, Schriftchronologie, S. 134.

263 Bauer-Deutsch I, Nr. 210, S. 392, Zeile 37 ff.

264 Vgl. R. J. Nicolosi, Menuet, S. 170 und Russel, Minuet, S. 100 f. mit weiterführender Literatur.

265 KV 156 (134^b)/3 ist von Leopold Mozart in der bei deutschen Komponisten gelegentlich auftretenden, korrumpierten Form «Tempo di Menuetto» betitelt, während sein Sohn das Finale zu KV 158 in korrekt italienischer Diktion benennt; vgl. W.-D. Seiffert, KB, S. a/24 und S. a/32, sowie R. J. Nicolosi, Minuet, S. 13, Anm. 27. Nebenbei: Auch das Köchelverzeichnis bedient sich stets der inkorrekten Schreibweise.

unbezeichnetem Trio[266]. Auch die Abschnitte innerhalb der Formteile ähneln sich proportional stark; das Menuett weist mit seinen 14:22 Takten das nahezu gleiche Verhältnis, wie die 10:16 Takte des Trios auf (ca. 1:1,6):

```
Minuetto    [: A :]     [:B         A' :]
            (2x4)+2+4   4+6         3x4
            14          10          12 Takte

[Trio]      [: A :]     [:A'        A'' :]
            5x2         (2x2)+4     (2x2)+4
            10          8           8 Takte
Minuetto da capo
```

Neben der Stellung innerhalb der Satzfolge des Quartettes kennzeichnen vor allem die Länge der Einzelteile mit insgesamt 62 Takten, der unbezeichnete Mittelteil in Molltonalität der Hauptstufe und der Verzicht auf einen Themenkontrast innerhalb dieses Mittelteiles[267] diesen Satz eindeutig als italienisches «Tempo di Minuetto». Die Durchdringung dieses Satzes mit imitatorischer Kompositionstechnik[268], die so gar nicht recht zur Einflußsphäre der Italiener passen will[269], weil sie in den «Wiener» Quartetten häufig zu beobachten ist, fixiert geradezu Mozarts Eigenständigkeit und Unabhängigkeit vom italienischen Vorbild. Ob und worin inhaltlich ein Unterschied zwischen «Tempo di Minuetto» und «Menuett mit Trio» bei Mozart besteht, bleibt noch zu untersuchen. Der G-dur-Satz KV 156 (134^b)/3 ist in seiner stringenten Anlage und

266 Der Terminus «Ritornello» kann hier kaum in der Bedeutung eines (wiederkehrenden) «Refrains», also stellvertretend für den Menuetthauptteil und ebensowenig als Stellvertreter für «Trio», stehen, heißt doch die Anweisung in KV 156 (134^b)/3 am Ende des (unbezeichneten) Trios von Wolfgangs Hand: "Menuetto da capo/ senza Ritornello" und nach dem (unbezeichneten) Trio in KV 158/3: "Da capo Tempo di Minuetto/ senza Ritornelli"; eher scheint Mozart andeuten zu wollen, daß man bei dem zu wiederholenden Menuett-Teil die Wiederholungszeichen zu ignorieren hat. Ob dies spezifisch für italienische «Tempo di Minuetto»-Sätze ist und etwa im Gegensatz zu den «Wiener» Menuetten steht, sei hier lediglich als Frage in den Raum gestellt. Nach dem (unbezeichneten) Trio im G-dur-Streichquartett KV 387 lesen wir eindeutiger "Menuetto da capo senza repliche".

267 Vgl. auch die Beschreibung zu KV 158/3, S. 107. In zwei «Wiener» Trios fehlt ebenfalls der kontrastive Mittelteil: KV 168/3 und 172/3; dort handelt es sich aber beidemale um eine Verkürzung des Gesamtkomplexes «Trio» (s. u.), während Mozart in allen anderen Menuettsätzen das Trio in Analogie zur A-B-A-Form konzipiert.

268 Von einem "strenge[n] Kanonmenuett" zu sprechen, trifft weder auf diesen Satz, noch auf das Menuett von KV 172 zu; vgl. J. Gmeiner, Menuett, S. 113. Vgl. auch T. A. Russel, Minuet, S. 76 ff., dessen Versuch einer Systematisierung, jedenfalls hinsichtlich Mozartscher Menuette, nicht überzeugt (demnach seien KV 156 (134^b)/3 und 172/3 "Canonic Minuets" mit "changing number of canonic voices"). Der vordergründige Anstrich des streng Kanonhaften wird beim jungen Mozart immer nach wenigen Takten zugunsten weniger strenger Gestaltungsmittel verlassen, so daß der Begriff «imitatorisch» den Sachverhalt besser umschreibt.

269 Mir scheint auch der Hinweis von WSF I, S. 482, allzu einseitig, die einen "gout italien par leur [Menuett und Trio!] allure chantante, au lieu des menuets tout rythmiques des Haydn" feststellen, ohne auf das sich gleichsam aufdrängende konstruktive Element des Imitatorischen dieses Satzes einzugehen.

Durchführung geradezu beispielhaft für Mozarts Menuettechnik der frühen 1770er-Jahre und soll deshalb ausführlich vorgestellt werden.

Das Konstitutive des klaren formalen Konzepts unter Vernachlässigung anderer wie etwa melodischer oder auf Motivverwandtschaft zielender Schwerpunkte zeigt sich bereits in der Anlage des ersten Menuetteiles: Im Vergleich beider A-Teile (A: T. 1-14 und A': T. 25-36) fällt nämlich auf, daß sie bis auf zwei entscheidende Takte völlig identisch sind. Lediglich der erste A-Teil wendet sich ab Takt 8/9 der Tonart der V. Stufe zu, während der zweite in der Haupttonart G-dur bleibt. Möglich wird diese Ausrichtung des differierenden harmonischen Verlaufes dadurch, daß die besagten Takte 8 und 9 bei ihrer Wiederholung einfach entfallen. Takt 32 ff. entspricht deshalb Takt 10 ff. Allerdings verhält es sich nicht so, daß durch dieses Wegschneiden zweier Takte im A'-Teil der Ablauf in irgendeiner Weise gestört oder auffällig wäre. Im Gegenteil: Im ersten A-Teil sind die beiden Modulationstakte 8 und 9 unmerklich implantiert. Die Zwölftaktigkeit der Menuettreprise rückt damit sogar nachträglich die Irregularität des vierzehntaktigen ersten A-Teiles zurecht.

Wenig auffällig wirkt dieser eingeschobene Zweitakter dadurch, daß er motivischen Rückbezug zum Menuettanfang aufnimmt. Dieser Beginn, in seiner stark betonten Abtaktigkeit des (in T. 1 arpeggierten) Zentraltones *g* als Halbenote, gefolgt von einer abwärts geführten 16tel-Bewegung, die unbetont im jeweils zweiten Takt ausläuft, ist durch seine im Satzverlauf immer wieder erscheinende Verwendung als elementarer Baustein erkennbar und kein Themenkopf einer typisch vorklassischen, regelmäßig strukturierten Tanzweise. Der markante zweitaktige Kopf wird nämlich unverzüglich von den übrigen Stimmen aufgegriffen, engeführt und so zu einem dichten Geflecht von vier Takten ausgearbeitet. Durch das Fehlen eines Basses, der das Dreiermetrum als Impuls zu bekräftigen hätte, läßt lediglich die Überschrift «Tempo di Minuetto» einen Rückschluß auf den Satztypus zu. Die Viola, die als einzige Stimme zunächst nicht den abtaktigen Kopf in seiner von allen übrigen Stimmen vorgestellten Form anbringen darf, sondern gleichsam verspätet als Terzpartner des Basses auf «2» nachschlägt (T. 2), dient der Modulationsstelle Takt 8 und 9 als Vorbild. Dort setzen nämlich beide Violinen mit starkem Akzent (*forte!*) und in Sextkoppelung diesen verkürzten Themenkopf als Mittel der Modulation zur Tonart der V. Stufe ein. Der Baß folgt wiederum in Taktabstand (T. 9), die neue Tonart aufgreifend. Doch wenn die Viola in Takt 10 ihre Figur als letzte der Stimmen aufgreift, kommt sie wiederum verspätet: In den übrigen Stimmen erfolgt an dieser Stelle nämlich bereits der Auftakt zur Schlußgruppe des A-Teiles. Ein heikler Oktavsprung zu Takt 11 ist die Folge[270]. Eine gewisse Entschädigung der unausgeglichenen Stimmführung der Viola im A-Teil dieses Menuettes bietet der jeweilige Schlußtakt; dort verknüpft Mozart sehr ge-

---

270 Interessanterweise zeigt das Autograph ausgerechnet an dieser Stelle eine Korrektur; Mozart entschloß sich erst nachträglich zu der Terzenbegleitung der Violinen in T. 11, die den Oktavsprung bedingt. Zunächst notierte er eine problemlose 4tel-Note d^1; vgl. W.-D. Seiffert, KB, S. a/25.

schickt die Wiederholung der ersten 14 Takte mit dem Anschluß an den B-Teil, der somit in den Schlußtakt des A-Teiles hineinragt. Die Nahtstelle zu Teil A' (T. 24/25) überbrückt die zweite Violine mit dem regulären Kopfmotiv des Satzes.

Die auf die ersten vier ungewöhnlich kompakt wirkenden Takte folgende Viertaktgruppe steht in deutlichem Kontrast zum Beginn. Sie sind in zurückhaltendem *piano* dreistimmig (ohne Baß) gesetzt, wobei eine auftaktige Figur erscheint, die auf die Schlußgruppe des A-Teiles (ab T. 10) sowie den zweiten Abschnitt des B-Teiles motivisch einwirken wird. Jene abwärts geführte Vorhaltswendung, die den jeweiligen zweiten Takt des Beginns charakterisiert:

Beispiel 13

wird nun in zusätzlicher Kontrastierung demonstrativ nach oben ausgerichtet:

Beispiel 14

Zudem wird die paarweise Anordnung (2x2 Takte) durch auskomponiertes *diminuendo* - zuerst eingestrichene Lage, dann in der kleinen Oktav mit Violoncello - unterstrichen. Harmonisch gesehen leiten die vier Takte zur I. Stufe zurück und eröffnen dadurch bei Wiederholung des A-Teiles (A') die Möglichkeit des Verbleibens in *G*-dur. An dieser Stelle (T. 32) wird lediglich der schlußkräftige Fall auf den Grundton (T. 8) zugunsten der weicheren, nach oben geführten Auflösung (siehe T. 6) des Vorhaltes als Überleitung zur Schlußgruppe vermieden. Das Violoncello setzt jedoch - ein Mozartscher Spaß - mit dem rollenden Themenkopf ein, als wollte es die auszulassenden zwei Modulationstakte doch noch initiieren[271].

Bemerkenswert ist schließlich noch die neuerliche Verwendung des Themenkopfes als Schlußgeste in typisch menuetthaftem Kleid, dem er sich ja bisher entzog. Damit ist der markante Themenkopf auf dreierlei Weise in verschiedener Ausprägung in den Satzverlauf integriert: Zunächst als kräftig abtaktige Eröffnung,

Beispiel 15

---

271 Faktisch handelt es sich dabei natürlich um die Analogie zur verspätet einsetzenden Viola in T. 10.

dann als überraschend einsetzendes Modulations-Scharnier, wobei die Frage der Betonung nicht zwischen der «2» des Einsatzes und der «1» des angezielten Taktes entschieden werden kann

Beispiel 16

T. 8–9

und schließlich als auftaktige Schlußwendung, wo sie nur mehr als Erinnerung an den Anfang erscheint:

Beispiel 17

T. 13–14

Der Mittelteil (B) - wie wir sahen, ist er durch «Vorimitation» stark an das Vorausgehende gebunden - knüpft an die taktweise Imitation des Anfangs an, indem durch alle Stimmen hindurch ein aus dem Kopfthema gewonnenes Motiv ständig aufeinanderfolgend eingesetzt ist. Zur bestimmenden abtaktig gesetzten Halbenote auf «1» mit folgender 16tel-Auftaktfigur fügen sich zwei entscheidende Charakteristika: Auf den stets auf d einsetzenden ersten Takt (d ist im Feld des Mittelteiles der Zentralton) folgt ein markanter Sprung in die Oberseptime, die durch ihren langen Notenwert einer taktausfüllenden punktierten Halbenote erneut einen schweren Akzent bildet[272]; gleichzeitig setzt die Imitationsstimme einem Kanoneinsatz vergleichbar ein[273], wobei immer die scharfe Dissonierung des Grundtones (Neueinsatz) gegen den Septton (Fortführung der vorausgehenden Stimme) ausgespielt wird. Da es sich bei dem Motiv der Takte 15-18 um einen absteigenden, in seine konstituierenden Noten zerlegten Septimakkord handelt, der in Takt 19 durch seine blockhafte Zusammenfassung dem Nacheinander ein Miteinander der Stimmen entgegensetzt, hören wir über fünf Takte nichts weiter als einen ständig angestoßenen Dominantseptakkord. Und auch die Folgetakte gewinnen bis zum Wiedereinsatz des A-Teiles ihren Sinn durch die andauernde Bekräftigung der V. Stufe der Ausgangstonart. Damit ist der B-Teil auf klarste Weise funktionell bestimmt, obgleich er kompositionstechnisch an die Imitationen des A-Teiles anknüpft. Ein weiterer Rückbezug zum Anfangsteil besteht darin, daß auch in den sechs Takten, die sich an den Imitationsabschnitt anschließen (T. 19-24),

---

272 Interessanterweise nutzt auch das erste Quartettmenuett Mozarts (KV 80/73^f/3), das in gleichnamiger Tonart steht - allerdings wesentlich undramatischer und ohne kompositorische Notwendigkeit, sondern vielmehr als Kolorit - den Septsprung d^1-c^2; vgl. auch das Trio des C-dur-Streichquintetts KV 515.

273 Nur Va. und V.I formulieren engeführt das insgesamt vier Takte zählende Motiv, wobei die Va., da sie bereits in T. 14 einsetzte, in T. 18 ein zweites Mal zum charakteristischen Kopf des Septimensprunges ansetzen kann. V.II und Vc. sind um jeweils jene Anzahl der Takte verkürzt, um die sie versetzt auftreten.

ein durch Lagenwechsel und plötzliches *piano* (T. 20) auskomponiertes *diminuendo* vorliegt. Die Brücke zum Schlußabschnitt bildet, wie bereits angedeutet, das entschiedene Aufgreifen des Menuettkopfes durch die zweite Violine, die in Analogie zur «Vorimitation» der Viola (T. 14, 36) abtaktig und unerwartet in einen gleichzeitig schließenden Takt hineinfährt. Durch ihre dominantische Funktion hört man diese raffiniert gestaltete Überleitungwendung dennoch auftaktig.

Während das Menuett in erster Linie durch das kompositorische Mittel der Imitation seine sinnstiftende Einheit erhält, beobachten wir im Trio, das in gleichnamiger Molltonart steht, die strikt durchgehaltene Konzeption einer paarweisen Taktanordnung, wobei sich Oberstimmen- und Unterstimmenverband untereinander nach dem Prinzip von Frage und Antwort ein immer wesensgleiches Motiv zuspielen. Durch dieses an ein Zahnradprinzip erinnerndes Gestaltungsmittel wirken die 26 Takte kompakt und in sich abgeschlossen[274]. Der Kontrast zum vorausgehenden Menuett wird nicht nur durch den Wechsel der Tonart und ihrer Gefühlswelt, sondern gerade auch durch die angedeutete völlig neue Faktur erreicht. Die in KV 158/3 zu beobachtende Motivverwandtschaft beider Hauptteile (s. u.) fehlt hier gänzlich.

Wie ist dies Trio gebaut? Es liegt, und das ist ein wichtiges Merkmal beider Triosätze der «Tempo di Minuetto» genannten Finalsätze, im Gegensatz zu den benachbarten Menuett-Teilen und allen «Wiener» Menuetten innerhalb des Trios kein eigentlicher «B-Teil», kein polarisierendes Themenmaterial vor. Vielmehr wechselt ab dem Doppelstrich (T. 47) lediglich die bisherige Stimmenverteilung: Ober- und Unterstimmenkomplex tauschen ihre Figuren aus. Diese Figuren bestehen aus einem ständigen Pendeln zwischen kurz gestoßenen 8tel-Noten (Violinen) und einer unermüdlichen 8tel-Figuration (Va./Vc.):

Beispiel 18

Im Mittelteil, der von *G*-dur ausgehend mittels Quintschrittsequenz nach acht Takten wieder die Ausgangstonart und damit die scheinbare «Reprise» er-

---

274 Zur Stimmenanordnung in Paaren, der sich auch der jeweilige Beginn des Menuettes und des Trioteils des «Tempo di Minuetto» KV 158 bedient, vgl. die Zusammenfassung Kap. III.8.

reicht[275], wechselt die gestoßene Auftaktfigur zur Viola und zum Violoncello - die Va. wird dadurch plötzlich «Baß», mit deutlichem Baßstimmenduktus -, während die girlandenartige Figuration in die Violinen wandert, die sie in einfachen Akkordbrechungen variieren. Nach vier Takten (ab T. 51) übernimmt die erste Violine kurz entschlossen allein die Quintschrittumspielung, die drei Unterstimmen sekundieren, und g-moll ist wieder erreicht.

Um verstehen zu können, was sich in Teil A" im Unterschied zum ersten A-Teil ereignet, ist es unumgänglich, die ersten 10 Takte des Trios genauer zu untersuchen. Bereits die Zehntaktigkeit läßt ein bewußtes Ignorieren der periodisch-symmetrischen Abfolge - nicht was die paarweise Anordnung, sondern die Möglichkeit einer übergeordneten Zusammenfassung in (2+2)+(2+2) Takte betrifft - vermuten; und tatsächlich ereignen sich nach den ersten, «harmonisch» verlaufenden 2+2 Takten zwei Störungen, die eine weitere Viertaktbindung behindern. Zum einen fehlt ab Takt 41 das echoartige Nachschlagen des Dreitonmotivs in der zweiten Violine. Es wird durch einen Terzfall abgelöst, der zudem von erster und zweiter Violine ineinandergeschoben ist und die zusammengehörigen Takte nicht mehr kontinuierlich verbindet, sondern zu Einzeltakten separiert. Ausgelöst ist diese Verdichtung durch das eigenwillige Nachschlagen der zweiten Violine in Takt 41,

Beispiel 19

der sich, das Verhältnis der Aufeinanderfolge vertauschend, die erste Violine sofort anschließt[276]. Zum anderen schieben sich zwischen die Takte 42 und 45 zwei Takte, welche die zu erwartende Kadenz verzögern[277]. Diese beiden Takte (T. 43-44) sind die Verursacher der zerstörten Symmetrie. Die zweite Violine setzt in erneut veränderter Diktion alle drei Schläge und initiiert den Satz verdichtend eine abwärts geführte Linie von f^1 bis A, die nahtlos von der Viola zum Violoncello übergeht. Wie im Menuett die Takte 8 und 9 sind auch die Takte 43-44 nahezu unbemerkt implantiert und könnten fehlen, ohne wesentlich aufzufallen. Kompositorischen Sinn erhalten sie vor allem dadurch, daß sie durch ihre Verdichtung und durch das Nachschlagen der ersten Violine den Drang zur schließlich beendenden Zweitaktgruppe wesentlich verstärken

---

275 Entgegen R. J. Nicolosi, Minuet, S. 42 f., der die «Reprise» wegen der Figur g^1-fis^1 in der V.II in T. 51 beginnen läßt, ohne begründen zu können, aus welchem Grund inmitten einer Quintschrittfolge (noch dazu auf *Es*-dur) und bei fehlender vergleichbarer Faktur zum Triobeginn seine Annahme zu rechtfertigen sei.

276 Vgl. das echoartige Nachschlagen der Va. in T. 9 und 10 des Menuettes aus KV 80 (73^f). Konsequent wird dieses imitatorische Mittel jedoch erst in KV 168/3, Trio, T. 8 ff. eingesetzt.

277 Zu erwarten ist der Wechsel in die Tonart der V. Stufe durch das klare Ansteuern des A-dur-Akkordes in T. 42.

und außerdem durch das (nicht akzentuierte) Dreitonmotiv der zweiten Violine den abtaktigen Einsatz des schließenden Zweitakters vorbereiten.

Gerade an diese Takte knüpft nun die scheinbare Wiederaufnahme des ersten A-Teiles in T. 55 an und begründet dadurch das Scheitern einer wörtlichen Wiederholung. Oder anders gesagt: Das Aufgreifen einer Taktkonstellation, die bei ihrem ersten Erscheinen lediglich Verlängerung eines sich unmittelbar anschließenden Abschnittschlusses war, ist deshalb als Reprisen-Eröffnung ungeeignet, da sie eo ipso ein Ausbreiten der «Reprise» verhindert. Mozart, der vermutlich deshalb die wörtliche Wiederholung des A-Teiles scheut, weil dessen Motivik bereits abgenutzt ist und zwangsweise zu Monotonie führen würde, fühlt sich deshalb genötigt, den Abschluß des Trios durch den Sprung in den Trugschluß (T. 57/58)[278] zu verlängern. Das einzige *forte* des Trio unterstreicht die Bedeutung dieser Stelle. Der angehängte Viertakter wiederholt nochmals den Kadenzvorgang über die trugschlüssige VI. Stufe (T. 60) als nachklingendes Echo der energisch schlußkräftigen Abtaktfigur. Hier deklamieren alle Stimmen erstmals gemeinsam[279].

KV 158/3

Ein in seiner Ausdehnung bemerkenswertes Menuett - es ist mit 110 Takten das längste aller frühen Menuette - bildet den Finalsatz zu KV 158. Der Typus des italienischen «Tempo di Minuetto» ist bereits durch diese ungewöhnliche Länge eines Menuettsatzes hinlänglich bestimmt; mit dem Finale des G-dur-Quartettes KV 156 (134^b) teilt es auch das Fehlen einer Benennung des «Trio»-Teiles und den Wechsel von der Tonika in Dur (Menuett) zur gleichnamigen Molltonalität (Trio), der sonst nur noch in KV 170/2 auftritt. Charakteristisch erscheint auch, daß wie im vorausgehend beschriebenen «Tempo di Minuetto» innerhalb des «Trios» kein kontrastierendes Material eingesetzt, sondern über KV 156 (134^b)/3 hinausgehend auf innere Verwandtschaft aller Teile geachtet wird.

So seltsam zerklüftet und zunächst nicht recht von der Stelle kommend wie der Kopfsatz dieses Quartetts, so beginnt auch das «Tempo di Minuetto» stockend und zögerlich, durch ständige Pausen (T. 2, 3, 4, 6, 7, 8) unterbrochen, am Fluß einer zusammenhängenden Melodie gehindert. Gleichwohl bemerkt man nach kurzer Zeit eine gewisse Stringenz in der Aufeinanderfolge der Takte, so daß die Gefahr eines bloß zusammenhanglosen Aneinanderreihens von Einzelpartikeln zu keinem Moment besteht. Trotz scheinbar bruchstückhaft gesetzter Viertakter entwickelt sich ein organischer Zusammenhang wie eine als notwendig empfundene kompositorische Konsequenz.

Die ersten acht Takte gliedern sich in 4+4, ja sogar in (2+2) + (2+2) Takte, da zweimal gleiches Material, lediglich auf anderer Stufe, verwendet ist und

---

278 Vgl. den aus anderen Gründen gesetzten Trugschluß im «Tempo di Minuetto» von KV 158, T. 59/60.

279 Auch hier ist eine erstaunliche Übereinstimmung mit der Schlußbildung des *f*-moll-Trios KV 158 zu beobachten.

dieses Material sich wiederum in zweitaktige Einzelglieder aufspalten läßt. Sie stehen einander jeweils kontrastiv dem Prinzip von Frage und Antwort folgend gegenüber. So hängen die ersten beiden Takte durch ihre bogenförmige, in sich geschlossene Bewegung zusammen und zielen, eingeführt durch einen raschen Auftakt, auf die «1» des zweiten Taktes, wenn sie das Ziel auch nicht akzentuieren, sondern eher auf ihm verstummen. Die beiden Folgetakte reduzieren diese zielgerichtete Schwungbewegung auf die Auftaktgeste und brechen sofort nach der Erreichung der folgenden «1» ab, wodurch der lebhafte Impuls des Anfangs aufgehoben ist. Der kaum begonnene Satz gerät ins Stocken. Diese Kontrastierung wird durch weitere Mittel verstärkt. So wirken die ersten beiden Takte trotz des vorgeschrieben *piano* dick und massiv, da sie in Zweistimmigkeit gekoppelt (V.I, II und Va., Vc.) den Klangraum von über zwei Oktaven einnehmen, während die Takte 3 und 4 nur durch die erste Violine vertreten sind, die in hoher Lage und mit einfacher Dreiklangsbrechung des *F*-dur-Akkordes wie ein Echo antwortet. Dem Anfangsimpuls fehlt darüber hinaus die Sicherheit des Grundtones, während die Triller-Auftaktgeste der ersten Violine jedesmal auf diesem beginnt[280].

Wenn in Takt 5-8 dieses Gegensatzpaar nun wieder auftritt, ist die Erwartungshaltung des Hörers eine andere als zu Satzbeginn; nun weiß man, daß auf die zusammenhängende Geste des ersten Paares (T. 5-6) wiederum die stockende des zweiten (T. 7-8) folgt. Mozart entspricht zwar materiell dieser Erwartung, wandelt aber die Artikulation des fünften Taktes gegenüber dem ersten dergestalt ab, daß zwar die Analogie eindeutig bleibt, aber auch das Stocken der vorhergehenden Takte (3-4) seine Wirkung zeigt: Auf den ebenso kräftigen Auftakt folgt nämlich wegen der Tonwiederholung *g* in T. 5 kein Melodiebogen zu Takt 6, sondern eine eigengewichtige Betonung der «1» beider Takte:

Beispiel 20

Außerdem verengt sich im Vergleich zu Takt 1-2 der Abstand der Außenstimmen zueinander erheblich, da die Unterstimme nicht in die «große» Oktave hinabsteigt, wie man es erwarten würde, sondern *unisono* mit der Viola geht[281]. Die ersten acht Takte sind also rein äußerlich durchaus in zwei (respektive vier) gleichwertige Teile zu zerlegen; in sich tragen sie aber unmißverständlich den Keim der Entwicklung, des Prozeßhaften. Vom Tonfall her strahlen sie unverbindliche Absichtslosigkeit aus. Charakteristisch dafür ist die Vermeidung des Grundtones sowohl in der ersten als auch in der zweiten

---

280 Beide Elemente findet man in sehr ähnlicher Form auch zu Beginn des ersten Satzes, so daß ein Rahmenbezug nicht zu leugnen ist.

281 Dieses Reagieren auf jene schwerelos anmutenden Takte 3-4 ist aber nicht überzubewerten, da an der analogen Stelle in T. 45 der Baß tatsächlich eine Oktave tiefer als in T. 5-6 gesetzt ist.

Viertaktgruppe. Auch durch die Terz- bzw. Quinttöne im Baß der V. Stufe erzeugt Mozart bewußt einen schwebenden, unfertigen Gesamteindruck des Eröffnens. Dies ändert sich zu Beginn von Takt 9, wo die Faktur wechselt: Der ein letztes Mal auftretende fallende Auftakt zielt nämlich auf den Tonikaakkord mit Grundton in Takt 9, bekräftigt durch das genau hier auch erstmals gesetzte *forte*. Im Rückblick hört man das Vorangegangene nun als Hinführung zu jenem Tonikagrundakkord, da die Baßlinie der Takte 1-9 in Sekundschritten auf diesen Grundton fällt. Die ersten wie Bruchstücke anmutenden Takte sind also nicht nur in sich schlüssig gebaut und keineswegs zufällige Zweitaktkombinationen, sondern zielen geradezu zwangsläufig auf ihren Anschluß im neunten Takt.

Der sich anschließende Viertakter (T. 9-12) stellt harmonisch betrachtet die Schlüsselstelle des ersten A-Teiles dar, da er die knappe Modulation zur Tonart der V. Stufe bzw. bei der Wiederholung des ersten A-Teiles (T. 49-52) das Verbleiben in der I. Stufe bewirkt (s. u.). Doch wie ist er unter dem Aspekt des kompositorisch zu begründenden, zwingenden Verlaufs in seiner Stellung zum Vorausgegangenen zu verstehen? Das Zögernde des Anfangs scheint überwunden. Keine Zäsur unterbricht den Fortgang bis zum Wiederholungszeichen, doch stellt sich immer noch keine echte Bewegung ein, da jetzt lediglich die Taktschwerpunkte durch die drei Unterstimmen markiert werden und die erste Violine nachschlagend die beiden übrigen Zeiten «2» und «3» ausfüllt; es herrscht also nur scheinbare, weil auf zwei Schichten verteilte, Bewegung auf 4tel-Ebene. Die metrischen Verhältnisse haben sich umgekehrt; statt der immer wieder aufgetretenen Auftakte (zu T. 1, 3, 4, 5, 7, 8, 9) stellen die Takte 10-12 abtaktige Einzeltakte nebeneinander, was besonders durch die dynamische Differenzierung dieser Stelle unterstrichen wird. Aus der inhärenten Zweitaktanordnung des Anfangs wird nun eine Reihung von vier Einzeltakten, die sich dadurch deutlich voneinander abheben. Dennoch fallen Bezüge zu den ersten acht Takten auf. Wiederum entsteht nämlich durch Zusammenfassung des Stimmenverbands von Violine II, Viola und Violoncello gegen die isolierte, hohe Violine I eine Kontrastierung des Klanges, die bereits zu Beginn des «Tempo di Minuetto» angelegt ist. Nur spielt sich in den Takten 9-12 alles auf engeren Raum gedrängt ab.

Die Seufzermotivik der ersten Violine, die in den Takten 9-12 nachschlagend eingesetzt ist, bietet sich an der Nahtstelle zu der folgenden Viertaktgruppe (T. 13-16) gleichzeitig (!) als Auftaktfigur an. Nun wird vorwiegend durch die pausenlos repetierenden 8tel der zweiten Violine (in T. 53 ff. der Va.) und eine in Gang kommende, gestoßen zu artikulierende 4tel-Motivik Bewegungsenergie freigesetzt. Der Satz wird dichter und drängender, er «schlendert» keinesfalls mehr so absichtslos wie zu Beginn. Wiederum sind Verbindungen zum Satzanfang zu konstatieren: Die Linie der Violine I, Viola und des Basses beschreibt einen den Takten 1-2 verwandten melodischen Bogen, obwohl jetzt die Zielrichtung auf den jeweils zweiten Takt (T. 14 und 16) wesentlich deutlicher ausgeführt ist, da sich der Schwerpunkt nun durch die betonte, erstmals auftretende Halbenote und das *sforzato* deutlich manifestiert, während die erstgenannten Zweitaktgruppen (T. 1-2, 5-6) eher schwerelos,

109

akzentfrei komponiert sind. Auch die Dezimenkoppelung der Außenstimmen und die Oktavierung der ersten Violine durch die Viola lassen die Verwandtschaft manifest werden.

Die letzten vier Takte (T. 17-20) können als zwingende Fortführung des Vorhergehenden verstanden werden: Sie stehen in deutlicher Materialverwandtschaft zueinander und akzentuieren den Dreierrhythmus und den mit ihm verbundenen Bewegungsimpuls als eine letzte Steigerungsmöglichkeit. Erstmals bereichert hier nämlich 16tel-Figuration die Musik über die zuvor erklungenen Auftaktwendungen hinaus substanziell, ohne allerdings den Fluß der 8tel-Repetition fortströmen zu lassen; die angelegte, zunehmende Intensivierung der Takte 1-16 wird ein letztes Mal gesteigert, da der Lombardische Rhythmus die Bewegungsspannung bis zum Ende der konventionellen Schlußtakte (T. 19-20) zu tragen in der Lage ist. Der Impuls des Dreiermetrums wird durch die starken Betonungen der beiden Unterstimmen auf der «1» noch zusätzlich verdeutlicht. Aber nicht nur der prozeßhafte Ablauf einer sich allmählich belebenden musikalischen Faktur wird konsequent auskomponiert. Durch die wieder eintretende Oktavierung der beiden Violinen (T. 17, 18) knüpfen diese an die Gestaltung der ersten Takte an; auch deren motivische Bogenform ist bereits zu Anfang komponiert. Die meistenteils chromatisch fallenden oder steigenden Seufzer (T. 17-18) lassen darüberhinaus keinen Zweifel an der untergründigen Gemeinsamkeit mit den Vorhalten der Takte 9-12:

Beispiel 21

Aus einem stockenden, metrisch und klanglich wenig profilierten Anfang, der allerdings keimhaft das Folgende in sich trägt, wird ein zunehmend fortströmender Verlauf entwickelt, der schließlich in 16tel-Figuration und starker Betonung des 3/4tel-Metrums mündet. Dieser Prozeß ist natürlich nicht im Sinne eines auskomponierten *accelerando*, sondern mit dem Ziel kompositorischer Verdichtung und rhythmischer Prägnanz zu verstehen. Konzise und wie selbstverständlich wird dieser Vorgang dadurch, daß alle abspaltbaren Einzelgruppen nicht nur in sich selbst - das wäre nur als Begründung für formale Gliederung ausreichend -, sondern auch untereinander mehr oder minder starke motivische und metrische Bezüge aufweisen. Alle Takte sind miteinander verwandt.

Aber nicht nur die ersten 20 Takte lassen eine enge Beziehung der Motivstrukturen unter gleichzeitiger Anwendung jener kompositorischen Gestaltungsidee der latenten Intensivierung erkennen; auch großformal stehen die Teile in Abhängigkeit zueinander. Dabei fallen zunächst einmal die ausgeglichenen Proportionen auf, die jeweils das Menuett und auch das Trio sowie ihr Verhältnis zueinander auszeichnen:

Minuetto	[: A :]	[:B	A' :]
	8+(3x4)	(3x4)+8	8+(4x4)
	20	20	24 Takte
[Trio]	[: A :]	[:A'	A" :]
	4+12	4+8	4+14
	16	12	18 Takte

Minuetto da capo

Erster (A) und zweiter Formteil (B und A' bzw. A' und A") stehen sowohl im Menuett als auch im Trio in nahezu ausgeglichem Verhältnis von ca. 1:2. Die Proportion der Takte des Menuettes zur Taktanzahl des Trios zeigt eine Konstellation von etwa 1,4:1. Doch auch inhaltlich bestehen enge Beziehungen der Teile, wie durch die Kennzeichnung deutlich wird; und selbst der B-Teil des Menuettes läßt sich in enge motivische Beziehung zu seinem Umfeld und sogar zum Beginn des Trios setzen.

Dieser B-Teil (T. 21-40), der in auffälliger Weise die Viertaktanordnung des A-Teiles umkehrt, ist durchsetzt von motivischem Material, das bereits vorgestellt wurde[282]. So erinnert der Beginn trotz seiner Verkürzung der Notenwerte deutlich an die Takte 13-16; diese weisen zudem in ihrer echoartigen Zweitaktgruppierung auf die identische Anordnung zu Beginn des zweiten Teiles des Trios (T. 81 ff.) hin[283]. Der sich anschließende Viertakter (T. 25 ff.) knüpft unverkennbar an die rollende 16tel-Auftaktbewegung und die nachschlagenden, leittongeführten Wendungen der Takte 8/9 ff. an, nur wird hier aus dem ehemalige Nachschlagen des Solisten (V.I) ein übergreifender, zusammenhängender Melodiebogen, der nicht durch Pausen zerteilt ist, sondern in einer kurzen Sequenzbewegung durch den Unterstimmenverband getragen und vorangetrieben wird[284]. Er nimmt statt der jeweiligen isolierten Leittonauflösungen typische Akkordwechsel der Stufen V-I vor. Da dieses Betonen der ersten beiden Taktschwerpunkte nicht schlußfähig ist, wendet sich zu Ende des Viertakters, ähnlich dem Schluß des A-Teiles, die Akzentuierung auf den zweiten und dritten Schlag, so daß die folgende «1» (T. 28) einen Abschluß bildet.

Die Takte 29-32 wirken trotz des orchestralen *unisono* aller Stimmen wie eine Verlegenheitslösung, um die harmonische Spannung zur erwarteten Tonika des bereits in Takt 28 erreichten Halbschlusses noch ein wenig herauszuzögern. Dies gilt genauso für den abschließenden Achttakter (2+4+2), der allerdings motivisch auf das Kommende vorbereitet, oder, betrachtet man den Satz als Verlauf, Altes reminisziert. Denn die getrillerte Auftaktfigur der solistischen ersten Violine, die nichts anderes als eine Akkordumschreibung (der Dominanttöne b^1-e^2-g^2-b^2 in T. 32-34 und noch deutlicher in T. 38-40 der Va.:

---

[282] Vgl. auch die anders gewichtete Beschreibung bei N. Schwindt-Gross, Streichquartette, S. 139.

[283] Zu den Stimmpaar-Bildungen im allgemeinen vgl. Kap. III.8.

[284] Auch zu dieser typisch Mozartschen Sequenzierungsfloskel vgl. Kap. III.8.

c^1-e^1-g^1-b^2) darstellt, kennen wir bereits aus den Eröffnungstakten des Menuettes. Das zweimal im Taktabstand versetzte, imitierte Sextenmotiv, die jeweils auftaktig den Leitton der Terz oder Quinte des Dominantklanges (in der Violine II und im Violoncello) anspringt[285], erhöht erneut die Dominantspannung dieses B-Teiles. Seine prinzipielle Struktur wird wesentlich das Trio bestimmen.

Durch die beschriebene Verquickung des B-Teiles von motivisch Bekanntem mit davon Ableitbarem oder in das Trio Vorausweisendem verhindert Mozart, daß der Mittelteil innerhalb der (relativ) kurzen A-Teile als ein Fremdkörper wirken könnte. Im Gegenteil: Auch harmonisch betrachtet hat er die Aufgabe, möglichst homogen zur Wiederholung des A-Teiles zurückzuleiten. An allen Nahtstellen der drei Viertaktgruppen (T. 24, 28, 32) und daraufhin (T. 33 ff.) sogar forciert (nach jedem Takt) endet die melodische Bewegung auf der Dominante, so daß, wie im «Tempo di Minuetto» KV 156 (134^b)/3, an der primären Überleitungsfunktion dieses Mittelteiles, vergleichbar dem zweiten Hauptteil eines Sonatensatzes, nicht zu zweifeln ist.

Interessant ist der Vergleich der beiden A-Teile. Im wesentlichen handelt es sich um die gleiche Musik. Die Takte 1-8 werden in Takt 41-48 sogar wörtlich wiederholt. Auch das entschiedene Setzen der ersten Stufe in Grundstellung (T. 9, 49) ist identisch. Die entscheidende Wendung erfolgt in den Takten 49-52. Dort moduliert nämlich der erste A-Teil zur Tonart der V. Stufe, während der zweite in *F*-dur verbleibt, um kurz darauf den Satz schließen zu können. Modulationsablauf (T. 9-12) und harmonisches Verbleiben in der I. Stufe (T. 49-52) sind sich sehr ähnlich, wichtigstes Moment ist jeweils der zweite Takt nach dem *F*-dur-Akkord:

T. 9-12: F - G^7 - a - G^7_3

T. 49-52: F - B - g - C^7_3

Der konzise formale Bau des «Tempo di Minuetto» - und KV 158/3 ist von seiner Ausdehnung her ohnehin großzügig angelegt - erlaubt keine weitgespannten Modulationen; der denkbar knappeste Modulationsplan über die sofort angebrachte V. Stufe der angezielten neuen Tonart muß genügen. Bei Wiederholung dieser Stelle reicht ein Ausweichen zur IV. Stufe, um *F*-dur zu konsolidieren.

Weitaus interessanter als der harmonische Plan erscheint an dieser Stelle die leicht veränderte Faktur der zu vergleichenden vier Takte. Zwar schlägt wiederum die erste Violine den markanten Betonungen auf «1» der Unterstimmen auf den schwachen Zählzeiten nach, auch die Richtung der Halbtonseufzer bleibt gleich, doch spiegeln selbst diese Takte in ihrer nuancierten Abweichung voneinander die Stellung im Satzverlauf: Die erste Stelle bewirkt eine Steigerung, die zweite eine Beruhigung. Dieses Phänomen erzeugt vor allem die Gesamtlinie der Oberstimme, da zuerst die chromatischen Leitton-Zielton-

---

285 Vgl. dasselbe, lediglich in seiner Richtung umgekehrte Motiv im Mittelsatz aus KV 159, T. 54 ff.

(T. 9, 11) bzw. Vorhaltston-Zielton- (T. 10, 12) Bewegungen in ihren jeweiligen Zieltönen eine aufwärtsgerichtete Linie beschreiben,

Beispiel 22

T. 9ff.

während diese Linie an der analogen Stelle absinkt:

Beispiel 23

T. 49ff.

Möglicherweise hängt die geschilderte Verdichtung und Steigerung im Gegensatz zum spürbaren Spannungsabbau in der Wiederholung auch mit der Akkordbeschaffenheit der Unterstimmen zusammen. Auffälligerweise vermeidet nämlich Mozart an der zweiten Stelle zweimal die (verdickende) Terzverdoppelung in Takt 50 und 51 und reduziert den Klang auf Grund- und Quintton, so daß erst die Violine I diesen als Dreiklangsgerüst interpretiert, während an der ersten Stelle nur beim Septakkord (T. 10) die Terz fehlt, da hier klanglich auf ihn verzichtet werden kann, die erste Violine also ständig terzverdoppelnd nachschlägt. Auch die Klammerung der Außenstimmen, in ihrer Funktion einer Hinführung zum Folgetakt,

Beispiel 24

T. 12–13

fehlt in Takt 51/52. Dort muß sich die Violine I erst wieder (Sextsprung) in ihre anfangs eingenommene hohe Lage begeben; vielleicht stellt dies ein weiteres Argument des bemerkbaren Spannungsabbaues an der Wiederholungsstelle dar.

Eine bei Mozart häufig zu beobachtende generelle Kompositionstechnik der frühen Quartette[286] besteht in der Fixierung einer Achsenstimme, die über mehrere Takte hinweg bei wechselnder Harmoniefolge auf ihrem Achsenton beharrt. Hier begegnet sie uns in bemerkenswerter funktionaler Bestimmung, da der Achsenton bei Wiederholung der Takte 13 ff. in den Takten 53 ff. trotz geändertem harmonischem Umfeld derselbe bleibt, was natürlich entsprechende Konsequenzen des Bewegungsablaufes der übrigen Stimmen zur Folge hat. In beiden Fällen wird die Oberstimme (V.I) mit einer Mittelstimme in Oktaven gekoppelt, die andere Mittelstimme bildet den Achsenklang; das Violoncello geht dabei zusätzlich zur oktavierenden Mittelstimme in Dezimen

---

286 Vgl. die Beschreibung des Sonatenkopfsatzes KV 156 (134^b)/1, S. 34 und die Zusammenfassung S. 166 f.

oder Sexten (T. 13 ff.) oder nur in Dezimen (T. 53 ff.), was ebenfalls ein sehr typisches Satzgefüge der frühen Streichquartette Mozarts darstellt. Der letztgenannte Umstand ist bereits Fingerzeig für das Ungewöhnliche des Abschnittes im ersten A-Teil. Da hier nicht g^1 (oder g) sondern c^1 als Achsenklang fungiert kann der harmonische Wechsel von Takt 13 zu 14 ff. nicht von der I. zur V. Stufe stattfinden, wie es im zweiten A-Teil der Fall ist, sondern muß die IV. Stufe bzw. den Quartvorhalt anvisieren. Würde das Violoncello demnach in Takt 14 in seinem Dezimengang zur Viola fortfahren, also die Töne d-c setzen, entstünde ein (zwar klanglich reizvoller) Quartnonvorhalt, den Mozart aber wegen der starken Dissonierung zum Achsenton c^1 offenkundig vermeiden möchte. Deshalb springt hier die Baßstimme von c zu a, von der Dezimen- in die Sextenkoppelung. An paralleler Stelle ist dieser Sprung des Violoncello völlig unnötig, weil die Dezimen diesmal in den Kontext des Wechsels zur V. Stufe passen. Nicht zuletzt deshalb ist auch die Bewegung der ersten Violine und der ihr folgenden Stimmen zum ersten A-Teil abgeändert. Durch die ansteigende Linie von a^1-b^1-c^2 (T. 53-56) wirkt der Anschluß an die Schlußgruppe (T. 57 ff. mit Spitzenton d^2) harmonischer als an ihrem ersten Auftreten, wo die Violine I ebenso wie zuvor das Violoncello einen Sprung zum a^2 (T. 15/16) vornehmen muß[287]. Auch durch diesen Umstand wirkt der erste A-Teil unruhiger, angespannter, als bei seiner (glatteren) Wiederholung. Daß Mozart diese gewisse Anspannung zunächst bewußt wählt, wird aus der Bevorzugung des Achsentones c vor dem kompositorisch einfacher zu integrierenden g ersichtlich.

Der Anschluß an die letzte Taktgruppe (T. 57 ff.) ist also ruhiger vorgenommen als im ersten A-Teil (T. 17); auch die Faktur des letzten Viertakters, der bei seiner Wiederholung zunächst trugschlüssig endet (T. 60), um erneut eindeutig kadenzierend zu erscheinen, ist gerundeter, weil er den Sextsprung a^2-c^2 (T. 18/19) durch seine Zentrierung des Tones g in Takt 58 (anstelle des kontinuierlichen Aufstiegs in T. 18) vermeiden kann.

Ohne auf das Trio in f-moll näher eingehen zu wollen, sei nur das Wichtigste benannt. Wie schon betont, ist es ein Kennzeichen dieses «Tempo di Minuetto», daß gleiches motivisches Material in Menuett- und Trioteil verwendet wird. In erster Linie bezieht sich dies auf das auftaktige Dreitonmotiv, das seinen Schwerpunkt stets auf einen aufzulösenden Leit- oder Vorhaltton setzt (T. 65 ff.). Beide auftretenden Gestaltungscharakteristika, nämlich solistische erste Violine gegen Unterstimmenverband (T. 65-68, 93-96)[288] und gekoppelte Violinen gegen echoartig antwortende Bratsche mit Violoncello (T. 81-84), kennen wir bereits aus dem Menuett. Die Figur der Violine I selbst bildet die

---

287 Auch das letzte 4tel beider paralleler Takte 16 und 56 kann daher kein Zufall sein: Zuerst wird es als 4tel-Note gesetzt, was natürlich die nachfolgende «1» besonders deutlich werden läßt, während an der zweiten Stelle der Achsenton bis zum Schluß als 8tel-Repetition ausgeschrieben ist, um dadurch in den Folgetakt zu gleiten.

288 Vgl. auch den Quartettbeginn im ersten Satz.

Umkehrung des imitierten Überleitungsmotivs in Takt 35 ff. Das einzig neue Element stellen die in langen Notenwerten herabsteigenden harmonischen Ausweichungen dar (T. 69 ff., 85 ff., 97 ff.), die dreimal von der ersten Violine angeführt in Koppelung mit der Unterstimme auftreten. Besonders deutlich wird deren spezifischer Charakter in den Takten 85 ff., wo sich zu der chromatisch geschärften, gekoppelten Unterstimme (Va.) die zweite Violine hinzugesellt, um nicht, wie in den beiden anderen Fällen, nachschlagend den Dreierrhythmus zu festigen, sondern im Gegenteil den Rhythmus synkopierend zu verschleiern. Gerade die ständig absteigenden Vorhaltswendungen dieser um zwei Takte verlängerten Stelle geben dem Trio seinen Zug, den man fatalistisch nennen möchte, was freilich auch durch die seltene Tonart f-moll ausgelöst wird[289]. Auf elegante Weise löst Mozart das harmonische Problem, in der Tonart der Tonika und nicht in der Dominante zu enden. Dieses ergibt sich aus der einfachen Tatsache, daß, wie im Menuett auch, der A-Teil ab Takt 97 wörtlich wiederholt wird (vgl. aber die kleine, dennoch typisch Mozartsche Abwandlung des T. 100 gegenüber T. 72). Der überraschende Einschub der Takte 105/106, die den Satz um eine Quarte heben, ist nicht etwa eine einfache Transposition des vorausgehenden Zweitakters, sondern außerordentlich gekonnt mit Takt 104 verbunden. Es sacken nämlich die beiden Unterstimmen um einen Halbtonschritt auf den Septton des grundtonlosen Septnonakkordes ab, während an der Parallele (T. 103) der einfache Septakkord in Grundstellung steht und dann im Folgetakt (mit *forte* unterstrichen) der Septnonakkord erscheint. Erst in Takt 106 ist Parallelität erreicht, obwohl sich die Bewegungsrichtung der Mittelstimmen ändert. Bedeutsam für den Tonfall dieses Trios scheinen schließlich auch die neapolitanischen Sextakkorde kurz vor Schluß in den Takten 78 und 108 zu sein, die spontan für den eigentlich zu erwartenden Grundakkord der IV. Stufe einspringen[290].

Der Kontrast zum vorausgehenden Menuett wird in diesem Trio also in erster Linie nicht durch neues Themenmaterial, sondern vielmehr durch den eigenständig genutzten Ausdrucksbereich des parallelen Moll erzielt. Von einer "juxtaposition de deux menuets, majeur et mineur" zu sprechen[291] ist deshalb durchaus berechtigt.

(b) Menuett und Trio

Das österreichisch-süddeutsche Menuett mit Trio ist im Gegensatz zum italienischen «Tempo di Minuetto» ein Binnensatz. Durch seine Integration als

---

289 Auch im langsamen *As*-dur-Satz aus KV 160 (159ª) tritt dieses chromatisch in langen Notenwerten fallende Motiv über Quintschrittsequenz auf (T. 43-48). Erstaunlich genug, daß der harmonische Kontext identisch ist, als ob sich bei Mozart gewisse tonartengebundene Motivfloskeln festsetzen würden. Man vergleiche auch die überraschend ähnliche Faktur der beiden g-moll-Triosätze KV 156 (134ᵇ)/3 und KV 172/3.

290 Die Wiederholung des Menuettes schließt sich, entgegen der unverständlichen Behauptung bei R. J. Nicolosi, Minuet, S. 43 f., selbstverständlich an.

291 WSF I, S. 502; vgl. auch S. 482.

notwendiger Bestandteil der Satzfolge erweitert es das Quartett zur Viersätzigkeit. Folglich findet sich in jedem der sechs viersätzigen «Wiener» Quartette ein solches Menuett mit Trio, das für gewöhnlich an dritter Position nach schnellem ersten und langsamem zweiten Satz sowie vor dem schnellen Finale plaziert ist.

Jedes der insgesamt neun Menuette Mozarts steht in der Haupttonart des jeweiligen Quartetts. In den «Wiener» Menuetten fällt darüberhinaus eine gewisse Flexibilität im Tonartenverhältnis der beiden Teile Menuett und Trio auf. Standen beide Trios der «italienischen» Menuette in je gleichnamiger Molltonart, so zeigt lediglich KV 170/2 diese harmonische Gestaltung, wobei hier das Trio zusätzlich dadurch Interesse weckt, daß es sich nicht eindeutig auf c-moll festlegt, sondern zwischen der V. (Anfang und Ende) und der III. (Ende A-Teil) Stufe von c-moll schwankt und außerdem in seinem B-Teil mit neuem motivischem Material einsetzt, was sonst nur noch im «Lodi»-Quartett der Fall ist (s. u.). In den überwiegenden Fällen wechselt das Trio zur Tonart der IV. Stufe (KV 80/73^f, 168, 169, 171); die beiden letzten Streichquartettmenuette und Trios des Zyklus stehen in Terzabstand zueinander (KV 172: I. und VI. Stufe, KV 173: I. -moll- und III. -dur- Stufe).

Formal handelt es sich, wie bei allen Menuettypen Mozarts, um eine dreiteilige Anlage [: A :][: B-A :], obwohl in wenigen Trios (KV 168/3 und 172/3) auf den eingeschobenen B-Teil verzichtet wird und in KV 172 sogar im Menuett der A-Teil nach dem Doppelstrich nicht mehr erscheint. Auch die «verkürzte Menuett-Reprise» (kein vollständiges Wiederholen des A-Teils nach dem Doppelstrich) ist Mozart bekannt; ja sie tritt sogar sehr häufig auf (KV 168 Menuett, 169 Menuett und Trio, 170 Menuett und Trio, 171 Menuett). Den interessanten, jeweils spezifischen Ursachen dafür soll im folgenden nachgegangen werden. Diesen auffallenden Formlösungen, die in den beiden «Tempo di Minuetto» nicht zu beobachten sind, steht das Menuett von KV 168 sowie das Trio von KV 173 gegenüber; dort greift Mozart auf die denkbar einfachste Lösung des dreiteiligen Formproblems zurück, die er bereits im «Lodi»-Quartett im Hauptteil und im Trio ausprobiert hatte: Der nicht zur Tonart der V. Stufe modulierende A-Teil kann völlig unverändert nach dem B-Teil eingesetzt werden.

Die Selbständigkeit des kompositorischen Materials der Trios im Vergleich zu den dazugehörigen Menuetten wird besonders dadurch evident, daß alle Trios bis auf KV 168/3 mit neuer motivischer Substanz beginnen. Die Regel ist auch, daß der Trio-B-Teil stets diese motivische Substanz beibehält (Ausnahme: KV 80/73^f/3 und KV 170/3). Dadurch hebt sich dessen Gestaltung freilich vom Menuett ab, das meist - wenigstens der Faktur nach - einen eigenständigen Anfang des B-Teils exponiert.

Im Zusammenhang der Besprechung beider «Tempo di Minuetto»-Sätze wurde bereits deren, nicht zuletzt durch die Satzstellung bedingte, besondere Länge hervorgehoben. In der Tat bildet in den «Wiener» Werken die periodische, aus dem Vielfachen der Viertaktigkeit gewonnene Anlage den Normalfall; dabei übersteigt der erste Teil des Menuettes nicht den Sechzehntakter.

Insbesondere die Trioteile zeichnen sich häufig durch knappe achttaktige Symmetrie aus. Beides findet man in den «italienischen» Menuetten nicht.

Menuette und Trios der «Wiener» Serie unterscheiden sich bei Mozart sehr deutlich hinsichtlich des vorgestellten Materials und dessen intendierter Wirkung. Es fällt auf, daß die Triosätze meist zurückhaltender, statischer und konturenloser gegenüber dem markanten Hauptteil der Menuette komponiert sind. Das gleiche trifft auch für die B-Teile der Menuette selbst zu, die wiederum kontrastiv zur Satzeröffnung stehen.

Das Wesensmerkmal der A-Teile in den vier ersten «Wiener» Menuettsätzen liegt im immer wieder neuartig und verblüffend eingesetzten Umgang mit dem Element des Auf- bzw. Abtaktes. Die mannigfachen kompositorischen Lösungen der Frage der Taktgewichtung erwecken den Eindruck, gerade dieses Element habe in den «Wiener» Menuetten Mozarts ganzen Ehrgeiz geweckt. Zwei äußerliche, wenngleich bemerkenswerte Aspekte sind dabei vorab zu betonen. Zum einen verursacht dieses bewußte Spiel der jeweiligen Schwerpunktverlagerung keine auffällige Störung der periodisch-symmetrischen Anlage der 4+4 Takte (es entstehen keine ungeraden Taktgruppierungen), zum anderen behält immer der jeweils zugehörige Trioteil den Anfangsimpuls des Menuettes bei: Beginnt dieses auftaktig (KV 168, 170, 171), so folgt ihm darin das Trio, beginnt es abtaktig (Übrige), ist das Trio abtaktig. Rhythmisch-metrische Besonderheiten mit Experimentcharakter sind dennoch fast ausschließlich in den Menuett- nicht jedoch (bis auf den Sonderfall KV 172, Trio) in den Triosätzen zu beobachten; letztere haben, wie auch die B-Teile der Menuette selbst, eine anders geartete Funktion (s. u.) zu erfüllen.

KV 168/3

Im *F*-dur-Menuett KV 168/3 konkurrieren gleichzeitig Auftakt und Abtakt miteinander[292]:

Beispiel 25

Der in sehr hoher Lage einsetzende Auftakt der ersten Violine (vgl. auch T. 4 und 20) fällt im Quartsprung vom Grund- zum Quintton, der als emphatische «1» unmittelbar als gewichtige Halbenote wiederholt wird. Im selben Moment setzen zweite Violine und Baß in Dezimenkoppelung abtaktig mit derselben rhythmischen Geste | ♫♩ | ein. Dieses Aufeinanderprallen zweier verschieden gewichteter Bewegungsabläufe ist nicht etwa als Imitation der Oberstimme durch den Baß, sondern als bewußte Konfrontation der inhärenten Kräfte einer an sich naiven Eröffnungsfloskel zu verstehen. Auch die unterschiedliche Bewegungsrichtung beider Ebenen verdient Beachtung: So setzt

---

292 Vgl. W. Steinbeck, Mozarts "Scherzi", S. 221.

die Oberstimme ihren fallenden Gestus zunächst ebenso fort, wie die Unterstimmen aufwärts gerichtet bleiben, um ein deutliches Signal ihrer Eigenständigkeit zu setzen. Diese Gleichzeitigkeit von Auftakt und Abtakt wird im abschließenden Viertakter (T. 21-24) in besonderem Maße plastisch, weil dort die Auftaktgeste in den Violinen oktavierend und die Abtaktfigur durch die große Oktave des Violoncello jeweils verstärkt zur Geltung kommen. Nicht zuletzt die autograph erstmals gesetzte dynamische Angabe *forte* unterhalb jeder der beiden Figuren intensivieren diesen Eindruck des Nachdrücklichen, zumal ein auf zwei Stimmen (*piano*) reduzierter Satz vorangeht. Dieser bedient sich in der ersten Violine zwar der auftaktigen Satzeröffnung, setzt sie aber klanglich (f^2 statt f^3), dynamisch (*piano* statt *forte*) und vor allem fakturmäßig (Fehlen der gleichzeitig abtaktig einsetzenden Figur und dünne Zweistimmigkeit) stark zurück, um den Abschluß-Viertakter desto wirkungsvoller einsetzen zu lassen.

KV 169/3

Hinter dem scheinbar so symmetrisch paarigen ersten Achttakter aus KV 169/3 verbirgt sich eine raffiniert komponierte Umkehrung innerhalb der vorgestellten Doppeltaktanordnung. Die Norm dieser Zweitakter wird bereits im ersten Taktpaar der ersten Violine deutlich: Mit der betont gesetzten Halbenote auf dem Grundton, der ein schwaches 4tel folgt, korrespondiert der zweite Takt, der die starke Zählzeit bewußt ignoriert (es entsteht ein «Loch») und dafür durch Achtelbewegung auf der «2» das Menuett vorantreibt. Zweimal folgt noch solch ein Zweitakter, dessen Akzent deutlich auf der breiten «1» des jeweils ersten Taktes liegt | ♩ ♩ ♪ ♫ ♩ | . Komplementär dazu verhalten sich die Unterstimmen. Sie gewichten den Zweitakter spiegelverkehrt, indem sie den jeweils ersten Takt als großen Auftakt zum jeweils zweiten Takt verwenden, der mit seiner dadurch hervorgehobenen «1» genau jenes «Loch» ausfüllt, das die Oberstimme verursacht. Die intendierten Betonungen von Ober- und Unterstimmenkomplex differieren also schon zu Beginn, wenn sie auch zusammengesetzt ein nahtloses Gefüge ergeben:

Beispiel 26

Im zweiten Taktpaar (T. 3,4) setzt die zweite Violine in der Unteroktave zur ersten scheinbar zu einem Kanon an, um mit ihr in Dezimen exakt das rhythmische Modell des Satzbeginns zu wiederholen. Das Violoncello wechselt zwar seine Bewegungsrichtung, setzt aber wie zu Beginn den Schwerpunkt auf die «1» des zweiten Taktes. Die beiden ersten Zweitakter verhalten sich demnach rhythmisch gleich.

Der entscheidende Umbruch innerhalb dieser Anordnung, der in T. 7/8 zur völligen Umkehrung des Taktpaares führt,

Beispiel 27

erfolgt durch den chromatisch geführten Baß, der seine angestammte Stoßrichtung der Betonung des jeweils zweiten Taktes verläßt, um nun jede «1» verkürzt auftaktig hervorzuheben (T. 6, 7 und 8). Die Violinen lassen sich dadurch irritieren und verlassen ihre bisherige Aufstiegsbewegung (von a^1 bis fis^2 in der V.I), die sich stets doppeltaktweise um eine Terz nach oben schraubte, um wieder, eine Bogenform beschreibend, eine Sekund über dem Ausgangspunkt (h^1, T. 8) zu enden. Das eigentlich Interessante an der Bewegung der Violinen scheint aber deren Akzentverschiebung zu sein, die durch die unmittelbare Wiederholung der auftaktigen Achtelfigur (T. 6/7) zustandekommt. Wieder verhalten sich Ober- und Unterstimmenverband komplementär, was die Taktausfüllung betrifft (es entsteht kein «Loch»), konträr hingegen, was den Anteil an der jeweiligen Taktgewichtung angeht: Hier setzt sich für kurze Zeit die taktweise Betonung der Unterstimmen durch. Im letzten, achten Takt fallen Ober- und Unterstimmenakzent erstmals zusammen, wobei sich verblüffenderweise das Taktpaar in der Anordnung seiner Notenwerte um seine Achse gedreht hat (Beispiel 27), die ursprüngliche Betonung der ersten Violine aber - trotz des «falschen» Kontextes - wiederhergestellt ist (Betonung der Halbenote auf «1»).

Bei der Wiederholung des A-Teiles (ab T. 25) verkürzt Mozart insofern den ersten Achttakter, als er lediglich die erste, unproblematische Hälfte exponiert und das Übrige wegschneidet. Dieser Teil ist also eindeutig zugunsten der Taktgruppenfolge: 4+4+4 (im Gegensatz zum Anfang: 4+4 + 4+4) geglättet.

KV 170/2

Der vordergründig sehr schlichte Menuettsatz aus KV 170, formal dadurch ein wenig aus dem Rahmen fallend, indem er die Devise der ersten vier Takte abrundend erst als Schlußstein wieder verwendet (der A-Teil der Reprise, ab T. 21, also in Umkehrung seiner ursprünglichen Abfolge erscheint), führt auf dem engem Raum der ersten 12 Takte Auftakt, Abtakt und Synkope als metrische Gewichtungen kompositorisch höchst eindrucksvoll vor Augen.

So zielen die oktaviert geführten Violinen in zwei großen Auftakten zu den Schwerpunkten der Halbenote im jeweils zweiten Takt (T. 2, 4), worin sie von den beiden Unterstimmen unterstützt werden:

Beispiel 28

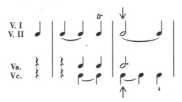

Diesem Auftaktgestus konträr setzen in Takt 5 (7) die Mittelstimmen in Terzenkoppelung bewußt abtaktig ein; der Baß markiert lediglich die neue schwere «1», die erste Violine verziert in leichten Triolen den Gang der zweiten und der Viola. Die solchermaßen provozierte Diskontinuität des Satzverlaufes tritt nicht unvermittelt auf: An der Nahtstelle der Takte 4/5 setzt nämlich der Baß in seiner häufig zu beobachtenden Überleitungsfloskel, verstärkt durch dezidierte Staccato-Striche, jenen Impuls, der sowohl die abschließende «1» der Auftaktbewegung der ersten vier Takte, als auch die eröffnende «1» des folgenden abtaktigen Viertakters zu markieren im Stande ist. In Takt 20/21, wo erneut dieser Wechsel von Auf- zu Abtaktigkeit erfolgt, läßt sich diese Überleitungsfigur nicht mehr als ambivalent beschreiben, sondern steht, verdoppelt durch die Viola und markant fallend statt im Dreiklang steigend, eindeutig im Dienste der angezielten «1» des Abtaktes, so daß in Takt 20 gleichzeitig eine zweitaktige Phrase geschlossen (V.I, II) und eröffnet wird (Va., Vc.). Diese Nuance zum ursprünglichen Modell der Takte 4/5 wird möglicherweise durch das vorausgehende strenge *unisono* des B-Teiles verursacht, dem eine lichte Zweistimmigkeit der Oberstimmen antwortet (2+2, 2+2), so daß die Unterstimmen im Gegensatz zu Takt 3 ohne Vorbereitung (und dadurch deutlicher und massiver) die «1» in Takt 20 setzen.

Doch damit nicht genug. Der letzte Viertakter (T. 9-12) birgt insofern eine weitere Überraschung, als er zwar zunächst den Abtaktimpuls im Violoncello fortführt, jedoch durch die um eine 4tel verschobene Wendung der ersten Violine (| ♪ ♩ ♫ ♫ ♩ | statt | ♩ ♫♫ ♩ |), die freilich aus Takt 5 und 7 bekannt ist, aus dem Tritt gerät und daher eine mit *fortepiano* bestärkte Synkope setzt[293]. Diese Synkope[294] macht letztlich den Weg zur 8tel-Schlußbildung frei, wobei sich die Violinen wie zu Anfang wieder im Oktavspiel vereinen. Gliedert sich also der Anfang in (2+2) + (2+2) Takte, so faßt die Gleichzeitigkeit der Abtaktgeste und der Synkope den letzten Viertakter unspaltbar zusammen.

Ein wohl vom Komponisten intuitiv gesetztes Phänomen der latent vorhandenen verwandtschaftlichen Durchbildung aller 12 Takte wird offenbar, wenn man die beiden wesentlichen Taktausfüllungen dieses Satzes betrachtet: entweder drei 4tel-Noten (= "X") oder Halbenote, gefolgt von 4tel-Note (= "Y"). Trotz der zu beobachtenden Diskontinuität im Sinne metrischer Gegensätze schaffen nicht zuletzt diese beiden Gestaltungsformen den untergründigen Satzzusammenhalt. Der im ersten Viertakter vorgestellten Form X-Y-X-Y

---

293 Das kursive *fp* des Vc. in der Ausgabe der NMA an dieser Stelle mag aus optischen, nicht aber aus musikalischen Gründen an den Kontext angeglichen sein; das Vc. wird nämlich, wie beschrieben, gleichsam durch die neue Wendung der Oberstimmen überrascht. Den Beweis dafür erhält man in der großartigen Modifizierung dieser Stelle in T. 26: Hier agiert das Vc. situationswach, hier verstärkt es die Synkope bewußt, indem es nicht nur mit dem Sextsprung einen Neuansatz auf «2», sondern eben auch ein explizites *fp* artikuliert.

294 Sie wird zusätzlich durch die einzige Punktierung und 16tel-Bewegung des Satzes in der Va. hervorgehoben; vgl. auch KV 171/2, T. 7 (Vc., Va.).

korrespondiert die Form Y-X-Y-X im zweiten Viertakter; die mit *fortepiano* gekennzeichnete Synkope in T. 9/10 staut letztlich beide Erscheinungsformen und drängt dadurch auf den einstimmigen Schluß hin. Auf engstem Raum gelingt es Mozart, drei verschiedene metrische Gewichtungen so zu komponieren, daß sie, obwohl diskontinuierlich sukzessiv, ein kompaktes, überzeugendes Menuettgebilde herstellen. Ein enges Geflecht aus Verwandtschaftsbeziehungen, resultierend aus ständig gleichem Motivmaterial, welches in den Viertaktern lediglich verschieden eingesetzt wird, ist kompositorische Idee dieses *C*-dur-Satzes:

Beispiel 29

KV 171/2

Eine völlig anders geartete Auseinandersetzung mit disparaten metrisch-rhythmischen Kräften innerhalb der übersichtlichen Form des Menuetts führt der zweite Satz aus KV 171 vor. Erfolgte in den bisher besprochenen A-Teilen der Menuette die rhythmisch-metrische Irritation durch Einwirkung der verschiedenen Ebenen von Unter- bzw. Oberstimmenkomplex[295], so wird hier die artifizielle Gruppierung ungerader Takte zum Hauptmerkmal[296].

Die zehn Takte des A-Teiles sind in zweimal fünf Takte zu gliedern: Ganz offensichtlich lassen sich die gleichartig artikulierten, beständigen 8tel in der ersten Violine während der ersten fünf Takte und der zweite, deutlich die V. Stufe in Takt 10 ansteuernde Fünftakter als Einheiten zusammenfassen. Diese ungewöhnliche Periodisierung hat ihren Grund: In Takt 5 setzt die bisher beständig den Taktschwerpunkt betonende Unterstimmentrias, kaum auf dem dominantischen *B*-Klang angekommen, plötzlich aus. Gleichzeitig bildet die erste Violine ihre ersten beiden 8tel nicht mehr wie sonst fallend, sondern leittönig steigend. Zwischen Takt 4 und 6 wird gewissermaßen künstlich ein überleitender Gelenktakt eingeschoben, der ohne Baßfundament lediglich die erreichte V. Stufe weiterträgt. Deutlich wandelt sich nun die Faktur. Den leichten, im *piano* dahineilenden Anfangstakten folgt jetzt ein massiver, im *forte* von allen Stimmen gleichberechtigt vorgetragener Nachsatz.

---

295 In KV 168 Gleichzeitigkeit von Auf- und Abtakt; in KV 169 metrische Verselbständigung des Basses, die in den Oberstimmen eine Umkehrung der Taktpaare bewirkt; in KV 170 dreimalige Betonungsverschiebung verbunden mit Oberstimme gegen Mittelstimmen und Baß sowie Substanzgemeinschaft der Taktausfüllung.

296 R. Barrett-Ayres, Haydn, S. 148.

Auch der zweite Fünftakter ist künstlich erzeugt. Im Gegensatz zum angehängten fünften Takt streckt Mozart (aus Proportionsgründen?) zu Beginn des Nachsatzes den ersten Takt zum Zweitakter. Die Norm des Menuett-Viertakters wird dadurch zerstört, daß das als 4tel-Durchgangsnote zu erwartende a^1 in Takt 7 selbst einen ganzen Takt ausfüllt, was eine auffällige Bewegung der Unterstimmen zur Folge hat[297]. Erst ab Takt 8 verhält sich das Menuett konventionell, dessen erster Teil in geraden Proportionen (also in der Art eines einfallslosen Komponisten) folgendermaßen hätte gestaltet sein können:

Beispiel 30

Einfallslos müßte man diesen Komponisten nennen, weil er kein Gespür für das bei Mozart inhärente Gleichgewicht beider melodischen Linien bewiese; was sich zu Beginn nämlich über vier Takte stufenweise von b^1 zum Grundton es^1 taktweise abschwingt, dann elegant aufgefangen wird (T. 5), um allmählich wieder zum Quintton nach oben gestemmt zu werden (T. 6-10), zerstörte die zweifelhafte Norm des symmetrisch angeglichenen Nachsatzes.

Nachdem im B-Teil (T. 11-18) mit Hilfe des Anfangsmottos und seiner Imitation durch die zweite Violine das Plateau der Quinttonart 2x4 Takte ausführlich fixiert wurde, folgt in den Takten 19-21 unter deutlichem Bezug auf Takt 5 in der solistischen Violine I erneut eine Überbrückung aus tiefster Lage über den breit ausgespielten *Es*-dur-Dreiklang, der in die Wiederaufnahme (in die Satztonika stufenversetzt) des fünftaktigen Nachsatzes einmündet.

Weil uns an dieser Stelle ausschließlich auffällige metrisch-rhythmische Menuettsätze beschäftigen, muß die Beschreibung des Menuettes KV 172/3 (s. S. 127 f.) sowie des *d*-moll-Menuetts KV 173/3 (s. S. 255 ff.), die völlig differente Kompositionstechniken aufweisen, an anderer Stelle erfolgen.

In unserem Zusammenhang muß jedoch hier noch das *g*-moll-Trio des Menuettsatzes aus KV 172, dessen Vorbild ganz eindeutig in dem *g*-moll-Trio des früheren Quartettes KV 156 (134^b)/3 zu suchen ist, hinsichtlich seiner Kompositionstechnik beleuchtet werden. Es fällt insbesondere durch seine zurückgenommene Haltung, sein ununterbrochenes *piano*, die stets gleiche Faktur der Stimmpaarigkeit und nicht zuletzt durch seine Knappheit (8+11 Takte, wobei der B-Teil unwiederholt bleibt und dominantisch offen endet) auf[298]. Die Auseinandersetzung von Abtakt und Auftakt findet hierbei taktweise wechselnd zwischen den paarig angeordneten Ober- und Unterstimmen

---

297 An der analogen Stelle in T. 23 betont die Va. sogar durch eine synkopische Wendung diesen Vorgang; vgl. T. 10 in KV 170/2, der äußerlich verwandt ist.

298 Zunächst hatte Mozart sogar ein *sempre pizzicato* vorgeschrieben, dieses aber wieder ausgestrichen; vgl. W.-D. Seiffert, KB, S. a/89.

statt. Den in Terzen und Sexten gekoppelten Violinen, die abtaktig stets die
«1» besetzen, in jedem zweiten Takt jedoch nach dieser «1» schweigen, antwortet echoartig das in Terzen gekoppelte Unterstimmen-Paar, das in die Pause
der Oberstimmen hinein auftaktig die «1» des dritten und fünften Taktes
betont:

Beispiel 31

Beide Ebenen verhalten sich demnach komplementär; wie ein Räderwerk
greifen Oberstimmen- und Unterstimmensatz ineinander und sind damit deutlich vom Trio aus KV 156 (134^b)/3 inspiriert. Und genau wie dort stört im
fünften Takt die Unterstimme den regelmäßigen Ablauf, indem sie unerwartet
die Regelmäßigkeit des Auftaktes verläßt. In KV 156 (134^b)/3 (s. S. 105)
verlängert die zweite Violine den eigentlich als Auftakt zur «1» erwarteten
Zielpunkt um den Wert eines 4tels und bringt deshalb sofort den unmittelbar
folgenden Auftaktgestus der ersten Violine metrisch durcheinander. Im Trio
aus KV 172 schlagen die gegenläufigen Unterstimmen (vergleichbar der V.II
in KV 156/134^b/3) völlig verfrüht und voreilig die «3» in Takt 5 an, obwohl
sie erst auf der «2» des Folgetaktes einzusetzen hätten. Diese eigentliche
Betonung setzen sie jedoch lediglich punktuell wie ihren Vorgänger, ohne eine
Auftaktbewegung anzustreben. Die Oberstimme gerät deshalb in Verwirrung,
setzt ebenfalls zu früh (auf «3» in T. 6) ein und wird dadurch in Takt 7/8 zu
einer Auftaktwendung. Die Absicht dieser Störung der Unterstimmen wird ab
Takt 7 offenkundig, weil jetzt den Unterstimmen statt den Oberstimmen die
Abtaktfigur zukommt. Die metrischen Gewichte haben also getauscht:

Beispiel 32

Dieser Tausch hat auch auf den Verlauf des B-Teiles seine Auswirkung. Abgesehen davon, daß die Viola akzentlos jede 8tel-Note der Takte 9-18 beständig
auf dem Grundton d^1 bzw. d kurz anschlägt (ein typisches Achsen-Verhalten
dieser Mittelstimme), herrscht jetzt in beiden Ebenen der Abtakt. Sogar am
Schluß, der seltsam kraftlos ausläuft (s. u.), ist man sich in der zweimaligen
Auftaktgeste einig (T. 16, 17: ♩|♩). Der gemeinsame dominantische Akkord
F^7, in den Mozart vom dominantischen D springt, leitet "*Attacca il Menuetto
subito*" zum Menuett zurück.

Trios und B-Teile

Die Trios und jeweils die B-Teile der Menuett- sowie Triosätze sind bei Mozart nicht nur formal sondern auch inhaltlich eng miteinander verwandt. Die formale Entsprechung ist bekannt: Der Mittelteil (B) innerhalb eines Menuettes oder Trios hat sein übergeordnetes Pendant im Trio der Da-Capo-Anlage: Menuett-Trio-Menuett; lediglich die Dimensionen sind andere.

Inhaltlich verzichten beide Arten von Mittelteil auf jeden experimentellen Anstrich. Sie betonen in charakteristischer Weise kontrastiv zu ihrer Umgebung die gerade Symmetrie und äußerliche Monotonie. Diese Monotonie manifestiert sich entweder in der spezifischen Beschränkung auf einen konstant beibehaltenen Ausdrucksbereich - so in den Trios - oder in gestisch retardierender Form - so in den meisten B-Teilen. Letzteres drückt sich kompositorisch vor allem durch statisches Verharren auf ein und derselben harmonischen Stufe, Orgelpunktbaß, *unisono*, floskelhafter Sequenz, Scheinkanon oder einer Kombination daraus aus. In deutlichem Kontrast zu den «italienischen Quartetten» übersteigen diese «retardierenden Momente» nicht den Achttakter.

KV 172/3, Trio

Gerade der zuletzt besprochene g-moll-Satz aus KV 172/3 kann verdeutlichen, was unter dem Schlagwort der Beschränkung verstanden werden kann: Der gesamte neunzehntaktige Satz verharrt in der Haltung kurz gestoßener, *piano* zu spielender 8tel-Noten. Immer handelt es sich um Taktpaare, die auch in der Zusammenfassung zu Stimmpaaren ihr Äquivalent haben; harmonisch bleibt der erste Teil (A) auf der Molltonika, der zweite (B) auf der Dominante; der A-Teil wird zudem nicht wiederholt: Ein Trio der Ereignislosigkeit. Das alles steht in eindrucksvollem Kontrast zum lebhaften B-dur-Menuett, welches uns alle Stimmen in ständig wechselnder Figuration, Kombination und Artikulation vorführt. Daß dennoch höchst interessante metrische Verschiebungen innerhalb der Monotonie des Trios, nicht jedoch im eigenen B-Teil, gleichsam unter der Oberfläche stattfinden (s. o.), trübt nicht den Eindruck der absichtsvollen Polarisierung beider Teile.

KV 168/3, Trio

Die abgeschlossene Eigenständigkeit des Trioteils aus KV 168/3 resultiert wesentlich aus seiner weitgehenden Beschränkung auf das Motiv einer fallenden 8tel-Auftaktfigur mit folgender, dreimaliger 4tel-Repetition, die auf einer punktierten mit Vorschlag betonten Halbenote ihr Ziel findet: ♫ ♩ ♩ ♩ | ♩. | [299]. Als Besonderheit und Ausnahme muß in diesem Fall hervorgehoben werden, daß dieses Motiv versteckt aus dem vorausgehenden Menuett (T. 13 ff.) gewonnen ist (s. o.). Entsprechend seiner statischen Haltung entwickelt das Trio dieses Motiv nicht, sondern läßt es sukzessive in allen Stimmen eintreten,

---

299 Sehr verwandt, wenn auch nur als vorsichtig angedeutete Verzahnung, beginnt der B-Teil von KV 80 (73^f)/3.

wobei es übereinander geschichtet allmählich einen stehenden Klang entfaltet, der ursprünglich nicht zu erwarten war. In Takt 5 erkennen wir das aus der Einstimmigkeit entwachsene Klangspektrum (c bis b^2) des doppeldominantischen C^7-Akkordes, der in rascher Triolenbewegung sofort wieder ausgewischt wird. Alles spielt sich wie in den Trios von KV 169, 170, 171 in zurückgenommener Dynamik des *sempre piano* ab. Die scheinbare Strenge des kanonisch in allen Stimmen erscheinenden Kopfes dieses Motivs zu Beginn des B-Teiles wird bereits nach zwei Takten zugunsten eines auf der Stelle tretenden, sechstaktigen Akkordwechsels zwischen F-dur und b-moll aufgehoben. Die Viola umspielt dabei den Zentralton f^1 leittönig von beiden Seiten. In feinsinniger Anspielung setzen die beiden Schlußtakte aufgrund des ausbleibenden aber zu erwartenden A-Teiles das originale Motiv des Triobeginns.

KV 169/3, Trio

Die gleiche Konzentration auf ein Motiv, das im Satzganzen als Kontrast funktionalisiert wird, finden wir im Trio aus KV 169, wo sich zwar die Einstimmigkeit des Menuettschlusses fortsetzt, jedoch durch Reduzierung der Stimmenzahl (Violinen in Oktaven statt *unisono* aller Instrumente), gestoßene piano-8tel (vgl. KV 172/3) und vor allem durch den schockierend dissonanten Einsatz des um einen Halbton nach oben gerückten ais^1 der Kontrast zum Menuett nicht besser hätte verwirklicht werden können. Auch im Nachfolgenden bleibt sowohl die Artikulation als auch die zurückgenommene Dynamik erhalten[300].

B-Teile

Die zuvor im Trio aus KV 168 beobachtete Haltung der kurz angerissenen Imitation zu Beginn des B-Teiles muß geradezu als Topos fast aller B-Teile, sowohl in Menuett als auch Trio, bezeichnet werden. Bereits im Menuett von KV 156 (134^b) erkannten wir zu Beginn des zweiten Teiles (T. [14] 15 ff.) dieses Verweilen auf einem Klang bei gleichzeitiger Imitation eines Motivs durch mehrere Stimmen. Ebenso verhalten sich KV 80 (73^1)/3, Trio, Takt 9 ff., KV 169/3, Takt 17 ff., KV 171/2, Takt 11 ff. und KV 173/3, Trio, Takt 11 ff., wo zusätzlich zur meist zwischen zwei Stimmen taktweise wechselnden Imitation stets ein Orgelpunkt auf dem Grundton der Dominante die retardierende Funktion der B-Teile manifest werden läßt.

Auch wenn in einigen B-Teilen der «Wiener» Menuette und Trios dieses Mittel des Scheinkanons auf einem klopfenden Orgelpunkt im Baß fehlt, der Bewegung und Ereignishaftigkeit vorgibt, obwohl der Satz hier auf der Stelle tritt, erreicht Mozart durch bewußten Einsatz floskelhafter Wendungen, wie beispielsweise standardisierter, zweistufiger Sequenzen oder *unisoni*, die gleiche Wirkung. Eine häufig zu diesem Zweck eingesetzte Floskel besteht in einer auftaktigen meist fallenden Figur der ersten Violine, die auf der erreichten «1» durch die Unterstimmen in einer harmonischen V-I-Bewegung aufgefangen wird:

---

300 Menuettanfang und die Takte 3/4 bzw. 15/16 hätten kaum versteckter in Analogie stehen können.

Beispiel 33

Wie in KV 168/3[301] bildet bereits auch KV 158/3, Takt 24-26 (s. u.) diese Floskel als zweistufigen Sequenzgang aus. In gewisser Weise wirkt sie noch statischer, wenn sie ohne wechselnde Stufe wiederholt wird, wie in KV 170/2, Triobeginn sowie Takt 13 ff. und, in seiner harmonischen Bewegungsrichtung raffiniert umgedreht, in KV 173/3, Takt 15 ff.:

Beispiel 34

Hier kombiniert Mozart ein weiteres Element zur intendierten Entwicklungslosigkeit mit der floskelhaften Sequenz: Er setzt ein *unisono*. Gewöhnlich hat diese Gestaltungskonstante Abschlußfunktion und führt aus der harmonisch-motivischen Haltung des Trios oder des B-Teils heraus (vgl. Kap. III.8); als scheinbar energisch alle Kräfte zusammenziehendes Element entpuppt es sich in erster Linie im Sinne funktioneller Markierung des Abschlusses des «retardierenden» Formteils B. So jedenfalls am Ende der Menuett-B-Teile von KV 169 (T. 22-24), KV 170 (T. 13-20, dort mit Sequenzbildung durchsetzt) und des Trio-B-Teils in KV 173 (T. 15-18)[302].

Im «italienischen» Menuett KV 158 (s. S. 111) konstituiert sich der B-Teil nahezu ausschließlich aus den benannten, retardierenden Merkmalen, die wir jetzt funktional einordnen können. Zur anfänglichen Haltung der Imitation in Stimmpaaren (T. 21-24) gesellt sich zunächst die oben beschriebene zweistufige Sequenzfloskel (T. 25-28), dann folgt ein energisches *unisono* (T. 29-32), um merkwürdig ausschweifend einen ständig auf der Dominante C^7 kreisenden Kanon zwischen zweiter Violine und Violoncello (T. 35-38) solistisch einzuleiten (T. 32-34) und abzuschließen (T. 38-40)[303]. Die im «Wiener» Quartettmenuett eingesetzten Stilmittel des bewußt reduzierten Gestaltungspotentials der Trioteile und des retardierenden Formteiles B innerhalb der Abschnitte

---

301 Der komplexere Sequenzgang, der ausschließlich den Mittelteil des Trios aus KV 170 bildet, erinnert in seiner Faktur und auftaktigen Gestik deutlich an KV 168/3, Trio.

302 Zur Sonderrolle des *unisono* in KV 173/3 s. S. 171.

303 Auch in KV 156 (134ᵇ)/3 tritt zunächst eine Imitationsfigur zu Beginn des B-Teils mehrere Takte lang auf der Stelle, um dann allerdings zu einer kadenzierenden Überleitung überzugehen.

A-B-A sind also bereits im ersten Zyklus vorgeprägt, jetzt aber deutlicher die Episodenhaftigkeit des Trios hervorhebend (wie schon im «Lodi-Quartett»!) und in den jeweiligen B-Teilen prägnanter, weil knapper, eingesetzt.

Imitation: KV 171/2 (Trio) und KV 172/3 (Menuett)

In zwei Sätzen verzichtet Mozart zugunsten einer strengen imitatorischen Durchbildung sowohl auf rhythmische Finessen als auch auf Polarität innerhalb der Satzteile; die Kontraststellung zu dem jeweils korrespondierenden Menuett- (KV 171) bzw. Trioteil (KV 172) kommt jedoch aufgrund der völlig gegensätzlichen Faktur deutlich zum Tragen.

Das Trio aus KV 171/2 beschränkt sich auf ein Motiv, das zwischen erster Violine und Viola enggeführt imitiert wird. Dennoch handelt es sich nicht um einen Kanon dieser beiden Stimmen, da das im Oktavabstand notengetreu imitierte Motiv

Beispiel 35

immer wieder (T. 5 ff., 13 ff., 21 ff.) zugunsten übergeordneter Gesichtspunkte, wie einer harmonisch auffallenden Septe der Tonika (T. 5 und 21), die den Schluß einleitet, oder einer sich nach oben schraubenden Sequenzkette (T. 13 ff.) abgebrochen wird. Zu Beginn des B-Teils wechselt die leicht abgewandelte Imitationsfigur plötzlich in die hohe Bratschenlage und wird von der Violine I in der Unteroktave imitiert.

Das zweiteilige Menuett aus KV 172 gibt sich dagegen komplexer. Es konstituiert sich aus zwei fünftaktigen (Va.: T. 1-5; V.I: T. 3-7), vier zweitaktigen (T. 7 ff., 10 ff., 19 ff. und 23 ff.) sowie einem eintaktigen (T. 27 ff.) Motiv. Kein Takt ist ohne Imitationsvorgang komponiert. Im wesentlichen werden die erste Violine und die Viola als Imitationspartner profiliert. Der scheinbar kanonische Einsatz der zweiten Violine in Takt 5 verläuft sich bereits nach zwei Takten, und auch der paarigen Imitation der Takte 19-23 kommt nur Episodencharakter zu; ansonsten fungiert die zweite Violine bis auf ihre Initiierung der Schlußgruppe (T. 27) immer als abhängiger Terz- bzw. Sextpartner ihrer Nachbarstimmen oder bindet mehrere Taktgruppen durch einen gehaltenen Liegeton (Beginn des B-Teiles) zusammen. Lediglich das eintaktige Schlußmotiv wird in den drei Oberstimmen sukzessive übernommen (Reihenfolge: V.II-Va.-V.I), während der Baß gleichzeitig dreimal insistierend die eigentlich auftaktige Wendung abtaktig als Terzpartner der wechselnden Oberstimmen setzt und dann in klassischer Menuettmanier gemeinsam mit der ersten Violine abschließt. Üblicherweise schreitet er vornehmlich in 4teln und gibt dem komplexen Oberstimmensatz seinen Halt; bloß zweimal verbindet sich der Baß mit einer der beteiligten Imitationsstimmen. Immer sind nur zwei Stimmen an der Imitation beteiligt; immer konzentriert sich Mozart auf die jeweils von der Viola neu vorgestellte Imitationsfigur; erstaunlich abwechslungsreich erfolgen die jeweiligen Einsatzabstände vom Zweitakteinsatz (Anfang) über den Eintaktabstand (Beginn des B-Teiles) bis hin zur häufigsten Form der echoartigen Abfolge von Zweitaktgruppen. Durch die Verwandtschaft jener Motivgruppe, die abtaktig mit einer 4tel-Note und angebundener Triolenbewegung beginnt ♩♪♪♪ usw. und die gleichzeitig stets zwischen den neu eingeführten Motiven steht, bildet sich eine erstaunliche Gleichförmigkeit und Logik in der Abfolge der insgesamt fünf Figuren heraus: a - b - c - b' - d - b" - e.

Zusammenfassung und KV 80 (73^f)/3

Bei der zusammenfassenden Übersicht zu Mozarts frühen Quartett-Menuetten interessiert vor allem die Frage, inwieweit sich die terminologisch unterschiedenen Typen des «Tempo di Minuetto» (erster Zyklus) und des «Menuett/Trio» (KV 80/73^f sowie zweiter Zyklus) voneinander abheben und ob sich eine kompositorisch-satztechnische Entwicklung oder gegensätzliche Ausprägung feststellen läßt.

Die Unterscheidungskriterien zwischen den genannten Menuett-Typen lassen sich weitgehend durch äußerliche Merkmale und nicht so sehr inhaltlich bestimmen. So handelt es sich bei den beiden «italienischen» Menuetten um Finalsätze bei Dreisätzigkeit, deren Stelle in vergleichbaren Werken auch andere Satztypen einnehmen können. Ihre Trios sind unbezeichnet und stehen im gleichnamigen Moll. Der A-Teil des Minuetto erscheint bei seiner Wiederholung nach dem B-Teil jeweils vollständig. Anders die sechs «Wiener» Menuette, die ein unabdingbarer Bestandteil der Viersatzfolge in Binnenstellung sind. Deren meistenteils auf der IV. Stufe stehenden Mittelteile sind mit «Trio» gekennzeichnet, und es treten häufig verkürzte oder anderweitig veränderte Reprisen auf. Das «Tempo di Minuetto» ist zudem prinzipiell in allen Teilen länger als das «Menuett/Trio».

Einige äußere Merkmale kehren jedoch übergreifend immer wieder. Alle Menuette stehen in der Haupttonart des Quartetts, die Proportionalität des Umfangs von Menuett und dazugehörigem Mittelteil ist vergleichbar. Der zu Beginn des Menuettes gesetzte Auf- oder Abtakt eröffnet immer auch das dazugehörige Trio, deutlich wird der Anschluß nach dem Doppelstrich («B-Teil») in Menuett und Trio charakteristisch («retardierendes Moment») vom Hauptteil («A») abgesetzt.

Daß sich Mozart spätestens im Sommer 1773, noch nicht jedoch im Frühjahr 1770, der differierenden Quartettgestaltungsmöglichkeiten hinsichtlich des «italienischen» und des «Wiener» Typus im Klaren war und daß sich für ihn diese Frage gerade im Satztypus des Menuettes entschied, zeigt das erste Streichquartett KV 80 (73^f). Es schließt in seiner ursprünglichen Fassung zwar «italienisch» mit einem Menuett an dritter und letzter Position. Nicht jedoch mit einem dem Finale gerecht werdenden «Tempo di Minuetto», sondern mit einem knappen «Menuett mit Trio»[304]. Nach der Erfahrung mit den beiden 1772/73 entstandenen «echten» Menuettfinali KV 156 (134^b)/3 und 158/3 (die drei «Quartett-Divertimenti» enthalten kein Menuett), des Streichquintett-Menuetts KV 174/3 und vor allem während des Entstehens der sechs «Wiener» Streichquartette mußte Mozart die Nähe des «Lodi»-Menuetts zu jenen des «Wiener» Zyklus in die Augen springen: knappe, periodische Anlage in Viertaktern, das Trio mit neuem Thema auf der IV. Stufe stehend[305], floskelhafter, auf einem Orgelpunkt scheinkanonisch verweilender B-Teil im Trio, Verzicht auf imitatorische Durchdringung des Satzgeschehens und Betonung des eher tanzmusikartig Profilierten. Als Konsequenz schrieb er deshalb mehr als drei Jahre nach Entstehung des «Lodi»-Quartetts das eigentlich «rechtmäßige» Finale in Form eines Rondeau. Jetzt erst konnte dieses Werk vor seinen Augen in formaler Hinsicht bestehen; die empfundene Unvollständigkeit entschied sich am zunächst falsch positionierten Menuett[306].

Erstaunlicherweise fehlen sichere Hinweise der Unterscheidbarkeit der beiden äußerlich differierenden Menuettypen auf inhaltlichem Gebiet. Die bestimmenden Merkmale der «Wiener» Quartettmenuette - rhythmisch-metrisches Kalkül in den Menuetten, Reduktion des Klanglichen und Melodischen in den B-Teilen und Trios sowie Imitation - erscheinen ebenfalls in den beiden früheren Sätzen KV 156 (134^b)/3 und 158/3. Lediglich in der Konsequenz der Durchführung dieser Merkmale stellt man Nuancen der verschiedenen Gewichtung fest, die auf einen Entwicklungsprozeß hindeuten könnten. So nutzt Mozart in den «Wiener» Sätzen die polaren Kräfte des Auftaktes und Abtaktes oder generell metrische Kombinations- oder Kontrastmöglichkeiten derart prononciert und bewußt, wie man sie in den «italienischen» Sätzen nicht findet. Das konstruktivistische Element des Imitatorischen hingegen beherrscht in KV 156 (134^b)/3 das gesamte Satzbild; es erfaßt hier alle Stimmen. Dagegen sind die beiden «Wiener» Sätze KV 171/2 (Trio) und 172/3 (Menuett), die ebenfalls die Imitation in den Mittelpunkt stellen, in ihrer Haltung gefälliger und einfacher, was in erster Linie damit zusammenhängt, daß hier nur zwei Stimmen am imitatorischen Geschehen teilhaben und die anderen begleiten, außerdem die symmetrische Periode bei ständig analog gewichteter Motivgestaltung erhalten bleibt. Die Gegenüberstellung des dreimal verschieden eingesetzten

---

304 L. Finscher, Lodi, S. 258.

305 Die von der NMA kursiv vorgeschlagene Dynamik *f* wird bei Betrachtung der anderen «Wiener», *sempre piano* komponierten Trios zumindest fragwürdig. Ohnehin steht den fehlenden dynamischen Angaben der ersten drei Sätze die differenzierte und reiche Dynamik des nachkomponierten Rondos gegenüber; vgl. Kap. II.

306 Daß dadurch ein Werk entstand, das in allen vier Sätzen auf der Haupttonart G-dur steht, ist wohl unter Mozartkompositionen, nicht aber in der Musikgeschichte dieser Periode, ein Unikum; vgl. Anm. 119 und Kap. V.3.
Der Hypothese eines bewußt vorgenommenen Stilpluralismus, der italienische (1./2. Satz), süddeutsch-österreichische (3. Satz) und französische (4. Satz) Nationalstile im Sinne der ästhetischen Position von Johann Joachim Quantz im «Lodi»-Quartett programmatisch vereinen soll, wie Ludwig Finscher vorschlägt, kann ich nicht folgen, obwohl diese Spekulation zweifellos großen Reiz hat; vgl. L. Finscher, Lodi, S. 259 ff. Zu unauffällig, unattraktiv im Sinne einer Popularisierung dieser Idee scheint dabei die Wahl der Gattung Streichquartett, die seinerzeit erst auf dem Wege der Anerkennung unter Liebhabern war. Der französische Schlußsatz kam naheliegenderweise wohl nicht aus programmatischen, sondern aus den geschilderten gattungsrelevanten Gründen drei Jahre später hinzu.

Motivkopfes aus KV 156 (134^b)/3 - siehe die Beispiele 15 – 17 - mit dem Kontinuum des immer auftaktigen Motivs aus KV 171/2 (Trio) oder der häufig wechselnden Themen in KV 172/3, die weniger streng satzbestimmend als vielmehr im Sinne eines Echos eingesetzt sind, verdeutlicht das Gemeinte. Insofern ist das Imitatorische in KV 156 (134^b)/3 dichter und elementarer als in den freieren Sätzen KV 171/2 und 172/3, das Metrische hingegen in den übrigen Sätzen des späteren Zyklus experimenteller als in den «italienischen» Menuetten.

Die in KV 156 (134^b)/3 festzustellende bewußte Abwendung vom naiven Tanzcharakter des Menuettes (periodische Symmetrie mit melodischem Oberstimmensatz gegen einfach strukturierten Begleitbaß) mit den Mitteln der alle Stimmen ergreifenden Imitation oder des Kanons (in Menuetten der «Wiener Klassiker» ein überraschend häufig anzutreffendes Merkmal, das offenkundig durchaus mit der Vorstellung des Tanzes vereinbar ist) findet ihr Äquivalent im anderen «Tempo di Minuetto» KV 158/3; dort verweigert die Faktur zunächst ebenfalls jede Gefälligkeit durch erst allmähliche Belebung des Geschehens.

Eine Gegenüberstellung von KV 158/3 mit dem Beginn von KV 170/2 erhellt die unterschiedliche Haltung der «Wiener» Menuette, die neben ihrer Bevorzugung des rhythmisch-metrischen Experimentes dennoch das Element des Tanzhaften, wenn auch nicht im naiven Sinne, aufrechterhalten bzw. gegenüber den «italienischen» Sätzen betonen:

Beispiel 36

Ohne Zweifel sind diese Satzeröffnungen verwandt: Der ganz ähnlichen, auftaktig bogenförmigen Bewegungsrichtung entspricht beidemale die einfache Faktur der oktaviert gehenden Violinen in Koppelung mit dem Baß in der Unterterz. Doch wie unterschiedlich ist die jeweilige Antwort des zweiten Taktpaares! In KV 158/3 bricht die Vollstimmigkeit ab, eine gleichsam schwerelose Violinfigur verselbständigt sich. Erst danach erfährt die offen endende Anfangsphrase ihren Abschluß. Die Norm hätte Takt 3 (mit Auftakt) 4 nicht erscheinen lassen:

Beispiel 37

MONTAGE:
Tempo di Minuetto

Diesen Bruch meidet der Menuettanfang aus KV 170/2; hier folgen der je zweitaktige Vorder- und Nachsatz, sogar mit Bindebogen verbunden, liedhaft aufeinander; die Erwartungshaltung des normierten, symmetrischen Viertakters wird nicht betrogen.

Solch regelmäßige Periodik ließe sich (bis auf den irregulären doppelten Fünftakter in KV 171/2) in allen Menuett- und Triosätzen der «Wiener» Quartette zeigen. Sie deshalb kontrastierend von den «italienischen», komplex durchgeformten Menuettsätzen als einfacher und dem Tanzhaften näher stehend zu werten, dürfte trotz ihres experimentellen Charakters im Metrischen, zumal wegen der einfachen Periodik und weniger dichten Satztechnik, zutreffend sein. Dennoch sind letztlich die inhaltlich engen Bezüge (man denke nur an beide g-moll-Sätze) auffälliger als die zunächst zu erwartenden Unterschiede. Die vor allem auf Th. de Wyzewa und G. de Saint-Foix zurückgehenden klaren Kriterien der Unterscheidungsmöglichkeit zwischen italienischem oder Joseph Haydns Einfluß sind demnach eher mit Hilfe der äußeren Anhaltspunkte (Satzstellung, Länge, Tonartenverhältnis von Menuett und Trio) als durch die kompositorisch doch sehr verwandte Haltung zu fassen. Möglicherweise betonen die beiden «Tempo di Minuetto»-Sätze das Moment des Artifiziellen in besonders prägnanter Weise, während die «Wiener» Sätze dieser Haltung eher Homogenität im Klanglichen und Formalen entgegensetzen.

III. 6 Rondo

(a) Finali

Neben dem Sonatensatz bei Viersätzigkeit und dem «Tempo di Minuetto» bei Dreisätzigkeit ist das Rondo jene musikalische Form, die in der Regel das frühe Streichquartett Mozarts beschließt. Dabei gilt es, drei Konstanten über das allgemeine formale Prinzip hinaus festzuhalten, die allen sechs Rondos gemeinsam sind: Das schnelle Tempo, der nicht geringe Umfang von etwa 100 Takten, der nicht selten über demjenigen des jeweiligen Kopfsatz-Allegros liegt, und das Metrum des 2/4tel-Taktes[307]. Da Mozart ohnehin nur gelegentlich Tempoangaben und noch seltener Satzbezeichnungen den Sätzen der frühen Streichquartette voranstellt (die meisten Angaben stammen von seinem Vater), verwundert es nicht, daß auch die Satzbezeichnungen zu den Rondos entweder fehlen (KV 155/134ᵃ/3, 157/3) oder differieren (Leopold Mozart: "Rondeau" in KV 80/73ᶠ/4 und "Rondeaux" in KV 169/4 sowie KV 170/4; Wolfgang Amadeus Mozart: "Rondò" in KV 159/3)[308].

Im Gegensatz zu allen übrigen musikalischen Formen, die in beiden Quartettzyklen vorkommen, bildet das Final-Rondo eine erstaunlich geschlossene Gruppe mit nur geringen Abweichungen hinsichtlich ihrer prinzipiellen Charakteristika. Von einer Entwicklung oder auch nur Schwerpunktverschiebung zwischen den Serien kann nicht gesprochen werden, obgleich im folgenden gelegentlich auf diverse Unterschiede aufmerksam gemacht wird. Zwei prinzipielle Rondotypen lassen sich formal unterscheiden: Das Kettenrondo mit seiner im wesentlichen kontinuierlichen Abfolge von Refrain und unterschiedlichen Couplets [A-B-A-C-A-D- ... -A], sowie das Sonatenrondo in seiner charakteristischen an der Dreiteiligkeit des Sonatensatzes orientierten Folge von [A-B-A][C][A-B-A]. Ersteres tritt uns wesentlich häufiger gegenüber, nämlich in KV 155 (134ᵃ)/3, 159/3, 169/4 und 170/4, letzteres in KV 80 (73ᶠ)/4 und 157/3, wobei bekanntlich das Rondo des «Lodi»-Quartetts entstehungsgeschichtlich in die Zeit der «Wiener» Quartette fällt, also keineswegs eine Entwicklung vom Sonatensatz- zum Kettenrondo zu beobachten ist[309] (zum Sonderfall KV 173/2 s. u.).

Einige elementare Merkmale sind für beide Formen konstitutiv. So fällt auf, daß der satzeröffnende Refrain (A) unmittelbar wiederholt wird (Ausnah-

---

307 KV 80 (73ᶠ)/4 steht im Alla-Breve-Takt und ist damit dem 2/4tel-Takt nahe verwandt.

308 Besondere Aufmerksamkeit verdient der letztgenannte, «modernere» Begriff, der möglicherweise durch die italienische Umgebung bei der Niederschrift des Werkes verursacht ist. Mozart (und dessen Vater), soweit sich das generell sagen läßt, bevorzugt in den 1770er-Jahren den französischen Terminus. Im Autograph von KV 159/3 kombiniert er den italienischen Begriff mit der französischen Diktion, sichtbar durch den Akzent auf dem Schlußvokal: "Rondò"; vgl. W.-D. Seiffert, KB, S. a/36. Diese Form ist offenkundig in der zweiten Hälfte des 18. Jahrhunderts in Italien eine gängige Bezeichnung für das Vokal-Rondo; vgl. H. Lühning, Rondo-Arie, S. 220 und Anm. 1. Dennoch scheint sie gelegentlich Unbehagen ausgelöst zu haben, wie folgende Quelle belegt: "il nome Rondò, preso dal linguaggio francese, spesse volte male adattato ..."; Vincenzo Manfredini, Difesa della musica moderna, Bologna 1788, S. 194, zitiert nach: K. K. Hansell, Opera, S. 468, Anm. 55. Dort mehr zur Diskussion dieses Begriffes, den Mozart übrigens auch noch in der «Kleinen Nachtmusik» KV 525/4 und im Klavierrondo KV 511 verwendet; vgl. K. H. Füssl, KB, S. f/18 (zu KV 525), und KV⁶, S. 571 (zu KV 511). Keinesfalls verbirgt sich, wie zu zeigen sein wird, in der Unterscheidung zwischen "Rondeau" und "Rondo" etwa eine differierende Formvorstellung.
Der von Leopold verwendete französische Plural "Rondeaux" als Satzüberschrift (im Autograph von KV 169/4, 170/4) ist wohl als Hinweis auf das mehrmalige Erklingen des Refrains zu verstehen (freundlicher Hinweis von Helga Lühning).

309 Im Gegenteil: Es ist das am Sonatensatz geschulte Rondo eher für den späteren Mozart charakteristisch; vgl. KV 218/3, 219/3, 281 (189ᶠ)/3, 311 (284ᶜ)/3, 511, 516/4 (mit Reprisenumstellung); vgl. auch R. v. Tobel, Formenwelt, S. 26, 201 ff.

me KV 155/134ᵃ/3), während er bei seinem folgenden Auftreten jeweils unwiederholt bleibt (Ausnahme KV 159/3, T. 25-32)[310]. Den Satzschluß bildet stets eine über die bloße letzte Wiederholung des Rondorefrains hinausgehende Coda - meist in Form einer wirkungsvollen plötzlichen Auflichtung mit folgender kompakt zusammengefaßter Faktur (Oktavierung oder *unisono* oder Durchimitation)[311]. Neben dessen gelegentlichem Auftreten während des Satzverlaufs wird vor allem durch diese Bogenform sowie die verdeutlichende Wiederholung gleich zu Beginn die zentrale Bedeutung des Refrainthemas betont. Der Refrain erscheint jedesmal (gestalthaft und tonal) identisch[312]. Seine Thematik, auf buffonesk-beschwingte Schlußwirkung des Quartettganzen bedacht, ist immer in einfache (KV 155/134ᵃ/3, 170/4) oder leicht variierte (80/73ᶠ/4, 157/3, 159/3, 169/4) Vordersatz-Nachsatz-Symmetrie gegliedert, wobei gelegentlich durch unmittelbare Themenimitation (Kanonwirkung) versteckte Komplexität erzeugt wird (KV 80/73ᶠ/4, 155/134ᵃ/3)[313] oder - in beiden «Wiener» Quartetten - das Thema gestisch an das Vaudeville der Opéra Comique erinnert: Mozart läßt hier auf instrumentaler Ebene gleichsam einen Vorsänger (T. 1-2) auftreten, in dessen einfachen Oktav- (bzw. Quartfall-) Ruf das Tutti aller Instrumente begeistert einfällt. In jedem Falle erhalten alle Rondothemen durch relative Simplizität der Anlage und stets gleiche Wiederholung im Verlauf des Satzes einen starken Wiedererkennungswert, der es ermöglicht, die Couplets auch über die Länge des Refrains selber hinaus zu dehnen, was häufig geschieht. Die formale Durchsichtigkeit bleibt in jedem Fall gewahrt.

Im Satzverlauf stehen der Wechsel zwischen (bekanntem) Refrain und (unbekanntem) Couplet im Zentrum des Interesses. Hier differieren Ketten- bzw. Sonaten-Rondo freilich leicht. Während das Sonaten-Rondo durch seinen

---

310 In diesem Zusammenhang ist Mozarts autographe Korrektur einer ursprünglich gesetzten "*da capo*"-Anweisung nach T. 24 und die nachträgliche Wiederholungsvorschrift "*bis*" [=zweimal] (mit Einrahmung der Takte 25-32) außerordentlich interessant, beweist doch sein Zögern souveräne Formdisposition im Vergleich mit den übrigen Rondos; W.-D. Seiffert, KB, S. a/37.

311 In KV 169/4 folgt auf das Erklingen des letzten Refrains ein weiteres Couplet (T. 69 ff.), das jedoch - nach Trugschluß und Oktavierung der Violinen - gleichzeitig den abrupten Satzschluß bildet.

312 Erst in den Rondos der zweiten Serie - auch im zweiten Satz aus KV 173 - macht sich Mozart diese Identität des Refrains zu nutze, indem er auf das Notieren der Wiederholungen verzichtet und in ökonomischer Schreibweise "da-Capo"-Verweise anbringt.

313 L. Finscher befaßt sich eingehend mit den Codabildungen in Mozarts instrumentalem Frühwerk und erkennt eine gerade in den Rondocodae ausgeprägte Tendenz zu phantasiereicher Gestaltung. Eine kleine Unstimmigkeit bezüglich der Coda des *D-dur*-Rondos (KV 155/134ᵃ/3) sei zurechtgerückt: Sie ist zwar "primär thematisch" gearbeitet, weil dem Refrainthema (V.I) eine kontrapunktische Stimme (V.II) beigegeben ist (T. 91 ff.), doch bleibt dieses Erscheinungsbild keineswegs der Coda vorbehalten. Vielmehr ist das Refrainthema als solches bereits scheinimitatorisch angelegt: Was in der Coda die V.II spielt, hat sie vom Vc. übernommen. In der nackten Zweistimmigkeit ist solches lediglich besonders eindrucksvoll (ibid., S. 81). Zum Terminus «Coda» und seinem ersten Auftreten in Mozarts Quartetten vgl. Anm. 216.

in der gleichnamigen Molltonart stehenden «Mittelteil» (C)[314] und die darauf folgende Reprise lediglich zwei Couplets kennt, kann die Anzahl der Couplets im Kettenrondo zwischen drei (KV 155/134ᵃ/3) und vier (KV 159/3, 169/4, 170/4) schwanken, wobei nicht immer eindeutig zu unterscheiden ist, ob nicht mehrere gestalthaft unabhängige Couplets aneinandergehängt sind, die eigens zu differenzieren wären[315].

Den Couplets kommt die Aufgabe zu, untereinander und im Kontrast zur Refraingestalt möglichst abwechslungsreiche Intermedien zu bilden. Daher meidet Mozart jede Verwandtschaft der Couplets mit dem thematischen Kopf des Refrains; sehr oft spiegelt sich in ihnen jedoch die periodische Anlage des Refrains. Die Analogie aller Rondos hinsichtlich der tonalen und gestalthaften Konzeption der Couplets ist frappant. Das erste Couplet (B) steht fast ausnahmslos in der Tonart der Quinte (Ausnahme: KV 170/4, wo die Quinttonart stets durch Einführung des Septtones nicht wirklich erreicht wird), wobei in den drei «italienischen» Rondos im Unterschied zu KV 80 (73ᶠ)/4 und KV 169/4 die Tonartenblöcke des ersten Couplets und des nachfolgenden Refrains ohne verbindendes Modulationsglied aneinandergefügt sind. Das zweite auf die Refrainwiederholung folgende Couplet (C) wendet sich immer - auch im Sonaten-Rondo - zur gleichnamigen Molltonart, in KV 159/3 ausnahmsweise zunächst zur parallelen Molltonart g-moll, was einerseits durch «Einwirkung» des Mittelsatzes andererseits durch das später ohnehin noch folgende b-moll legitimiert und verstehbar ist. In dieser Ausformulierung einer dritten satztonikafremden Stufe bildet KV 159/3 (zusammen mit KV 170/4, T. 73-84: IV. Stufe) ebenfalls eine Ausnahme zum sonst anzutreffenden Verharren aller noch folgender Couplets auf der Satztonika, wobei im Sonaten-Rondo das "B"-Couplet gemäß des Reprisencharakters bei seiner Wiederholung in die Tonika transponiert erscheint.

Auch gestisch setzen sich vor allem die ersten beiden Couplets sehr deutlich vom jeweiligen Refrain ab. Meist folgt auf dessen Vollstimmigkeit nämlich im ersten Couplet eine spürbare Reduzierung der Stimmen[316]. In ähnlicher Weise kontrastieren die zweiten, noch deutlicher als die ersten Couplets, zum Refrain. Nur im C-dur-Rondo KV 170/4 (T. 49-56) werden dieser Mollteil und die sich erneut anschließende Refrainwiederholung durch eine harmonische Überleitung verbunden[317]. Aber auch ohne sie wird ein weiteres Merkmal der

---

314 KV 80 (73ᶠ)/4, T. 33-54; KV 157/3, T. 49-64.

315 Vgl. KV 170/4 und 159/3. In letzterem bilden z. B. die Takte 65-80 ein in sich abgeschlossenes Couplet, und auch die folgenden zweimal acht Takte müssen wohl als eigenständig betrachtet werden, obwohl sie auf derselben Stufe (b-moll) wie das Vorausgehende stehen. Ohnehin stellt der B-dur-Satz mit seinen 159 Takten aufgrund mannigfach wechselnder, coupletartiger Achttaktreihungen das längste aller Quartett-Rondos dar - eine Auswirkung des Gewichts beider vorangehender Sätze.

316 KV 80 (73ᶠ)/4, 159/3, 169/4, 170/4. In KV 155 (134ᵃ)/3 und 157/3 ist als Kontrast zur Vollstimmigkeit des Refrains eine virtuos einfallende erste Violine gesetzt, die lediglich durch die übrigen Stimmen gestützt wird.

317 Auch das vierte Couplet in KV 170/4 (T. 64 ff.) mündet in eine modulatorische Überlei-

Besonderheit der "C"-Couplets deutlich: Sie gehen, zumindest in den Kettenrondos, stets in ihrem Taktumfang über die übrigen Rondoteile hinaus.

(b) Binnensatz: KV 173/2

Unter den insgesamt sieben Rondos der 13 frühen Streichquartette Mozarts befindet sich nur eines, das kein Finale bildet. Möglicherweise als Intermezzo zwischen dem gewichtigen d-moll-Kopfsatz und dem d-moll-Menuett gedacht[318], plaziert Mozart im letzten Quartett seiner «Wiener» Serie dieses "Andantino grazioso" (KV 173/2), das nicht - wie alle übrigen langsamen Sätze der frühen Streichquartette - in strikter Sonatensatzform, sondern in der freieren Gestalt der Rondoanlage gefaßt ist. Im Gegensatz zu den beiden anderen (Final-) Rondos seiner Serie[319] fehlt bezeichnenderweise auch die Satzüberschrift als Zusatz zur Tempoangabe; das Rondo als klar umrissener Satztypus ist für Mozart - zumindest in den Streichquartetten - primär ein Finalsatz.

Mannigfach sind daher auch in KV 173/2 die Unterschiede zu den zuvor beschriebenen Quartettrondos. Das betrifft zunächst das langsamere Tempo, das freilich direkt von der Satzstellung ableitbar ist, sich dennoch auf den Tonfall dieses graziös schreitenden Andantino[320] nachdrücklich auswirkt. Des weiteren lehnen sich die Couplets stark an die Thematik des Refrains - insbesondere an dessen fallende 16tel-Triolen-Kette (T. 2) - an, wodurch der gesamte Satz zu einer starken Vereinheitlichung tendiert:

- Couplet I (T. 8 ff.): Isolierung und Verarbeitung der Triolen
- Couplet II (T. 24 ff.): Auftakt mit Triolen (Wellenbewegung)
- Couplet III (T. 44 ff.): Triolen in Wellenbewegung
- Couplet IV (T. 60 ff.): Triolen *unisono* und als Figuration
- Couplet V (T. 80 ff.): wie Couplet I
- Coda (T. 88 ff.): Triolen

tung aus der neuen Tonart F-dur zurück zum C-dur des Refrains (T. 84 ff.). Dabei gewinnt Mozart den Überleitungsgedanken aus dem Material des Couplets selbst. Dieser besteht aus einer auftaktigen 16tel-Figur, die taktweise imitierend durch alle Stimmen erscheint, dabei aber gleichzeitig durch ein Verharren des jeweiligen Schlußtones ein Aufblühen des Zielakkordes ermöglicht. Die 16tel-Figur der V.II, T. 65, ist in NMA dem Autograph entsprechend wiedergegeben, obwohl Mozart als dritte Note wohl es^1 (statt e^1) meint; alle analogen Figuren der umgebenden Takte zeigen jedenfalls die gewöhnliche Dreiklangsbrechung.

318 Darauf verweisen WSF II, S. 77. H. Abert I, S. 329, qualifiziert ihn, ohne den Kontext zu bedenken, als "entschieden zu tändelnd geraten". Die gegenteilige Ansicht vertritt O. Jahn I, S. 594, der das Rondo als "fein und anmuthig" empfindet.

319 Aber in Korrelation zu den Rondos in KV 155 (134ᵃ)/3 und 157/3.

320 Der Zusatz "grazioso", wie etwa auch des Themas des Variationssatzes KV 170/1, scheint nicht zuletzt durch den verspäteten Einsatz der Unterstimmen und die eleganten, nuancenreichen Vorhaltsbetonungen an den jeweiligen Periodeneinschnitten im Refrainthema begründet. Eine großartige Schwester hat unser Satz im "Andantino grazioso" des Divertimentos KV 251/3 (A-dur und Rondo-Anlage!).

Dieser nahe Bezug zwischen Refrain und Couplets, deren Substanzverwandtschaft im Falle des *D*-dur-Andantino nicht nur im offenkundigen 16tel-Triolenmotiv, sondern durch viele untergründige Gemeinsamkeiten[321] verursacht wird, erinnert entfernt an die Forderung Johann Friedrich Reichardts, in den Instrumentalrondos sollten alle Couplets "vom Thema zu ziehen" sein[322], also eher im Sinne von Variationen eines Refrain-«Themas» denn als eigencharakteristische Zwischenspiele gestaltet werden. In jedem Falle unterscheiden sich die Finalrondos vom hier beschriebenen Satz in diesem Punkt erheblich.

Und schließlich stellen auch die Tonartenstationen dieses Satzes einen Sonderfall unter den Quartettrondos dar, der vermutlich durch die besagte Tendenz zur Vereinheitlichung zwischen Refrain und Couplet bedingt ist: Erst das Couplet II steht in der Tonart der Quinte (und diese ist sehr labil), das III. Couplet streift lediglich die Tonart der Quarte, keine anderen Tonarten werden im weiteren Satzverlauf berührt.

Möglicherweise hängt es von der Tonart ab, daß gerade dieses ungewöhnliche Rondo-Andantino sein Refrainthema so plakativ durch Oktavierung der Violinen hervorhebt; nur noch im früher entstandenen *D*-dur-Finalrondo KV 155 (134ª)/3 fällt genau jenes Satzmerkmal in die Augen[323]. Die zu konstatierende schlichte Anordnung zweier korrespondierender, lediglich im Penultimatakt und harmonischen Schluß voneinander abweichender Taktgruppen (symmetrische Vorder- und Nachsatzanlage) kann hingegen als charakteristisches Merkmal der meisten Rondos gelten.

Abschließend sei an die Ausführungen von Kap. III.3 (S. 70 f.) erinnert, wo festgestellt wurde, daß alle Sonatensatz-Finali (KV 160/159ª/3, 171/4, 172/4) durch unverhofftes Wiederaufgreifen des jeweils zu Beginn vorgestellten und nicht weiter ausgeführten Hauptmotivs rondoartige Elemente aufweisen. Nicht im Sinne eines Sonaten-Rondos, wie im Finale des «Lodi»-Quartetts und des *C*-dur-Quartetts KV 157/3, sondern erstens in Hinsicht auf den wirkungskräftigen «Kehrauscharakter» der Motive, zweitens aufgrund deren an eine Coupletfolge erinnernde baukastenartige Reihung und drittens, wegen deren umrahmenden Refrains (an den Nahtstellen der Hauptteile I, III) wendet Mozart dieses formübergreifende Verfahren an. Somit weisen mit Ausnahme der beiden «Tempo di Minuetto»-Sätze im ersten (KV 156/134ᵇ/3, 158/3) und der beiden Fugen (KV 168/4, 173/4) die Schlußsätze im zweiten Zyklus (inklusive des «Lodi»-Quartetts) eher Gemeinsamkeiten als Unterschiede auf.

---

321 Vgl. etwa das nahezu wörtliche Zitat von T. 3/4 in T. 11/12 (Couplet I) und T. 83/84 (Couplet V) oder die gehäufte Betonung des Vorhaltes auf starker Zählzeit in den Periodenschlußtakten, wie in T. 4 (2) des Refrains ausgeführt: T. 28, 34, 46, 48.

322 J. F. Reichardt, Kunstmagazin, S. 168 f.

323 Obwohl Oktavierungen und Unisoni gerade in den Rondos häufig, aber eben nicht so demonstrativ am Beginn eines Satzes, anzutreffen sind; vgl. Kap. III.8.

III. 7 Sonderformen

Eine in ihrem historischen Kontext ungewöhnliche, der Gattungsnorm entgegenstehende Satzfolge hat bei Mozart in der Regel Vorbilder, sei es in anderen Gattungen, sei es in anderen Kompositionen zeitgenössischer Meister. Im Zusammenhang mit den langsamen Kopfsätzen, wie sie zweimal unter den ersten sieben Streichquartetten und in einem Quartett-Divertimento auftreten, liegt es nahe, die italienische und süddeutsch-österreichische Triosonate als primär wirkenden Einfluß zu benennen; nur wenige zeitgenössische Streichquartette weisen nämlich die Folge: Langsam-Schnell-Schnell (bzw. Menuett) auf (s. Kap. III.4).

An dieser Stelle sollen nun die «Sonderformen» der «Wiener» Serie zur Sprache kommen, denn nur hier treten musikalische Formen wie Variation, langsame Einleitung und Fuge auf. Die Mozartforschung ist sich gerade aufgrund dieser ungewöhnlichen Sätze darin einig, daß in erster Linie die Streichquartette «op. 17» und «op. 20» Joseph Haydns auf die frühen «Wiener» Streichquartette Mozarts tiefgreifenden Einfluß nahmen: "einige kleinere Abweichungen von der Form, wie die Schlußfugen (K.-V. 168, 173), die Variationen als erster Satz (K.-V. 170) und die Adagioeinleitung (K.-V. 171), gehören [...] auf *Haydns* Rechnung"[324]. Ohne hier auf diese kaum zu leugnende und dennoch nicht das Wesentliche erfassende Tatsache einzugehen (s. Kap. V.3), seien die für die Mozartschen Quartette charakteristischen Konsequenzen wie auch der musikalische Satz der Einzelwerke im Vergleich zu den übrigen musikalischen «Normalformen» betrachtet.

Zunächst ist auffällig, daß alle vier Sonderformen in Ecksätzen zu finden sind. Dem Einzelsatz wird damit unverkennbar innerhalb der zyklischen Satzfolge besondere Bedeutung beigemessen, weil er entweder eine unerwartete Eröffnung bildet (KV 170/1, 171/1) oder einen gewichtigen Schlußpunkt setzt (KV 168/4, 173/4). Der Quartettzyklus wird durch die Verwendung jener «Sonderformen» als Werkgruppe besonders vielgestaltig, da nur noch zwei von sechs Quartetten bezüglich der Satzfolge der Norm entsprechen (KV 169 und 172), somit der Terminus «Norm» ohnehin fragwürdig wird. Wie die weitere Entwicklung zeigt, spielt gerade die Integration von Variation und langsamer Einleitung, kaum jedoch der Fuge in der Gattung Streichquartett eine große Rolle. Dabei sollte man das Ungewöhnliche der beiden Quartetteröffnungen unseres Untersuchungsgegenstandes nicht unterschätzen. Sowohl ein Variationensatz als auch eine langsame Einleitung erscheinen hier in Mozarts OEuvre erstmals. Daß dies Mozart durchaus bewußt war, kann man aus den Konsequenzen der Satzfolge dieser beiden Quartette erschließen. Die gewöhnliche Binnenstruktur der viersätzigen «Wiener» Serie lautet nämlich: Langsam-Menuett, während sich in KV 170 und 171 diese Folge umkehrt. Die besondere Schlußwirkung

---

324 H. Abert I, S. 327. Vgl. auch A. Einstein, Mozart, S. 246.

einer Quartettfuge, im Falle von KV 173/4 sogar in der Funktion als Abschluß der ganzen Quartettserie, muß nicht ausdrücklich betont werden.

(a) Kopfsätze

- Thema mit Variationen: KV 170/1

Zwei Fragen sollen an den Variationssatz in *C*-dur KV 170/1 gestellt werden: Wie ist das Thema gebaut und welches sind die Beziehungen der Variationen zu diesem Thema? Dabei ist vorauszuschicken, daß sich dieser kleine Satz mit seinen vier Variationen von insgesamt 101 Takten sicherlich nicht mit den späteren Variationen des reifen Mozart messen kann, daß dennoch eine so pauschale Wertung, die primär den spieltechnischen Aspekt im Auge hat und noch dazu von falschen formalen Voraussetzungen ausgeht, wie von H. Keller geäußert, einfach zu widerlegen sein wird:

> "K. 170 in C (1773) has little musical value and shows multiple defects, but the opening Andante, a variation movement in da capo form with four variations in the middle [!], gives the beginnerleader a chance to develop the kind of imaginative, subtle, and considerate concertant style without a string quartet never comes of age"[325].

Das Thema ist vergleichsweise eher auffällig, weil unter den neun Andantesätzen der frühen 13 Quartette sechs abtaktig beginnen, auftaktig sind hingegen ausgerechnet die drei im 2/4tel-Takt komponierten Sätze (KV 169/2, 170/1, 173/2). Vielleicht träfe die Bezeichnung «Andantino grazioso» am ehesten die intendierte Haltung dieses Satzes, ist doch die Verwandtschaft (Auftaktgestus und verzögert einsetzende Unterstimmen) zu dem zweiten Satz aus KV 173 nicht zu übersehen[326]. Seine Anlage in zwei zu wiederholende Teile [:A:][:A':] ist sehr schlicht und dadurch dem Ideal einer Variationsvorlage an sich sehr nahe. Dennoch handelt es sich nicht, wie beispielsweise in den gefälligen Rondorefrains, um absolut symmetrische Hälften. Der zweite Teil überrascht nämlich dadurch, daß vor der Schlußgruppe ein Stocken einkomponiert ist, das nicht nur die fortwährende Abfolge von (2+2)+(2+2) Takten mutwillig[327] unterbricht, sondern auch als wit-

---

325 H. Keller, Chamber Music, S. 99.

326 Im Autograph hat Leopold Mozart sowohl die Tempoangabe «Andante» als auch die Durchzählung der Variationen (ab Blatt 1v) nachgetragen. Einen Hinweis darauf, daß es sich um den Typus «Thema mit Variationen» handelt, erhält man also nicht unmittelbar. Erst nach der vierten Variation schreibt Leopold Mozart "Thema Dacapo" (Blatt 4r), obwohl Mozart noch genügend Platz zur Wiederholung des Themas geblieben wäre (Blatt 4r, 2. Akkolade und Blatt 4v sind unbeschrieben). Dies mag ein weiterer Hinweis darauf sein, mit welcher Sicherheit Mozart davon ausging, das richtige Tempo, der richtige Duktus würden ohnehin getroffen (bzw. von seinem Vater verstanden). Daß das Variationsthema abschließend noch einmal wiederholt wird, hat nichts mit der da-capo-Form zu tun, sondern ist für den Typus «Variation» eher typisch.

327 Mutwillig deshalb, weil ohne Probleme der Auftakt zu T. 16 in T. 14 stehen und damit die Symmetrie gewahrt bleiben könnte, so daß nicht zwangsweise die jetzige Folge von 8+9 Takten das Resultat sein müßte.

zige Reaktion auf den ersten A-Teil konzipiert ist. In Takt 6 folgt nämlich auf die fallende Sextakkordkette zum ersten Mal eine Betonung der schwachen zweiten Zählzeit. Diese Betonung ist nicht nur durch das *sforzato*, sondern auch durch den ungewöhnlichen Septnonakkord wie durch den plötzlichen Auftaktwert einer 4tel-Note gewährleistet. In Takt 13/14 soll nun dieser quer stehende Akzent gleichsam korrigiert werden. Statt einer Sextakkordkette (die nur an der Nahtstelle zwischen T. 12/13 angedeutet wird) faßt die Analogstelle alle Stimmen zu präziser Artikulation der Taktgewichtungen zusammen, so daß der *sforzato*-Akzent jetzt auf der (richtigen) «1» zu liegen kommt und der ungewöhnliche Septnonakkord als nicht forcierter Nachhall auf der «2» ausschwingt:

Beispiel 38
T. 13-15

Entweder um auf diese Richtigstellung zu verweisen oder um eine neuerliche, für die Symmetrie schwerere Folgen verursachende Störung einzubauen, ist dieses Verhalten in jedem Falle mit musikalischem Witz gestaltet und besonders in seiner Auswirkung auf die nachfolgenden Variationen zu beobachten. Wie sehr diese kunstvolle «Störung» des Ablaufs als solche empfunden werden muß, geht aus der übrigen Anlage des Themas hervor. Über die paarige Taktanordnung hinaus bilden in den beiden Vordersätzen (T. 1-4, 9-12) der punktierte Rhythmus und der charakteristisch auf die Vorhaltsbetonung des jeweils zweiten Taktes zielende Zweitakter die wesentlichen Konstanten, denen sich ein eher floskelhaft kadenzierender Nachsatz anschließt [:a+b:][:a'+b':].

Weist sich also das Thema in seiner knappen, periodischen Anlage als eigenständig geformt aus, so zeigt die musikalische Faktur den für Mozart so charakteristischen ständigen Wechsel der Stimmenkombinationen, den wir in allen übrigen Formtypen ebenfalls antreffen. Folgender Überblick soll dies verdeutlichen:

Takt	Faktur
1-3	V.I führt, Unterstimmen differenziert akkordisch
3/4	V.I+Va. in Sexten
4/5	Sextakkordkette der drei Oberstimmen ohne Vc.
6	gemeinsamer Septnonakkord aller vier Stimmen
7	V.I+II in Terzen, Va. und Vc. 8tel-Bewegung
8	Vorhalts-Penultima-Akkord von V.I+II+Va., Vc. 8tel
9	V.I führt, Va.+Vc. in Terzen, V.II schweigt
10	V.I+Va. in Terzen, Vc. begleitet, V.II schweigt
11	V.I+II in Oktaven (Führungsstimme), Va.+Vc. in Terzen/Sexten
12	V.I+II in Sexten
12/13	Sextakkorde der drei Oberstimmen, Vc. oktaviert Va.
14	V.I+II in Terzen, Va.+Vc. gemeinsamer Liegeton
15/16	V.I+II in Terzen, Va. rhythmisch an Oberstimmen orientiert, Vc. Kadenz in 8teln
17	Vorhalts-Penultima-Akkord von V.I+II+Va., Vc. 8tel

Dieser Vielfalt von Stimmenverknüpfungen, die so wichtig für das Lebendige des Mozartschen Satzes im allgemeinen ist, begegnet man in den vier folgenden Variationen nicht. Hier gilt es vielmehr, jeweils das einheitliche Prinzip in enger Anlehnung an die Themenvorlage zu erkennen.

Die erste Variation betont das virtuose Element der ersten Violine mit zahlreichen 32stel-Läufen, Tonleiterskalen und Akkordbrechungen; diese Faktur, die uns beispielsweise in J. Haydns Streichquartetten auch außerhalb seiner Variationssätze häufig begegnet, ist unter den 13 frühen Quartetten Mozarts einmalig. Sein musikalischer Satz tendiert vielmehr, ungeachtet der «Serenaden» der langsamen «Wiener» Sätze, prinzipiell zur Gleichberechtigung aller vier Stimmen innerhalb eines von vorneherein vierstimmig konzipierten Satzes. Doch Mozart wußte, wie man ohne technische Kunststücke Effekt erzielen kann[328]. In der zweiten Variation kehrt der Primarius zur wörtlichen Zitierung des Themas zurück. Von den Unterstimmen wird es in breiter 16tel-Triolenfiguration untermauert. Dieser rhythmische Impuls greift im Nachsatz des ersten Teils und im Schlußtakt des zweiten Teils sogar auf das Thema selbst über. Die dritte Variation nimmt genau die Gegenposition zu ihrer Vorgängerin auf, indem sie bis auf die harmonische Konstante alle Parameter des Themenvorbildes aufhebt. Zumeist in dreistimmigem Satz (Violinen oktaviert) umspielt sie das zugrunde liegende Akkordgerüst unter Verwendung eines bis zum Schluß beibehaltenen rhythmischen auftaktigen Modells, das stetig ein 16tel- von einem 32stel-Paar ablösen läßt ♪|♫ ♪ ♫ ♪ ♪|~ [329]. Die vierte und letzte Variation schließlich ist unüberhörbar von musikalischem Charme und Witz geprägt, der sich vor allem dadurch ausdrückt, daß sich gegen das immer wieder ansetzende Variationsthema eine unerwartet massive 32stel-Wechselnoten-Figur durchsetzt[330], die mit einem Augenzwinkern auch diese Variation in der solistischen ersten Violine abschließt[331].

Doch wie verhält es sich in den Variationen mit dem überzähligen fünfzehnten Takt des Variationsthemas? In der ersten Variation wird diese Stelle harmonisch in den virtuosen Gestus der Solovioline einbezogen, weil sie, geradezu über ihr Ziel hinausschießend, in Takt 14 zu einer Tonleiterbewegung ansetzt, die von f^1 über zwei Oktaven zu f^3 hinaufsteigt, um erst im fraglichen Takt solistisch den zugrundeliegenden Septakkord in einem Dreiklangsfall anzudeuten. Der überzählige Takt wird deshalb als auskomponierte Kadenz im Sinne des Solokonzertes

---

328 "The seventeen-year-old Mozart knew instinctively how to make the fiddle brilliantly easy, how to make child's play sound giant's play"; H. Keller, Chamber Music, S. 99.

329 Nur zu Beginn der Variation besteht der Auftakt aus zwei 16tel-Noten, gleichsam um auf die folgende Doppelung jedes 16tel-Paares aufmerksam zu machen.

330 Das Thema des B-dur-Rondos KV 159/3 wird mit sehr ähnlichen Mitteln aufgebaut; aber dort handelt es sich eben um ein Thema, die «Störung» ist in den Periodenbau eingegliedert.

331 Auf diese Variation hebt insbesondere Th. F. Dunhill in seinem kleinen engagierten Buch über Mozarts Streichquartette ab, wenn er schreibt: "The most inventive [variation of KV 170/1] is the last, where the quiet phrases of the melody are humorously interrupted by loud rumbling ejaculations, *tutti*, in demisemiquavers"; Th. F. Dunhill, Quartets I, S. 20.

und nicht als metrische Störung empfunden. Völlig anders reagiert Variation II auf diesen Problemtakt; dort überläßt Mozart der Viola die Aufgabe, den deutlich spürbaren Bruch zu überbrücken. Kurios ist nur, wie humorvoll die häufig in Mozarts Quartettsatz anzutreffende Klangachsenfunktion dieser Stimme hier (T. 14/15) isoliert und dadurch erst in das Bewußtsein gerufen wird. Denn bereits in Takt 8 ff. exponiert die Viola diesen die Dominante und Tonika gleichermaßen vertretenden Ton g, der sich rhythmisch freilich an die Gesamtanlage der Variation anpaßt. In Takt 14 wird dieses ständige Repetieren plötzlich derjenigen Stimme übertragen, die im Falle eines sofortigen Anschlusses von Takt 14 an Takt 16 bestimmt keine melodische Bewegung unternommen hätte, da gerade ihr Ton als Achsenklang hätte fungieren können. Nur «mürrisch» bequemt sich die Viola halbtonschrittweise zum Anschlußton der Tonika. In Variation III entfällt der Problemtakt der zweiten Themenhälfte zugunsten einer glatten Symmetrie von 8+8 Takten. Die eigentliche motivisch-satztechnische Auseinandersetzung mit dem mutwillig eingeschobenen Pausentakt innerhalb des Themas findet schließlich in der letzten Variation statt. Als Knotenpunkt der Auseinandersetzung bietet sich geradezu die 32stel-Figur an, die bereits im zweiten Takt die Entwicklung des bekannten Themas stört. Als «Störfaktor» ist ja auch der überzählige Takt gedacht. Um dies zu erkennen, muß man die Vorder- und Nachsatzteile beider Abschnitte vergleichen. Beide Vordersätze fassen den Ausbruch der 32stel zu einer Figur aller Stimmen zusammen, wobei anfangs (T. 2, 4) ein unmißverständliches, hartes *unisono*, bei der Wiederholung (T. 10, 12) die klanglichere Variante in Sextakkord-Stellung erklingt. Auch die Nachsätze beziehen sich aufeinander und gleichzeitig auf die Vordersätze. Was im ersten Teil (T. 6) als Auflösung des *unisono* in Form einer Koppelung der imitierenden Außen- und Mittelstimmen bereits gekonnt aufgefächert ist, wird im fraglichen Takt (T. 15) auf weitere Stimmenkoppelungen - ein allgemeines Satzmerkmal Mozarts - ausgedehnt. Die Mittelstimmenkoppelung wird dadurch um einen ganzen Takt verschoben und prozeßhaft in die Abfolge von tiefer Lage, hoher Lage, Mittellage einbezogen. Wie in der ersten Variation wird also hier das ursprüngliche Problem nur mit völlig anderen Mitteln überzeugend gelöst.

- Umrahmte Form: KV 171/1

Nahezu jeder Autor, der sich zu Mozarts frühen Streichquartetten äußert, kommt auch auf den vor allem formal auffälligen Kopfsatz des *Es*-dur-Quartetts KV 171 zu sprechen. Er steht nicht in offenkundiger Sonatensatzform und wird darüber hinaus durch eine langsame Einleitung eröffnet, die nahezu identisch auch als Epilog wiederkehrt[332].

---

332 M. Danckwardt macht auf diesen Sonderfall von "selbständige[n] langsame[n] Einleitung[en]" aufmerksam, die, bis auf die harmonische Richtung, ebenso als Schlußabschnitt fungieren können, wie z. B. in KV 171/1 und im *f*-moll-Werk für ein Orgelwerk KV 594; M. Danckwardt, Einleitung, S. 141. Ch. Speck, Boccherini, S. 102, betont hingegen den umrahmenden Charakter des Adagio und will dieses nicht als "Einleitung" bezeichnet wissen, da die Wiederholung des Adagio "das Bewußtsein über die veränderte Situation erkennen" ließe. Specks Beobachtungen schließen jedoch den Einleitungscharakter des ersten Adagios (dominantisch offen endend!) nicht aus. Siehe auch weiter unten.

Gelegentlich wird eine an die Form der französischen Ouvertüre erinnernde Anlage konstatiert[333]. Dies scheint einem Erklärungsmodell wohl sehr nahe zu kommen. Wesentliche konstituierende Merkmale der französischen Ouvertüre sind in Mozarts Satz wenn nicht konsequent ausgeführt, so doch angelegt. Ein in geradem Takt stehender, langsamer Teil, dessen Material jedoch keineswegs an die französische Ouvertüre erinnert, öffnet sich halbschlüssig und wird durch einen bewegten, fugiert einsetzenden Teil in geändertem Metrum abgelöst (T. 15). Als Abschluß wird der langsame Teil wiederholt (T. 143), wobei der ursprüngliche Halbschluß nun zur schlußfähigen I. Stufe geführt ist. Daß Mozart diese prinzipielle Anlage mit Elementen der Sonatensatzform kombiniert (s. u.), läßt nicht über besagte Analogien zur französischen Ouvertüre hinwegsehen.

So deutlich also das Modell der französischen Ouvertüre durchscheint, und so fremdartig diese formale Anlage unter Mozarts Kompositionen wirken muß, so wenig handelt es sich tatsächlich um eine Ouvertüre. Großformal lehnt sich Mozart zwar an die Rahmenfunktion des Adagioteils an, die Untergliederung der kleineren Abschnitte zeigt aber deutlich den Versuch Mozarts, Elemente der Sonatensatzanlage einzubinden:

  T. 1-14   15-62   63-74   75-126   127-142   143-159
  ADAGIO   ADAGIO
  _____ALLEGRO_____
  I.   II.   III.   «CODA»

Wenn man das motivische Material der ausschließlich in den Takten 63-74 formal als Mittelteil zwischen dem ersten Allegroteil und dessen (modifizierter) Wiederholung interpretiert, läßt sich die Analogie zur Sonatensatzform, zusätzlich durch einen Adagioteil gerahmt, kaum leugnen. Für diese Annahme spricht auch die harmonische Ausrichtung der Einzelabschnitte: Besagter Mittelteil folgt auf eine klare Kadenz zur Tonart der Quinte, die durch Pause vom folgenden abgetrennt ist (T. 62); er knüpft an diese Tonart an, schwächt aber sofort (T. 63 ff.) durch sein Anvisieren des *as* die Tonikafunktion des *B*-dur, so daß sich daraus an der Nahtstelle zum dritten Teil (T. 74) eine Halbschlußwirkung entwickelt. Die Aufgabe des Mittelteils besteht demnach in Analogie zum Sonatensatz primär im Erreichen einer Funktionsverschiebung des zunächst tonikalen, dann dominantischen Akkordes der Quinttonart des Satzes[334]. Die beiden umfangreicheren Abschnitte (Teil I und III) nehmen ein-

---

333 L. Finscher, Indebtedness, S. 408. N. Schwindt-Gross argumentiert unter dem Hinweis auf ein Haydnsches Vorbild dagegen; N. Schwindt-Gross, Streichquartette, S. 250, Anm. 1. Siehe dazu S. 258 f. Auf die französische Ouvertürenform als Gestaltungsvorlage verweist - so weit ich sehe - als erster R. v. Tobel, Formenwelt, S. 132. Vgl. auch: R. Klinkhammer, Langsame Einleitung, S. 70 (unter Hinweis auf J. Haydns Sinfonie Nr. 15).

334 Schon H. Abert erkennt die entfernte Verwandtschaft der zugrundeliegenden Thematik des Mittelteils (nur verwechselt er bei seiner Analyse Unter- und Oberstimmen) mit dem *unisono*-Einleitungsgedanken; H. Abert I, S. 328; Ch. Speck zeigt folgerichtig den

deutig durch das gleiche motivische Material aufeinander Bezug. Wie im Sonatensatz wendet sich der I. Teil jedoch der Quinttonart zu, während der wiederholende III. Teil durch veränderte Satztechnik und abweichende Akkordprogressionen (s. u.) ab Takt 99 in der Ausgangstonart verharrt und auch in ihr schließt (T. 126). Den dritten Versuch einer Wiederholung unternehmen die Takte 127-142, die jedoch in den abschließenden Adagioteil münden, so daß deren Funktion als Anhang ("codaartig") beschreibbar ist.

Außer durch die singuläre Adagio-Einleitung hebt sich KV 171/1 auch dadurch von allen übrigen Kopfsätzen deutlich ab, daß unter den frühen Quartetten Mozarts nur dieser eine Satz durch ein *unisono* eröffnet wird. Doch nicht Effekt als Selbstzweck ist die Intention, sondern vielmehr eine musikalisch-kompositorische Entwicklung, die aus diesem Anfang keimartig bis in den Allegroteil hineinwächst. Das primäre Mittel zu dieser (nicht unbedingt offenkundigen) kompositorischen Verknüpfung bildet die Intervallfolge, wie sie im ersten Takt vorgestellt wird: Quartschritt-Halbtonschritt (s. Notenbeispiel 75). In den *unisono*-Takten (T. 1-2, 5-6) spielt aufgrund der Bedeutung des Halbtonschrittes die Kombination beider Intervalle noch nicht die aussschlaggebende Rolle; hier werden jeweils der Ausgangs- und Zielton als Einheit gehört (Terz: T. 1, 5 oder Quart: T. 2, 6). Die Schlußgruppe der Einleitung reflektiert jedoch bereits auf diese *unisono*-Takte und stellt den unmittelbaren Bezug beider Intervalle noch stärker in den Vordergrund. Die Quarte öffnet das harmonische Feld (T. 12/13, 13/14), der Halbtonschritt (fallend!) schließt es wieder (T. 12, 13).

Genau diese Dialektik kommt in den ersten acht Takten des Allegroteiles zum Tragen und wird in Form einer Kadenzformel zu einer Symbiose verschweißt: Die Quarte bildet in allen Stimmen das Eröffnungsintervall, der Halbtonschritt (V.I) beschließt den Vorgang. Im gleichen Moment wird aber die Quarte auch als Baßformel des konventionellen Kadenzvorgangs eingesetzt, so daß der Beginn des Allegroteils in zweifacher Weise auf seine Adagio-Einleitung anspielt: Zum einen setzt er ein Pendant zu der massiven *unisono*-Phrase durch Auffächerung der Stimmeneinsätze, zum anderen vereinigt er musikalisch sinnvoll beide zunächst separierten Intervalle zu einem gemeinsamen Vorgang. Daß die Polarität von Öffnen und Schließen eng mit der Verwendung der Intervalle der Quarte und der kleinen Sekunde zusammenhängen, vermittelt auch der Schluß von KV 171/1. Dort kadenziert der Satz bereits im Vorfeld zu den Intervallpaaren mit Hilfe eines leittönigen Schrittes (T. 157), der an den ersten Takt des Satzes erinnert, weil er plötzlich wieder aufwärts statt abwärts geführt wird (vgl. Schluß des ersten Adagioteils). Demonstrativ werden nun die Kadenzschritte mit den fraglichen Intervallen (V.I) verbunden und durch Pausen voneinander getrennt, wobei die konträre Dynamik den Bezug noch verstärkt[335].

Mutationsprozeß des fallenden Dreitonmotivs von T. 6 über T. 65/66 zu T. 148/149 auf, der das wache Situationsbewußtsein Mozarts dokumentiert; Ch. Speck, Boccherini, S. 102.

335 Vgl. auch die anders gewichtete Beschreibung bei Ch. Speck, Boccherini, S. 102.

Die auffällige Eröffnung des Allegros ist also keineswegs als fugiert einsetzender Allegroteil einer französischen Ouvertüre zu verstehen, auch wenn es durch die sukzessive Abfolge der Stimmeinsätze so erscheinen mag, sondern primär durch seinen kompositorischen Bezug zum einleitenden Adagio und in seiner Funktion als Kadenzvorgang determiniert. Satztechnisch betrachtet handelt es sich um eine paarige Imitation, die mit dem Baßeinsatz in Zusammenklang mit der Halbtongeste der ersten Violine abgebrochen wird. Der anschließende, sich allmählich zur Vollstimmigkeit entwickelnde Folgeabschnitt (T. 23-35)[336] ist an seiner Nahtstelle von der Zwei- zur Dreistimmigkeit in Form einer Verschränkung miteinander verknüpft (T. 28); in die Schlußgeste der Violine I hinein, setzt abtaktig in der zweiten Violine ein neues Motiv ein, dessen Viertaktstruktur (und dessen Kopfmotiv) sofort wiederholt wird (T. 32-35). An der Nahtstelle überbrückt die Viola elegant die ineinander verhakten Violinen, indem sie mit der Oberstimme zum *B-dur*-Akkord abkadenziert und gleichzeitig die Stützakkorde der ersten beiden Takte der Figur der zweiten Violine andeutet[337].

Einziger gravierender, durch die geänderte harmonische Ausrichtung begründeter Unterschied zwischen erstem und drittem Teil ist genau jener Abschnitt, der in Taktverschränkung die Zweistimmigkeit ablöst (T. 88 ff. gegenüber T. 28 ff.). Beim zweiten Mal läßt sich die Violine I ihre «Degradierung» nicht mehr gefallen. Sofort imitiert sie den emphatischen Oktavaufschwung sowie den Folgetakt der zweiten Violine; Ziel dieser geänderten Faktur ist es, den Satz auf der Stufe der Tonika zu belassen: Erst ab Takt 92 wird die eigentliche Analogie zum ersten Teil (T. 28 ff.) hergestellt und dadurch der (im Vergleich zum ersten Mal überzählige) Viertakter in seiner davor modulatorischen Eigenschaft erkennbar.

Erst ab Takt 36 liegt in der für den «Wiener» Zyklus so typischen Violinenoktavierung mit gleichzeitiger Terzenkoppelung beider Unterstimmen eine Struktur vor, die die Assoziation des endlich erreichten wirklichen Satzbeginns signalisiert. Einfache Zwei- oder Viertaktgliederung herrscht vor, stete Wiederholung der kleineren Abschnitte erinnert an die einfache Baukastenstruktur der «italienischen» Quartettsätze, beides wiederum sticht deutlich von der eher komplexen Faktur bis zu Takt 36 ab[338]. Die Coda schließt ein letztes Mal an die Kadenz der Quartimitation an, verharrt einen Moment lang auf der seltsam kurz gestoßenen

---

336   Nicht zu übersehen ist der motivische Bezug zu den beiden «Tempo di Minuetto»-Sätzen (besonders zu KV 156/134^b) der italienischen Serie; vgl. auch KV 173/3.

337   Für Mozarts frühen Quartettsatz sind zwei Phänomene noch besonders betonenswert, weil ihnen Ausnahmecharakter zukommt: die fünftaktige Zweistimmigkeit (T. 23 ff.) und die Faktur des folgenden doppelten Viertakters, der auf Kosten der ersten der zweiten Violine (die Funktion des Basses übernimmt weiterhin die Bratsche) die Führungsrolle zuschreibt.

338   Die Wiederholung der T. 36 ff. durch die T. 44 ff. ist keineswegs wörtlich, wie der Stimmentausch beweist. (Der erste Achttakter sollte bewußt *piano* gespielt werden, weil erst in T. 44 *forte* aller Stimmen verlangt wird; eine komplementäre Kopfsatztechnik, die insbesondere von etlichen Sinfonieanfängen her bekannt ist!) In T. 119 ff., also bereits im dritten Formteil, wechselt sogar die chromatisch steigende Figur vom Violinenpaar (analog T. 51/55) in das Mittelstimmenpaar (analog T. 115).

Rhythmik, die gleichwohl ganz mozartisch ist[339] | ♩ ♪♫ | ♩ ♪♫ | , und mündet dann doch ohne Willen zur eigenständigen Mouvverarbeitung in die Wiederholung des Anfangsadagio ein.

(b) Fugenfinali

Die beiden Fugen in KV 168 und 173 sind der Mozartforschung traditionellerweise sicherstes Zeichen für den Einfluß des Haydnschen «op. 20» (mit dessen insgesamt drei Finalfugen) auf Mozarts Streichquartette Nr. 8-13. Bevor wir dieser Ansicht nachgehen wollen (vgl. Kap. V.3), sollen die beiden Mozartfugen hinsichtlich ihrer Stellung im Gesamtoeuvre und hinsichtlich ihrer kompositorischen Ausführung näher untersucht sein, da erst daraufhin der mögliche Einflußbereich Haydns und dessen Relevanz genauer einzuschätzen ist.

Zu Mozarts Auseinandersetzung mit den strengen polyphonen Kompositionstechniken Kanon und Fuge, die aus der Zeit vor 1782/83 datieren, existieren zwei solide Arbeiten[340]. Stellt Warren Kirkendale sämtliche Fugen-Kompositionen Mozarts in den Zusammenhang einer umfassenden Studie zu "Fuge und Fugato in der Kammermusik des Rokoko und der Klassik"[341], so gibt Ekkehart Kroher einen Überblick über die einschlägigen Streichquartett-Fugen Haydns und Mozarts, wobei er sich auch speziell KV 173/4 zuwendet[342].

In der Beurteilung der beiden Quartett-Fugen ist sich die Forschung weitgehend einig: Sie werden als "konventionell und unpersönlich"[343], als "brave Gesellenarbeit"[344], als "wenig mozartisch" und "unbehaglich"[345], zwar sorgfältig gearbeitet, aber doch "scholastisch" eng[346] gekennzeichnet.

Daß sich Mozart spätestens seit seiner Begegnung mit Padre Martini in Bologna während der ersten Italienreise und im Zusammenhang mit seiner Aufnahme in die «Accademia Filarmonica» (am 10. Oktober 1770) mit dieser Satzkunst vertraut machte, ist hinlänglich bekannt. Daß aber, wie neuerdings durch Wolfgang Plaths Autographenuntersuchungen erwiesen, etliche der Kontrapunktstudien nicht in direktem Zusammenhang mit der Bekanntschaft

---

339 Vgl. beispielsweise KV 160 (159ᵃ)/1, T. 24 ff.

340 Die Dissertation Maria Taling-Hajnalis bietet in unserem Zusammenhang keine wesentlichen Ergebnisse; M. Taling-Hajnali, Fugierter Stil.

341 W. Kirkendale, Fuge; auf S. 193 findet man dort weiterführende Literatur zu Mozarts Fugenarbeiten der späteren Wiener Zeit (vgl. auch die aktualisierte, englische Ausgabe).

342 E. Kroher, Polyphonie, S. 369-387, bes. S. 378 f.

343 W. Kirkendale, Fuge, S. 204, so auch W. Konold, Streichquartett, S. 81. L. Finscher, Universalstil, S. 272: "pure Konvention".

344 W. Kirkendale, Fuge, S. 208.

345 E. Kroher, Polyphonie, S. 377 f.; Kroher folgt damit dem Urteil A. Einsteins, Mozart, S. 245 f.

346 H. Abert I, S. 327 [vgl. auch H. Abert II, S. 117 f.]; während O. Jahn I, S. 592 f., nichts Tadelnswertes an den Fugen auszusetzen findet.

Padre Martinis stehen, sondern später zu datieren sind, ist von entscheidender Bedeutung. Viele der uns überkommenen Kanon- und Fugenstudien Mozarts entstanden im unmittelbaren Vorfeld zur Komposition der frühen «Wiener» Streichquartette. Der Schwerpunkt der ersten wirklichen Beschäftigung Mozarts mit polyphoner Satzkunst liegt nämlich in den Jahren 1772 und 1773[347]; keine dieser Studien entstammt - entgegen den Aufstellungen bei H. Dennerlein und W. Kirkendale[348] - der Zeit der ersten Italienreise. Aufgrund der revidierten Datierungen Plaths ergibt sich demnach eine Chronologie der Fugen und Kanons Mozarts bis 1780, wie sie in der Tabelle auf der folgenden Seite zusammengefaßt ist[349].

Aus dieser Übersicht wird vor allem der Studiencharakter, das wenig «Werkhafte» der überwiegend in diesem Zeitraum entstandenen Fugen und Kanons deutlich. Sehr vieles ist Fragment geblieben oder als "Fingerübungen nebenher"[350] anzusehen. Abgesehen von den Vokal-Fugen oder kanonartigen Vokalstücken der Jahre 1768-1770 wird man in der Folgezeit nur selten von «Komposition» sprechen wollen. Wie bereits M. H. Schmid festgestellt hat, liegt nämlich in den entscheidenden «Fugenjahren» 1772/73 keine tiefere Auseinandersetzung Mozarts mit dem Kontrapunkt vor; es geht ihm vielmehr primär um "Klangfigurationen, um ornamentale Ausführung von Akkordverbindungen"[351], deren facettenreiche Kombinationsmöglichkeiten er zu ergründen sucht. Die einzigen vollständig ausgeführten wirklich werkhaften Instrumental-Fugen Mozart stellen die beiden Quartettfugen KV 168/4 und 173/4 dar. Fast möchte man sie als kompositorische Frucht der Aneignung jener Vorversuche interpretieren. Nach ihrer Niederschrift scheint sich Mozart in den 1770er-Jahren nur noch sporadisch mit der strengen Satzkunst beschäftigt zu haben. Spürte er, "daß dies nicht der eigene, ihm gemäße Stil war"?[352]

KV 168/4

Das Thema der Fuge in *F*-dur KV 168/4 "ist eigentlich kein Mozartthema"[353], da es in seiner geradezu planmäßig "barocken Ablaufbewegung"[354] harmonisch und metrisch nicht symmetrisch gegliedert, sondern im Sinne des alten

---

347 W. Plath, Schriftchronologie, S. 154 ff. und S. 161: "Die entscheidende Auseinandersetzung mit Kontrapunkt und Kanon hat nicht in Bologna 1770, sondern in Salzburg 1772 stattgefunden".

348 H. Dennerlein, Klavierwerke, S. 20 f. und W. Kirkendale, Fuge, S. 195, 202.

349 Ausgeschieden wurden aufgrund falscher oder sehr unsicherer Zuschreibung die textlose Motette KV deest («Cornell»-Blatt), das «Cibavit» KV 73ᵃ und die Abschrift von Lignivilles Stabat Mater KV Anh. A 17.

350 M. H. Schmid, Mozart, S. 189.

351 ibid., S. 186.

352 W. Kirkendale, Fuge, S. 202.

353 E. Kroher, Polyphonie, S. 378.

354 ibid.

Tabelle 2

Mozarts Fugen und Kanons bis 1779

Zeit	KV^6	
1764	deest	Londoner Notenbuch (Nr. 25 und Schluß)
1764/65	15ss	vierstimmige Fuge (Fragment)
1764/65	20	Motette (fugiert)
1766	32	«Galimathias Musicum», Fugenfinale Nr. 18 (Teilautograph)
1766	33	Kyrie (fugiert), von Leopold?
1767	41e	Klavierfuge (verloren)
1767	41f	vierstimmige Fuge (verloren)
1768	47d	Missa brevis, Gloria- und Credofuge
1769	47a	Missa [solemnis], Gloria- und Credofuge
1769	61a	Missa brevis (mit Finalfugato)
1769	66	Missa, Gloria- und Credofuge
1769	66b	Te Deum («In te domine»)
1770	73s	Miserere
1770	73v	Antiphon
1772	73i	fünfstimmiger Kanon
1772	73k	Kyrie (Kanon)
1772	73r	vier Rätselkanons
1772	73x	14 Rätselkanons (nach G. B. Padre Martini)
1772	166e	Osanna (fugiert)
1772	166g	2 Kanons (nach Padre Martini)
1772	deest	2 Rätselkanons (Vorstufen zu Anh. 32; auf Blatt von KV 166g notiert)
1772	Anh. A 32	Abschrift des vierstimmigen Kanons von Padre G. B. Martini
1772	Anh. A 33	wie Anh. A 32
1772/73	375e	Orgelfuge g-moll (Fragment)
1772/73	73w	Klavierfuge (Fragment) und Kontrapunktskizzen
1772/73	417B	Blatt der «Berliner» Skizzenblätter
1772/73	Anh. A 61	Versett für Orgel (Originalkomposition?)
1772/73	Anh. A 62	wie Anh. A 61
1773	**168**	**Streichquartettfuge, 4. Satz**
1773	**173**	**Streichquartettfuge, 4. Satz**
1774	626b,36,44, etc.	Kanon- und Kontrapunktstudien («Cornell»-Blatt)
1775	205a	"Misericordias Domini"
1776/77	375g	Klavierfuge (Fragment)
1776/77	deest	Abschrift einer Klavierfuge d-moll von G. F. Händel
1779	296a	Kyrie (Fragment)

Fortspinnungstypus linear und vorwärtsdrängend, offen und unzäsuriert - also in der Tat unmozartisch - komponiert ist. Aber es ist ein gutes Fugenthema! Es läßt sich dank der Dreiklangsstruktur des Themenkopfes, dank des markanten, gewichtigen Anfanges und dank der sofort einsetzenden 16tel-Bewegung, die den kontrapunktischen Verlauf des Satzes und damit den Eindruck des Lebhaften entscheidend mitbestimmt, in einfacher Weise engführen (T. 56 ff., 71 ff., 92 ff., 99 ff.), umkehren (T. 87-98) und vor allem plastisch (durchhörbar) gestalten. Es ist durch seine nahezu pausenlose 16tel-Figuration "auf virtuose Wirkung angelegt und lebendiger als die Themen der meisten Rokoko-Fugen"[355]. In strenger Reihenfolge und schulgemäßer Abfolge von Dux und Comes (in tonaler Antwort) setzt es in viertaktigem Abstand vom hohen Register der ersten Violine sukzessive bis zum Violoncello ein. Mozart ist bemüht, alle vier Stimmen gleichmäßig am Thema teilhaben zu lassen. So holt das Violoncello den zunächst in Takt 33 zu erwartenden Themeneinsatz der zweiten Durchführung (ab T. 20) in Takt 40 ff. nach, in der dritten Durchführung (ab T. 46) gleicht es den verspäteten Einsatz der Violine II (T. 52) durch einen verfrühten (T. 59) aus. Bevor ein Themeneinsatz erfolgt, schweigt jedesmal in barocker Tradition die betreffende Stimme, um ihr Eintreten deutlicher hörbar werden zu lassen. Nach der sich zur Zweistimmigkeit ausdünnenden Fortsetzung dieses streng schematischen Fugenverlaufes setzt reprisenähnlich und in Engführung gesteigert das Thema (in der Va. nur dessen Kopf) in umgekehrter Reihenfolge des Anfanges wieder ein (T. 72 ff.); eine längere Quintschrittsequenz (T. 79-85) treibt den Satz zu immer schneller sich wiederholenden Themeneinsätzen (zur Verdichtung erscheint auch hier die nur einmal angewendete Umkehrung des Themas), bis ein markantes *unisono* das Thema ein letztes Mal vorstellt.

Der harmonische Plan läßt erkennen, daß Mozart im ersten Teil (T. 1-71) gezielt und ganz bewußt alle Stufen, abgesehen von der problematischen VII., durch einen Themeneinsatz repräsentieren läßt:

Stufen					
I-V-I-V	VI-II-IV-II	III-I-IV-II	I - - -	IV	I
1 ff.	20 ff.	46 ff.	72 ff.	100 ff.	111 ff.
Takte					

während der kürzere zweite Teil (T. 72-119) - zu der sich in Takt 72 einstellenden Assoziation des Reprisenhaften s. u. - zunächst auf der I. Stufe verharrt, sich schließlich der IV. Stufe zuwendet (T. 100) und sich erst durch das Schluß-*unisono* in *F*-dur dem durch einen Orgelpunkt gefährlich breit ausgeführten *B*-dur entziehen kann[356]. Nicht zuletzt deshalb mag Mozart diesen effektvollen *unisono*-Schluß nachkomponiert haben; ursprünglich endete die *F*-dur-Fuge im Duktus der Takte 105 ff. mitten aus einer in Terzen dahineilenden 16tel-Bewegung der Mittelstimmen, einer in großen Sprüngen und 8tel-Impuls in hoher Lage führenden ersten Violine und einem in 4tel-Notenwerten

---

355 W. Kirkendale, Fuge, S. 203, vgl. auch A. H. King, Counterpoint, S. 13.

356 R. Barrett-Ayres, Haydn, S. 149.

schreitenden Baß[357]. Harmonisch war dieser Schluß durch die sich überraschend einstellende plagale Wirkung nur leidlich gefestigt. In beidem, der plagalen Wirkung und dem abrupten Schluß, möglicherweise auch seine Kenntnis der Fugenschlüsse in Haydns «op. 20/2» und «20/6»[358], scheint Mozart nicht genügend Schlußkraft gesehen zu haben, so daß in der Zweitfassung (im Autograph auf einer neuen Seite beginnend) das (erweiterte) Fugenmotiv ein letztes Mal in F-dur erklingen darf, um mit einer markanten Kadenz seinen Abschluß zu finden.

Abgesehen davon, daß sich weder das Fugenthema noch seine in ununterbrochener, gleichförmiger 16tel-Figuration gleichsam ablaufende Verarbeitung in den Kontext der vorangehenden Streichquartettsätze einfügen und die Fuge in ihrer schulmäßigen Enge daher als Fremdkörper empfunden werden muß, birgt dieses Streichquartett-Finale auch satztechnische Schwächen, die eine gewisse Fremdheit Mozarts dieser Satzkunst gegenüber deutlich werden lassen. Diese resultiert in erster Linie aus der meistenteils fehlenden realen Vierstimmigkeit, denn es handelt sich hier nicht um Polyphonie im Sinne Bachscher Fugenkunst, wie sie zunächst durch die sukzessiven Themeneinsätze vorgespiegelt wird. Wir konstatieren im Gegenteil eine künstlich belebte, eindimensionale Mehrstimmigkeit, die sich dadurch auszeichnet, daß sie erstens in allen Stimmen nahezu ausschließlich am Thema orientiert und nicht durch einen tatsächlichen Kontrapunkt ausgezeichnet ist, zweitens nur in etwa einem Drittel aller Takte (44 Takte von insgesamt 119) alle vier Stimmen gleichzeitig erklingen läßt.

Bereits der vierte und letzte Themeneinsatz des Violoncellos in der ersten Durchführung (T. 13 ff.) verdeutlicht Mozarts Kompositionstechnik. Zu dem tonal und vollständig erklingenden Fugenthema im Violoncello gliedert sich in völliger Abhängigkeit und unter gewissenhafter Wahrung der jeweils durch die Unterstimme vertretenen Tonstufe der Begleitkomplex der übrigen drei Stimmen an:

Beispiel 39

T. 13: Va. und V.I umspielen in Sextabstand einen auf allen 8tel-Schlägen des 2/4tel-Taktes erklingenden F-dur-Dreiklang, der durch die Pfundnote des Basses f vorgegeben ist; V.II setzt den jeweils zum vollständigen Dreiklang fehlenden Quintton c^1.

---

357 W.-D. Seiffert, KB, S. a/52 f., und ders., Faksimile, fol. 11 r + v.

358 Vgl. W. Kirkendale, Fuge, S. 202; vgl. S. 259 ff.

T. 14: Va. gliedert sich im ersten Teil in Dezimenkoppelung an das Fugenthema des Basses an, im zweiten Teil wechselt sie als Unterterzpartner zur V.II, die - wie die V.I - wiederum jene Akkordausfüllung in bewegten Durchgangs-Sechzehntelnoten und Dreiklangstönen auf den Zählzeiten ausführt. Von dieser nur scheinbar komplexen, in Wirklichkeit statischen Vierstimmigkeit des Fugenthemas und seines durch Nebennoten ausgefüllten, angerissenen Akkordfeldes wechselt der Satz in T. 15 und 16: zur faktischen Dreistimmigkeit der vier Stimmen, da Vc. und Va. in Oktaven *unisono* gehen. Aber selbst diese Dreistimmigkeit ist wiederum nur eindimensional, da beide Oberstimmen streng an den Verlauf der Unterstimmen gekoppelt sind, so daß eine bloße Sextakkordabfolge mit dem Themenausschnitt des Basses klangliches Resultat ist.

Die beiden wesentlichen Gestaltungskriterien der Mozartschen Fugenausgestaltung sind also, sobald das Fugenthema durch irgendeine der Stimmen repräsentiert ist - und dies ist ja überwiegend der Fall - durch 16tel-Figuration belebte Akkordausfüllung und abschnittweise in Terzen, Sexten oder Oktaven gekoppelte Stimmenverbände. Beidemale ist das Thema nicht eigengewichtig kontrapunktisch durch ein Nebenthema oder übergeordnete Gestaltungsprinzipien wie Imitation (einen Ansatz dazu findet man in T. 28-29) oder Sequenz profiliert, sondern in direkter vor allem harmonisch-akkordischer Abhängigkeit «begleitet». Die wenigen freien, nichtthematischen Abschnitte stehen im Dienste der modulatorischen Vorbereitung zum nächstfolgenden Themeneinsatz (T. 17-19, 33-39); hier erscheinen auch die für eine Fugenüberleitung im allgemeinen so typischen Sequenzgänge[359], die Mozart aber auf das Knappeste beschränkt, um sich wieder im sicheren Fahrwasser des thematisch Gebundenen zu bewegen. Besonders auffällig und aus dem Rahmen fallend gestalten sich dabei jene sieben Takte vor dem Wiedereintritt der Tonika in Takt 72/73, die durch ihre umgekehrte Reihenfolge der sukzessiven Themenaufnahme an den Satzbeginn erinnern und daher deutlich als Anlehnung an die Reprise der Sonatensatzform gemahnen (vgl. KV 173/4, T. 61/62). Vor diesem Rückbezug zum Satzbeginn tritt (baßlos) die Fugenentwicklung für einen Moment auf der Stelle und bespiegelt durch stete Wiederholung einer 16tel-Phrase (a: T. 65/66; b: T. 67-71) ihr motivisches Material[360].

KV 173/4

Die Komposition des Finales des *d*-moll-Quartettes, und damit des Finales des gesamten sechsteiligen Quartettzyklus, hat Mozart offenbar erhebliche Mühe bereitet. Zu der stark chromatischen *d*-moll-Fuge existiert eine vollständig ausgeführte erste Fassung, die sich bis auf eine spärlichere Artikulation, Oktavierungen im Baß und eine dichtere Lesart der Takte 24-40 im wesentlichen dadurch von der endgültigen Fassung unterscheidet, daß die Takte der The-

---

[359] T. 17-19 und 37-39 über eine chromatisch fallende Formel der Unterstimme, in T. 33-36 über ein eigenständiges Motiv in Terzen, in T. 79 unter reizvoller Ausnutzung des Oktavsprunges des Themenkopfschlusses.

[360] Vgl. W. Kirkendale, Fuge, S. 203.

menkopfumkehrung (T. 62-69) sowie das Korrespondenz-Taktpaar zu Takt 58/59 (= 60/61) unmittelbar vor Einsatz dieses Teiles hier noch fehlen[361].

Das Fugenthema ist, ungeachtet der Vorzeichnung eines 4/4tel-Taktes, halbtaktig angelegt und ähnelt somit stark der Anlage des F-dur-Fugenthemas: Auf die betont einsetzende Halbenote folgt eine in 4teln absteigende, motorische Bewegung, die lediglich die chromatisch erreichte Zwischenstation des Quinttones durch Punktierung hervorhebt und die Penultima durch eine belebte 8tel- und 16tel-Figur um zwei 4tel-Schläge in bogenförmiger Auszierung hinauszögert[362]:

Beispiel 40

T. 1-4

Die intendierte Halbtaktigkeit des Themas beweist bereits der Beginn der zweiten Durchführung (T. 18 ff.), wo der hervorgehobene Initiumston auf Schlag «3» einsetzt, ohne metrische Komplikationen des Stimmenkontextes hervorzurufen. In der Folge wechselt der Einsatz des Themas innerhalb des 4/4tel-Rahmens in unregelmäßiger, aber gleichwertiger Folge von der «1» zur «3». Auch dieses Thema ist in seiner altertümelnd starren Formel einer stetig abwärtsgerichteten chromatischen Bewegung nicht als genuin mozartisch, sondern als bewußte Anlehnung an "Themen älterer Komponisten"[363] zu interpretieren. Es läßt sich freilich, dank seiner rhythmischen Prägnanz und Konstanz ♩ ♩ ♩♩♩ , bestens engführen und umkehren.

Nicht nur das Thema, sondern auch dessen Durchführung lehnt sich unmißverständlich an ältere Meister an. "Übergenau und ängstlich beantwortet Mozart tonal, obwohl dies gerade bei solchen Themen nicht üblich war, allenfalls von konservativen Theoretikern verlangt wurde"[364]. Kroher stellt zurecht im Fugenaufbau "keine Unregelmäßigkeiten" fest[365], obwohl na-

---

361 Das Autograph der Erstfassung befindet sich unter der Signatur *Zweig MS 52* in GB-Lbm; auf S. 198-201 ist sie im Notenband der NMA VIII/20/1, Bd. 1 wiedergegeben; siehe auch W.-D. Seiffert, KB, S. c/107 f.

362 Entgegen E. Kroher, der unter Zitierung von H. Grabner lediglich den Finalton *d*, auf der Zählzeit «2», als verlängerte «1» interpretiert; E. Kroher, Polyphonie, S. 378, und H. Grabner, Anleitung, S. 18.

363 K. H. Wörner, Fugenthemen, S. 36 ff. weist als erster die Tradition dieses Thementyps nach und zitiert u. a. Mozarts 10 Jahre später entstandene dreistimmige Fugenbearbeitung eines Themas von Wilhelm Friedemann Bach (KV 404ᵃ, Nr. 6). Er bezeichnet solch eine Motivbildung als "Kanzonenthema". W. Kirkendale, Fuge, S. 203 und S. 154 ff., listet etliche weitere Themen gleicher Prägung auf; vgl. auch R. Barrett-Ayres, Haydn, S. 149 f. Vgl. auch die auffällige Themengleichheit im Kopfsatz des frühen C-dur-Streichquartettes D 46 von Schubert.

364 W. Kirkendale, Fuge, S. 203.

365 E. Kroher, Polyphonie, S. 379; seine Schematisierung der sich vermeintlich kontinuierlich ablösenden "Durchführungen" und "Zwischenspiele" (S. 378) scheint gegenüber dem tatsächlichen Sachverhalt ein wenig forciert. Von "Zwischenspiel" angesichts der kurzen Taktspannen von T. 43-45 oder 83-85 zu sprechen, ist ebenso willkürlich, wie angesichts der eindeutig thematisch relevanten Abschnitte T. 52-61 und 70-77.

türlich die merkwürdige Stauung zur dominantischen Fermate in Takt 61 wenig mit «altklassischem», sondern vielmehr mit «klassischem» Formverständnis zu tun hat: Bevor das Thema erneut in der Tonika sukzessive durch alle Stimmen hindurch erscheint, verdeutlicht Mozart die angestrebte Analogie zur Sonatensatzform. Es ist wohl nicht nur so, daß Mozart an dieser Stelle "vergißt [...], daß er eine Fuge schreibt", wodurch der Satz "sofort [...] an persönlichem und musikalischem Eigengewicht" gewinnt[366], vielmehr will er, analog KV 168/4, in Takt 62 das Reprisenereignis gebührlich hervorheben[367]. Ähnlich wie in der F-dur-Fuge erreicht Mozart auch hier nach «Repriseneinsatz» eine gewisse Ausdruckssteigerung durch eine raschere Aufeinanderfolge der Themeneinsätze, durch Umkehrung des Themenkopfes und vor allem durch Engführungen, die besonders dadurch demonstrativ wirken, daß sie (in T. 62 ff., 78 ff. und 86 ff.) stets auf eine vorausgehende homophone oder vollkadenzierende Taktgruppe mit deutlicher Zäsur (Pause oder Fermate) folgen und immer aus der jeweils zurückgewonnenen Einstimmigkeit zur Vollstimmigkeit anwachsen.

Wie gestaltet sich nun die Verarbeitung dieses einen Fugenthemas, auf das sich der ganze Satz stützt? In seiner Technik sehr der F-dur-Fuge verwandt, beschränkt Mozart wiederum das kontrapunktische Material im wesentlichen auf Anlehnungen an das Thema selbst. Dies ist wie wir sahen in erster Linie durch chromatische Linearität ausgezeichnet, so daß sich stets nur für kurze Momente eine stabile Akkordstruktur oder gar eine Tonart manifestiert. Die kontrapunktischen Stimmen sind daher im Unterschied zu den meist auf Akkordgerüsttöne festgelegten Begleitstimmen der F-dur-Fuge ebenfalls chromatisch schweifend. Nur in nichtthematischen Abschnitten, die ohnehin nur selten vorkommen (T. 16-18, 31-35 usw.), befreit sich das Material von der Dominanz der chromatischen Bewegung. Ein weiteres wichtiges Kompositionsprinzip dieser Fuge ist das häufige Zurückgreifen auf die Figur | ♫ des Themenausklanges; nicht zuletzt diese rhythmische Wendung belebt und bindet die Abschnitte eng aneinander[368].

Der im Satzverlauf zu beobachtenden gehäuften Reduktion des Themas auf seinen zweitaktigen Kopf liegt die Erkenntnis zugrunde, daß sich das chromatisch fallende Tonmaterial günstig in Terz- und Sextparallelität engführen läßt. Von diesem Mittel macht Mozart ab etwa der Mitte der d-moll-Fuge (T. 53 ff.) ausgiebig Gebrauch. Der Variantenreichtum ist dabei durchaus bewundernswert. In Takt 53 ff. setzt der Themenkopf hintereinander zweimal halbtaktig und zweimal ganztaktig ein:

---

366 E. Kroher, Polyphonie, S. 379.

367 Vgl. W. Kirkendale, Fuge, S. 203. Man bedenke auch die Erweiterung der ursprünglich nur zwei dominantischen Takte der Erstfassung.

368 R. Barrett-Ayres, Haydn, S. 149.

Beispiel 41

In Takt 70 ff. steigert sich der engeführte Themeneinsatz auf viermaligen Halbtaktabstand:

Beispiel 42

In Takt 86 ff. wiederum erklingt - auf den Themenkopf und seine Verarbeitung reduziert - vier Takte hintereinander die stets gleiche Wendung des von d zur Unterquarte abfallenden Themas mit einer Terzkoppelung, die durch den um einen Takt verschobenen Einsatz zustande kommt:

Beispiel 43

Darüberhinaus fällt die Tendenz ins Auge, auf eine durch Engführung verursachte Stimmenverdichtung (wie in T. 54/55 oder 71/72) jene besagten homophonen Partien folgen zu lassen, die der Komplexität des Vorangehenden sofort einen Ruhepol entgegensetzen. Eine dynamische Abschnittgestaltung von der Einstimmigkeit über wachsende Verdichtung zu einem Höhepunkt, der in einer Zäsur ausläuft, ist vor allem im zweiten Fugenteil nicht zu übersehen.

Trotz der beschriebenen intelligenten Ausnutzung der Intervallkombinationen, die sich aus dem Themenkern ableiten lassen, kann dieser Satz nicht über seine Schwächen hinwegtäuschen, die, genau wie in der anderen Fuge, in erster Linie in der fehlenden Eigengestaltung freier Abschnitte (Zwischenspiele) und in der wenig profilierten Kontrapunktik zu suchen sind. Das gesamte Fugenmaterial löst sich nicht von der Dominanz der allgegenwärtigen Chromatik. Bis auf die Takte 25/26 - 27/28, wo zwischen erster Violine und Viola eine quintversetzte Imitation aufscheint, führen die Begleitstimmen kein Eigenleben; sie sind - wie in KV 168/4 - lediglich Füllstimmen.

"Eine Fuge zu machen ist keine Kunst, ich habe deren zu Dutzenden in meiner Studienzeit gemacht. Aber die Phantasie will auch ihr Recht behaupten, und heut' zu Tage muß in die alt hergebrachte Form ein anderes, ein wirklich poetisches Element kommen"[369]. Beethovens Bekenntnis ist in zweifacher Hinsicht symptomatisch für den Stellenwert der strengen Satzkunst der Fuge, den ihr die Komponisten der jüngeren, nachbarocken Zeit zubilligten. Zur Beherrschung und Vertiefung musikalischer Kompositionstechniken galt es als unumgänglich, sich in polyphoner Setzkunst zu üben, sie zu studieren und sich anzueignen. In den 1770er-Jahren jedoch zu versuchen, Fugen im «stile antico» zu schreiben, mußte zu unselbständigen, mit der eigentlichen Satzvorstellung kollidierenden Ergebnissen führen.

In diesem Sinne sind die beiden Streichquartett-Fugen als Komposition gescheitert. Sie sind weder originell noch satztechnisch elegant, sie orientieren sich äußerlich am alten Stil, sind ihm jedoch spürbar entwachsen, ohne Neues anzudeuten oder gar auszuprägen. Beide verwenden unpersönliche Themen aus dem Fundus barocker Topoi. Beide führen ihr Thema schulgemäß in sorgsamer Abfolge der immer gleichen sukzessiven Stimmeneinsätze durch. Beiden fehlt die Freiheit themenungebundener Zwischenspiele; Mozart klammert sich an das vorgegebene Thema[370]. Beiden Mozartfugen mangelt es an der Kraft eines echten Kontrapunktes. Dieses Manko gründet in der unbedingten Anlehnung der Begleitstimmen an das Thema (v. a. in KV 173/4) und einem überwiegend klanglich-akkordischen Denken, dem auch die Dissonanzen untergeordnet werden. Deshalb ist der Fugensatz des jungen Mozart (v. a. in KV 168/4)[371] nicht polyphon vierstimmig zu nennen.

III. 8 Zusammenfassung

Der Untersuchung von Mozarts frühen Streichquartetten in ihrer individuellen Ausprägung und gleichzeitigen satztypischen Gebundenheit soll nun noch eine generelle Zusammenfassung jener Ergebnisse folgen, die eher übergeordnete Aspekte der vierstimmigen Satzgestaltung und weniger formale Diffe-

---

369 Vorgeblicher Ausspruch Ludwig van Beethovens, in: Wilhelm von Lenz, Beethoven. Eine Kunststudie, Hamburg 1855-60, Bd. V, S. 219; zitiert nach W. Kirkendale, Fuge, S. 176.

370 Freilich wird dadurch ein übliches Manko der Rokokofugen, nämlich die übermäßige Sequenzen-Verwendung (siehe W. Kirkendale, Fuge, S. 172), vermieden.

371 R. Barrett-Ayres, Haydn, S. 149, sieht darin nichts Negatives, weil Mozart anstelle echter Kontrapunktik wirkungsvolle Steigerungsflächen («Stretti») gelungen seien.

renzierung zum Ziel hat. Der Blick soll dabei auf Parallelen und Differenzen zwischen «italienischem» und «Wiener» Quartettzyklus ebenso gelenkt werden, wie auf gattungskonstituierende oder -übergreifende Merkmale.

Die Entstehung der beiden frühen Quartettzyklen Mozarts liegt nicht viel mehr als ein halbes Jahr auseinander. Es besteht kein Zweifel, daß zwischen den sechs dreisätzigen «italienischen» und den sechs viersätzigen «Wiener» Quartetten (ganz abgesehen vom Einzelgänger KV 80/73^f) mannigfache Unterschiede bestehen. Wesentliches jedoch bleibt unverändert erhalten oder geht modifiziert auseinander hervor - ein Umstand, den die Forschung bislang übersehen hat. Denn die Wertung zugunsten der «Wiener» Serie (von den 10 großen Quartetten rückblickend) ist eindeutig:

"Auf einer ungleich höheren Stufe stehen die sechs Quartetts, welche ein Jahr [!] später [...] - vielleicht auf Bestellung - geschrieben worden sind"[372] -

"Et de là aussi la profonde, l'incroyable différence qui sépare ces quatuors viennois de ceux que le jeune homme, quatre ou cinq mois auparavant, a créés sous l'inspiration de sa propre fivre romantique et de l'art merveilleux des vieux maitres italiens. Impossible, en vérité, de concevoir une différence plus complète et plus radicale"[373] -

"Im allgemeinen zeigen diese Quartette ihren Vorgängern gegenüber einen entschiedenen Fortschritt in der Behandlung des Stils, wozu namentlich die sorgfältigere kontrapunktische Arbeit beiträgt und, zum Teil wenigstens, auch im Ausdruck. An Unmittelbarkeit des Empfindens erreichen sie sie dagegen nicht immer"[374] -

"Die nächste Gruppe der Streichquartette Mozarts, K. 168 bis 173, ist der Nummer und Entstehungszeit nach nicht weit entfernt von der vorhergehenden K. 155 bis 160, aber dennoch durch eine Kluft von ihr geschieden. Es sind keine italienischen, keine Mailänder Quartette mehr [!], sondern österreichische, Wiener Quartette"[375].

Als hilfreich erwies sich die Auftrennung des Untersuchungsgegenstandes in die verschiedenen Satztypen. Dies ermöglichte einerseits gute Vergleichbarkeit der unterschiedlichen formalen Prozesse (zu den Gemeinsamkeiten wie Differenzen des Formalen vgl. Kap. III.2), andererseits lassen sich nun Bezüge oder Differenzen zwischen den Zyklen deutlicher herausarbeiten. So liegen die größten Unterschiede zwischen den beiden Serien in den (schnellen wie langsamen) Sonatensätzen, während die Finali und im wesentlichen auch die Menuette aller Quartette kompositionstechnisch nah miteinander verwandt sind. Die getrennt betrachtete Gruppe der «Sonderformen» zeigt die größere Mannigfaltigkeit hinsichtlich der Satztypen in der «Wiener» Serie.

372 O. Jahn I, S. 591 f.

373 WSF II, S. 56 f.

374 H. Abert I, S. 327.

375 A. Einstein, Mozart, S. 244.

(a) Melodische und harmonische Topoi

Gehäuft auftretende sehr verwandte oder gar identische musikalische Motive in den frühen Streichquartetten Mozarts sind nur dann richtig zu interpretieren, wenn man sie vor dem Hintergrund des allgemeinen musikalischen Vokabulars der zweiten Hälfte des 18. Jahrhunderts betrachtet. Besonders häufige melodische Figuren, wie Dreiklangsbrechungen, Vorhaltswendungen und Skalenläufe über einfacher Kadenzharmonik, denen wir in Mozarts Frühwerk mannigfach begegnen, sind weder Mozarts Ingenium noch exakt nachweisbaren Vorbildern zuzuschreiben, obwohl sicherlich A. Einsteins Betonung des Einflusses von Johann Christian Bach nach wie vor Gültigkeit besitzt. Von diesem habe er "die Anmut des Herzens, die Simplizität der Melodie gelernt"[376].

Entscheidend für das Verständnis der Mozartschen Musiksprache in der frühen Quartettkomposition ist also weniger die Aufzählung wiederkehrender melodischer Topoi als vielmehr die Untersuchung dessen, wie sie von Mozart verwendet und kompositorisch gearbeitet sind. Deshalb seien lediglich drei besonders häufige Motive sowie eine charakteristisch Mozartsche Akkordprogression unter den vielen Erscheinungen (Mozartscher) Topoi herausgehoben.

Das erste Motiv hängt stark mit der ausgeprägten Dreiklangsmelodik der «vorklassischen» Periode zusammen. Es besteht in einem auf der Quinte beginnenden, fallenden Dreiklang, dessen Gerüsttöne durch die jeweiligen leitereigenen Zwischenstufen vorhaltsartig verbunden sind. Gelegentlich wird dieser Dreiklang unmittelbar fortgesetzt und mündet auf der nächsten «1» in den stark betonten Leitton zur zugrundeliegenden Tonika:

Beispiel 44

A. Einstein zitiert diese Melodieformel im Zusammenhang mit Johann Christian Bach und verweist auf dessen 1776 erschienenes Quintett *D-dur* op. XI, Nr. 6 für Flöte, Oboe, Violine, Viola und Baß. Seinen Niederschlag habe dieses Thema im Rondo für Klavier KV 485 gefunden[377]. Doch viel früher schon ist es bei Mozart nachzuweisen, wie das Kopfmotiv in KV 160 (159ª)/1 (unser Notenbeispiel) beweist. Leicht variiert erscheint es in Mozarts Quartetten so erstaunlich oft, daß man es durchaus als motivische Konstante begreifen darf[378]. Auch in anderen Gattungen tritt dieses fallende Dreiklangsmotiv bei Mozart häufig auf[379].

376 A. Einstein, Größe, S. 133; ders., Mozart, S. 168 ff.

377 A. Einstein, Mozart, S. 171 f.

378 KV 136 (125ª)/1, T. 1-3, 43-45, 65-67; KV 136 (125ª)/2, T. 33; KV 136 (125ª)/3, T. 5-8 u. ö.; KV 137 (125ᵇ)/1, T. 1-2 u. ö.; KV 155 (134ª)/1, T. 19; KV 157/1, T. 21-22 (zumindest jene Dreiklangsbildung, wenn auch nicht auf dem Quintton einsetzend); KV 158/1, T. 12-15 u. ö.; KV 169/1, T. 1-2; KV 171/1, T. 23; KV 172/4, T. 9-12; KV 173/3, T. 1-2.

379 Zum Beispiel in der "Introibo"-Arie des frühen Offertoriums KV 117 (66ª), im Schäferchor "Che strano evento" des «Ascanio in Alba» KV 111/24, im Finale der Sinfonie KV 114/4, Mittelteil, im Streichquintett KV 174/1, T. 3-4 u. ö., im Thema (nach Johann

Daß dieses so beliebte Thema jedoch keineswegs allein Mozart und J. Chr. Bach vorbehalten war oder von ihnen gar erstmals in die Welt gesetzt wurde beweist schon J. Haydns Streichquartett «op. 1/1» (Hob. III: 1). In dessen langsamen Satz erscheint es nämlich als markantes Kopfmotiv[380].

Die Wurzeln dieses beim frühen Mozart zum Topos erhobenen Motivs scheinen in der (italienischen)[381] Vokalmusik des 18. Jahrhunderts zu liegen. Die durch Zwischennoten verbundene fallende Dreiklangsfigur kann nämlich mühelos als ein durch Appoggiaturen ausgekleideter Dreiklangsfall interpretiert werden, wie er ganz typisch für Seria-Arien des 18. Jahrhunderts ist. Nur ein Beleg sei aus der Fülle des Materials herausgegriffen: der Anfang der Arie des Tarquino aus Johann Adolph Hasses «Trionfo di Celia» (Uraufführung: Wien 1762)[382]. Die Affinität zum Themenkopf des A-dur-Streichquartetts KV 169/1 (vgl. S. 44) verblüfft dabei besonders:

Beispiel 45

Auch in Mozarts frühen Opere serie trifft man diesen motivischen Topos gehäuft an, wie z. B. in der Arie des Sifare "Soffre il mio cor con pace" (aus Mozarts «Mitridate, Ré di Ponto», KV 87/74ª, Nr. 2):

Beispiel 46

Christian Fischer) der 12 Klaviervariationen KV 179 (189ª), in der Klaviersonate zu vier Händen KV 358 (186ᶜ)/2, Thema [von W. Plath, Schriftchronologie, S. 153, auf "Ende 1773/Anfang 1774" datiert!], im Streichquartett KV 421/1, T. 59 ff., im Klavierquartett KV 478/3, T. 60 ff. sowie im Trio für Klavier, Klarinette und Viola KV 498/3, Mollmittelteil - wobei sich sicherlich weitere Beispiele finden ließen.

380   Darauf weisen bereits WSF II, S. 13. Vgl. ebenso J. Haydns Divertimento Hob.II: 8, 2. Satz, Trio oder den Kopfsatz des Violoncello-Konzertes Nr. 1, Hob. VIIb.

381   Vgl. bereits eine sehr verwandte Motivbildung in der Arie "Es ist vollbracht" der Johannespassion J. S. Bachs, BWV 245.

382   J. A. Hasse, Trionfo di Celia, Nr. 1.

Das zweite in jedem Falle herauszugreifende Motiv sollte aufgrund seiner Kürze nicht als melodisch eigenständiges «Thema» angesprochen, sondern als Phrasentopos verstanden werden. Er tritt - ungezählt - in allen Quartettsätzen Mozarts entweder in der Funktion eines Auftaktes oder (häufiger) als Abschluß eines ausgeformten Themas sowie einer Skalenbewegung auf. Auch die konkrete Tonfolge variiert leicht, wobei jedoch zwei Formen gewisse Konstanz zukommt:

Beispiel 47

Über die konsequente Viertonstruktur hinaus ist für diese Phrase, die ebenfalls möglicherweise der italienischen Vokalmusik entstammt[383], bekanntlich charakteristisch, daß das erste 8tel notationstechnisch in zwei scheinbar ungleiche Notenwerte unterteilt ist (16tel-Vorschlag und 8tel-Note), obwohl auf der Aufführungsebene zwei gleichwertige 16tel-Noten intendiert sind. Diese Vorschlagsnotation findet ihren Grund in der melodischen Funktion der eröffnenden Note: Sie bildet (fast) immer einen dissonanten Vorhalt zur folgenden Hauptnote[384]. Nicht daß Mozart in den «Wiener» Quartetten im Gegensatz zu den «italienischen» Quartetten weniger auf diesen Topos zurückgreife; gleichwohl fällt doch auf, daß er ihn in der zweiten Serie nicht mehr in langsamen Sätzen anwendet, während zuvor jeder Satztypus durch diese motivische Konstante geradezu geprägt wird[385].

Die dritte herauszugreifende, von Mozart überaus gern verwendete melodische Wendung wird von Christian Speck als «italienischer Zweitakter» bezeichnet. Im Zusammenhang der Untersuchungen zu Luigi Boccherinis Streichquartettsatz konstatiert er vor allem in dessen frühen Werken eine gehäuft auftretende Motivbildung, die dadurch charakterisiert ist, daß der Zielton der melodischen Bewegung auf dem Schwerpunkt des jeweils zweiten Taktes liegt, diesen aber zudem durch Vorhaltswendungen und Verzierungen gleich-

---

383 Es soll der Verweis auf die bei H. Abert mitgeteilten Beispiele J.Chr. Bachs genügen, denen (etwa aus der oben zitierten Opera Seria Hasses) ungezählte Beispiele anderer Zeitgenossen angefügt werden könnten; H. Abert I, S. 203 ff.

384 Diese Vorhaltssättigung verursacht wohl in erster Linie das, was A. Einstein als "galant" bezeichnet; vgl. z. B. seine Notenbeispiele des «Mailänder» Bach, in: A. Einstein, Mozart, S. 174.

385 Folgende repräsentative Stellen seien lediglich als Auswahl beigegeben. «Italienische» Quartette: KV 80 (73^f)/1, T. 25, 44; KV 80 (73^f)/2, T. 33, 34 (zweite 16tel ist Vorhalt); KV 155 (134^a)/1, T. 26; KV 155 (134^a)/2, T. 15, 19, 25, 28; KV 156 (134^b)/2, T. 13 (in halbierten Notenwerten!); KV 157/1, T. 13-17, 30, 43, 45; KV 159/1, T. 5, 6, 13, 14, 16; KV 160 (159^a)/3, T. 9, 108-109 (als neu hinzutretendes Modulationsglied!). «Wiener» Quartette: KV 168/1, T. 1 (!); KV 169/1, T. 3 (hier treffen also beide besprochenen Topoi zu einem Kopfmotiv verschmolzen zusammen!), 11 (vgl. T. 3), 20; KV 170/4, T. 27, 47 u. ö.

sam abfedert, um ihn somit zur unbetonten Taktzeit zu verlängern[386]. Dabei spielt keine Rolle, ob es sich um einen notierten oder bloß intendierten Zweitakter handelt. Wesensmerkmal bleibt die Orientierung auf ein dynamisches Gefälle, wobei das Ziel der Melodiebewegung auf einer betonten Vorhaltsgeste liegt.

Das Eröffnungsmotiv unseres ersten Beispielsatzes (Kap. III.1) KV 156 (134^b)/1 kann verdeutlichen, was gemeint ist:

Ziel der Takte 1-4 und 5-8 ist der jeweils durch Triller und Punktierung hervorgehobene Quartvorhalt g^2 (T. 3) bzw. c^2 (T. 7), der unbetont im jeweiligen Schlußtakt aufgelöst wird. Der melodischen Bewegung liegt eine latente Dynamik von *crescendo*, Akzent und *decrescendo* zugrunde. Faktisch handelt es sich um Doppeltakteinheiten, die zu Großtakten (2 x 3/8 = 1 Takt) zusammengefaßt werden können.

Dieser melodische Topos, den jeweils «zweiten» Takt mit Hilfe einer emphatischen Vorhaltsgeste anzuvisieren, muß als Charakteristikum italienischer, speziell wohl neapolitanischer[387] Arien bezeichnet werden. Auf die frappierenden "Kongruenzen von Typen der italienisch textierten Vokalmusik mit instrumentalen Themen" insbesondere in Mozarts Werk verweist bereits eindrücklich F. Lippmann[388]. Ganz besonders der von Chr. Speck als «italienischer Zeittakter» bezeichnete Melodietypus, der von F. Lippmann überzeugend auf den italienischen Vers des Quinario zurückgeführt wird, läßt Lippmanns vermutetes "Abhängigkeits- zumindest [...] Anregungsverhältnis" von vokaler zu instrumentaler Melodik nahezu zur Gewissheit werden[389], vergleicht man diesen in italienischen und speziell Mozarts Arien[390] häufig anzutreffenden Melodietypus, wie er beispielsweise in der Arie des Silla "Il desio di vendetta e di morte" (aus «Lucio Silla», KV 135, Nr. 5) musikalisch mustergültig erscheint (aus Vergleichsgründen nach *G*-dur transponiert):

386 Ch. Speck, Boccherini, S. 30 f. und 64 f.

387 H. Hell, Opernsinfonie, S. 82.

388 F. Lippmann, Vers, S. 259 f., sowie, speziell auf Mozart bezogen, die ausgezeichnete Studie: F. Lippmann, Mozart.

389 F. Lippmann, Vers, S. 260.

390 Zur Häufigkeit dieses Melodietpus vgl. auch: H. Abert I, S. 193.

Bereits in seinen ersten Takten, die Mozart (im März 1770 in Oberitalien) für die Streichquartettbesetzung verfaßte (KV 80/73^f), zeigt sich geradezu symptomatisch dieser markante «italienische Zweitakter» (T. 1-4)[391]; die Identität mit dem oben zitierten Arienbeginn aus «Lucio Silla» ist, wenn auch in anderem Metrum und Tempo, frappant[392]:

Beispiel 50

Dieser Mozartsche Topos tritt denn auch in allen Allegro-Kopfsätzen des «italienischen Zyklus» auf, entweder in Halbtaktgliederung[393], in Doppeltaktgliederung[394] oder, wie zu Beginn in KV 157/1, Takt 1-4, in zum Kopfsatz des «Lodi»-Quartetts analoger periodischer Zweitaktsymmetrie[395].

Bezeichnend ist weiterhin, daß dieses Gestaltungsmodell, das gleichzeitig auch gliedernde Funktion hat, weil es zumeist auf Periodizität gerichtet ist, in immerhin vier Kopfsätzen (KV 80/73^f hinzugezählt) an prominenter, eröffnen-

---

391 Vgl. die eingehende Untersuchung zu diesem Adagiobeginn bei: Chr. Speck, Boccherini, S. 48-52. Zur Topik des «Zweitakters» insbesondere S. 49. Bei aller Ähnlichkeit des vierstimmigen Satzes, in erster Linie durch den italienischen Gestus vertreten, stellt Speck dennoch wesenhafte Unterschiede beider Komponisten hinsichtlich der Stimmenselbständigkeit heraus, die im Gegensatz zu Luigi Boccherinis frühen Quartetten im ersten Quartett Mozarts entwickelter sei. Daß daher Mozarts Satzgefüge "durch das Zusammenwirken selbständiger, schärfer als bei Boccherini konturierter Stimmen bzw. Stimmengruppen (hier Cello und Viola) [...] dem Haydn'schen Quartettsatz von vornherein" näherstünde, trifft wohl für das zweite, nicht aber für das gliederungstechnische oder auch motivische Aspekt des Quartettsatzes beider Komponisten zu; Chr. Speck, Boccherini, S. 51. Zu dem Verhältnis Boccherini/Mozart vgl. auch: L. Finscher, Lodi, S. 253 f., der, wenn überhaupt, Einflüsse auf Mozart durch die frühen Trios op. 1 und 4 geltend macht. Vgl. Kap. V.1.

392 Vgl. auch die Ähnlichkeit in KV 63, Andante, T. 9-12 (freundlicher Hinweis durch Herrn Christian Speck).

393 KV 155 (134^a)/1, T. 13-20, 29-30, 33-34.

394 KV 156 (134^b)/1, T. 1-8, 35-42; KV 158/1, T. 12-19; KV 160 (159^a)/1, T. 1-4 (49-52).

395 Hier wird die betonte Zählzeit des jeweiligen Zieltaktes (T. 2 und 4) in Form einer Umspielung durch Terzenkoppelung der Violinen ausgeführt, wodurch der Vorhaltsgestus in seiner Erweiterung eigenständiges motivisches Gewicht erhält. Auf den zugrundeliegenden Vorgang des «italienischen Zweitakters» reduziert, hätte das erste Motiv des C-dur-Satzes - freilich ohne Mozartsche Inspiration (vgl. aber KV 465/1, T. 23-26!) - folgendermaßen lauten können

Der Vorhaltsgestus nimmt übrigens Einfluß auf eine weitere Stelle in KV 157/1 mit «italienischem Zweitakter»: In Takt 21 ff. verwendet Mozart die ohnehin mehrfach vorkommende fallende Dreiklangsfigur, die ja ebenfalls den Topos der Zweitaktigkeit mit Vorhaltsbetonung in sich trägt (vgl. den Anfang in Form eines betonten Leittones in KV 160 (159^a)/1), und erweitert den einfachen Vorhaltsgestus (d^2-c^2) zu einer Spielfigur, deren Keim im Satzbeginn zu suchen ist.

der Satzposition steht[396]. Nur ein langsamer Satz des ersten Quartettzyklus verwendet diese äußerst charakteristische «italienische» Figur[397].

In der «Wiener» Quartettserie kehrt sich dieses Verhältnis jedoch um. Jetzt setzt Mozart in den Sonaten-Kopfsätzen nur noch selten diesen italienischen Topos ein. Lediglich der bereits ausführlich vorgestellte A-dur-Kopfsatz KV 169/1 läßt den «italienischen Zweitakter» als ruhige Insel zwischen zwei eruptiven Blöcken anklingen: Das späterhin im dritten Formteil motivisch entwickelte, kurzgliederige Motiv in Takt 12 ff. ist jedoch nicht nur als Rückgriff auf die italienischen Quartette zu werten (die Verwandtschaft speziell mit KV 155 (134ᵃ)/1, T. 13 ff. ist unübersehbar). Es wird darüberhinaus bereits durch die Takte 5 und 9 in ihrer heftigen Betonung des 8tel-Vorhaltsgestus vorbereitet und nicht etwa überraschend oder als völlig eigenständiges Satzglied (wie im «italienischen» Zyklus) eingesetzt. Freilich fügt sich diese Figur nicht im Sinne einer Motiventwicklung in ihren Kontext, durch die beziehungsreiche Substanzgemeinschaft gewinnt Mozart jedoch sublime Variationsmomente über mehrere Taktgruppen hinweg.

Wesentlich eindrücklicher begegnet uns der «italienische Zweitakter» in den drei «Serenadensätzen» der «Wiener» Serie (vgl. S. 95 f.), wo er geradezu die motivisch-substanzielle Hauptrolle spielt. Die Eröffnung des langsamen G-dur-Satzes von KV 170/3 (aus Vergleichsgründen nach A-dur transponiert)

Beispiel 51

findet dabei ihr unmittelbares Vorbild wiederum in einer Arie des Sifare aus Mozarts «Mitridate, Ré di Ponto» (KV 87/74ᵃ, Nr. 5) "Parto: Nel gran cimento" bei verwandtem Metrum, gestisch gleicher Baßführung und nicht zuletzt identischem melodischen Verlauf[398]:

---

396 KV 80 (73ᶠ), 156 (134ᵇ), 157 und 160 (159ᵃ).

397 KV 155 (134ᵃ)/2.

398 Man vgl. in dieser Hinsicht auch die frappante Ähnlichkeit der punktierten Terzenfigur ♪♫♫ des Quartettkopfsatzes aus KV 159/1, T. 1 ff., mit der Arie Nr. 4 aus «Lucio Silla», die ebenfalls in einer B-Tonart mit Alla-Breve-Vorzeichnung und gleichem Tempo steht. Wollte man behaupten, weiträumige Intervallsprünge, wie sie beispielsweise in KV 136 (125a)/1, T.24-26; KV 137 (125b)/2, T. 18-20; KV 155(134ᵃ)/1, T. 13, 38-40; KV 159/2, T. 53-57 oder auch KV 169/2, T. 7-9, anzutreffen sind, seien eine typisch instrumentale Gestik, so kann man auch hier auf das Vorbild der virtuosen Seria-Arie verweisen, wo Mozart besonders in den Ombraszenen heikle Intervallsprünge verlangt; vgl. H. Abert I, S. 225 f.

Beispiel 52

Wie sehr sich Mozart in den schnellen «Wiener» Quartettkopfsätzen in der Motivanlage vom Vorbild Italiens befreit hat, beweist etwa die willentliche Umgruppierung der betonten Vorhaltsgeste im *Es*-dur-Quartett KV 171/1: In der Stimme der zweiten Violine erklingt in Takt 28-35 in unnachahmlich Mozartscher Diktion[399] ein zweimaliger Viertakter, der mehr unterschwellig als offenkundig in «italienischen Zweitaktern» gestaltet ist. Doch entscheidend sind die unmittelbar an die lange Vorhaltsgeste in Takt 35 anknüpfenden Taktpaare, die das ursprüngliche Gewichtsverhältnis von leicht-schwer spiegelbildlich umkehren, indem die Vorhaltswendung (8tel) jetzt abtaktig im je ersten Takt betont einsetzt und der Folgetakt als angehängte Fortsetzung (bzw. Auftaktwendung zum nächsten Taktpaar) erscheint. Ob bewußt oder unbewußt: In der Umkehrung der Akzentverhältnisse dieses kleinen Vorhaltsmotivs macht sich ein neues (oder zumindest anderes) Kompositionsverständnis bemerkbar, das frei über Taktanordnungen und deren metrische Gewichtung verfügen kann.

Mit dem zuvor Beschriebenen einher geht ein harmonisch-akkordischer Topos Mozarts, der gerade für ihn außerordentlich charakteristisch und bei anderen Komponisten weniger anzutreffen zu sein scheint. Gemeint ist der in typischer Situation auftretende Terz-Quartakkord. Meist kommt er (in Mozarts frühen Quartetten) zu Beginn einer Vordersatz-Nachsatz-Periode zustande. Der Baß vollzieht dabei im Moment des Harmoniewechsels anstelle des zu erwartenden Quartab- bzw. Quintaufsprungs (oder der nach unten gerichteten Halbtonrückung)

Beispiel 53

---

[399] Man beachte vor allem den stark ausgeprägten Willen Mozarts zur Herstellung von Geschlossenheit. Nicht nur an dieser Stelle, sondern auch im Quartett KV 169/1, T. 12-15 und KV 169/3, T. 1-8 verzichtet er nicht auf die Längung der jeweils vorletzten Note des Schlußtaktes, die damit gestisch deutlich an die jeweils eröffnende Note des ersten Taktes anknüpft ♩ ♩ ♩ ♩ , statt etwa ♩ ♩ ♩ ♩ . Eine 4tel-Bewegung wäre im jeweils letzten Takt solcher Perioden ebenso denkbar, wenn nicht sogar naheliegender.

lediglich einen Ganztonschritt nach oben: Statt der üblicherweise zu erwartenden Grundstellung (oder des Sextakkordes) erscheint an diesen Momenten nun ein dominantischer Akkord, dessen Fundament auf der Quinte ruht. Für Mozarts gehäuften Gebrauch des Terz-Quartakkordes ist die gleichzeitige Oberstimmenbewegung, die zum Baß einen Vorhaltsgang von der Septe zur Sexte ausführt, der jedoch durch die Dominantfunktion des Akkordes als Quartvorhalt empfunden wird, charakteristisch. Diese Empfindung wird meist dadurch bestätigt, daß auf den fraglichen Dominantakkord (mit Quintbaß) dessen Richtigstellung - also der Dominantakkord in Grundstellung - unmittelbar folgt:

Beispiel 54

Nicht als primäres Problem der Akkordprogression: I-V$_5$-V^7-I, sondern als Stimmführungseigenheit der Außenstimmen ist diese Konstellation, die uns in allen Quartetten und allen Satztypen gleichermaßen begegnet[400], demnach zu interpretieren. Das Bestreben Mozarts, geschmeidige Oberstimmen zu komponieren, dringt auch in die Führung des Basses ein, der nun keineswegs mehr nur als konventionelles (Generalbaß-) Fundament eingesetzt ist. Wenn das Violoncello in den frühen Quartetten Mozarts auch nie solistisch (möglicherweise sogar noch in hoher Lage, wie bei Boccherini) eingesetzt wird, so fällt doch seine Befreiung von den einfachen Akkordfunktionen sofort auf. Der Baß setzt der periodisch gegliederten Melodie eine eigenständige Bewegung entgegen.

(b) Satztechnische Konstanten

Der Quartettsatz Mozarts weist von Anfang an zwei Eigentümlichkeiten auf: Er tendiert stets zur Vollstimmigkeit, wechselt aber gleichzeitig in kurzer Abfolge die Konstellationen und Kombinationen der vier Einzelstimmen. Mozart unterlaufen dabei keine Stimmführungsfehler. Der Einzelstimme kommt immer, auch wenn sie für einen Moment eine Nachbarstimme über- oder untersteigt, ihre durch die Partituranordnung zugewiesene Position zu. An die Stelle des "Streben[s] nach selbständiger Stimmenführung in Viola und Vio-

---

400 KV 80 (73^f)/1, T. 2; KV 80 (73^f)/2, T. 10, 12; KV 155 (134^a)/2, T. 10, 12, (46); KV 155 (134^a)/3, T. 76, 80; KV 156 (134^b)/1, T. 3, 4; KV 157/1, T. (22); KV 157/2, T. 3 (Moll), vgl. T. 14/15!; KV 159/1, T. 10; KV 160 (159^a)/3, T. 57, 65; KV 168/1, T. 1/2, vgl. T. 10/11!; KV 169/1, T. 12/13; vgl. fehlenden Akkord in T. 84, 88; KV 170/3, T. 25, 29, 30; KV 171/1, T. 9, 10; KV 171/4, T. 30, 35 u. ö.; KV 172/1, T. 28, 30 u. ö.; KV 172/2, T. 1 (5, 6); KV 172/3, T. 2, Trio T. 2 (versetzt); KV 172/4, T. 29, 37; (KV 173/1, T. 76, 79, 83: Sequenz); KV 173/3, T. 7.

loncello" in der frühen Kammermusik Joseph Haydns[401] tritt bei Mozart ein instinktiv sicheres Beherrschen der stets alle vier Stimmen einbeziehenden Disposition. Ein (wenn auch nebensächliches) Indiz dafür ist das nahezu völlige Fehlen jener in früher Streichquartettliteratur (selbst in Joseph Haydns Quartetten der 1760er- und 70er-Jahre) anzutreffenden, mehrfach diskutierten offenen Quartsextakkorde[402]. Besagte Vollstimmigkeit äußert sich auch darin, daß man in der Vertikalen überwiegend einer Akkordschichtung begegnet, die in sich stabil (d. h. keine Verdoppelung von Terz oder Quinte) oder deren momentane Instabilität aus der horizontalen Bewegung der Stimmen erklärlich ist. Bis auf die wenigen, aufgrund ihres Kompositionstypus ohnehin festgelegten Sätze, wie die langsamen Serenaden (KV 169/2, 170/3, 172/2) oder die beiden Fugen (KV 168/4, 173/4), liegt der Reiz in Mozarts musikalischem Satz gerade darin, daß er nicht konstant an einer einmal eingeschlagenen Stimmenkonstellation festhält, sondern auf kleinstem Raum (oft taktweise) die mannigfachen Möglichkeiten der Kombinatorik voll ausschöpft. Der meistenteils zu beobachtenden Kurzgliederigkeit in der Anlage korrelliert eine schier unerschöpfliche satztechnische Phantasie.

- Viola

Kann man im allgemeinen davon ausgehen, daß in Mozarts frühen Streichquartettsätzen die Formulierung des Motivmaterials in Händen der beiden Violinen, freilich mit Dominanz der ersten Violine, liegt, wobei sich gelegentlich auch das Mittelstimmenpaar gegen die Außenstimmen durchsetzt[403], und dem Baß cum grano salis bei aller Geschmeidigkeit der Stimmführung die harmonische und impulsgebende, nicht jedoch motivisch relevante Funktion zukommt, so muß gefragt werden, inwieweit und wie sich die Stimme der Viola im vierstimmigen Komplex behauptet, wie Mozart also die bereits angesprochene Vollstimmigkeit gewährleistet. Allein schon aus historischen Gründen liegt diese Frage nahe. Gesteht man traditionellerweise den beiden Oberstimmen und dem Baß klar umrissene Funktionen innerhalb des Satzgeschehens zu, da man als wichtigen gattungsgeschichtlichen Vorläufer der autonomen instrumentalen Vierstimmigkeit die vom Generalbaß getragene Musik - vor allem die Triosonate - postuliert[404], so liegt es auf der Hand, die vierte, scheinbar hinzutretende Stimme und ihr Verhalten im Satz genauer zu betrachten. Und gerade weil Mozarts Satz von vornherein vierstimmig kon-

---

401 L. Finscher, Studien, S. 185.

402 ibid., S. 190; vgl. aber die gelegentlichen Quarten in Sinfonie-Menuetten (Kontrabaßbeteiligung!), wie in Kap. IV.1 beschrieben.

403 Vgl. KV 157/1, T. 33/34, 63-66; 160 (159ª)/1, T. 9/10, 16-19!, 24-28, 42- 44. Die Mittelstimmenkoppelung tritt im zweiten Zyklus hingegen kaum mehr auf; vgl. etwa KV 170/4, T. 36 ff. (?), 123 ff.; KV 171/3, T. 3-4, 13-14; KV 173/1, Coda; KV 173/2, T. 9/10.

404 Vgl. die ausgezeichneten Darstellungen bei F. Oberdörffer, Generalbaß und L. Finscher, Studien, S. 106 ff. (speziell zu Mozarts Satz S. 190).

zipiert ist, läßt sich anhand der Viola das Spezifische des frühen Mozartschen Quartettsatzes besonders eindrucksvoll aufzeigen.

Im Falle der vorliegenden Streichquartettsätze muß die Funktion die Violastimme sehr differenziert gesehen werden. Einerseits, und das mag nach dem bisher Gesagten überraschen, ist sie, abgesehen von eindeutigen, momenthaften, auf Gleichberechtigung der Stimmen zielenden Imitationstechniken oder blockhaften vierstimmigen Akkorden, satztechnisch höchst selten frei und unabhängig. Ein Blick genügt, um zu erkennen, daß sie zumeist in Koppelung mit einer weiteren Stimme auftritt. Andererseits, und diese Feststellung ist alles andere als banal, ist sie trotz ihrer scheinbaren Abhängigkeit nicht sekundäre, sondern essentiale Schicht, weil sie allein die Altlage repräsentiert und - wie zu zeigen sein wird - bei Koppelung der Viola an eine weitere Stimme durchaus nicht immer auszumachen ist, welche der Stimmen führt und welche klanglich verstärkt. Die Analyse der ständigen Fluktuation in Mozarts vierstimmigem Satz, in dem jede Stimme zwar ihre angestammte Aufgabe übernimmt, Kombinationen dennoch frei wechseln können, ist ein wichtiger Anhaltspunkt gerade für das Verständnis der ambivalenten Rolle der Viola.

Die andauernd hellwache Orientierung der Viola an den übrigen Stimmen im Sinne einer vermeintlich bloßen Doppelung in Terzen, Sexten oder Dezimen veranschaulicht der bereits vorgestellte *Es*-dur-Kopfsatz KV 160 (159ª). Zu Satzbeginn pocht sie im Unterstimmenverband auf den akkordisch gedachten 8teln, wobei das Akkordgefüge am Verlauf der führenden Oberstimme fixiert wird. Ab dem Auftakt zu Takt 5 dokumentiert sich die komplexe Partner-Rolle der Viola besonders deutlich, da sie sowohl die Melodiestimme als auch die Baßstimme klanglich verstärkt, anscheinend ohne wesenhaften Einfluß auf das Motivgeschehen zu nehmen:

Beispiel 55

Zunächst liegt es hierbei nahe, die Stimme der Viola in ihrer Abhängigkeit von der punktierten Figur der Violine (Unterdezime) und von der spontanen Zuwendung zu den begleitenden 8teln des Cellos (Oberdezime) zu beschreiben. Muß es an sich schon erstaunen, wie sehr Mozart durch diesen Bezugswechsel der Viola die Terzenbewegung in den Vordergrund stellt, so erkennt man erst dann, wie komplex solch ein Satzgeschehen in Wirklichkeit gestaltet ist, wenn man zu bestimmen versucht, welche der in Terzen gehenden Stimmen denn tatsächlich jeweils die primäre und welche die begleitende sekundäre Schicht bildet. So läßt sich die Viola zwar im Falle der punktierten Wendung auf Schlag «1» (T. 5, 6 bzw. 9, 10) durchaus als «Begleitstimme» beschreiben, weil sie in tieferer Lage als die erste beziehungsweise zweite Violine spielt, jedoch könnte man die in hoher Lage spielende Violine ebenso als hinzutretende Terz (genauer: Dezime) zur primären Stimme der Viola deuten. In Wirklichkeit sollte man solche Abhängigkeitsverhältnisse nicht systematisieren, sondern primär verstehen, daß es Mozart vor allem darauf ankommt, motivische Partikel, wie auch komplexere Motive oder Perioden («Themen») in Terzen (Sexten, Dezimen etc.) und eben nicht klanglich unverstärkt fortschreiten zu lassen. Ein Verfahren, auf das wir bei der Betrachtung der Mozartschen Einzelsätze immer wieder stoßen und das bei der Reduzierung auf Gestaltungskonstanten wohl die entscheidende Rolle spielt. Daß dieses auf große Klanglichkeit und gleichzeitige Transparenz zielende Technik im Falle der Viola aus Gründen ihrer Stimmlage und ihres dunkleren Timbres zumeist durch deren Abhängigkeit vom Kontext beschrieben wird, ist verständlich, aber nicht nahe genug am musikalischen Quartettsatz Mozarts.

In den seltenen rein dreistimmigen Abschnitten, in denen das Violoncello schweigt, übernimmt die Viola - aber nur dann - die Baßfunktion (vgl. etwa KV 157/2, T. 1 ff. und KV 171/1, T. 28 ff.).

Im Zusammenhang mit den exemplarisch vorgestellten Kopfsätzen (Kap. III.1) fiel insbesondere eine als Achsenbildung bezeichnete Satzstruktur auf, die vor allem für die Mittellage charakteristisch ist. (Die Sonderform des überwölbenden Liegetones in einer der Violinen soll hier ausgeklammert sein.) Wesensmerkmal dieser liegenden oder figuriert aufgebrochenen Achsenstimme ist einerseits deren immanente Zugehörigkeit zu den wechselnden Akkordprogressionen (meist I-V- oder V-I-Verhältnisse), die durch jene «Achse» verklammert werden, andererseits deren Hinzutreten zu einem autonomen dreistimmigen Satz (vgl. Beschreibung etwa KV 160/159ᵃ/1, T. 20 ff., S. 41). Und genau hierin ist ein Unterschied zwischen den Zyklen festzustellen: Bewahrt (zumeist) die Viola im «italienischen» Zyklus jene Sekundärschicht, jenes freie Hinzutreten eines Achsentones zu einem eigenständigen musikalischen Satz[405], so geraten im «Wiener» Zyklus die verwendeten «Achsen» häufig zu individuellen Ausprägungen, indem der Achsenton nicht mehr als Pfundnote oder monoton repetierend gestaltet, sondern als charakteristisches Motiv geformt ist. Nicht zuletzt dies ist ein Hinweis darauf, daß sich aus der bloßen Funktion einer angestrebten Vollstimmigkeit zwischen den Zyklen das Bewußtsein zu einer Notwendigkeit der Individualisierung der Einzelstimme und damit des Satzgeschehens als solchem ausbildet[406]. Freilich tritt dennoch

---

405 Vgl. KV 155 (134ᵃ)/1, T. 4-8, 16-18; KV 156 (134ᵇ)/1, T. 20-26; KV 157/1, T. 1-4, 9-12, 33-35 (V.I); KV 158/1, T. 5-8 (V.I), 12-17, 41-43 (V.I), 43-45 (V.I); KV 160 (159ᵃ)/1, T. 5-7 (V.II), 20-23.

406 Vgl. KV 168/1, T. 19-23 (V.I und II); KV 169/1, T. 19-24; KV 173/1, T. 126-130.

in der zweiten die aus der ersten Serie bekannte bloße Brückenfunktion der Viola gelegentlich auf. Der Unterschied zu den «italienischen» Werken liegt jedoch wiederum im Anwendungsort dieser Gestaltungskonstante: Was im ersten Zyklus ausschließlich in schnellen Sätzen und Menuetten erscheint, dringt nun in alle (exklusive der Fugen) formal unterscheidbaren und durch das Grundtempo festgelegten Satztypen ein[407].

- Terz- und Oktavkoppelung

Einer am ehesten zu erwartenden Konstellation von führender erster Violine, figurativ begleitenden Mittelstimmen und impulsgebendem Baß begegnet man in Mozarts frühen Quartetten erstaunlich selten[408]. Viel häufiger sind typische Doppelungen. Gerade die Vermeidung von Stimmenisolation zeichnet Mozarts Satz aus. In diesem Punkt lassen sich geringfügige Funktionsverschiebungen zwischen beiden Zyklen beobachten.

Ein häufiges, wenn nicht das häufigste Verfahren Mozarts ist es, die zweite Violine an die stimmführende erste Violine zu binden. Diese Paarbildung der Oberstimmen, die gelegentlich (wenn auch selten) durch eine Paarbildung der Violine I mit der Viola ersetzt ist, erfolgt im ersten Quartettzyklus über weite Strecken und vorwiegend im parallel geführten Terz- oder Sextabstand. Illustrative Beispiele einer aufgebrochenen, weil gelegentlich unterbrochenen, Oberstimmenpaarbildung bieten sowohl die ersten 20 Takte des D-dur-Quartetts KV 155 (134ª)/1 als auch des C-dur-Quartetts KV 157/1[409].

Im «Wiener» Zyklus redziert sich diese Verklanglichungstechnik der melodieführenden Stimme ein wenig, obwohl auch hier etliche Terzenkoppelungen[410] erscheinen. An ihre Stelle tritt jetzt merklich die weniger weiche, dafür aber intensivierende Oktavkoppelung der beiden Oberstimmen. Diese Verdoppelung einer Stimme, die aus dem latent vierstimmigen einen real dreistimmigen (oder je nach Konstellation gar zweistimmigen) Satz macht, darf aber nicht im Sinne strenger Tonsatzlehre als Fehler, sondern muß vielmehr als bewußt

---

407 KV 169/2, T. 35 ff.; KV 170/1, Variation II, T. 8/9; KV 171/1, T. 10-12; KV 172/1, T. 18 ff., 53 ff.; KV 172/3, Trio, T. 9 ff.; KV 172/4, T. 22 ff., 27 ff. (V.II!); KV 173/2, T. 44 ff. (V.II!), 90 ff.

408 In Sonatensätzen mit schnellem Tempo: KV 155 (134ª)/1, T. 29 ff.; KV 156 (134ᵇ)/1, T. 1 ff., 35 ff.; KV 158/1, T. 12 ff.; KV 159/2, T. 1 ff.; KV 160 (159ª)/1, 1 ff.(?), 41 ff. (?); KV 168/1, T. 1-3, 28 ff.; KV 169/1, T. 12 ff.; KV 173/1, T. 1 ff., 10 ff., 18 ff., 24 ff. (Natürlich) in den drei «Serenadensätzen» KV 169/2, 170/3 und 172/2 und in folgenden langsamen Sätzen: KV 156 (134ᵇ)/2, T. 3 ff., 9 ff.; KV 158/2, T. 10 ff.; KV 160 (159ª)/2, T. 6 ff.; im Variationssatz KV 170/1, Thema mit erster und zweiter Variation; nur im Menuett: KV 173/3, T. 1-4; in keinem einzigen Finale.

409 Die Fülle der möglichen Belegstellen schließt eine Aufzählung aus.

410 Vgl. beispielsweise KV 169/1, T. 1-11, 58-64; KV 168/2, T. 36 ff., 45 ff., 60 ff.; KV 171/1, T. 63 ff.; KV 171/4, T. 38 ff., 52 ff.; KV 172/1, T. 53-71; KV 172/4, T. 1 ff., 72 ff. 81 ff.; KV 173/3, Triobeginn.

gesetztes klangliches Ereignis interpretiert werden[411]. Natürlich begegnen wir wiederum im «italienischen» Zyklus solchen Oktavierungen, doch kommt ihnen dort lediglich die Funktion zu, formal wichtige Einschnitte, also Anfang oder Ende eines Abschnittes, zu verdeutlichen; selten sind sie als klangliches Element eingesetzt, was bereits durch ihre vergleichsweise Kürze ins Auge springt[412]. Geradezu als motivischen Topos Mozarts müßte man die dreimal fast identische Dreitonfigur bezeichnen, die ausnahmsweise in der «italienischen» Serie die Oktavenverknüpfung der Violinen als eigenwertiges Zwischenspiel versteht[413]:

Beispiel 56

In der zweiten Serie jedoch können sich die parallel geführten Oktavenpaare auch über größere Abschnitte als intendiertes klangliches Erlebnis erstrecken[414]. L. Finscher weist in Zusammenhang mit dem «Lodi»-Quartettkopfsatz darauf hin, daß Mozart diese quasi orchestrale Klangintensivierung in Form von Oktavierungen möglicherweise in den frühen Streichquartetten Michael Haydns kennengelernt haben könnte[415]. Ohne an dieser Stelle auf die Gleichartigkeit der Faktur eingehen zu wollen (vgl. Kap. V.2), die in der Tat auffällig ist, muß aber doch betont werden, daß gerade die frühesten Quartette Mozarts

---

411 Man bedenke aber die langwährende Diskussion zwischen norddeutschen und süddeutschen Musiktheoretikern anläßlich der Veröffentlichung von J. Haydns frühester Kammermusik, in der gehäuft das Mittel der Oberstimmenoktavierung (oder des Oberstimmen-*unisono*) Anwendung findet; vgl. H. Unverricht, Streichtrio, S. 156 ff.

412 Satzeröffnung in Oktaven: KV 155 (134ª)/3, T. 1-4 (vgl. aber T. 3-4: Vc.! Dazu weiter unten); KV 160 (159ª)/3, T. 1-8 (87-94, 99-106); Schlüsse: KV 155 (134ª)/3, T. 17 f.; KV 158/3, T. 61. Als Abschluß einer Periode innerhalb des Satzes: KV 158/2, T. 9 f.; KV 159/1, T. 35-37 (dort gehen allerdings die Unterstimmen in Terzen!); als Periodenbeginn: KV 159/2, T. 66 ff. Nur selten als kurz angetippte, formal nicht relevante Oktavführung: KV 80 (73ᶠ)/1, T. 16, 18 (vgl. L. Finscher, Lodi, S. 256) und KV 155 (134ª)/1, T. 24-27 (kadenzeinleitend).

413 KV 157/3, T. 21-24, KV 159/3, T. 17-21 und KV 160 (159ª)/3, T. 55-58. In diesen Kreis einschließen darf man wohl auch die Takte 31-34 (98-101) aus KV 168/1.

414 Um nur die wichtigsten Stellen zu zitieren: KV 168/1, T. 17-26; KV 170/1, dritte Variation, T. 1-4 (9-12); KV 170/2, T. 1-5 (28-32); KV 171/1, T. 36-43 (44-47), 48-49, 51-59 (u. ö.; mit stetigem Wechsel zwischen V.II und Va. als Partner der V.I); KV 171/4, T. 29-37 (43-51) (ebenfalls Tausch der Oktavierungsstimme); KV 172/1, T. 27-34 (35-42); KV 172/4, T. 27-31 (35-39) und mit Wechsel von der Va. zur V.II in T. 139-143 (147-151); und schließlich die bis zur paarig angeordneten Zweistimmigkeit reduzierten Menuette (Trios) KV 169/3, Trio und KV 173/3, T. 7-8.

415 L. Finscher, Lodi, S. 256.

diese Satztechnik kaum aufweisen, und erst der «Wiener» Zyklus verstärkt auf klangtechnisch begründbare Oktavierungen zurückgreift, so daß - wenn überhaupt - der Einfluß Wiener Komponisten ebenfalls in Betracht käme.

- Oktav- plus Terzkoppelung

Wenn auch die oktavierten Violinen in der «Wiener» Serie wesentlich häufiger auftreten und dort die wichtigere Funktion einnehmen, so überrascht doch die Tatsache, daß ein weiteres Satzmerkmal, das in unmittelbarem Zusammenhang zu Mozarts Oktavierungen steht, außerordentlich häufig in der «italienischen», kaum jedoch in der «Wiener» Serie und gar nicht im «Lodi»-Quartett erscheint. Diese Konstante, die sicherlich wesentlich den typischen Klang des frühesten Mozartschen Streichquartetts prägt, besteht in der Oktavierung und gleichzeitigen parallelen Terzenführung einer meist durch die Violine I angeführten Melodiebewegung. Aus der Komplexität verschiedener Stimmkombinationen heraus verbinden sich nämlich gelegentlich, meist an prominenter Stelle des Verlaufs, drei Stimmen zu jener gemeinsamen Artikulation. Man kann unter Vernachlässigung einiger weniger Takte geradezu behaupten, daß in den Quartetten Nr. 2-7 kaum eine Oktavierung der ersten Violine ohne gleichzeitige Parallelführung in Terzen durch eine weitere Unterstimme erfolgt. Diese Konstante verknüpft also die Terzen- (Sexten-) Führung mit der satztechnisch auffälligeren Oktavierung.

Daß es sich bei dieser Satztechnik zumeist um eine intendierte klangliche Intensivierung einer autonomen Terzenbewegung handelt, sieht man beispielsweise am letzten Auftreten des Refrains im C-dur-Rondo (KV 170/4, T. 116 ff.): Nachdem der Refrain in der gewohnten Faktur erklungen ist, wird er zur Bestärkung des nahenden Schlusses ein weiteres Mal wiederholt. Die erste Violine tritt in dreigestrichener Lage zur zweiten hinzu, die ihrerseits die Funktion der Nachbarstimme übernimmt. In Takt 117 (121) begegnen wir aus diesem Grund jener typischen parallelen Stimmbewegung von kombinierter Oktav-Terzkoppelung. Aus der ursprünglich dreistimmigen Faktur wird nun nicht etwa eine vierstimmige; vielmehr steigert diese Verfahrensweise die Intensität einer vormals einfach in Terzen (Sexten) verlaufenden Melodielinie[416]. Doch keineswegs nur als Satzschluß tritt diese Stimmenkonstellation auf, die ungeachtet unseres Beispiels in den «Wiener» Quartetten eher selten ist[417]. In allen Varianten, in allen Satztypen, nur nicht in Mozarts erstem

---

416 Weitere Stellen, an denen der Satz mit diesen Mitteln beschlossen wird: KV 158/1, T. 123-125, und die merkwürdige Parallele im dritten Satz des gleichen Werkes KV 158/3, T. 77-78. (Bei den Takten 123-125 handelt es sich allerdings nicht um "einen Unisono-Gang von fis nach b^2" wie L. Finscher versehentlich behauptet; L. Finscher, Coda, S. 85); KV 171/2, T. 9-10.

417 KV 168/3, T. 22-23; KV 169/2, T. 44 f., 52 f.; KV 169/4, T. 78-80; KV 170/4, T. 50-52; KV 171/1, T. 51-54, 58, 113-114, 118; KV 171/2, T. 9, 17 f.; KV 172/1, T. 13 (17); KV 172/4, T. 57-59 (65-67); KV 173/2, T. 2, 6.
In Mozarts Sinfonik spielt diese auf Klangintensivierung zielende Technik so gut wie keine Rolle, schränkt man seinen Blick auf den Streichersatz ein; den Charakter einer Ausnahme haben folgende Stellen: KV 112/2, T. 18-22, 57-64; KV 112/3, Trio, T. 7 und 23; KV 124/3, T. 11-14; KV 128/3, T. 45/46, 47/48, 55-59.

Streichquartett (!), findet sie Verwendung. Hier die drei wichtigsten Figurationen:

a) V.I und II oktaviert, Va. in der Ober- oder Unterterz zu V.II[418]
b) V.I und Va. oktaviert, V.II in der Unter- oder Oberterz zur Va.[419]
c) V.I und II oktaviert, Vc. in der Untersext oder Dezime zu V.II[420].

- Unisono

An wenigen dafür aber umso auffälligeren Stellen im musikalischen Satz reduziert Mozart die üblicherweise angestrebte Vollstimmigkeit zur auffälligen Einstimmigkeit des *unisono*. Beispielhaft für die Funktion dieser Technik, die satztechnisch und klanglich als Steigerung und Verdichtung einer einfachen Oktavkoppelung gewertet und von ihr gleichzeitig deutlich geschieden werden kann, ist der *d*-moll-Kopfsatz KV 173/1. Die auftaktige, immer wieder angewendete *unisono*-Figur schließt hier nachdrücklich musikalische Einheiten ab. Sie hat demonstrativ gliedernde Funktion. In eben dieser Weise sind nahezu alle *unisoni* der Mozartschen Sätze funktionalisiert. In der Regel beendet das vier- (gelegentlich auch nur drei-) stimmige *unisono* entweder kleinere musikalische Phrasen[421], überwiegend aber größere Formteile, in erster Linie unmittelbar vor dem Doppelstrich und nicht in Sätzen mit langsamem Tempo[422]. Sehr selten, dann aber extensiv und besonders einprägsam, nutzt Mozart diese quasi orchestrale Geste auch als Initium eines Formteils[423].

418 KV 155/3, T. 3 (11 usw.); KV 156/3, T. 11 f. (33 f.); KV 157/1, T. 19 (93), 46 f.; KV 158/1, T. 123-125; KV 158/2, T. 12-15; KV 158/3, T. 1/2, 5/6 (Va. und Vc. zudem oktaviert); KV 159/1, T. 12-14, 17-18, 24-27 (66-67); KV 159/2, T. 72-73; KV 159/3, T. 22 (Va. und Vc. oktaviert); KV 160/1, T. 7 f., 34 f. (T. 39-40, 93-94 und 98-99); KV 160/3, T. 59-60 (67-68).

419 KV 155/2, T. 1-4 (45); KV 158/3, T. 62; KV 159/1, T. 15-16; KV 159/3, T. 8 (in T. 4 liegt die V.II eine Sexte unter der Va.; vgl. T. 28/32 usw.); KV 160/1, T. 39-40, 93-94, 98-99 (vgl. T. 34-35).

420 KV 155/3, T. 1 (9 usw.); KV 157/3, T. 3-6; KV 158/3, T. 53-56 (T. 13-16: V.I und Va. in Oktaven, Vc. Unterdezime zu Va.!); KV 159/2, T. 5-8.

421 KV 159/2, T. 8-12; KV 170/4, T. 54-56, 103-105; KV 171/4, T. 11-12 und als einzigem Andante-Satz KV 173/2 T. 14-16, 35-36. Als Überleitungsgedanken, also Schluß- und Anfangswirkung in einem, findet man das *unisono* in KV 158/1, T. 10/11 und KV 173/1, T. 9/10.

422 KV 155 (134ᵃ)/3, T. 98-102; KV 156 (134ᵇ)/1, T. 63-67; KV 158/3, T. 79-80; KV 159/1, T. 28-29; KV 159/2, T. 85-88; KV 159/3, T. 154-159; KV 168/4, T. 111-118 (= Coda); KV 169/1, T. 71-72, 116/117 (dieser Schluß ist sogar gegenüber dem ersten Formteil eingeschoben); KV 170/4, T. 127-129; KV 172/4, T. 77-79; KV 173/1, T. 16-18, 22-24, 31-33, 40-42, 54-56. In diesen Zusammenhang gehören auch die durch das *unisono* besonders hervorgehobenen Abschlüsse der Sonatensatz-Mittelteile, die bis auf die kurze Figur im *e*-moll-Satz KV 156 (134ᵇ)/2, T. 22 und das Trio in KV 173/3, T. 15-18 ausschließlich in schnellen Sonatensätzen auftreten: KV 160 (159ᵃ)/3, T. 83-86; KV 169/1, T. 71-72; KV 171/4, T. 87-91; KV 172/4, T. 106 (108).

423 KV 157/2, T. 45-49; KV 158/1, T. 46-53; KV 170/2, T. 12-14 (16-18); KV 171/1, T. 1-2, 5-6; KV 173/3, T. 15 (17).

Fällt also auf, daß das *unisono* sehr bewußt als strukturierendes Element in vorwiegend schnellen Sonatensätzen und Rondi gesetzt ist, so ist dies in erster Linie durch den Gestus des *unisono* selbst bestimmt. Ein plötzliches Zusammenziehen aller Stimmen zu einer kraftvollen, einheitlichen Bewegungslinie muß im Kontext filigraner Vierstimmigkeit die besondere Aufmerksamkeit der Zuhörer auf sich lenken[424]. In diesem Sinne ist die *unisono*-Konstante als eigenständiges Gestaltungsmittel und gleichzeitig als Überhöhung der Violinoktavierung zu betrachten[425]. Oktavierung ist im zweiten Zyklus zunehmend klanglich und nicht mehr so häufig auch formal motiviert. Diese Funktion übernimmt im «Wiener» Zyklus schon quantitativ ersichtlich das *unisono*.

Nur selten, und dann für die Dauer von ein bis zwei Takten, fehlt die unmittelbar einsichtige formale Bedingung des *unisono* in Mozarts frühen Streichquartetten. Im zweiten Satz des «Lodi»-Quartetts (KV 80/73^f) und im ersten Satz des A-dur-Quartetts (KV 172) ist das Kopfthema jeweils so angelegt, daß die zweite Hälfte in ein *unisono* mündet, das den Themenkopf zwar markant beschließt, durch seinen Energieschub gleichzeitig aber den Satz ungemein lebhaft antreibt[426]. Auch die Umkehrung dieser Halbsatz-Relation existiert. Was ein kräftiges *unisono* initiiert, wird durch ein zaghaftes *piano* beantwortet (KV 169/4, T. 37 ff.):

Beispiel 57

Im dem sehr ausgedehnten «Tempo di Minuetto» KV 158/3 (T. 28-32) und in den beiden Rondi KV 80 (73^f)/4 (T. 40-44) sowie KV 173/2 (T. 60-64) finden sich die einzigen *unisono*-Stellen unter allen Mozartsätzen, die flächig einen breiten Raum einnehmen, um frei von formalen Zwängen selbständig zu agieren. Das darin vorgestellte Motivmaterial erhält dadurch ungewöhnliche Eindringlichkeit. Stets antwortet verschüchtertes *piano* auf diese klanglich massiven Ausbrüche.

---

424 A. Raab, Unisono, S. 11: "Das Unisono [...] ist [...] bewußtes kurzzeitiges Abweichen von der musikalischen Normalsprache. Als geradezu Schlag ins Gesicht der scheinbar verbindlichen Norm ist es auffällig, aufrüttelnd, aufregend".

425 Vgl. beispielsweise die Takte 9-12 aus KV 171/4, wo sich an eine *unisono*-Phrase der Violinen nach zwei Takten verstärkend die Unterstimmen anschließen, um das definitive Periodenende zu unterstreichen.

426 Sehr verwandt damit ist die eher witzige *unisono*-Stelle im vierten Variationssatz KV 170/1, T. 2, 4; vgl. die klanglich aufgefächerte Version in T. 10/12 und die zunehmende Verselbständigung dieses Motivs, die ihren motivisch-gestischen Vorläufer wohl im Rondothema aus KV 159/3 hat.

- Doppelte Paarbildung

Eine Satztechnik, die nach N. Schwindt-Gross für das süddeutsch-österreichische (Quartett)-Divertimento typisch ist, nämlich die unmittelbare, wechselseitige Aufeinanderfolge von in Terzen gekoppeltem Oberstimmen-und Unterstimmenpaar[427], trifft man in Mozarts frühen Quartetten ebenfalls so gehäuft an, daß man sie als Gestaltungskonstante hervorheben sollte. Unterschiede zwischen den Zyklen bestehen lediglich in der Anwendung auf verschiedene Satztypen, nicht jedoch in Satzposition und Behandlung dieser Doppelpaarbildung. Im ersten Zyklus kann sie in allen Satztypen auftreten, im «Wiener» Zyklus ist sie auf Menuette und Finalsätze beschränkt[428]. Position im Satzverlauf ist fast ausschließlich der Beginn des Mittelteils (in Sonatensätzen und Menuetten), des Couplets (in Rondos) oder gar einer Satzeröffnung[429]. Die eigentliche Wurzel jener Technik scheint in der Imitation oder zumindest des Echos (im weitesten Sinne) zu liegen. Stimmpaarigkeit tritt nämlich nahezu immer in unmittelbarer paarweiser Korrespondenzfolge auf. In beachtlicher Konsequenz dieser klanglich und räumlich motivierten paarigen Imitationen sind die Menuett-Trios KV 169/3 und 172/3 behandelt, die über ihre ganze Länge nur in solch wechselnden Gruppen angeordnet sind.

- Imitation

Schon Otto Jahn wies darauf hin, daß insbesondere in den «Wiener» Quartetten "das Bestreben in streng contrapunktischer Arbeit den musikalischen Stoff zu zergliedern und nach allen Seiten zu wenden sehr bestimmt in den Vordergrund" tritt[430]. Deutlichsten Niederschlag findet dieses Bestreben, jede der vier Stimmen absolut gleichberechtigt am musikalischen Satzgeschehen teilhaben zu lassen, in den das erste und letzte Quartett beschließenden Fugen. Der langsame c-moll-Satz in KV 171 eröffnet alle drei Formteile mit paarig imitierenden Einsätzen, wobei die Strenge dieser Anlage durch das Schweigen des jeweils anderen Stimmenpaars besonders betont wird. Doch hat diese Durchorganisation des langsamen Satzanfangs genauso wie die imitatorischen Eröffnungen des Mittelteils der Kopfsätze KV 168/1 (T. 42 ff.) und KV 169/1

---

427 Sie wird von N. Schwindt-Gross, Streichquartette, S. 51 ff., und passim, unter dem Terminus "reziproker Texturwechsel" behandelt.

428 Der Beginn des Mittelteils von KV 169/1 (T. 37-50) ist aufgrund des fehlenden spontanen Bezugs zwischen den Paaren eher als Anklang an diese Technik zu verstehen.

429 KV 158/3, T. 21-24, 80-84; KV 159/1, T. 30-37; KV 159/2, T. 89-90, 95-96, dort zusätzlich raffiniert ineinander geschoben (vgl. die ähnliche Anordnung, jedoch ohne Doppelpaarigkeit, in KV 80/73^f/3, T. 9/10); KV 160 (159^a)/3, T. 55-70, insbesondere T. 59-62 (mit der Oktavkoppelung in T. 59 f.); KV 169/3, Trio, besonders ab dem Mittelteil; KV 170/4, T. 72-77; KV 172/4, Thema T. 1-8, 81-95 und 112-120 (!). Vgl. darüber hinaus die satzbeschließende Stelle in KV 80 (73^f)/4, T. 91-95, wobei hier die Imitationsfolge in volle Vierstimmigkeit mündet sowie T. 19-24 in KV 172/3, wo die paarige Imitation integraler Bestandteil einer in verschiedene Dispositionen geordneten Imitationskette ist.

430 O. Jahn I, S. 592.

(T. 37 ff.) oder das imitatorische Menuett KV 172/3 seine deutlichen Vorgänger in den Quartetten KV 155 (134^a) und KV 156 (134^b)[431].

Besonders der musikalische Ort von Imitationen in Kopfsätzen, solch kurzwährenden Abschnitten des Festhaltens an einem einzigen Motivpartikel, geht als prinzipielle Technik auf einzelne frühe Quartettkopfsätze zurück. In den beiden Sonatensätzen aus KV 155 (134^a)/1, Takt 54 ff. und KV 156 (134^b)/1, Takt 72 ff., eröffnet Mozart ausgerechnet den Mittelteil in Form einer Imitationskette durch alle Stimmen hindurch. Und genau jene Stimme, die im Satzgefüge die am geringsten profilierte Rolle spielt, die Viola, wird dabei insofern besonders auffällig bevorzugt, als sie sowohl im «italienischen» als auch «Wiener» Zyklus überwiegend das Imitationsgeflecht auslösend beginnt[432].

Zwar begegnen wir (selten) auch schon in den ersten Quartetten außerhalb der genannten exponierten Stellen imitatorischen Abschnitten, doch wird dann entweder die Imitation nur sporadisch angedeutet[433] oder auf die Anordnung alternierender Oberstimmen- bzw. Unterstimmenpaare bezogen[434], obwohl im C-dur-Satz KV 157/1, Takt 25 ff., ausnahmsweise das Imitatorische überzeugend zum Konstituens eines Abschnittes gerät. Ausgedehnte imitatorische Sequenzgänge unter Einbeziehung mehrerer Stimmen sind im ersten Zyklus mit Ausnahme der Oberstimmensequenz des Kopfmotivs im F-dur-Quartett KV 158/1, Takt 53 ff. ebenfalls nicht anzutreffen. Im Gegensatz zu dem eher Liedhaften, Terzgebundenen der «italienischen» Kopfsätze dringt Imitationstechnik dagegen über die Mittelteil-Eröffnungen der «italienischen» Kopfsätze in die Bauweise der einzelnen musikalischen Glieder der zweiten Serie ein. Schon (oder eben gerade) der erste Satz dieser Quartettserie (KV 168/1) kapri-

---

431 Wenn in der Forschung gelegentlich auf den Umstand verwiesen wird, daß die frühesten Quartett-Sonatensätze von den etwas später entstandenen «Wiener» Sätzen besonders dadurch abstechen, daß in den späteren thematische Durchführungen verstärkt erscheinen (was natürlich eine Qualitätssteigerung implizieren soll), so ist dies zu relativieren. Einerseits erfaßt jenes Merkmal eben nicht nur Sonatensätze, sondern auch Menuette, ist also primär satztechnischer Topos und erst sekundär motivisch begründet, andererseits sind mindestens vier Sonatensatz-Mittelteile der «italienischen» Serie (KV 157/1, 157/2, 158/1, 160/159^a/1) «thematisch» zu nennen (im Mittelteil von KV 172/1 fehlt hingegen der «Durchführungscharakter» völlig); vgl. H. Abert I, S. 289 und 327, der in Bezug auf die thematischen Durchführungen wiederum auf J. Haydns Vorbild verweist. R. Barrett-Ayres, Haydn, S. 139, sucht, WSF folgend, die Wurzel der nichtthematischen Durchführungen bei Sammartini. N. Schwindt-Gross folgt ihm in dieser Argumentation, weist jedoch auf den wichtigen Tatbestand hin, daß mit der Einführung eines neuen musikalischen Gedankens - im Gegensatz zu Joseph Haydns Streichquartetten - gleichzeitig ein Wechsel der Faktur stattfindet; N. Schwindt-Gross, Streichquartette, S. 137.

432 Der Mittelteil des langsamen Satzes KV 170/3 (T. 24 ff.), der die solistische Viola vor Eintritt der zweiten und ersten Violine vorstellt, gehört ebenfalls in diesen Zusammenhang.

433 KV 80 (73^f)/2, T. 16-19; vgl. L. Finscher, Lodi, S. 257.

434 KV 155 (134^a)/1, T. 20-23; KV 157/1, T. 12-14 (in großartiger Zuspielung des simplen, dreitönigen Überbrückungsmotivs zwischen den Unterstimmen). Der imitatorische Kopf des Rondofinales aus KV 80 (73^f) datiert bezeichnenderweise ebenfalls erst aus der Zeit der «Wiener» Serie.

ziert sich bereits nach 12 Takten, wenn auch nur für einen kurzen Einschub, auf eine zunächst völlig unscheinbare Abschlußwendung | ♩. ♪♫♫ , die als Modulationsglied taktweise durch die drei Oberstimmen wandert (T. 12-16). Im traditionellen Imitationsabschnitt zu Beginn des Mittelteils kehrt dieses Motiv extensiv ausgebreitet wieder (T. 42-49). Im Gegensatz zu den Beispielen der imitatorischen Mittelteil-Eröffnungen (KV 155/134^a/1 und 156/134^b/1) ist also hier dasselbe musikalische Material durch mehrfache Anwendung der imitatorischen Möglichkeiten konzentriert[435]. Doch damit nicht genug: Ein weiteres unscheinbares Überleitungsmotiv reift zur zweimaligen kontrapunktischen Verarbeitung, in die dann zusätzlich auch das Violoncello einbezogen wird (T. 53-55 - die Va. beginnt! - und T. 57-59). Im abschließenden dritten Teil gerät das eintaktige Schlußmotiv in einen derart ausgedehnten Imitationsprozeß, daß schließlich die symmetrischen Proportionen gesprengt werden. Auch im A-dur-Kopfsatz KV 169 (T. 20 ff., T. 50 ff.), im Es-dur-Satz KV 171/1 (T. 15 ff. und öfter) und vor allem im expressiven d-moll-Satz KV 173/1 (T. 33 ff. und öfter) tritt das imitatorische Element als satzbestimmender Faktor gehäuft auf.

O. Jahn und die ihm folgenden Autoren weisen also zurecht auf die Kontrapunktik der späteren Quartettserie hin. Abgesehen von den Fugen sind hierbei die Kopfsätze beider Serien besonders auffällig unterschiedlich konzipiert. Die außerordentliche Nähe beider Serien jedoch, vor allem der übrigen Formtypen, sollte darüber nicht vergessen werden. Die «italienische» Serie ist nämlich (nicht nur) hinsichtlich des strengen Satzes gewissermaßen der Nährboden für die kaum später entstandene «Wiener» Serie. In deren langsame Sonatensätze dringt das Imitatorische kaum ein[436], es sei denn, der ganze Satz ist als Kanon oder in strenger Form angelegt, wie in KV 168/2 und KV 171/3. Beider Vorbild ist primär im kanonartig anhebenden a-moll-Satz KV 158/2 zu suchen, obwohl es gerade diesem Vorbild noch an der Konsequenz seiner Nachfolger mangelt. Auch die zaghaften Ansätze des «Tempo di Minuetto» KV 158/3 (T. 34-38) und das in dieser Hinsicht wesentlich vertiefte G-dur-«Tempo di Minuetto» KV 156 (134^b)/3 (T. 1-4, 24-27, 8-10, 15-19) sowie dessen Trio (T. 37-50) hinterlassen ihre Spuren in der «Wiener» Serie. Dort finden sich kürzere, aber auch längere Imitationsabschnitte in nahezu allen Menuetten (Ausnahme: KV 170/2), wobei das B-dur-Menuett gänzlich aus Imitationsketten (Kanon zwischen Va. und V.I) konstruiert ist[437]. Daß ein Rondo-Refrain, wie im nachkomponierten vierten «Lodi»-Quartettsatz, vergleichbar den Menuett-Themen KV 156 (134^b)/3, KV 169/3, KV 171/2, Trio oder KV 172/3, als Imitationsthema gestaltet ist, bleibt die Ausnahme. Über-

---

435 Vgl. auch N. Schwindt-Gross, Streichquartette, S. 151 f.

436 Nur im D-dur-Serenadensatz KV 169/2 erstreckt sich über mehrere Takte eine echoartige Imitationskette; bezeichnenderweise ist ihr Ort wiederum die Mittelteil-Eröffnung (T. 58-66).

437 KV 168/3, Trio; KV 169/3, T.1-4, 17-19, 21-23; KV 171/2, T. 10-16, Trio T. 1-5 bzw. 16-20, 8-12; KV 172/3; KV 173/3, T. 9-10, Trio T. 11-14.

haupt finden sich überraschenderweise in den Rondos so gut wie keine Imitationen, da die Intention der Couplets auf stete Abwechslung gerichtet ist, und sich - wie in den Takten 64-67 des *C*-dur-Rondos KV 170/4 - diese Satztechnik durchaus im Kontrast zu den besonders einfach strukturierten Rondo-Themen anböte.

Gelegentlich wird «Imitation» in ganz speziellem Sinne eingesetzt. Nicht mehr die alternierende Halbtakt- Ganztakt- oder Doppeltaktwiederholung steht hier im Vordergrund, sondern eine Satztechnik, die gerade dem Quartett-Finale KV 171/4 wohl in erster Linie den Vorwurf einbrachte, "zu sinfonisch empfunden" zu sein[438]. In der «italienischen» Serie tritt sie gehäuft auf. Die Rede ist von jenen auskomponierten *crescendi*, die durch sukzessives Eintreten der Stimmen zu einem fortwährend repetierten und sich nach oben schraubenden Motivkern zustandekommen[439]. Gerade aus Ouvertüren und Sinfonien ist dieses Steigerungsmittel bekannt (s. Kap. IV.1).

- Sequenz

Eine zwar häufig in der Funktion der Mittelteil-Eröffnung von Sonatensätzen oder Menuetten (mit besonderem Gewicht in den Allegro-Mollsätzen KV 159/2 und KV 173/1) eingesetzte Satztechnik, der sonst unter Mozarts frühen Quartetten jedoch Ausnahmecharakter zukommt, stellt die Technik der Sequenzierung motivischer Einheiten dar. In beiden Serien (nicht in KV 80/73^f)[440] konzentriert sich diese immer in zwei Stufen fallende Quintschrittsequenz auf die langsamen Sätze. In der Musiktheorie des 18. Jahrhunderts wird dieser Topos bekanntlich als "Fonte" bezeichnet[441].

Überraschenderweise vermeiden die «Wiener» langsamen Sätze die gewöhnlichere Form der fallenden Sequenz und formulieren jeweils originelle aufwärtsgerichtete Sequenzen (gewissenmaßen spiegelverkehrte "Fontes"), wobei zwei langsamen Mittelsatzeröffnungen verschärfend eine chromatische Baßfigur zugrundeliegt (KV 168/2, 172/2)[442]. Besonders evident wird die funktionelle Einschränkung dieses Kompositionsmittels dann, wenn sie in Verbindung mit den bereits erwähnten Konstanten, wie Imitation durch (alle) Stimmen oder Doppelpaarbildung, einhergeht. Das *B*-dur-Quartett KV 159 kann hierfür als besonders geeignetes Beispiel dienen, weil die ersten beiden

---

438 A. Einstein, Mozart, S. 247.

439 KV 157/3, T. 117-124 (= Coda); KV 159/3, T. 105-110; KV 160 (159^a)/3, T. 71 ff.; KV 171/4, T. 13 ff.

440 Im Kopfsatz, T. 34-37, ist die Sequenz als Modulation zum Wiedereintritt des III. Teils, und nicht als Eröffnung des Mittelteils, eingesetzt.

441 W. Budday, Grundlagen, S. 77 ff.

442 Fallende Sequenz: KV 155 (134^a)/2, T. 21-24; KV 158/2, T. 20-23; KV 159/1, T. 30-33. KV 160 (159^a)/2, T. 23-26, gehört nur entfernt in diesen Zusammenhang. Steigende Sequenz: KV 156 (134^b)/2, T. 15-18; KV 168/2, T. 29-32; KV 171/3, T. 11-14; KV 172/2, T. 12-13.

Sätze ihren Mittelteil und das Rondo sein erstes Couplet mit einer "Fonte"-Bewegung beginnen, beziehungsweise fortsetzen und gleichzeitig eine Anlage in Stimmpaaren ausprägen[443]. Im «Wiener» Zyklus greift Mozart zweimal auf die verdeutlichende Kombination mit Imitationsketten (KV 168/1, T. 42-49; KV 171/3, T. 14 ff.), einmal sogar auf das *unisono* (KV 170/2, T. 13-20) zurück.

Aber nicht ausschließlich langsame Sätze weisen diese Formelhaftigkeit der Mittelteil-Eröffnung auf, wie es bereits einige genannte Beispiele gezeigt haben. Auch in Menuetten[444], innerhalb weniger Rondo-Couplets[445] und in schnellen Sonatensätzen[446] können wir dieser Art der Sequenzierung begegnen, wenngleich - insbesondere unter letzterer Gruppe - in vielfältigen Abwandlungen und auch nicht immer unmittelbar als Mittelteilbeginn, sondern als Modulationsglied innerhalb des Mittelteils. Nur in zwei Sätzen der «Wiener» Reihe (KV 171/3, T. 14 ff.; KV 173/1, T. 25-28) tritt die Sequenz befreit von formkonstitutiver Funktion als satztechnische Besonderheit auf. Damit ist die bewußte Beschränkung des Einsatzes dieses kompositorischen Mittels nur allzu deutlich unterstrichen.

- Satzschlüsse

In einem letzten Schritt müssen noch jene «Formeln» Mozarts benannt werden, die die beiden (Haupt-) Teile der schnellen Sonatensätze, der langsamen Sonatensätze und der Menuette abschließen[447]. Dabei kann man mehr als deutlich die getrennten Einsatzbereiche der jeweiligen Schlußwendung unterscheiden, wobei diese Differenzierung für beide Zyklen und das «Lodi»-Quartett gleichermaßen zutrifft.

Mozarts Allegrosätze schließen meist *forte* und mit Akzent. Bereits bei der Beschreibung des Es-dur-Quartettkopfsatzes KV 160 (159^a)/1 fiel das dabei hauptsächlich angewandte kompositorische Mittel dieser Akzentsetzung auf: die gleichsam sinfonische Tuttigeste der mehrmaligen Wiederholung des Schlußtones aller Stimmen, meist unter Verwendung gebrochener Streicherakkorde (Doppelgriffe). Im ersten Zyklus (und im «Lodi»-Quartett) beschränkt

---

[443] KV 159/1, T. 30-33; KV 159/2, T. 89-100; KV 159/3, T. 17-20.

[444] KV 158/3, T. 25-26, Trio T. 81-84 (hier sogar mit Doppelpaaren); KV 168/3, T. 9-12; KV 170/2, T. 13-20 (s. o.), Trio T. 9-12.

[445] KV KV 80 (73^f)/4, T. 33 ff.; KV 157/3, T. 49 ff.; KV 159/3, T. 17-20 (s. o.); KV 169/4, T. 69-70.

[446] KV 157/1, T. 63-66; KV 158/1, T. 55-60; 159/2, T. 89-100; KV 160 (159^a)/1, T. 56-57; KV 168/1, T. 42-49 (s. o.); KV 172/4, Thema und T. 81-95 (in Stimmpaaren!); KV 173/1, T.25-28.

[447] Entgegen Ch. Speck, Boccherini, S. 146, kann man - zumindest für die frühen Streichquartette Mozarts - durchaus von einer Standardisierung der Schlußbildung sprechen. Allerdings bezieht sich diese nur auf das motivische Formelrepertoire und nicht auf die von Speck näher untersuchten, für Boccherini so charakteristischen geradzahligen «Stauungsglieder» am Satzschluß.

sich die Verwendung dieser Schlußmarkierung auf die schnellen (Kopf-) Sätze[448]. Im Unterschied dazu tritt im zweiten Zyklus diese Formelhaftigkeit zugunsten individueller Schlußlösungen völlig zurück und ist lediglich im Rondo KV 170/4 (T. 129/130) und in den Finali KV 171/4 (T. 27/28) und KV 172/4 (T. 25/26, [79/80], 109-111, 199/200) in seiner sinfonischen Haltung deutlich ausgeprägt. Eine Sonderstellung nehmen wenige Schlußbildungen ein, die das Akkordpochen mit zögerlichem *piano* verknüpfen, meist unter Augmentierung der Notenwerte, jedenfalls mit überraschender Wirkung und nur als Alternative innerhalb der langsamen Sätze: KV 155 (134ª)/2 (T. 8), 159/1 (T. 71) und 169/2 (T. 57/58).

Die Schlußbildung langsamer Sätze wird häufig durch einen für das gesamte Mozartsche Werk charakteristischen Penultima-Akkord eingeleitet, der den konsonanten Schlußklang in dreifacher Vorhaltsstellung über liegendem Grundton scharf dissonierend anzielt:

Beispiel 59

Mit nur zwei Ausnahmen[449] tritt diese durch Vorhaltshäufung intensivierte Schlußformel jeweils als Abschluß des ersten Teils (vor dem Doppelstrich) und gleichzeitig als Satzschluß der langsamen Sätze auf[450]. Sätzen in schnellem Tempo entzieht sich diese Figur, da sie durch ihre Vorhaltsbetonung auf starker Zählzeit wie ein langsames «Ausatmen» des Satzes konzipiert ist; dieses behutsame Setzen eines Schlusses benötigt Zeit und zumeist die beruhigende Wirkung des *piano*[451].

Menuette schließlich beenden ihre formalen Hauptteile weder durch ein markantes, mehrmaliges Akzentuieren der erreichten Stufe, noch durch einen stark dissonierenden Vorhaltsakkord der Penultima, sondern in nahezu allen

---

448 KV 80 (73ᶠ)/2, T. 15, 35, 49; KV 155 (134ª)/1, T. (12), 53, (71); KV 156 (134ᵇ)/1, T. 17/18, 107/108; KV 157/1, T. (30), 52, 60; KV 159/2, T. 87/88; KV 160 (159ª)/1, T. 15, 45, 47 (!).

449 KV 157/2; KV 172/2: Hier nur als Satzschluß!

450 KV 80 (73ᶠ)/1, 155 (134ª)/2, 156 (134ᵇ)/2, 157/2, 160 (159ª)/2; KV 168/2, 170/1, (Thema und Variationen 1-3), 171/3, 172/2.

451 Im Presto KV 156 (134ᵇ)/1 spielt Mozart mit dieser Erwartungshaltung und läßt auf ein lärmendes *unisono* und Tuttischläge (T. 58-67, 167-176) ein stark kontrastierendes *piano* erklingen, das in den auf zwei Zählzeiten gestreckten, dissonierenden Penultima-Akkord mündet. Nur der erste Satz des F-dur-Quartetts KV 168 läßt seine beiden Schlußtakte (T. 41, 108) nach einer Steigerung durch rhythmisches *accelerando* unerwartet in ebenderselben Form der langsamen Sätze ausklingen.

zugrundeliegenden Quartettsätzen in der traditionellen Formel des Menuettschlusses: Im Penultimatakt erfolgt eine eindeutige Kadenz (IV-V oder $V^{6/4}$-$V^{5/3}$), wobei die melodieführende(n) Oberstimme(n) häufig fällt (fallen), so daß im Schlußtakt Ober- und Unterstimme(n) auf dem Grundton der erreichten Hauptstufe zur Ruhe kommen:

Beispiel 60

Ausnahmen bilden bezeichnenderweise das «Tempo di Minuetto» KV 156 (134^b)/3, das ohne vorhergehende Kadenz die erreichte Hauptstufe mit einer Überleitungsphrase verbindet, das A-dur-Menuett KV 169/3, das zwar eine Kadenz (V-I) formuliert, aber von dem Schwung der Triolenbewegung der Vortakte mitgerissen wird, und das B-dur-Menuett KV 172/3, das die gewöhnliche Schlußbildung mit dem Penultima-Vorhalt der langsamen Satzschlüsse kombiniert. Diese auffällig abweichende Kombination zweier Schlußformeln zeigt bereits Mozarts erstes Menuett-Trio in Quartettbesetzung KV 80 (73^f)/3, wie überhaupt die zu den Menuetten gehörigen Trios von der Norm der Schlußbildung ihrer Menuette abweichen[452]. Das Trio des G-dur-«Tempo di Minuetto» KV 156 (134^b)/3 spielt hingegen zunächst mit der Formel, da es zum Trugschluß kadenziert (T. 58), bevor es traditionell schließt. Die Trios von KV 158/3 und 168/3 strecken die Figur um einen weiteren Takt, indem sie den Akkord der erreichten Stufe, sehr dem schließenden Akkordpochen der Allegrosätze (s. o.) verwandt, dreifach repetieren, bevor der Schlußpunkt gesetzt wird. Die Trios aus KV 169/3 und 171/3 schließen interessanterweise in Terzlage, was freilich den Übergang zur Menuettwiederholung zur Ursache hat (weniger in KV 171/3, weil dort nur vor dem Doppelstrich die Terz durch Vorhaltsbewegung angeschlagen ist); die beiden Moll-Trios der «Wiener» Serie schließlich gleichen sich durch das Entfallen der Schlußformel, die durch eine Überleitungsphrase ersetzt ist, wobei der Abschluß des jeweils ersten Formteils konventionell erfolgt.

---

452 Nur KV 173/3, Trio lehnt sich an die Form der Menuette an.

IV. Gattungstypologische Vergleiche bei Mozart

Rudolf Bockholdt weist darauf hin, daß "das Erfassen des Mozartschen Satzes [...] eine Vertrautheit mit anderen musikalischen Gattungen" voraussetze. "Vertrautsein mit den Grundvoraussetzungen tonaler Musik sowie wache musikalische Aufgeschlossenheit", die zum Verständnis etwa des musikalischen Satzes Haydns erforderlich seien, griffen bei der Untersuchung Mozartscher Kompositionen zu kurz[453]. Diese Bemerkung gewinnt angesichts der zu untersuchenden frühen Quartette Mozarts an besonderer Brisanz, da gerade der Gattungsbegriff, der musikalische Phänomene gemeinhin zunächst sorgsam zu trennen vermag, im Mozartschen instrumentalen Frühwerk zu problematisieren ist. Drei Beobachtungen deuten darauf hin.

Erstens kann zwischen dem «Lodi»-Quartett und den zwölf folgenden Quartetten und darüber hinaus sogar zwischen den beiden Quartettserien (KV 155/134^a ff. und KV 168 ff.) eine gewisse Differenz hinsichtlich der formalen Anlage und der angewandten Satztechniken konstatiert werden (Kap. III). Dabei sind die Unterschiede jener beiden Serien weniger einer dramatisch-spontanen oder entwicklungshaften Qualitätsveränderung zu verdanken; vielmehr liegen beiden Serien differente Klang- und Konstruktionsvorstellungen zugrunde, die mit zwangsläufig unterschiedlichen kompositorischen Mitteln verwirklicht werden, wobei für die «Wiener» Serie charakteristische Satzeigentümlichkeiten im wesentlichen bereits zuvor entwickelt, wenn auch nicht vertieft waren. Wenn aber bedeutende Mozartforscher immer wieder das Prozeßhafte einer vermeintlich stetigen Entwicklung auf den "eigentlichen Quartettstil" hin betont haben, von dem in den frühesten Werken a quattro "noch keine Spur vorhanden" sei[454], und deshalb eher das Trennende der Serien hervorgehoben wurde, so liegt damit latent der Vorwurf von Inkompetenz zugrunde. Mozarts erste sieben Streichquartette wie auch dessen drei Quartett-Divertimenti (KV 136-138/125[a-c]) gerieten deswegen mit vorgefestigten Gattungsdefinitionen (und mit den damit einhergehenden Besetzungsvorstellungen) in Konflikt, weil die Grenzen gerade zum Sinfonischen fließend seien. Vor allem A. Einsteins einflußreiches Diktum bringt diesen Interpretationsansatz auf den Punkt: "das ganze Gebiet des Sinfonischen und des Kammermusikalischen [findet Mozart ...] in einiger Verwirrung, und er teilt anfänglich diese Verwirrung. Aber mit jedem Jahr wird sein Geschmack feiner, sein Gefühl für die Bedingungen und Gegebenheiten der Gattungen wählerischer"[455]. Eine Untersuchung dessen, was denn eigentlich in den frühen Quartetten sinfonisch anmutet, und was davon tatsächlich in den Sinfonien dieser Zeit als Gestaltungskriterium namhaft gemacht werden kann, drängt sich also geradezu auf[456].

---

453 R. Bockholdt, Wiener Klassik, S. 241.

454 H. Abert I, S. 289.

455 A. Einstein, Mozart, S. 234.

456 "Man müßte wirklich, bei dem frühen Haydn und bei dem frühen Mozart, Sinfonie und Kammermusik gleichzeitig behandeln"; A. Einstein, Mozart, S. 237; vgl. auch E. Apfel,

Zweitens herrscht nach wie vor in der Forschung kein Konsens darüber, ob nun die von Mozart als «Divertimento» bezeichneten Werke KV 136-138 (125^{a-c}), die hier bislang bewußt ausgeschlossen wurden, weil ihnen ein gesondertes Kapitel gewidmet sein soll, der Gattung «Streichquartett» oder der Gattung «Sinfonie» zuzuschreiben seien (vgl. Kap. IV.2.).

Und drittens deuten einige Instrumentenangaben der «italienischen» Quartette sowie der Quartett-Divertimenti auf chorische Besetzung (vgl. Kap. VI). Ist aber sogar die Besetzungsfrage nicht eindeutig, die letztlich elementarer Bestandteil unserer Vorstellung von Sinfonischem (chorisch) und Kammermusikalischem (solistisch) bestimmt, so wird man einer vergleichenden Untersuchung innerhalb der frühen Instrumentalmusik Mozarts nicht ausweichen können, zumal die historischen Vorbedingungen zur Entstehung der späteren konsistenten Gattung «Streichquartett» sehr deutlich auch auf die chorisch besetzten Gattungen wie die Sinfonia a quattro, die Quartettsinfonie, das Concerto a quattro, das (französische) Concert und die Symphonie en quatuor verweisen[457].

IV. 1 Sinfonie und Streichquartett

Die materielle Vergleichsbasis zwischen früher Sinfonik und Quartett ist im Falle Mozarts denkbar günstig. Geht man davon aus, daß die Sinfonien des Kindes Mozart mit der *D*-dur-Sinfonie KV 48 (Dezember 1768) einen gewissen Abschluß finden (die drei angeblich kurz vor der ersten Italienreise komponierten Sinfonien KV Anh. 215/66^c, 217/66^d, 218/66^e sind nicht überliefert), die *C*-dur-Sinfonie KV 202 (186^b) (Mai 1774) wiederum einen schon durch den zeitlichen Abstand zum Folgewerk der «Pariser» Sinfonie (KV 297/300^a, Sommer 1778) deutlichen Einschnitt markiert[458], so zählen wir zwischen 1769/70 und 1774 immerhin 25 Sinfonien, denen 16 Werke in Quartettbesetzung gegenüberstehen. Die von Mozart in steter Folge verfaßten frühen Sinfonien bilden also zweifellos den Rahmen des Instrumentalschaffens, in den hinein gelegentlich (aber mit zunehmender Intensität) auch Quartettkompositionen fallen[459]:

Symphonie, S. 98. Die gegenteilige Meinung vertritt W. W. Cobbett, Mozart, S. 154. Sehr vereinfachend geht R. Hickman, Quartet, S. 193 ff. (und «Table 1») vor, um Indizien zur Abgrenzung solistischer von chorischer Besetzung zu erhalten. Danach seien J. Haydns Quartette «op. 1» und «op. 2» ad libitum auszuführen, während ab den Kompositionen der 1760er-Jahre ein deutlicher Bruch zwischen beiden Besetzungsmöglichkeiten konstatierbar sei.

457 E. Apfel, Symphonie, S. 98, und L. Finscher, Studien, S. 44-84 und S. 116-120.

458 Vgl. auch H. Beck, Vorwort, S. IX ff.

459 Von KV^6 abweichende Datierungen sowie scheinbar fehlende Sinfonien erklären sich aus Neudatierungen durch W. Plath, Schriftchronologie, passim und N. Zaslaw, Symphonies, passim.

Tabelle 3

Sinfonie (KV)	Quartett (KV)	Zeit	Ort	Anzahl der Sätze
73		1769/70(?)	Italien	4
74		1770	Italien	3*
	80 (73f)	1770	Italien	3
97 (73m)		1770(?)	Italien	4
84 (73q)		1770(?)	Italien	3
75		1771(?)	Salzburg	4
110 (75b)		1771	Salzburg	4
112		1771	Italien	4
114		1771	Salzburg	4
124		1772	Salzburg	4
	136 (125a)	1772	Salzburg	3
	137 (125b)	1772	Salzburg	3
	138 (125c)	1772	Salzburg	3
128		1772	Salzburg	3
129		1772	Salzburg	3
130		1772	Salzburg	4
132		1772	Salzburg	4
133		1772	Salzburg	4
134		1772	Salzburg	4
	155 (134a)	1772/73	Italien	3
	156 (134b)	1772/73	Italien	3
	157	1773	Italien	3
	158	1773	Italien	3
	159	1773	Italien	3
	160 (159a)	1773	Italien	3
162		1773	Salzburg	3**
184 (161a)		1773	Salzburg	3*, **
199 (161b)		1773	Salzburg	3**
181 (162b)		1773	Salzburg	3*, **
141a		1773(?)	Salzburg	3*
	80 (73f)/4	1773	Wien	1 (s. oben)
	168	1773	Wien	4
	169	1773	Wien	4
	170	1773	Wien	4
	171	1773	Wien	4
	172	1773	Wien	4
	173	1773	Wien	4
182 (173dA)		1773	Salzburg	3**
183 (173dB)		1773	Salzburg	4**
200 (189k)		1773(?)	Salzburg	4**
201 (186a)		1774	Salzburg	4**
202 (186b)		1774	Salzburg	4**

(* = Die Sätze gehen ineinander über)
(** = Im sogenannten «Cranz-Band III» zusammengebunden)

Innerhalb der Werkchronologie besteht ein offenkundiger instruktiver (biographischer) Zusammenhang zwischen Mozarts Quartett- beziehungsweise Sinfonieproduktion. Die beiden wichtigen Quartettserien schrieb er nämlich jedesmal auf Reisen, also außerhalb der Heimatstadt, während die Sinfonien ab 1772 ausschließlich in Salzburg entstanden. Daraus wird ersichtlich, daß sich beim jungen Mozart einerseits eine gewisse Konzentration auf die unterschiedlichen Gattungsbereiche abzeichnet, wobei die Sinfonien in lockerer Folge ohne zyklische Bindung, die Quartette jedoch in Serien angeordnet entstanden, andererseits der lokalen Einflußnahme eminente Bedeutung zuzuschreiben ist: In Salzburg bedurfte es seinerzeit offensichtlich deshalb keiner Streichquartette, weil es dort an Aufführungsmöglichkeiten und Auftraggebern mangelte (vgl. Kap. I). Umso mehr überrascht die Tatsache, daß Mozart während seiner längeren Aufenthalte in Mailand und Wien keine einzige Sinfonie (sieht man von den Ouvertüren ab), sondern eben jeweils sechs Streichquartette verfaßte. Besonders die lange Schaffenspause auf sinfonischem Gebiet zwischen August 1772 und April 1773, in deren Zeit die Schöpfung der ersten Quartettserie fällt, verdient besondere Beachtung, weil dadurch die besondere Stellung dieser dreisätzigen Werke zum Ausdruck kommt. Die Quartett-Divertimenti und das erste Quartett Mozarts fallen hingegen in eine Zeit reger Sinfonieproduktion.

Mozarts Sinfoniebesetzung ist von Beginn an dadurch gekennzeichnet, daß zur Basis des vierstimmigen Streichersatzes ein Hörnerpaar hinzutritt, mit dem entweder ein Oboen- oder Flötenpaar kombiniert wird. Gelegentlich ist diese «Standardbesetzung» auch durch ein Trompetenpaar - selten mit Pauken -, ein (meist unselbständiges) Fagottpaar, ein weiteres Hörnerpaar (in anderer Stimmung) oder durch die Kombination verschiedener Blasinstrumentenpaare erweitert. Gerade unter besetzungstechnischem Aspekt ist es bemerkenswert, daß sich in den Sinfonien aus der Zeit der frühen Quartette (also bis KV 202/186^b) "keinerlei Entwicklung zum großen Orchester, vielmehr ein zunehmendes Reduzieren und Aussparen im Klanglichen" beobachten läßt[460].

Nicht nur auf dem Gebiet des Quartetts, sondern auch in den Sinfonien scheint sich also eine gewisse Veränderung des musikalischen Satzes zu vollziehen. Trotz der kompositionstechnisch immer wesentlicher werdenden Bläserstimmen, die chronologisch gesehen ausgerechnet mit besonderer Sparsamkeit ihrer Mitwirkung einhergehen, kann man im sinfonischen Frühwerk Mozarts stets die primäre Schicht der Streicher von der sekundären, eher klanglich und strukturell motivierten Schicht der Bläser unterscheiden; nicht zuletzt dieses Phänomen legitimiert den Vergleich der vierstimmigen Faktur von Sinfonie und Quartett. Dabei ist wesentlich, daß Mozart Kompositionen ohne Bläserbeteiligung nie als «Sinfonia», sondern als «Quartetto» oder «Divertimento» bezeichnete. Terminologisch besehen, existiert demnach kein Gattungsproblem.

---

460 ibid., S. XII. H. Beck erkennt in diesem "spezifisch kammermusikalische[n] Charakter der Sinfonien" sogar eine "wesentliche Absicht" Mozarts; ibid.

Zwei Satzfolgen bestimmen die Mozartsche Sinfonik von 1769/70 bis 1774; die dreisätzige «italienische»: Schnell-Langsam-Schnell oder die viersätzige «Wiener»: Schnell-Langsam-Menuett/Trio-Schnell. Satzumstellungen[461] oder Sonderformen wie etwa ein eröffnender Variationssatz, eine Fuge oder eine langsame Einleitung kommen nicht vor. Insofern verhält sich die Gattung Sinfonie wesentlich konsistenter und gefestigter als die gleichzeitig entstehende Gattung für vier solistische Streicher.

Eine allmähliche Loslösung von den historischen Wurzeln der dreisätzigen neapolitanischen Sinfonia, eine Tendenz zur Viersätzigkeit also, wie sie in späterer Zeit obligat wird, ist immerhin in Ansätzen festzustellen. Bei genauerer Betrachtung möglicher Interdependenzen zwischen Sinfonie und Quartett kann sogar vermutet werden, daß insbesondere die in Italien entstandene erste Quartettserie die in rascher Folge daraufhin in Salzburg entstandenen vier Sinfonien KV 162 bis 181 (162[b]) - vielleicht auch KV 141[a] - beeinflußt hat. Sie sind alle dreisätzig, und dies, obwohl bereits in den Jahren 1771/72 eine eindeutige Tendenz zur Viersätzigkeit zu beobachten war: Von den 11 Sinfonien dieses Zeitraums sind nur zwei (KV 128, 129) dreisätzig; diese beiden sind (bezeichnenderweise?) in unmittelbarem Anschluß an die dreisätzigen Quartett-Divertimenti (Frühjahr 1772) komponiert. Außerdem deutet auch die formale Anlage der dreisätzigen Sinfonien des Jahres 1773 plötzlich wieder auf die gattungsgeschichtlichen italienischen Wurzeln, denen ja auch und gerade die unmittelbar chronologisch vorausgehenden Quartette entsprungen sind: In drei von ihnen fehlt in allen Sonatensätzen die Wiederholungsvorschrift der formalen Hauptteile, zwei von ihnen (ohne KV 141a hinzuzuzählen) sind gar in der Form der Ouvertüre mit ineinander übergehenden Sätzen gestaltet. Die auffällige Vermeidung von Wiederholungen, die Mozart in Ansätzen bereits in KV 74 (1. Italienreise) und KV 132/1 (Salzburg) erprobt hatte, gewinnt deshalb für uns an Bedeutung, weil er unmittelbar zuvor in zwei Quartetten (KV 155/134[a]/1 und KV 160/159[a]/1) ebenfalls auf die Wiederholungsvorschriften verzichtet. Wir wissen nicht, warum Mozart diese Zeichen hier wegläßt, in den übrigen Kopfsätzen dieser Serie jedoch die Wiederholung vorschreibt - es mögen konkrete Aufführungserwägungen oder spontanes Nachahmen von Vorbildern sein -, der Zusammenhang zwischen Sinfonie, Ouvertüre und Quartett ist jedoch bereits in dieser Hinsicht kaum zu leugnen[462].

Die Serie der in Wien entstandenen sechs viersätzigen Quartette (KV 168-173) unterbricht wiederum das Sinfonieschaffen Mozarts für fünf Monate; danach folgen im wesentlichen nur noch viersätzige Sinfonien (obwohl selbst noch die «Prager» Sinfonie KV 504 Mozarts gleichberechtigte Wertschätzung beider Sinfonietypen bestätigt).

---

461 Nur in der Sinfonie KV 75 (Partiturabschrift von O. Jahn; das Autograph ist unbekannt geblieben) steht das Menuett an zweiter Position.

462 Vgl. S. 56, Anm. 148.

(a) Allegro-Kopfsatz

Die schnellen Sinfoniekopfsätze Mozarts weisen immer die großformale Disposition der Sonatensatzanlage auf. Die Gestaltung dieser Form fällt jedoch keineswegs immer gleich aus; von einer Schematik der Anlage kann nicht die Rede sein. Beschränkt man den Blick auf jene Sinfonien, die zwischen 1772 und 1774, also die beiden Quartettserien umrahmend, komponiert wurden, so konstatiert man interessanterweise eine zunehmende Bereitschaft Mozarts, das scheinbar starre Gefüge durch Umstellung von Satzabschnitten aufzubrechen («scheinbar» aufgrund des stets eindimensionalen Blickwinkels unverbundener systematischer Methodik); diese Entwicklung spielt sich im Sommer 1772 in Salzburg ab (KV 128-134) und kulminiert kurz vor der dritten Italienreise in der Sinfonie KV 134, die A. Einstein überdies zurecht (v. a. aus musikalisch-stilistischen Gründen) besonders hervorhebt[463]. Nach dem Wiener Aufenthalt im Sommer 1773 kehrt Mozart wieder zur einfachsten Gliederung des Sonatensatzes zurück, der stark an die formale Gliederung der früheren Sinfonien aber auch an die der Quartette erinnert. Hier wirken mit Sicherheit die Erfahrungen der «Wiener» Quartettserie nach, die formal kaum Abweichungen von den «italienischen» Sonatensätzen aufweisen.

Um diesen Prozeß einer sich allmählich verstärkenden, dann wieder rückläufigen formalen Variierungsfreudigkeit zu belegen, seien die Kopfsätze von KV 129/1, KV 134/1 und KV 200 (189^k)/1 kurz vorgestellt:

Beispiel 61

a) KV 129/1

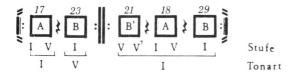

b) KV 134/1

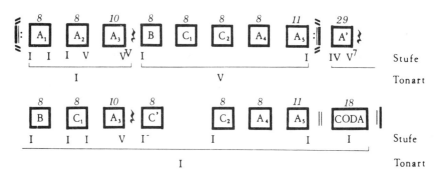

---

463 A. Einstein, Mozart, S. 303.

c) KV 200 (189ᵏ)/1

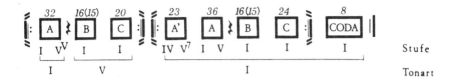

Sowohl der im Mai 1772 wie auch der im November 1773 (oder 1774) verfaßte Sinfoniekopfsatz KV 129/1 und KV 200 (189ᵏ)/1 ist formal im wesentlichen dadurch gekennzeichnet, daß der erste Formteil nach einem überleitenden Mittelteil als Schlußteil nahezu identisch wieder erscheint. Die einzige Differenz besteht im unmittelbaren Anschluß an die deutlich indizierte Halbschlußwendung der ersten Motivgruppe (hier mit «A» gekennzeichnet). Öffnet sich im ersten Teil der Halbschluß zur Tonart der Quinte, so setzt die gleiche Musik im dritten Teil auf der Tonika fort. Der Halbschluß wird also - vergleichbar den meisten Quartett-Sonatensätzen - in der Funktion eines harmonischen Scharniers eingesetzt. Dieses «Scharnier» ist sowohl in KV 129/1 als auch in KV 200 (189ᵏ)/1 durch die bekannten Floskeln des chromatisch steigenden Basses und der markierenden Akkordschläge befestigt. Dabei ist zunächst unerheblich, aber bemerkenswert, daß sich der erste A-Teil der später komponierten Sinfonie KV 200 (189ᵏ) zum doppeldominantischen, der zweite A-Teil zum dominantischen Halbschluß wendet⁴⁶⁴.

In dieser uns aus den Quartetten bestens bekannten formalen Anlage sind im wesentlichen die Kopfsätze von KV 124, 128, 129, 130 und 132 gebaut. Auch die langsamen Sätze folgen ungeachtet ihres wesentlich kürzeren Umfangs dieser Struktur. Erst mit dem Kopfsatz von KV 133 setzt eine Reihe von vergleichsweise ungewöhnlichen Sonatensatzausprägungen ein (KV 133/1, 134/1, 162/1, 162/2, 184/161ᵃ/1, 184/161ᵃ/2, 181/162ᵇ/1, 181/162ᵇ/2). Wie in obigem Schema an einem Beispiel (KV 134/1) ersichtlich, besteht das Neuartige der Formgestaltung dieser sinfonischen Sonatensätze, die im wesentlichen um die dritte Italienreise (erster Quartettzyklus!) gruppiert sind, in der freieren Anordnung der Abschnitte im dritten Formteil und in der deutlichen Konzentration auf das gleich zu Satzbeginn erscheinende Hauptmotiv («A»). Trotz der prinzipiell gleichen Vorgehensweise, den Eröffnungsblock «A» vom Folgenden abzutrennen, gewinnt Mozart hier durch die Umstellung einzelner Partikel ein bis dato nicht zu beobachtendes flexibleres Formkonzept. Auch das kompositorische Mittel der floskelhaften Indizierung der Nahtstellen wird, wenn

---

464 Diese harmonische Variante bedingt freilich eine gewisse Abweichung beider A-Teile auch hinsichtlich ihres Umfangs.

diese überhaupt noch durch Pausen deutlich werden, reduziert (vgl. KV 133/1, 133/2, 134/1, 134/2, 162/3, 184/161^a/1, 184/161^a/2, 199/161^b/1, 199/161^b/2, 199/161^b/3, 181/162^b/1, 181/162^b/2)[465]. Gelegentlich, insbesondere bei jener Anlage mit fließenden Satzübergängen (KV 141^a, 184/161^a, 181/162^b, s. u. zur Datierung), läßt sich die Grundidee des dreiteiligen Sonatensatzes nicht mehr ohne weiteres ausmachen.

Dieser Variantenreichtum des Formalen innerhalb der Sinfonik wird überraschenderweise nach der Komposition der «Wiener» Quartette abrupt abgebrochen. Die Sinfonien des Herbstes 1773 und Anfang 1774 prägen wieder eine «regelmäßige» Sonatensatzanlage aus. Umgekehrt formuliert: Die Streichquartett-Sonatensätze lassen sich durch das im Formalen gewissermaßen Experimentelle ihres unmittelbaren sinfonischen Vorfeldes in keiner Weise beeinflussen. Die vergleichsweise weniger flexiblen Sonatensätze der Quartette führen im Gegenteil die Sonatensatzanlage der Sinfonie zur Ausgangssituation des Sommers 1772 zurück.

Eng mit der spielerischen Beschäftigung der Sonatensatzanlage und dem scheinbaren Ausprobieren neuer Formkonzepte zusammenhängend sind Mozarts variantenreiche Versuche mit Codabildungen, die L. Finscher ausführlich behandelt[466]. In der Sinfonik scheint sich die Gewißheit der Notwendigkeit einer Coda zur Satzabrundung durchzusetzen, weil Mozart in den Werken nach der «Wiener» Quartettserie nicht mehr auf sie verzichtet. Dies mag erneut als Einfluß der Quartette - insbesondere des *d*-moll-Quartetts KV 173/1 - gedeutet werden[467].

Macht sich demnach bereits bei Betrachtung der formalen Kriterien ein gewisser wechselseitiger Einfluß der (konsistenteren) Streichquartette auf die (flexibleren) Sinfonien bemerkbar, weil sich Mozart in den Sinfonien gleichsam auf sicherem Boden befand, in seinen ersten Quartetten in formaler Hinsicht keine weiterreichenden Varianten eingehen wollte, so bestätigt die Untersuchung der Satzfaktur wesentlich deutlicher jene kompositorisch befruchtende Wechselwirkung zwischen frühem Quartett- und Sinfonieschaffen. Die geradezu "kammermusikalische Feinheit" der Sinfonien ab KV 182 (173dA)[468], die allmähliche "Wandlung [...] der Instrumente zu größerer Freiheit und Individualität, [... die] Wandlung des Figurativen zur Kantabilität, [... zur] feineren Technik der Imitation"[469] bleibt ohne die genaue Kenntnis der sechs «Wiener» Streichquartette letztendlich unverständlich. Die "große Wendung", von der nicht nur A. Einstein, sondern auch Th. de Wyzewa und G. de Saint-Foix sowie

---

465 W.-D. Seiffert, "Absatzformeln", S. 138.

466 L. Finscher, Coda.

467 ibid., S. 87 f.

468 A. Einstein, Mozart, S. 305.

469 ibid., S. 302.

H. Beck angesichts der Sinfonien zur Jahreswende 1773/74 sprechen[470] ist nicht zuletzt durch die Erfahrungen bedingt, die Mozart mit der intensiven Beschäftigung auf dem Gebiet des Streichquartetts gesammelt hat.

Zwei ausgewählte Sinfoniesätze sollen die angesprochene, wenn auch nicht kontinuierlich fixierbare, aber dennoch bemerkbare Fakturänderung innerhalb der frühen Sinfonik Mozarts veranschaulichen. Daß in jedem Falle Quartett- und Sinfoniesatz unterschiedlich bleiben, mag als Resultat zunächst trivial scheinen, stellt sich aber als vielleicht wichtigstes Ergebnis des Vergleichs beider Gattungen heraus: Bereits die frühen «italienischen» Quartettsätze weisen auch im Vergleich zu den späteren Sinfoniesätzen deutliche Fakturunterschiede auf; nur Partielles kennzeichnet beide Gattungen gemeinsam.

Bereits der Beginn der G-dur-Sinfonie KV 129 vermittelt wesentliche satztechnische Gestaltungsmerkmale der frühen Sinfonik Mozarts: Ununterbrochenes, orgelpunktartiges Pochen in 8teln von Viola und Baß. Die Viola geht mit dem Baß einstimmig oder oktaviert. Die Violinen sind zunächst in Terz/Sext-Koppelung aneinander geknüpft. Als verklammernde Achse fungieren die Hörner:

Beispiel 62

In Takt 15 mündet dieses lebhaft bewegte Ausbreiten der Tonika in einen *unisono*-Lauf, der durch 16tel-Repetitionen besonders intensiviert erscheint. Dieses Tremolo kennzeichnet in besonderem Maße die Artikulation der hohen Streicher; in Takt 26 ff. wird es zum Zwecke eines effektvollen *crescendo* erneut aufgegriffen:

---

470 WSF II, S. 90 ff.; bes. S. 120 ff.; A. Einstein (Zitat), Mozart, S. 303; H. Beck, Vorwort, S. XII.

Beispiel 63

Zwischen diese beiden unzweifelhaft großflächig konzipierten Abschnitte schiebt sich in deutlicher klanglicher und dynamischer Reduktion ein Achttakter, der bereits das andeutet, was späterhin Mozarts Sinfonien prägen soll: eine feinsinnige, wenn auch kurzatmige über die erste und zweite Violine und dem Baß führende Imitation eines abgewandelten Motivs der Satzeröffnung (T. 19 ff.); als Klangachse fungieren jetzt die auf dem Grund- und gleichzeitig Quintton *a* liegenden Hörner und Violen.

Bis auf die offenkundige Parallele der Klangachse der Viola trifft man keine dieser Gestaltungselemente in Mozarts Quartettsatz an: Keine in jener Ausbreitung ununterbrochen repetierende 8tel, keine in der Einstimmigkeit oder in der Oktav geführte völlig unselbständige Viola, kein breitflächiges Tremolo. Diese Faktur, die freilich nicht in jedem der früheren Sinfonie-Kopfsätze so deutlich zum Ausdruck kommt[471], ist genuin sinfonisch und selbst mit den frühesten Quartettsätzen Mozarts (ausgenommen vielleicht der zweite Satz des «Lodi»-Quartetts) inkommensurabel.

Die genannten Konstanten der sinfonischen Satzfaktur gelten im Prinzip ebenso für den im August des gleichen Jahres komponierten Kopfsatz KV 134/1: Wir erkennen pochende 8tel (T. 1-16) sowie intensivierende Tremoli

---

471 A. Einstein, Mozart, S. 302.

(T. 17-25); darüberhinaus setzt in Takt 17 ff. eine modulierende Quintschrittsequenz über sekundweise fallendem Baß ein, die in dieser Form ebenfalls in den Quartetten niemals auftritt, in Sinfoniesätzen jedoch (insbesondere in deren Mittelteilen) häufig ist. Andererseits, und darin besteht ein eminenter Unterschied zum Sinfonie-Kopfsatz aus KV 129, konstituieren sich die pochenden 8tel, die dem Satz auch hier die nötige Bewegungsenergie verleihen, nicht aus einem Orgelpunkt der einstimmig geführten beiden Unterstimmen, sondern aus einem bestechend in sich organisierten Akkordteppich aller drei Unterstimmen, deren jede einzelne eine ganz eigene Funktion zukommt: Der Baß liefert nicht nur einfach die Grundtöne einer durch die Oberstimme intendierten I-V-V-I-Folge, sondern schreitet in kleinen Intervallabständen eine eigenständige Linie ab, so daß harmonisch gesehen im zweiten Takt die in den Quartetten so häufig zu beobachtende zweite Umkehrung der Dominante erscheint. Auch bildet die Viola keine unwesentliche Verstärkung der Baßlinie (obwohl auch diese Faktur im Satzverlauf - vgl. Mittelteil - erscheint), sondern verknüpft in der für sie so typischen Weise (diesmal in Verbindung mit den Flöten) die harmonischen Stufen durch deren gemeinsamen Ton. Die zweite Violine trägt in den ersten beiden Takten den zum vollstimmigen Akkord jeweils notwendig noch fehlenden Terz- bzw. Septton bei, richtet sich aber ungemein wach ab dem dritten Takt immer mehr nach der Melodiebewegung der führenden ersten Violine. Diese wiederum trägt im Gegensatz zum unspezifischen *G*-dur-Satz eine deutlich periodisierte, dem «italienischen» Zweitakter mit Vorhaltsgestik verpflichtete Motivik vor; eine Motivik, die sich als so prägnant erweist, daß sie weite Teile dieses Satzes (oft auch imitatorisch) durchdringt. Ein Satzbeginn, der, fehlten die getragenen Bläserakkorde, kaum etwa von der Satzeröffnung des Streichquartettes in *Es*-dur KV 160 (159ª)/1 zu unterscheiden wäre[472].

Am anderen Ende dieser Entwicklung steht freilich die völlig neuartige, den italienischen Ouvertürenton gänzlich verleugnende Konzeption eines Sinfonieanfangs, wie er uns beispielsweise in der *A*-dur-Sinfonie KV 201 (186ª)/1 oder *g*-moll-Sinfonie KV 183 (173dB)/1 entgegentritt[473]. Was in der *A*-dur-Sinfonie durch die sofortige Engführung des Kopfmotivs (T. 13 ff.), in der *g*-moll-Sinfonie durch die leidenschaftlich drängenden Synkopen verbunden mit der ungewöhnlichen Tonart erreicht wird, ist in jedem Falle der Schritt von der Konvention zur persönlich verinnerlichten sinfonischen Sprache. Die kompositionstechnisch bis zu diesem Moment nicht erreichte Höhe läßt sich mühelos mit den Erfahrungen der kompositiorischen Entwicklung auf dem Gebiet des Streichquartetts verknüpfen; ohne diese wäre eine *A*-dur- oder *g*-moll-Sinfonie kaum entstanden[474].

---

472 Vgl. die Zusammenfassung der Gestaltungsmerkmale in Sinfonie und Quartett am Ende dieses Kapitels.

473 Freilich wird dies zurecht auch im Zusammenhang mit der Kenntnisnahme der Sinfonien J. Haydns gesehen; vgl. z. B. J. P. Larsen, Haydn und Mozart, S. 221.

474 Insofern ist die auf biographische Hintergründe anspielende Frage W. Hildesheimers müßig: "Was war geschehen, als er im Oktober 1773 in Salzburg die [...] *g*-moll-Sinfonie

(b) Langsamer Satz

Die langsamen Sätze der Sinfonien Mozarts zwischen 1769/70 und 1774 sind im Vergleich zu den langsamen Sätzen der frühen Streichquartette wesentlich einheitlicher, jedenfalls was Satzstellung, Metrum, Tonartenverhältnis und Umfang betrifft. Unter den Sinfonien, die in unserem Zusammenhang von besonderem Interesse sind, stehen alle langsamen Sätze an zweiter Position, unerheblich, ob ein Menuett folgt oder nicht. Langsame Kopfsätze, wie sie in KV 80 (73^f), 159 und auch 137 (125^b) zu beobachten sind, kommen nicht vor. Damit weist Mozarts frühe Sinfonik bereits jene Satzfolge auf, die im Falle der Quartette erst in den «Wiener» Streichquartetten zur Norm wird, obwohl hier wiederum besondere Kopfsätze (KV 170, 171) eine Satzumstellung des Menuetts bedingen. Des weiteren ist die durchgängig anzutreffende Tempovorschrift "Andante" (oder "Andante/Andantino grazioso") in Verbindung mit dem nahezu konstanten Metrum des 2/4tel-Taktes[475] mit der Fülle der Tempovorschriften (insbesondere in den Adagios) und den bunt abwechselnden Taktangaben der frühen Quartette nicht vergleichbar. Die langsamen Sinfoniesätze stehen genau wie die langsamen Quartettsätze beider Serien nicht in der Haupttonart; nahezu ausnahmslos, und darin wieder eher den «Wiener» langsamen Sätzen vergleichbar als den zahlreichen Mollsätzen der «italienischen» Serie, stehen die Andantesätze der Sinfonien auf der IV. (selten auf der V.) Stufe[476].

Bestätigen die äußerlichen Faktoren also wiederum die Vermutung, daß die Sinfonik bei Mozart die wesentlich gefestigtere Gattung ist, daß er im Quartett hingegen viel freier über die Satzdispositionen und Ausdruckscharaktere von Tonart, Tempo und Metrum verfügte (wobei sich bereits in der «Wiener» Serie eine gewisse Konsolidierung bemerkbar macht), so sind die Parallelen hinsichtlich der formalen Gestaltung unübersehbar: Die Sonatensatzanlage, die gelegentlich (in den ouvertürenartigen Werken von 1773) zur einfachen Zweiteiligkeit schrumpft[477], ist wie in den langsamen Quartettsätzen die Norm. Die Tendenz zur Auseinandersetzung mit der bei Mozart üblicherweise angewandten Ausprägung der Sonatensatzform, wie sie in den Kopfsätzen der Salzburger Sinfonien zwischen KV 133 und 181 (162^b) zu beobachten ist (s. o.), wird nur

---

(K. 173dB) schrieb, mit noch nicht achtzehn Jahren, in der bereits der späte, und daher zutiefst fremde Mozart aufleuchtet [...] ? Aus dunklen Andeutungen in Briefen an seine Schwester aus Italien im Jahr zuvor haben Biographen auf eine erste leidenschaftliche Liebe geschlossen. Wir wissen nichts davon." W. Hildesheimer, Mozart, S. 92.

475 Nur KV 130/2, 132/2 und 181 (162^b)/2 stehen im 3/8tel-Takt. Der im 3/4tel-Takt stehende D-dur-Satz KV 141^a/2 (= KV 161) ist wegen seiner Tonartengleichheit mit den Ecksätzen und seiner Ouvertürenform der nahtlosen Übergänge fraglos ein Sonderfall.

476 Nur KV 184 (161^a)/2 erklingt auf der VI. Stufe der Haupttonart in c-moll, wobei freilich der Vergleich mit KV 157/2 naheliegt. In der g-moll-Sinfonie KV 183 (173dB) wechselt der langsame Satz - im Gegensatz zum d-moll-Streichquartett KV 173 (aber in bezeichnender Parallele zu KV 550) - ebenfalls zur VI. Stufe nach Es-dur.

477 Nicht nur KV 162/2 und 181 (162^b)/2, sondern auch KV 141^a/2 (= KV 161), das ich deshalb auf 1773 datiere; vgl. jedoch N. Zaslaw, Symphonies, S. 246.

in Ansätzen in wenigen langsamen Sätzen sichtbar[478]. Im Gegenteil: Bis auf die auffällig häufige Verwendung einer nicht immer als solche bezeichneten Coda ist die Sonatensatzform besonders einfach gehalten und erinnert darin natürlich an die langsamen Quartettsätze. Die nahezu taktgleichen Abschnittgestaltungen der Rahmenteile I und III mit einem modulatorisch rückführenden Mittelteil II und das Anstreben eines harmonischen Scharniers zwischen den Hauptabschnitten der Rahmenteile («A» und «B») ist durchgängig formkonstituierend, wie es folgende Graphik für KV 134/2 zeigt:

Beispiel 64

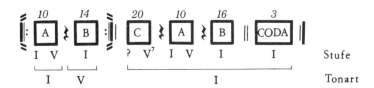

Nur ein langsamer Sinfonie-Satz weicht von der prinzipiellen Sonatenform ab; es ist das großartig disponierte und klanglich mittels *Pizzicato, sempre piano* (erst in der «Coda» wird *forte* bei *unisono* verlangt) und *con sordino* zurückgenommene "Andantino grazioso" in Es-dur KV 182 (173dA)/2. Es hat Rondoform. Kaum deutlicher ließe sich der mächtige Einfluß der «Wiener» Quartette auf die nachfolgenden Sinfonien nachweisen als hier. Im chronologisch unmittelbar benachbarten *d-moll*-Quartett KV 173 taucht nämlich ebenfalls ausnahmsweise ein Rondo in Binnensatzstellung auf, das langsames Tempo hat (vgl. Kap. III.6). Auch dieser A-dur-Satz - mit verzögert einsetzendem Baß und eleganter Motivik - ist "Andantino grazioso" betitelt. Beide Rondi komponierte Mozart in unmittelbarer zeitlicher Nachbarschaft[479].

Wesentlich stärker als in den Kopfsätzen tendiert Mozart in den langsamen Sätzen zur kammermusikalischen Durchdringung, zur kontrastiven Gestaltung gegenüber den schnellen Sätzen. In den meisten langsamen Sinfoniesätzen ist die Beteiligung der Bläser eingeschränkt[480] und in KV 128/2 und 202 (186^b)/2 wird sogar ganz auf sie verzichtet[481], sondern auch dadurch, daß wesentliche

---

478 Vgl. KV 132/2, wo der Beginn des dritten Formteils im Vergleich zum ersten Teil stark abwandelt wird; vgl. auch die weniger experimentell als vielmehr durch die Überleitung zum Finale geprägten langsamen Sätze der Ouvertürenformen.

479 Die B-dur-Sinfonie KV 182 (173dA) wurde am 3. Oktober 1773 abgeschlossen (datiert), das d-moll-Quartett entstand im September 1773 in Wien. Ebenso wie sich der Vergleich zwischen KV 184 (161^a)/2 und KV 157/2 lohnen würde, so kann aus Platzgründen auch die interessante Untersuchung zwischen den beiden Rondosätzen an dieser Stelle nicht ausgeführt werden.

480 Nicht jedoch in KV 129/2, 130/2, 134/2, 199 (161^b)/2.

481 Klangreduzierung durch Pausieren der Bläser geht allerdings auf die früheste Sinfonik Mozarts zurück; vgl. KV 45/2, 48/2, 97 (73^m)/2, 112/2; vgl. auch die frühesten Cassationen KV 63/3, 63/5, 99 (63^a)/3. Dieses Merkmal treffen wir bereits in den neapolitanischen

Elemente der Quartettfaktur und deren Gestaltungskonstanten den Satz bestimmen. Zu nennen wären in diesem Zusammenhang vor allem imitatorische Abschnitte, die entweder zwischen echoartig abwechselnden Stimmen (z. B. KV 184/161^a/2) oder auch allen Streicherstimmen (z. B. 199/161^b/2) sowie in Form eines Fugato (z. B. 199/161^b/3) auftreten können; daneben sind noch paarige Imitationen von Unterstimmen gegen Oberstimmen oder gegen Blasinstrumente (z. B. 182/173dA/2) als wesentlicher Einfluß des Quartettsatzes zu erwähnen.

Es verhält sich aber keineswegs so, daß die Quartette einseitig auf die Sinfonien eingewirkt hätten. Vielmehr besteht eine deutlich spürbare Wechselwirkung. Daß Mozart zum Beispiel kontrapunktische Elemente bereits vor der Komposition der ersten Quartettserie zumindest konzeptionell als Möglichkeit der Satzverdichtung erkennt und kompositionstechnisch beherrscht, daß letztlich die strengen Formen innerhalb des «Wiener» Quartettzyklus (wie Imitation, Kanon und gar Fuge) also keineswegs durch die Quartette Joseph Haydns (vor allem dessen «op. 20») bedingt sind, beweisen einige langsame Sätze der frühen Sinfonien. Die Möglichkeit zur imitatorischen Verflechtung des vierstimmigen Satzes ist beispielsweise bereits im zweiten Satz der C-dur-Sinfonie KV 128 (Mai 1772, wohl unmittelbar nach der Komposition der Quartett-Divertimenti, die diesen Prozeß möglicherweise auslösten) vollgültig ausgeprägt. Andere Sinfoniesätze deuten Imitationen mehr oder weniger an, wobei freilich weder ein Kanon noch eine Fuge auftritt.

Daß Mozart ebenso den Serenadensatz, also die reizvolle Koppelung von «solistischer» Violine und bescheiden begleitenden Unterstimmen, andeutungsweise ausprobiert, bevor er seine erste Quartettserenade KV 156 (134^b)/2 (Erstfassung) schreibt, bezeugen etliche langsame Sinfonie-Sätze, die zeitlich um die Komposition der «italienischen» Quartettserie gruppiert sind: KV 132/2, 133/2, 134/2, 184 (161^a)/2. Die Erfahrungen bezüglich dieses Satztypus, die Mozart dann besonders in den «Wiener» Quartetten bündelt, fließen offenkundig in die erste echte sinfonische Serenadenfaktur der C-dur-Sinfonie KV 200 (189^k)/2[482] und auch in das D-dur-Andante KV 201 (186^a)/2 ein. Auch hierin ist das Vorbild der Quartette J. Haydns geringer und die Wechselwirkung zwischen beiden Gattungen innerhalb Mozarts OEuvre höher anzusetzen, als dies gemeinhin angenommen wird.

Freilich bestehen bei aller verblüffender Übereinstimmung massive gattungsrelevante Unterschiede. Betrachten wir etwa den langsamen Satz der ansonsten

---

Opernouvertüren an; vgl. H. Hell, Opernsinfonie, S. 60 f. Eng hängt damit der kontrastive Verzicht auf Bläser in einigen Trios von Sinfoniemenuetten zusammen; vgl. KV 73/3, 97 (73^m)/2, 112/3, 114/3, 132/3, 200 (189^k)/3, 202 (186^b)/3.

482 Dieses Argument sollte man auch bei der komplizierten Datierung jener Sinfonie erwägen: KV 200 (189^k) dürfte wohl nach der Wienreise niedergeschrieben worden sein; vgl. zur Datierungsproblematik zuletzt: N. Zaslaw, Symphonies, S. 291.

eher pauschalen *G*-dur-Sinfonie KV 199 (161^b)[483]: Die Ausdehnung des Vordersatzes auf acht Takte bei langsamem Tempo ist hier nur deshalb möglich, weil der korrespondierende wiederum achttaktige Nachsatz durch die plötzlich eintretenden Bläser klanglich abgehoben wird. Die Streicherfaktur mit ihren in Terzen gehenden Violinen und sparsam akzentuierenden Unterstimmen kann aus diesem Grunde 16 Takte lang konstant bleiben. In der Reduktion auf den solistischen Streichersatz fehlt diese Möglichkeit; in Mozarts langsamen Quartettsätzen ist sie nicht anzutreffen. Auch der sich anschließende Sechstakter lebt von der Korrespondenz zwischen erster Violine und Bläsern, wodurch die Monotonie der ständigen 16tel-Triolen in der Violine II und die Oktavierung der Unterstimmen legitimiert wird. Mozarts Quartettsatz ist demgegenüber wesentlich unruhiger.

Die Ruhe dieses "Andantino grazioso" ermöglicht Mozart auch den plötzlichen, scheinbaren Ausbruch aus der Tonart, der sich aber bald als unerwartete (Kadenz nach *A*-dur) Verstärkung der Dominante (doppeldominantischer, übermäßiger Quintsext-Akkord, der aus dem Mollbereich herausführt) erweist. Hier kann wiederum der Einfluß der Quartettsätze geltend gemacht werden, da zwei sehr ähnliche Überraschungsmomente im *D*-dur-Quartett-Kopfsatz KV 155 (134^a), T. 36 ff., und im *D*-dur-Andante KV 169/2 (T. 17 ff.) vorkommen; dabei ist gerade die Tonartengleichheit aller Sätze bemerkenswert, so verschiedenartig sie auch sonst sein mögen.

Daß uns diese satztechnisch beschreibbaren Unterschiede in die Lage versetzen, auch die ohne Bläser, also in rein vierstimmiger Streicherbesetzung komponierten Sinfoniesätze, die auf den ersten Blick ja wie Streichquartettsätze aussehen, in ihrem Gattungsbezug zu erkennen, kann abschließend die Betrachtung des *A*-dur-Satzes KV 202 (186^b)/2 verdeutlichen. In seinem kanonhaften Beginn, seiner großartig ausgewogenen Klanglichkeit im Zusammenspiel der vier Instrumente, in seinem ständigen Fakturwechsel, seinem Dialog zwischen der Violine I und den Unterstimmen (T. 21 ff.) und der weithin selbständigen Violastimme mutet er auf den ersten Blick kammermusikalisch solistisch an und ist in jedem Fall ohne den Einfluß der «Wiener» Quartettsätze undenkbar. Doch A. Einstein ist eben nur teilweise im Recht, wenn er vermutet, dieser Satz "könnte auch in einem der Wiener Quartette à la Haydn stehen"[484]. Folgende Satzmerkmale sprechen dagegen: Der Kanon wird durch den gemeinsamen Einsatz der Unterstimmen verfrüht abgebrochen, wohl um nicht zu sehr in die Nähe strenger Polyphonie zu geraten. Viola und Baß setzen an dieser Stelle (vgl. auch T. 29, 42 ff.) einstimmig ein, während Einstimmigkeit in den Quartetten zugunsten von Oktavierung nicht auftritt (freilich erklingt in sinfonischer Besetzung durch die Beteiligung des Kontrabasses dennoch die Unteroktav mit). Die sich im ersten Teil in der zweiten Violine (T. 16-21), im dritten Teil in der Viola (T. 53-58)

---

483 Als bezeichnende Ausnahme unter den zeitgleich entstandenen Sinfonien weicht kein Satz in KV 199 (161^b) von der «Norm» der Mozartschen Sonatensatzform ab.

484 A. Einstein, Mozart, S. 306.

über sechs Takte erstreckende «Achse» könnte auch in den «italienischen» langsamen Sätzen anzutreffen sein, wenn auch das korrespondierende Tremolo der Oberstimme dort nicht zu beobachten wäre. In den «Wiener» Quartetten jedoch gehen die langsamen Sätze einerseits andere Wege (strenger Kanon, Serenade), andererseits wäre die auf einem Ton repetierende Achse zu eigendynamischer Bewegung im Sinne der Individualisierung jeder Einzelstimme abgewandelt.

(c) Menuett (vgl. Tabelle 4, S. 196)

In Mozarts früher Sinfonik müssen wir zwischen dreisätzigen und viersätzigen Werken unterscheiden. Viersätzige Sinfonien zeichnen sich im Gegensatz zur dreisätzigen Anlage immer durch die Integration eines Menuettsatzes aus; ein Finale in Form eines italienischen «Tempo di Minuetto» begegnet in den Sinfonien bei Dreisätzigkeit - ganz im Gegensatz zu frühen Haydn-Sinfonien - nicht[485]. Mit einer Ausnahme (KV 75, s. Anmerkung 461) steht das Sinfoniemenuett immer an dritter Satzposition zwischen dem langsamen und dem Finalsatz. Auffälligerweise tritt 1770 - das Jahr der ersten Italienreise - der dreisätzige (italienische) Typ gegenüber dem viersätzigen Sinfonietyp leicht in den Vordergrund, während in den beiden Jahren 1771 und 1772 überwiegend (Salzburger) Sinfonien mit Menuett entstehen[486]. In diese Zeit fällt außerdem die Komposition der bemerkenswerten Tanzmenuette für Orchester KV 103 (61^d) und 164 (130^a), möglicherweise auch 105 (61^f) und 61^h [487]. Auffällig genug verhalten sich in diesem Punkt die Salzburger Sinfonien KV 162-141a der Monate nach der dritten Italienreise: Keine von ihnen enthält ein Menuett.

Worin nun die greifbaren Unterschiede aber auch die offenkundigen Parallelen zwischen solistischem und orchestralem Menuett in der ersten Hälfte der 1770er-Jahre bei Mozart liegen, soll eine Beschreibung des Menuettes KV 124 (die Sinfonie ist datiert: 21. Februar 1772) aufdecken.

Menuett und Trio aus der G-dur-Sinfonie KV 124 stehen tonartlich in Quintverhältnis (*G/D*-dur); in beiden Teilen endet der erste Abschnitt («A-Teil») auf der I. Stufe, ohne zur V. Stufe moduliert zu haben. Trotz des

---

485 G. Allroggen, Vorwort 1985, S. XI. und N. Zaslaw, Symphonies, S. 19.

486 In Italien schrieb Mozart anscheinend keine Sinfonie, die ein Menuett enthält. Die ein Menuett aufweisenden viersätzigen Sinfonien KV 95 (73^n) und 96 (111^b) fallen gemäß der Datierungen N. Zaslaws nicht in den uns interessierenden Zeitraum (demnach seien KV 95/73^n auf Salzburg 1767 [N. Zaslaw, Symphonies, S. 95-98], KV 96 (111^b) auf Salzburg 1775 [ibid., S. 186-188] zu datieren). In Frage kommen KV 73, 97 (73^m) und 112. Die exakte Datierung von KV 73 ist problematisch. Das Menuett zu KV 97 (73^m) scheint zu einem späteren Zeitpunkt nachkomponiert zu sein (entgegen E. F. Schmid, Sinfonie, S. 75 und R. Elvers, KV. 103; vgl. G. Allroggen, Vorwort 1984, S. XIII [auf W. Plath verweisend, der dort seine Datierung von W. Plath, Schriftchronologie, S. 161 f. revidiert] und N. Zaslaw, Symphonies, S. 167. Das Menuett der Sinfonie KV 112 scheint, weil es von Leopold Mozart niedergeschrieben wurde, präexistent gewesen zu sein; vgl. G. Allroggen, Vorwort 1985, S. XIV und N. Zaslaw, Symphonies, S. 191.

487 Die Datierungen in KV^6 und NMA IV/13/1, Bd. 1 sind falsch; vgl. W. Plath, Schriftchronologie, S. 138, S. 140 f., S. 151.

vierstimmigen Streicherapparates und der Mitwirkung von Oboen- und Hörnerpaar handelt es sich weitgehend um einen dreistimmigen Satz, da bis auf wenige Ausnahmen (T. 21-24 im Menuett, T. 14-16 im Trio) entweder die erste und zweite Violine oder Violine I und Viola oktaviert gesetzt sind und den Bläsern lediglich klangverstärkende (in T. 7/8 überbrückende) Funktion zukommt. Das Trio ist klanglich und dynamisch vom motivisch lebhaften, mit Bläsern besetzten und durch *forte-piano*-Kontraste bestimmten Menuett deutlich abgehoben. Ebenso prägt der «B-Teil» des Menuetts durch seine Reduktion auf Zweistimmigkeit und *piano* einen von seinem Umfeld unterschiedenen Charakter aus.

Während das Trio in seiner ausgeglichenen Symmetrie von 8+8+8 Takten auf einfachste Weise (A+B+A) gegliedert ist, sprengt das Menuett durch Motivabspaltungen und verschiedene Motivkombinationen nicht nur die symmetrische Viertaktordnung, sondern auch die reguläre Dreiteiligkeit (mit Wiederholung des «A-Teils»): Takt 1 und 2 sind bis auf die Bewegungsrichtung (Quartauf- bzw. Quintabsprung) der Schlußnote der Violinen mit Takt 3 und 4 identisch. Dieser paarigen Anordnung schließt sich die wörtliche Wiederholung der beiden Anfangstakte an, doch antwortet daraufhin nicht etwa ein zu erwartender abschließender Doppeltakt (oder die Wiederholung der Takte 3 und 4), sondern ein zweimaliges Echo der aufwärtsgerichteten Schlußfigur. Daß dieses Echo als Einschub die symmetrische Achttaktfolge stört, erkennt man an der typischen Abschlußgeste der Takte 9-10, die den «A-Teil» beendet

| ♩ ♫ ♩ | ♩ ♩ ♪ | .
  ⌊ a ⌋ ⌊ b ⌋

Der «B-Teil», dessen Abschluß man wegen der Aufnahme des vollständigen Kernmotivs ab Takt 15 in Takt 14 ansetzen kann, spaltet nun seinerseits den Kopf («a») dieses Motivs ab | ♩ ♫ ♩ | ♩ ♫ ♩ | . Die «Reprise» (T. 15 ff.), die durch den «falschen» Kontext der Quinttonart verblüfft, wiederholt (stufenversetzt) die Takte 1-4; sogleich schließt sich - zum «A-Teil» um zwei Takte verfrüht - das «Echo» («b») an, das nun freilich den Quintabsprung (statt des ehemaligen Quartaufsprunges) zweimal wiederholt und durch seine Dynamik (*forte*) bestärkt. Mit ihm hebt ein modulierender Abschnitt an, der ab Takt 21 erstmals real vierstimmig gesetzt ist und in Takt 25 zur Grundtonart führt. Zudem erkennt man, daß jene Modulationstakte das Kernmotiv geradezu auseinanderreißen (T. 21 und 26 bilden - rein rhythmisch-metrisch betrachtet - zusammengesetzt dies Kernmotiv). Schließlich wird jener Doppeltakt wiederholt, der auch schon den «A-Teil» abschloß (T. 9 f. = T. 27 f.). Der an sich schon ungewöhnlichen Taktgliederung von [:4+6:][:4 + 6+4+4:] korrespondiert also auf kompositorischer Ebene inspirierte satztechnische Verarbeitung.

Der Vergleich des Einzelbeispiels mit den übrigen Sinfonie- und auch Tanzmenuetten Mozarts dieser Zeitspanne ergibt Folgendes: Trio- und Menuetteil stehen in Sinfonien in verschiedenen Tonartverhältnissen (Quinte, Quarte, paralleles Moll, gleichnamiges Moll), die Quartenverwandtschaft (KV 133, 134, 200/189[k]) überwiegt jedoch; in den Tanzmenuetten stehen hingegen beide Teile nahezu immer in derselben Tonart. Im Trio aus KV 132 und im Menuett aus KV 183 (173dB) moduliert der «A-Teil» ebenfalls nicht zur Quinttonart,

Tabelle 4

Menuett-Kompositionen der Jahre 1769 bis 1774

Sinfonik	Serenade/ Divertimento	Orchestermenuett	Quartett	Zeit	Ort
		61b		1769	Salzburg
	100 (62a)			1769	Salzburg
	63			1769	Salzburg
	99 (63a)			1769	Salzburg
73				1769/70	Italien
		61g		1770	Italien
			80 (73f)	1770	Italien
97 (73m)				1770(?)	Italien
		104 (61e)		1770/71	Salzburg
75				1771(?)	Salzburg
110 (75b)				1771	Salzburg
112(?)				1771	Italien
114				1771	Salzburg
124				1772	Salzburg
		103 (61d)		1772	Salzburg
		105 (61f)		1772(?)	Salzburg
		61h		1772(?)	Salzburg
		164 (130a)		1772	Salzburg
	131			1772	Salzburg
130				1772	Salzburg
132				1772	Salzburg
133				1772	Salzburg
134				1772	Salzburg
			156 (134b)	1772/73	Italien
			158	1773	Italien
	186 (159b			1773	Italien
	166 (159d)			1773	Salzburg
	205 (167A)			1773	Salzburg
	185 (167a)			1773	Wien
			168	1773	Wien
			169	1773	Wien
			170	1773	Wien
			171	1773	Wien
			172	1773	Wien
			173	1773	Wien
183 (173dB)				1773	Salzburg
			Quintett: 174	1773	Salzburg
200 (189k)				1773(?)	Salzburg
		176		1773	Salzburg
201 (186a)				1774	Salzburg
202 (186b)				1774	Salzburg
	203 (189b)			1774	Salzburg

was ansonsten in Sinfoniemenuetten die Regel ist. In Tanzmenuetten überwiegt die Tonartenkonstanz des «A-Teiles». Die am untersuchten Beispiel zu beobachtende Dichte des Satzes geht auch in den übrigen Menuettsätzen der Sinfonien für gewöhnlich nicht über die Dreistimmigkeit hinaus, wobei immer wieder (KV 130, 133, 134) die Violinen *unisono* gehen. In den Tanzmenuetten treffen wir häufig auch bloße Zweistimmigkeit an, was freilich durch das Fehlen der Viola-Stimme in diesen Werken begünstigt wird. Auch die konstatierte Kontrasthaltung aller «B-Teile» und insbesondere der Trios wird durch die zeitgleiche Sinfonik und die Tänze nur bestätigt. Zumeist fehlt in den Trios jegliche Bläserbeteiligung oder sie ist zumindest reduziert[488].

Im Gegensatz zu dem relativ schlichten paradigmatischen Menuett-Trio der Sinfonie KV 124 und in völliger Differenz zu den Streichquartett-Trios sind die Trios ab der Sinfonie KV 130 stark davon abweichend gestaltet. Dies bezieht sich nicht etwa nur auf unsymmetrische Periodisierungen (KV 130/3, 132/3 und 133/3; s. u.) oder ungewöhnliche Klangakzente (KV 134/3: *pizzicato*; KV 183/173dB: reine Bläserbesetzung; KV 200/189k: Kanon und *unisono*), sondern auch auf den harmonischen Aspekt: In geradezu ironischer Geste knüpft Mozart Akkorde aneinander, die nicht nur unerwartet und überraschend sind, sondern darauf abzielen, das harmonisch-funktionale Gefüge auseinanderzubrechen[489].

Und schließlich fallen gerade die Menuette der Sinfonien der Jahre 1772 bis 1774 (nicht jedoch der vorhergehenden Jahre) durch ständige unkonventionelle Erweiterung der symmetrischen Anlage auf:

KV 130/3, Trio:	6+6 + 4 + 6
KV 132/3, Menuett:	10+4 + 6+4+2 + 10+4
KV 132/3, Trio:	6+6 + 6+4 + 6
KV 133/3, Trio:	6+6 + 7 + 5+6
KV 134/3, Menuett:	4+4+6+2 + 6 + 4+6+2
KV 200/3, Menuett:	4+2+8 + 4+6 + 4+2+8+4
KV 201/3, Menuett:	4+2+4+2 + 6+4 + 8+2
KV 201/3, Trio:	6+2 + 4 + 6+4
KV 202/3, Menuett:	4+2+8 + 8+4 + 4+2+8

---

488 Auf diesen Umstand weist R. Elvers hin, wenn er angesichts der Trios von einem "natürlichen piano" spricht; vgl. R. Elvers, Vorwort, S. XI.

489 Vgl. das Trio *C*-dur KV 130, das zwar mit dem *C*-dur-Akkord anhebt, der aber durch den unmittelbaren Anschluß (Va.) an das *F*-dur-Menuett als V. Stufe gedeutet wird, zumal der Folgeakkord wiederum *F*-dur heißt. Umso verblüffender wirkt die Wendung zur eigentlichen Dominante *G*-dur (mit ihrer V. Stufe) in T. 4. Völlig zusammenhangslos setzt in T. 8 auf die mittlerweile gefestigte Tonika *C*-dur ein *B*-dur-Akkord ein, der noch dazu durch seine Dominante (T. 9) bestärkt wird; erst die Schlußphrase biegt den Satz zur V. Stufe von *C*-dur ab. Der Mittelteil des Trios bestärkt klangschön und ohne harmonischen Wechsel den dominantischen *G*-dur-Akkord. In harmonisch krassem Anschluß setzt darauf (T. 17) E^7 (in Terzlage) ein, um in chromatisch steigernder Linie taktweise schließlich die Ausgangstonart zu erreichen. Im Trio aus KV 132 wird die vorgezeichnete Tonart *c*-moll erst ganz am Schluß wirklich erreicht. Voraus gehen 27 Takte äußerster harmonischer Verwirrung, die das Funktionsgefüge letztlich ad absurdum führen.

In den Tanzmenuetten überwiegt jedoch bei weitem die «Norm» der paarigen Viertakter[490], wenn auch einzelne Menuette durch bloße Wiederholung (meist dynamisch abgesetzt) der jeweils vorausgehenden zweiten Taktgruppe aus einem gewöhnlichen Viertakter einen Sechstakter 2+2+2 gewinnen, im Sinne von: a+b+b[491]. Ein Abspalten, Versetzen und Neukombinieren von Motivteilen, wie in KV 124/3 zu beobachten, fehlt in den Tanzmenuetten gänzlich[492]; auch sind selten Ansätze einer individuellen Gestaltung zu erkennen[493].

Bedeutsame Parallelen, aber auch einschneidende Unterschiede stellt man beim Vergleich zwischen Sinfonie- und Orchestermenuetten mit den Streichquartett-Menuetten des Untersuchungszeitraumes fest. Die Gemeinsamkeiten liegen auf der Hand: In beiden Gattungen wird das Trio entweder als auffälliges «Intermezzo» oder aber besonders schlichtes «retardierendes Moment», in jedem Falle aber dynamisch und gestisch deutlich vom Menuett abgesetzt. In beiden Gattungen kann man - cum grano salis - diesen Tatbestand auch für die «B-Teile» in Anspruch nehmen. Nur mit den Sinfoniesätzen vergleichbar sind die tonartlichen Anordnungen von Menuett und Trio und die Modulationsrichtung der «A-Teile» zur Quinttonart. Die Unterschiede sind gravierend: Während die Orchestermenuette satztechnisch meist sehr licht gesetzt sind, handelt es sich bei den Menuetten für vier solistische Streicher immer um echte Vierstimmigkeit, die gelegentlich sogar durch Imitationen und kanonische Ansätze deutlich eine Gleichberechtigung aller Stimmen im Auge hat[494]; eine Tendenz, die in den Orchestermenuetten völlig fehlt. Schließlich - und dies mag am bemerkenswertesten sein - unterscheiden sich die Periodisierungen innerhalb beider Gattungen beträchtlich; trotz größerer Satzdichte und kompositorischer Individuation vor allem der «Wiener» Serie wendet Mozart seine an den Sinfoniemenuetten gewonnene ungerade Taktgruppengestaltung nicht auch auf die Streichquartette an. Hierin liegt letztlich auch ein elementarer Unterschied des Mozartschen Streichquartett-Menuettes von dem Joseph Haydns.

490 Hier ist R. Elvers zu widersprechen, der bezüglich der Menuette KV 103 (61^d) aufgrund des häufigen Überschreitens der zweiteiligen 8+8-Taktanlage konstatiert: "Die Abweichungen von der Regel werden zur Regel"; R. Elvers, Vorwort, S. IX. "Regelverletzung" (ein ohnehin sehr problematischer Terminus, der stillschweigend eine «Regel» voraussetzt, die für den Komponisten möglicherweise nicht existent war) liegt bestenfalls in ungeraden Periodisierungen und nicht bereits in der Erweiterung zur dreiteiligen Anlage (worum es sich bei nahezu allen Tanzmenuetten handelt) vor.

491 Es handelt sich um: KV 103/61^d, Nr. 1, 3, 7; KV 104/61^e, Nr. 1; KV 164/130^a, Nr. 4; KV 176, Nr. 10, 15.

492 Dies wird besonders in der Gegenüberstellung des Menuett-Motivs der G-dur-Sinfonie mit dem nahezu identischen Motiv der Nr. 2 aus KV 103 (61^d) deutlich.

493 So etwa in der Umkehrung des rhythmischen Verlaufs von |♩♩♩♩|♫♫♫♫| zu |♫♫♫♫|♩♩♩♩| in KV 176, Nr. 14, die an die ersten vier Takte des Menuetts aus der A-dur-Sinfonie KV 134 erinnern |♩. ♪|♫♫♫♫|♫♫♫♫|♩. ♪| ; vgl. auch die Menuett-Beschreibung des Streichquartettes KV 169, S. 118 f.

494 Kanonische Menuette sind aber, anders als bei Haydn, eher selten anzutreffen; vgl. H. Engel, Tanz, S. 36.

(d) Finale

Die sinfonischen Schlußsätze seien nun noch, getrennt nach ihrer Satztypik, kurz mit den Quartettfinali verglichen. Wenn wir wieder den Zeitraum auf 1772 bis 1774 eingrenzen, so wird besonders deutlich, daß der Schlußsatz der Sinfonien gewöhnlicherweise in Sonatensatzform steht. Nur drei (KV 128/3, 132/4, 181/162^b/3) von ihnen verwenden die Rondoform, wobei letztgenanntes Finale Sonatensatz und Rondosatz zu verknüpfen trachtet. In den Quartetten nimmt hingegen das Rondo in jedem Fall breiteren Raum ein.

Die meist der Taktanzahl nach sehr umfangreichen finalen Sonatensätze (323 Takte weist z. B. KV 199/161^b/3 auf) zeichnen sich formal dadurch aus, daß sie, unbeeinträchtigt durch die zeitweilige Experimentierphase mit der Sonatensatzform in den Kopfsätzen, dem einfachen Schema der nahezu symmetrischen Hauptteile mit allerdings teilweise sehr umfangreichen Mittelteilen folgen. Die einzige bemerkenswerte Abwandlung besteht - abgesehen von der auffälligen Form des G-dur-Satzes KV 129/3[495] - in der gelegentlichen Streckung des ersten Abschnittes («A») bei seiner Wiederholung im dritten Formteil. Folgende Graphik verdeutlicht die Gliederung von KV 130/4, wobei zu beachten gilt, daß die 28 Takte des A-Teils des dritten Formabschnittes ebenso wie der kürzere Abschnitt «A» des ersten Teils in die Generalpause des Halbschlusses münden; durch das in zweierlei Richtungen geöffnete Scharnier (in T. 21 f. sowie T. 134 f.) ist die Stufenfolge bei gleicher Musik um eine Quinte versetzt:

Beispiel 65

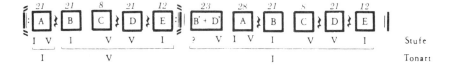

Wie in den langsamen Sinfoniesätzen, aber auch in den Sonatensatzfinali der Quartette, so gewinnt in den Finali der Sinfonien die Coda an Bedeutung. Besonders erwähnenswert scheinen gewisse zyklische Verstrebungen, die in den späteren Sinfonien zwischen Kopf- und Finalsatz zu beobachten sind. Das betrifft die g-moll-Sinfonie KV 183 (173dB)[496] und die C-dur-Sinfonie KV 200 (189^k), die in allen Sätzen das musikalische Problem des Schließens vorführt, dieses jedoch erst im Finale mit Hilfe der Quartfallfigur des ersten Satzes überzeugend löst.

---

495 Seine Kürzung zu Beginn des dritten Teils resultiert aus der Aufnahme des Kopfmotivs zu Beginn des zweiten Teils; eine neuerliche Wiederholung hätte Ermüdungserscheinungen provoziert.

496 A. Einstein, Mozart, S. 305: "weniger ostensibel als heimlich fühlbar: die zyklische Form der Sinfonie gewinnt eine neue Einheit".

Die drei Sinfonie-Finalrondi, die zwar ebenfalls sehr umfangreich, der Taktanzahl nach aber stets ein wenig kürzer als ihr zugehöriger Kopfsatz sind, gehen formal drei völlig verschiedene Wege. Damit heben sie sich grundlegend von den Quartettrondi ab. Sie stehen in unterschiedlichem Metrum (128/3: 6/8tel, 132/4: *alla breve*, 181/162^b/3: 2/4tel) und sind vor allem von ihrer Konzeption her merkwürdig gegensätzlich. So bestehen zwar die Refrainthemen aus annähernd periodisch gebauten korrespondierenden Halbsätzen, wie es für alle Quartettrondi selbstverständliches Kennzeichen ist, doch untergliedern sich in KV 128/3 die Halbsätze in unsymmetrische 4+6 Takte, in KV 132/4 dehnt sie Mozart auf jeweils zu wiederholende 8+8 Takte aus. Besonders aber die Anordnung der Couplets im Verhältnis zu den Refrainteilen läßt auf eine nicht unerhebliche Flexibilität der Form des Sinfonierondos (im Gegensatz zu den einheitlich konzipierten Quartettrondi) schließen. KV 128/3 wiederholt den auf den ersten Refrain folgenden, auf kontrastierenden Stufen (V. und VI. Stufe) stehenden Abschnitt, so daß über weite Strecken der Refrain verloren geht: A-A-B-C-D-A-B-C-D-A-E-A. Wesentlich ausgeglichener, ja äußerlich geradezu klischeehaft dem Ketten-Rondotypus folgend, wechseln in KV 132/4 Refrain und Couplets miteinander in steter Folge ab, wobei sämtliche Teile unmittelbar wiederholt werden: A-B-A-C-A-D-A. Hier liegt das Raffinement in den teilweise unregelmäßigen Taktordnungen und harmonischen Bezügen. Das *Presto assai* des Rondos KV 181 (162^b)/3 - als letztes Rondo[497] der frühen Sinfonien verfaßt (es folgen die «Wiener» Quartette mit ihren beiden Finalrondi, dem Andante-Rondo und dem nachkomponierten Rondo zum «Lodi»-Quartett, an das der *G-dur*-Sinfoniesatz erinnert) - läßt sich bereits als Sonatenrondo beschreiben[498]. Die völlig symmetrische Wiederholung der Couplets und des Refrains nach der «Mollepisode» (T. 81 ff.) sowie dessen charakteristischer Wechsel zur gleichnamigen Molltonart läßt keinen Zweifel an der intendierten Kombination der Formen, die ja auch in den Streichquartetten KV 157/3 und 80 (73^f)/4 zu beobachten ist (vgl. Kap. III.6.):

Beispiel 66

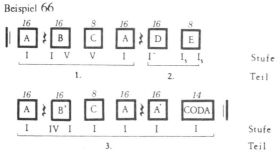

497 Möglicherweise schien Mozart die Rondoform innerhalb der zyklischen Sinfonieanlage zunehmend unpassend. Bereits in KV 181 (162^b) verknüpft er, wie in der «Haffner»-Sinfonie KV 385, diese Form stark mit der Sonatensatzanlage. Die darauffolgenden späten Sinfonien geben die Rondoform völlig auf.

498 A. Einsteins Hinweis auf den Einflußbereich J. Chr. Bachs, der gerne "eine Moll-Episode vor der endgültigen Rückkehr zum Thema einschiebt", ist unverständlich, zumal sein Beispiel (nämlich KV 113) keiner Sinfonie entstammt und auch in den beiden anderen Sinfonierondos keine Bestätigung findet; vgl. A. Einstein, Mozart, S. 302 f.

Die Faktur der Finali ist ähnlich den Quartettfinali und korrespondierend zur überwiegend kurzgliedrigen Periodik zunächst auffällig einfach strukturiert. Fanfarenartige *unisoni* insbesondere an Satzanfängen und Schlüssen (durch Koppelung vor allem der Streicheraußenstimmen), faktische Zweistimmigkeit trotz Beteiligung aller Stimmen über weite Strecken, großflächig angelegte Streichertremoli, die zur motivischen Vertiefung in keiner Weise etwas beitragen, sondern eher auf Klangpracht zielen, und kleingliedrige Motivpartikel bestimmen das Bild etwa des C-dur-Finales KV 129/3. Nicht wesentlich anders zeigt sich das Finale KV 134/4, dessen Kopfsatz ja deutlich über die Faktur der 1772 komponierten Sätze hinausgeht (s. o.). Auch hier fällt eine gewisse «Pauschalität» der Mittel auf, indem einer differenziert aufgelockerten Zweistimmigkeit eine blockhafte Akkordik entgegengesetzt wird. Ebenso wie im ersten Beispiel schließen sich die Außenstimmen oder gar alle vier Streicher plus Bläser zu einfachster Ein- oder Zweistimmigkeit zusammen (T. 27 ff., 56 f. u. ö.).

Eine gewisse Vertiefung der Satztechnik zeigen die vier zwischen der Entstehung der beiden Quartettreihen komponierten Finalsätze. So hebt beispielsweise das sehr umfangreiche G-dur-Presto KV 199/161^b/3 ebenfalls (wie in KV 134/4) in dünner Zweistimmigkeit der beiden Violinen an, doch wird dieser lichten Faktur kein blockhaft akkordisches Pendant entgegengesetzt, sondern der Motivkopf (V.I) sich als Fugato entwickelnd durch alle Stimmen geführt. Nach immerhin 28 Takten imitatorischen Geflechts bestimmt dann eine typische Quartettfaktur mit eigendynamischen Einzelstimmen das Satzgeschehen (man vgl. die Takte 29-51 z. B. mit den Eröffnungstakten aus KV 156/134^b/1!). Freilich bleibt es im weiteren Verlauf nicht bei dieser kammermusikalischen Anlage (Tremoli ab T. 51, unselbständige Va. ab T. 68), doch kündigt sich hier bereits eine Veränderung der klischeehaften Finali als munterer «Kehraus» an; eine Modifizierung, welche in den Quartetten nicht den Sonaten- oder Rondofinalsätzen, sondern eher den vorausgehenden Sätzen obliegt.

Daß es sich um eine allmähliche Entwicklung und nicht nur um Zufallsereignisse handelt[499] belegen die letzten vier Sinfonieschlußsätze (KV 183/173dB, KV 200/189^k, 201/186^a, 202/186^b)[500]. In KV 200/189^k/4 ist der virtuose Prestocharakter durch knappe *unisono*-Einwürfe, weiträumige Melodik (T. 33 ff.) und atemlos dahineilende Violinen und letztlich auch durch die neue Art der zyklischen Vereinheitlichung auf ein neues Niveau gehoben. Diese Werke vor der vierjährigen Schaffenspause auf sinfonischem Gebiet

---

499 In diesem Zusammenhang ist z. B. auch auf KV 184/161^a/3, T. 29 ff. zu verweisen, während das Rondo KV 181/162^b/3 in seiner Kontrastierung von Zweistimmigkeit/akkordischer Vollstimmigkeit wieder eher an KV 134/4 erinnert.

500 A. Einstein, Mozart, S. 304 ff.; zurecht weist Einstein (S. 306) auf den einfachen «Kehraus»-Charakter der Sinfonie KV 202/186^b/4 hin, der uns vor allzu geradliniger Entwicklungshypothetik warnen sollte, wie sie vor allem WSF nicht nur in Bezug auf die Sinfonien Mozarts unterläuft.

zeichnen sich in der Tat durch ein kompositorisches Gleichgewicht zwischen Kopf- und Finalsatz aus.

(e) Zusammenfassung

Kommen wir zusammenfassend auf die eingangs gestellte Frage nach der Qualität der beiden Gattungen «Sinfonie» bzw. «Quartett» zurück. Es steht außer Zweifel, daß Mozart von Beginn an nicht nur terminologisch («Sinfonia» resp. «Quartetto»), sondern trotz mannigfacher Wechselbeziehungen auch hinsichtlich Form und Gestaltung deutlich zwischen beiden Gattungen unterscheidet. Daß diese Differenzierung bereits durch die Mitwirkung bzw. durch das Fehlen von Blasinstrumenten gegeben scheint, trifft nur einen Nebenaspekt und wäre im Zusammenhang mit Mozarts frühen Divertimenti, Serenaden und Cassationen mit Bläsern einer genaueren Untersuchung wert. Es finden sich etliche Sinfonieabschnitte (oder gar ganze Sätze), die ohne die Mitwirkung von Blasinstrumenten und dennoch «sinfonisch» gestaltet sind. Ohnehin ist die Streicherfaktur als satztragende Schicht anderen Kriterien unterworfen als die Schicht der weniger substantiellen Bläser.

Hat man das sinfonische Element der frühen Quartette Mozarts im Auge, so bezieht man sich überwiegend auf jene Satztechniken, die eine deutliche Hierarchie der Stimmen untereinander erkennen lassen, die durch Zusammenfassung einzelner oder paarweiser Stimmen (Oktavierungen und *unisoni*) auffallen oder anstelle imitatorischer Verflechtungen auf akkordisch Blockhaftes aller Stimmen zielen. In der Tat sind dies alles Satzmerkmale bereits der frühesten Sinfonien Mozarts. *Unisoni* stellen über die Funktionalisierung in den Quartetten hinaus, wo sie vorwiegend an markanten Satzpositionen gliedernd eingesetzt sind (Eröffnung, Abschluß größerer Formteile), generell ein wichtiges Gestaltungsmerkmal dar; oktavierten oder in Terzen geführten Violinen begegnet man ununterbrochen; selbst die für die «italienischen» Quartette (und Quartett-Divertimenti) so charakteristische gleichzeitige Koppelung von Oktav und Terz gehört (wenn auch höchst selten) zum Repertoire der sinfonischen Faktur (vgl. Anm. 417). Insofern lehnt sich Mozart zweifellos an seine Erfahrungen der Sinfonik an; und insofern sind auch die frühen, insbesondere die «italienischen» Quartette «sinfonisch» zu nennen.

Doch der Wesensunterschied besteht nicht so sehr in der Parallelität von elementaren Stimmkombinationen, sondern vielmehr in der unterschiedlichen Realisierung des Satzes. Die Quartette konstituieren abgesehen von partiell sinfonischen Gestaltungselementen im Gegensatz zu den Sinfonien von Anfang an einen genuin vierstimmigen Satz. Der Titel «Quartetto» weist deshalb nicht nur auf die elementare Bedingung der Stimmenanzahl, sondern eben auch auf das Wesen der kompositorischen Bedingung durch jene Stimmenanzahl. Der Unterschied ist ein gattungsspezifischer.

Einen deutlicheren Beweis, als ihn der Vergleich der Violastimme im Verbund des Streichersatzes bietet, kann es für diesen Sachverhalt nicht geben. In Mozarts Sinfonik verbindet sich diese Stimme über weite Strecken (oktaviert oder in gleicher Stimmlage) mit dem Baß, ist lediglich dessen Klangverstärkung. Das führt dazu, daß der Sinfoniesatz Mozarts (insbesondere in den Menuetten und Finali, aber auch in den übrigen Sätzen) häufig trotz Beteiligung aller vier Streicher faktisch bloß zweistimmig ist, wobei die Violinen meist - ein Phänomen, das selbst im «Lodi»-Quartett nicht anzutreffen ist - ineinanderfallen. Gelegentliche Unterschreitungen des Basses durch die Viola, ja sogar «falsche» Quarten mit diesem (ein wichtiges Indiz zur Bestimmung der Mitwirkung eines 16-Fuß-Instrumentes), treffen wir in der Sinfonik[501], nicht jedoch in Mozarts Quartetten an.

Die fehlende Satzdichte der Sinfonien wird im wesentlichen nicht, wie man erwarten könnte, durch den Einbezug der Bläser ausgeglichen, sondern durch eine Gestaltungskonstante unterstrichen, die in den Streichquartetten der beiden Serien völlig, im «Lodi»-Quartett KV 80 (73^f) nahezu fehlt und die daher als wichtiges Differenzierungsmerkmal geeignet erscheint: Gemeint sind die ständigen Tremoli der Streicher, die eine Intensität der Bewegungsabläufe vorspiegeln, die faktisch nicht existent ist. Im genuinen Streichquartettsatz kann Mozart deshalb auf diese Tremoli verzichten, weil über weite Strecken eine dichte Vierstimmigkeit, und sei es nur durch die Vollstimmigkeit der Akkordschichten, verwirklicht ist.

Mit der Durchsichtigkeit des sinfonischen Satzes geht auch eine großflächigere Anordnung von Taktgruppen einher, die sich der Faktur nach wenig oder gar nicht ändern. Im Gegensatz dazu lebt der Quartettsatz Mozarts geradezu von seiner Flexibilität, Spontaneität und Lebhaftigkeit der Parameterwechsel, sei es durch ständiges Vertauschen der Stimmkombinationen oder durch die prinzipiell kleingliedrige Motiverfindung, die eine Gruppierung auf engstem Raume erst ermöglicht. Selbst eine so charakteristisch sinfonische Faktur wie das Pochen der Unterstimmen auf steten 8teln, über das sich eine Melodie der Violine(n) spannt, gestaltet sich in beiden Gattungen deshalb unterschiedlich, weil sie in Mozarts Sinfonik (und einigen Sätzen der Quartett-Divertimenti) wesentlich größere Dimensionen als in den Quartetten einnehmen kann.

Der prinzipielle, satztechnisch bedingte Unterschied beider Gattungen darf nun aber nicht darüber hinwegtäuschen, daß sich zwischen ihnen eminent wichtige Wechselbeziehungen abspielen. Wenn es wahr ist, daß die Trias der Sinfonien KV 183 (173dB), 200 (189^k), 201 (186^a) auf einer ungleich höheren Stufe als etwa jene Sinfonien vom Beginn des Jahres 1772 stehen, weil in ihnen "ein neues Gefühl für die Notwendigkeit der Vertiefung der Sinfonie durch imitatorische Belebung" akut wird, weil sie ihre "Rettung aus dem bloß Dekorativen durch kammermusikalische Feinheit" gewinnen[502], so sind dafür im wesentlichen die beiden Quartettserien (und in Ansätzen auch die drei Quartett-Diver-

---

501 Offene Quarten begegnen auffällig häufig in Sinfoniemenuetten: KV 132, Trio, T. 23; KV 133, Trio, T. 24, 27; KV 200/189^k, Menuett, T. 22, 23, 37, Trio, T. 16; vgl. aber auch beispielsweise KV 133/1, T. 111.

502 A. Einstein, Mozart, S. 305.

timenti) verantwortlich zu machen. Man kann sogar so weit gehen und das ausschlaggebende movens zur Komposition vor allem der Quartette bis zur Wiener Reise nicht so sehr durch äußere Beeinflussung (Italien) als vielmehr in der inneren Notwendigkeit zu eben jener Vertiefung des sinfonischen Satzes erblicken. Der Wunsch nach einer neuen Qualität des sinfonischen Satzes läßt Mozart auf den vierstimmigen Quartettsatz stoßen, als gleichsam reinste und konzentrierteste Form musikalischer Gestaltung. Das Quartett bietet sich demnach als optimales Studierfeld an. Dieses wiederum profitiert von den großen Erfahrungen auf sinfonischem Gebiet.

Abgesehen davon, daß diese Beobachtung sowohl den befremdlichen Ort der Komposition der ersten Quartettserie (S. 5 f. und S. 223 ff.), den zögerlichen Zugang zur Quartettform als solcher (s. Kap. IV.2) und möglicherweise auch die auffälligen Instrumentenangaben (s. Kap. VI) zu erklären vermag, gewinnt sie durch die Beachtung der Werkchronologie im Verhältnis zur Wandlung von Faktur und Form der Sinfonien ein weiteres Argument. Nichts weist deutlicher auf die Tatsache hin, daß es durchaus nicht die Streichquartette waren, die primär die Entwicklung zur kammermusikalischen Durchdringung des sinfonischen Satzes auslösten, als die imitatorischen oder sich zur echten Vierstimmigkeit neigenden Sätze in Sinfonien Mozarts, die bezeichnenderweise schon vor den Quartetten, ja vor den Quartett-Divertimenti, wie etwa KV 112, entstanden sind. Der Ort solcher Satzverdichtung liegt (nicht nur in der genannten Sinfonie)[503] häufig im Mittelteil von Sonatensätzen (hier KV 112/1, T. 56 ff., 63 ff.) oder Menuettsätzen und weist damit unmißverständlich auf das identische Phänomen der («italienischen») Quartette, das erst in der «Wiener» Serie auf eine neue Ebene gehoben wird. Geradezu programmatisch strebt der ohne Bläser komponierte Mittelsatz der Sinfonie KV 128 (Mai 1772) diesem Wunsch nach Vertiefung der Sinfonik durch Elemente des strengen Satzes nach.

Doch der eigentliche Ort der Erprobung dieser Tendenzen ist das Streichquartett. Beide Quartettzyklen entstanden außerhalb Salzburgs (wo Mozart weiterhin Sinfonien komponierte), auch die noch wenig kammermusikalischen Quartett-Divertimenti sind ein Jahr zuvor in Mailand und in der Heimatstadt geschrieben. Dies wirft ein helles Licht auf den Einfluß der Lebensumstände zur Entstehung von Kompositionen und deren Entwicklungsgang. Möglicherweise wäre Mozart in Salzburg, wo Quartette keine Aufführungs- und Gattungstradition hatten, nie über die ersten Versuche der Quartett-Divertimenti hinausgelangt, möglicherweise wäre er nicht weiter dem so fruchtbaren Umweg über den vierstimmigen Streichersatz gefolgt. Doch in Mailand hatte der vierstimmige Streichersatz bereits eine bedeutende Tradition; Mozart griff sie sofort auf, machte diesen nicht nur zur Basis seiner Sinfonik, sondern

---

503 Beispielhafte Auswahl imitatorischer Stellen aus Sinfoniesätzen, die vor KV 155 (134ª) entstanden sind: KV 129/1, T. 18 ff.; KV 129/2, T. 31 ff.; KV 130/1, T. 49 ff., 63 ff.; KV 130/3, T. 9 ff.; KV 132/3, T. 1 ff., Trio T. 1 ff.; KV 133/2 (korrespondierendes Echo zwischen V.I und Flöte sowie V.II); ibid. T. 28/29; KV 134/1, T. 50 ff.

wandte ihn auch für die junge, unbelastete Gattung des Streichquartetts («Wiener» Quartette) an.

Nicht nur die zu beobachtenden werkchronologischen Koinzidenzen hinsichtlich der Satzanzahl (s. o.), sondern gerade auch die konträren kompositorischen Gestaltungsmittel lassen im Zusammenhang mit den diversen Formtypen Rückschlüsse auf enge Bezüge beider Gattungen zu. Die Quartette experimentieren so gut wie nicht mit den Konstanten der musikalischen Form; sie wollen neue Wege der dichteren Satztechnik ebnen und stützen sich demzufolge formal auf bewährte Traditionen, die durch etliche vorausgehende Sinfonien geprägt wurden. Die Sinfonien hingegen sind in diesen Monaten der Jahre 1772/73 unglaublich variabel, was die musikalische Formung der schnellen Sonatensätze, der Menuette und der Rondofinali betrifft.

Die Sonatensätze insbesondere in Kopfsatzstellung zeigen eine zunehmende Bereitschaft zur flexiblen Anordnung der Taktgruppen bei ihrer Wiederholung im dritten Teil, verzichten auf die obligate Wiederholung der Hauptteile[504] und nähern sich dadurch wie auch durch direkte Übergänge zwischen den Sätzen wieder stark der Ouvertüre an. Die Gruppe der in Wien entstandenen sechs Quartette bricht diesen Vorgang der freieren Formung der Kopfsätze abrupt ab. Nun gilt es für Mozart, die Ergebnisse der Quartettkunst auf das sinfonische Gebiet zu übertragen.

Die langsamen Sätze der Sinfonien sind äußerlich streng genormt: fast immer 2/4tel-Takt, immer in Dur, immer an zweiter Position. Die Quartett-Divertimenti lehnen sich hinsichtlich der Faktur an den langsamen Sinfoniesatz. Doch dann («italienischer» Zyklus) treten nicht nur die Molltonalität und disparateste Satztechniken massiv in den Mittelpunkt, sondern auch die Formen und Ausdruckscharaktere sind im Gegensatz zur Sinfonik bunt gemischt. Diese Spielfreude hat ihren Grund: Mit der sinfonischen Geste, die die schnellen Sätze noch modifizierend übernehmen können, läßt sich ein langsamer Satz für vier Streicher nicht mehr gestalten. Hier zeigt sich der elementare Unterschied zwischen Sinfonie und Quartett am deutlichsten. In die «Wiener» Quartettserie fließt die Erfahrung früherer Sinfoniesätze ein, deren langsame Sätze ab KV 182 (173dA) wiederum vom Quartettsatz profitieren: Der Serenadensatz, in chorischer Besetzung prinzipiell den Wurzeln dieser Faktur sehr fremd, der aber bereits im Jahre 1772 in Mozarts Sinfonik mehrfach angedeutet und ausprobiert wurde, prägt zum Beispiel weite Strecken von KV 200 (189^k)/2, dessen Faktur ohne die Quartettserenaden undenkbar wäre.

Die Menuette der Sinfonien variieren besonders stark hinsichtlich der Periodik, die geradezu irreguläre Taktgruppierungen in den Vordergrund stellt. Dieser Haltung sehr verwandt sind auch die sinfonischen Trios, die möglicherweise sogar als Zentrum des musikalischen Witzes und vielfältiger kompositorischer Auffälligkeiten angesprochen werden müssen. Von beidem ist in den Quartettmenuetten nichts zu spüren: Lediglich die Kontraststellung des Trios zur Umgebung der Menuette mag hierbei an die Sinfonien erinnern.

---

504 Vgl. auch die Kopfsätze KV 155 (134^a) und 160 (159^a).

Die Finali schließlich tendieren in völlig unterschiedliche Richtungen: Während in den Quartetten, in denen das Rondo die wesentlich größere Rolle spielt, eher der sinfonische Kehraus-Charakter betont wird, versuchen die Sinfoniefinali die Errungenschaften der Kopfsätze zu übernehmen, so daß in den späteren Sinfonien ein kompositorisch ausgeglichenes Gewicht zwischen beiden Satztypen gefunden ist. Wiederum sind die Sinfonie-Rondi bezüglich der Breite ihrer formalen Differenzierungen wesentlich flexibler als die formale Konstanz der Quartett-Rondi.

Gehen also beide Gattungen hinsichtlich der Realisierung des musikalischen Satzes und des Zugangs zur musikalischen Form getrennte Wege, so ziehen sie auch und gerade aus dieser Differenz beiderseitig die größten Gewinne. Ausgelöst durch den Wunsch nach Überwindung satztechnischer und formaler Pauschalität der frühen Sinfonik entdeckt Mozart zunehmend den vierstimmigen solistischen Streichersatz, der nicht nur in Rückkoppelung zu den Sinfonien sehr bald Neues ermöglicht, sondern spätestens in den sechs «Wiener» Streichquartetten eine neue, autonome Gattung stabilisiert.

IV. 2 Die Quartett-Divertimenti

"Einen Rekord an Deutungsversuchen wird man im Zusammenhang mit den häufig gespielten Divertimenti KV 136, 137 und 138 feststellen müssen"[505]. Dieser Stoßseufzer A. Planyavskys, der sicherlich eine gewisse Berechtigung hat, bezieht sich vor allem auf das Problem der Gattungszuordnung der drei sogenannten «Quartett-Divertimenti» KV 136-138 (125^{a-c}). An «Deutungsversuchen» hat es in der Tat nicht gemangelt und an dieser Stelle soll ein weiterer angefügt werden.

Die auf Gattungsfestlegung ausgerichtete Ausgangsfrage muß lauten: Handelt es sich bei diesen drei kurzen Kompositionen um Streichquartette oder um Sinfonien ohne Bläser? O. Jahn, H. Abert, G. de Saint-Foix, S. Sadie, Th. F. Dunhill, A. Ott und J. Webster votieren zugunsten des solistischen Streichquartetts[506] - B. Paumgartner, G. Cesari, A. Einstein, A. Hoffmann, F. Blume, L. Schrade, K. Geiringer, R. Barrett-Ayres und W. Konold zugunsten der Sinfonie[507]. Bei der Edition der Quartett-Divertimenti durch die Neue Mozart-Aus-

---

505 A. Planyavsky, Kontrabaß, S. 307.

506 O. Jahn I^2, S. 315 (in der Erstausgabe lagen O. Jahn die Werke nicht vor; vgl. O. Jahn I^1, S. 590, Anm. 2); H. Abert I, S. 289; WSF I, S. 436, 438 f.; S. Sadie, Mozart, S. 687; Th. F. Dunhill, Quartetts I, S. 12; H. Ott, Quintette, S. 167 f. (er reiht sie unter die Streichquintette [!] Mozarts, "da nach damaligem Brauch der Baß doppelt, nämlich mit Violoncello und Kontrabaß, besetzt wurde"); J. Webster, Diss., S. 199 ff.; ders., Scoring, S. 269 f.

507 B. Paumgartner [1. Auflage (1927), Anh. sub. XVII (nach A. Planyavsky)], 6. Auflage, S. 143; G. Cesari, Quartetto, S. 217; A. Einstein, Mozart, S. 240; A. Hoffmann, Salzburger Sinfonien (Edition mit Vorwort); F. Blume, MGG, Sp. 764 und 768; ders., Haydn und Mozart, S. 578; L. Schrade, Mozart, S. 93; K. Geiringer, NOHM VII, S. 559; R. Barrett-Ayres, Haydn, S. 139; W. Konold, Streichquartett, S. 76. A. Planyavsky und H. Unverricht

gabe führte diese Unsicherheit immerhin dazu, daß für sie ein zusätzlicher, ursprünglich nicht vorgesehener Band innerhalb der Werkgruppe «Kassationen, Serenaden und Divertimenti für Orchester» eingerichtet wurde. Diesen einmaligen Vorgang bezeichnet die Editionsleitung zurecht einen "allein aus der geschilderten Zwangslage motivierten Kompromiß"[508].

Es sind im wesentlichen drei Punkte[509], die jene Unsicherheit und solch konträre Standpunkte namhafter Forscher im Zusammenhang der Quartett-Divertimenti ermöglichen: (1) Deren autographer Titel "Divertimento", (2) deren autographe Instrumentenangabe "Viole" und "Baßo" und (3) deren vermeintlich harmlose Satztechnik im Vergleich zu den beiden «echten» Quartettzyklen. Punkt (2) sei im letzten Kapitel dieser Arbeit näher beleuchtet (S. 265 ff.), die beiden anderen Komplexe werden im folgenden zusammenfassend erörtert, wobei die Ergebnisse der vorausgehenden Überlegungen zu dem Verhältnis der frühen Sinfonien und den frühen Streichquartetten (Kap. IV.1) sowie die Erfahrungen mit dem musikalischen Satz der Streichquartette (Kap. III) einbezogen werden.

(a) «Divertimento»

Der Begriff «Divertimento» umfaßt bei Mozart eine heterogene Werkgruppe, die keinesfalls so eindeutig bestimmbar ist, wie etwa die mit «Quartetto» oder «Sinfonia»[510] bezeichneten Kompositionen. Daß Mozart unter dem Begriff «Divertimento» dasselbe wie J. Haydn versteht, der ja lange Zeit diesen Terminus für die bereits zweifellos solistische Quartettbesetzung («op. 9, 17, 20», sogar noch bei der authentischen Abschrift von «op. 33») verwendet und erst sehr spät den heute gebräuchlichen Gattungsbegriff wählt, ist eher zu bezweifeln[511]. Das liegt erstens daran, daß die reine Streicherbesetzung der fraglichen drei Werke eine unter Mozarts Divertimento-Oeuvre isoliert stehende Ausnahme bildet[512], Mischformen (Werkgruppe 12 in KV[6]) und reine Bläserbesetzung (Werkgruppe 17 in KV[6] und KV 439[b]) hingegen die Regel der Mozartschen «Divertimenti» sind. Zweitens sind mindestens zwei der «Divertimenti»

---

sind eher unentschieden; vgl. H. Unverricht, Divertimento, S. 69; A. Planyavsky, Kontrabaß, S. 307.

508 K. H. Füssl, Vorwort, S. VII. Höchst problematisch ist dabei einerseits die Tatsache, daß sich sämtliche «Kassationen, Serenaden und Divertimenti für Orchester» Mozarts durch Beteiligung von Blasinstrumenten auszeichnen und andererseits, daß im Reihentitel bereits die Besetzung festgelegt wird: «für Orchester».

509 K. H. Füssl, Vorwort, S. VII-X.

510 Vgl. die knappe, aber gediegene Zusammenfassung in: G. Haußwald, NOHM VII, S. 503 ff., besonders S. 512-514, und H. Engel, MGG III, Sp. 597 ff.

511 H. Abert I, S. 289; K. H. Füssl, Vorwort, S. VIII; WSF I, S. 437, beziehen in diesem Zusammenhang auch Michael Haydn ein.

512 Im Gegensatz zur allgemeinen Quellensituation der zweiten Hälfte des 18. Jahrhunderts, wo der Titel «Divertimento» geradezu auf eine Präferenz der reinen Streicherbesetzung zu deuten scheint; vgl. J. Webster, History, S. 223.

- KV 113 und 131 - wegen des großen Anteils von Blasinstrumenten wohl chorisch zu besetzen, während die reinen Bläserdivertimenti und - doch hier bewegen wir uns bereits auf dem Gebiet der Spekulation[513] - wohl auch die gemischt besetzten Divertimenti für Streicher und Hörnerpaar (und Oboe) mit solistischer Aufführung rechne(te)n. Drittens ist A. Einsteins Hinweis, der ihn so vehement an der Authentizität des Titels zweifeln ließ[514], daß nämlich zur Gruppe der Mozartschen Divertimenti häufig zwei, mindestens aber ein Menuett gehören, angesichts der sonstigen Überlieferung Mozartscher «Divertimenti» nicht leicht von der Hand zu weisen, auch wenn bei anderen Komponisten des süddeutsch-österreichischen Raumes das Menuett nicht essentieller Bestandteil der Divertimentowerke ist[515].

Viertens: Ein entscheidender Nachteil aller Aussagen zum Begriff «Divertimento», insofern er in Mozartautographen auftaucht, liegt darin begründet, daß dieser Titel ausschließlich in unseren problematischen «Quartett-Divertimenti» tatsächlich auch von Mozarts Hand stammt[516], in allen übrigen Fällen aber entweder vom Vater Leopold[517] oder von fremder Hand (Johann Anton André, Georg Nikolaus Nissen oder Franz Gleißner) stammt. Diese Tatsache ist bislang völlig ignoriert worden[518]. Sie müßte jedoch um so mehr Erstaunen auslösen, als der 1772/73 folgende Zyklus von sechs Quartetten für Streicher KV 155 (134^a) bis 160 (159^a) von Mozart selbst mit «Quartetto» überschrieben ist. Unter diesem Aspekt muß gefragt werden, ob Mozart zwischen «Quartetto» und «Divertimento» möglicherweise sachlich differenzieren wollte. Der Titel des ersten, den Quartett-Divertimenti vorausgehenden Streichquartetts lautet jedenfalls unmißverständlich "Quarteto" [sic], doch sind die von K. H. Füssl daran anknüpfenden Überlegungen hinsichtlich einer Abgrenzung zu den «Divertimenti» KV 136-138 (125^{a-c}) aufgrund neuerlicher Schriftuntersuchung durch W. Plath hinfällig: Der Titel wie auch die übergenau präzisierende Datierung ("le 15 di Marzo/ alle 7. di sera") entstammen höchstwahrscheinlich der Hand Leopold Mozarts, der Feder und Tinte seines Sohnes benutzt[519].

---

513 A. Dunning, Vorwort, S. XVI f.

514 A. Einstein, Mozart, S. 240: "diese Bezeichnung kann unmöglich [!] von Mozart selber stammen. Denn zu einem Divertimento gehören zwei Menuette, und Menuette fehlen gerade diesen drei Werken durchaus"; vgl. auch KV^6, S. 145.

515 H. Zehetmair, Haydn, S. 36, Anm. 2; J. Webster, History, S. 226.

516 Das "Divertimento" für Violine, Viola und Violoncello in Es-dur KV 563 ist uns zwar nicht authentisch überliefert; im eigenhändigen Verzeichnis ist aber unter dem 27. September 1788 dieses Streichtrio (mit sechs Sätzen, inklusive zwei Menuetten) als «Divertimento» verzeichnet.

517 So in KV 63, 113, 166 (159^d), 213, 247, 251, 270, 287 (271H).

518 F. Blumes Ansicht, die Quartett-Divertimenti seien "zufällig «Divertimento» benannte Streichquartette" im Stile italienischer Sinfonien, macht es sich beispielsweise zu einfach; vgl. F. Blume, Haydn und Mozart, S. 578.

519 K. H. Füssl, Vorwort, S. VIII; vgl. zu den Aufschriften der ersten Seite von KV 80 (73^f): W.-D. Seiffert, KB, S. a/8 und Kap. II vorliegender Arbeit.

Damit ist auch die Hypothese L. Finschers, der bereits auf den unterschiedlichen Schrifttypus der Datierung aufmerksam machte, die überaus ungewöhnliche Präzisierung "a 7. di sera" sei erst in den Jahren 1777/78 nachgetragen worden, widerlegt[520]. Möglicherweise hätte also Wolfgang Amadeus Mozart - entgegen der Aufschrift seines Vaters - seinen Quartetterstling, wie die anderthalb Jahre später folgenden drei Quartette, ebenfalls als «Divertimento» bezeichnet?

Die Quartett-Divertimenti sind von Mozart "Salisburgo 1772. di Wolfgango Amadeo Mozart" datiert und autorisiert. Im Gegensatz zum «Lodi»-Quartett und allen späteren Streichquartetten Mozarts folgen die drei Werke in ihrer autographen Niederschrift unmittelbar hintereinander ohne Wiederholung der Instrumentenangaben, der Datierung und des Autorenvermerks[521]. Das Papier scheint italienischer Provenienz zu sein[522]. Die merkwürdig unpräzise Datierung Mozarts, die in so krassem Gegensatz zu der Datierung des ersten Streichquartetts KV 80 (73^f) steht, konnte mittlerweile dank genauer Schriftuntersuchungen durch W. Plath wesentlich präzisiert werden[523]. Demnach beginnt Mozart bereits im November 1771 in Mailand mit der Niederschrift des ersten Satzes von KV 136 (125^a)[524], läßt bald darauf die übrigen beiden Sätze dieses Werkes folgen und schließt im Verlauf der ersten Monate des Jahres 1772 ("ca. Januar-März 1772")[525] noch die Quartett-Divertimenti KV 137 (125^b) und 138 (125^c) an. Übrigens fällt das Autograph von KV 136-138 (125^{a-c}) aus einem weiteren Grund aus dem Rahmen des bei Mozart Gewohnten: Alle drei Kompositionen folgen unmittelbar aufeinander, sie sind weder durch einen neuen Seitenbeginn noch gar durch den Wechsel zu einer neuen Papierlage voneinander separiert, wobei der umstrittene Titel jeweils zum Kopfsatz der Einzelwerke steht: "Divertimento *I (-III)*"[526].

---

520 L. Finscher, Aspects, S. 122.

521 K. H. Füssl, KB, S. f/3; zu den falschen Annahmen hierin von H. Abert und A. Einstein vgl. K. H. Füssl, Vorwort, S. VII f.

522 K. H. Füssl, KB, S. f/3, gibt zur Klärung dieser Frage nur vage Hinweise. A. Tyson, Studies, S. 224-226, verweist auf den von Mozart hierbei äußerst selten verwendeten Papiertypus (12zeilig rastriert, quer), der sonst nur noch teilweise in «Il sogno di Scipione» KV 126 anzutreffen ist. Nach neuerer Forschung komponierte Mozart KV 126 jedoch nicht, wie bislang angenommen im März 1772 im Zusammenhang der Feiern zum Amtsantritt des Erzbischofs Hieronymus Colloredo, sondern bereits noch zu Zeiten des Sigismund von Schrattenbach. Man geht davon aus, daß KV 126 im April bis August 1771 zwischen erster und zweiter Italienreise entstand, das Papier also von der ersten Italienreise mit nach Salzburg gebracht wurde.

523 W. Plath, Schriftchronologie, S. 147.

524 Er muß deshalb einen Vorrat des italienischen Papiers mit sich geführt haben.

525 W. Plath, Schriftchronologie, S. 147.

526 Vgl. K. H. Füssl, KB, der laut Faksimile-Abbildung in NMA IV/12/6, S. XIV, in folgenden Punkten zu korrigieren bzw. modifizieren ist: Nissen vermerkt "N. 23." [nicht "Nr. 23."] sowie [die eingeklammerte?] übliche Bemerkung "Eigne/ Handschrift" [nicht "Eigene"]. In schwachem Bleistift [von welcher Hand?] liest man (in deutscher Diktion!) "Quartet-

J. Webster vermerkt, daß sich Mozart offensichtlich einer konsistenteren terminologischen Differenzierung als unter seinen zeitgenössischen Komponistenkollegen üblich bedient habe[527]. Er unterscheidet überzeugend zwischen «serious works» (Werke mit der klaren Gattungsbezeichnung «Sonate», «Quartett» oder «Trio») und «informal works» (Divertimenti etwa, die für Privatanlässe komponiert wurden); Webster deckt damit in erster Linie das wesentliche Kriterium des soziologisch unterscheidbaren Kompositionsanlasses auf. So würden die von Mozart «Divertimento» genannten Kompositionen eher in den Bereich der (freilich gehobenen) privaten Unterhaltungsmusik fallen[528], während dem Streichquartett sui generis ein Zug zum Gediegenen (mit der Möglichkeit oder gar Absicht zur Veröffentlichung) anhafte[529].

Doch wie steht es um die problematischen Quartett-Divertimenti? Ihnen billigt Webster einen Ausnahmestatus zu; sie seien, nicht zuletzt aufgrund ihrer Besetzung, als Streichquartette im engeren Sinne anzusehen. Die authentische Differenzierung bezüglich der Titelgebungen veranschlagt Webster gering; Mozart habe zunächst an einen privaten Anlaß («informal»), an eine konkrete Aufführungssituation, nicht aber an die intendierte Gattung («serious») gedacht. Deshalb habe er die «falsche», uns beunruhigende Bezeichnung gesetzt[530].

Doch die drei Hauptargumente Websters zur Stützung dieser reizvollen Spekulation räumen Zweifel nicht aus dem Weg:

(1) Daß der Titel «Divertimento» nach Mozarts Komposition des Orchesterdivertimentos KV 131, also spätestens seit Mitte 1772, ausschließlich solistische Besetzung meine, ist nicht nur eine historisch willkürliche Festlegung, sondern überdies zur Bestimmung der intendierten Besetzung von KV 136-138 (125^{a-c}) irrelevant. Diese Kompositionen sind nämlich vor dem als terminus a quo definierten Divertimento KV 131 komponiert worden, der erste Satz - und somit auch der für alle drei Werke geltende Titel? - von KV 136 (125^a) entstand sogar noch vor der Jahreswende 1771/72 in Mailand (die Rückkehr nach Salzburg erfolgte im Dezember 1771)[531].

(2) Warum also sollten die ohnehin früher komponierten «Quartett-Divertimenti» nicht, wie KV 131, ebenfalls mit chorischer Besetzung rechnen? Daß sie keine Bläser beteiligen, ist belanglos: Die Titelüber-

ten" [nicht italienisch "Quartetti"] und die André-Verzeichnis-Nummer "187" ist (wie üblich) eingerahmt.

527 J. Webster, Scoring, S. 264.

528 Eine Definition, die J. Webster für Joseph Haydns «Divertimenti» nicht gelten lassen will; vgl. J. Webster, History, S. 225.

529 J. Webster, Scoring, S. 269.

530 ibid.

531 W. Plath, Schriftchronologie, S. 147.

schrift dieser Werke stellt ja gerade in Verbindung mit der Quartettbesetzung (und dem autographen Befund) eine Ausnahme unter allen Mozartkompositionen dar, so daß eine Verifikation durch vergleichende Parallelisierung entfällt.

(3) Der auf Seite 8 dieser Arbeit zitierte Brief Leopold Mozarts an den Verleger J.G.I. Breitkopf vom 7. Februar 1772, in dem er diesem unter anderem auch «Quartette» zum Druck vorschlägt, ist kaum mit den fraglichen Kompositionen in Verbindung zu bringen, obwohl die zeitliche Nähe diesen Schluß nahelegen mag. Die Spekulationen, auf welche Werke Leopold Mozart in seinem Brief wohl anspielt[532], sind vor allem deswegen müßig, weil er nicht von bereits vorliegenden Kompositionen seines Sohnes, sondern lediglich von der Option (Futur!) spricht, dieser sei auf Wunsch bereit, jederzeit neue Werke anzufertigen: "kurz, es mag seyn von einer Gattung Composition als es immer ihnen vorträglich scheinet, alles wird er machen, wenn sie es nur bald melden"[533]. Eine zweifelsfreie Identifizierung der im Brief angesprochenen "quartetten" mit vorliegenden «Divertimenti» scheidet, selbst wenn man Taktik des Vaters unterstellen wollte, jedenfalls aus[534].

(b) Satzfolge - Satzfaktur

Die Quartett-Divertimenti sind sehr knapp disponiert (vgl. auch die oben erwähnte autographe Anordnung). Bis auf den letzten Satz dieses dreigliedrigen Zyklus - er weist Rondoform auf - handelt es sich immer um dreiteilige Sonatensatzform:

Tabelle 5

KV	Tonart	Bezeichnung	Metrum	Taktanzahl	Satzform
136/1	D	Allegro	4/4	102	Sonatensatz
/2	G	Andante	3/4	69	Sonatensatz
/3	D	Presto	2/4	144	Sonatensatz
137/1	B	Andante	3/4	69	Sonatensatz (verkürzt)
/2	B	Allegro di molto	4/4	64	Sonatensatz
/3	B	Allegro assai	3/8	110	Sonatensatz
138/1	F	Allegro	4/4	90	Sonatensatz
/2	C	Andante	3/4	45	Sonatensatz (verkürzt)
/3	F	Presto	2/4	97	Rondo

532 K. H. Füssl, Vorwort, S. X; J. Webster, Scoring, S. 270, 273.
533 Bauer-Deutsch I, Nr. 263, S. 456, Zeile 28 f.
534 Vgl. auch Bauer-Deutsch (Eibl) V, S. 314.

Zwei der drei Andantesätze (KV 137/125^b/1, 138/125^c/2) weisen einen verkürzten dritten Formteil auf - eine Technik, die das «Lodi»-Quartett nicht kennt und unter den «italienischen» Quartetten nur im A-dur-Andante KV 155 (134^a)/2 auftaucht, wo allerdings die zunächst fehlenden Takte in Form einer Coda nachgeholt werden. Die beiden umrahmenden Werke (KV 136/125^a und 138/125^c) sind sich hinsichtlich der Satzfolge und des gewählten Metrums (Allegro 4/4 - Andante 3/4 - Presto 2/4) sehr ähnlich, obwohl das F-dur-Werk deutlich knapper dimensioniert ist^{535}. Die Analogie zur Satzfolge der zeitgleichen Sinfonik und zu den folgenden «italienischen» Quartetten (KV 155/134^a, 157, 160/159^a) ist augenfällig, auch wenn für die langsamen Sätze der Sinfonien zwischen 1771 und 1773 überwiegend ein 2/4tel-Takt vorgeschrieben wird und in den Quartetten auch das Tempo «Adagio» vorkommt, das in der Instrumentalmusik Mozarts bis dato fehlte.

Das mittlere Quartett-Divertimento KV 137 (125^b) knüpft aufgrund seiner Satzfolge: Langsam-Schnell-Schnell und seiner Tonartengleichheit in etwa an die Satzfolge des «Lodi»-Quartetts an, allerdings fehlt das Menuett-Finale; sicherlich lassen sich jedoch in dieser Hinsicht kaum Fäden zum B-dur-Quartett KV 159 ziehen, da dieses als kompositorisches Zentrum einen gewichtigen g-moll-Satz (hier lediglich 64 Takte!) und eben keine Tonartengleichheit der Sätze aufweist. In Sinfonien fehlt eine Umkehrung der Satzfolge völlig.

Die in der Mozartforschung anzutreffende konträre Beurteilung der gattungsspezifisch nicht eindeutig festlegbaren Phänomene wurzelt primär in der zugrundeliegenden Satzfaktur der drei Quartett-Divertimenti. Sowohl die Verfechter einer chorischen als auch jene einer solistischen Besetzung könnten plausible satzimmanente Argumente für ihre These vorbringen. Die bereits erfolgte detaillierte Untersuchung der von Mozart definitiv als «Quartett» bezeichneten Kompositionen sowie die vergleichende Analyse der in zeitlicher Nachbarschaft entstandenen Sinfonien versetzt uns in die Lage, diese Argumente zu benennen.

Merkmale, denen wir (im «Lodi»-Quartett und) in den «italienischen» Streichquartetten begegnen, betreffen in erster Linie verwandte Motive, Ansätze zu imitatorischer Verflechtung, diverse Stimmkombinationen und die spezifische Behandlung der Viola.

Bei der Zusammenfassung der Gestaltungskonstanten der Streichquartette wurde auf den motivischen Topos des durch die diatonischen Zwischentöne verbundenen fallenden Durdreiklangs verwiesen (S. 156 f.). Nicht nur die exponierte Satzeröffnung des ersten Quartett-Divertimentos hebt mit einer Variante (Verdoppelung der Taktumfänge) dieser Figur an, sondern auch im zweiten und dritten Satz dieses Werkes und sogar in den beiden anderen Kom-

---

535 Vgl. Anmerkung 566.

positionen des Zyklus[536] kommt die charakteristische auf den Leitton der Dominante fallende Dreiklangsfigur vergleichsweise häufig vor. Ebenso begegnet man der bekannten Viertonfigur mit vorhaltsbetontem Vorschlag, wie sie allgemein für Mozarts Instrumentalmusik dieser Zeit charakteristisch ist (vgl. S. 158), in den langsamen Sätzen der Quartett-Divertimenti unverhältnismäßig oft. Solch eine bemerkenswerte Konzentration des Melodischen ist für Mozart - und für alle Streichquartette im besonderen - völlig untypisch; sie verweist auf eine gewisse Pauschalierung dieses Faktors, die durch eine allmähliche Individualisierung der Motivik spätestens in den «Wiener» Quartetten abgelöst wird.

Nicht zu übersehen ist das gelegentliche Bemühen, den vierstimmigen Streichersatz durch Imitationen zu verdichten, obwohl diese Momente satztechnischer Egalität der Stimmen erstens nur sporadisch vorkommen und zweitens ihre nicht wechselnde Position haben. So finden sich in den drei langsamen Sätzen überhaupt keine Imitationen. Unter den schnellen Sätzen treten sie nur in den Finali auf, wo sie stets den zweiten Formteil direkt nach dem Doppelstrich (KV 136/125^a/3, T. 59-80; KV 137/125^b/3, T. 45-51) oder, wie im Falle des Prestorondos KV 138 (125^c/3, T. 42-46), ein Couplet eröffnen. In allen übrigen schnellen Sätzen handelt es sich bei den zu beobachtenden Imitationsabschnitten entweder um in kurzem Abstand versetzte Motivwiederholungen (KV 136/125^a/1, T. 13/14, 15/16, 17/18, 19/20 zwischen beiden Violinen; KV 137/125^b/3, T. 12-13 zwischen V.I und Va.) oder um ein intendiertes *crescendo*, das durch ein sukzessives Anwachsen der Stimmenzahl erreicht wird (KV 136/125^a/1, T. 21-22, 63-64; KV 138/125^c/1, T. 22-23).

Das Fehlen von Imitationen in langsamen Sätzen und die floskelhafte Eröffnung des zweiten Formteils durch imitatorische Passagen in schnellen Sätzen haben ihre auffällige Korrespondenz in sämtlichen Sinfonien Mozarts bis einschließlich KV 124. Erstmals das *G*-dur-Andante KV 128/2 (Streichquartett-Besetzung!) übernimmt durch seine häufigen kanonischen Einsätze dezidiert den Gestaltungsfaktor der Imitation[537], ein Ansatz, den einige der folgenden langsamen Sinfoniesätze weiterführen[538]. Doch auch in den «italienischen» Quartetten (andeutungsweise auch im zweiten Satz von KV 80/73^f) verbinden sich noch genau jene beschriebenen Phänomene des Ortes von Imitationen und deren Bedeutung, obwohl hier in den Kopfsätzen statt in den Finali und in wenigstens einem langsamen Satz (KV 158/2) Ansätze zu Imitationen vorhanden sind, die in den «Wiener» Quartetten dann satzübergreifend wesentlich werden. Es liegt daher nahe, das Merkmal der Imitation vor allem in der Erscheinungsform der Quartett-Divertimenti im Zusammenhang mit

---

536 KV 136 (125^a)/2, T. 33; KV 136 (125^a)/3, T. 5-8 u. ö.; [KV 137 (125^b)/1, T. 1-4]; T. 12 f. und T. 16 f. reduzieren diese Figur auf die markantesten Töne des Anfangs (Quinte) und des Ziels (Leitton); KV 138 (125^c)/3, T. 6/7.

537 Dies könnte auch ein Hinweis darauf sein, daß die Komposition der Quartett-Divertimenti um die Zeit der *G*-dur-Sinfonie KV 124 (21. Februar 1772) abgeschlossen war.

538 Vgl. KV 184 (166^a)/2, KV 202 (186^b)/2.

Mozarts Sinfonien zu betrachten und nicht als entscheidendes Merkmal für den Quartettsatz ohne Bläser anzusetzen, obwohl eine so ausgedehnte Imitationsgruppe, wie sie im Mittelteil des *D*-dur-Satzes KV 136 (125ª)/3 zu beobachten ist, in Sinfonien kaum denkbar wäre und auch dort nicht vorkommt.

Eine Stimmenkoppelung, die als Konstante der Satzfaktur der «italienischen» Quartette bezeichnet wurde und in den Quartett-Divertimenti ebenfalls eine große Rolle spielt, ist die Parallelführung zur Oberstimme in Terz und Oktav[539]. In den zu etwa gleicher Zeit komponierten Sinfonien findet sich diese Art der klanglich reizvollen, satztechnisch jedoch eindimensionalen Kombinatorik nur höchst sporadisch[540]. Erstmals scheint diese spezifische Stimmenkombination in der «Serenata Teatrale: Ascanio in Alba» KV 111 (Uraufführung 17. Oktober 1771) aufzutreten[541]. Daß diese funktional bestimmte, klangintensivierende Neuerung durch die nur wenig später entstandenen Quartett-Divertimenti in besonderer Weise modifiziert und vertieft wird, erkennt man an der geradezu stringenten Entwicklung dieser Satztechnik: In den ersten Sätzen der Quartett-Divertimenti erwachsen diese Doppelungen der melodieführenden Stimme zunächst aus der für die Sinfonien typischen Oktavierung der Violine I, die hier ohnehin eine bedeutsame Rolle spielt[542]; bereits in den letzten Sätzen dieses Zyklus werden sie ohne vorausgehende Oktavierungen in der Funktion eines eigenwertigen Gestaltungsmerkmals gesetzt[543]. Ohne wesentlichen Einfluß auf die unmittelbar folgenden Sinfonien zu nehmen, kehrt diese Mozartsche Oktav-Terz-Schichtung im Orchestersatz des «Lucio Silla» KV 135 (Uraufführung 26. Dezember 1772) und in den «italienischen» Quartetten vehement wieder, wobei von vornherein auf jegliche Oktavierung ohne Terzpartnerschaft verzichtet wird[544].

Reine Terzverbindungen sind weder ein exklusives Charakteristikum für Sinfonien noch für Quartette, sondern ein wesentliches Stilmerkmal aller (Instrumental-) Musik dieser Zeit. Ein Phänomen aber, das in den Sinfonien (wohl

---

539 In deutlicher Übereinstimmung der phrasen- oder satzteilbeschließenden Funktion erscheint diese Kombination in den Quartett-Divertimenti überwiegend kurz vor dem Abschluß der beiden Hauptteile des Sonatensatzes: KV 136 (125ª)/2, T. 23 f, T. 27 f.; KV 136 (125ª)/3, T. 34-42, 120-128; KV 137 (125ᵇ)/3, T. 29-44, 95-110; KV 138 (125ᶜ)/1, T. 31-35, 86-90; (138/125ᶜ/3, T. 58-65).

540 KV 112/2, T. 18-22, 57-64 (Schluß); KV 124/3, T. 11-14 (Mittelteilanfang, aus einer akkordischen Vierstimmigkeit erwachsend); KV 112/3, Trio T. 7/23 (Schlußwendung); KV 128/3, T. 45/46, 47/48, 55-59.

541 KV 111, Nr. 5, T. 31, T. 99; Nr. 17, T. 59 f.; Nr. 22, T. 6; Nr. 31, T. 13.

542 KV 136 (125ª)/2, T. 21-22/23 ff.; KV 136 (125ª)/3, T. 26-33/34 ff.; KV 137 (125ᵇ)/1, T. 12-14/15.

543 KV 137 (125ᵇ)/3, T. 29 ff., KV 138 (125ᶜ)/1, T. 31 ff., KV 138 (125ᶜ)/3, T. 58 ff.

544 In einem merkwürdig rückläufigen Prozeß verzichtet Mozart in seinen «Wiener» Quartetten zunehmend auf diese Satztechnik und kehrt wieder zur Oktavierung zurück; s. Kap. III.8.

wegen der Beteiligung von Bläsern) fehlt[545], ist in der Terzkoppelung der Mittelstimmen zu sehen, die dann die Stimmführung abnehmen. Sie erscheint in den Quartett-Divertimenti immerhin fünf Mal ganz dezidiert[546], ist ansatzweise im Kopfsatz des «Lodi»-Quartetts zu beobachten[547] und spielt bekanntlich in den «italienischen» Quartetten eine große Rolle.

Zur Beurteilung kammermusikalischer Qualitäten ist die Untersuchung der Funktion der Viola im vierstimmigen Satz ein wesentlicher Indikator. In deutlichem Unterschied zu den «italienischen» Quartetten hängt sie nämlich in Mozarts Sinfonien über weite Strecken als bloße Klangverstärkung (Oktav, *unisono*) vom Baß ab (vgl. Kap. IV.1). Die häufig durch die Viola realisierte liegende Klangachse zwischen wechselnden Harmonien (meist der I. und V. Stufe), die so oft in den Quartetten erscheint, macht sich gelegentlich auch in den Quartett-Divertimenti bemerkbar[548], wenn dies auch kein absolutes Kriterium zur Abgrenzung von der Faktur der zeitgleichen Sinfonien ist, weil auch hier der Viola gelegentlich die Funktion einer Klangachse beigemessen wird.

Wesentlicher ist, daß selbst in den breiten Flächen akkordischen Pochens in 8tel-Bewegung, wie sie auch für die Sinfonien so charakteristisch sind, die Viola in den Quartett-Divertimenti unabhängig vom Baß ihren spezifischen Anteil des zugrundeliegenden Akkordes zur Vollstimmigkeit beisteuert. Wie beispielsweise in den Eröffnungstakten des *Es*-dur-Quartetts KV 160 (159ª)/1 (Kap. III.1) orientiert sich der blockhafte Begleitsatz der drei Unterstimmen sehr wach am Melodieverlauf der Oberstimme. Wenn auch in einigen Satzanfängen und im weiteren Verlauf der späteren Quartett-Divertimenti zunächst der Eindruck entstehen könnte, die Stimme der Viola sei an den Baß gekoppelt[549], so handelt es sich hierbei um Ausnahmen, die, und das ist wiederum ein Merkmal der Streichquartettkunst Mozarts, durch raschen Fakturwechsel innerhalb weniger Takte durch eine differenzierte Anlage abgelöst werden. Für das Verfahren ständig anvisierter Vollständigkeit des Zusammenklangs trotz scheinbar blockartig unmodifizierter Begleithaltung ist der Beginn des ersten Satzes des *D*-dur-Quartett-Divertimentos (KV 136/125ª) illustrativ. Auf die Zusammenklänge reduziert, die den jeweiligen Akkord der Zählzeiten «1» und «3» konstituieren, ergibt sich folgende Fortschreitung der ersten vier Takte:

---

545 Ansätze dazu in KV 96 (111ᵇ)/1, T. 30 f.; KV 96 (111ᵇ)/4, T. 65 ff.; in der typischen Koppelung der Violen mit dem Oboenpaar in KV 112/1, T. 24 ff., KV 112/2, T. 10 ff.; KV 114/1, T. 62 ff. (Violenpaar).

546 KV 136 (125ª)/2, T. 9 ff.; KV 137 (125ᵇ)/3, T. 13 ff.; T. 54 ff.; KV 138 (125ᶜ)/2, T. 16 ff.; KV 138 (125ᶜ)/3 T. 15 ff.

547 KV 80 (73ᶠ)/1, T. 13-14, 17-18.

548 Eine Tendenz zur allmählichen Vernachlässigung dieses Faktors innerhalb der Chronologie der Quartett-Divertimenti läßt sich nicht übersehen: KV 136 (125ª)/1, T. 17, 81; KV 136 (125ª)/2, T. 11 f.; KV 136 (125ª)/3, T. 25-34, 111-120; KV 137 (125ᵇ)/1, T. 26-31; KV 138 (125ᶜ)/2, T. 6 f., 22-24.

549 KV 137 (125ᵇ)/2, KV 138 (125ᶜ)/1.

Beispiel 67

T.	1		2		3		4
V. I	5	5	3	1	3	3	1
V. II	3	3	5	3	5	5	3
Va.	1	1	1	5	1	1	5
B.	1	1	1	1	(1)	(1)	1
Akkord	D -	- -	- -	- -	A/D	- -	D

Durch die vom Quintton über den Terzton fallende Bewegung der Violine I wird eine ständige Positionsverschiebung innerhalb der Akkordzusammensetzung erforderlich, die schließlich auch die Stimme der Viola ergreift.

Zum Baß in Terzen (Dezimen) geführte Überleitungsfiguren an Nahtstellen des stets klar gegliederten Satzes[550], in Paaren gekoppelte Außenstimmen[551] und Oktav-Terzkoppelungen (s. o.) führen vor Augen, in welcher Nähe zu den späteren Streichquartetten sich gerade die Behandlung der Viola befindet.

Sind also innerhalb der Quartett-Divertimenti nicht unerhebliche kammermusikalische, jedenfalls in den «italienischen» Quartetten anzutreffende Merkmale zu isolieren, so kann man daneben sehr deutlich Sinfonisches in dieser Werkgruppe nachweisen, die in dieser Form gar nicht oder höchst selten in den folgenden 12 Quartetten Mozart auftauchen.

Charakteristisch sind beispielsweise massiv klangsteigernde Tremoloflächen meist der drei Unterstimmen; bezeichnenderweise fehlen sie in allen «italienischen» und «Wiener» Streichquartetten, finden sich aber sehr wohl im schnellen Satz des «Lodi»-Quartetts und in nahezu allen schnellen Quartett-Divertimento-Sätzen[552]. Ebenso undenkbar für den späteren Quartettsatz Mozarts ist der mit diesen Tremoli häufig einhergehende Kadenz-Triller der Oberstimme, der deutlich an Solokonzerthaltung erinnert[553]:

550 Vor allem in langsamen Sätzen: KV 136 (125ᵃ)/2, T. 2/3, 6/7, 20/21; KV 137 (125ᵇ)/1, T. 11/12, 50/51; KV 138 (125ᶜ)/1, T. 43/44, 45/46, 47/48, 49/50; KV 138 (125ᶜ)/2, T. 8/9, 12/13.
551 KV 136 (125ᵃ)/2, T. 1 ff.; KV 138 (125ᶜ)/2, T. 8 ff.
552 KV 136 (125ᵃ)/3, T. 45 f., 53 f., 131 f., 139 f. (!); KV 137 (125ᵇ)/1, T. 19 f., 58 f.; KV 138 (125ᶜ)/1, T. 25, 51 f., 80.
553 KV 136 (125ᵃ)/3, T. 45-47, 53-55, 131-133, 139-141; KV 137 (125ᵇ)/1, T. 19-21, 58-60; KV 138 (125ᶜ)/2, T. 25-27. Nur am Rande sei erwähnt, daß Paul Angerer in seiner Stimmen-Ausgabe des «Lodi»-Quartetts [Doblinger, Wien/Wiesbaden, 1958] im Finale (nach T. 54) für die erste Violine eine kurze «Kadenz» [!] vorschlägt.

Beispiel 68

Eine das Fehlen der Bläser ausgleichende Klangverstärkung will Mozart nur in den Quartett-Divertimenti durch häufigen Einsatz von Doppelgriffen (nicht gemeint sind die obligaten Akkordschläge am Ende von Formteilen!) erreichen. Doppelgriffe werden, ganz im Gegensatz zu den Streichquartetten, bis auf den Baß (vgl. dagegen L. Boccherinis Quartette; s. Kap. V.1) von allen Stimmen und in nahezu allen schnellen Sätzen verlangt[554].

Und schließlich sei auf die gelegentlich in langsamen Sätzen der Quartett-Divertimenti auftretenden einfachen Akkordbrechungen (meist in der Viola) aufmerksam gemacht, deren Vorbild wir in Mozarts Sinfonien gelegentlich, selten jedoch in seinen späteren Streichquartettkompositionen finden[555]. Diese 16tel-Figuren zielen auf einen klangintensivierenden Effekt und tauchen nur sporadisch in den «Wiener» Quartetten, allerdings eindeutig zur Funktion der begleitenden Serenadenhaltung gewandelt, auf.

Aufgrund der letztgenannten Eigentümlichkeiten wird ersichtlich, daß der vierstimmige Satz der Quartett-Divertimenti noch nicht jene klanglich eigenständige Wirkung erreicht, wie sie ab den «italienischen» Werken realisiert wird. Er will im Gegenteil durch gelegentliche Akkordik, Tremoloflächen, Solokonzertattitüde und Dreiklangsmotorik einen vermeintlichen Mangel an Satzdichte ausgleichen, will klanglich über die relativ einfache Faktur, die «nur» durch den Streicherklang repräsentiert wird, hinwegtäuschen, will letztendlich sinfonisch wirken.

(c) Lösungsversuch

Wenn wir uns nun abschließend unter Einbeziehung der vorausgehenden Überlegungen zu Titel und Faktur dieser problematischen Werkgruppe der Frage zuwenden wollen, welchen gattungs- und kompositionsgeschichtlichen Ort die Quartett-Divertimenti einnehmen könnten und wie sie zu besetzen sein mögen, hilft ein Blick auf den historisch-biographischen Kontext und die Werkchronologie.

554 KV 136 (125ª)/1, T. 14, 16, 77-80; KV 136 (125ª)/3, T. 83-85, 139 f.; KV 137 (125ᵇ)/1, T. 6, 32, 34, 36, 39 f., 45; KV 138 (125ᶜ)/1, T. 77; KV 138 (125ᶜ)/2, T. 4, 28; KV 138 (125ᶜ)/1, T. 1 (u. ö.), 19.

555 KV 136 (125ª)/2, T. 32 ff.; KV 137 (125ᵇ)/1, T. 12 ff.; KV 137 (125ᵇ)/2, T. 26 ff. Vgl. die folgenden Sinfonie-Sätze: KV 112/2; KV 124/2, Anfang; KV 129/1, T. 9 ff.

Die einheitliche Werkgruppe KV 136-138 (125^{a-c}) komponierte Mozart ebenso wie sein erstes Quartett von 1770 und die erste Serie von sechs Streichquartetten (KV 155/134^a ff.) während und im Zusammenhang seiner Mailandaufenthalte (vgl. Kap. I). Es liegt aus diesem Grunde nahe anzunehmen, Mozart stehe während dieser Italienaufenthalte unter dem direkten Eindruck und Einfluß Mailänder Meister und sei demzufolge zur Komposition dieser zehn Quartette angeregt worden (vgl. Kap. V.1). Daß allerdings Mozart "mit dem Mailänder Orchester [...] die sinfonischen Werke K.V. 136-138, die er wahrscheinlich speziell für dieses Orchester geschrieben hat"[556], aufgeführt habe, läßt sich durch keine Quelle belegen und ist aufgrund der oben geschilderten Schriftchronologie nahezu auszuschließen[557]. Im Hause des Mailänder Generalgouverneurs Karl Joseph Graf von Firmian fand in dieser Zeit ebenfalls kein nachweisbares Konzert statt, obwohl dieser rein hypothetisch als Auftraggeber nicht auszuschließen ist[558]. Die einzige Äußerung über ein musikalisches Ereignis, das in den fraglichen Wochen nach der Uraufführung des «Ascanio in Alba» KV 111 stattgefunden hat, fällt in einem Brief Leopold Mozarts von Ende November 1771, wo er mitteilt, im Hause Albert Michael (von) Mayrs, dem Kammerzahlmeister Erzherzog Ferdinands, "eine starke Musik" produziert zu haben[559]. Allgemein wird angenommen, daß es sich dabei um das Divertimento/ Concerto KV 113 handelt[560].

Kann man über den Grad der Beeinflussung durch das Umfeld Mozarts aus Mangel an zuverlässigen historischen Quellen (v. a. die Briefe bleiben diesbezüglich auffällig stumm!) nur spekulieren, so deckt ein anderer, bisher nicht geäußerter Aspekt eine Erklärungsmöglichkeit für das Entstehen der «italienischen» Quartette und vor allem der Quartett-Divertimenti auf. Bereits bei der Darstellung der frühen Sinfonien im Vergleich zu den Quartetten (Kap. IV.1) wurde auf die unmittelbaren chronologischen Bezüge aufmerksam gemacht, die sich, kaum zufällig, stets auf die jeweils etablierte Satzfolge der Sinfonien auswirkt (vgl. Tabelle 3, S. 181). Auch auf die allmähliche Modifizierung und kompositorische Vertiefung des sinfonischen Satzes in Zusammenhang mit der zwar anders gearteten, aber durchaus Parallelen aufweisenden Quartettfaktur wurde verwiesen. Im Zusammenhang mit den Quartett-Divertimenti verblüffen die (nicht nur satztechnischen) Parallelen ebenfalls. Mozart nutzte offenkundig seine «Muße» im Spätherbst 1771[561] und komponierte fast aus-

---

556 A. Hoffmann, Salzburger Sinfonien.

557 Vgl. auch die skeptische Beurteilung durch K. H. Füssl, Vorwort, S. VIII, Anm. 10.

558 A. Einstein, Mozart, S. 241.

559 Bauer-Deutsch I, Nr. 257 (24. oder 23. November 1771), S. 451, Zeile 14 f.; Bauer-Deutsch (Eibl) V, S. 312.

560 N. Zaslaw, Symphonies, S. 190 f., bringt neuerdings KV 112 ins Spiel.

561 Vgl. seine Nachschrift im Brief vom 26. Oktober 1771: "weil nun meine arbeit ein ende hat [= KV 111] so hab ich mehr zeit [Briefe] zu schreiben"; Bauer-Deutsch I, 26. Oktober 1771, Nr. 251, S. 446, Zeile 57 f.

schließlich Sinfonien[562]:

17. Oktober 1771	Uraufführung von KV 111
Oktober/November 1771	Sinfonie-Finale zu KV 111 (= KV 120/111[a])
2. November 1771	Sinfonie KV 112
November 1771	Concerto/Divertimento KV 113
[November 1771 (?)	Erste Seite der Sinfonie KV 129]
30. Dezember 1771	Sinfonie KV 114
21. Februar 1772	Sinfonie KV 124

Die Quartett-Divertimenti, deren Faktur so deutlich an die zeitgleich entstandenen Sinfonien erinnert, fallen also in eine Zeit intensivster Auseinandersetzung mit dem sinfonischen Satz. Die Vermutung drängt sich auf, daß Mozarts «Entdeckung» des reinen vierstimmigen Satzes, abgesehen von dem ersten Anlauf gute anderthalb Jahre (KV 80/73^f) zuvor, damit in engem Zusammenhang steht. Eine Verdichtung der Satzgestaltung kann vor allem durch eine kammermusikalische Vertiefung der Streichergruppe erreicht werden, da die Bläser in dieser Zeit (noch) eine sekundäre Kompositionsschicht bilden. Imitationen durch alle vier Stimmen, deutlichere Separierung von erster und zweiter Violine, Befreiung der Viola aus der völligen Abhängigkeit des Basses, flexiblere Gestaltung der Baßlinie - alle diese Merkmale beginnen in den Sinfonien des Jahres 1771 virulent zu werden. In den Quartett-Divertimenti verstärkt Mozart diese Tendenz durch seine Konzentration auf die elementare Satzschicht der Sinfonik - die vierstimmige Streichergruppe - und kann daraus sofort Gewinn für seine weitere Sinfonieproduktion ziehen. Die sich abzeichnende kompositorische Qualitätssteigerung der rasch nacheinander entstandenen Sinfonien KV 128, 129, 130, 132, 133, 134, die nur, aber bezeichnenderweise, durch die Komposition des an KV 113 gemahnenden Divertimentos KV 131[563] «unterbrochen» wird und in der A-dur-Sinfonie KV 134 einen ersten Höhepunkt erreicht[564], ist ein sprechendes Zeugnis dafür. In den etwa ein Jahr später komponierten sechs Streichquartetten KV 155 (134[a]) ff., die nach einer längeren Abstinenz der Komposition von Sinfonien in und auf dem Wege nach Mailand entstanden sind, wird diese Haltung dem Quartettsatz gegenüber noch deutlicher: Die Sinfonien von 1772 und 1773 werden ausschließlich in Salzburg verfaßt. In den freien Stunden und Tagen vor und nach den Abschlußarbeiten bzw. der Premiere des «Lucio Silla» KV 135 versucht sich Mozart wiederum in der Komposition von Quartetten. Sofort daran anschließend komponiert er die stark experimentellen Sinfonien KV 162, 184 (161[a]) und 181 (162[b]), welche ebenfalls von den Erfahrungen der «italienischen» Quartettserie stark profitieren. Nach dem Wienaufenthalt, währenddessen die nächste, erst-

---

562 Datierungen, soweit von KV^6 abweichend nach W. Plath, Schriftchronologie, S. 141 ff. Möglicherweise begünstigte auch der Tod des Salzburger Fürsterzbischofs Sigismund von Schrattenbach (im Dezember 1771) diese Konzentration auf die «ernste» Gattung der Sinfonik.

563 Beide Orchesterdivertimenti sind denn auch mit KV 186 (159[b]) als Einheit zusammengebunden überliefert.

564 A. Einstein, Mozart, S. 303; vgl. auch WSF I, S. 462.

mals viersätzige Streichquartettserie komponiert wurde, die nun ein deutliches Übergewicht der strengen Satzformen (wie Kanon und Fuge) aufweisen, kehrt er auf formalem Gebiet zur ursprünglich gepflegten Sinfonik zurück, während die Satzfaktur der letzten fünf Sinfonien vor der großen sinfonischen Schaffenspause erheblich differenzierter ist, so daß A. Einstein zurecht von einer "kammermusikalische[n] Feinheit" spricht, von denen jene Sinfonien aus der Zeit der Quartett-Divertimenti noch "unendlich weit entfernt" sind[565].

Die drei Quartett-Divertimenti würden also mißinterpretiert, wollte man sie mit der Meßlatte der zur Zeit ihrer Komposition bereits (v. a. durch Haydns «op. 9» und «op. 17»; 1772 schreibt er bereits die Quartette «op. 20») etablierten autonomen Streichquartettkunst beurteilen. Mehreres spricht für eine enge Beziehung zwischen ihnen und den in unmittelbarer Nachbarschaft entstandenen Sinfonien, so daß der (musikalisch hoch inspirierte) Übungs- und Studiencharakter zur Vertiefung des vierstimmigen Satzes offenkundig wird. Sei ihre Komposition in Mailand und Salzburg (1771/72) durch Aufführungen oder anderweitige Konfrontation mit italienischen Quartettsinfonien oder solistischen Quartetti ausgelöst, seien sie sogar Auftragswerke für Mailand - für beides existiert nicht der geringste Hinweis -, die innere Notwendigkeit ihrer Schöpfung erhalten sie durch Mozarts intensive Auseinandersetzung mit der Sinfonik und nicht durch eine gleichsam plötzliche Entdeckung der Quartettkunst.

Möglicherweise klären sich somit auch die einleitend aufgeworfenen drei Fragenkomplexe (S. 207), die auf eine gattungsimanente Problematik der Quartett-Divertimenti KV 136-138 (125[a-c]) zu deuten scheinen. Als satztechnische Probiersteine konzipiert, ohne jedoch ihren Werkcharakter (in Form einer Serie dreier kurzer Stücke) zu leugnen[566], gehören sie weder zur Gruppe der Streichquartette noch zur scharf umrissenen Gattung der Sinfonien. «Quartettsinfonien» hat Mozart nie komponiert. Insofern trifft sein Titel «Divertimento», der sich ja einer exakten Gattungsbezeichnung weithin entzieht, die Intentionen wohl am direktesten. Die Quartett-Divertimenti stellen einen produktiven «Zeitvertreib» (im Sinne der terminologischen Wurzel) zur Annähe-

---

565 A. Einstein, Mozart, S. 305 f.

566 Die letzten beiden Sätze des dritten Quartett-Divertimentos in *F*-dur KV 138 (125[c]) sind nicht nur auffallend kürzer als in den beiden Vergleichsstücken, es fehlt in ihnen auch jegliche Bezeichnung der Dynamik. Vorausgesetzt Mozart hatte weder eine Aufführung noch eine Publikation dieser Werke im Auge, könnte dieses Nachlassen der Genauigkeit im Notieren ein Hinweis auf die Priorität des Satztechnischen vor der klanglichen Realisierung sein; K. H. Füssl, Vorwort, S. XI, verweist zurecht auf die Merkwürdigkeit "bei einem so genau bezeichnenden Meister wie Mozart". Möglicherweise gehören auch die relativ häufigen und unter den frühen Quartettsätzen in dieser Massierung selten zu beobachtenden Korrekturen im zweiten Quartett-Divertimento *B*-dur KV 137 (125[b]) sowie das Fehlen der Tempoangaben in KV 138 (125[c])/1 und 3, die im Gegensatz zum ersten Quartett-Divertimento-Satz (KV 136/125[a]/1) nicht von Leopold Mozart nachgetragen wurden, in den Zusammenhang der behaupteten Unschärfe zwischen Studien- und Werkcharakter; vgl. K. H. Füssl, KB, S. f/8 f.

rung an einen dichteren vierstimmigen Satz dar, von dem zunächst die Sinfonik profitieren sollte. So gesehen, bleibt die Frage der Besetzung sekundär. Durch ihre kompositorische und geistige Nähe zu den Sinfonien (vgl. die Untersuchungen zur Faktur und Chronologie) und durch die pluralische Stimmenbezeichnung der Viola (vgl. Kap. VI) tendieren sie zur chorischen Darbietung, obgleich solistische Ausführung nicht minder überzeugt.

V. Einflüsse

Mit dem in jüngster Zeit erstarkenden wissenschaftlichen Interesse an den Kompositionen des jungen Mozarts sowie im Zuge der gewachsenen Quellenkenntnis zeitgenössischer Musik setzt sich allmählich die wesentliche Einsicht durch, Mozarts Frühwerk weder als nachahmende, auf zeitgenössische Vorbilder reagierende Schöpfungen noch als (wenn auch) beachtliche Vorstufe, sondern primär in seiner Eigenart zu verstehen. Die Beachtung des produktionsästhetischen Spannungsverhältnisses zwischen Tradition und Originalität bildet dabei ein wichtiges Kriterium[567]. Wenn Leopold Mozart zum Beispiel in einem Brief an den Freund Lorenz Hagenauer am 8. Juni 1764 nach Salzburg schreibt, "daß mein Bub [Wolfgang], Kurz zu sagen, alles in diesem seinen 8. jährigen Alter weis, was man von einem Manne von 40. Jahren forderen kann"[568], so bezieht er dieses «Wissen» seines Sohnes auf die erstaunlich früh erreichte Beherrschung der kompositionstechnischen Anforderungen. Wenn Mozart selbst später bekundet, er könne "so ziemlich [...] alle art und styl vom Compositions annehmen und nachahmen"[569], zeigt dies eben lediglich den äußersten Pol jener überragenden handwerklichen Begabung und sagt noch wenig über das reale kompositorische Schaffen aus.

Das Frühwerk läßt sich also weder "auf ein Sammelbecken von «Einflüssen», noch auf ein Konglomerat von «Vorahnungen»" reduzieren[570], weil der in bewußter Distanzierung zur Tradition definierte Begriff des «Originalgenies» der Ästhetik des späten 18. Jahrhunderts entspringt und damit die falsche Meßlatte für diese Musik unseres Zeitraumes bildet. "Originalität bekundet sich im Umgang mit Tradition"[571]. Mehr oder weniger zufällige Themenparallelen, übereinstimmend verwendete Gattungen oder Satztypen lassen Mozarts Frühwerk eben nicht per se, wie in der Folge Th. de Wyzewas und G. des Saint-Foix[572] immer wieder behauptet, als durch den Umgang mit «Vorbildern» präformiert erscheinen, sondern sind vielmehr selbstverständlicher Bestandteil eines in der Tradition stehenden Schaffens. Das Verhältnis Mozarts zum Gemeingut, das «wie» und dessen immanenten Sinn seines Komponierens zu erkennen, sollte unser erstes Anliegen sein[573].

---

567 Vgl. M. H. Schmid, Mozart, S. 295 f. und S. Kunze, Mozarts Jugendwerk, passim. L. Finscher, Universalstil, S. 269.

568 Bauer-Deutsch I, Nr. 89, S. 154, Zeilen 78-80.

569 Bauer-Deutsch II, Nr. 419, S. 265, Zeile 74 f.; das bestätigte ihm übrigens der Vater in: Bauer-Deutsch II, Nr. 448, S. 354, Zeile 220.

570 S. Kunze, Mozarts Jugendwerk, S. 122.

571 ibid., S. 152.

572 Vgl. z. B. auch H. Abert II, S. 95 ff. (bes. S. 101).

573 Vgl. auch N. Zaslaw, Symphonies, S. 291 f.

Im Zusammenhang der frühen Streichquartette sind die einleitenden Bemerkungen von besonderem Gewicht, weil man sich seitens der Forschung dieser Werkgruppe weitgehend unter dem Aspekt vermeintlich nachgeahmter Vorbilder genähert hat. Die Versuchung dazu ist groß, handelt es sich doch beim frühen Streichquartett Mozarts nicht nur um eine erst im Entstehen begriffene Gattung, mit der sich der junge Komponist allmählich vertraut machen mußte, sondern um dessen frühestes Kammermusikschaffen überhaupt - noch dazu komponiert in jener unsteten Zeit der drei Italien- und der dritten Wienreise(n). Obwohl wir freilich kaum authentische Zeugnisse darüber besitzen, was Mozart seinerzeit hörte und spielte, kann man zwar sicherlich annehmen, daß er Anfang der 1770er-Jahre in Mailand, Salzburg und Wien mit einer Fülle von Kompositionen fremder Komponisten konfrontiert wurde, die ihn prägten und zur Eigenschöpfung anregten. Doch zwischen fruchtbarer «Kenntnisnahme» und «Vorbild» besteht der gewichtige Unterschied, daß man, um einem «Vorbild» nahezukommen, es zunächst weitgehend unselbständig kopieren muß, während selbstbewußte Aneignung stets genügend Freiheit zu eigencharakteristischem Schaffen läßt. Und gerade diesem begegnet man in Mozarts frühen Streichquartetten überwiegend.

V. 1 Mailand

Sieben der dreizehn frühen Streichquartette verdanken ihr Entstehen den Aufenthalten Mozarts in Mailand, genauer gesagt den Reisen dorthin (KV 155/134^a bis 160/159^a) beziehungsweise von dort weg (KV 80/73^f) (vgl. Kap. I). Teile des ersten Quartett-Divertimentos KV 136 (125^a) wurden ebenfalls in Mailand niedergeschrieben (vgl. Kap. IV.2). Welchen konkret faßbaren musikalischen Einflüssen Wolfgang Amadeus Mozart in dieser seinerzeit unter österreichischer Verwaltung stehenden Musikmetropole ausgesetzt war, läßt sich nur vermuten. Bereits die Frage, ob dort in den frühen 70er-Jahren des 18. Jahrhunderts eine dezidierte Kammermusiktradition mit lebhafter Streichquartettproduktion existierte, muß eher verneint werden. Blickt man auf die historischen Wurzeln dieser Gattung, die sich aus vielen Strömungen in verschiedenen Zentren entwickelt und vor allem durch die Werke Joseph Haydns allmählich für Komponisten und deren Publikum interessanter wurde, so spielt Mailand, ja ganz Italien in dieser Hinsicht gegenüber Wien, Paris, London eine völlig untergeordnete Rolle:

> "So blieb die Streichquartettpflege in Italien, soweit sie überhaupt Eingang fand, weitgehend im Verborgenen und Privaten, auf Einzelfälle und lokale Versuche beschränkt, ohne Zusammenhang, Intensität und kontinuierliche Entwicklung und Ausbreitung und ohne Breiten- und Tiefenwirkung. Entsprechend spärlich und indirekt sprechen die Quellen, entsprechend gering ist die Zahl und Qualität der Streichquartette, die in Italien und für Italien geschrieben wurden, und entsprechend untergeordnet ist die Rolle, die das Streichquartett in den italienischen Musikverlagen der Zeit spielt, die ohnehin spärlich, produktionsschwach und nur von lokaler Bedeutung waren. Wer sich für die neue Gattung interessierte, orientierte sich an Paris oder

Wien, verlegte seine Quartette in London oder Paris - oder wanderte aus"[574].

Dieses Resümee Ludwig Finschers, vor über 20 Jahren aufgrund der damaligen Quellenkenntnis gezogen und in dessen grundlegende Studie zur Entstehung des klassischen Streichquartetts eingeflossen[575], kann auch heute im wesentlichen nur bestätigt werden[576]. Abgesehen von einer großen Anzahl Triosonaten, die zwar auf rege Kammermusiktätigkeit hinweisen und einer wissenschaftliche Untersuchung noch harren, kann von einer Pflege der Gattung Streichquartett im Mailand der 1760er- und 70er-Jahre kaum gesprochen werden[577].

(a) Sammartini

Dennoch ist es Forschungstradition, das erste Streichquartett, ja alle «italienischen» Quartettkompositionen Mozarts in enger Beziehung zu Mailänder Meistern zu sehen. Kam O. Jahn noch mit keinem Wort auf dieses Problem des vermeintlichen Einflusses zu sprechen[578], so nahm A. Sandberger bei seiner Suche nach den Wurzeln des vierstimmigen Streichersatzes im Falle des jungen Mozart andeutungsweise Konzerte Giuseppe Tartinis und Sinfonien sowie Konzerte Sammartinis in Anspruch[579]. Spätestens seit Th. de Wyzewa und G. de Saint-Foix wird vor allem das "Italienische" dieser Quartette betont, das sich in Tonfall und Motivik manifestiere[580]. Man vergißt dabei nicht, gleich-

574 L. Finscher, Haydn, S. 14.

575 L. Finscher, Studien, besonders S. 24-29, 44-62, 62 ff.

576 Ergänzende Nachforschungen in der Zentralredaktion von RISM in Frankfurt/M. und im «Ufficio Ricerca Fondi Musicali» in Mailand erbrachten keine grundlegenden Erweiterungen der bereits bekannten Quellensituation.

577 Daran ändert auch Guido Salvettis von F. Torrefranca übernommene Ansicht nichts, Mozart sei bereits auf seiner Europa-Reise vor allem in London (Giovanni Battista Cirri, Felice de Giardini) sowie Augsburg (Pietro Nardini) mit italienischer Musik und speziell italienischer Streichquartettmusik konfrontiert und von ihr beeinflußt gewesen. Daß bereits vor 1760 das Quartett als gattungsspezifischer Typus vollständig entwickelt gewesen sei und in den musikalischen Zentren Paris oder London erst aufgrund eines weitverbreiteten italienischen «camerismo» möglich wurde, läßt sich durch musikalische Quellen nicht belegen ("Occorre però precisare che questi incontri hanno - in fondo - solo valore indicativo, rispetto all'importanza che, in generale, il camerismo italiano ricopriva nella pratica musicale europea di quegli anni. [...] il quartetto, che insieme un fatto di tecnica compositiva, di costume esecutivo e di gusto, non mosse certo i suoi primi passi nella «koiné» parigina o londinese"). Der Hinweis auf Luigi Boccherinis stupendes c-moll-Quartett op. 2/1 (bereits 1761 komponiert) kann aufgrund von dessen völliger Ausnahmestellung innerhalb des Œuvres Boccherinis in diesem Zusammenhang vernachlässigt werden; vgl. G. Salvetti, Mozart, S. 271, und passim. Zu Boccherini s. S. 228 ff. Zur Musikszene Mailands vgl. den umfassenden Überblick bei G. Barblan, Milano. Vgl. in Bezug auf Mozart: G. Barblan, Mozart, sowie E. F. Schmid, Italien. Eine sehr kurze Zusammenfassung findet man auch bei: P. Petrobelli, Mozart.

578 O. Jahn I, S. 314 f.

579 A. Sandberger, Geschichte, S. 245-247 (zu KV 80/73^f), S. 264 (zu KV 155-160/134^a-159^a).

580 "son premier quatuor est tout imprégné du style des maitres italiens, sans qu'on y trouve,

zeitig auf die «gesteigerte Leidenschaft» dieser Quartettsätze im Umfeld des «Lucio Silla» zu verweisen[581].

Zum festen Bestand der Mozartforschung wurde der Hinweis auf den Mailänder Altmeister Giovanni Battista Sammartini[582] als Hauptfaktor einer vermeintlichen Beeinflussung durch die große Mozartbiographie Théodore de Wyzewas und Georges de Saint-Foix'. Beide Autoren suchen bekanntlich die Kompositionsgeschichte des jungen Mozart durch eine facettenreiche Wechselwirkung von «Vorbild» und genialer «Nachahmung» im allgemeinen und in unserem Falle durch das Vorbild Sammartinis bezüglich des ersten «italienischen» Quartettes im besonderen zu erklären. Speziell auf eine Serie "concertinos a quattro istromenti soli composé par Sammartini en 1766 et 1767" verweisen sie, wobei "l'influence de Sammartini apparait manifeste"[583]. Generationen von Mozartforschern sind dieser Behauptung gefolgt[584], obwohl sie offenkundig von falschen Voraussetzungen ausgeht. Zunächst fragt man sich, von welchen «Concertini a quattro» gesprochen wird. Wir kennen einerseits fünf "Concertini a 4° Stromenti/ del Sigr. St. Martino", die von L. Finscher aufgrund der Überlieferung im Pariser Fonds Blancheton "zwischen 1740 und 1756, wahrscheinlich erst gegen Ende dieses Zeitraums"[585], von B. Churgin[586] wegen ihrer Ähnlichkeit zu frühen Sammartini-Sinfonien auf "vor ca. 1740" datiert werden. Eines von ihnen, das G-dur-«Concertino» (Signatur F-Pn: Fonds Blancheton 105), ist dabei als nicht authentisch anzusehen[587]. Sie weisen stets die Satzfolge: Schnell-Langsam-Schnell (nicht Menuett) und

---

pour ainsi dire, aucune trace des oeuvres qu'il a entendues précédemment"; WSF I, S. 301.

581 Die sechs Quartette KV 155 (134ᵃ) ff. fielen gemäß WSF in die Zeit seiner «großen romantischen Krisis». In ihnen vereinige sich in besonders ausgeprägter Form der «italienische und romantische Charakter» seiner Musik; WSF I, S. 478 ff., 481, 497, 514, und passim. Vgl. auch A. Sandberger, Geschichte, S. 264; H. Abert I, S. 289 f.; L. Schiedermair, Mozart, S. 97; H. Mersmann, Kammermusik, S. 249 f.; A. Einstein, Mozart, S. 240-244; M. Radulescu, Violine, S. 51, der Sandbergers These eines Einflusses durch die von Corelli und Tartini geprägte hohe italienische Geigenkunst aufnimmt; G. Röthke, Divertimento; L. Schrade, Mozart, S. 93; K. Geiringer, NOHM VII, S. 559, der hellsichtig besonders das "eigene Idiom" Mozarts betont; R. Barrett-Ayres, Haydn, S. 139-143, möchte Sammartini als Vorbild Mozarts nicht missen; N. Schwindt-Gross, Streichquartette, S. 224.

582 Nur in der Mozartkorrespondenz der ersten Italienreise taucht sporadisch dessen Name auf.

583 WSF I, S. 302, 303, u. ö.

584 H. Abert I, S. 288 f.; L. Schiedermair, Mozart, S. 78; A. Einstein, Mozart, S. 238; W. Plath, Vorwort 1966, S. 9; A. H. King, Mozart, S. 10; B. Paumgartner, Mozart, S. 171 ("unter Anregung des italienischen Quattro der Sammartini, Boccherini und Tartini"); R. Barrett-Ayres, Haydn, S. 139; G. Salvetti, Mozart, S. 272, 274; K. G. Fellerer, Mozart, S. 6; M. Tilmouth, String quartet, S. 279; S. Sadie, Mozart, S. 687; W. Konold, Streichquartett, S. 75.

585 L. Finscher, Studien, S. 60 f. mit Spartierungen S. 327-341; es handelt sich um F-Pn (ehemals F-Pc), Fonds Blancheton 100, 103, 105, 106, 107.

586 Dankenswerte Mitteilung von Frau Bathia Churgin.

587 Jedenfalls fehlt es in der einschlägigen Arbeit von B. Churgin, Diss., S. 106.

einen tonartlich abweichenden Mittelsatz auf, sind also mit Mozarts frühestem Quartett (wie auch mit allen folgenden) inkommensurabel. Deren Sonatensätze sind monothematisch angelegt und insofern zwar von Sammartinis Sinfonien a quattro, aber eben auch fundamental von allen frühen Werken Mozarts unterschieden[588].

Des weiteren kennen wir sechs "Concertini a 4° Stromenti Soli/ Del Sigr. Gio: Batta S. Martino"[589]. Diese sind zwischen 1763 und 1767 datiert[590]. Aufgrund des von Th. de Wyzewa und G. de Saint-Foix mitgeteilten Titels und ihrer Datierung kann kaum ein Zweifel daran bestehen, daß sie als Vorbild für Mozarts «Lodi»-Quartett die zweite Gruppe der «Concertini» im Auge haben. Und dennoch treffen wesentliche Merkmale nicht zu: Der dritte und letzte Satz jeden «Concertinos» ist ein Sonatensatz in schnellem bis sehr schnellem Tempo; in keinem Fall handelt es sich um ein Menuett oder «Tempo di Minuetto», auch wenn in fünf der sechs Werke der 3/8tel- oder 3/4tel-Takt vorgeschrieben ist:[591] Trios fehlen durchaus. Die Satzfolge: Schnell-Langsam-Schnell bildet (bis auf Ms. 1222: L-S-S) die Regel; S-L-M oder gar L-S-M kommt nie vor[592]. Und schließlich steht der Mittelsatz immer in einer anderen Tonart als die Rahmensätze, sei es in der Tonart der Quarte (Ms. 1218, 1220, 1221, 1222), sei es in der parallelen oder gleichnamigen Mollstufe (Ms. 1217, 1219)[593].

So mag es auch weiter nicht verwundern, daß jene «Concertini», ganz abgesehen davon, ob sie von Mozart überhaupt hätten zur Kenntnis genommen werden können, "stilistisch ganz andere Wege suchen und gehen als das «Lodi»-Quartett. Alles, was Mozart aus ihnen hätte lernen können, findet sich im

---

588 L. Finscher, Studien, S. 60 mit Notenbeispielen auf S. 327-341. Churgin hält die übrigen vier Concertini für Orchesterwerke; B. Churgin, Diss., S. 107.

589 Es handelt sich um F-Pn, Ms. 1217-1222. Aus unerfindlichen Gründen zitiert die einschlägige Studie zu diesen «Concertini»: H. G. Mishkin, Sammartini, nicht das erste Manuskript dieser sechsteiligen Serie; im übrigen handelt es sich hierbei keineswegs um autographe Stimmensätze, wie seit H. G. Mishkin immer wieder behauptet wird, sondern um die Hand eines Sammartini nahestehenden Kopisten. Vgl. JC, S. 28, sowie B. Churgin und N. Jenkins, Grove, S. 456 (dort: Werkverzeichnis); vgl. auch Chr. Speck, Boccherini, S. 18 f. und Anm. 108. In der Quelle Ms. 1217 fehlt die Stimme der V.I; vgl. B. Churgin, Diss., S. 485, Anm. 1. Ms. 1222 ist in einer von den übrigen Concertini differierenden, unbekannten Hand niedergeschrieben (freundliche Mitteilung von Frau Bathia Churgin); vgl. auch B. Churgin, Diss., S. 485, Anm. 1.

590 Laut vorliegendem Mikrofilm: F-Pn, Ms. 1217: Oktober 1766; Ms. 1218: undatiert; Ms. 1219: Januar 1767; Ms. 1220: Januar 1763; Ms. 1221: Juli 1767; Ms. 1222: November 1767 (entgegen Chr. Speck, Boccherini, S. 18, Anm. 108); vgl. auch B. Churgin, Diss., S. 485.

591 Entgegen WSF I, S. 302, B. Churgin, Diss., S. 485, und M. Glaser, Sammartini, S. 17, 26 ff.

592 Entgegen WSF I, ibid. Die Satzfolge: L-S-M (oder Tempo di Minuetto) ist "in italienischen a-quattro- und Streichquartettkompositionen aus dem entsprechenden Zeitraum kaum nachweisbar", stellt bereits Chr. Speck unter Mitteilung etlicher Quellen (u. a. auch Sammartinis «Concertini») fest; Chr. Speck, Boccherini, S. 17. Vgl. auch Kap. III.4.

593 Entgegen WSF I, S. 302.

Lodi-Quartett gerade nicht"[594]. In der bereits zitierten Studie H. G. Mishkins finden sich etliche Spartierungen, die Finschers Ansicht illustrieren. Jene von der Mozartforschung übersehenen Satzphänomene, wie sie B. Churgin zusammenfassend mitteilt, verdeutlichen ebenfalls die unüberbrückbare Disparität zwischen Sammartini und Mozart:

> "In a far more serious and complex style than the other concertinos, these works mix concerto-like energy and orchestral octave doublings in the lower parts with contrapuntal passages in the chamber style. The blend of styles is similar to that of the orchestral concertinos of the Fonds Blancheton though the works are clearly in the chamber idiom"[595].

Und bedürfte es noch eines weiteren Argumentes, so soll hier noch auf die gemischten Besetzungen dieser späteren Concertini verwiesen werden. Nur Ms. 1217, 1219, 1221 und 1222 weisen die standardisierte Quartettbesetzung auf. Ms. 1218 und Ms. 1220 sind mit drei Violinen und Baß besetzt.[596]

Derzeit kann man von insgesamt 29 Quartetten Sammartinis ausgehen[597]. Doch die meisten von ihnen - sie sind noch weitgehend unbekannt - dürfen aus besetzungstechnischen wie gattungstypologischen Gründen nicht mit Mozarts Quartetten verglichen werden. Die überwiegende Anzahl dieser (frühen) Quartette ist nämlich nicht vierstimmig im Sinne der bei Mozart von Anfang an zu beobachtenden Faktur, sondern ohne Viola gesetzt ("usually omitting the viola")[598]. Es handelt sich hierbei um zweisätzige Quartette für Flöte, zwei Violinen und Basso[599]. Einzig der auffällig sinfonische zweite Satz des

---

594 L. Finscher, Lodi, S. 252.

595 B. Churgin, Diss., S. 109 f.

596 Auch dieser Umstand deutet auf die Tradition der Streichersinfonien des späteren 17. und frühen 18. Jahrhunderts mit der Besetzung dreier Violinen und Baß. Vgl. beispielsweise die Opera 1-3 Giuseppe Valentinis.
Die in jüngster Zeit aufgefundene Quelle sechs weiterer, offenkundig den späten "Concertini a quattro stromenti soli" verwandter Streichquartette, die möglicherweise gleichzeitig oder kurz nach diesen entstanden sind, konnten nicht mehr adäquat berücksichtigt werden. Sie sind in der «Royal Academy of Music» (Stockholm) aufgefunden und von B. Churgin für authentisch erklärt worden. Freundlicherweise stellte mir Frau Churgin über die Central Library von Ramat Gan (Bar-Ilan University, Israel) folgende sich mit dieser Quelle auseinandersetzende Magisterarbeit in Kopie zur Verfügung: M. Glaser, Sammartini, worin immerhin das fünfte Quartett in Partitur wiedergegeben wird. Diese sechs Kompositionen sind von Kopistenhand geschrieben, als "Quartetto" bezeichnet und wie die sechs «Concertini» dreisätzig mit der Satzfolge S-L-S, beziehungsweise L-S-S (Nr. 4). Nie erscheint ein Menuett als Finale, die Tonartenverhältnisse entsprechen denen der «Concertini»: Mittelsatz auf IV. Stufe: Nr. 1, 3, 6; auf der gleichnamigen Mollstufe: Nr. 2, 5; auf der parallelen Mollstufe: Nr. 4. In ihrer dezidiert kammermusikalischen Haltung gehen sie wohl über die «Concertini» hinaus (vgl. M. Glaser, Sammartini, S. 70 ff., und passim), doch läßt der erste Eindruck kaum stilistische Bezüge zu Mozart erkennen.

597 Freundliche Mitteilung von Frau Bathia Churgin.

598 Churgin/Jenkins, Grove, S. 455 f.

599 B. Churgin datiert sie "nach ca. 1740" (briefliche Mitteilung). Vgl. auch: G. de Saint-Foix, Sammartini; K. Sondheimer, Sammartini; G. Rhau, Sammartini (Edition).

«Lodi»-Quartettes, "in dem sich Elemente der italienischen und süddeutsch-österreichischen Symphonie offenbar mischen", könnte an - allerdings sehr frühe - Sinfonien a quattro Sammartinis erinnern[600]. In seinem demonstrativ deutlich italienischem "Sinfoniastil, wie er einer für Mailand geschriebenen Symphonie wohl anstand", mußte dieser Satz aber "in einem Kammermusikwerk deplaciert wirken"[601]. Daher verfolgte Mozart auch in keinem seiner weiteren Werke a quattro diesen Weg.

(b) Boccherini

Daß Luigi Boccherini lange vor Mozart das Streichquartett pflegte und nicht weniger als drei Quartettzyklen à sechs Werke verfaßt hatte, bevor Mozart das erste Mal in Italien weilte, daß er in den Jahren der Entstehung der «italienischen» Quartette Mozarts ebenfalls auf diesem Gebiet recht aktiv war[602], daß er darüberhinaus einige Zeit in Mailand verbrachte und nicht zuletzt Mozart auf seiner ersten Italienreise (in Verona) nachweislich Kammermusikwerke Boccherinis am Klavier spielte[603], legt die Vermutung einer engen Beziehung beider Komponisten mehr als nahe[604].

Und doch beschränken sich die Gemeinsamkeiten auf sehr allgemeine Charakteristika. Von einer Beeinflussung kann kaum die Rede sein. Chr. Speck weist darauf hin, daß Boccherinis Quartettserie op. 2 und insbesondere dessen erstes Streichquartett in *c*-moll (op. 2/1, G 159), das in der Forschung ausgerechnet als Paradebeispiel der frühen Ebenbürtigkeit Boccherinis mit Joseph Haydn gewertet wird[605], gegenüber allen folgenden Quartetten Boc-

---

600 Vgl. B. Churgin, Symphonies (Edition).

601 L. Finscher, Lodi, S. 257.

602 Vgl. Werkverzeichnis (= G); Luigi Boccherinis Streichquartette bis 1775 (komponiert/ in Paris veröffentlicht): op. 2 (G 159-164; 1761/1767); op. 8 (G 165-170; 1768/1768); op. 9 (G 171-176; 1770/1772); op. 15 (G 177-182; 1772/1773); op. 22 (G 183-188; 1775/1776).

603 Vgl. O. E. Deutsch, Dokumente, S. 95 f. mit Tafel VI; E. F. Schmid, Italien, S. 17 f. Daß es sich wohl um frühe Trios Boccherinis handelte (op. 1, op. 4), bestätigt: L. Finscher, Lodi, S. 253. Er vermutet darüberhinaus, daß jenes "Trio di un famoso autore", welches Mozart kurz darauf in Mantua gespielt haben soll (vgl. O. E. Deutsch, ibid.), ebenfalls durchaus auf Boccherini deutet.

604 WSF I, S. 301 f. (im Zusammenhang mit KV 80/73^f), S. 514 (zu KV 159); H. Abert I, S. 288 (sehr allgemein); F. Torrefranca, Mozart, S. 82 ff. [NB: eine ausgewogene Beurteilung der Thesen F. Torrefrancas findet man u. a. in L. Finscher, Studien, S. 12, und Chr. Speck, Boccherini, S. 4 f.]; L. Finscher, Lodi, S. 253 ff. (zu KV 80/73^f); G. Salvetti, Mozart, S. 272, und passim (mit Felice de Giardinis Streichquartetten op. 22 habe insbesondere Boccherinis op. 2 bis 9 auf sämtliche «italienischen» Quartette Mozarts eingewirkt); N. Schwindt-Gross, Streichquartette, S. 139 ff., läßt die Möglichkeit einer Beeinflussung offen. Zu der heftig geführten Auseinandersetzung um ein angebliches Violinkonzert Boccherinis, das Mozart verblüffend imitiert habe (es ist mittlerweile als Fälschung erkannt worden), vgl. die Literaturangaben bei Chr. Speck, Boccherini, S. 48, Anm. 171.

605 L. Finscher, Lodi, S. 253-255, weist im Zusammenhang mit dem «Lodi»-Quartett auf die "überwiegende Satzfolge der traditionellen Triosonate (langsam-schnell-Menuett), verbunden mit Tonartengleichheit aller drei Sätze" in Boccherinis Trios op. 1 hin, vergleicht dann aber auch den *c*-moll-Eröffnungssatz op. 2/1 mit Mozarts KV 80 (73^f), wobei er allerdings zu dem wichtigen Ergebnis gelangt: "Sollte Mozart auf seiner Reise etwas von

cherinis eine Sonderstellung hinsichtlich der formalen wie satztechnischen Struktur einnimmt. Selbst wenn man, wie Chr. Speck, den Anfang des ersten Satzes des «Lodi»-Quartettes und den Anfang des langsamen Satzes aus Boccherinis op. 2/3 miteinander in Beziehung setzt, lassen sich die fundamentalen Unterschiede zwischen beiden Komponisten nicht übersehen; und dies, obwohl jener Quartettsatz ein eher typisches Beispiel für den frühen Boccherini darstellt, dessen langsamer Satz frappante Ähnlichkeiten hinsichtlich der harmonischen und gestischen Bewegung mit Mozart aufweist[606]:

(1) Boccherini variiert bereits im dritten Takt die schlichte Melodiefigur des ersten Taktpaares, während Mozart die Symmetrie seines Themenkopfes auch im zweiten Taktpaar beibehält.

(2) Boccherinis Spielanweisung lautet *smorfioso*, eine Bezeichnung, die Mozart nicht kennt.

(3) Alle Quartettsätze aus op. 2 weisen ausgeprägte Solostellen für das Violoncello auf, dessen Baßfunktion dann die Viola übernimmt; dies ist zweifellos das Besondere des Boccherinischen Satzes (der ja Cellist war). Der Quartettsatz des op. 2 läßt sich daher als von der Cellosonate und vom Cellosolokonzert kommend verstehen[607]. Auch zu Beginn des langsamen Satzes aus op. 2/3 trägt das Violoncello das Thema vor, während es Mozart ganz selbstverständlich der ersten Violine zuteilt.

(4) Im weiteren Verlauf wechselt die Satzfaktur stets zwischen (Cello-) Solo- und Tuttiabschnitten, die als solche auch bezeichnet werden, ein Verfahren, das Mozart bis auf die generelle Verwandtschaft aneinandergehängter Abschnittbildungen völlig fremd ist.

(5) Boccherinis Satz ist permanent vollstimmig, wobei sich zwischen die Melodiestimme und die Baßfunktion die anderen beiden Stimmen klangfüllend, akkordverdichtend einschieben. Der Satz ist daher zumeist als lediglich erweiterte Zwei- oder Dreistimmigkeit anzusprechen[608]. Die resultierende Klangfortschreitung besteht stets aus grundtönigen Akkorden. Mozarts Satz hingegen ist zunächst dünnstimmig, weil die zweite Violine erst nach zwei Takten zu einem eigenständigen Satz von Melodiestimme (V.I) und terzgekoppelten Unterstimmen hinzutritt. Die an den Triosona-

---

den Quartetten des Lucchesen kennengelernt haben [...] so hat er daraus jedenfalls kaum eine Anregung für sein eigenes Quartett gewonnen"; ibid., S. 253.

606 Es folgt eine Zusammenfassung der speziellen Ergebnisse Chr. Specks, Boccherini, S. 48-52.

607 Vgl. auch ibid., S. 52-58. Es ist sogar denkbar, daß der Wunsch des virtuosen Cellisten Boccherini nach kammermusikalischer Musik, die gleichzeitig technisch artifizielle Cellopartien aufweisen sollte, das movens zur Komposition des (sehr frühen!) op. 2 gewesen war. Neben schnellen Passagen, Sprüngen und hoher Lage fallen auch etliche Doppelgriffe im Part des Violoncellos auf, technisch-satztechnische Unika, die Mozarts Quartett-Baß völlig fremd sind.

608 ibid., S. 54 f.

tensatz erinnernde Gleichberechtigung der Violinen[609] läßt ein klares und durchsichtiges Satzgefüge gleichsam vor unseren Ohren entstehen, das durch "selbstständiger[e], schärfer als bei Boccherini konturierte Stimmen bzw. Stimmengruppen" gekennzeichnet ist. Was Boccherini durch die prinzipiell mögliche Solofunktion jedes der vier Instrumente vor der Folie erweiterter Zweistimmigkeit erreicht, wird von Mozart durch die Verknüpfung individueller, selbständiger Stimmen erzielt, die selbst in der Funktion der Begleitung ein unüberhörbares Eigenleben entwickeln[610].

(6) Selbst ein so bescheidener Ansatz zu durchbrochener Arbeit, wie ihn Mozart zu Beginn des III. Sonatenteils im Vergleich zum parallelen Satzanfang (T. 42) vorführt, ist für Boccherinis frühe Streichquartette undenkbar.

Zeigt also die vergleichende Untersuchung bereits der ersten Streichquartette beider Komponisten, "daß von Anfang an Unterschiede [...] bestehen, obwohl beide unter dem Einfluß Italiens" komponierten[611], so läßt auch, bis auf allgemeinste Übereinstimmungen[612], die Gegenüberstellung der um 1770-1772 komponierten Streichquartette Boccherinis mit sämtlichen in Italien entstandenen Quartetten Mozarts keinen Zweifel daran, daß beide Komponisten in dieser Gattung getrennte Wege gingen. Wenn auch schon in op. 8 das Violoncello von seiner Solorolle wegstrebt und von daher eine Vergleichbarkeit des Satztechnischen mit Mozart erst legitim wird, kann doch erst ab op. 9 (1770) bei Boccherini jene formale, dreiteilige Anlage beobachtet werden, die für Mozart von Beginn an elementarer Bestandteil ist.

---

609 L. Finscher, Lodi, S. 256; vgl. Chr. Speck, Boccherini, S. 51, Anm. 183 und S. 50, der die Nähe zum Triosonatensatz nicht leugnet, jedoch auf den wichtigen Unterschied der thematisch-motivisch völlig frei einsetzenden V.II und das "Eigenleben [...] im Satzhintergrund" hinweist.

610 Chr. Speck, S. 51.

611 ibid.

612 In diesem Zusammenhang sind zu nennen: die häufige Verwendung des «italienischen Zweitakters», der seine Wurzel in der Sprachvertonung italienischer Verse hat; die sinfonisch ausholenden schnellen Kopfsätze, welche meist über pochenden 8tel-Bässen aufgebaut und durch wiederholt aneinandergesetzte Zwei- oder Viertakter mit dem Mittel des Reihungsprinzips kleiner und kleinster Abschnitte gegliedert sind; die aus den Ouvertüren und Arien der Opera Seria (und insbesondere von Johann Christian Bach) bekannte "typische Befestigungsformel" mit zäsurierenden Akkordschläge mit folgender Generalpause (oder Überleitungswendung) am Ende formaler Abschnitte (ibid., S. 31, 63 u. ö.); das Anzielen dieser «Befestigung» mit Hilfe des im Vorfeld auf der IV. Stufe chromatisch steigenden Basses, mit Hilfe "einer gängigen Baßformel also" (ibid., S. 64); das Trio als ein vom Menuett "abgesetzter" Teil (ibid., S. 171 ff.); die gelegentlichen Imitationen in Menuetten (ibid., S. 174 ff.). Im Zusammenhang der Menuette wäre darüber hinaus noch zu nennen: die "Fonte"-Formel der Mittelteileröffnung (ibid., S. 167) sowie die streckenweise Parallelführung oktavierter Violinen plus von der Viola beigesteuerter Terz (ibid., S. 166-169) bis einschließlich op. 15.

Aber selbst die Abschnittgestaltung innerhalb dieser später «Sonatenform» genannten Anlage handhaben Mozart und Boccherini völlig unterschiedlich. So steuert Boccherini im langsamen Eröffnungssatz des Streichquartettes op. 9/4 (G 174) nach acht Takten von *Es*-dur ausgehend einen Halbschluß auf *C* an, um nach einer Generalpause in *As*-dur fortzufahren. Der zweite Satz (Allegro) desselben Quartettes (dessen fanfarenhaftes Kopfmotiv ein wenig an KV 160/159ª/3 erinnern mag)[613] breitet über 20 Takte die Tonika aus, beendet dieses *Es*-dur-Feld mit drei «Befestigungsschlägen» auf der Tonika und setzt nach Generalpause wiederum in dieser ein. In diesem Moment fallen die beiden Oberstimmen durch Oktavierung zusammen, das Violoncello bewegt sich in Generalbaßmanier weitgehend in 4tel-Notenwerten, der zweite Abschnitt des I. Teils greift auf das punktierte Fanfarenmotiv zurück. Abgesehen davon, daß Mozart die Tonartengleichheit aller drei Sätze (das Minuetto steht ebenfalls in *Es*-dur) im «Lodi»-Quartett verwendet, sind ihm alle beschriebenen Charakteristika dieses exemplarischen Satzes völlig fremd.

Auch das *c*-moll-Streichquartett op. 9/1 (G 171) Boccherinis, das durch geschickte motivische Verbindungen (nicht «motivisch-thematische Arbeit») eine spürbar "größere Einheit der Komposition gegenüber op. 2 und op. 8" aufweist[614], befestigt ausführlich die Tonika (*c*-moll), um in einen durch Akkordschläge (sogar mit Doppelgriff-Oktaven im Cello) gekennzeichneten Halbschluß mit nachfolgender Generalpause auf *G* zu münden. Während bis zu diesem Moment des Stückes die Parallele zu Mozarts Formkonstituierung durchaus offenkundig ist, würde dieser nie, wie bei Boccherini zu beobachten, auf *Es* fortfahren, sondern entweder in die Tonika zurückfallen oder auf *G* anschließen, abgesehen davon, daß er in Mollsätzen gewöhnlich den auf der III. Stufe stehenden zweiten Abschnitt des ersten Formteils über einen harmonisch verbindenden, kurzen «Scharniertakt» zur neu anvisierten Stufe leitet (vgl. etwa die Mittelsätze aus KV 156/134ᵇ, 157, 158 und den Allegrosatz aus KV 159/2, der allerdings keine vergleichbare Halbschluß-Nahtstelle aufweist). Daß jedoch der III. Teil, der in Takt 87 mit der Musik des Quartett-Anfangs anhebt, durch den identischen Halbschluß auf *G* vorbereitet ist, erinnert wiederum an Mozart (vgl. beispielsweise KV 159/1). Doch die bei Boccherini im III. Teil bereits nach sechs Takten einsetzende variierende Wiederholung kennt Mozart selbst in den «Wiener» Quartetten kaum. Daneben ist eine derart einfallslose Baßführung (T. 23 ff.), eine derart langatmige Oktavenführung zwischen Baß und Viola (T. 31 ff.) oder auch eine beständig in Terzen pendelnde Mittelstimmenfiguration (T. 22 ff.), wie sie hier (und nicht nur hier) zu beobachten ist, in keinem Satz Mozarts vorstellbar:

---

613 Vgl. G. Salvetti, Mozart, S. 283, Anm. 18, dem die Ähnlichkeit entgangen zu sein scheint.
614 Ch. Speck, Boccherini, S. 114.

Beispiel 69

V. 2 Johann Michael Haydn

Bei der Frage nach möglichen Einflüssen wendet sich der Blick natürlich auch nach Salzburg und hier vor allem auf dessen prominenten Vertreter Johann Michael Haydn (1737-1806). Doch ebensowenig wie die Stadt im Zusammenhang der Komposition der Mozartschen Streichquartette eine Rolle spielt - alle 13 Streichquartette und auch der Beginn der Niederschrift der drei Quartett-Divertimenti entstanden bezeichnenderweise außerhalb Salzburgs auf den Reisen nach Italien (Mailand) und Wien -, scheinen die Quartettkompositionen Michael Haydns Mozart nicht beeinflußt zu haben. Zur Beurteilung dieser Frage kommt erschwerend hinzu, daß wir über die Stellung und den kompositorischen Gehalt der Quartette Haydns wie überhaupt der Kammermusik-Praxis in Salzburg jener Zeit noch sehr wenig wissen. So intensiv seit einigen Jahren auch die Michael-Haydn-Forschung betrieben wird, bleiben doch gerade auf dem Gebiet der Kammermusik noch wichtige Fragen offen, die freilich auch hier nicht gelöst werden können[615].

615 Vgl. R. Hess, Serenade; H. Zehetmair, Haydn; L. Finscher, Studien, S. 100-102; wichtige Arbeiten zur Instrumentalmusik aus jüngerer Zeit (Vorträge der Tagung des Zentralinstitutes für Mozart-Forschung 1987 in Salzburg, die u. a. Michael Haydn gewidmet war): L. Somfai, Bemerkungen; M. Flothuis, Streichquintette; W. Rainer, Orchesterserenaden.

Die Chronologie der Werke M. Haydns scheint jedoch mittlerweile hinreichend gesichert. Charles H. Shermans Werkkatalog nennt insgesamt 16 Kompositionen für zwei Violinen, Viola und Baß ("Divertimento", "Partita", "Quartetto"), wovon fünf zu Beginn der 1770er-Jahre, die übrigen zu Beginn der 80er-Jahre geschrieben worden sein sollen:

Tabelle 6

MH	P	Werk/ Anzahl der Sätze	Quelle	Werkdatierung
152	-	Partita *G*-dur/ 4 + Marsch	Kopie	nach 1.8.1771
171	104	Divertimento *G*-dur/ 5	Kopie	ca. 1770-72
173	135	Quartett-Fragment *G*-dur	Autograph	ca. 1770-72
174	136	Quartett-Satz ("Andantino") *g*-moll	Autograph	ca. 1770-72
207	123	Quartett *B*-dur/ 5	Kopie	ca. 1773-75
245	121	Divertimento *A*-dur/ 4	Autograph	ca. 1780-81
304	124	Quartett *B*-dur/ 3	Kopie	ca. 1780-82
305	118	Quartett *Es*-dur/ 3	Kopie	ca. 1780-82
306	122	Quartett *A*-dur/ 3	Kopie	ca. 1780-82
307	120	Quartett *g*-moll/ 3	Kopie	ca. 1780-82
308	119	Quartett *F*-dur/ 4	Kopie	ca. 1780-82
309	116	Quartett *C*-dur/ 3	Kopie	ca. 1780-82
310	-	Quartett *D*-dur/ 3	Kopie	ca. 1780-82
311	-	Quartett *G*-dur/ 3	Kopie	ca. 1780-82
312	125	Divertimento *B*-dur/ 4 + Marsch	aut. Kopie	ca. 1780-82
315/ 316	93	Divertimento *D*-dur/ 4 + Marsch	Autograph	1782

Ch. H. Sherman verlegt damit nahezu sämtliche Kompositionen "a quattro" von Haydn - sie sind meistenteils nur in Kopien unsicherer Provenienz überliefert und zu Haydns Lebzeiten nicht gedruckt worden - entgegen der bisherigen Forschungsansicht auf die Zeit nach der Entstehung der frühen Quartette Mozarts, so daß eine Beeinflussung Mozarts durch M. Haydn äußerst fragwürdig wird. Gemäß Ch. H. Sherman ist die Serie der stets zyklisch überlieferten sechs Quartette (P 116, 118-120, 122, 124/ MH 304-309) nicht, wie von Helmut Zehetmair angenommen, "in die Zeit vor 1770" zu datieren, sondern wohl erst 10 Jahre später entstanden und kann somit nicht als Vergleichsmaterial herangezogen werden[616].

Aus dem gleichen Zeitraum stammen auch jene zwei Quartette (P deest/ MH 310, 311), deren Kopien in der Österreichischen Nationalbibliothek, Wien, aufbewahrt werden[617]. Die autograph beziehungsweise in authentischer Kopie

---

616 H. Zehetmair, Vorwort 1974; vgl. auch H. Zehetmair, Haydn, S. 9 ff. L. Finscher legt sich in der Frage der Datierung nicht fest, vermutet aber, daß das *g*-moll-Quartett (P 120/ MH 307) aufgrund seiner Triosonaten-Haltung und -Satzfolge vor 1782 entstanden sein könnte; L. Finscher, Studien, S. 102.

617 Laut freundlicher Mitteilung durch Herrn Charles H. Sherman ist das dritte als "Quartetto" bezeichnete, zweisätzige *F*-dur-Werk (A-Wn, s.m. 11 942) wohl nicht von Michael Haydn; vgl. jedoch H. Zehetmair, Haydn, S. 13 f. Auch das von L. Finscher entdeckte

überlieferten "Divertimenti" P 121/ MH 245 und P 125/ MH 312, die H. Zehetmair in seiner Edition als "Fortsetzung der Sechserreihe [...] nach längerer Besinnungspause" in die 80er-Jahre des 18. Jahrhunderts setzt[618], sind nach Ch. H. Sherman ebenfalls Anfang der 80er-Jahre komponiert worden.

Das einzige datierte Autograph einer Komposition M. Haydns "a quattro", das *D*-dur-"Divertimento" P 93/ MH 315+316, stammt vom Mai 1782. Bereits L. Finscher wundert sich über "das verblüffend späte Datum" angesichts des hier angeschlagenen naiv-volkstümlichen Divertimento-Tones, der zu dieser Zeit schon lange nicht mehr den kompositorischen Anforderungen der Zeit entsprach[619]. Nicht nur die Eröffnung dieses viersätzigen Werkes durch einen (nachkomponierten) Marsch, sondern auch der Umstand, daß im Titel explizit auf die Besetzung des Basses durch einen Kontrabaß hingewiesen wird[620], läßt den Verdacht aufkommen, M. Haydns "Divertimenti" und "Quartette" seien weniger der Gattung "Streichquartett" als vielmehr der Gattung "(Streicher-) Serenade" zuzuordnen.

Die Nähe zum süddeutsch-österreichischen Divertimento mit seiner symmetrisch angelegten Fünfsätzigkeit Schnell-Menuett-Langsam-Menuett-Schnell wird in zwei weiteren, zeitlich offenbar nah aufeinanderfolgenden, frühen Kompositionen M. Haydns deutlich (P 104/ MH 171: ca. 1770-72 und P 123/ MH 207: ca. 1773-1775), die möglicherweise durch die Quartett-Divertimenti op. 1 und 2 seines Bruders angeregt sind. An Mozarts frühe Quartette lassen auch diese Werke nicht denken, sind dessen Kompositionen doch stets dreisätzig und vermeiden im Falle der Quartett-Divertimenti KV 136-138 (125^{a-c}) sogar die Integrierung eines Menuettes[621]. Die bei L. Perger nicht verzeichnete "Partita" in *G*-dur aus der Zeit "nach 1. August 1771" (MH 152) besteht aus vier divertimentoartigen Sätzen in gleicher Tonart mit vorangestelltem Marsch, wodurch die Ferne zu Mozarts Quartetten besonders deutlich wird. Das Autograph des *g*-moll-Andantino P 136/ MH 174 schließlich, welches H. Zehetmair in die 1780er-Jahre datiert, setzt Ch. Sherman zusammen

---

Quartett in *C*-dur (CS-Bm, A 12 489) akzeptiert Ch. H. Sherman nicht als Komposition Haydns; vgl. L. Finscher, Studien, S. 102 und Notenbeispiel 12, S. 364.

618 H. Zehetmair, Vorwort 1980.

619 L. Finscher, Studien, S. 101.

620 Autograph (D-brd-Mbs, Mus. Mss. 3105): "Divertimento a 2 Violini, Viola e Contrabaßo"; W. Upmeyer, der diese Komposition in Nagels Musikarchiv Nr. 7 herausgegeben hat, ignoriert diese Besonderheit der Instrumentation und bezeichnet die Unterstimme im Sinne des Streichquartetts mit "Violoncello".

621 Vgl. auch die mißverständliche, angebliche Beziehung zwischen M. Haydns "Notturno" P 106/ MH 184 und Mozarts Quartett-Divertimenti, die WSF I, S. 436 ff., postulieren. Die beiden französischen Mozartforscher kennen offensichtlich nur die nichtauthentische Quartettfassung des autographen Sextetts (mit zwei Hörnern) und vergessen außerdem darauf hinzuweisen, daß es sich bei Haydns Komposition um ein viersätziges Werk (mit der Satzfolge: S-M-L-S) handelt. Das "Notturno" hat also nichts mit Mozarts kurzen Stücken zu tun, abgesehen davon, daß M. Haydns Notturno (nicht "Divertimento" wie bei WSF) auf den 21. Dezember 1772 datiert ist, Mozart seine Quartett-Divertimenti aber bereits im Spätherbst/ Frühjahr 1771/72 geschrieben hatte! Darüber hinaus ist keine stilistische Nähe zu entdecken.

mit dem Quartett-Fragment *B*-dur (P 135/ MH 173) an den Beginn der 70er-Jahre[622].

L. Finschers Einschätzung ist daher nichts hinzuzusetzen, wenn er M. Haydns seltsam entwicklungsarmes und rückständiges Quartettschaffen mit der "musikalische[n] Provinz" in Zusammenhang bringt, der diese Werke entstammen. In jener "Atmosphäre eines musikalisch konservativen geistlichen Hofes und einer von Serenadenmusik erfüllten Kleinstadt"[623] fühlte sich bekanntlich der bereits im Kindesalter durch ganz Europa gereiste Wolfgang Amadeus Mozart im Gegensatz zum Hoforganisten und Kapellmeister M. Haydn nicht allzu heimisch. Einen kompositorischen Einfluß, eine quellenmäßig belegbare musikalische Inspirationsquelle der frühen Quartette Mozarts, wird man in Quartettkompositionen M. Haydn also schwerlich finden.

Bedürfte es zur vorausgehenden knappen Erörterung noch eines weiteren Beweises, so genügt ein kurzer konkretisierender Blick auf die völlig unterschiedliche Haltung, die beide Komponisten dem vierstimmigen Satz entgegenbringen, um festzustellen, daß es nahezu ausgeschlossen ist, an eine Beeinflussung Mozarts durch M. Haydn zu denken[624]. Aufgrund der etwa zeitgleichen Entstehung bieten die beiden Einzelsätze P 135 und 136/ MH 173 und 174 M. Haydns, deren Autographe uns als Torso (P 135/ MH 173 beginnt mit dem zweiten Teil eines Sonatensatzes, P 136/ MH 174 besteht aus einem einzelnen *g*-moll-Andantino) überliefert sind, eine gute Vergleichsbasis zu den frühen Streichquartetten und Quartett-Divertimenti Mozarts.

Der *g*-moll-Satz (P 136/ MH 174)[625] fällt zunächst durch seine Rondo-Anlage in Verbindung mit der Tonart *g*-moll und dem gewählten Tempo ("Andantino") auf, eine Kombination, die bei Mozart nirgends ihr Pendant findet:

---

622 H. Zehetmair, Vorwort 1980. Nicht zuletzt die zeitliche Differenz zwischen H. Zehetmairs und Ch. Shermans Datierung dieser beiden Autographe läßt die Frage nach der Zuverlässigkeit der Ergebnisse aufkommen. Dank der großen Anzahl M. Haydnscher Autographe in der Musiksammlung der Bayerischen Staatsbibliothek kann durch Papier- und Schriftvergleich eindeutig H. Zehetmairs Datierung als wesentlich zu spät angesetzt beurteilt werden. Die frühen 1770er-Jahre erscheinen als Zeitraum der Niederschrift ("Kopierschrift") beider fraglicher Quellen durchaus plausibel. Vgl. auch Ch. H. Sherman, Masses, S. 87 ff. und Plate XVII-XXII (zu M. Haydns Handschrift), S. 93 ff. (zu den verwendeten Papiersorten); vgl. auch L. Somfai, Bemerkungen (mit der Unterscheidung zwischen "Kompositionsschrift - Kopierschrift" und wertvollen Beobachtungen zu M. Haydns Schrifteigentümlichkeiten).

623 L. Finscher, Studien, S. 101.

624 Auf stilistische Argumente stützen sich, ohne nähere Ausführungen zu machen, sowohl H. Zehetmair wie Ch. Sherman, um ihre Datierungen zu untermauern, so daß eine eingehendere Untersuchung der Quartettfaktur im Zusammenhang mit der Datierungs- und Gattungsfrage an anderer Stelle wünschenswert erscheint.
In Bezug auf die Kirchenmusik Mozarts und M. Haydns erkennt M. H. Schmid, Mozart, S. 145, und passim, wenig Gemeinsamkeiten; ein Urteil, das cum grano salis auch für das Instrumentalwerk beider gelte, da Haydns Satz "nicht das Unvermittelte von dem Mozarts" aufweise.

625 Das Andantino *g*-moll (P 136/ MH 174) liegt in einer Edition H. Zehetmairs (Diletto Musicale Nr. 668) vor.

Takt:	A 1-20	B 21-38	A 39-58	C 59-72	A 73-92	D 93-113	A 114-133	A' 134-	Coda 144-159
Summe:	20	18	20	14	20	20	20	26	
Stufe:	I⁻	III	I⁻	VI	I⁻	V⁻	I⁻	I⁻	

Ist schon die (für das italienische Rondo typische) geordnet-sukzessive Abfolge von Refrain (A) und Couplets (B, C, D), wie sie bei Haydn zu beobachten ist, im Falle der Rondi Mozarts die Ausnahme, so sind weder die ständig wechselnden Tonartenbereiche der Couplets noch der trotz gleicher Länge stets variiert auftretende Refrain ein Merkmal Mozartscher Quartett-Rondi. Doch auch die Satzgestaltung differiert stark von derjenigen Mozarts:

Beispiel 70

M. Haydn eröffnet nicht nur den Satz in Triosonatenfaktur (*unisono* der Violinen), aus der sich bei der Wiederholung dann die Vierstimmigkeit in immer neuen Variationen entwickelt, sondern faßt auch häufig die beiden Unterstimmen zusammen (T. 23 f., 28-31, 33-35, 47-54, 108-112, 126-133), so daß der Satz, abgesehen von seiner ohnehin häufig in Terzen/Sexten gearbeiteten Parallelbewegung (verschobene Sextakkorde) nur selten wirkliche Vierstimmigkeit realisiert. Des weiteren erinnert der meistenteils in 8teln durchlaufende Baß in seiner offenkundigen Orientierung an dem Melodieverlauf der Oberstimme (Parallelen) eher an barocke Traditionen, als an den jungen Mozart, dessen aufgelockerte, variantenreiche Faktur uns hier nirgends begegnet. Und schließlich unterschreitet die Viola gelegentlich den Baß (T. 1, 3, 14, 16 usw.), wobei Haydn gelegentlich gravierende satztechnische Fehler unterlaufen[626].

Der *G*-dur-Satz P 135/ MH 173, der als autographes Torso überliefert ist[627], weist die identische (schwarze) Tinte, denselben Schriftduktus und das gleiche

---

[626] Aufmerksam gemacht sei auf die Quintparallelen in T. 114 und 122 der Violinen und die gelegentlichen Quarten zwischen Viola und Baß (T. 71, 86). Auf die oft unglücklich gesetzte Stimme der Viola (Sprünge, fehlende Auflösung von Leittönen, uneinheitlicher Wechsel von Baß- und Mittelstimmenfunktion) sei lediglich hingewiesen.

[627] Übertragung von P 135/ MH 173 auf den Seiten 238-241: Beispiel 71. Der Musikabteilung der Bayerischen Staatsbibliothek, insbesondere Herrn Robert Münster, sei für die Genehmigung der Nachschrift des bislang unveröffentlichten Fragmentes (D-brd-Mbs, Mus. Mss. 4365/2 = P 135/ MH 173) herzlich gedankt. Es handelt sich hierbei um eine autographe Partitur in sehr sauberer Notation (Reinschrift). Haydn verwendete zwei ineinandergelegte Bögen Salzburger Papiers, die weder foliiert noch durchgezählt sind; das querformatige Papier (ca. 31,3 cm x 22,8 cm) ist 10zeilig rastriert. Mit dünner Feder und schwarzer Tinte sind die Blätter 1r bis 2r beschrieben; bis auf Skizzen auf Bl. 4v ist der Rest unbeschrieben.

Papier wie das Autograph des zuvor betrachteten Einzelsatzes auf. Es handelt sich um einen Sonatensatz in *G*-dur, wohl in Andante-Tempo[628], dessen erster Formteil fehlt. Weil dieses Fragment sehr wahrscheinlich zur gleichen Zeit wie der *g*-moll-Satz niedergeschrieben wurde, wäre es immerhin denkbar, daß beide Sätze zusammen eine kompositorische Einheit hätten bilden sollen. Möglicherweise liegt hier also die (recht weit gediehene) Konzeption eines Streichquartetts vor; auch die Tonarten- und Tempokonstellation legt diesen Schluß nahe (vgl. den parallelen Fall in P 120/ MH 307). Träfe diese Spekulation zu, so wäre dies freilich ein weiteres Argument für den fehlenden Einfluß von M. Haydn auf Mozart, da Mozart die Folge zweier langsamer Sätze nicht kennt.

Die Faktur des *G*-dur-Fragments unterscheidet sich völlig von der des *g*-moll-Andantino. Es handelt sich um einen Serenadensatz mit führender Violine I und nahezu konsequent beibehaltener Begleitstruktur von differenziert gesetzten Mittelstimmen und des Basses. Diese musikalische Gestalt ist umso bemerkenswerter, als M. Haydn, so weit man dies beurteilen kann, in keinem seiner Quartette nochmals auf die Serenadenform zurückgreift. Eine auffällige Parallele zur versuchsweisen kompositorischen Annäherung an diese durch Joseph Haydn so gekonnt ins Leben gerufene Serenadenstruktur mit den Satz- und Klangmitteln der Quartettfaktur liegt in der (gestrichenen) Erstfassung des *e*-moll-Adagios KV 156 (134^b)/2 Mozarts vor (s. S. 81 ff.). In beiden Kompositionen fehlt weithin die typisch serenadenhafte Schlichtheit der harmonischen und stimmführungstechnischen Mittel. Doch ob wir allein daraus Beziehungen zwischen diesen Anfang der 1770er-Jahre entstandenen Sätzen konstruieren dürfen, ist fraglich. Wesentlicher ist die Tatsache, daß Mozart in seinen "Wiener" langsamen Sätzen das Prinzip des Serenadensatzes erkannt und entwickelt hat, während es M. Haydn bei diesem ersten (und unvollendeten) Versuch beläßt.

Daß M. Haydn letztlich einen völlig anderen Weg auf dem Gebiet der Quartettkomposition als sein Bruder Joseph oder sein wesentlich jüngerer Salzburger Zeitgenosse Mozart ging, verdeutlichen nicht nur die fünfsätzigen Quartett-Divertimenti P 123 und 125/ MH 207 und 312 der 1770er- und 80er-Jahre, sondern auch die für Joseph Haydn und Mozart völlig uncharakteristische Tonarten- und Satzfolge der dreisätzigen Quartette vom Anfang der

---

[628] Es dürfte kaum, wie H. Zehetmair, Haydn, S. 18, mutmaßt, Allegrotempo intediert sein, zieht man die Figur der V. II und die für langsame Sätze typischen Schlußtakte als Hinweis für das zugrundeliegende Tempo heran.

Beispiel 71

80er-Jahre[629] sowie das Divertimento P 93/ MH 315, 316 aus derselben Zeit, das wiederum der Viersätzigkeit einen Marsch voranstellt und Kontrabaßbesetzung verlangt. Ausgerechnet aus jener Zeit, in denen das Streichquartett erst wirklich zu seiner vollen Entfaltung findet, existiert aus M. Haydns Feder kein Beitrag zu dieser Gattung mehr.

V. 3 Joseph Haydn

Joseph Haydn hatte zu jenem Zeitpunkt, als Mozart mit seinem Vater im Spätsommer 1773 in Wien weilte, um dort unter anderem die sechs Streichquartette KV 168-173 zu komponieren, insgesamt 28 Streichquartette verfaßt. Bereits in den 50er-Jahren des 18. Jahrhunderts, jedoch "bis spätestens 1762"[630], entstanden seine ersten zehn Streichquartette, die abschriftlich schnelle und weite Verbreitung fanden sowie nachhaltigen Einfluß auf zeitgenössische Komponisten ausübten[631].

Wohl von vornherein als zyklische Einheit geplant, entstanden in loser Folge zwischen den Jahren 1766 bis spätestens 1770 sechs Streichquartette, die ebenfalls zahlreich kopiert und 1771[632] erstmals gedruckt wurden (Hummel, Amsterdam, «op. 7»); durchgesetzt hat sich für diese sechs Werke die Opuszahl «9» der ersten französischen Ausgabe (Huberty, Paris, 1772)[633]. Joseph Haydn soll seinem Verleger Artaria gegenüber den Wunsch geäußert haben, seine Quartette erst ab diesen sechs Werken «op. 9» zu berücksichtigen[634].

629 Bis auf das g-moll-Quartett P 120/ MH 307, dessen Mittelsatz in G-dur steht und das viersätzige F-dur-Quartett P 119/ MH 308 handelt es sich stets um Tonartengleichheit aller Sätze. Darin besteht eine gewisse Verwandtschaft zum ersten G-dur-Quartett Mozarts (KV 80/73f), aber auch zu sämtlichen Quartetten Florian Leopold Gassmanns (vgl. Anm. 202, Kap. III.4). Auch in der Satzfolge fällt das F-dur-Werk P 119/ MH 308 aus dem Rahmen, weshalb es L. Finscher, entgegen der eindeutigen Überlieferungseinheit, von den übrigen fünf Kompositionen trennen will und sogar an der Zuschreibung zu M. Haydns zweifelt; L. Finscher, Studien, S. 102. P 119/ MH 308 weist nämlich als einziges der sechs Quartette die standardisierte Satzfolge der Quartette J. Haydns auf: S-M-L-S, während die fünf dreisätzigen Streichquartette immer mit einem langsamen Kopfsatz beginnen und überwiegend ein Menuett als Binnensatz vor dem Rondofinale folgen lassen: P 116/ MH 309: L-M-R; P 118/ MH 305: L-M-S; P 120/ MH 307: L-L-M; P 122/ MH 306: L-M-R; P 124/ MH 304: L-M-R.

630 G. Feder, Vorwort XII,1, S. IX; vgl. auch J. Webster, Chronology, S. 44.

631 G. Feder KB XII,1, S. 9 ff., weist etliche Abschriften (besonders des «op. 1», darunter drei autorisierte) nach; die Autographe sind verschollen. Zur näheren Quellenlage, insbesondere dem genauen Bestand der von dem Verleger Hummel nachträglich als «opus 1» und «opus 2» herausgegebenen Werke vgl.: G. Feder, Vorwort XII,1, S. VII ff., und ders., KB XII,1, S. 8 ff. sowie S. 36 ff., sowie L. Somfai, Autographs, S. 6-9. Zur Wirkungsgeschichte: L. Finscher, Studien, S. 158 ff.

632 Nicht bereits 1769, wie bei R. Barrett-Ayres, Vorwort, behauptet wird; vgl. G. Feder, Vorwort XII,2, S. VI. J. Webster, Chronology, S. 44, geht von der zweiten Jahreshälfte 1769 bis 1770 aus.

633 KB XII,2, ist leider bisher nicht erschienen.

634 L. Finscher, Studien, S. 191.

In rascher Aufeinanderfolge schrieb Haydn in den nächsten beiden Jahren zwei jeweils sechs Werke umfassende Quartettzyklen, die nach dem ersten französischen Verleger als «op. 17» (Sieber, Paris 1773) bzw. als «op. 20» (La Chevardière, Paris 1774, gleichzeitig Erstausgabe) bekannt sind. Die Erstausgabe des «op. 17» besorgte der Amsterdamer Verleger J. J. Hummel im Jahre 1772. Von beiden Zyklen liegen die Autographe Haydns vor; außerdem existieren wiederum zahlreiche zeitgenössische Abschriften, die auf einen weiten Verbreitungskreis schließen lassen[635].

Zur Übersicht seien hier die frühen Streichquartette Joseph Haydns tabellarisch aufgeführt:

Werk (Hob.)		Niederschrift	Erstdruck	Opuszahl
III:	1-4,	bis spätestens 1762	1764 (La Chevardière)	1 (Hummel 1765)
II:	0,			
III:	6			
III:	7-8,	bis spätestens 1762	1766 (La Chevardière)	2 (Hummel 1766?)
III:	10, 12			
III:	19-24	bis spätestens 1770	1771 (Hummel als "op. 7")	9 (Huberty 1772)
III:	25-30	1771 (Autograph)	1772 (Hummel als "op.9")	17 (Sieber 1773)
III:	31-36	1772 (Autograph)	1774 (La Chevardière)	20 (=Erstdruck)

Im Zusammenhang mit der Frage, welche dieser Kompositionen Mozart zum Zeitpunkt seiner frühen «Wiener» Quartette gekannt haben mag, werden immer wieder falsche Angaben hinsichtlich des Erscheinungstermins der Erstausgaben gemacht[636]. Abgesehen davon spielt die Verbreitung der Quellen in zeitgenössischen Abschriften zur Klärung der angerissenen Frage eine ungemein größere Rolle als die (Früh- oder Erst-) Drucke. Aufgrund der weiten Verbreitung kann man zweifellos davon ausgehen, daß Mozart bereits vor der ersten Italienreise die frühesten opera «1 und 2» Haydns bekannt gewesen sein dürften[637]. Im Falle des «op. 17» ist sogar eine sehr frühe Abschrift aller sechs Streichquartette bekannt[638], in der sich Eintragungen zur Dynamik von Mo-

---

635 Zu «op. 17» fehlt noch der KB; zu allen Quellenfragen des «op. 20» vgl.: G. Feder, KB XII,3, S. 8-19 und S. 26-29 (mit Quellenfiliation).

636 Um nur die prominentesten Autoren, deren falsche Angaben auch heute noch übernommen werden, zu zitieren: WSF II, S. 58 («op. 20» sei 1773 komponiert); ihnen folgt: H. Abert I, S. 327; A. Einstein, Mozart, S. 244, gibt für «op. 17» und «op. 20» die Jahre der Entstehung als Veröffentlichungsjahre an; dies übernimmt sogar noch W. Konold, Streichquartett, S. 80.

637 WSF I, S. 301; G. Feder, KB XII, 1, S. 8 ff., dort u. a. der Nachweis etlicher Kopien Wiener und Salzburger Provenienz.

638 D-brd-As (ehemals D-brd-Asa), *Hl. Kreuz 31*; Hob.III: deest. Für die großzügige Überlassung einer Fotokopie jener Quelle sowie für wertvolle Hinweise danke ich Herrn Wolfgang Plath bestens.

zarts Hand finden[639]. Bei dem Kopisten der Violin- und der Bassostimme handelt es sich um den Salzburger Joseph Richard Estlinger, während Violine II und Viola von zwei verschiedenen, nichtidentifizierten Schreibern stammen[640]. Wegen des verwendeten Papiers kommt Cliff Eisen zu dem Schluß, daß dieses Manuskript mit an Sicherheit grenzender Wahrscheinlichkeit auf 1771-72 datierbar ist[641]. Damit scheint eine Kenntnisnahme von Haydns «op. 17» durch Mozart vor Komposition der meisten seiner frühen Quartettwerke zumindest wahrscheinlich. Dies wird, wenn auch mit anderer Gewichtung, durch Walter Senn vertreten und konnte bislang als konsensfähig gelten[642]. Doch genaue Schriftuntersuchungen Wolfgang Plaths der Mozartschen Zusätze ergeben, daß diese entweder von "Ende 1773/74", beziehungsweise wahrscheinlich aus den Jahren "1779/80", keinesfalls jedoch vom Sommer 1773 stammen[643]. Die Augsburger Stimmenkopie steht also wohl eher im Zusammenhang mit Mozarts intensiver Beschäftigung mit Haydns Quartettwerk zu Beginn der 1780er-Jahre als zur Zeit der Entstehung jener Quelle[644].

Wenn Mozart seinerzeit die Quartette «op. 20» Haydns kannte, dann nur durch Kopien, weil der Erstdruck dieser 1772 niedergeschriebenen Werke erst ein Jahr nach der Komposition der Quartette KV 168-173 erschien. Obwohl Datierungen von Abschriften sehr problematisch und noch wenig erforscht sind, kann man dennoch mit G. Feder davon ausgehen, daß bereits kurz nach Haydns Niederschrift Kopien in Wien kursierten. Die überlieferten Kopien entstammen nämlich nicht etwa dem Kreis des Esterházyschen Hofes, sondern Wiener Kopistenbüros. Die Kenntnisnahme des «op. 20» durch Mozart liegt demnach durchaus im Bereich des Möglichen, wenn sie auch nicht bewiesen werden kann[645].

---

639 W. Plath, Vorwort 1966, S. XI, Anm. 30; G. Feder, Vorwort XII,2, S. VI; Chr. Wolff, Fragments, S. 201; N. Schwindt-Gross, Streichquartette, S. 223.

640 Liebenswürdige Mitteilung von Herrn Cliff Eisen.

641 Vgl. auch die im Erscheinen begriffene Arbeit: C. Eisen, The Mozarts' Salzburg Copyists: Aspects of Attribution, Chronology, Text, Performance Practice and Style, in: Mozart Studies, hrsg. von C. Eisen.

642 W. Senn, Stift Heilig Kreuz, S. 352: "Mozart, der diese 1771 entstandenen Quartette op. 17 von J. Haydn (auch die folgende Serie, op. 20, die "Sonnenquartette") wohl bei seinem Wiener Aufenthalt im Jahre 1773 kennengelernt hatte, komponierte unter deren Eindruck die sechs Streichquartette KV 168-173; es ist daher naheliegend, daß er eine Abschrift nach Salzburg mitbrachte".

643 Freundliche Mitteilung durch Herrn Wolfgang Plath.

644 In diesem Zusammenhang muß auf das Quartettfragment Mozarts in E-dur (KV^6 deest) verwiesen werden, das ebenfalls dem Anfang der 1780er-Jahre entstammt und deutlich durch den Beginn von Haydns E-dur-Streichquartett «op. 17/1» (Hob.III: 25) inspiriert ist. Wiedergegeben in: L. Finscher, KB, S. c/90; vgl. dazu G. Croll, Bach-Fuge, und ders., Remarks; s. auch Ch. Wolff, Fragments, S. 201.

645 Hob:III, S. 390, weist zwei frühe Kopien aus dem Jahr 1774 nach; vgl. jedoch: G. Feder, KB XII,3, S. 26 f.

Zu behaupten, die bislang vorliegenden Untersuchungen zu den im Sommer 1773 in Wien komponierten sechs Streichquartetten Mozarts (KV 168-173) bedienten sich deshalb nahezu ausnahmslos eines falschen oder zumindest fragwürdigen methodischen Ansatzes, weil sie diese Werkgruppe ausschließlich unter dem Aspekt einer vermeintlichen Nachahmung von Joseph Haydns frühen Streichquartetten betrachteten, ist sicherlich keine Übertreibung. Erst L. Finscher unternahm auf dem Washingtoner Haydn-Kongress einen ersten Vorstoß, die Argumente dieser stets wiederholten Hypothese zu bezweifeln, und eröffnete damit Wege zu einer neuen, der Sachlage wohl angemesseneren Sichtweise[646]. Nach einem auf die wesentliche Literatur beschränkten Forschungsbericht soll im folgenden insbesondere die Frage nach den kompositionstechnisch relevanten Einflüssen und deren Stellenwert im Hinblick auf das vermeintlich Vorbildhafte der Quartette Haydns gestellt werden. Es wird sich zeigen, daß die lange tradierte «Nachahmungstheorie» letztlich unhaltbar ist.

In das Reich der Legende darf man wohl den von Friedrich Rochlitz kolportierten Ausspruch Mozarts verweisen, er "habe von Haydn erst gelernt, wie man Quartette schreiben müsse"[647]. Sprach O. Jahn noch ganz allgemein davon, "daß der ehrgeizige Jüngling grade [!] in Wien, wo die Haydnsche Kammermusik zu Hause war und herrschte, sich zusammennahm, um durch tüchtige Leistungen den Anforderungen zu genügen, welche man dort zu machen gewohnt war"[648], präzisierte bereits A. Sandberger, daß Mozarts frühe «Wiener» Quartette "speziell Haydns Serie 33 bis 38 [gemeint ist «op. 20»] nachzubilden" versucht hätten[649]. Ohnehin vor allem den kompositorischen Einflüssen nachgehend, die auf den jungen Mozart gewirkt haben mögen, vertraten und vertieften Th. de Wyzewa und G. de Saint-Foix in ihrer großen Mozart-Biographie die Argumente A. Sandbergers (ohne dessen Namen jedoch zu nennen)[650]; sie erweiterten die mögliche Gruppe von vorbildhaften Streichquartetten um Haydns «op. 17» und werteten auch erstmals Haydn und Mozart im Vergleich: Bei aller ästhetischen und historischen Bedeutung reiche Mozarts «Wiener» Serie KV 168-173 nicht an die vermeintlichen Vorgaben Joseph Haydns heran[651].

---

646 L. Finscher, Indebtedness. Dennoch scheint L. Finscher den Einfluß von Joseph wie Johann Michael Haydn nach wie vor prinzipiell hoch anzusetzen, vergleicht man seine 1979 in einem Diskussionsbeitrag niedergelegte Ansicht, "I think too that all of Mozart's quartets before 1782 are formally and stylistically more or less derived from either Joseph or Michael Haydn. [...] an original approach to the new genre really starts with the G-major quartet and not earlier"; L. Finscher, Diskussionsbeitrag in: Ch. Wolff, String Quartets, S. 176.

647 Zitiert nach: H. Abert II, S. 45. Träfe dieser auf die sechs berühmten «Haydn-Quartette» bezogene Ausspruch zu, bewiese dies übrigens Mozarts Gleichgültigkeit gegenüber Haydns frühen Quartetten im Jahre 1773.

648 O. Jahn I, S. 592.

649 A. Sandberger, Geschichte, S. 264.

650 WSF II, S. 57 ff.

651 ibid., S. 60 f., und passim.

Dieses Werturteil wurde in der Folge der (freilich nur sporadischen) wissenschaftlichen Beschäftigung mit den sechs frühen «Wiener» Quartetten Mozarts stetig tradiert[652], ohne je über die Begründungen A. Sandbergers und der beiden französischen Mozart-Forscher hinauszugelangen. So sprachen, um nur die wichtigsten Namen zu nennen, L. Schiedermair, H. Abert, Th. F. Dunhill, F. Blume, K. Geiringer, E. F. Schmid, A. Einstein, A. Orel, E. Schenk, E. Kroher, H. Ch. Robbins Landon, H. Keller, M. Taling-Hajnali, W. Senn, L. Schrade, W. Plath, W. Kirkendale, B. Paumgartner, R. Barrett-Ayres, G. Salvetti und, trotz der aufgeworfenen Fragen L. Finschers, auch jüngst W. Konold sowie N. Schwindt-Gross stets von «Vorbild», «Nachahmung», «Einfluß» oder «Muster», nicht ohne den qualitativen Unterschied zwischen den Werken des «Meisters» und des «Schülers» hervorzuheben[653].

Welche Argumente werden im wesentlichen zur Beweisführung dieser Annahme vorgebracht, obwohl doch weder Quellenlage noch authentische Belege für Mozarts gründliche Kenntnis der frühen Streichquartette «op. 1, 2, 9, 17, 20» sprechen?

Vorwiegend stützt sich die Forschung auf in der Tat auffällige, jedoch eher äußerliche Merkmale. Der Hinweis auf die Verwendung spezieller Satztypen sowie motivische Ähnlichkeiten stehen argumentativ dabei im Mittelpunkt. So seien die Integrierung eines Menuettes und die damit verbundene obligate Viersätzigkeit (vgl. dazu S. 115 und S. 194 ff.), die irreguläre Periodik

---

652 Nur J. P. Larsen äußert sich sehr vorsichtig: "Ob diese frühen Quartette direkt von Haydn angeregt waren, ist vielleicht nicht so leicht zu sagen, denn das Quartett wurde um diese Zeit in Wien fleißig gepflegt"; J. P. Larsen, Haydn und Mozart, S. 221.

653 L. Schiedermair, Mozart, S. 105 f.; H. Abert I, S. 327-329 (zum prinzipiellen Verhältnis Mozarts zu Haydn vgl. Aberts interessante Wertung: "es war doch eine breite Kluft, die ihn von Haydns gesamter Welt- und Kunstanschauung trennte"; H. Abert II, S. 48); Th. F. Dunhill, Quartets, S. 14; F. Blume äußerte sich mehrfach zu diesem Thema mit dem stets gleichen Tenor: F. Blume, Persönlichkeit, S. 27, 40, 43 f.; ders., Haydn und Mozart, S. 579; ders., MGG, Sp. 769; K. Geiringer, Haydn, S. 48; ders., NOHM VII, S. 559 f.; E. F. Schmid, Biographie, S. 14; ders., Mozart, S. 152; dort findet sich auch erstmals der Hinweis, Haydns Einfluß auf Mozart ließe sich ab 1770 stilistisch nachweisen; A. Einstein, Mozart, S. 244-247; A. Orel, Sommerreise, S. 42; E. Schenk, Mozart, S. 243; E. Kroher, Polyphonie, S. 373, und passim; H. Ch. R. Landon, Concertos, S. 247, wobei er betont, auch die «italienischen» Quartette Mozarts stünden bereits unter dem Einfluß von Haydns frühen Quartetten «op. 9, 17 und 20» (wogegen sich F. Blume, MGG, Sp. 769, wendet); H. Ch. R. Landon nennt, soweit ich sehe, erstmals der sechs Quartette «op. 9» als vermeintliche Vorbilder; H. Keller, Chamber Music, S. 91, 100 f.; M. Taling-Hajnali, Fugierter Stil, S. 71, und passim; W. Senn, Stift Heilig Kreuz, S. 352; L. Schrade, Mozart, S. 94; W. Plath, Vorwort 1966, S. XI; W. Kirkendale, Fuge, S. 202 f.; B. Paumgartner, Mozart, S. 170 f.; R. Barrett-Ayres, Haydn, S. 125, 146-151; G. Salvetti, Mozart, S. 277; L. Finscher, Indebtedness; W. Konold, Streichquartett, S. 80-82; N. Schwindt-Gross, Streichquartette, S. 232, 248-250.
Besonders nachdrücklich (und nachhaltig wirkend) liest sich dies bei A. Einstein: "Diese Begegnung [mit J. Haydns «op. 17» und «op. 20»] wirft ihn völlig aus der Bahn, genau so wie ihn etwa zehn Jahre später die Begegnung mit Johann Sebastian Bach aus der Bahn wirft. [...] so schreibt er jetzt eine Reihe höchst unbehaglicher Sätze für Streichquartette, die dem Vorbild zu nahe stehen, ohne es zu erreichen. Denn Mozart ahmt hier nur nach, was Haydn, der Ältere, Reifere sich erarbeitet hatte"; A. Einstein, Mozart, S. 244 f., und passim.

einzelner Kopfsätze (vgl. dazu S. 64 ff.), der Serenadentypus einzelner langsamer Sätze (vgl. dazu S. 94 ff.), der Variationskopfsatz KV 170/1 (vgl. S. 138 ff.), die langsame Einleitung in KV 171/1 (vgl. S. 141 ff.), gewisse Motivverwandtschaften und insbesondere die Fugenfinali (vgl. S. 145 ff. und S. 259 ff.) deutliche Beweise für den Vorbildcharakter der Streichquartette «op. 17 und 20» Joseph Haydns. Man hätte noch die zügige und von vornherein als sechsteiligen Zyklus konzipierte Arbeit an den sechs «Wiener» Quartetten anführen können, die so deutlich von der eher lockeren Arbeitsweise an den zuvor geschriebenen Streichquartetten Mozarts absticht; dies ließe auf spontane Reaktion Mozarts schließen. Außerdem fällt die mit Haydns «op. 20» zumindest verwandte Tonartenanlage (entsprechend des Haydnschen «Entwurfkatalogs»!) sowie das erstmalige Auftreten eines Mollquartetts auf:

KV 168-173:   F- A- C- Es-B-d
«op. 20»:   f- A- C- g- D-Es

Die Verwendung diverser durch Haydn vorgegebener Satztypen spricht zwar deutlich für eine Rezeption der gewichtigen Quartettzyklen durch Mozart, doch der Nachweis eines Abhängigkeitsverhältnisses im engeren Sinne kann sinnvollerweise nur über die kompositorische Substanz, über die formalen und gestaltungstechnischen Merkmale führen, will man Nähe (oder Ferne) beider Komponisten fassen. Wenden wir uns also der Anlage und Ausführung des vierstimmigen Satzes innerhalb der verschiedenen Satztypen als dem Wesentlichen der frühen Streichquartette Haydns und Mozarts zu und fragen wir, ob es über die zweifellos vorhandenen äußerlichen auch echte kompositorische Bezüge gibt. Sonatensatz, Menuett, langsame Einleitung und Fuge seien diesbezüglich untersucht.

(a) Sonatensatz

Joseph Haydns frühe Streichquartette «op. 9, 17 und 20» entwickeln schrittweise die erst in «op. 33» wieder in harmonischem Ausgleich mit dem Melodischen stehende Durchdringung des vierstimmigen Satzes mit den Mitteln der motivischen Arbeit. Die Satztechnik kompliziert sich zunehmend[654]. Diese Entwicklung wirkt sich freilich auf die Form des Sonatensatzes aus, so daß es zu einem Konflikt oder besser zu einer Auseinandersetzung zwischen formaler Anlage und progressiver Gestaltung kommt. Bereits in den Kopfsätzen aus «op. 9» ist der in den frühesten Quartetten («op. 1 und 2») noch zu beobachtende "melodisch-thematische Kontrast, ja selbst die gestalthaft eindeutige Abgrenzung mehrerer Themen als konstitutiver Bestandteil der Sonatensatzform [...] aufgehoben und hat einem außerordentlich bunten Feld gestalthaft schwach ausgeprägter, durch Variation und Fortspinnung verknüpfter Motivkomplexe Platz gemacht"[655]. Diese Tendenz setzt sich über den Zyklus «op. 17» fort und mündet in den Quartetten «op. 20» in eine geradezu verbissene

---

654 Vgl. L. Finscher, Studien, S. 195 ff., und passim.
655 ibid., S. 197.

Detailarbeit der Variierung einzelner Motive und Motivgruppen mit dem Ziel völliger Gleichberechtigung aller Stimmen. Diese Entwicklung ruft spätestens in «op. 20» derart individuelle Kopfsätze hervor, daß "fast jede Erinnerung an traditionelle Satztypen" verschwunden ist[656].

Betrachten wir - auch im weiteren Verlauf unseres Sonatensatzvergleichs - exemplarisch den *F*-dur-Kopfsatz «op. 17/2» (Hob.III: 26/1), der durch seine Motivik und seine Haltung vordergründig den frühen Quartetten Mozarts sehr verwandt zu sein scheint[657].

Die großformale dreiteilige Anlage, die wir in Mozarts frühen Quartetten kennengelernt haben, ist auch hier zu konstatieren. Doch sämtliche bei Mozart geradezu standardisierten Elemente, die diese Form konstituieren, fehlen bei Haydn oder zeigen völlig andere Physiognomie. Ist bei Mozart im Vergleich zu seinen «italienischen» in den «Wiener» Quartetten eine (leichte) Tendenz zur Ausdehnung des III. Formteils zu erkennen (vgl. S. 56), so ist bei Haydn eine Straffung des III. gegenüber des I. Formteils festzustellen. Gleichzeitig wächst der bei Mozart primär zwischen den Hauptteilen vermittelnde II. Teil bei Haydn zu kompositorisch und formal gleichwertiger Bedeutung, was sich allein schon an den Taktzahlenverhältnissen ablesen läßt:

[: I. Teil :][: II. Teil   III. Teil :]
38 Takte   32 Takte   30 Takte

Aber auch Mozarts Verfahren, die beiden wesentlichen tonalen Felder der Sonatensatzhauptteile (I. und III. Teil) über ein harmonisches «Scharnier» zu führen, läßt sich bei Haydn nicht finden. Im Gegenteil: Im durchaus charakteristischen *F*-dur-Satz wird erst drei Takte vor dem Doppelstrich (T. 36) die neue Tonika (*C*-dur) wirklich erreicht. Zuvor rückt Haydn im Anschluß an den elftaktigen, auf der I. Stufe stehenden Anfangsabschnitt den Satz über einen kurz angerissenen dominantischen Akkord unvermittelt zur VI. (T. 12-15), dann zur V. Stufe (T. 16 ff.). Dieses *C*-dur ist nun durch sein plötzliches Auftreten keineswegs gefestigt und mündet deshalb folgerichtig in seinen dominantischen Bereich (T. 20 ff.). Wäre bereits dieses ununterbrochene, zäsurfreie Vorwärtsdrängen von der Tonika zur wichtigen Station der Doppeldominante in Mozarts Quartettsonatensatz völlig undenkbar, so zeigt die sich anschließende Entwicklung die Differenz zwischen Haydns und Mozarts Formverständnis noch krasser. Nach einer harmonisch (Molleintrübung, übermäßiger Quintsextakkord) stark erweiterten Doppeldominantfläche (T. 20-28) erwartet man spätestens in Takt 29 den Abschluß auf der endlich erreichten neuen Tonika - zudem die erste Violine durch ihren konzertanten Triller das zweifelsfreie Zeichen dazu gibt. Doch obwohl die erste Violine in Takt 29 (für

---

656 ibid., S. 219.

657 Das ständig präsente Hauptmotiv, das unschwer als «italienischer Zweitakter» zu identifizieren ist, wie auch die jeweilige Abschlußfigur können geradezu als motivische Topoi des jungen Mozart angesehen werden. Das allerdings schon im zweiten Takt (!) abgebrochene Akkordpochen der drei Unterstimmen mag darüber hinaus an etliche Kopfsätze der «italienische» Quartette erinnern.

sich alleine betrachtet) ihr *C*-dur-Ziel erreicht zu haben scheint (vermeintlich ausschwingendes Pendeln zwischen *C*- und *G*-dur), setzen die Unterstimmen überraschend einen doppeldominantischen Akkord und treiben somit den Satz um weitere sieben Takte voran, bis die Violine I erneut und durch kräftigen Lagenwechsel wesentlich energischer (T. 35) mit ihrem Triller über der V. Stufe das Signal zum endgültigen Abschluß gibt.

Dieses zu Mozarts Sonatensatzanlage völlig konträre Formverständnis resultiert, wie L. Finscher ausführlich gezeigt hat[658], aus Haydns Primat der motivischen Arbeit zum Zwecke der Satzverdichtung, welche formale Freiheiten geradezu nach sich zieht. So spielen sich die Unterstimmen bereits bei der variierten Wiederholung des Anfangsviertakters eine den blockhaften Akkord der Takte 2-3 auflockernde 16tel-Figur imitierend zu, woraus ein unerwartetes Verharren über der Baßachse c^1 bei gleichzeitig gedehnter Sequenzierung resultiert, so daß der bei seinem ersten Auftreten gleichmäßige Viertakter bei seiner «Wiederholung» zum Fünftakter gestreckt ist. Auch an der konventionellen, bei Mozart sehr häufig (S. 158) anzutreffenden Abschlußgeste der ersten Violine in Takt 9 können die Mittelstimmen nicht ohne sofortiges Imitieren vorübergehen: Für drei Takte (T. 9-11) «fährt» sich das Geschehen gleichsam mittels dieser Floskel unter beständigen V-I-Kadenzschritten «fest». Erst die abrupte Stufenversetzung scheint ein Vorwärtskommen zu ermöglichen. Doch das Festhalten an bekanntem motivischem Material verhindert den Eindruck eines wirklich neu anhebenden Abschnittes, dem formale Eigenständigkeit zukäme. Wechselnde Tonartenstufen sind, im Gegensatz zu Mozarts Sonatensätzen, nicht mit wechselndem motivischem Material kongruent.

In den Streichquartett-Sonatensätzen (besonders in «op. 20») Haydns wird nach Finscher diese "Neigung zur [...] permanenten Durchführung [...] fast zur Manier [...]; für den Satzverlauf hat sie die wesentliche Konsequenz, daß kaum eins der Themen in sich gestalthaft geschlossen ist, daß vielmehr aus der Zelle des ersten prägnanten Motivs der ganze Satz in permanenter Arbeit und stetiger Verwandlung entwickelt wird"[659]. In Mozarts Quartetten hingegen bleibt stets die formale Anlage, wie wir sie von Anfang an beobachten können, ein wesentliches Konstituens des Satzes und damit frei von tiefgreifend verändernden Experimenten. Das musikalische Material greift niemals die weitgehend normierte Form an.

Die unermüdliche Arbeit am musikalischen Material, die dem (jungen) Mozart so fremd und Haydn in seinen frühen Streichquartetten wesentliches Anliegen ist, führt aber nicht nur zu völlig unterschiedlichen Formkonzepten und Gliederungen des musikalischen Geschehens, sondern auch zu völlig differierenden Gestaltungsmerkmalen des vierstimmigen Satzes. Es sei nur andeutungsweise das Wichtigste (in Klammern Taktangaben aus dem Beispiel-Kopfsatz des *F*-dur-Streichquartetts «op. 17/2» von Haydn) aufgezeigt.

---

658 L. Finscher, Studien, S. 210 ff.
659 ibid., S. 220.

Haydns Quartette weisen, zumindest bis einschließlich «op. 17», gelegentlich ausgeprägte Solohaltung der ersten Violine auf[660]. Im wesentlichen zeigt sich dies durch Kadenztriller (T. 28, 35, 60, 90, 97), sehr hohe Lage (T. 26 f., 49-59) und virtuoses Passagenwerk bei typischer Begleithaltung der Unterstimmen (T. 25 ff., 50 ff.). Bei Mozart ist die erste Violine ungeachtet ihrer wichtigen Rolle als Führungsstimme nie derart exponiert, sondern stets deutlich in den vierstimmigen Satz eingebettet.

Charakteristische Stimmenkoppelungen, die Mozart in seinen frühen «Wiener» Quartetten von seinen vorausgehenden Quartetten modifizierend übernimmt, fehlen in Haydns Quartetten nahezu gänzlich, so daß auch hier kein Einfluß vorliegt. In den Kopfsätzen der Quartette «op. 9» und «op. 17» fehlen zum Beispiel die Oktav-Terz-Kombination, die Oktavierung der Violinen (vgl. aber Haydns Menuette!) oder der Violine I mit der Viola und nahezu auch das *unisono*[661]. Dafür koppelt Haydn gelegentlich die Viola an den Baß (kaum im F-dur-Kopfsatz), so daß hier die für Mozart so charakteristische weitgehende Vollstimmigkeit fehlt. In «op. 20» geht Haydn gelegentlich sogar so weit, auf kompakte Vierstimmigkeit zugunsten eines aufgelockerten teils drei- oder gar nur zweistimmigen Satzes zu verzichten[662].

Aufgrund der prinzipiellen Solofunktion jeden Instrumentes setzen außer der Violine I auch die übrigen Stimmen zu schnellem, solistischem Passagenwerk an (T. 20 ff.: V.II; T. 43 ff.: Va. und Vc.), und neigt sich der harmonische Prozeß - überwiegend in den Mittelteilen (hier T. 43 ff.) - zu figuriert umspielten Quintschrittsequenzen: satztechnische Phänomene, die man in den frühen Quartetten Mozarts lange suchen muß.

(b) Menuett

Besonders plastisch lassen sich unleugbare Nähe und gleichzeitige Ferne der frühen Streichquartette Mozarts und Haydns anhand der Menuette aufzeigen. H. Abert will bemerkt haben, Mozarts frühe «Wiener» Streichquartett-Menuette würden unter dem Eindruck Haydns "bisweilen ins Bizarre spielen"[663]. Wie das?

Für Haydn ist das Menuett Experimentierfeld motivischer und rhythmisch-metrischer Arbeit, die das Ziel anvisiert, sich der drohenden Nähe des Einfachen, des naiv Tanzhaften zu entledigen. "Gegenstand der kompositorischen Versuche in den Menuetten [von «op. 9, 17 und 20»] ist vor allem die Achttaktperiode als Norm, von der Haydn in keiner anderen Schaffenszeit so stark abweicht, wie in dieser. Unter den insgesamt achtzehn Menuetten der drei Streichquartett-Serien sind allein acht Themen aus unsymmetrischen Gliedern

---

660 ibid., S. 208 f.; R. Barrett-Ayres, Haydn, S. 151.

661 A. Raab, Unisono, S. 31 f.

662 ibid., S. 220.

663 H. Abert I, S. 327.

gebildet"[664]. Daß Haydn das kompositorische Niveau gerade seiner Menuette auf die erreichte Höhe seiner satztechnischen Kunst der übrigen Quartettsätze bringen will, erkennt man nicht zuletzt daran, daß sich seine gelegentliche ungerade Periodik und streckenweise komplexe satztechnische Verarbeitung in den Werkgruppen «op. 9» und «op. 17» hinsichtlich des Motivischen ganz bewußt auf traditionelles, floskelhaftes Material stützt. Aus der Konfrontation naiver Tanzmelodik mit komplexer Verarbeitung wird das Moment des Artifiziellen besonders deutlich spürbar. So verwendet Haydn in «op. 9/1» (Hob.III: 19/2) eine markant pulsgebende ostinate Baßwendung, über der sich eine einfach harmonisierte Dreistimmigkeit (mit Vorhaltsschleifern der V.I) entfaltet:

Beispiel 72

Ähnlich plakativ wird die Assoziation des Tanzhaften auch im Menuett aus «op. 17/4» (Hob.III: 28/2; vgl. T. 3-14 und 25 ff.) oder im Menuett aus «op. 9/5» (Hob.III: 23/2) geweckt[665].

Diese Anklänge kennt Mozart nicht. Mozarts Menuette sind von Anfang an Kunstmenuette, denen jedes motivisch-thematische Zitat des Tanzbodens fehlt. Ausgerechnet die geradzahlige Periode - trotz aller individueller Freiheit in den «Wiener» Menuetten - dominiert. Die beiden Menuette des «italienischen» Zyklus halten sich in der Motivik so prononciert vom Charakter des Tanzes zurück (S. 97 ff.), daß sie in dieser Beziehung streng und eher menuettfern wirken, während die «Wiener» Menuette dem periodisch Liedhaften trotz gelegentlicher Überschreitung des Achttakters und imitatorischer Satzkunst wieder mehr Raum lassen. In dieser Dialektik wirken sie "kapriziö-

---

664 W. Steinbeck, Menuett, S. 83 f.; W. Steinbeck weist (S. 85) auch auf die unproportional hohe Anzahl von drei Menuetten in Molltonalität der opera «9, 17 und 20» hin, da unter allen Streichquartetten Haydns nur sieben nicht in Durtonalität stehen.

665 Daß Haydn in «op. 9» und in den folgenden Werkgruppen bestrebt sei, "alle konventionellen Floskeln des Tanzmenuettes wie des galanten Menuetts" zu vermeiden, wie von L. Finscher, Studien, S. 199 (vgl. auch S. 213 f. und 227 ff.), beobachtet, trifft m. E. nicht ohne Einschränkungen selbst noch für «op. 20» vollständig zu.

ser"[666] als ihre «italienischen» Vorgänger. Nicht nur das «Tempo di Minuetto» KV 156 (134^b)/3, sondern auch einige Sätze der «Wiener» Serie beziehen darüber hinaus vom ersten Takt an das imitatorische und dadurch komplexere Geflecht aller Stimmen in das Satzgeschehen mit ein: eine Kompositionstechnik, die Haydn in seinen frühen Menuetten kein einziges Mal anwendet[667]. Selbst wenn diese strengen Satzelemente fehlten, würde man keines der Mozartschen Menuette in Streichquartettbesetzung als naiv tanzhaft bezeichnen wollen, worin man vielleicht gerade die eigenständige Auseinandersetzung Mozarts mit dem Klischee des Menuettes durch den Einfluß J. Haydns erblicken mag. Beispielhaft für Mozarts unbefangenen Umgang mit Menuettform und -ton seien das vielgestaltige Menuett mit seinem witzig überraschenden Trio aus KV 169/3, das Trio aus KV 173/3, das (einzige) ungerade Menuett KV 171/2 oder die beiden Molltrios KV 170/2 und 172/3 genannt (vgl. S. 115 ff.).

Auch die Satzstellung des Menuettes kann nicht als Einflußbereich Haydns reklamiert werden[668], steht doch bei Haydn das Menuett überwiegend (ohne letzte Konsequenz)[669] an zweiter Stelle nach einem Moderato-Kopfsatz, während Mozart das Quartett-Menuett gewöhnlich vor das Finale plaziert; nur nach den «ungewöhnlichen» Kopfsätzen KV 170 (Variation) und KV 171 (Adagioprolog und -epilog ohne ausgeprägten Sonatensatzcharakter) findet sich bei Mozart «Haydns» Satzfolge. Und die viersätzige Anlage (mit integriertem Menuettsatz) mußte Mozart in KV 168-173 nun wirklich nicht von Haydn kopieren: Etliche Werke süddeutsch-österreichischer Komponisten dieser Zeit weisen Viersätzigkeit auf (vgl. S. 183).

Ein charakteristisches Merkmal der Haydn-Menuette besteht in ihrem tonartlichen Verhältnis zum Trio. Alle Trios aus «op. 9», mit einer Ausnahme aus «op. 17» («op. 17/2»: *F*-dur/*d*-moll) und mit zwei Ausnahmen aus «op. 20» («op. 20/1» und «op. 20/3»)[670] stehen in der gleichnamigen Tonart (häufig mit Moll-Eintrübung) des Menuettes. Obwohl das Verhältnis Durtonart und gleichnamige Molltonart ein wichtiges Indiz von Mozarts «Tempo di Minuetto» ist, fehlt diese Tonartenkonstellation (bis auf die Ausnahme KV 170/2, s. u.) in den «Wiener» Quartettmenuetten, zumal man Haydns überwiegendes Fixieren derselben Tonika in Menuett und Trio bei Mozart vergeblich suchen wird.

---

666 A. Einstein, Mozart, S. 246.

667 W. Kirkendales Beispiele: «Opp. 1/1, 1/4, 2/3, 3/2», teilweise kanonisch gearbeitet, lassen entweder nur in Ansätzen locker gefügte Imitationsfolgen erkennen (op. 1/1, 4. Satz und op. 1/4, 4. Satz) oder sind mittlerweile als nicht authentisch (op. 3/2) beziehungsweise zu einer anderen Gattung gehörig (op. 2/3) nachgewiesen; W. Kirkendale, Fuge, S. 190 f. Dennoch scheint die strenge Form des Kanons prinzipiell besonders gerne in Verbindung mit dem Menuett aufzutreten.

668 Entgegen R. Barrett-Ayres, Haydn, S. 146.

669 L. Finscher, Studien, S. 219.

670 Merkwürdigerweise zeichnet Haydn beidemal die Akzidentien dorisch vor (vgl. auch die frühesten Quartettmenuette «op. 1 und 2»), so daß der äußerliche Eindruck der Tonalitätsgleichheit entsteht; «op. 20/1»: *Es*- und *As*-dur, «op. 20/3»: *g*-moll und *Es*-dur.

Diese taucht dafür umso häufiger in den Mozartschen Orchester-Tanzmenuetten auf (vgl. S. 195).

Auch in der tonalen Gestaltung der A- und B-Teile von Menuett und Trio sind erhebliche Abweichungen zwischen Haydn und Mozart festzuhalten. So kennt Mozart nicht die von Haydn oft geübte Praxis, den B-Teil der Menuette in der Tonika anzusetzen[671]. Er beachtet vielmehr nahezu immer die vom Sonatensatz beeinflußte Spannung der am Schluß des ersten Teils erreichten neuen Tonart der V. Stufe; seine B-Teile (selbst in KV 168/3) beginnen nie auf der Tonika.

Ferner sei auf Haydns gelegentliche Stimmenreduktion in den Trios aufmerksam gemacht, die entweder durch Ausschluß einer der vier Stimmen («op. 9/1, 9/4!, 9/6, 20/1, 20/6») oder durch Oktavverdoppelungen und Liegeklänge («op. 9/3, 9/4, 9/5, 17/1, 17/3, 17/5, 20/2»; Menuett «op. 20/6») zustandekommt, wodurch sich ein klanglich starker Kontrast beider Teile einstellt. Diese Gestaltungsmittel kennt Mozart genausowenig wie etwa das rhythmisch intrikate «Menuet alla Zingarese» («op. 20/4») oder ein veritables Cellosolo («op. 20/4» und «op. 20/2»: jeweils im Trio). Mozart rechnet in den Trios immer mit einem vollständig vierstimmigen Satz und hebt den Trioteil eher durch motivische Einsilbigkeit und stetes *piano*-Spiel vom Menuett-Teil ab (S. 124 ff.).

Nun fragt man sich, worin der Einfluß der Haydn- auf die Mozartmenuette bestehen könnte, wenn äußerliche Merkmale wie Satzstellung, Satzfolge, Tonartendisposition, Länge der Teile, Tonfall und Faktur kaum Parallelen aufweisen. Die Beziehungen zwischen den Menuetten beider Komponisten sind denn auch eher durch offenkundige Motivverwandtschaften zu bestimmen, deren kompositorische Ausführung sich allerdings grundlegend voneinander unterscheidet. Motivverwandtschaften werden jedoch nach wie vor in ihrer Aussagekraft überschätzt. Bei ihnen handelt es sich um Sekundärphänomene, die nicht die entscheidende Frage nach der jeweiligen spezifischen Behandlung des vierstimmigen Satzes und seiner formalen Fügung zu klären imstande sind. Gerade darin und nicht in bloß motivischen Übereinstimmungen sollte man aber den Angelpunkt zu den Begriffen «Einfluß», «Vorbild» und schließlich «Nachahmung» sehen. Bereits F. Blume warnte, Haydns und Mozarts frühe Streichquartette vergleichend:

> "Man soll nicht, wie es in der Literatur seit St.=Foix allzu häufig geschehen ist, auf die Jagd nach gemeinsamen Themen gehen, einmal, weil viele Themen auf der Straße lagen und Gemeingut waren, zum anderen, weil viele Themen barockes Erbgut sind [...], das Haydn und Mozart so oft benutzt haben zum dritten, weil im 18. Jahrhundert noch eine enge Bindung zwischen Tonart und Thema bestand [...]. Es kommt ja nicht auf ein paar Töne oder melodische Wendungen an, die sie einmal gemeinsam benutzt haben, sondern auf das, was sie daraus gemacht haben. Wer wen beein-

---

[671] Menuette: «op. 9/2, 9/3, 9/5, 17/2, 17/4, 17/5, 17/6, 20/4, 20/5»; Trios aus: «op. 9/3, 9/4, 17/3, [17/5]».

flußt hat, ist im einzelnen kaum zu beweisen und im Grunde auch belanglos"[672].

Das Trio aus «op. 9/1» (Hob.III: 19/2), das dem breit ausgeführten *C*-dur des Menuettes ein klanglich reduziertes *c*-moll entgegensetzt, konzentriert sich bis auf die letzten Takte auf eine auftaktige, fallende, unbegleitet von der ersten Violine vorgestellte 8tel-Figur, die nach Durchschreiten des Quintraumes die Zielnote mehrfach anschlägt, wobei sie von den Unterstimmen in bogenförmiger Linie[673] schlicht unterbaut wird, um mit einer leittönigen 8tel-Wendung in Sextakkordlage abzuschließen. Diese Viertaktgruppierung wird im ganzen fünf Mal aufgenommen, indem sie sekundschrittweise nach oben sequenziert wird (von g^1 bis d^2). Die eigentliche Tonart wird dadurch verunklart, zumal Teil A in der parallelen Tonart *Es*-dur endet. Die zu erwartende Reprise (ab T. 55) greift jedoch (über einem Orgelpunkt auf g) gar nicht mehr auf den Triobeginn zurück, sondern läßt das abgespaltene Anfangsmotiv zwischen den Violinen kreisen, um halbschlüssig (ohne Wiederholung) zu schließen.

Mozarts *c*-moll-Trio KV 170/2, das auf ein *C*-dur-Menuett folgt, zeigt vor der Hand verblüffende Ähnlichkeit, veranschaulicht letztlich aber auch die unüberbrückbaren Unterschiede zwischen beiden Komponisten. Es hat 16, Haydns Trio 28 Takte, obwohl die umrahmenden Menuette etwa gleiche Länge aufweisen. Dem Trio kommt also bei Haydn (nicht nur hier!) quantitativ mehr Gewicht zu. Der Eingang der ersten Violine ist deutlich verwandt, doch der fallenden und dadurch lebendig wirkenden Bewegung in «op. 9/1» setzt Mozart einen starren, weil letztlich nur durch den Leitton immer wieder bestätigten, scheinbar bewegten Quintton g^1 (dann g^2) entgegen, der selbst im Ziel des zweiten Taktes noch als (nach unten) oktavierter Zentralton bewahrt bleibt. Mozarts (im Wortsinne) eintönige Figur streckt sich auch nicht über vier rhythmisch jeweils verschieden gestaltete Takte, sondern wiederholt dieselbe Phrase sogleich nach oben oktavversetzt. Erst im nachfolgenden Viertakter wendet sich der Satz wie bei Haydn dem parallelen *Es*-dur zu; im Unterschied zu Haydn erfolgt diese Belebung allerdings nicht durch die Anfangsgeste, sondern durch neues Material. Die eigentliche wie bei Haydn aufwärts gerichtete Sequenz erfolgt erst nach dem Doppelstrich, wo Mozart in knappen 2+2 Takten über die IV. und V. Stufe bereits die Dominantspannung erreicht hat und mit der Reprise einsetzen könnte. Doch wie bei Haydn verharrt der Anschluß auf der unerlösten Dominante (Wechsel von V.I und II). Die Mozartsche Abspaltung, die durch die ursprüngliche Zweitaktanlage der Eröffnung keine eigentliche ist, währt jedoch nur vier Takte, während sich Haydn doppelt soviel Zeit nimmt, um den Sog in die Tonika zu verstärken.

---

672 F. Blume, Haydn und Mozart, S. 581; vgl. jedoch Blumes davon abweichende Stellungnahme zu KV 168-173, zitiert in Anm. 653.

673 Bemerkenswert ist Haydns effizient geistvolle Stimmführung der V.II, die den Quartaufstieg der beiden unisonen Unterstimmen taktverschoben imitiert und sogar jeweils die V.I überschreitet. Zu Beginn des B-Teils setzt sich dieser Prozeß fort, jedoch um eine 4tel nach vorn versetzt.

Nicht nur die unterschiedliche Disposition der Taktgruppen hinsichtlich der Durch- und Ausführung des motivischen Materials, sondern auch die prinzipielle Haltung beider Komponisten ihrem musikalischen Material gegenüber differiert demnach fundamental: Während Haydn entschieden konstruktivistischer sein Viertaktmodell stets um einen Sekundschritt nach oben hebt, indem er es uns fünfmal hintereinander (rechnet man die Wiederholung des A-Teiles hinzu sogar siebenmal) nahezu ohne Fakturwechsel[674] gleichsam «vorführt», setzt Mozart ein sehr ähnliches Motiv in den Dienst eines kurzen zum Menuett kontrastiven Zwischenspiels, wobei sich zwar an die starren 2+2 Takte des Anfangs ein melodisch gelöstes *Es*-dur im dichten vierstimmigen Satz anschließt, ohne jedoch Einfluß auf den Rest des Satzes zu nehmen. Mozart gestaltet hier also das Trio bewußt «handlungsarm», um einen Kontrast zum Kontext zu erhalten, während Haydn ein einziges Gestaltungsprinzip der Gefahr einer ermüdenden Wiederholung zum Trotz unerbittlich durchführt und deshalb dem Trioteil auch kompositorisch großes Gewicht beimißt. Außer der deutlichen Motiv- und (anfänglichen) Fakturverwandtschaft, der Tonartenverhältnisse zwischen Menuett und Trio und des dominantischen Schließens der A- und B-Teile, was zusammengenommen eine direkte «Einflußnahme» immerhin in den Bereich des Möglichen rückt, konstatieren wir eher gravierende Unterschiede als Gemeinsamkeiten in der kompositorischen Haltung.

Wie Haydns *d*-moll-Menuett innerhalb des «op. 9» ist dasjenige Mozarts (KV 173/3) "das ernsteste und unkonventionellste der sechs Menuette"[675]. Auch hier ist die motivische Verwandtschaft zu Beginn beider Sätze unübersehbar[676], doch sollte mit dieser bloßen Feststellung die Frage nach der Wirksamkeit und dem nachweisbaren Niederschlag einer tatsächlichen Beeinflussung Haydns nicht ad acta gelegt werden. Sobald man über das offenkundige motivische Band beider Sätze hinausgeht, erkennt man erst, daß Mozart völlig eigenständig komponierte und eben nicht im Sinne Einsteins «nachahmte». Was ist beiden Sätzen gemeinsam, was unterscheidet sie?

Die Anfangsfigur der Oberstimme - betont einsetzender Quintton a^2, schrittweise fallende *d*-moll-Skala, Zielton cis^2 im zweiten Takt - vermittelt sowohl bei Mozart als auch bei Haydn sofort die hochexpressive Aura der Molltonalität. Beide Eröffnungsviertakter schließen sich durch eine deutliche

---

674 Man beachte jedoch die rhythmisch-metrische Verschiebung des Unterstimmengefüges (vgl. vorausgehende Anm.).

675 L. Finscher, Studien, S. 201. Aus diesem Grunde fehlt auch eine Beschreibung dieses Satzes in Kap. III.5, da es weder imitatorisch, noch metrisch besonders auffällig, sondern ganz eigenständig ist, und der unmittelbare Vergleich mit Haydn reizt.

676 H. Keller, Chamber Music, S. 101, verweist erstmals auf diesen Zusammenhang und hebt dabei die Bedeutung des «op. 9» für Mozart hervor; außerdem sieht er in der Eröffnungsfigur, vielleicht nicht zu Unrecht, den "father of the A major trio in Don Giovanni" [= 2. Akt, Szene 2]; s. auch R. Barrett-Ayres, Haydn, S. 151. Nicht zu übersehen ist aber auch eine gewisse motivische Parallele von Menuett I aus Haydns «op. 2/4» (Hob.III: 10/2), wo bei der Wiederholung des A-Teiles sogar - vgl. KV 156 (134^b)/3! - eine Imitation der fallenden Figur erfolgt.

Beispiel 73

Kadenzbewegung zur Tonika und Generalpause unmißverständlich vom Folgenden ab. Doch in der Gestaltung liegen die Unterschiede. Haydn zerreißt den Bogen von Takt 1-4 einerseits durch den emphatischen Aufschwung der Violinen in Takt 2, andererseits durch abruptes Schweigen auf der «1» in Takt 3 sowie den dadurch erzeugten Kontrast zwischen kräftigem Beginn (T. 1-2) und dynamisch zurückgenommenem Schluß (T. 3-4). Mozart faßt hingegen die ersten vier Takte zu einer Sinneinheit zusammen, die klar strukturiert ist: in Sekundschritten bogenförmig geführte Oberstimme, impulsgebender Baß und in 8teln bewegte Akkordbegleitung der Mittelstimmen. Erst das Nachfolgende überrascht wirklich, nicht schon die Eröffnung für sich. Der sich anschließende, unerwartet nach *B*-dur kadenzierende Viertakter (T. 5-8) wirkt gerade durch die geschlossene Kraft des Anfangs umso überraschender in seiner kontrastiven Dynamik und simplen Zweistimmigkeit (ab T. 6,2). Haydns Anschluß kadenziert ebenso unvermittelt nach *F*-dur (T. 5-10), doch gewinnt der angehängte Sequenzabschnitt plötzlich an Eigendynamik, spaltet die Sequenzfolge ab und gelangt über einen Trugschluß (T. 15) wie einen verminderten Septakkord (T. 17) nach 20 Takten über E^7 nach *a*-moll, ohne die leidenschaftliche «Devise»[677] noch einmal aufgegriffen zu haben. Mozart hingegen schließt nach dem ruhigen Viertakter (T. 5-8) sofort eine Kadenz über dem (selben) verminderten Septakkord an und gelangt durch gesteigerte Bewegungsenergie (Mittelstimmen!) bereits nach 14 Takten nach *a*-moll. Er setzt also drei scharf kontrastierende Blöcke nebeneinander, wobei dem mittleren Viertakter lediglich die Funktion der kontrastiven Ruhe zwischen zwei erregten Mollteilen zukommt, ohne - wie bei Haydn - eine motivische Idee ungeachtet des Verlustes an Spannung bereits im ersten Teil «durchzuführen».

Besonders deutlich wird Mozarts Tendenz zur kurzwährenden Konfrontation verschiedener Einheiten im Vergleich zu Haydns konzentrierter Fortspinnungstechnik im zweiten Teil, wo er bereits nach sechs Takten energischer Dominante (S. 254) zur wörtlichen Reprise ansetzt. Nach dem Eröffnungsviertakter erwächst aus der ehemaligen viertaktigen Modulation eine zur Achttaktigkeit gesteigerte Rückleitung zur V. Stufe (T. 32). Die ursprüngliche Ruhe wird also jetzt dramatisch aufgeladen, die dritte Gruppe durch Trugschluß (T. 38) und Oktavversetzung von ehemals sechs auf nun zehn Takte erweitert und damit gesteigert. Im Ansatz entwickelt Mozart also in der Reprise Elemente der Verarbeitung des vorgestellten Materials. Doch der Unterschied zu Haydn bleibt offenkundig: Haydn kehrt nicht mehr zum Anfangsimpuls der zerrissenen *d*-moll-Sphäre zurück, sondern baut nach einer unscheinbaren Überleitung

---

677 L. Finscher, Studien, S. 201.

(T. 21-28) in genialer Weise die bereits in Takt 5 vorgestellte Modulationsfigur aus, wobei er zweimal trugschlüssig auf *B*-dur endet (T. 32, 38)[678] und plötzlich die harmonische und rhythmische Entwicklung anhält, um nach insgesamt 45 Takten in der Tonika zu schließen. Eine Coda, die sich im *pianissimo* und Einstimmigkeit der Violinen verflüchtigt, folgt. Solch eine Konzentration auf das Material und solch eine stockende Modulationsfolge kennt Mozart selbst in diesem kompositorisch herausragenden Menuett nicht.

Auch in «op. 17» finden sich motivische Anklänge, die auf Mozarts «Wiener» Menuette eingewirkt haben mögen. Im Menuett aus «op. 17/3» (Hob.III: 27/2) kann man nämlich die auftaktige Wendung vor allem wegen ihrer Ähnlichkeit des Schlußglieds im Trio aus KV 171/2 wiedererkennen.

 Auch die Engführung zu Beginn des B-Teils (T. 17 ff.) mag auf Mozarts Verwendung dieses Motivs als Imitationsfigur (S. 127 f.) gewirkt haben. Jedoch läßt sich hier trotz der verwandten Tonarten, genau wie bei den auffallenden Gemeinsamkeiten zwischen dem Triosatz Haydns und dem Menuettsatz Mozarts der gleichen Quartette («Umspielung» einer Klangachse b^1), kein unmittelbarer Niederschlag einer Beeinflussung benennen.

Deutlicher scheint das Menuett aus KV 168/3 von Haydns «op. 17/5» (Hob.III: 29/2) profitiert zu haben. Haydns und Mozarts Achttakter des in der Tonika schließenden A-Teils ist klar in 4+4 Takte mit Mittelzäsur auf der Dominante gegliedert und verwendet jeweils ein im Duktus und in der Phrasierung sehr ähnliches Motiv:

Beispiel 74

Während allerdings Haydn das rhythmisch-metrische Spiel mit der Auftaktfigur im folgenden verwirrend vielgestaltig auf die Spitze treibt[679], beschränkt sich Mozart von Anfang an auf die Gleichzeitigkeit des Auf- und Volltaktes, ohne weitere Möglichkeiten der metrischen Gewichtung auszuprobieren. Wiederum zeigt sich bereits an der Länge beider Menuette, daß Haydn der motivischen Arbeit wesentlich mehr Raum als Mozart bietet (32:24 Takte).

678 In T. 38 des Mozartschen Menuettes (KV 173/3) fällt - möglicherweise durch Haydn inspiriert - ebenfalls der(selbe) Trugschluß ins Auge.

679 Köstlich die vergebliche Bemühung im zweiten Teil, unbefangen an den Anfang anzuknüpfen: Jedesmal (ab T. 16 und 24) gerät die harmlose Auftaktwendung in den Sog imitatorischer Engführung, bis endlich am Schluß alle Stimmen der Auftaktigkeit ihr Recht zusprechen.

(c) Langsame Einleitung: KV 171/1

Interessanterweise bestehen bezüglich des formal so eigenwilligen Kopfsatzes KV 171/1 divergierende Ansichten, inwieweit und inwiefern sich Mozart hier von Haydn beeinflussen ließ. H. Abert würdigt beispielsweise einerseits die besondere musikalische Güte dieses Kopfsatzes, will aber dennoch auf die Hypothese einer Einflußnahme durch J. Haydn nicht verzichten, wobei er jedoch nur vage auf das vermeintliche Vorbild verweisen kann[680]. F. Blume sieht in den «Wiener» Quartetten ein systematisches Zuwachsen Mozarts auf den Quartettsatz Haydns, wobei KV 171 jenes Bindeglied herstelle, in dem bereits "das Vorbild deutlich nachweisbar" sei; auch hier vermißt man nachprüfbare Details[681]. A. Einstein verweist suggestiv auf "Haydns großartige Rücksichtslosigkeit", die Mozart "zu einer Kombination von Introduzione (Adagio) mit einem fugiert einsetzenden Allegro" verleitet hätte, ohne Genaueres anzudeuten[682]. Erst N. Schwindt-Gross geht einer Andeutung K. Geiringers genauer nach und kommt zu dem Ergebnis, daß Mozarts Adagio-Einleitung eine Anspielung, "wenn nicht gar ein Zitat" aus Haydns langsamen Satz in «op. 20/2» (Hob.III: 32/2) sei. Das Tempo und Metrum sowie die Tonart und der «stark rhetorische» *unisono*-Beginn glichen sich sehr[683]. Im Sinne einer motivischen Anspielung könnte man Mozarts Satzbeginn in der Tat deuten:

Beispiel 75

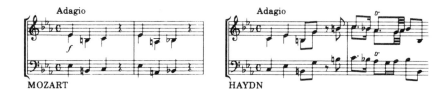

MOZART   HAYDN

Doch gerade das formal Experimentelle dieses Mozartschen Satzes, das darin besteht, einen *Es*-dur-Adagioteil als Rahmen eines *Es*-dur-Allegrosatzes ein-

---

680   Er räumt dem Satzbeginn eine ausführliche Besprechung ein und deutet den Umstand an, daß einerseits "die Adagioeinleitung (K.-V. 171) [...] auf *Haydns* Rechnung" geht, andererseits die Wiederholung dieses Adagios am Schluß des Satzes "freilich ganz unhaydnsch und Mozarts eigenes Werk" sei; H. Abert I, S. 327 f. (Zitat auf S. 327 und Anmerkung 2).

681   F. Blume, MGG, Sp. 769; vgl. auch dieselbe Hypothese, die ohnehin von einer fragwürdigen Chronologie der sechs Quartette entlang Köchels Zählung ausgeht, in: ders., Persönlichkeit, S. 27 (wobei es statt "KV 172" sicherlich "KV 171" heißen muß, wie das Zitat aus MGG zeigt), und ders., Haydn und Mozart, S. 579.

682   A. Einstein, Mozart, S. 246.

683   K. Geiringer, NOHM VII, S. 560; N. Schwindt-Gross, Streichquartette, S. 152.

zusetzen, fehlt bei Haydn. Seine ungemein längere Unisonophrase setzt sogar ein Adagio (*Capriccio*) in Gang, dessen Schluß dominantisch offen in das unmittelbar nachfolgende Menuett übergeht. Die motivische Ähnlichkeit erklärt also in keiner Weise das eigentlich Bemerkenswerte des *Es*-dur-Kopfsatzes.

Zurecht betonen deshalb einige Autoren, ausgehend von Th. de Wyzewa und G. de Saint-Foix, welche gerade die Qualität des *Es*-dur-Quartetts in besonderer Weise herausstellen[684] und auf dessen Unabhängigkeit von Haydn pochen[685], Mozarts Eigenständigkeit bei diesem *Es*-dur-Satz[686], obgleich eine genauere Untersuchung zu diesem Fragenkreis bisher noch ausstand (vgl. S. 141 ff.).

(d) Quartettfugen

Drei der sechs Streichquartette aus Joseph Haydns «op. 20» (Hob.III: 32, 35, 36) schließen mit einer Fuge. Chronologisch nach ihrer Entstehung geordnet, die aufgrund des Entwurfkatalogs und nicht aus der Reihenfolge des Erstdruckes anzusetzen ist, läßt die Anordnung der Fugen eine erstaunliche Konsequenz von der einfachsten und konventionellsten «Fuga a due soggetti» («op. 20/5» = Hob.III: 35), über die weniger strenge, dafür aber umso individueller gestaltete «Fuga a tre soggetti» («op. 20/6» = Hob.III: 36), bis hin zur komplexen, aber glücklich mit der Sonatensatzform und eigenständigem Themenmaterial verschmolzenen «Fuga a quattro soggetti» («op. 20/2» = Hob.III: 32) erkennen, worauf L. Finscher einleuchtend hinweist[687]. Die drei darauf folgenden Quartette derselben Serie ohne Fugenfinale profitieren von dieser Vertiefung, "indem sie sich schrittweise von der Fuge fort und zum Sonatensatz mit kontrapunktischen Elementen hin bewegen, das Fugenexperiment also noch innerhalb des opus 20 zum Durchgangsstadium erklären"[688]. Dieser Deutung ist umso mehr zuzustimmen, als auch der autographe Befund auf einen zeitlichen Abstand zwischen der Entstehung der drei «Fugenquartette» und der drei übrigen Quartette hindeutet[689].

Erst durch die Arbeit Warren Kirkendales sind diese Quartettfugen sowohl hinsichtlich ihrer historischen Stellung als auch ihrer Qualität im Umfeld ihrer

---

684 "l'oeuvre nouvelle de Mozart [= KV 171] non seulement surpasse les trois quatuors précédents [= KV 168-170] en originalité d'invention et en beauté poétique, mais atteste meme, par endroits, un travail plus poussé"; WSF I, S. 70.

685 ibid., S. 69 ff.

686 W. W. Cobbett, Mozart, S. 156: "he was wonderfully successful in translating Haydn's language into his own idiom as in K. 171 and 173. There is true Mozartian pathos in this moving theme which K. 171 opens [...]. Such passages as these stand absolutely alone in the quartet music of the period - Haydn not excepted"; vgl. auch H. Mersmann, Kammermusik, S. 251, R. Barrett-Ayres, Haydn, S. 151, und L. Finscher, Indebtedness, S. 408.

687 L. Finscher, Studien, S. 231, 235.

688 ibid., S. 232.

689 G. Feder, KB XII,3, S. 9.

Entstehungszeit angemessen bewertet worden. W. Kirkendale weist darauf hin, daß sie, entgegen einer hartnäckig sich haltenden Meinung, keineswegs exotische Einzelgänger einer seinerzeit überholten Kompositionsgattung sind[690] und auch keine "mehr oder weniger mißglückten Versuche, unvermittelte, dem übrigen Werk widersprechende «Fremdkörper»", sondern vielmehr "die Krönung eines durch lange Tradition legitimierten Repertoires"; diese Quartettfugen Joseph Haydns "gehören zu den gelungensten Schlußsätzen und wertvollsten Fugen, die wir besitzen"[691].

Mozarts Fugenfinali im F-dur- (KV 168/4) und d-moll-Quartett (KV 173/4) verdanken ihr Entstehen, so die Forschungsüberzeugung, nicht dem inneren Antrieb ihres Schöpfers, sondern vielmehr dem direkten Vorbild dieser drei Quartettfugen aus Joseph Haydns «op. 20»[692]. Es mag zutreffen, daß Mozart Kenntnis von den 1772 komponierten Haydnschen Quartetten «op. 20» hatte (s. o.), vermutlich waren ihm auch die zur gleichen Zeit komponierten sechs Fugenquartette Florian Leopold Gaßmanns bekannt. Spürt man aber den kompositorischen Mitteln im Umgang mit der Gattung der Fuge nach, so wird schnell klar, daß ihm Haydns Werke nicht zum «Vorbild» (im Sinne eines Kopie-Versuchs), sondern im besten Falle zum Auslöser einer Wiederaufnahme eigener Fugenerfahrungen wurden. In diesem Zusammenhang sei nochmals auf die Übersicht auf Seite 147 verwiesen, die aufzeigt, daß Mozarts Quartettfugen als Endpunkt einer langen, aber innerhalb der Instrumentalmusik nie recht fruchtbar gewordenen Beschäftigung mit der strengen Form des Kanons und der Fuge interpretierbar sind. Nicht zuletzt werden es auch kommerzielle Interessen gewesen sein, den strengen Stil in die moderne Gattung Streichquartett einzubinden, da diese spezifische Kompositionsform gerade in Wien (Gaßmann und Albrechtberger) seinerzeit sehr beliebt war[693].

Eine kurze Gegenüberstellung der Haydnschen und Mozartschen Fugen möge den unvereinbaren Widerspruch zwischen beiden Kompositionshaltungen erläutern[694]. Wir sahen, daß beide Fugenthemen Mozarts bewußt archaisch konzipiert sind. Hier spricht nicht Mozart, sondern die Tradition. Anders Haydn[695]. Das Thema seiner C-dur-Quartettfuge (Hob.III: 32/4) trägt trotz seiner angedeuteten Chromatik (die es entfernt mit KV 173/4 vergleichen läßt),

---

690 W. Kirkendale, Fuge, S. 182 f.

691 ibid. S. 183; vgl. auch die Literaturangaben dort (Anm. 33), und A. Knöpfel, Fugen-Finalsätze.

692 Vgl. Anm. 653 sowie A. H. King, Counterpoint, S. 13; E. Kroher, Polyphonie, S. 377 f., K. H. Wörner, Fugenthemen, S. 38; M. Taling-Hajnali, Fugierter Stil, S. 71 ff.; I. R. Eisley, Counterpoint, S. 24, Anm. 5; W. Kirkendale, Fuge, S. 202-204.

693 W. Kirkendale, Fuge, Quellenverzeichnis.

694 Zu Haydns Fugen «op. 20» s. W. Kirkendale, Fuge, S. 183-186, L. Finscher, Studien, S. 231-236.

695 Vgl. auch die Themengegenüberstellungen bei: E. Kroher, Polyphonie, S. 378, und M. Taling-Hajnali, Fugierter Stil, S. 72 f.

trotz seines sequenzierenden Anhanges alle Züge «klassischer» Themenbildung. In Vorder- und Nachsatz gegliedert, wobei "eine überbrückende Fortspinnungs-Sequenz [die Zäsur] geistvoll verschleiert"[696], ist es in sich abgeschlossen (T. 1-5); zudem mutet es durch den 6/8tel-Takt mit leichtem Auftaktimpuls[697] heiter an und vereint schließlich in Artikulation und metrischer Gewichtung, auch im Umgang mit der Keimzelle des Auftaktes, Disparates. Jedesmal, wenn es im Verlauf der Satzexponierung in eine weitere Stimme wandert, korrespondiert an der Stelle des chromatischen Falls in geradezu Mozartscher Diktion eine Gegenbewegung, die im Zielton jeweils auf dem Grundton (mit Terz) mündet (T. 5, 8, 12, 15):

Beispiel 76

Kurz: "Haydn macht den Liedtyp zum Fugenthema"[698]. Er verbindet zwanglos seine Sprache mit der strengen Grammatik der Polyphonie, während Mozart bereits in der Themenbildung künstlich die alte Sprache als solche zu imitieren versucht[699].

Auch das Thema der A-dur-Fuge (Hob.III: 36/4) - in seinem dreifachen Sequenzabstieg mag es an das F-dur-Thema Mozarts (KV 168/4) erinnern - ist lebhaft, ja geradezu kapriziös[700]. Im Unterschied zu Mozart läuft es aber nicht in gleichförmiger Bewegung ab, sondern überrascht durch rhythmische Raffinesse: Die Taktanordnung folgt zunächst den Schwerpunkten der Sequenzpaare in Takt 2 und 3, gewinnt aber im weiteren Verlauf durch die halbtaktige Gliederungsmöglichkeit aus der eröffnenden Dreitonfigur eine häufig gesetzte Auftaktwendung, die auch vor dem Taktstrich des vorgezeichneten 4/4tel-Taktes zu stehen kommen kann (etwa T. 25, 27 ff.). Im Anschluß zur weitläufig absteigenden Sequenz (von h^1 bis e^1) überrascht der abrupte Wechsel von der Synkope zur einfachen Abtaktigkeit (T. 4, Schlag «3-4»), in der dann auch -

---

696   W. Kirkendale, Fuge, S. 185.

697   Wie Mozarts steifes Thema ist auch dies halbtaktig angelegt; vgl. den zweiten Themeneinsatz der V.II in T. 4/5.

698   W. Kirkendale, Fuge, S. 185.

699   Vgl. auch A. H. Kings treffende Metapher bezüglich der frühen Mozartfugen: "He was just like a small boy who masters sufficient Latin grammar for matriculation, learns all the rules and exceptions, so that he can write neat sentences to illustrate them, but has no more grasp of the spirit of Latin as a living literature than the boy Mozart had of the real beauty of counterpoint"; A. H. King, Counterpoint, S. 12.

700   W. Kirkendale, Fuge, S. 186, und L. Finscher, Studien, S. 235, verweisen auf die kompositorische Klammer zum ersten, «Scherzando» überschriebenen Satz.

als dritte Möglichkeit der rhythmisch-metrischen Gestaltung neben Auftakt und Synkope - das vielgestaltige Thema schließt.

Aber nicht nur die Themenbildungen dieser Fugen beider Komponisten unterscheiden sich fundamental, auch der völlig andere kompositorische Zugriff läßt nicht an Nachahmung durch Mozart denken. Hätte Mozart wirklich Haydns Quartettfugen imitieren wollen, so hätte er beispielsweise bereits in der Themenaufstellung zumindest einen unabhängigen kontrapunktischen Gedanken eingeführt und nicht ein einziges Thema in toto unbegleitet vorgestellt, bevor die jeweils nächste Stimme schulmäßig einsetzt. Mozarts Fugen bleiben monothematisch, Haydn konzipiert seine drei Quartettfugen in zunehmender Komplexität von der «Fuga a 2 soggetti» in f-moll (Hob.III: 35/4), über die «Fuga con 3 soggetti» in A-dur (Hob.III: 36/4) zur «Fuga a 4^{tro} soggetti» in C-dur (Hob.III: 32/4). Mozart hätte, zweitens, den jeweiligen Themeneinsatz freier den vier Stimmen zugeteilt[701] und sie nicht schematisch sukzessive von der Ober- oder Unterstimme aufeinander folgen lassen. Er hätte drittens Themenabspaltungen zum Zwecke der Sequenzierung vorgenommen, die in Imitationen und echoartigem Zuspiel den Satz gekonnt vorantreiben[702]. Sequenzen sind in Haydns Fugen häufig anzutreffen[703], bei Mozart fehlen sie nahezu gänzlich; er gewinnt die kontrapunktische Kraft aus dem zugrundeliegenden Thema in Verbindung mit der momentanen Akkordstruktur, so daß das ständig erklingende Hauptthema lediglich «begleitet» erscheint. Dann hätte er viertens den Aspekt des Dynamischen an Haydn angeglichen, der seine Fugen zwar *sempre sotto voce* überschreibt und dennoch an kompositorischen Höhepunkten[704] *fortissimo* oder *forte* fordert. Mozart vermeidet hingegen zumindest in der F-dur-Fuge jegliche dynamischen Angaben[705], wodurch der Studiencharakter seiner Fugen noch deutlicher betont wird. Schließlich hätte er fünftens über das mehrfach verwendete Mittel der Engführung hinaus Haydns kontrapunktische Kunst der Gleichzeitigkeit von Thema und dessen Umkehrung in Verbindung mit einem zweiten Fugenthema[706] angewendet.

Hätte Mozart während seines kurzen Aufenthaltes in Wien (August/September 1773) Haydns Quartettfugen tatsächlich zum Zwecke der Nachbildung genauer studiert, hätten seine Quartettfugen ein anderes Gesicht erhalten. Die drei Haydnfugen hätten ihm, so verschiedenartig sie untereinander gestaltet sind, so muß man annehmen, in seiner Fugenkomposition andere, neue Wege gewiesen. An der grundsätzlich disparaten Kompositionstechnik beider Mei-

---

701 Um nur exemplarisch und überblickshaft den f-moll-Fugensatz «op. 20/5» (Hob.III: 35/4), der den Mozartfugen noch am nähesten steht, heranzuziehen: T. 1, 7, 13 und 16.

702 In Haydns «op. 20/5», T. 21-31.

703 ibid., T. 23 ff., 39 ff., 57 ff., 95 ff., 125 ff., 153 ff.

704 ibid., T. 145 ff.: *in canone*; T. 179 ff.

705 In der d-moll-Fuge erinnert die Absetzung der Schlußteile in *piano-forte-piano* (ab T. 74) ein wenig an Haydn.

706 ibid., T. 92 ff.

ster[707] erkennt man deshalb, daß Mozart nicht Haydn, sondern vielmehr die strenge Fuge in ihrer abgelebten Form zum Vorbild gehabt hatte[708]. Seine vielfältigen fragmentarischen Vorstudien weisen ohnehin auf diesen Tatbestand (S. 146 f.). Mozart ist sowohl in Themenerfindung wie Fugenausführung erstaunlich konservativ[709]. Eine unmittelbare, direkte Abhängigkeit von Haydn, wie sie seit Th. de Wyzewa und G. de Saint-Foix postuliert wird, ist bei näherer Betrachtung jedenfalls nicht erkennbar.

(e) Zusammenfassung

Wenn immer wieder betont wurde, daß Haydns großartigen Streichquartette «op. 9, 17 und 20» Mozart nicht zum Vorbild oder zur Nachahmung dienen konnten, selbst wenn er sie im Sommer 1773 in Wien ernsthaft studiert hätte - es ist nicht einmal zweifelsfrei bewiesen, daß er sie gekannt hat -, so sollte damit vor allem betont werden, daß er bei aller möglicher Anregung primär aus eigenen Quellen schöpfte und eher deutliche Interdependenzen innerhalb der frühen 16 Quartette als zu den Quartetten Haydns bestehen.

Freilich legen gewisse, erstmals in den «Wiener» Quartetten bemerkbare Satztypen (Variationskopfsatz, Fugenfinale etc.) die Vermutung nahe, daß Mozart spätestens im Sommer 1773 mit Haydns neuesten Quartetten konfrontiert wurde. Dies würde die erneute und so konsequent durchgeführte Komposition eines wohl nicht als Auftragswerk entstandenen Quartettzyklus nach den sechs «italienischen» Quartetten verständlich machen. Trotzdem bleibt der Faktor des «Vorbildes» peripher: Die Sonatensätze zeigen brennspiegelartig den völlig unterschiedlichen Zugang beider Komponisten zur Satztechnik und zur Form des Streichquartetts. Die Menuette haben bis auf gelegentliche motivische Ähnlichkeit wenig gemein, die Fugen setzen das traditionelle Kompositionsmittel «Fuge» gänzlich verschieden um und bleiben somit letztlich inkommensurabel.

So gilt es abschließend eigentlich nur, ein nachdenkenswertes Wort A. Einsteins auch für die frühen Streichquartette in Anspruch zu nehmen: Es wäre "ganz falsch, Mozart für einen bloßen Stilnachahmer oder «Amalgamisten» zu halten, oder zu fragen, ob er seine Vorbilder erreicht und übertroffen oder etwa

---

707 Vgl. hierin auch das Urteil von: A. Knöpfel, Fugen-Finalsätze, S. 102-108.

708 Vgl. das Resumee I. R. Eisleys: "one of the cardinal differences between the developmental techniques of Mozart and Haydn in their string quartets lies in their differing approaches to the possibilities of counterpoint, and particularly imitative counterpoint, as a developmental texture and technique"; I. R. Eisley, Counterpoint, S. 23.

709 Einzig der *unisono*-Schluß, den er seiner *F*-dur-Fuge nachträglich hinzufügte, zeigt - allerdings auch nur äußerliche - Beeinflussung durch Joseph Haydns *C*-dur- und *A*-dur-Fuge; vgl. W. Kirkendale, Fuge, S. 203.
A. Raab, Unisono, S. 32 f., weist nach, daß Mozarts Streichquartette von der Technik des *unisono* im Vergleich zu denjenigen Haydns deutlich sparsameren Gebrauch machen, wobei *unisono* in den frühen Quartetten häufiger als in den späten auftritt.

nicht erreicht habe. Mozart adoptiert und amalgamiert seinem Stil nur, was seinem Wesen ganz gemäß ist; alles andere stößt er ab"[710].

---

[710] A. Einstein, Mozart, S. 300. F. Blume regte zu einer vergleichenden Untersuchung der Streichquartette Haydns und Mozarts an, die freilich auch hier nicht geleistet werden konnte und sollte, die aber möglicherweise Anstöße zu ihr bereitstellt. Blume meinte, es sei sicherlich aufschlußreich, "worin beide Meister sich gegenseitig beeinflußt haben, viel aufschlußreicher [sei] aber eine Untersuchung dessen, worin sie selbständig geblieben sind"; F. Blume, Persönlichkeit, S. 44. Auch R. Barrett-Ayres, Haydn, S. 146, äußert sich zu diesem Phänomen, obwohl er - in Übereinstimmung mit der bisherigen Forschungsmeinung - davon ausgeht, daß Mozart in seinen frühen «Wiener» Streichquartetten "immediately attempted to copy the older composer's quartets". K. Geiringer, NOHM, S. 560, sieht in der *d*-moll-Fuge Mozarts schließlich sogar, daß "Mozart succeeded in fighting his way through mere imitation to a more individual expressive style".

VI. Besetzungsproblematik

Die autographen Instrumentenvorsätze der Quartett-Divertimenti KV 136-138 (125^{a-c}) und des ersten Quartettzyklus KV 155-160 (134^a-159^a) werfen Fragen bezüglich der von Mozart intendierten Besetzung auf. Sie sind nämlich nicht einheitlich, sondern teils auf solistische, teils auf chorische Besetzung verweisend gesetzt. Wie ist dieses Phänomen zu erklären und welche Konsequenzen zieht es nach sich?

Zunächst mag es erstaunen, daß die sechs «italienischen» Streichquartette Mozarts einer Klärung der Besetzungsstärke bedürfen; sie sind allesamt von Mozart oder dessen Vater mit "Quartetto"[711] betitelt, mit einer Bezeichnung also, von der man gemeinhin annehmen dürfte, sie lege eine eindeutige Besetzung, ja eine Gattung zweifelsfrei fest. Die bereits im Eingangskapitel vollständig zitierte Briefstelle Leopold Mozarts an den Verleger Breitkopf, die der Zeit der Entstehung unserer Werke entstammt (7. Februar 1772), verdeutlicht überdies, was die Mozarts unter "Quartetto" verstanden: "quartetten, das ist mit 2 Violinen, einer Viola und Violoncello"[712]. Eine Problematisierung dieser Frage scheint sich also zu erübrigen. Betrachtet man jedoch die autographen Instrumentenbezeichnungen dieser Werke, so machen die divergierenden Angaben zu den beiden Unterstimmen stutzig[713]; die Bezeichnungen lauten nämlich:

KV 155	Violini	Viola	Baßo
		(korr. aus Viole)	(darüber Violoncello)
KV 156	Violini	Viola	Violoncello
KV 157	---	---	---
KV 158	Violini	Viole	Baßi
KV 159	Violini	Viola	Baßo
KV 160	Violini	Viola	Violoncello

---

711 Auf dem Autograph von KV 80 (73^f) lautet der Titel "Quarteto", doch fehlen Instrumentenangaben; W. Plath, Vorwort 1966, S. VII und W.-D. Seiffert, KB, S. a/9.

712 Bauer-Deutsch I, Nr. 263, S. 456, Zeile 26.

713 Vgl. KV^6, S. 159 (zu KV 155/134^a): "Die Instrumentenbezeichnung deutet auf mehrfache Besetzung hin. Dabei wäre vielleicht an eine abschnittweise zwischen solistischem und chorischem Spiel wechselnde Besetzung zu denken, die sich dem Tonsatz anzupassen hätte"; KV^6, S. 171 (zu KV 158): "Aus der Instrumentenbezeichnung geht hervor, daß das Quartett für mehrfache Besetzung gedacht ist"; KV^6, S. 172 (zu KV 159): "auch hier deutet die Instrumentenbezeichnung auf mehrfache Besetzung". W. Plath, Vorwort 1966, S. VII f. und W.-D. Seiffert, KB, S. a/19, a/30, a/33. Vgl. auch G. Röthke, Divertimento: "Fast unbekannt ist die Tatsache, daß einzelne [!] Quartette aus dieser Serie für mehrfache Besetzung gedacht sind und chorisch gespielt werden können".

Im ersten der Quartett-Divertimenti (KV 136/125ᵃ) sind die vier Stimmen, gültig für alle drei Werke, folgendermaßen bezeichnet: "Violini" (für die beiden Oberstimmen) "Viole" und "Baßo"[714]. Auch hier besteht innerhalb der Mozartforschung kein Konsens, wie diese Angaben zu deuten seien, zumal ja der autographe Titel "Divertimento" zumindest eine terminologische Differenzierung zu den «eigentlichen» Quartetten nahezulegen scheint[715].

Folgende Frage muß deshalb in das Zentrum gerückt werden: Was verstand Mozart im allgemeinen und im speziellen Fall unter "Baßo" und wie ist der gelegentlich auftretende Plural "Viole" (gar "Baßi") zu interpretieren? Unverhofft stehen dabei zwei Prämissen zur Disposition: Verbinden sich die «italienischen» Quartette über den jeweils identischen, scheinbar problemfreien Titel hinaus zu einer gattungstypologischen Einheit oder faßte Mozart in den «italienischen Quartetten» hinsichtlich der Besetzung heterogene Werke zu einem Zyklus zusammen[716]? Und: Handelt es sich bei diesem gehäuften Auftreten der verstörenden Pluralschreibweise lediglich um ein Scheinproblem, weil hier bloße orthographische Flüchtigkeiten vorliegen[717]? Zumindest die zweite Prämisse kann vorerst zurückgewiesen werden. Freilich soll keineswegs geleugnet sein, daß Mozart gelegentlich bei der Angabe seiner Stimmbezeichnungen Schreibfehler unterlaufen sein werden. Doch die Korrektur (s. o.) in KV 155 (134ᵃ)/1 von "Viole" zu "Viola" sowie der Zusatz "Violoncello" zum gewohnheitsmäßig gesetzten "Baßo"[718] läßt durchaus ein Bewußtsein für terminologische Differenzierung erkennen. Inwieweit diese Korrekturen isoliert unter den Mozartschen Instrumentenangaben stehen oder ob sie nicht vielmehr symptomatisch sind, ist daher im Rahmen dieser Arbeit einer genaueren Nachfrage wert.

VI.1 Forschungsbericht und Problemstellung

Im Gegensatz zum umstrittenen "Basso"-Begriff existiert zur Differenzierung zwischen "Viola" und "Viole" bei Mozart keine speziellere Forschungsliteratur. Die bei Mozart häufig auftretende, pluralische Bezeichnung "Viole" oder "2 Viole" der Bratschenstimme wird freilich erst in dem Moment interpretationsbedürftig, wenn sie in genuin solistischen Gattungen auftritt. Gemeinhin kann man davon ausgehen, daß "Viole" über die Stimmbezeichnung hinaus auch noch eine unbestimmte, jedenfalls chorische Besetzung impliziert, "2 Viole" hingegen die Spaltung der Bratschenstimme auf zwei Spieler meint, wobei zu fragen wäre, ob die Ziffer, vergleichbar den genauen Angaben zu den

---

714 K. H. Füssl, Vorwort, S. VIII f.

715 Vgl. Kap. IV.2. Die Besetzungsproblematik deutet auch KV⁶, S. 145, an.

716 W. Plath, Vorwort 1966, S. VII f., schließt dies a priori aus.

717 K. H. Füssl, Vorwort, S. IX.

718 Faks. in NMA VIII/20/1, Streichquartette Bd. 1, S. XV.

Bläserpartien, möglicherweise die konkrete Anzahl der Spieler (also ein Spieler pro Pult) oder lediglich das «Divisi»-Spiel generell anzeigt.

Der "Basso"-Begriff wird in dem Moment problematisch, wenn man versucht, über seine eigentliche Wortbedeutung hinaus Instrumente angeben zu wollen, die diesen "Basso" vertreten sollen[719]. "Basso" bedeutet nämlich keineswegs "Kontrabaß"[720], sondern ist die traditionsreiche Funktionsbezeichnung der untersten Stimme im allgemeinen. "Baßo" meint die Fundamentstimme schlechthin. Da die meisten Komponisten des 18. Jahrhunderts durch alle Gattungen hindurch die Unterstimme mit "Basso", die übrigen Stimmen aber mit eindeutigen Instrumentenangaben bezeichnen, muß "Basso" zunächst als in seiner intendierten Besetzung uneindeutiger Begriff verstanden werden.

Die Forschung scheint sich einig zu sein, daß dieser Terminus, insofern er in Sinfonien dieser Zeit erscheint, Violoncelli, Kontrabässe und (meistens) auch Fagotte impliziert[721]. Es liegt zu fragen nahe, ob diese Besetzungsvielfalt auch in der Kammermusik, und speziell, ob sie auch in Mozarts kammermusikalischen Frühwerken vorliegt oder ob der Komponist dort nicht vielmehr gewohnheitsgemäß zwar "Basso" schreibt, aber aufgrund der gewählten Gattung, möglicherweise manifestiert durch den Titel, in Wahrheit aber ein (oder mehrere) bestimmte(s) Instrument(e) meint, ohne diese(s) zu spezifizieren. Insbesondere die Pluralbezeichnung auf der ersten Seite des *F*-dur-Quartetts KV 158 ("Baßi") läßt zunächst an einer eindeutigen Antwort zweifeln.

Die Frage, was in der zweiten Hälfte des 18. Jahrhunderts unter dem in den Quellen vermeintlich solistisch zu besetzender Kammermusik so häufig anzutreffenden Terminus "Basso" für die unterste Stimme zu verstehen sei, entzündet sich immer wieder an den frühen Kammermusikwerken Joseph Haydns, insbesondere an dessen "Divertimenti a quadro" («op. 1 und 2»). Diese sind im «Entwurfkatalog»[722] von Joseph Elßlers Hand «Cassatio à 4tro» (o. ä.)

---

719 Herrn Jürgen Eppelsheim sei für wertvolle Anregungen zu diesem Themenkomplex gedankt.

720 Leider kann selbst in den Bänden der NMA dieses Mißverständnis seinen Nährboden finden, da dort die Baßstimme in den meisten Fällen vereinheitlichend falsch mit "Violoncello e Basso" benannt ist, wo es doch, wenn überhaupt, "Violoncello e Contrabbasso" heißen müßte.

721 Vgl. zuletzt: Ch.-H. Mahling, "Bassi", S. 198. Einen schönen Beleg dieser Annahme findet man in einem Brief Wolfgangs vom 4. November 1777, in dem er unter anderem über die Stärke des Mannheimer Orchesters berichtet. Zunächst zählt er exakt die einzelnen Gruppen auf: "auf jeder Seite 10 bis 11 violin, 4 bratschn, 2 oboe, 2 flauti und Clarinetti, 2 Corni, 4 violoncelle, 4 fagotti und 4 Contrabaßi und trompetten und Paucken". Dann kommt er aber auf das Ungleichgewicht der verfügbaren Vokalstimmen zu diesem großen Instrumentalkörper zu sprechen und deutet "Baßi" wie dargelegt: "6 soprani, 6 alti, 6 tenori, und 6 Baßi, zu 20 violin und 12 Baßi [!], verhält sich just wie 0 zu 1"; Bauer-Deutsch II, Nr. 363, S. 101, Zeilen 39-42 und 47-48.

722 Vgl. J. P. Larsen, Kataloge.

genannt, Haydn strich diese Bezeichnung jedoch nachträglich durch und ersetzte sie durch "Divertimento"[723]. Neben dieser höchst interessanten terminologischen Differenzierung in der Titelgebung (vgl. Kap. IV.2) fällt die Bezeichnung "Basso" der Unterstimme in den authentischen Kopien[724] auf (Autographe haben sich nicht erhalten), die ja auch in den autographen Instrumentenbezeichnungen der Werke «op. 17» und «op. 20»[725] erscheint. Insbesondere unter gattungsgeschichtlichem Aspekt will man eine allmähliche Ablösung des solistischen Ensembles von der chorisch (mit Kontrabaßverstärkung) besetzten Suiten- und Kammersinfonie-Tradition erkennen; dabei stehen gerade der "Divertimento"- und der "Basso"-Begriff im Zentrum der Diskussion[726].

Insbesondere von James Webster werden die beiden terminologischen Komplexe in Hinsicht auf Joseph Haydns Werk und die Kompositionen des österreichischen Raumes in der zweiten Hälfte des 18. Jahrhunderts eingehend untersucht, wobei er zu dem Ergebnis gelangt, daß "Divertimento" stets solistische Besetzung (vgl. Kap. IV.2), "Basso" stets Violoncello meine[727]. Zur "Basso"- und "Divertimento"-Problematik bei Mozart liegt ebenfalls von J. Webster eine Arbeit aus neuester Zeit vor[728], die zwar deutlich auf C. Bärs bahnbrechender (wenngleich fragwürdiger) Arbeit zu Mozarts Serenadenbesetzung[729] basiert, jedoch die spärlichen, früheren Ansätze einer Klärung speziell dieses Fragenkreises[730] zusammenfaßt und auf eine neue Basis stellt. Seine scharfsinnigen und innovativen Gedanken können dessenungeachtet nicht völlig übernommen werden.

Der Bärschen These der kodifizierten «Serenadenquartett-Besetzung» Mozarts (zwei Violinen, Viola, Kontrabaß) verpflichtet[731], versucht J. Webster den Bassobegriff bei Mozart gattungstypologisch über den jeweiligen autographen Werktitel einzugrenzen und zu standarisieren. Demnach seien alle "Divertimenti" Mozarts («informal works») solistisch zu besetzende «Kammermusik»,

---

723 Vgl. G. Feder, KB XII,1, S. 8 f.

724 ibid., S. 10 f.

725 Vgl. G. Feder, Vorwort XII,2, S. VI und ders., Vorwort XII,3, S. VIII.

726 A. Sandberger, Geschichte, S. 228-238 und 254 ff.; O. Strunk, Baryton, S. 228; F. Oberdörffer, Generalbaß; U. Lehmann, Vorgeschichte, S. 47 ff.; H. C. R. Landon, Symphonies, S. 176-191; L. Somfai, Echtheitsfrage, S. 159; E. R. Meyer, Divertimento, S. 165-171; H. Unverricht, Streichtrio, S. 108 ff. und S. 175-198; L. Finscher, Studien, S. 116 ff.; A. Planyavsky, Kontrabaß, S. 290-302; H. Unverricht, Basso; ders., Kontrabaß; ders., Serenade.

727 J. Webster, Diss.; ders., History, S. 212-247; ders., Violoncello, S. 413- 438; ders., Bass Part, S. 390-424; ders., Haydn.

728 J. Webster, Scoring.

729 C. Bär, Basso; vgl. dazu: W.-D. Seiffert, Anmerkungen.

730 H. Daffner, "Basso", S. 297-299 sowie G. Haußwald, Mozarts Serenaden; K. H. Füssl, Vorwort und W. Plath, Vorwort 1966.

731 C. Bär, Basso.

der Baß sei durch den Kontrabaß zu vertreten, während man unter den "Quartetto" genannten Kompositionen («serious works») solistische Werke mit Violoncello in der Baßpartie zu verstehen habe[732]. Bei den Quartett-Divertimenti (s. Kap. IV.2) sei jedoch ausnahmsweise "Baßo" mit "Violoncello" zu übersetzen.

Welches sind die Argumente für diese Differenzierung des "Baßo"-Begriffes und inwieweit sind sie plausibel?

1) Michael Haydn verwende die unspezifische Funktionsbezeichnung "Baßo" (oder auch "Fundamento") mindestens ebenso häufig, wie er das konkrete Baßinstrument nennt. Bei Werken gleicher «Machart» sei es nicht einzusehen, warum hier mit "Baßo" nicht die solistische Ausführung - angelehnt an die Typisierungen «informal» und «serious» - gemeint sein sollte[733].

Dieser naheliegende und in der Forschung wiederholt beschrittene methodische «Umweg» über die Instrumentenbezeichnungen der Kompositionen M. Haydns, der J. Webster dazu führt, zu behaupten, der Terminus "Baßo" sei in dessen Divertimenti, Quartetten und anderer nichtorchestraler Musik ausschließlich auf das Soloinstrument bezogen, ist, abgesehen von seiner prinzipiellen Gefahr einer Überbewertung der Gültigkeit für dieselben Phänomene bei Mozart, aufgrund der geringen Anzahl authentischer Quellen kaum belegbar. Die von ihm mitgeteilten Beispiele Haydnscher Kompositionen sind als stichhaltiger Beweis seiner Hypothese sogar zumeist irrelevant, da periphere Stimmkopien in den Rang primärer Quellen erhoben werden[734].

Von den 17 benannten M. Haydn-Quellen, die den Terminus "Baßo" der Unterstimme überliefern[735], sind nur drei Quellen von primärem Rang (nämlich: P 101/ MH 5; R. Hess, Anh. 3/ MH 9; R. Hess, Anh. 4/ MH 10; s. u.). Eine weitere Primärquelle überliefert "Violone", nicht "Baßo" (P 103/ MH 6; s. u.), und eine teilautographe Quelle (P 121/ MH 245) muß hinzugenommen werden[736]. Bei allen übrigen Quellen handelt es sich um Stimmkopien, denen zumeist zweifelhafte, wenn auch möglicherweise traditionsverhaftete Bedeutung zukommt[737]. Präzise Schlußfolgerungen hinsichtlich M. Haydns Verwendung des Terminus "Baßo" sind also aufgrund der mangelhaften Quellensituation kaum möglich.

---

732 J. Webster, Scoring, S. 280. Vgl. auch Kap. IV.2

733 ibid., S. 271.

734 Zur Frage der Authentizität M. Haydnscher Quellen vgl. Ch. H. Sherman, Masses, S. 53-66, W. Rainer, Orchesterserenaden, S. 76, Anm. 14 und R. Münster, Lang, passim.

735 J. Webster, Scoring, S. 271, Anm. 32.

736 L. H. Perger war das mittlerweile aufgefundene (A-Wgm) Teilautograph noch nicht bekannt, dessen Titel "Divertimento à 4. 2, Violini, Viola, e Baßo" lautet.

737 R. Hess, Anh. 7/ MH 82 (= P 9!): "Divertimento à 9" ist in J. Webster, Scoring, S. 271, falsch zitiert; vgl. (korrekt) in: ders., Diss., S. 106.

Von den 14 aufgeführten Quellen, die eine exakte Bezeichnung eines Baßinstrumentes bieten ("Violone" oder "Contrabaßo")[738], sind aus dem gleichen Grund lediglich zwei Quellen wirklich aussagekräftig (P 93/ MH 315, MH 316 und P 105/ MH 409). Hinzu kommt nach heutiger Quellenkenntnis das viersätzige, sehr frühe *G*-dur-"Divertimento" (P 103/ MH 6)[739].

Sieht man also von den Stimmenkopien Haydnscher Divertimenti ab, die J. Websters Schluß vordergründig plausibel machen, so gründet seine Formel: "Baßo" = Soloinstrument, gemessen an den vorliegenden Autographen und authentischen Kopien, auf einer sehr schmalen Quellenbasis. Einzig das bereits zitierte Konvolut[740] läßt diesen Rückschluß zu. Ein Blick auf M. Haydns Serenaden, auf die hier nicht intensiver eingegangen sei[741], verdeutlicht, daß selbst indirekte «Beweise» durch Parallelisierung dieser Phänomene innerhalb verschiedener Gattungen problematisch bleiben. So lautet in der Serenade (aus dem Jahr 1767) in *D*-dur (P 87/ MH 86/ Hob.I: D 31) die autographe Bezeichnung der Baßinstrumente (einschließlich Fagott) im ersten Satz schlicht "Baßo"[742], während im zweiten Satz ein konzertantes Violoncello, zwei Fagotte und eine nicht weiter bezeichnete Baßstimme (Kontrabaß) jeweils eigene Systeme erhalten. Der Singular "Baßo" bedeutet hier also die Gemeinsamkeit von Kontrabaß, Violoncello und zwei Fagotten, will man nicht so verwegen sein, zu vermuten, daß erst ab dem zweiten Satz das Violoncello und die Fagotte mitwirken[743].

Schließlich ist der in Werken M. Haydns und im süddeutsch-österreichischen Raum auftauchende Terminus "Fundamento" nicht ohne weiteres mit "Baßo" synonym zu setzen[744]. Er wird von M. Haydn selbst nicht verwendet, sondern erscheint in Stimmkopien in der erschließbaren Bedeutung von "Kontrabaß"[745].

---

738 J. Webster, Scoring, S. 271.

739 Die Stimmenangabe bei L. H. Perger: "Basso" trifft nur für die von J. Webster zitierte Stimmkopie zu, nicht aber für das mittlerweile bekannte autographe Konvolut (A-Wgm, IX, 36892), das R. Hess - allerdings ohne genaue Instrumentenangaben - mitteilt: R. Hess, Anh. 1-4/ MH 7-10. Es zeigen sich folgende autographe Instrumentenbezeichnung dieser "Divertimenti à 3": (P 101/ MH 5): [...] "Baßo"; (P 103/ MH 6): [...] "Violone"; (R. Hess, Anh. 1 und 2/ MH 7 und 8): ohne Bezeichnung; (R. Hess, Anh. 3 und 4/ MH 9 und 10): [...] "Baßo".

740 Vgl. vorausgehende Anm.

741 Vgl. W.-D. Seiffert, Anmerkungen.

742 Der Nachweis des Autographs fehlt bei L. H. Perger und R. Hess: H-Bn, Mus. Ms. II-82.

743 Die dem ersten Satz vorausgehende "Marcia" ist unbezeichnet, in den Folgesätzen tritt die Baßgruppe immer wieder einmal auseinander.

744 J. Webster, Scoring, S. 270 f.; ders., Diss., S. 106.

745 R. Hess, Serenade, S. 33, Anh. 7 (= P 9/ MH 82), 8 (P deest/ MH 24) und 9 (P deest; diese Komposition ist laut brieflicher Mitteilung von Charles H. Sherman ohnehin nicht von M. Haydn, sondern möglicherweise von Christoph von Sonnleithner komponiert); die Zusammenstellung: "[...] Alto Viola./ Violonzello./ con Fundamento." im ersten dieser Divertimenti scheint mir die Bedeutung von Kontrabaß nahe-

2) Mozart benutze für die Instrumentenbezeichnung seiner Divertimenti (im Unterschied zu seinen Sinfonien) den Singular "Viola" und "Baßo". In den Streichquartetten KV 168-173 setze er gleichsam korrekt "Viola" und "Violoncello"[746].
Der Singular "Baßo" sowie "Viola" bilden in der Tat die normale Stimmbezeichnug der Mozartschen Divertimenti, wenn dies auch nicht "in distinction to his custom in orchestral scores"[747] geschieht (vgl. Punkt 3). Gelegentlich erscheint in Mozarts solistischen Divertimenti auch die Pluralbezeichnung "Viole" (KV 247/6) bzw. "Baßi" (KV 251/1, 287/271H/6), was uns vor vorschnellen Festlegungen warnen sollte.

Falsch ist die Behauptung, die sechs Streichquartette KV 168-173 seien mit "Viola" bzw. "Violoncello" bezeichnet[748]; alle sechs Streichquartette weisen im Autograph keinen Instrumentenvorsatz auf[749]. Auch J. Websters Zitierung des Autographs der Erstfassung der Quartettfuge (KV 173/4) ist nicht aussagekräftig, obwohl es scheinbar "Baßo" im Sinne von "Violoncello" deutet. Zwar steht dort in der Überschrift: "Fuga für 2 Violini Viola e Violoncello.", während die Instrumentenleiste im unteren System statt "Violoncello" "Baßo" bietet; doch erstens muß die vielsagende, später durchgestrichene Fortsetzung des Titels "oder Violone" beachtet werden, da sie auf eine gewisse Unsicherheit des Schreibers deutet, was man unter "Baßo" zu verstehen habe, zum anderen handelt es sich bei all diesen Zusätzen nicht etwa um autographe Eintragungen, sondern um die Hand Abbé Maximilian Stadlers (Titel) und (vermutlich) Johann Anton Andrés (Instrumentenleiste)[750].

3) Die Pluralbezeichnung "Baßi" bedeute Mehrfachbesetzung; in Kontrastierung dazu meine der Singular "Baßo" die solistische Besetzung, obwohl Mozart, wenn auch selten, in Sinfonien den Singular als Instrumentenbezeichnung verwende[751].
Wie noch näher darzulegen ist (s. u.), trifft man in den Sinfonien Mozarts bis etwa in das Jahr 1772 häufig, und nicht etwa nur ausnahmsweise, den Singular "Baßo" an; eine pauschale Bedeutungsabgrenzung der Singular- und Pluralbegriffe läßt sich nicht halten[752]. Der Terminus "Baßi" allerdings läßt aufgrund der Pluralendung in der Tat den Rückschluß auf mehrere Baßinstrumente zu.

---

zulegen, die beiden übrigen Quellen lassen die konkrete Baßbesetzungsfrage offen, weil "Fundamento" die einzige Angabe ist.

746 ibid., S. 272.

747 J. Webster, Scoring, S. 272.

748 ibid.

749 W.-D. Seiffert, KB, S. a/46 passim.

750 Faks. in: NMA VIII/20/1, Streichquartette Bd. 1, S. XVIII; s. auch J. Webster, Diss., S. 111 und Anhang Nr. 193; ders., History, S. 240. Die Schreibernachweise verdanke ich Herrn Wolfgang Plath.

751 ibid., S. 270, 272; ders., Diss., S. 109.

752 Vgl. J. Websters vorsichtigere Stellungnahme in: ders., Diss., S. 100 ff.

4) Einer solistischen Besetzung der Quartett-Divertimenti KV 136-138 (125^{a-c}) scheint der Plural "Viole" in der autograph bezeichneten Instrumentenleiste zu widersprechen; dieser tauche aber auch in den eindeutig solistischen Streichquartetten KV 155-160 (134^a-159^a) auf, so daß "Viole" in diesem Zusammenhang nur als Schreibflüchtigkeit zu werten sei[753].

Daß die Quartett-Divertimenti KV 136-138 (125^{a-c}) aufgrund ihres Titels ausschließlich solistisch auszuführen seien, ist nicht erwiesen (Kap. IV.2). Auch bezüglich dieser drei Kompositionen existiert also ein Erklärungsdefizit zu der Instrumentenbezeichnung "Baßo" und speziell zu "Viole"[754]. In einem circulus vitiosus bewegt man sich, wenn man auf die Instrumentenangaben des ersten Quartettzyklus' Mozarts (KV 155/134^a-160/159^a) verweist. Kann man deren Pluralbezeichnungen nicht klären, so wird man auch keine zureichenden Begründungen für die Quartett-Divertimenti erwarten dürfen, es sei denn, es handele sich stets um ungenaue Orthographie - was J. Webster schließlich auch annehmen will[755].

5) Obwohl nicht eindeutig zu erkennen, weise die auffällige Konfrontation "1 Viole" im Streichquartett KV 575/1 darauf hin, daß die verwirrenden Pluralbezeichnungen der Viola nicht allzu ernst, eher als Flüchtigkeit genommen werden dürften.

Um die vermeintlich unexakte Orthographie Mozarts zu belegen, wird gerne auf die unter allen Mozartautographen einmalige Bezeichnung "1 Viole" auf der ersten Seite des Streichquartettes KV 575/1 verwiesen[756]. Doch die zweifelsfreie Lesart wird wohl ein ungelöstes Problem bleiben, da sich selbst nach genauer Untersuchung am Original nicht einwandfrei erkennen läßt, ob es nicht doch "1 Viola" heißt (obwohl auch dies eine seltsame und seltene Bezeichnung wäre); L. Finscher liest jedenfalls "1 Viola"[757].

Selbst wenn es "1 Viole" hieße, spräche dieser Umstand weniger für Mozarts Ungenauigkeit als vielmehr für seine allerdings singuläre Anpassung an das modische französierende Vokabular der deutschen Sprache damaliger

---

753 Ders., Scoring, S. 273.

754 Vgl. ders., Scoring, S. 272.

755 ibid., S. 273: "widespread inexactitude of Austrian orthography in this period". Wie gut sich jedoch Mozart im Italienischen bewegen konnte, zeigen seine in dieser Sprache abgefaßten Briefe; sie liegen neuerdings gesammelt vor: S. Tuja, Lettere. Wie mir Frau Silvia Tuja gesprächsweise versicherte, existiert keine einzige Briefstelle Mozarts, in der er Singular und Plural verwechselt.

756 Zuletzt J. Webster, ibid., S. 272 f.; ders., Diss. S. 203.

757 Faks. in: W. Gerstenberg, Musikerhandschriften Tafel 113; in: NMA VIII/20/1, Streichquartette Bd. 3, S. XVI. L. Finscher, KB, S. c/41 und in M. Flothuis, Autographs, S. 168. Daß die Anfangstakte aus KV 575 keineswegs bereits Anfang der 1770er-Jahre notiert und von Mozart lediglich 1789 wieder aufgegriffen und fortgeführt wurden, wie von A. Einstein behauptet (s. KV^3, S. 725), konnte A. Tyson aufgrund des (böhmischen) Papiertyps nachweisen, das Mozart in Dresden oder Prag während seiner Reise erstand; A. Tyson, "Prussian" Quartets. S. 41-43. Auch die Vermutung, daß die ungewöhnlichen Ziffern vor den Instrumentenangaben und das 10zeilig rastrierte Papier die ursprüngliche Absicht einer Streichquintett-Komposition erkennen ließen (L. Finscher, KB, S. c/43), ist damit wohl entkräftet.

Zeit[758]. Das Französische war bekanntlich seinerzeit in alle Bereiche des deutschen Wortschatzes eingedrungen. So liest man etwa in der "Wiener Zeitung" vom 15. Januar 1783 folgende, die Besetzungsalternative der Mozartschen Klavierkonzerte KV 413-415 (387^{a+b}, 385^P) betreffende, Notiz: Sie seien alternativ auch "a quattro, nämlich mit zwei Violinen, 1 Viole [sic], und Violoncello" besetzbar[759].

In jener bekannten Rezension der sechs «Haydn-Quartette» in Cramers "Magazin der Musik" (23. April 1787) liest man: "seine [Mozarts] neuen Quartetten für 2 Violin, Viole [!] und Baß [...] sind doch wohl zu stark gewürzt"[760].

Artarias Veröffentlichungsbekanntgabe der drei «preußischen» Quartette KV 575, 589, 590 in der "Wiener Zeitung" vom 31. Dezember 1991 - also wenige Tage nach des Komponisten Ableben - verwendet ebenfalls den «französischen» Plural: "Drey ganz neue konzertante Quarteten, für zwey Violinen, Viole [!] und Violoncello vom Hrn. Kapellmeister Mozart"[761].

Kein Gegenargument, eher eine Unterstützung für das angedeutete Phänomen eines frankophilen Wortschatzes von Mozarts Umwelt, stellt der Titel des Divertimentos KV 205 (167A) dar; dort heißt es: "Divertimento// für Violin, Viole e Corni etc.", jedoch nicht von Mozarts[762], sondern von Maximilian Stadlers Hand. Auch das "Musikalische Lexikon" Heinrich Christoph Kochs gibt ein Beispiel für die «modische» Endung (mit Singularbedeutung!) seiner Zeit; in seinem Artikel "Viole [!] oder Bratsche" heißt es: Die "Viole oder Bratsche (ital. Viola di braccio) ist ein bekanntes Bogeninstrument", man nenne sie auch häufig "Alt-Viole"[763].

Es sei also vorsichtig vermutet - vorausgesetzt im Autograph von KV 575/1 stünde tatsächlich "1 Viole" -, daß diese ungewöhnliche Schreibweise keine Flüchtigkeit, sondern mutmaßlich eine (einmalige?, unbewußte?) Anpassung an die Sprachgepflogenheiten des ursprünglich vorgesehenen preußischen Widmungsträgers und seiner Umgebung bildet; bekanntlich sollte KV 575 das erste von mehreren Friedrich II. gewidmeten Streichquartetten werden. Im

---

758 Dankenswerter Hinweis von Jürgen Eppelsheim.

759 O. E. Deutsch, Dokumente, S. 187. In KV^6, S. 425 und bei K. H. Füssl, Vorwort, S. IX, irrtümlich, wie die Überprüfung der Originalquelle ergab, "1 Viola".

760 Zitiert nach O. E. Deutsch, Dokumente, S. 255 f.

761 L. Finscher, Vorwort, S. VIII. Dies sind allerdings Verlegerannoncen - in Mozarts eigenhändigem Werkverzeichnis und auf den übrigen Autographen findet sich dieser Plural jedoch nie!

762 Falsch in KV^6, S. 184.

763 H. Ch. Koch, Lexikon, Sp. 1693. Unter dem Stichwort "Viole" findet sich bei J. und W. Grimm, Deutsches Wörterbuch, Bd. 12, Abt. 2, Leipzig 1951 (Reprint München 1984), Sp. 365 unter Berufung auf Jakob Adelung folgende Notiz: "viole, f. aus viola, wie dieses früher allgemeiner name eines bestimmten typus von streichinstrumenten; mit näheren bestimmungen discantviole, geige; alt-, tenor- , basz-viole Adelung. alle diese namen, auch viole selbst, womit eine bratsche bezeichnet werden könnte, sind jetzt ungebräuchlich".

übrigen müßte man hier dringend differenzieren: Die Pluralbegriffe der frühen Quartette entstammen unmittelbar dem italienischen Sprachraum; sie sind inkommensurabel mit den französisierenden Instrumentenangaben der genannten Belege der 1780er-Jahre.
    6) Leopold Mozart spreche in seinem Brief an Breitkopf ausdrücklich von "Viola und Violoncello"; dies sei ein weiterer Hinweis darauf, daß hier "Baßo" mit "Violoncello" gleichzusetzen sei.
Wie bereits in Kapitel IV.2 (S. 211) dargestellt, hat der Brief Leopold Mozarts mit den Quartett-Divertimenti nichts zu tun.

Alle bisherigen Versuche scheiterten also, widerspruchsfrei zu klären, wie die Stimmenbezeichnungen "Viole" und "Baßo" in Bezug auf die Besetzung der Quartett-Divertimenti KV 136-138 (125^{a-c}) zu verstehen seien. Auch eine schlüssige Interpretation der Termini "Viole" und "Baßo" ("Baßi") im ersten Streichquartettzyklus Mozarts steht noch aus. Handelt es sich jeweils um Streichquartette im modernen Sinn, existieren Unterschiede zwischen jenen Werken, die "Divertimento", und jenen, die "Quartetto" genannt sind, oder sind die viel diskutierten terminologischen Schwierigkeiten letztlich doch auf unorthodoxe Orthographie zurückzuführen?

    Festzuhalten bleibt: Weder ist erwiesen, daß Mozarts "Divertimenti" ausschließlich mit solistischer Besetzung rechnen, noch, daß "Baßo" (im Gegensatz zu "Baßi") ein einziges Instrument meint, schon gar nicht, daß dieses Instrument in Werken mit Privatanlaß der Kontrabaß ist (weil es für Werke mit Anspruch auf kompositorische Tiefe - «serious» - das Violoncello sei). Auch die Untersuchung des Ambitus der Baßstimme, die Rückschlüsse auf das intendierte Baßinstrument zu erlauben vorgibt und als "internal evidence" von dem in diesem Fragenkomplex am weitesten vorstoßenden J. Webster sogar präferiert wird[764], ist untauglich, weil erstens der Kontrabaß durch Oktavierung (von der klingenden 16-Fußlage in die notierte Oktave) auch tief (unter F) notierte Stimmen realisieren kann, zweitens autographe Violonestimmen nicht nur in Partituren M. Haydns bis C reichen (ohne daß ein Fagott oder Violoncello beteiligt wäre) und drittens eine gemeinsame Ausführung von Violoncello und Kontrabaß nicht a priori ausgeschlossen werden sollte[765].

    Es bleiben also Fragen offen. Die Schwierigkeit der bisherigen Versuche, eine definitive Antwort zu finden, erklärt sich primär aus der Methode, Argumente zu kumulieren, denen isoliert betrachtet geringe Beweiskraft anhaftet, deren Summe jedoch schließlich die erhoffte «wahrscheinlichste» aller Lösungen bieten soll. Ein entscheidender Mangel aller bisherigen Untersuchungen

---

764 J. Webster, Scoring, S. 276 ff.; vgl. ders., Violoncello, S. 428-437, bes. S. 428, Anmerkung 62; vgl. auch C. Bär, Basso, S. 150-152.

765 Zum Problem der Instrumentenbezeichnung "Violone", seiner Bedeutungsvariabilität und der überlieferten musikalischen Literatur insbesondere bis zur Zeit um 1700 vgl. M. H. Schmid, Violone, bes. S. 417-421; ders., Instrumentennamen; J. Eppelsheim, Stimmlagen. Zum Nachweis der besagten Violone-Partien siehe: W.-D. Seiffert, Anmerkungen.

zu dem Problemfeld der autographen Angaben besteht des weiteren darin, daß ohne gesicherte Materialbasis argumentiert wird. Wenn man festhielte, wann und wo Mozart die Baßstimme mit "Baßo", "Baßi", "Violone", "Contrabaßo" oder "Violoncello" bezeichnet, wann und wo er die Termini "Viola" oder "Viole" setzt, ließen sich daraus eventuell Schlußfolgerungen ableiten, die zumindest auf fester gegründetem Boden stünden.

VI.2 Interpretation der Tabellen 8, 8a, 8b (siehe Anhang)

Um die vorausgehend aufgeworfenen Fragen zur Bedeutung der Termini "Basso", "Bassi", "Viola" und "Viole" in Mozarts Kammermusikwerken auf eine breitere Basis zu stellen, wird auf Seite 293 ff. eine tabellarisch gegliederte Zusammenstellung beigegeben (= Tabelle 8). Dort sind sämtliche Bezeichnungen der beiden Streicherunterstimmen (also Viola; Violoncello/ Fagotto/ Contrabaßo/ Violone/ Baßo und deren Pluralformen) für alle Instrumentalwerke mit Streicherbeteiligung von 1768 bis einschließlich 1774 erfaßt, soweit sie in Mozarts (oder seines Vaters) Hand überliefert sind. Die zeitlichen Grenzen sollen das Umfeld der frühen Quartettproduktion Mozarts (1770 bis 1773) großzügig abstecken. Eine Ausdehnung des gewählten Zeitraumes erwies sich für unsere Fragestellung als überflüssig. Die Gattungen Serenade, Kassation, Marsch, Divertimento und Quartett werden aus naheliegenden Gründen über das gesamte Schaffen hin verfolgt (s. Tabelle 8b, S. 305 ff.); einzelne wichtige Zeugnisse vor allem aus dem Bereich der Vokalmusik fließen gelegentlich zu Vergleichszwecken in die Diskussion ein und sind in einer eigenen Tabelle (Tabelle 8a, S. 302 ff.) zusammengestellt.

Es liegen demnach vor:
29 Sinfonien (mit insgesamt 171 konkreten Angaben im Viola- bzw. Baßsystem), 27 Quartette (44; dazu 12 Quartettfragmente mit 34 Angaben), 12 Märsche (22), 10 Divertimenti/ Divertimentofragmente (79), 8 Serenaden (127), 8 Menuettkompositionen mit Trio (61), 7 Ouvertüren (17), 8 Konzerte (39), 2 Kassationen (3), 2 Kontretänze (5), 2 Skizzenblätter (-), 1 Quintett (2), 1 Rondo (2), 13 [Rezitative und] Arien (31), 2 Messen (3), 1 Offertorium (3), 1 Kyrie (-), 1 Regina Coeli (5), 1 Litanei (1), die «Freimaurerkantate» (2) sowie «Adagio und Fuge in *c*-moll» (-). Abzüglich derjenigen indizierten Stellen, in denen Mozart die Stimmen nicht benannt hat (422), stehen uns somit von insgesamt 532 erfaßten autographen Einzelsätzen genau 625 konkret bezeichnete Instrumentenangaben zur Verfügung.

(a) 1770: Erstmals "Viole" und "Violini"

Wie aus den Tabellen 8 und 8a ersichtlich, tritt, folgt man der Chronologie der sechsten Auflage des Köchelverzeichnisses unter Einbezug der Neudatierungen durch W. Plath[766], der Plural "Viole" ohne vorangestellte Ziffer bei Mozart erstmals in der ursprünglichen, später verworfenen Fassung der Arie "Vado incontro al fato estremo" (zu Nr. 20) der Oper «Mitridate, Rè di Ponto» KV 87 (74ª) auf[767]. Zuvor schrieb Mozart durch alle Gattungen hindurch immer "Viola", gelegentlich auch "2 Viole", um die Bratschenstimme zu benennen. Die gewissermaßen «objektive» Schreibweise des Singulars bezeichnet bis zu diesem Zeitpunkt also die Stimme als solche, gibt aber keinen Hinweis auf die Besetzungsstärke. Diese Tatsache erscheint um so bemerkenswerter, als bis zu Mozarts KV 87 (74ª) kein genuin solistisch besetztes (und mit Instrumentenangaben versehenes) Ensemblewerk aus Mozarts Feder vorliegt (das erste Streichquartett, KV 80/74^f, entfällt in diesem Zusammenhang, da es unbezeichnet ist) und somit ausgerechnet die chorische Komponente des "Viola" indirekt unterstrichen wird. Der Plural "Viole" ist zwar Mozart vor besagter Arien-Erstfassung nicht unbekannt, er verwendet ihn bis ins Jahr 1770 aber nur bei Stimmenteilung[768]. In besagter Arie wird nun ein entscheidender Schritt zu der in der Folgezeit gültigen Bezeichnung der chorisch besetzten Viola-Stimme unternommen: Die Ziffer entfällt, der Plural bleibt erhalten. Über die reine, traditionelle[769] Stimmenbezeichnung ("Viola") hinaus fließt

---

766 W. Plath, Schriftchronologie, S. 137 ff.

767 Vgl. L. F. Tagliavini, KB, S. 169.

768 Vgl. KV 51 (46ª)/1, Nr. 7 und 11, KV 100 (62ª)/6 und KV 63/5, wobei auf die jeweilig explizite Korrektur aus dem Singular hinzuweisen ist (zur Divisi-Notierung siehe weiter unten).

769 Vgl. die Angabe im ersten Satz aus KV 184 (161ª), die von Leopold Mozart stammt: Hier spiegelt sich noch die traditionelle, allgemein übliche Bezeichnung, die sein Sohn bereits hinter sich gelassen hatte.
Charakteristisch sind in diesem Zusammenhang auch die autographen Instrumentenangaben Joseph Haydns. In dessen (autograph erhaltenen) Sinfonien des entsprechenden Zeitraumes der Jahre 1767 bis 1773 (= Nr. 35, 42, 45, 46, 47, 50, 54, 55, 56, 57) wird die Violastimme mit zwei Ausnahmen durchgehend mit "Viola" bezeichnet; auch Mozarts bereits früh auftretende Form "2 Viole" und den verkürzenden Plural "Violini" (siehe nächster Absatz) kennt J. Haydn nicht. Nur im 1. Satz von Nr. 56 und im Trio der Sinfonie Nr. 57 erscheint "Viole"; vgl. C.-G. Stellan Mörner, KB, S. 35 ff. und W. Stockmeier, KB, S. 22 f.
Michael Haydn verwendet, soweit es ein flüchtiger Eindruck vermitteln kann, beide Bezeichnungen nebeneinander; so lauten die Titel der Sinfonien P 10-13/ MH 187, 197, 252, 255: "Sinfonia à piu Stromenti", in der Instrumentenleiste finden sich: "Viola// Baßo". "Viola" steht zum Beispiel auch in M. Haydns Autograph des «Te Deum» (von 1803; Klafsky V/5; MH 827) zusammen mit der Baßangabe: "Organo e Baßi" (!), im Offertorium «Dominus Deus salutis meae» (1803, Klafsky III/22; MH 825) gemeinsam mit "Baßi" sowie beispielsweise in den Märschen P 61/ MH 427 und P 68/ MH 220. In M. Haydns Autograph der «Theresienmesse» (1801, Klafsky I/22; MH 749/ 750) findet man: "Viole// Violoncello o Fagotto, / ed Organo" sowohl auf dem Titelblatt, als auch in der Instrumentenleiste des Kyrie. Den Plural "Viole" verwendet M. Haydn z. B. auch in der D-dur-Serenade P 85/ MH 404 (H-Bn, Ms. Mus. II-83). Alle Nachweise zu M. Haydn wurden durch die freundliche Genehmigung der Einsichtnahme in das Mikrofilmarchiv der Johann-Michael-Haydn-

nun noch ein besetzungstechnisches Moment in den Instrumentenvorsatz mit ein.

Auch die autographe Bezeichnung der beiden Violinstimmen, die tabellarisch nicht erfaßt wurde, erfährt in KV 87 (74^a) einen bedeutungsvollen Wandel. In den Arien "Nel grave tormento" (zu Nr. 14), "Son reo: l'error confesso" (zu Nr. 16) und "Vado incontro" (zu Nr. 20) erscheint nämlich auch erstmals der in Mozarts Autographen so charakteristische Plural "Violini" als Instrumentenvorsatz, der sich auf erstes wie zweites System gleichermaßen bezieht und von nun an sowohl für solistische als auch chorische Gattungen fast uneingeschränkt[770] Verwendung findet. Zuvor notiert Mozart immer: "Violino I^{mo}// Violino II^{do}" (oder in verwandter Form), das heißt, er benennt jedes System der Violinen getrennt. Nun faßt er beide Stimmen in ein Wort zusammen, wobei der Aspekt der Besetzungsstärke aus dem Kontext erschlossen werden muß[771].

Bekanntlich fehlt uns das gesamte Autograph des «Mitridate»; lediglich einzelne verworfene Arien- und Rezitativentwürfe sind neben sieben ausgeführten Nummern überliefert[772]. Geht man davon aus, daß das Autograph der G-dur-Sinfonie KV 74 den Entwürfen zur Komposition des «Mitridate» unmittelbar vorausgeht[773], so liegt der Schluß nahe, daß Mozart in besagten Arien-Erstfassungen tatsächlich Neuland betrat, das von da an für seine Instrumentenbezeichnungen gültig blieb.

Wolfgang Amadeus Mozart wurde offensichtlich durch den direkten Kontakt zur italienischen Oper zur plötzlichen Veränderung seiner gewohnten Schreibweise der Instrumentenangaben inspiriert. Vater und Sohn Mozart waren bereits seit neun Monaten (Abfahrt aus Salzburg: 13. Dezember 1769) nach und in Italien unterwegs, doch erst bei der Rückkehr nach Mailand läßt sich

Gesellschaft, Salzburg, ermöglicht.

770 Die getrennte Form "Violino 1mo// Violino 2do" erscheint ausnahmsweise im ersten Satz des A-dur-Streichquartetts KV 464.

771 Auch eine Untersuchung der Benennung der Bläserstimmen wäre reizvoll: Hier scheint ebenfalls im Jahr 1770 eine terminologische Neuorientierung vorzuliegen.

772 Vgl. L. F. Tagliavini, KB, S. 32-35, 158 ff.; KV^6, S. 118 f.

773 W. Plath, Schriftchronologie, S. 138, läßt diese Frage wegen des seinerzeit noch als verschollen geltenden Autographs offen. Laut freundlicher Mitteilung setzt er heute die Niederschrift dieser Sinfonie auf die erste Hälfte des Jahres 1770. G. Allroggen weist darauf hin, daß die Datierung «1770» "das Ergebnis einer Korrektur (ursprünglich stand wohl 176-)" ist. Beides, die ursprüngliche, wie die korrigierte Datierung stammen von J. A. André, der überdies annahm, es handele sich bei dieser Sinfonie um eine späterhin verworfene Ouvertüre zum «Mitridate», eine Hypothese, die durch die formale Anlage unterstützt wird (ineinander übergehende Sätze, keine Wiederholungszeichen; vgl. Tabelle 3, S. 181). Das Autograph dieser Sinfonie trägt jedenfalls noch die «alten» Bezeichnungen "Violino I^{mo}// Violino II^{do}" und "Viola"; vgl. das Faks. in NMA IV/11, Bd. 2, S. XVII und G. Allroggen, Vorwort 1985, S. XIII. Zu den möglicherweise in der Zeit zwischen der Komposition von KV 74 und 87 (74^a) entstandenen Sinfonien KV 81 (73^l), 97 (73^m), 95 (73^n) und 84 (73^q) läßt sich kein Vergleich durchführen, da sie in ihrer autographen Fassung verschollen sind.

der beschriebene plötzliche Wandel der Schreibeigentümlichkeiten nachweisen. Sicherlich ist es kein Zufall, daß sich die bedeutungsvolle Wende ausgerechnet in den Entwürfen Mozarts zu seiner ersten Opera seria ereignete, bedenkt man, daß in diesen Autographen auch eine allgemeine Veränderung des Schriftduktus zu konstatieren ist[774]. Ein zunächst "unausgeglichenes Schwanken zwischen [schrifteigentümlichen] Extremen macht erst in den «Mitridate»-Entwürfen einer neuen, ruhigen Selbstsicherheit Platz: die Normalschrift konsolidiert sich"[775].

Die Behauptung, der eigentümliche Wandel in Mozarts Schrift und Terminologie sei vor allem durch seine Konfrontation mit einer neuen, intensiv erlebten Umgebung ausgelöst worden[776], bestätigen gewisse Merkmale der Handschrift mehrerer Mailänder Kopisten seiner Zeit. Wie man anhand der genauen Studien L. F. Tagliavinis[777] erkennt, benutzten diese nämlich auffällig häufig, wenn auch nicht konsequent, den einfachen Plural "Violini" und "Viole"[778]. Da Kompositions- und Kopiervorgang im Falle des «Mitridate» weitgehend Hand in Hand gingen[779], läßt sich die direkte Einflußsphäre der Mailänder Kopisten auf Mozart wenn nicht beweisen, dann doch mehr als vermuten. Den Mailänder Kopisten des «Mitridate» scheint Mozart sowohl die Pluralbezeichnung "Viole" als auch den Terminus "Violini" zu verdanken[780].

(b) "Viola", "Viole" und "2 Viole" seit 1770

Betrachtet man nun im Überblick die Bezeichnung der Viola-Stimme ab KV 87 (74^a), so fällt auf, daß Mozart nur noch in wenigen Fällen den Singular verwendet. In Werken mit einer Gattungsbezeichnung (vertreten durch den Werktitel), bei der wir ohnehin solistische Besetzung annehmen (wie z. B. in einigen der frühen Quartette oder im Divertimento KV 205/167A) bietet der

---

774 Wechsel von «Formel» A zu B; W. Plath, Schriftchronologie, S. 135.

775 ibid., S. 136.

776 W. Plath verweist auf das für diese Monate so typische "konzentrierte Bemühen um Kalligraphie", als ob sich Mozart bewußt sei, "daß er nunmehr für fremde Augen schreibe"; ibid., S. 136.

777 L. F. Tagliavini, KB, S. 40 ff. passim

778 Von den insgesamt neun differenzierbaren Händen der «Mitridate»-Kopien verwendet nur «Schreiber VI» nicht den Plural "Viole", wenn gleichzeitig in den übrigen Quellen dieser Terminus zu finden ist; Schreiber II ändert sogar in zwei Fällen die Pluralendung in den Singular ab (Nr. 2, 4), einmal korrigiert er die Singularform in den Plural (Nr. 24), was zeigt, daß unter den Mailänder Kopisten ein deutliches Bewußtsein für Besetzungsfragen herrschte: In allen Arien, die im Instrumentenvorsatz den Plural "Viole" aufweisen, liegt Teilung der Stimme vor, jene mit einem Singular-Vorsatz sind einstimmig. Im Falle von "Violini" verwenden die Schreiber I, V und VII nicht diese, beide Systeme bezeichnende Formel (im Gegensatz zu den Schreibern II, IV, VI und VIII), sondern benutzen die gängige Abkürzung: "VV:", die in Mozarts Autographen nicht erscheint. Vgl. L. F. Tagliavini, KB, Lesartenverzeichnis passim.

779 ibid., S. 36.

780 Zum Plural "Baßi" und "Fagotti" siehe weiter unten.

Singular keine Probleme. In eindeutig chorischen Werken (etwa in Sinfonien) ist Differenzierung in der Deutung der Besetzung dann angebracht, wenn der Singular "Viola" auftritt: In den Instrumentenangaben zu KV 108 (74^d)/2 (aus dem Jahr 1771), 120 (111^a) (1771), 113/2-4 (1771), 114/3 (1771) und 124/1 (Februar 1772) spiegelt sich die etwa Mitte des Jahres 1771 abgeschlossene Konsolidierungsphase dieser sich immer deutlicher differenzierenden Terminologie. An allen genannten Stellen liegt noch die alte, traditionsverhaftete Stimmbezeichnung in Singularform vor, die nichts über mehrfache Besetzung aussagt, sie aber meint. Der Terminus "Viola" ist hier entweder als Relikt einer gewohnheitsgemäßen, flüchtigen Instrumentenbezeichnung aus den Tagen vor der ersten italienischen Reise anzusehen (man bedenke die zeitliche Nähe zu dieser Reise und das offenbare Fehlen späterer, scheinbar widersprüchlicher Quellenbelege!) oder als bewußtes Aufgreifen der allgemeingültigen Form (möglicherweise mit Blick auf einen Salzburger Kopisten) zu verstehen. Letzteres erkennt man deutlich an den auf den ersten Blick sinnlos erscheinenden Konjekturen in KV 124/1 und 114/3, wo Mozart den zunächst gesetzten Plural zum Singular verbessert. Im Sinfoniekopfsatz von KV 124 will Mozart dadurch bestimmt keine Solobesetzung andeuten, zumal die Sätze 2 und 4 "Viole" aufweisen. Auch in KV 114 spricht die sorgfältige Streichung und Wiederholung des Beginns des dritten Satzes samt der dabei wechselnden Instrumentenangabe gegen eine Mißdeutung: Hieß es zunächst noch, das Aufführungsmoment miteinbeziehend, "Viole" //"Baßi", so liest man nach der Korrektur in strenger Diktion "Viola"// "Baßo", obwohl nichts anderes als zuvor gemeint sein kann.

Daß "Viola" nach 1770/1771 selbst in sinfonischen Werken gelegentlich mit solistischer Besetzung zu «übertragen» ist, scheinen jedoch jene Stellen nahezulegen, die den Singular "Viola" aufweisen, wobei der Kontext der übrigen Sätze eindeutig den Plural "Viole" verwendet und gleichzeitig eine Reduzierung der Stimmenzahl in musikalischer Hinsicht (etwa durch Pausieren der Bläser) einher geht. Dort möchte man dem Terminus "Viola" in der Tat ein besetzungstechnisches Moment zuerkennen: Im langsamen Satz der Sinfonie KV 128 zum Beispiel (vgl. auch die bestimmte Korrektur des "Baßi" zu "Baßo") handelt es sich um einen reinen Streichersatz, der noch dazu im Verhältnis zu den Ecksätzen sehr kurz und zurückhaltend komponiert ist. Die klangliche Kontrastwirkung durch fehlende Bläser könnte man - ausgehend von der Besetzungsangabe - durch Reduktion der Streicher zum Soloensemble unterstreichen[781]. Vergleichbares scheint in den Trios 1 und 3 der Serenade KV 203 (189^b) vorzuliegen, wo Mozart wiederum explizit den zunächst gesetzten Plural zum Singular korrigiert und die Unterstimme, im Gegensatz zu den übrigen Sätzen, "Baßo" nennt[782].

---

781 Vgl. G. Haußwald, Mozarts Serenaden, S. 121, 126.

782 Die Stimmteilung "Viola I, II" im Trio von Nr. 3 in der Edition der NMA entbehrt jeglicher Grundlage: einzig in T. 14 erscheint der (leicht ausführbare) Doppelgriff $h+d^1$.

Im Zusammenhang mit Mozarts Pluralschreibung muß auch auf die Frage eingegangen werden, inwieweit er zwischen "Viole" und "2 Viole" differenziert. Offensichtlich ist er bis zur terminologischen Neuorientierung im «Mitridate» bemüht, eine im Satzverlauf notwendig werdende Stimmteilung durch eine entsprechende Angabe vor dem Rastral zu verdeutlichen. Entweder setzt er "Viola $1^{ma}// 2^{da}$" (vgl. z. B. KV 51/46^a, Nr. 6 oder KV 117/66^a/2) und notiert die entsprechenden Stimmen auf zwei getrennten Systemen[783] oder er deutet das Divisi-Spiel durch "2 Viole" an, wobei beide Stimmen in einem System notiert sind und an den real zweistimmigen Partien auseinandertreten. Letztere Notationsweise erscheint zumeist in korrigierter Form: Zuerst schrieb Mozart den gewöhnlichen Singular, dann (möglicherweise erst während der Niederschrift der Violastimme) verbesserte er diesen zum Plural und setzte zur Verdeutlichung die Ziffer «2» (vgl. KV 51/46^a/1, Nr. 7 und 11, KV 100/62^a/6 und KV 63/5). In den so aufschlußreichen Erstfassungen zum «Mitridate» hat sich auch die Divisi-Bezeichnung zu "2 Viole" (zu Nr. 14) bzw. in italienischer Diktion (und unter den Mozartautographen eher selten)[784] zu "due Viole" (zu Nr. 9 und 18) gefestigt.

Keineswegs jedoch behält Mozart diesen Terminus konsequent bei, wenn er Divisi-Spiel anzeigen möchte. Im Gegenteil: Die Ziffer «2» wird zunehmend akzidentiell und tritt in den Jahren nach 1770 im Gegensatz zum reinen Plural verhältnismäßig selten auf. Da der Plural ohnehin chorisches Spiel verlangt, ist die Ziffer entbehrlich (siehe Tabelle 7, nächste Seite).

Zieht man die historische Aufführungssituation Mozartscher Werke in Betracht und vergleicht sie mit Mozarts Bezeichnungen der Violastimme, so ist klar, daß der Terminus "Viole" in Mozarts Autographen trotz prinzipieller Mehrfachbesetzung (auch in Sinfonien) wohl kaum eine Besetzung mit mehr als zwei Bratschen impliziert. Zumindest in Salzburg kann man aufgrund des "Hochfürstlich=Saltzburgischen Kirchen= und Hof=Calender[s]" von dieser Besetzungsstärke ausgehen, obwohl man nicht sicher sagen kann, wieviele etwa der Violinisten gelegentlich auch den Violapart übernahmen[785]. Es bleibt jedoch fraglich, ob dieses pragmatische Element wirklich in die Instrumentenbezeichnung einfließt, zumal die Autographe von Kompositionen beispielsweise italienischer Provenienz keine Unterscheidung zu Salzburger Werken

---

783 Die Angabe "Viola 2" in KV 79 (73^d) ist eine Sonderform und wohl als Analogiebildung zum unmittelbar vorausgehenden "fagotti 2" zu verstehen.

784 Das "due fagotti" in KV 184 (161^a)/1 stammt von Leopold Mozart und spricht ebenfalls für direkten Italieneinfluß! In KV 100 (62^a)/7 lesen wir "due oboe" von Mozarts Hand, wobei "oboe" aus "oboa" korrigiert ist, und jede Stimme ihr eigenes System erhält. Vgl. Fußnote 787.

785 Über die genauen Besetzungsverhältnisse und deren Interpretation unterrichtet umfassend: E. Hintermaier, Hofkapelle, S. XX f. und 538 ff.; zum Problem der Violabesetzung in Salzburg: Chr. Mahling, Orchester, S. 99 und S. Kunze, Vorwort, S. XVI f. (mit weiterführender Literatur); für Mailand: G. Barblan, Orchestre. In größerem Rahmen diskutiert das hier angeschnittene Problem N. Zaslaw, S. 204 ff. passim.

Tabelle 7

KV6	Satz	NMA	Mozart
46ª (51)		Viola I, II	2 Viole (Korr.?)
62ª (100)	5 (Trio)	Viola I, II	Viola
	6	Viola I, II	2 Viole (aus Viola)
63	3	Viola I, II	- (Viola)
	5	Viola I, II	2 Viole (aus Viola)
74	2	- (Viola)	- (Viola)[786]
	3	- (-"-)	Viola
75ᵇ (110)	2	Viola I, II	Viole
111	2	Viola I, II	Viole
112	1	Viola I, II	Viole
114	1	Viola I, II	Viole
	2	Viola I, II	-
131	1	Viola I, II	2 Viole
	2	Viola I, II	Viole
	3	Viola I, II	2 Viole
	4	Viola I, II	Viole
	5	Viola I, II	2 Viole
	Trio 2	Viola I//II	Viole (2 Systeme)
	6	Viola I, II	Viole
161ª (184)	2	Viole	Viole
	3	Viole	2 Viole
161ᵇ (199)	2	Viole	Viole ("V" aus "2")
	3	Viole	2 Viole
162	1	Viole	Viole
	2	Viola I, II	2 Viole
	3	Viole	2 Viole
162ᵇ (181)	2	- (Viole)	- (2 Viole)
	3	- (-"-)	- (-"-)
167ª (185)	1	Viola I, II	Viole
	4 (Trio)	Viola I, II	2 Viole
173dA (182)	1	Viole	Viole
173dB (183)	1	Viole	2 Viole
	2	Viole	2 Viole
186E (190)	1-3	Viola I, II	2 Viole
189ᵇ (203)	1-2	Viola I, II	Viole
	6	Viola I, II	Viole
213ª (204)	2	Viola I, II	Viole
	4 (Trio)	Viola I, II	Viole
	6 (Trio)	Viola I, II	Viole
	7	Viola I, II	Viole
213ᵇ (215)		Viola I, II	Viole

786 "Viola" (oder "Viole") durch Klecks unleserlich.

bezüglich der Problematik "Viole"/ "2 Viole" erkennen lassen[787]. In zwei Fällen unserer indizierten Stellen scheint sogar voreilig die Ziffer gesetzt worden zu sein, da im Verlauf dieser Sätze keine Stimmteilung auftritt, will man nicht darin die tatsächliche Besetzungsrealität gespiegelt sehen[788].

Zusammenfassend kann man also festhalten, daß der Terminus "2 Viole" in den Mozartautographen bis 1774 nahezu immer geteiltes Spiel der Bratschen meint, wobei anzunehmen ist, daß dann in praxi (gerade in Salzburg) jede dieser Stimmen solistisch besetzt wurde, während der Terminus "Viole" in dieser Hinsicht ambivalent bleibt, häufig Stimmteilung erfordert, immer aber chorische Besetzung anzeigt.

(c) "Baßo", "Baßi" und "Violoncello"

Die traditionelle, kein bestimmtes Instrument, vielmehr die Funktion der Fundamentstimme schlechthin ausdrückende Unterstimmenbezeichnung "Baßo" respektive "Baßi" kann nicht nur für die meisten Werke unseres Untersuchungszeitraumes, sondern für sämtliche chorisch besetzten Kompositionen Mozarts als Regelfall in Anspruch genommen werden. Konkretisierungen in der Instrumentenleiste treten selten auf[789], und wenn, dann nur die obligat geführten, und somit unbedingt zu benennenden Fagotte. Falls Mozart eine Klangdifferenzierung, also eine Aufspaltung des Instrumentariums der Streichbaßinstrumente während des Satzverlaufes für notwendig erachtete, bezeichnete er das jeweils konkretisierte Instrument nicht etwa bereits vor der ersten Akkolade des Satzes, sondern erst unmittelbar an der gewünschten Stelle; bei Zusammengehen von Violoncello und Kontrabaß verwendete er wiederum die allgemeine Bezeichnung "(tutti) Baßi" (o. ä.)[790].

---

787 So berichtet Leopold Mozart am 15. Dezember 1770 über die Besetzungsstärke des Orchesters des Teatro Ducale in Mailand: "den 17ten wird die erste Probe mit dem ganzen Orchester seyn, welches in 14 Prim= und 14 Secunden folglich in 28 Violinen, 2 Clavier, 6 ContraBaß, 2 Violoncelli, 2 Fagotti, 6 Violen, 2 Hautb: und 2 Flauto=traversi, [...] 4 Corni di Caccia, und 2 Clarini etc. folglich in 60 Personen bestehet." Bauer-Deutsch I, Nr. 223, S. 408, Zeile 1-8. Leopold Mozarts Angabe "Viola 1/2" im ersten Satz der Sinfonie KV 184 (161ª) deutet entweder auf eine Präzisierung der zu beteiligenden Musiker (nämlich zwei) oder auf eine in doppelter Ausführung zu erstellende Kopie der Viola-Stimme; letzteres würde bedeuten, daß man maximal vier Instrumentalisten benötigen würde, wenn man davon ausgeht, daß pro Pult zwei Musiker aus einer Stimme spielen können. Die Violastimme verlangt in diesem Satz jedenfalls keine Stimmteilung.

788 KV 131/5, 199 (161ᵇ)/1.

789 Neben der in vielen Belangen singulären «Serenada Notturna» läßt sich eine explizite Nennung eines Baßinstrumentes zu Beginn einer Komposition meines Wissens erstmals auf der ersten Seite der Ouvertüre zu «Idomeneo, Ré di Creta» KV 366 (1781) nachweisen, wo für "2/ Fagotti", "Violon=/ celli" und "Baßi" jeweils ein separates System reserviert ist. Die Frage, ob hier "Baßi" im Sinne von "Contrabbassi" gebraucht wird ist eher zu verneinen, da sowohl die Fagotte wie auch die Violoncelli zunächst "ColB:" (= Col Basso) zur untersten Stimme gehen. Es liegt daher näher, daß mit "Baßi" die ganze Gruppe der Baßinstrumente angesprochen ist.

790 Das erstmalig und in unserem Zeitraum höchst selten zu beobachtende Auseinandertreten von Violoncelli und Kontrabässen ist in der Sinfonie KV 73/1 (fol. 3 r+v)

Obwohl es also des Plurals nicht eigentlich bedarf (der Singular drückt ja flexible Besetzungsmöglichkeit aus), erscheint etwa zur gleichen Zeit wie der Terminus "Viole" in Mozarts Autographen auch der Plural "Baßi". Vorbehaltlich neuer Datierungen begegnet uns der pluralische Begriff "Baßi" innerhalb der Chronologie der Mozartwerke erstmals in der d-moll-Ouvertüre zu «La Betulia liberata» KV 118 (74^c) (Frühjahr 1771)[791]. In der gleichen Partitur tritt uns auch erstmals der Plural "Fagotti" ohne die Ziffer «2» entgegen, während Mozart "2 Fagotti" bereits in KV 51 (46^a)/1 verwendet. Nichts liegt näher, als in diesen Pluralformen eine Analogie zum Bezeichnungswandel der Violastimme zu sehen; der unmittelbar wirkende Einfluß der italienischen Sprache (und der Mailänder Kopisten) auf Mozarts Gewohnheit der Instrumentenbezeichnung ist erneut offenkundig[792]. Eine mit "Baßi" bezeichnete Stimme ist zwar durch die Pluralendung hinsichtlich des intendierten Instrumentariums keineswegs spezifischer als "Baßo", sie schließt aber solistische Besetzung aus. Akzeptiert man die Annahme eines noch unmittelbar wirkenden italienischen Einflusses auf Mozarts Instrumentenangaben, so läßt sich vermuten, daß die Ouvertüre zu KV 118 (74^c) zumindest noch auf der Heimreise von Mailand nach Salzburg im März 1771 niedergeschrieben wurde[793]. Auf jeden Fall kennt und verwendet Mozart die Pluralkombination "Baßi"// "Fagotti" seit Juli 1771, wie wir es auf dem datierten Autograph der Sinfonie KV 110 (75^b) lesen.

Verfolgt man (anhand der Tabellen 8, 8a, 8b) die autographen Instrumentenangaben der Baßstimme in den Sinfonien und Ouvertüren, so erkennt man, daß Mozart, vergleichbar der inkonsequenten Setzung "2 Viole", den Plural "Baßi" zwar zunehmend benutzt, jedoch nicht eindeutig oder endgültig gegen den Singular eintauscht. "Baßo" steht weiterhin gleichbedeutend neben "Baßi"[794]. Erst ab etwa 1772 (KV 132) konsolidiert sich der Pluralbegriff. Demnach liegt der Zeitpunkt des Benennungswechsels des Basses in Sinfonien

---

zu konstatieren: Die in der Instrumentenleiste zu Satzbeginn "Baßo" genannte Stimme, notiert Mozart ab T. 46/47 «zweistimmig» mit getrennter Behalsung. Die obere Stimme ist "Violoncello", die untere (ab T. 47) "Violone" benannt. Ab T. 59 spielen die beiden Baßinstrumente wieder *unisono* (mit einfacher Behalsung), ohne daß ein spezieller Hinweis erfolgt. Die in späteren Sinfonien und Konzerten häufiger anzutreffende Differenzierung der Baßstimme in Violoncello und Kontrabaß beginnt ungefähr im Jahr 1778, beispielsweise in KV 299 (297^c)/1 oder KV 319/1 (vgl. Tabelle 8a).

791 Nicht in den Menuetten KV 103 (61^d), wie man es der Ordnung von KV^6 (und demzufolge von Tabelle 8) entnehmen mag. Vgl. W. Plath, Schriftchronologie, S. 151, der diese Komposition auf Frühsommer/ Sommer 1772 datiert. Vgl. ebenso R. Elvers, Vorwort, S. XIII.

792 Insofern bestätigt das erstmalige Auftreten des Plurals W. Plaths Neudatierung von KV 103 (61^d) und läßt sich (ebenso wie der Plural "Viole") methodisch als einigermaßen scharfes Datierungskriterium verwenden: Steht in einem Mozartschen Autograph "Viole" oder "Baßi", so kann man davon ausgehen, daß die Niederschrift nach der Komposition des «Mitridate» anzusetzen ist (wobei der Umkehrschluß nicht zutrifft!).

793 Vgl. L. F. Tagliavini, Vorwort, S. VII.

794 Vgl. die chorisch zu verstehende Singularanweisung z. B. in KV 111, 112/1, 129/1,

und Ouvertüren wesentlich später, als er für die Violastimme zu beobachten ist.

Vergleichbar verhält es sich bei den Serenaden und den ihnen anzugliedernden Märschen[795]. Die frühen «Serenaden» und «Cassationen» KV 100 (62^a), 63, 99 (63^a) weisen die Baßstimme stets mit "Baßo" aus. Mit KV 185 (167^a) beginnt die Serie der Serenaden nach der dritten Italienreise. Hier finden wir, unter Ausnahme der bemerkenswerten Instrumentenangabe "Violone" (bzw. "Violoni") in den Serenaden KV 239 bzw. 250 (248^b)/1[796] konstant den Plural "Baßi", die Fagottstimme wird häufig auf ein eigenständiges System notiert[797]; den wenigen Fällen in Singularform wird man deshalb ab jenem Zeitpunkt eine intendierte Reduzierung im Sinne der Solobesetzung zubilligen[798].

Bleibt also den chorischen Kompositionen Mozarts der Terminus "Baßo" neben "Baßi" bis etwa 1772 gleichberechtigt erhalten, wobei diese Funktionsbezeichnung wohl alle in Frage kommenden Baßinstrumente (Kontrabaß, Violoncello, Fagott) meint, so weist der Pluralbegriff "Baßi", durch welche Baßinstrumente auch immer vertreten, in jedem Falle auf chorische Besetzung hin; in keinem Fall der Pluralbezeichnung wäre eine solistische Besetzung plausibel zu begründen.

Unter allen Mozartautographen finden wir den Terminus "Violoncello" chronologisch gesehen erstmals im Instrumentenvorsatz des Streichquartetts D-dur, KV 155 (134^a)/1. Wie bereits dargestellt, ist dieser Terminus dort - wohl nachträglich - als Zusatz zu dem Begriff "Baßo" gesetzt. Die etwa zeitgleich entstandenen Quartette 156 (134^b) und 160 (159^a) weisen ebenfalls den eindeutigen Terminus "Violoncello" auf, die übrigen Werke des Zyklus sind entweder unbezeichnet (KV 157) oder mit "Baßo" (KV 159) bzw. "Baßi" (KV 158) versehen. Der unmittelbar folgende Quartettzyklus KV 168-173 ist unbezeichnet (was uns vor der Annahme einer allzu rationalen Vorgehensweise Mozarts warnen sollte). Verfolgt man die Kammermusik über unseren Untersuchungszeitraum hinaus, so weist das Flötenquartett KV 285 (1777) ebenso wie das nicht autograph bezeichnete Oboenquartett KV 370/368^b (1781) den

---

130/4, 162/3 und sehr viel häufiger.

795 Durch die weitgehend dichte Bläserbeteiligung der meisten Serenaden ist für diese Gattung, zumal es sich um Freiluftmusik handelt, chorische Besetzung der Streicher anzunehmen; vgl. dazu: G. Haußwald, Mozarts Serenaden, S. 118 ff.

796 Vgl. dazu: W.-D. Seiffert, Anmerkungen.

797 Entgegen C. Bär, Basso, S. 145, der etliche Belegstellen für separat notierte Fagottstimmen nicht kennt.

798 Vgl. das erste Trio der Serenade KV 185 (167^a) oder die Triosätze 1 und 3 der Serenade KV 203 (189^b), wobei jedesmal auch die Bezeichnung der Viola (Singular) von Interesse ist. Übrigens könnte man eine Stimmenreduzierung auch für den zweiten Satz der Sinfonie KV 128 annehmen; dort läßt nämlich die Singularbezeichnung der Viola genauso wie die dezidierte Korrektur "Baßo" aus "Baßi" aufmerken (s. o.). Zur klanglich motivierten Reduktion der Streicherbesetzung in Serenaden vgl. G. Haußwald, Mozarts Serenaden, S. 121.

Terminus "Baßo" auf. Im Klaviertrio KV 254 (1776), aber auch im Flötenquartett KV 298, das ja entgegen KV^6 erst in Wien 1786 geschrieben wurde[799], finden wir "Violoncello". Erst ab den «Haydn-Quartetten» Mozarts (ab Ende 1782 also) scheint sich in Quartetten die eindeutige Besetzungsvorschrift der Unterstimme durchgesetzt zu haben, da ab KV 387 nur noch "Violoncello" zu finden ist[800].

(d) Exkurs: Die Klavierkonzerte KV 413-415

In diesem Zusammenhang bieten die drei etwa zehn Jahre nach unserem Untersuchungszeitraum entstandenen Klavierkonzerte KV 413-415 (387^a, 385^p, 387^b) erstaunliches Vergleichsmaterial. Bekanntlich kündigte Mozart diese am 15. Januar 1783 in der "Wiener Zeitung" unter dem Hinweis an, man könne sie sowohl mit Orchester (also mit Bläsern) als auch "a quattro, nämlich mit zwei Violinen, 1 Viole, und Violoncello" spielen[801]. Die autographen Instrumentenangaben dieser ersten Wiener Klavierkonzerte Mozarts spiegeln weitgehend diese intendierte variable Besetzung. So ist die Stimme der Viola ungewöhnlicherweise durchweg im Singular bezeichnet und damit - unter dem Aspekt der Tradition, der sich Mozart ja bis 1770 verpflichtet wußte und sich nun erinnerte - prinzipiell offen für solistische als auch chorische Besetzung. Daß Mozart dennoch, gleichsam im Sinne einer (unbewußten?) Präferenz, den vollen Orchestersatz im Auge gehabt haben mag, legt die flüchtige Kanzellierung der letzten Takte in KV 415 (387^b)/1 nahe. Dort steht, entgegen dem hier doppeldeutigen Terminus "Viola" zu Beginn des Satzes, der eindeutige Plural "Viole" - wollte man nicht soweit gehen, und das damalige modische Französisch der Verlegerannoncen auch in Mozarts Autographen erkennen

---

799 Vgl. J. Pohanka, Vorwort, S. VIII; W. Plath, Schriftchronologie, S. 132.

800 Ein bezeichnendes Licht auf Mozarts Traditionsverbundenheit gerade in diesem Punkt wirft jedoch eine korrigierte Stelle (T. 46 ff.) des Finalsatzes aus dem Streichquartett KV 464. Dort tauschen im Autograph Viola und Violoncello für einen kurzen Moment ihr jeweiliges System: Mozart bezeichnet das Violoncello mit "Baßo". Vgl. auch Mozarts Brief an den Verleger Jean Georges Sieber (Paris) vom 26. April 1783, in dem er diesem seine sechs «Haydn-Quartette» mit den Worten anbietet: "weiters schreibe ich nun an 6 quartetten auf zwei violin, viola und Baßo"; Bauer-Deutsch III, Nr. 741, S. 266, Zeile 15 f. Auch die Anweisung an den Kopisten auf fol. 6v von KV 387 läßt keinen Zweifel daran, daß der Terminus "Baßo" von Mozart im Sinne von «Baßstimme» verwendet wird, und hier nur das Violoncello meinen kann: "izt wird nur von diesem Andante das 2te Violin und die Viola herausgeschrieben/ die Bass stime komt erst nach Tisch"; vgl. Faksimile in: M. Flothuis, Autographs, S. 161. Die beiden letztgenannten Argumente auch bei: J. Webster, History, S. 241.
Selbst noch in der Instrumentenleiste zum Kopfsatz des letzten Streichquintetts KV 614 hatte Mozart ursprünglich "Basso" geschrieben, diesen Begriff aber ausradiert und durch "Violoncello" ersetzt.
Ein heiteres Wortspiel löst in einem Brief Mozarts vom 10. Mai 1779 die Base Maria Anna Thekla Mozart, das «Bäsle», aus: "liebstes, bestes, schönstes [...] bässchen. oder Violoncellchen!-"; Bauer-Deutsch II, Nr. 525, S. 547, Zeile 4-11.

801 O. E. Deutsch, Dokumente, S. 187. Zur Konjunktion "1 Viole" S. 272 ff.

wollen[802]. In der Instrumentenleiste des letzten Satzes desselben Konzertes läßt, legt man obige Untersuchungsergebnisse des Terminus "Baßo" zugrunde, die Durchstreichung des zunächst im Sinne der «a quattro»-Besetzung gesetzten "Violoncello" und die Korrektur zu "Baßo" (also der umgekehrte Fall zur Ergänzung in KV 155/134[a]) keinen Zweifel daran, daß Mozart auch bei der Bezeichnung des Basses die angesprochene Besetzungsflexibilität demonstrieren will: "Baßo" läßt ja das solistische Violoncello ebenso zu, wie eine mehrfache Besetzung mit verschiedensten Baßinstrumenten, während der (durchstrichene) dezidierte Instrumentenname natürlich das Instrument der Baßstimme eindeutig festlegt[803]. Von gleichem Interesse scheint auch die Korrektur beim Instrumentenvorsatz KV 414 (385^P)/1 zu sein. Das zunächst gesetzte "2 Viole" wurde zu "1 Viola" verbessert; "2 Viole" hätte Divisi-Spiel angezeigt, eine Angabe, die für die beabsichtigte Flexibilität (gleichwertig chorisch als auch solistische) in der Besetzung der Viola-Stimme unbrauchbar gewesen wäre. Die Ziffer «1» soll demnach nicht als Konkretisierung der Anzahl der Spieler, sondern als Präzisierung der einstimmig geführten Stimme verstanden werden, die gerade die Anzahl der Ausführenden offenläßt.

VI.3 Die Instrumentenbezeichnung der frühen Quartette

Um abschließend eine Erklärung zu versuchen, wie die in den frühen Quartetten Mozarts auftretenden, befremdlichen Begriffe "Baßo", "Baßi" und "Viole" zu deuten seien, öffnet sich nun der Weg, die Ergebnisse der vorausgehenden Untersuchung vergleichend anzuwenden, ohne dem (letztlich unbeweisbaren) Argument Rechnung tragen zu wollen, daß hier eine fehlerhafte Orthographie Mozarts vorliegen könnte.

Wir sahen, daß der allgemeine Funktionsbegriff "Baßo", weil er in allen Gattungen überwältigend oft auftritt, nicht mit Bestimmtheit einem konkreten Instrument zugewiesen werden kann. Er deckt das Spektrum der chorischen Besetzung aller Baßinstrumente (einschließlich Fagott) bis zum solistischen Violoncello ab. Doch wie wollte Mozart seine frühen "Quartetti" und vierstimmigen "Divertimenti" besetzt wissen? Eine Deutungsmöglichkeit bietet sich nur über den Begriff "Viole" an. Soweit man nämlich Mozarts Verwendung des Plurals aufgrund der tabellarischen Übersicht(en) beurteilen kann, ist gesichert, daß "Viole" immer chorische Besetzung ausdrückt. Seit der ersten Italienreise unterscheidet Mozart bewußt zwischen Singular und Plural, das heißt zwischen Solo- und chorischer Besetzung der Violastimme.

---

802 Vgl. Diskussion auf S. 273.

803 Im Dezember 1987 konnte der Verfasser das Autograph, das in der Biblioteka Jagiellońska (Kraków) aufbewahrt liegt, einsehen. Bemerkenswert ist die bei Mozart seltene Unterstreichung der «2» bei "Violini" im zweiten Satz desselben Konzertes, als wollte er für den langsamen Satz, der ohne Trompeten und Pauken komponiert ist, auf eine reduzierte Klavierquintett-Besetzung aufmerksam machen.

Es besteht nun kein Zweifel daran, daß die Quartett-Divertimenti wegen ihrer Instrumentenbezeichnung: "Viole// Baßo" in der Instrumentenleiste zu KV 136 (125^a) (gültig für alle Sätze der dreiteiligen Werkgruppe) mit mehrfacher Violabesetzung rechnen. Wird aber diese Stimme chorisch besetzt, so wirkt sich das auch auf die Nachbarstimmen aus. Die beiden übrigen autographen Angaben - "Violini" wie "Baßo" - schließen terminologisch, und das ist entscheidend, eine chorische Besetzung (möglicherweise mit Kontrabaß) nicht aus. Die Gattungsbezeichnung "Divertimento" stünde ebenfalls einer Kammerorchester-Besetzung nicht im Wege[804].

In Bezug auf die übrigen Divertimenti und Kammermusikstücke Mozarts, die zu dem reinen Streichersatz etwa zwei Hörner und/oder eine Oboe oder eine Flöte kombinieren, erhält J. Websters vermutete solistische Besetzung von dieser Seite her weitgehende Bestätigung: Alle autograph überlieferten Werke weisen in nahezu allen Sätzen den Singular "Viola" und den Singular "Baßo" auf[805]. Welches Instrument den solistischen "Baßo" spielen soll, ob dabei gar Violoncello und Kontrabaß gemeint sein können - man denke etwa an die Besetzung der «Kleinen Nachtmusik» KV 525[806] -, bleibt weiterhin offen und kann durch den vorgezeichneten Weg auch nicht geklärt werden. Der Singular "Viola" legt jedoch eher die solistische Besetzung aller Stimmen, also auch der des Basses nahe.

Wendet man diese methodische Hilfskonstruktion via Terminus "Viole" konsequent auf die zwei problematischen Instrumentenangaben in KV 155 (134^a)/1 und 158/1 an, so wird man nicht umhin können, auch hier von intendierter chorischer Besetzung auszugehen. Wiederum widerspricht nämlich keine der jeweils übrigen Bezeichnungen explizit der Kammerorchesterbesetzung, vorausgesetzt in KV 155 (134^a) lautete Mozarts Angabe vor der Korrektur: "Violini/ Viole/ Baßo", was kaum zu bezweifeln ist; in KV 158/1 steht vor der Instrumentenleiste sogar für jedes Instrument die pluralische Bezeichnung: "Violini// Viole// Baßi". Schließlich wird auf diese Weise auch die Instrumentenangabe zum fünften «italienischen» Quartett Mozarts (KV 159): "Viola// Baßo" zweifelsfrei deutbar. "Baßo" meint hier das Solo-

---

[804] Entgegen J. Webster, Diss., S. 203; ders., Scoring, S. 267; G. Haußwald, NOHM VII, S. 512; K. Geiringer, NOHM VII, S. 559. Es soll nicht verschwiegen werden, daß sich dieser terminologische Befund mit den Untersuchungen aus Kap. IV.2 dieser Arbeit durchaus deckt: Die «Quartett-Divertimenti» sind ohne den engen Bezug zur gleichzeitig entstehenden Sinfonik Mozarts nicht zu verstehen.

[805] In KV 247/6 setzt Mozart zu Satzbeginn "Viole", verändert aber auf der letzten Seite des Autographs (2. Akkolade) diesen Begriff zu "Viola". Hier, wie in dem eindeutigen "Baßi" in KV 251/1 (auf fol. 1v), den er in der zweiten Akkolade wohl (schwer lesbar!) ebenfalls zum Singularbegriff wendet, muß man Flüchtigkeiten Mozarts annehmen. In beiden Fällen aber, und das läßt unsere Hypothese nahezu zur Gewissheit werden, korrigiert Mozart spontan die «falschen» Instrumentenangaben.

[806] Dort wird allerdings im Autograph sowohl das Violoncello als auch der Kontrabaß explizit verlangt.

instrument (Violoncello), weil "Viola" ab der Zeit des «Mitridate» eher die Solobratsche als Mehrfachbesetzung intendiert.

Führt dieses Ergebnis die zu fordernde gattungsspezifische Einheitlichkeit sechs gleichgearteter, zyklisch angelegter Werke ad absurdum? Liegen teils kammerorchestrale, teils solistische Quartette vor, die von Mozart künstlich und nachträglich zu einer vorgeblichen Einheit verbunden wurden? Diese Frage muß mit ja und nein beantwortet werden. Das terminologisch-gattungstypologische Problem ist in dem Moment lösbar, wenn man tatsächlich zwischen Entstehungsprozeß und nachträglicher zyklischer Ordnung unterscheidet: Die autographen Instrumentenangaben erweisen sich hierbei als indirekte Zeugen einer (noch) nicht gefestigten Gattungsvorstellung. Sie sind zunächst gleichsam unbedacht gesetzt. Der Titel "Quartetto", so er zu gleicher Zeit wie die Niederschrift der Instrumentenbezeichnungen erfolgt ist[807], sollte insofern nicht als Gattungs-, sondern als Besetzungstitel der beteiligten Stimmen (nicht: Instrumente) im Sinne von «a quattro» verstanden werden. Wie wir im Zusammenhang mit den Quartett-Divertimenti sahen, stehen diese sehr frühen Quartettkompositionen Mozarts unter dem Eindruck der gleichzeitigen sinfonischen Arbeit, ja können sogar überspitzt als Studien zum Zwecke der satztechnischen Vertiefung des Streichersatzes in den Sinfonien interpretiert werden (vgl. Kap. III, IV).

Doch die «a quattro»-Faktur fordert zunehmend ihr Recht. Lassen sich in den Quartett-Divertimenti sinfonischer und kammermusikalischer Gestus noch kaum voneinander unterscheiden, so prägen die folgenden, um die Jahreswende 1772/73 komponierten Streichquartette bereits einen deutlich kammermusikalischen Satz aus, der sich doch sehr vom sinfonischen Streichersatz abhebt. Eine chorische Besetzung wird unnötig; sie wirkt in den langsamen Sätzen nachgerade störend[808]. Mozart wendet sich also - so die sich aufdrängende Hypothese - 1772/73 erneut dem vierstimmigen Satz mit der Absicht zu, auf sinfonischem Gebiet von der diffizileren Satztechnik zu profitieren. Die Pluralbezeichnungen, unbewußt und ohne Gedanken an eine konkrete Aufführungssituation gesetzt (und daher umso aufschlußreicher!), spiegeln diese Motivation. Erst ab einem gewissen Moment, möglicherweise unter dem Rat seines geschäftstüchtigen Vaters - man erinnere auch den Verkauf dieser Werke an einen "italiänischen Cavalier" (S. 6) -, erkannte Mozart die Chance zur

---

807 Dies könnte man aufgrund der identischen Tinte, der sich geradezu mechanisch wiederholenden autographen Positionierung und des gleichen Schriftduktus der Titel bezweifeln; vgl. W.-D. Seiffert, KB, S. a/18 passim.

808 Chorische Besetzung kann dennoch in diesen sechs «italienischen» Quartetten einigermaßen überzeugen, wie mehrere Einspielungen belegen; vgl. z. B. Orchestre Pro Arte De Munich, Ltg. Kurt Redel, Disques Pierre Verany (PV. 784062): KV 155 (134^a), 156 (134^b) und 157. Einige Kammerorchester-Einspielungen des C-dur-Quartetts KV 157 folgen der Edition: G. Röthke, Divertimento, wobei im Vorwort ohne Differenzierung der Problematik zu lesen steht, "daß einzelne Quartette aus dieser Serie [«italienische» Quartette] für mehrfache Besetzung gedacht sind und chorisch gespielt werden können."

Produktion eines Quartettzyklus im Sinne der «modernen» Gattungsvorstellung.

Will man eine vorsichtige Chronologie ansetzen, so wird man die Werke mit den pluralischen Begriffen also an den Anfang der Produktion stellen (KV 155/134[a], KV 158) und die folgenden Quartette darauf folgen lassen[809].

Daß der vierstimmige Satz primär als Kunsterprobung und im Zusammenhang der frühen Sinfonik zu verstehen sei, der eigenständige Werkcharakter all dieser Quartette gleichwohl außer Frage steht, wurde bereits betont. Ohne dieses Ergebnis zu sehr forcieren zu wollen[810], sei darauf hingewiesen, daß alle von W. Plath vorgebrachten Indizien - wie z. B. die vermutlich nachträgliche Numerierung der Quartette, die Eigenständigkeit der sechs Papierlagen, die beiden brieflichen Mitteilungen Leopold Mozarts - zumindest nicht gegen diese Hypothese sprächen. Der Befund des ersten Quartettes KV 155 (134[a]) weist letztlich genau auf diesen Umstand einer erst nachträglich vorgenommenen Verknüpfung zu einem Zyklus in aufsteigender Quartenordnung. Der unter diesem Aspekt retrospektiv als «falsch» erkannte Pluralbegriff "Viole" wird von Mozart richtiggestellt, der uneindeutige Terminus "Baßo", im Sinne "einer für den g a n z e n Zyklus exemplarisch geltenden Präzisierung"[811] durch "Violoncello" ergänzt, ein Terminus, der in diesem Zyklus erstmalig unter allen Mozartautographen, gewissermaßen in ungewohntem Habitus, auftaucht. Aus welchem Grunde sollte Mozart diese Korrekturen vorgenommen haben, wenn er nicht von der mangelhaften Präzision seiner ursprünglichen Instrumentenbezeichnung überzeugt war? Nochmals sei daran erinnert, daß dieser Zyklus mit äußerster Wahrscheinlich immerhin von einem italienischen Kopisten für einen Gönner abgeschrieben wurde, weswegen zu einem bestimmten Moment Exaktheit auch der Instrumentenangaben notwendig wurde.

Die Interpretation der Instrumentenangaben Mozarts, wie sie uns in seiner Instrumentalmusik zwischen 1768 und 1774 begegnen, führt demnach nicht nur zu einer Deutung der auffälligen, mit dem heutigen Gattungsverständnis unvereinbaren Instrumentenangaben der frühesten Quartette, sondern leistet zudem durch die sich herauskristallisierende Besetzungsintention (chorisch/

---

809 Das schlägt bereits J. Webster - einer Andeutung W. Plaths folgend - vor, ohne diesen fruchtbaren Gedanken an anderer Stelle weiter verfolgt zu haben; J. Webster, Diss., S. 202.
W. Plaths Andeutung bezieht sich auf die Hypothese, Mozart gedachte zunächst, die drei Quartett-Divertimenti zu einem eigenständigen Zyklus zu vervollständigen; W. Plath, Vorwort 1966, S. VIII. Das jedoch scheint nur unter der Voraussetzung plausibel, daß gerade nicht das *D-dur-* und *F-dur*-Quartett KV 155 (134[a]) und KV 158 als erste entstanden. Mozarts deutliches Bestreben, auch hinsichtlich der Tonartenfolge der zyklisch gebundenen Einzelwerke Abwechslung zu schaffen, lassen es undenkbar erscheinen, er habe auf die drei Quartett-Divertimenti in *D-*, *B-* und *F-dur* erneut Quartette in *D-* und *F-dur* geschrieben.

810 W. Plath, Vorwort, S. X.

811 ibid., S. VIII; Sperrung original. So erklärt sich auch das Fehlen der streng genommen notwendigen Korrektur der Instrumentenangabe von KV 158/1.

solistisch) einen Beitrag zur Gattungsgeschichte. Mozarts frühe Streichquartette entwickeln sich nicht wie bei Joseph Haydn aus der einen ideellen Wurzel heraus, von Anfang an "bewußt gattungsbildend" zu wirken, bzw. aus den vorgefundenen Traditionen einen spezifisch vierstimmigen Typus entwickeln zu wollen, der sich aus seinen eigenen Bedingungen heraus selbst differenziert[812], sondern sie stehen zumindest bis zu den «Wiener» Quartetten in steter Wechselwirkung mit der Sinfonik, aus deren Schatten sie erst allmählich zu treten vermögen.

---

812 L. Finscher, Studien, S. 153 f. (zu J. Haydns «op. 1»).

Anhang

Zu den Tabellen 8, 8a und 8b

Tabelle 8 führt alle diejenigen Bezeichnungen der Viola- und Baßstimme im Wortlaut auf, die in Mozarts Instrumentalwerken mit Beteiligung von Viola und Baß (oder wenigstens einem beider Instrumente) der Jahre 1768 bis einschließlich 1774 in autographer Form überliefert sind. Sie wurde mit Hilfe von Mikrofilmkopien erstellt[813]. Trotz Sorgfalt kann sie keine Garantie auf Fehlerlosigkeit erheben. Denn oft genug ist eine definitive Bestimmung des jeweiligen Wortlautes ohne Einsicht in das Original mit dem Makel des Vagen verbunden; in diesem Sinne seien folgende Tabellen als Annäherung und nicht als 'letztes Wort' verstanden.

Mozarts überwiegende Kleinschreibung der Instrumentenbezeichnungen wurde nicht übernommen; die übrigen Schrifteigentümlichkeiten (wie gelegentlich "due" statt "2" oder "Viola 1/ Viola 2" etc.) wurden beibehalten, soweit sie drucktechnisch reproduzierbar sind. Treten innerhalb der Werke vom Satzbeginn abweichende Instrumentenbezeichnungen oder sonstige interessante Ergänzungen Mozarts auf, so sind diese in einer Fußnote erläutert. Triosätze zu Menuetten (ausgenommen Menuettzyklen) werden nur dann aufgeführt, wenn sie eine Instrumentenbezeichnung aufweisen.

Wo vorhanden, wurden die 'Kritischen Berichte' der NMA zum Vergleich herangezogen. Die chronologische Ordnung erfolgt nach KV^6, wobei jeweils in Klammer die Nummer von KV^1 der Ordnungsziffer nachgestellt wird. Zur schnelleren Identifizierung ist die entsprechende Gattung beigefügt.

Tabelle 8a führt wichtige Quellenbefunde zur Vokalmusik und weitere im Haupttext erwähnte Kompositionen auf, Tabelle 8b faßt alle Serenaden-, Divertimento-, Marsch- und Quartettkompositionen Mozarts im Überblick zusammen.

In den Tabellen verwendete Abkürzungen

?	unsicher
korr.	korrigiert
Korr.	unleserliche Korrektur des letzten Buchstaben
Viola (Viole?) u.ä.	beide Lesarten möglich, die erstgenannte wahrscheinlicher
/	Zeilensprung im Original (ein System)
//	zwei getrennte Systeme
LM	Leopold Mozarts Hand
-	keine Instrumentenangabe trotz notierter Stimme bzw. wegen Fehlen des Instruments (Systems)

---

[813] Der Editionsleitung der NMA gilt mein herzlichster Dank für die großzügig gewährte Einsicht in deren Archiv.

Tabelle 8

KV/SATZ		VIOLA	BASS	GATTUNG
45	1	Viola	Baßo	Sinfonie
	2	-	-	
	3	-	-	
	4	-	-	
46a	1	2 Viole (Korr.?)	2 Fagotti/ Baßo	Ouvertüre
(51)	2	Viola	Baßo	
	3	-	-	
46 (50)		-	-	Ouvertüre
48	1	Viola	Baßo	Sinfonie
	2	-	-	
	3	-	-	
	4	-	-	
61d	1	-	Baßo	Menuett
(103)	1[1]	-	-	
	Trio	-	Baßo	
	2	-	Baßi	
	Trio	-	Baßi	
	3	-	Baßi	
	Trio	-	-	
	4	-	Baßi (?)	
	Trio	-	-	
	5	-	Baßi	
	Trio	-	-	
	6	-	-	
	7	-	Baßi	
	Trio	-	-	
	8	-	Baßi	
	Trio	-	Baßi	
	9	-	"B" (Abkürzung)	
	Trio	-	"B" (- " -)	
	10	-	Baßi	
	Trio	-	Baßi	
	11	-	Baßi	
	Trio	-	Baßo (?)	
	12	-	Baßi	
	Trio 1	-	Baßi (korr. aus Baßo)	
	Trio 2	-	Baßi	
	Trio 3	-	-	
	13	-	Baßi	

[1] Das ganze Menuett gestrichen.

	Trio	-	"B" (Abkürzung)	
	14	-	-	
	Trio	-	-	
	15	-	Baßi	
	Trio	-	-	
	16	-	-	
	17	-	-	
	18	-	Baßi	
	Trio	-	-	
	19	-	Baßi	
61e (104)	3^2	-	Baßo	Menuett
	Trio 3	-	Baßo	
61g^I		Viola	Baßo	Menuett
62^a	1	Viola	Baßo	Serenade
(100)	2	Viola	Baßo	
	3	-	-	
	4	-	-	
	5	Viola	Baßo	
	6	2 Viole (korr. aus Viola)	Baßo	
	7	Viola (Korr.)	Baßo	
	8	Viola	Baßo	
	Marsch	(Viola)^3	Baßo	
63	1	Viola	Baßo	Cassation
	2	-	-	
	3	-	-	
	4	-	-	
	5	2 Viole (korr. aus Viola)	-	
	6	-	-	
	7	-	-	
63a (99)	1^4	-	-	Cassation
64 (LM)		-	Baßo (fremde Hand)	Menuett
73	1	Viola	Baßo^5	Sinfonie
	2	Viola (verkleckstes "a")	Baßo	
	3	-	-	
	4	-	-	
73^f	1	-	-	Quartett
(80)	2	-	-	

2 Nur die Nr. 3 ist autograph überliefert.

3 Autographe Bemerkung: "La viola unisono col Baßo" durchstrichen; in der durchstrichenen Instrumentenleiste fehlt aus Platzgründen das System der Va.

4 Nur der erste Satz ist autograph überliefert.

5 Fol. 3 r + v: Jeweils über dem Baßsystem: "violoncello" bzw. "violone" geschrieben und getrennte Stimmen notiert.

	3	-	-	
	4	-	-	
73^g (123)		-	Baßo	Kontretanz
73^t (122)		-	Baßo	Menuett
74	1	Viola (verklecksteś "a")	Baßo	Sinfonie
	2	-	-	
	3	Viola	Baßo	
74c (118)		Viole	Fagotti// Baßi	Ouvertüre
75^b (110)	1	Viole	Baßi	Sinfonie
	2	Viole	Fagotti// Baßi	
	3	Viole	Baßo	
	Trio	Viole	Baßo	
	4	Viole	Baßi	
107,I	1-3	-	Baßo	Konzert
II	1-3	-	Baßo	
III	1-3	-	Baßo	
111	1	Viole	Baßo	Ouvertüre
	2	Viole	Baßi	
111^a (120)		Viola	Baßo	Sinfonie
112	1	Viole	Baßo	Sinfonie
	2	Viole	Baßi	
	3	- (LM)	- (LM)	
	4	Viole	Baßi (Baßo?)	
113	1	Viole	Baßi (?)	Divertimento
	2	Viola	Baßo	
	3	Viola	Baßo	
	4	Viola	Baßo (Baßi?)	
114	1	Viole	Baßi	Sinfonie
	2	-	-	
	3^6	Viole	Baßi	
		Viola	Baßo	
	Trio	Viole	Baßo	
	4	Viole	Baßo	
124	1	Viola (korr. aus Viole)	Baßo (keine Korr.!)	Sinfonie
	2^7	Viole	Baßi	
	3	-	-	
	4	Viole	Baßi	

6   Erste Fassung gestrichen; zweite Fassung auf folgender Seite notiert.

7   Gleiche Instrumentenangaben auf folgender Seite nochmals geschrieben.

125ᵃ (136)	1 2 3	Viole - -	Baßo - -	Divertimento	
125b (137)	1 2 3	- - -	- - -	Divertimento	
125c (138)	1 2 3	- - -	- - -	Divertimento	
126	1 2	Viole -	- -	Ouvertüre	
128	1 2 3	Viole Viola (Korr.?) Viole	Baßi Baßo (korr. aus Baßi) Baßi	Sinfonie	
129	1 2 3	Viole Viole Viole	Baßo Baßi Baßi	Sinfonie	
130	1 2⁸ 3 Trio 4	Viole Viole Viole Viole Viole (?) Viole	Baßi Baßi Baßi Baßi Baßi (?) Baßo	Sinfonie	
130a (164)	1 Trio 2 Trio 3 Trio 4 Trio 5 Trio 6 Trio	- - - - - - - - - - - -	Baßi Baßi Baßi Baßi Baßi Baßo Baßi Baßi Baßo (?) Baßo (?) Baßi Baßo	Menuett	
131	1 2 3 Trio 1 Trio 2 Trio 3 Coda 4	2 Viole Viole 2 Viole - - - Viole Viole	Fagotto// Baßo Baßo Baßo - Fagotto Fagotto Fagotto/ Baßo Baßo (darüber durchstrichen: Fagotto)	Divertimento	

8   Erste Fassung gestrichen; zweite Fassung unmittelbar daneben notiert.

	5	2 Viole	Fagotto/ Baßo	
	Trio 1	-	Baßo ("senza Fagotto")	
	Trio 2	Viole (2 Systeme)	Baßo ("senza Fagotto"), darüber durchstrichen: Fagotto	
	Coda	Viole	Fagotto/ Baßo	
	6	Viole	Fagotto/ Baßo	
	7	-	-	
132	1	2 Viole	Baßi	Sinfonie
	2^9	Viole	Baßi	
		2 Viole	Baßi	
	3	Viole	Baßi	
	Trio	Viole	Baßi	
	4	Viole	Baßi	
133	1	Viole	Baßi	Sinfonie
	2	Viole	Baßi	
	3	Viole	Baßi	
	Trio	Viole	Baßi	
	4	Viole	Baßi	
134	1	Viole	Baßi	Sinfonie
	2	Viole	Baßi	
	3	Viole	Baßi	
	4	Viole (korr. aus Viola?)	Baßi	
134a (155)	1	Viola (korr. aus Viole)	Baßo/ (darüber:) Violoncello	Quartett
	2	-	-	
	3	-	-	
134b (156)	1	Viola	Violoncello	Quartett
	2	-	-	
	3	-	-	
135		Viole	Baßi	Ouvertüre
135a (Anh. 109)		-	-	Skizzen
141a^{10} (161+163)		Viole (korr. aus?)	Baßi (?)	Sinfonie
157	1	-	-	Quartett
	2	-	-	
	3	-	-	
158	1	Viole	Baßi	Quartett
	2	-	-	
	3	-	-	

9 Erste Fassung gestrichen.
10 Vgl. KV 126.

159	1	Viola	Baßo	Quartett
	2	-	-	
	3	-	-	
159a	1	Viola	Violoncello	Quartett
(160)	2	-	-	
	3	-	-	
161a	1	Viola 1/2 (von LM)	due Fagotti// Baßi (von LM)	Sinfonie
(184)	2	Viole	Fagotti// Baßi	
	3	2 Viole	2 Fagotti// Baßi	
161b	1	2 Viole	Baßi	Sinfonie
(199)	2	Viole ("V" korr. aus "2")	Baßi	
	3	2 Viole	Baßi	
162	1[11]	Viole	Baßi	Sinfonie
	2	2 Viole	Baßi	
	3	2 Viole	Baßo	
162b	1	2 Viole	Baßi	Sinfonie
(181)	2	-	-	
	3	-	-	
167A	1	Viola[12]	Fagotto/ Baßo	Divertimento
(205)	2	-	-	
	3	-	-	
	4	-	-	
	5	-	-	
167AB (290)		Viole (Viola?)	Baßo	Marsch
167a	1	Viole	Baßi	Serenade
(185)	2	Viole	Baßi	
	3	-	-	
	4	Viole	Baßi	
	Trio	2 Viole	Baßo	
	5	Viole	Baßi	
	6	Viole	Baßi	
	Trio 1	Viole	-	
	Trio 2	Viole	Baßi	
	7	Viole	Baßi	
167b (189)		-	Baßi	Marsch
168-173			-	Quartett
168a		-	-	Quartett

11 LM schreibt in seinem Inhaltsverzeichnis zum "Cranz"-Band Nr. 3 (vgl. Faksimile in H. Beck, Vorwort, S. XIV) hier: "[...] Viole, [...] e Baßo".

12 Die Überschrift (und damit auch das "Viole") stammt (entgegen KV6, S. 184) nicht von Mozarts Hand.

173dA	1	Viole	Baßi	Sinfonie
(182)	2	Viole	Baßi	
	3[13]	Viole (korr. aus Viola)	Baßi	
		Viole	-	
173dB	1	2 Viole	Baßi	Sinfonie
(183)	2	2 Viole	2 Fagotti// Baßi	
	3	Viole	Baßi	
	4	Viole	Baßi	
174	1	Viole (2 Systeme)	Baßo	Quintett
	2	-	-	
	3	-	-	
	4	-	-	
176	1	-	Baßi	Menuett
	Trio	-	-	
	2	-	Baßi	
	Trio	-	"B" (= Abkürzung)	
	3	-	Baßo	
	4	-	Baßi	
	5	-	Baßi	
	Trio	-	-	
	6	-	Baßi	
	Trio	-	Baßi	
	7	-	Baßi	
	8	-	Baßi	
	Trio	-	"B" (Abkürzung)	
	9	-	Baßi	
	Trio	-	Fagotto/ Baßo	
	10	-	Baßi	
	11	-	Baßi	
	Trio	-	"B" (Abkürzung)	
	12	-	-	
	Trio	-	"B" (Abkürzung)	
	13	-	-	
	Trio	-	-	
	14	-	-	
	Trio	-	Io Fagotto/ Baßi (?)	
	15	-	-	
	Trio	-	-	
	16	-	Baßi	
	Trio	-	-	
186a	1	2 Viole	Baßi	Sinfonie
(201)	2	Viole	Baßi	
	3	Viole	Baßi	
	4	Viole	Baßi	

13 Die zweite Angabe befindet sich auf fol. 17r und fol. 17v; vgl. Bemerkung in H. Beck, KB, S. d/33.

186b	1	Viole	Baßi	Sinfonie
(202)	2	-	-	
	3	Viole	Baßi	
	Trio	Viole	Baßi (?)	
	4	Viole	Baßi	
186E	1	2 Viole	Baßi	Konzert
(190)	2	2 Viole	Violoncello obligato// Baßi	
	3	2 Viole	Baßi[14]	
189b	1	Viole	Baßi	Serenade
(203)	2	Viole	Baßi (?)	
	3	Viole	Baßi	
	Trio	Viola (korr. aus Viole)	Baßo	
	4	Viole	Baßi	
	5	Viole	Baßi (Korr.?)	
	Trio	Viole	Fagotto// Baßi (Korr.?)	
	6	Viole	Baßi	
	7	Viole	Baßi	
	Trio	Viola (Korr.)	Baßo	
	8	Viole	Baßi	
189c		-	Fagotti// Baßi	Marsch
(237)				
189k	1	Viole	Baßi	Sinfonie
(200)	2	Viole	Baßi	
	3	Viole	Baßi	
	4	Viole	Baßi	

14   Unterstimme teilweise mit Angabe: "violoncello solo" versehen (Tenorschlüsselung!).

Tabelle 8a

KV/SATZ		VIOLA	BASS	GATTUNG
16	1	Viola	Baso [!]	Sinfonie
	2	Viola	Baso [!]	
	3	Viola	Baso [!]	
43	1-4	-	-	Sinfonie
46a				Arie
(51)	Nr.1	Viola (korr. aus Viole)	-	
	Nr.6	Viola 1//2	-	
	Nr.7	2 Viole (korr. aus Viola)	Fagotto 1mo//2do// Baßo	
	Nr.11	2 Viole (korr. aus Viola)	-	
66	1	Viola	Baßo	Messe
	2-7	-	-	
66a	1	Viola	-	Offertorium
(117)	2	Viola 1ma//2da	Baßo	
71		-	-	Arie
73a		-	-	Rezitativ
(143)				Arie
73b		Viola	-	Arie
(78)				
73c		-	-	Arie
(88)				
73d		Viola 2 [sic]	Fagotti 2// Baso [!]-	Rezitativ
(79)				Arie
73e		Viola 1//2	Fagotti 1mo/2do// -	Rezitativ
(77)		-	-	Arie
73k		-	-	Kyrie
(89)				
74a				Arie
(87)[15]	Nr.1	Viola	Baßo	
	Nr.2	due Viole	Baßo	
	Nr.3	Viola	Baßo	
	Nr.4	2 Viole	-	
	Nr.5	Viola	-	
	Nr.6	due Viole	Baßo	
	Nr.7	Viole	-	
74J	1	Viole	Baßo	Regina Coeli
(108)	2	Viola (Korr.?)	-	
	3	Viole	-	
	4	Viole	-	

15 Es handelt sich bei KV 74a um die verworfenen Entwürfe zum "Mitridate".

74e	1	-		-	Litanei
(109)	2	-		-	
	3	-		Baßo	
	4,5	-		-	
135	Nr.5	2 Viole		2 Fagotti// -	Arie
	Nr.6	Viole		Baßo (korr. zu Baßi?)[16]	
	Nr.11	Viole		Baßo	
	Nr.13	Viole		Baßo	
	Nr.22	2 Viole		2 Fagotti// Baßi[17]	
207	1	Viola (korr. aus 2 Viole)		Baßi	Konzert
	2	2 Viole (korr. aus 2 oboe)		Baßi	
	3	2 Viole (?)		Baßi	
208		Viole		Baßi	Ouvertüre
297c	1	Viole		Baßi[18]	Konzert
(299)	2	2 Viole		Baßi	
	3	2 Viole		Baßi	
299c		-		-	Skizzen
317	1	-		Baßi	Messe
319	2	Viole		2 Fagotti// Baßi[19]	Sinfonie
320e		Viola//		Violoncello//	Konzert
(Anh. 104)		2 Viole		Baßi[20]	
366		Viole		2 Fagotti//[21] Violoncelli// Baßi korr. aus Baßo)	Ouvertüre
382		Viole		Baßi	Rondo
385p	1	1 Viola (korr. aus		Baßi	Konzert
(414)		2 Viole)			
	2	Viola (Viole?)		Baßo (Baßi?)	
	3	-		-	
387a	1	Viola		Baßo (Baßi?)	Konzert
(413)	2	Viola		2 Fagotti// Baßi	
	3	-		-	

16 Im weiteren Verlauf "Baßi".

17 Im weiteren Verlauf gelegentliche Trennung der Stimmen zu "violoncelli/Contrabassi".

18 Wie vorherige Anm.

19 Wie vorherige Anm.

20 Auf fol. 1v: "violoncelli" (mit Tenorschlüssel); zwei Takte später "tutti Baßi".

21 Gelegentlich im Fagott-System: "coi violoncelli".

387b	1	Viola	Baßi	Konzert
(415)	1²²	Viole	Baßi	
	2	Viola	Baßo	
	3	Viol	Baßo (davor durchstrichen: Violoncello; darunter: 2 Fagotti)	
543	1	Viole	Baßi (korr. aus Baßo)	Sinfonie

---

22 Am Ende des ersten Satzes kanzellierte Takte mit den Instrumentenangaben: "violini// viole//... Baßi".

Tabelle 8b

KV/SATZ		VIOLA	BASS	GATTUNG
62a	1	Viola	Baßo	Serenade
(100)	2	Viola	Baßo	
	3	-	-	
	4	-	-	
	5	Viola	Baßo	
	6	2 Viole (korr. aus Viola)	Baßo	
	7	Viola (Korr.)	Baßo	
	8	Viola	Baßo	
	Marsch	(Viola)[23]	Baßo	
63	1	Viola	Baßo	Cassation
	2	-	-	
	3	-	-	
	4	-	-	
	5	2 Viole (korr. aus Viola)	-	
	6	-	-	
	7	-	-	
63a	1[24]	-	-	Cassation
(99)				
73f	1	-	-	Quartett
(80)	2	-	-	
	3	-	-	
	4	-	-	
113	1	Viole	Baßi (?)	Divertimento
	2	Viola	Baßo	
	3	Viola	Baßo	
	4	Viola	Baßo (Baßi?)	
125a	1	Viole	Baßo	Divertimento
(136)	2	-	-	
	3	-	-	
125b	1	-	-	Divertimento
(137)	2	-	-	
	3	-	-	
125c	1	-	-	Divertimento
(138)	2	-	-	
	3	-	-	
131	1	2 Viole	Fagotto// Baßo	Divertimento
	2	Viole	Baßo	
	3	2 Viole	Baßo	
	Trio 1	-	-	

23 Vgl. Anm. 3 zu Tabelle 8.
24 Vgl. Anm. 4 zu Tabelle 8.

	Trio 2	-		Fagotto
	Trio 3	-		Fagotto
	Coda	Viole		Fagotto/ Baßo
	4	Viole		Baßo (darüber durchstrichen: Fagotto)
	5	2 Viole		Fagotto/ Baßo
	Trio 1	-		Baßo ("senza Fagotto")
	Trio 2	Viole (2 Systeme)		Baßo ("senza Fagotto"), darüber durchstrichen: Fagotto
	Coda	Viole		Fagotto/ Baßo
	6	Viole		Fagotto/ Baßo
	7	-		-
134a (155)	1	Viola (korr. aus Viole) (darüber:) Violoncello	Baßo/	Quartett
	2	-	-	
	3	-	-	
134b (156)	1	Viola	Violoncello	Quartett
	2	-	-	
	3	-	-	
157	1	-	-	Quartett
	2	-	-	
	3	-	-	
158	1	Viole	Baßi	Quartett
	2	-	-	
	3	-	-	
159	1	Viola	Baßo	Quartett
	2	-	-	
	3	-	-	
159a (160)	1	Viola	Violoncello	Quartett
	2	-	-	
	3	-	-	
167A (205)	1	Viola[25]	Fagotto/ Baßo	Divertimento
	2	-	-	
	3	-	-	
	4	-	-	
	5	-	-	
167AB (290)		Viole (Viola?)	Baßo	Marsch
167a (185)	1	Viole	Baßi	Serenade
	2	Viole	Baßi	
	3	-	-	
	4	Viole	Baßi	
	Trio	2 Viole	Baßo	
	5	Viole	Baßi	

[25] Vgl. Anm. 12 zu Tabelle 8.

	6	Viole	Baßi	
	Trio 1	Viole	-	
	Trio 2	Viole	Baßi	
	7	Viole	Baßi	
167b	(189)	-	Baßi	Marsch
168 - 173		-	-	Quartett
168a		-	-	Quartett
174	1	Viole (2 Systeme)	Baßo	Quintett
	2	-	-	
	3	-	-	
	4	-	-	
189b	1	Viole	Baßi	Serenade
(203)	2	Viole	Baßi (?)	
	3	Viole	Baßi	
	Trio	Viola (korr. aus Viole)	Baßo	
	4	Viole	Baßi	
	5	Viole	Baßi (Korr.?)	
	Trio	Viole	Fagotto// Baßi (Korr.?)	
	6	Viole	Baßi	
	7	Viole	Baßi	
	Trio	Viola (Korr.)	Baßo	
	8	Viole	Baßi	
189c (237)		-	Fagotti// Baßi	Marsch
213a	1	Viole	Baßi	Serenade
(204)	2	Viole	Baßi	
	3	Viole	Baßi	
	4	Viole	Baßi	
	Trio	Viole	Baßi	
	5	Viole	1 Fagotto// Baßi	
	6	Viole	Baßi	
	Trio	Viole (Viola?)	Baßi	
	7	Viole	Baßi	
213b (215)		Viole	Baßi	Marsch
214		Viole	Baßi	Marsch
239	1	Viola 1//2	Violone//Violoncelli	Serenade
	2	Viola 1//2	Violone//Violoncelli	
	Trio	Viola 1	Violone	
	3	Viola 1//2	Violone//Violoncelli	
246c	(288)	Viola (?)	Baßo	Fragment

247	1	Viola	Baßo	Divertimento
	2	Viola	Baßo	
	3	Viola	Baßo	
	4	Viola	Baßo	
	5	Viola	Baßo	
		Viole	Baßo	
	6[26]	Viole	Baßo	
		Viola	Baßo	
248		Viola	Baßo	Marsch
248b (250)	1	Viole	Baßi	Serenade
	1[27]	-	Violoni// 2 Fagotti	
	2	Viole	2 Fagotti// Baßi	
	3	Viole	2 Fagotti// Baßi	
	Trio	-	2 Fagotti	
	4	Viole	2 Fagotti// Baßi	
	5	Viole	Baßi	
	Trio	Viole	Baßi	
	6	Viole	Baßi (?)	
	7	Viole	Baßi	
	Trio 1	Viole	1 Fagotto// Baßi	
	Trio 2	Viole	2 Fagotti// Baßi	
	8[28]	Viole	Baßi	
249		Viole	2 Fagotti// Baßo (korr. aus Baßi)	Marsch
250a (101)	1	-	Baßi	Kontretanz
	2	-	1 Fagotto// Baßo (Baßi?)	
	3	-	Baßo	
	4	-	Baßi	
251		Viola	(?)	Divertimento
	1[29]	Viola	Baßi	
		Viola	Baßo (?)	
	2	Viola	Baßo	
	Trio	Viola	Baßo (?)	
	3	Viola	Baßo (?)	

26   Am Ende des Allegro (letzte Seite): "[...] viole (viola?)// 2 corni// Baßo". Vor der darunter befindlichen Akkolade: "[...] viola// 2 corni// Baßo".

27   Auf Bl. 8v (vgl. Faks. in NMA IV/12/4, S. XVII = T. 127): "violoni// 2 fagotti"; Bl. 9v (T. 147): "coi Baßi" (im Fagottsystem). Zur fehlenden Fagottbezeichnung auf Bl. 1r vgl. W. Senn, KB, S. d/5.

28   T. 142 (Akkoladenvorsatz zu eigenem Fagott-System): "fagotto 1mo// (auf "Baßo" bezeichnetem System): "fagotto 2do/ col/ Baßo". Vgl. auch T. 170, T. 174 ("col Baßo").

29   Auf dem verwendeten Mikrofilm ist die Bezeichnung des Baßsystems der ersten Seite nicht zu erkennen. Auf Bl. 1v wechselt die Stimmenbezeichnung zu: "2 violini// ...// viola// Baßi"; in der darunter befindlichen Akkolade liest man: "1 oboa// 2 violini// viola/[...]/Baßo (oder Baßi?)".

	4	Viola	Baßo (?)	
	5	Viola	Baßo	
	6	Viola	-	
254	1	-	Violoncello	Divertimento
	2	-	-	(Trio)
	3	-	-	
271H	1	Viola	Baßo	Divertimento
(287)	2	Viola	Baßo	
	3	Viola	Baßo	
	Trio	-	-	
	4	Viola	Baßo	
	5	Viola	Baßo	
	Trio	-	-	
	6	Viola	Baßi (?)[30]	
285	1	Viola	Baßo	Quartett
	2	Viola	Baßo	
	3	-	-	
298	1	Viola	Violoncello	Quartett
	2-3	-	-	
320	1	Viole	2 Fagotti// Baßi	Serenade
	2	Viole	Fagotti// Baßi	
	Trio	Viole	1 Fagotto solo// Baßi	
	3	Viole	2 Fagotti// Baßi	
	4	Viole	2 Fagotti// Baßi	
	5	Viole	2 Fagotti// Baßi	
	6	2 Viole	2 Fagotti// Baßi	
	Trio 1	Viola con Baßo	(ein System)	
	Trio 2	Viola coli Baßi	(ein System)	
	7	2 Viole	2 Fagotti// Baßi	
320a	1	2 Viole	Baßi	Marsch
(335)	2	2 Viole	Baßi	
320B		-	-	Fragment
320c		Viola	Baßo	Marsch
(445)				
368b	1[31]	-	-	Quartett
(370)	2	Viola	Baßo	
	3	Viola	Baßo	
383e		Viole (?)	Baßi	Marsch
(408/1)				
385a		Viole (?)	2 Fagotti// Baßi	Marsch
(408/2)				

30 Oder sehr flüchtiges "Baßo" (auch am Original nicht zu entscheiden!).
31 Instrumentenangaben von fremder Hand.

387	1	-	-	Quartett
	2	Viola	Violoncello	
	3[32]	-	-	
	4	Viola	Violoncello	
405a (Anh. 77)		-	-	Fragment
417b (421)	1	Viola	Violoncello	Quartett
	2	-	-	
	3	Viola	Violoncello	
	4	Viola	Violoncello	
417c (Anh. 76)		-	-	Fragment
417d (Anh. 84)		-	-	Fragment
421b (428)	1	Viola	Violoncello	Quartett
	2-4	-	-	
458	1	-	-	Quartett
	2	Viola	Violoncello	
	3	-	-	
	4	-	-	
458a (Anh. 75)		-	-	Fragment
458b (Anh. 71)		Viola	Violoncello	Fragment
464	1	Viola	Violoncello	Quartett
	2-3	-	-	
	4	-	-[33]	
464a (Anh. 72)		-	-	Fragment
465	1	Viola	Violoncello	Quartett
	2-4	-	-	
479a (477)	1	Viola	Baßi// Gran Fagotto	Freimaurer-Kant.
499	1-4	-	-	Quartett
525	1-3	Viola	Violoncello e Contrabaßo	Serenade
	4	-		
525a (Anh. 69)		Viola	Violocelle [!] e ContraBaßo	Fragment

---

32   Vgl. Anm. 800.
33   Vgl. Anm. 800.

546[34]	-		-	Adagio, Fuge
575	1	1 Viole (1 Viola?)	Violoncello	Quartett
	2-4	-	-	
587a (Anh. 74)		Viola	Violoncello	Fragment
589	1-4	-	-	Quartett
589a (Anh. 68)		-	-	Fragment
589b (Anh. 73)		-	-	Fragment
590	1	Viola	Violoncello	Quartett
	2	-	-	
	3	-	-	
	4	Viola	Violon	

---

34 Das Autograph des Adagios fehlt. Die Fuge ist nicht bezeichnet, doch gegen Ende teilt sich die Unterstimme in "Violoncelli" und "Contra Baßo".

Literaturverzeichnis

- Werkverzeichnisse -

D
Deutsch, Otto Erich: Franz Schubert. Thematisches Verzeichnis seiner Werke in chronologischer Folge. Neuausgabe in deutscher Sprache (Neue Schubert-Ausgabe VIII/4), Kassel etc. 1978

G
Gérard, Yves: Thematic, Bibliographical and Critical Catalogue of the Works of Luigi Boccherini, London/ New York/ Toronto 1969

Hob.
Joseph Haydn, Thematisch-bibliographisches Werkverzeichnis. Zusammengestellt von Anthony van Hoboken, Bd. 1: Instrumentalwerke, Mainz 1957

JC
Jenkins, Newell/ Churgin, Bathia: Thematic Catalogue of the Works of Giovanni Battista Sammartini. Orchestral and Vocal Music, Cambridge (Mass.)/, London 1976

Klafsky
Johann Michael Haydn, Kirchenwerke, in: DTÖ 62, hrsg. von Anton Maria Klafsky, Wien 1925 (mit einem thematischen Katalog der Kirchenmusikwerke von Michael Haydn)

KV
Köchel-Verzeichnis. Ludwig Ritter von Köchel, Chronologisch-thematisches Verzeichnis sämtlicher Tonwerke Wolfgang Amade Mozart's. Nebst Angabe der verloren gegangenen, unvollendeten, übertragenen, zweifelhaften und unterschobenen Compositionen desselben, Leipzig 1862

KV^3
siehe KV; 3. Auflage 1937 (bearbeitet von Alfred Einstein), Leipzig 1937

KV^6
siehe KV; 6. Auflage 1964 (neu bearbeitet von Franz Giegling, Alexander Weinmann, Gerd Sievers), Wiesbaden 1964

MH
Sherman, Charles H.: The Works of Michael Haydn: a Chronological Thematic Catalogue (in Vorbereitung; die hier zitierten Werknummern verdanke ich der Korrespondenz mit Herrn Charles H. Sherman)

P

Johann Michael Haydn, Instrumentalwerke I, in: DTÖ 29, hrsg. von Lothar Herbert Perger, Wien 1907 (mit einem thematischen Verzeichnis der Instrumentalwerke von Michael Haydn)

- Zitierte Sekundärliteratur -

H. Abert I (II)

Abert, Hermann: W. A. Mozart, 2 Bde. mit Register, Leipzig ^{10}1983

G. Allroggen, Vorwort 1984

Allroggen, Gerhard: Vorwort zu NMA IV/11, Sinfonien Bd. 1, Kassel etc. 1984

G. Allroggen, Vorwort 1985

Allroggen, Gerhard: Vorwort zu NMA IV/11, Sinfonien Bd. 2, Kassel etc. 1985

A. André, Verzeichnis 1833

André, Anton: Thematisches Verzeichnis W. A. Mozartscher Manuskripte, chronologisch geordnet von 1764 bis 1784, Offenbach 1833 (Manuskript-Kopie)

A. André, Verzeichnis 1841

André, Anton: Thematisches Verzeichnis derjenigen Originalhandschriften von Mozart, welche Hofrat André in Offenbach besitzt, Offenbach 1841

E. Apfel, Symphonie

Apfel, Ernst: Zur Vor- und Frühgeschichte der Symphonie. Begriff, Wesen und Entwicklung vom Ensemble- zum Orchestersatz (Sammlung musikwissenschaftlicher Abhandlungen, 56), Baden-Baden 1972

C. Bär, Basso

Bär, Carl: Zum Begriff des "Basso" in Mozarts Serenaden, in: Mozart-Jahrbuch 1960/61, Salzburg 1961, S. 133-155

G. Barblan, Milano

Barblan, Guglielmo: La musica strumentale e cameristica a Milano nell 1800, in: Storia di Milano, hrsg. von Fondazione Giovanni Treccani Degli Alfieri, Mailand 1962, Bd. 16, S. 619-661

G. Barblan, Mozart

Barblan, Guglielmo: Mozart in Italia, Mailand 1956

G. Barblan, Orchestre
Barblan, Guglielmo: Le Orchestre in Lombardia all'epoca di Mozart, in: Bericht über den internationalen musikwissenschaftlichen Kongreß, Wien 1956, hrsg. von Erich Schenk, Graz und Köln 1958, S. 18-21

R. Barrett-Ayres, Haydn
Barrett-Ayres, Reginald: Joseph Haydn and the String Quartet, London 1974

R. Barrett-Ayres, Vorwort
Barrett-Ayres, Reginald: Vorwort zu Joseph Haydn, Streichquartette (Diletto musicale 710-715), Wien/ München 1977

Bauer-Deutsch
Mozart. Briefe und Aufzeichnungen. Gesamtausgabe, hrsg. von der Internationalen Stiftung Mozarteum Salzburg, gesammelt und erläutert von Wilhelm A. Bauer und Otto Erich Deutsch, 4 Bde. (= Bd. I-IV), Kassel etc. 1962/63

Bauer-Deutsch (Eibl)
Mozart. Briefe und Aufzeichnungen. Gesamtausgabe, hrsg. von der Internationalen Stiftung Mozarteum Salzburg, aufgrund der Vorarbeiten von W. A. Bauer und O. E. Deutsch erläutert von Joseph Heinz Eibl, 2 Bde. (= Bd. V und VI), Kassel etc. 1971; Register (= Bd. VII), zusammengestellt von Joseph Heinz Eibl, Kassel etc. 1975

H. Beck, Vorwort
Beck, Hermann: Vorwort zu NMA IV/11, Sinfonien Bd. 4, Kassel etc. 1959

H. Beck, KB
Beck, Hermann: Kritischer Bericht zu NMA IV/11, Sinfonien Bd. 4, Kassel etc. 1963

E. Blom, Mozart
Blom, Eric: Mozart, London/ New York 1962

F. Blume, Begriffsbildung
Blume, Friedrich: Fortspinnung und Entwicklung: ein Beitrag zur musikalischen Begriffsbildung, in: Jahrbuch der Musikbibliothek Peters 36 (1929), S. 51-70.

F. Blume, Haydn und Mozart
Blume, Friedrich: Haydn und Mozart, in: Syntagma Musicologicum. Gesammelte Reden und Schriften, hrsg. von Martin Ruhnke, Kassel 1963, S. 570-582 (= Erstdruck eines Vortrages in Kiel 1960)

F. Blume, MGG

Blume, Friedrich: Artikel "Wolfgang Amadeus Mozart", in: MGG 9 (1961), Sp. 699-737 und Sp. 751-812

F. Blume, Persönlichkeit

Blume, Friedrich: Joseph Haydns künstlerische Persönlichkeit in seinen Streichquartetten, in: Jahrbuch der Musikbibliothek Peters 38 (1931), S. 24-48. Nachdruck (mit Ergänzungen) in: Syntagma Musicologicum. Gesammelte Reden und Schriften, hrsg. von Martin Ruhnke, Kassel etc. 1963, S. 526-551 und 899 f.

R. Bockholdt, Wiener Klassik

Bockholdt, Rudolf: Über das Klassische der Wiener klassischen Musik, in: Über das Klassische, hrsg. von dems., Frankfurt/M. 1987, S. 225-259

F. Bossarelli, Napoli

Bossarelli, Francesco: Mozart alla biblioteca del Conservatorio di Napoli, in: Analecta Musicologica 9 (1970), S. 336-362, insbes. S. 353-357 (Streichquartett-Drucke Mozarts)

W. Budday, Grundlagen

Budday, Wolfgang: Grundlagen musikalischer Formen der Wiener Klassik. Unter Berücksichtigung der zeitgenössischen Theorie dargestellt an Menuetten und Sonatensätzen (1750-1780), Kassel etc. 1983

G. Cesari, Quartetto

Cesare, Gaetano: Il Quartetto: Da Boccherini a Beethoven, in: G. Cesari, Scritti inediti, hrsg. von Franco Abbiati, Mailand 1937, S. 201-219

A.-E. Cherbuliez, Bemerkungen

Cherbuliez, Antoine-Elisée: Bemerkungen zu den "Haydn-Quartetten" Mozarts und Haydns "Russischen Quartetten, in: Mozart-Jahrbuch 1959, Salzburg 1960, S. 28-45

B. Churgin, Diss.

The Symphonies of G. B. Sammartini (Diss. masch., Harvard University), Cambridge (Mass.) 1963

Churgin-Jenkins, Grove

Churgin, Bathia und Jenkins, Newell: Artikel "Sammartini" in: Grove 16 (1980), Sp. 453-456

B. Churgin, Symphonies

Churgin, Bathia: The Symphonies of G. B. Sammartini. Bd. I: The Early Symphonie, Cambridge (Mass.) 1968

W. W. Cobbett, Mozart

Cobbett, Walter Willson: Artikel "Mozart", in: Cobbett's Cyclopedic Survey of Chamber Music, Bd. 2, London 1930, S. 150-183

G. Croll, Bach-Fuge

Croll, Gerhard: Eine neuentdeckte Bach-Fuge für Streichquartett von Mozart, in: Österreichische Musikzeitschrift 21 (1966), S. 508-514

G. Croll, Remarks

Croll, Gerhard: Remarks on a Mozart Quartet Fragment, in: Haydn Studies. Proceedings of the International Haydn Conference, Washington D.C. 1975, hrsg. von Jens Peter Larsen, Howard Serwer, James Webster, New York 1981, S. 405-407

H. Daffner, "Basso"

Daffner, Hugo: Was bedeutet "Basso" in Mozarts Kammermusik?, in: Die Musik 6 (1906-1907), S. 297-299

C. Dahlhaus, Formbegriff

Dahlhaus, Carl: Der rhetorische Formbegriff H. Chr. Kochs und die Theorie der Sonatenform, in: Archiv für Musikwissenschaft 35 (1978), S. 155-177

C. Dahlhaus, Prämissen

Dahlhaus, Carl: Ästhetische Prämissen der "Sonatenform" bei Adolf Bernhard Marx, in: Archiv für Musikwissenschaft 41 (1984), S. 73-85

W. Danckert, Menuetttypen

Danckert, Werner: Mozarts Menuetttypen, in: Bericht über die musikwissenschaftliche Tagung der Internationalen Stiftung Mozarteum in Salzburg, August 1931, hrsg. von Erich Schenk, Leipzig 1932, S. 129-132

M. Danckwardt, Einleitung

Danckwardt, Marianne: Die langsame Einleitung. Ihre Herkunft und ihr Bau bei Haydn und Mozart (Münchener Veröffentlichungen zur Musikgeschichte, 25), Tutzing 1977

H. Dennerlein, Klavierwerke

Dennerlein, Hans: Der unbekannte Mozart. Die Welt seiner Klavierwerke, Leipzig 1951

O. E. Deutsch, Dokumente

Deutsch, Otto Erich: Mozart. Die Dokumente seines Lebens (NMA X/34), Kassel etc. 1961

O. E. Deutsch, Werkverzeichnis
Deutsch, Otto Erich: Wolfgang Amadeus Mozart. Verzeichnis aller meiner Werke (Beiheft: Mozarts Werkverzeichnis 1784-1791), Wien 1956

T. F. Dunhill, Quartets
Dunhill, Thomas F.: Mozart's String Quartets, Westport 1927

A. Dunning, Vorwort
Dunning, Albert: Vorwort zu NMA VII/18, Divertimenti für 5-7 Streich- und Blasinstrumente, Kassel etc. 1976

J. H. Eibl, Addenda
Eibl, Joseph Heinz: Mozart. Die Dokumente seines Lebens. Addenda und Corrigenda (NMA X/31, 1), Kassel etc. 1978

A. Einstein, Größe
Einstein, Alfred: Größe in der Musik, Kassel etc. 1980

A. Einstein, Mozart
Einstein, Alfred: Mozart. Sein Charakter - Sein Werk, Stockholm 1947

C. Eisen, Contributions
Eisen, Cliff: Contributions to a New Mozart Documentary Biography, in: Journal of the American Musicological Society 39 (1986), S. 615-632

I. R. Eisley, Counterpoint
Eisley, Irving R.: Mozart and Counterpoint: Development and Synthesis, in: The Musical Review 24 (1963), S. 23-29

R. Elvers, KV. 103
Elvers, Rudolf: Bemerkungen zum Autograph der Menuette KV. 103 (61[d]) und seiner Abschriften, in: Mozart-Jahrbuch 1958, Salzburg 1959, S. 66-70

R. Elvers, Vorwort
Elvers, Rudolf: Vorwort zu NMA IV/13, Tänze Bd. 1, Kassel etc. 1961

H. Engel, MGG III
Engel, Hans: Artikel "Divertimento, Cassation, Serenade", in: MGG 3 (1954), Sp. 597-606

H. Engel, Tanz
Engel, Hans: Der Tanz in Mozarts Kompositionen, in: Mozart-Jahrbuch 1952, Salzburg 1953, S. 29-39

J. Eppelsheim, Stimmlagen

Eppelsheim, Jürgen: Stimmlagen und Stimmungen der Ensemble-Streichinstrumente, in: Capella Antiqua München. Festschrift zum 25jährigen Bestehen (Münchener Veröffentlichungen zur Musikgeschichte, 43) Tutzing 1988, S. 145-173

G. Feder, Vorwort XII, 2

Feder, Georg/ Gerlach, Sonja: Vorwort zu Joseph Haydn, Werke, Reihe XII, Bd. 2, "opus 9", "opus 17", München/ Duisburg 1963

G. Feder, KB XII,1

Feder, Georg/ Greiner, Gottfried: Kritischer Bericht zu Joseph Haydn, Werke, Reihe XII, Bd. 1, Frühe Streichquartette, München/ Duisburg 1973

G. Feder, Vorwort XII,1

Feder, Georg/ Greiner, Gottfried: Vorwort zu Joseph Haydn, Werke, Reihe XII, Bd. 1, Frühe Streichquartette, München/ Duisburg 1973

G. Feder, Vorwort XII, 3

Feder, Georg/ Gerlach, Sonja: Vorwort zu Joseph Haydn, Werke, Reihe XII, Bd. 3, "opus 20", "opus 33", München/ Duisburg 1974

G. Feder, KB XII,3

Feder, Georg/ Gerlach, Sonja: Kritischer Bericht zu Joseph Haydn, Werke, Reihe XII, Bd. 3, "opus 20", "opus 33", München/ Duisburg 1974

H. Federhofer, Musiktheorie

Federhofer, Hellmut: Mozart und die Musiktheorie seiner Zeit, in: Mozart-Jahrbuch 1978/79, Kassel 1979, S. 172-175

K. G. Fellerer, Mozart

Fellerer, Karl Gustav: Mozart und Italien, in: Analecta Musicologica 18 (1978), S. 1-18

L. Finscher, Aspects

Finscher, Ludwig: Aspects of Mozart's Compositional Process in the Quartet Autographs: I. The Early Quartets, II. The Genesis of K. 387, in: The String Quartets of Haydn, Mozart, and Beethoven. Studies of the Autograph Manuscripts, hrsg. von Christoph Wolff, Cambridge (Mass.) 1980, S. 121-153

L. Finscher, Coda

Finscher, Ludwig: Zur Coda bei Mozart, in: Florilegium Musicologicum. Hellmut Federhofer zum 75. Geburtstag, hrsg. von Christoph-Hellmut Mahling, Tutzing 1988, S. 79-94

L. Finscher, Haydn
Finscher, Ludwig: Joseph Haydn und das italienische Streichquartett, in: Analecta Musicologica 4 (1967), S. 13-37

L. Finscher, Indebtedness
Finscher, Ludwig: Mozart's Indebtedness to Haydn: Some Remarks on KV 168-173, in: Haydn Studies. Proceedings of the International Haydn Conference, Washington D.C. 1975, hrsg. von Jens Peter Larsen, Howard Serwer und James Webster, New York 1981, S. 407-410

L. Finscher, KB
Finscher, Ludwig: Kritischer Bericht zu NMA VIII/20/1, Streichquartette Bd. 3, Kassel etc. 1964

L. Finscher, Lodi
Finscher, Ludwig: Mozarts erstes Streichquartett: Lodi, 15. März 1770, in: Analecta Musicologica 18 (1978), S. 246-270

L. Finscher, Mailänder Streichquartette
Finscher, Ludwig: Mozarts Mailänder Streichquartette, in: Die Musikforschung 19 (1966), S. 270-283

L. Finscher, Studien
Finscher, Ludwig: Studien zur Geschichte des Streichquartetts. Bd. I: Die Entstehung des klassischen Streichquartetts. Von den Vorformen zur Grundlegung durch Joseph Haydn (Saarbrücker Studien zur Musikwissenschaft, 3), Kassel etc. 1974

L. Finscher, Universalstil
Finscher, Ludwig: Mozart und die Idee eines musikalischen Universalstils, in: Neues Handbuch der Musikwissenschaft Bd. 5, Die Musik des 18. Jahrhunderts, hrsg. von Carl Dahlhaus, Laaber 1985, S. 267-291

L. Finscher, Vorwort
Finscher, Ludwig: Vorwort zu NMA VIII/20/1, Streichquartette Bd. 3, Kassel etc. 1961

W. Fischer, Entwicklung
Fischer, Wilhelm: Zur Entwicklung des Wiener Klassischen Stils, in: Studien zur Musikwissenschaft 3 (1915), S. 24-84

M. Flothuis, Autographs
Flothuis, Marius: A Close Reading of the Autographs of Mozart's Ten Late Quartets, in: The String Quartets of Haydn, Mozart, and Beethoven. Studies of the Autograph Manuscripts, hrsg. von Christoph Wolff, Cambridge (Mass.) 1980, S. 154-173

M. Flothuis, Bearbeitungen
Flothuis, Marius: Mozarts Bearbeitungen eigener und fremder Werke, Salzburg 1968

M. Flothuis, Streichquintette
Flothuis, Marius: Quintette für Streichinstrumente von Michael Haydn, in: Mozart-Jahrbuch 1987/88, Salzburg 1988, S. 49-57

H. Forschner, Instrumentalmusik
Forschner, Hermann: Instrumentalmusik Joseph Haydns aus der Sicht Heinrich Christoph Kochs, München/ Salzburg 1984

K. H. Füssl, KB
Füssl, Karl Heinz: Kritischer Bericht zu NMA IV/12, Kassationen, Serenaden und Divertimenti Bd. 6, Kassel etc. 1970

K. H. Füssl, Vorwort
Füssl, Karl Heinz: Vorwort zu NMA IV/12, Kassationen, Serenaden und Divertimenti Bd. 6, Kassel etc. 1964

G. Gärtner, Echtheit
Gärtner, Gustav: Stilkritische Argumente für die Echtheit der "Romantischen Violinsonaten" W. A. Mozarts, in: Mozart-Jahrbuch 1958, Salzburg 1959, S. 30-43

K. Geiringer, Haydn
Geiringer, Karl: Joseph Haydn, Potsdam 1932

K. Geiringer, NOHM VII
Geiringer, Karl: The Rise of Chamber Music, in: New Oxford History of Music, hrsg. von Egon Wellesz und Frederick Sternfeld, London/ New York/ Toronto, 1973, Bd. 7, S. 515-573

Th. Georgiades, Musik und Sprache
Georgiades, Thrasybulos: Musik und Sprache, Göttingen ^{2}1974

R. Gerber, Probleme
Gerber, Rudolf: Harmonische Probleme in Mozarts Streichquartetten, in: Mozart-Jahrbuch II (1924), S. 55-77

W. Gerstenberg, Musikerhandschriften
Gerstenberg, Walter: Musikerhandschriften von Palestrina bis Beethoven, 2 Bde., München 1960

M. Glaser, Sammartini

Glaser, Margalit: A Study of Six String Quartets in Stockholm by G. B. Sammartini [Magister-Hausarbeit], Bar-Ilan-University 1987 (Exemplar in der Bibliothek des musikwissenschaftlichen Seminars der Universität München)

J. Gmeiner, Menuett

Gmeiner, Josef: Menuett und Scherzo. Ein Beitrag zur Entwicklungsgeschichte und Soziologie des Tanzsatzes in der Wiener Klassik, Tutzing 1979

H. Grabner, Anleitung

Grabner, Hermann: Anleitung zur Fugenkomposition, Leipzig 1935

HaberkampED

Haberkamp, Gertraud: Die Erstdrucke der Werke von Wolfgang Amadeus Mozart (Musikbibliographische Arbeiten, 10/I), Tutzing 1986

K. K. Hansell, Opera

Hansell, Kathleen K.: Opera and Ballet at the Regio Ducal Teatro of Milan, 1771-1776: a Musical and Social History (Phil. Diss., Berkeley University of California, 1979), Michigan (Ann Arbor) 1980

J. A. Hasse, Trionfo di Celia

Hasse, Johann Adolph: Trionfo di Celia (I-Mc, *Part. Tr. ms. 158)*, in: Italian Opera. 1640-1770, Bd. 83, New York/ London 1981

G. Haußwald, Mozarts Serenaden

Haußwald, Günter: Mozarts Serenaden. Ein Beitrag zur Stilkritik des 18. Jahrhunderts, Leipzig 1951 (Nachdruck mit einem Vorwort und einer neuen Bibliographie von Ekkehart Kroher, Wilhelmshaven 1975)

G. Haußwald, NOHM VII

Haußwald, Günter: The Divertimento and Cognate Forms, in: New Oxford History of Music, hrsg. von Egon Wellesz und Frederick Sternfeld, London/ New York/ Toronto 1973, Bd. 7, S. 503-514

H. Hell, Opernsinfonie

Hell, Helmut: Die neapolitanische Opernsinfonie in der ersten Hälfte des 18. Jahrhunderts (Münchener Veröffentlichungen zur Musikgeschichte, 19), Tutzing 1971

I. Herrmann-Bengen, Tempobezeichnungen

Herrmann-Bengen, Irmgard: Tempobezeichnungen (Münchener Veröffentlichungen zur Musikgeschichte, 1), Tutzing 1959

R. Hess, Serenade

Hess, Raimund: Serenade, Cassation, Notturno und Divertimento bei Michael Haydn, Mainz 1963

R. Hickman, Quartet

Hickman, Roger: The Nascent Viennese String Quartet, in: The Musical Quaterly 67 (1981), S. 193-212

W. Hildesheimer, Mozart

Hildesheimer, Wolfgang: Mozart, Frankfurt/M. ^{2}1980

G. R. Hill, Gassmann

Hill, George R.: A Thematic Catalog of the Instrumental Music of Florian Leopold Gassmann (Music Indexes and Bibliographies, 12), Hackensack/ New Jersey 1976

E. Hintermaier, Hofkapelle

Hintermaier, Ernst: Die Salzburger Hofkapelle von 1700 bis 1806. Organisation und Personal (Phil. Diss. masch.), Salzburg 1972

A. Hoffmann, Salzburger Sinfonien

Hoffmann, Adolf: Vorwort zu Wolfgang Amadeus Mozart (Edition) "Drei Salzburger Sinfonien ohne Bläser" [= KV 136-138/125^{a-c}], Wolfenbüttel 1952

O. Jahn I (^{2}I)

Jahn, Otto: W. A. Mozart, Leipzig 1856 (^{2}1867)

I. Kecskeméti, Barock-Elemente

István Kecskeméti: Barock-Elemente in den langsamen Instrumentalsätzen Mozarts, in: Mozart-Jahrbuch 1967, Salzburg 1968, S. 182-192

H. Keller, Chamber Music

Keller, Hans: The Chamber Music, in: The Mozart Companion, hrsg. von Howard Chandler Robbins Landon und Donald Mitchell, London 1956, S. 90-137

A. H. King, Counterpoint

King, Alexander Hyatt: Mozart's Counterpoint: its Growths and Significance, in: Music and Letters 26 (1945), S. 12-20

A. H. King, Mozart

King, Alexander Hyatt: Mozart. Chamber Music, London 1968

W. Kirkendale, Fuge

Kirkendale, Warren: Fuge und Fugato in der Kammermusik des Rokoko und der Klassik, Tutzing 1966 [vgl. auch die hinsichtlich der Quellen- und Literaturverweise erweiterte englischsprachige Ausgabe: Fugue and Fugato in Rococo and Classical Chamber Music, Durham 1979]

KleinWAM

Wolfgang Amadeus Mozart. Autographe und Abschriften. Bearbeitet von Hans-Günter Klein (Staatsbibliothek Preußischer Kulturbesitz. Kataloge der Musikabteilung, I/6), Kassel 1982

R. Klinkhammer, Langsame Einleitung

Klinkhammer, Rudolf: Die langsame Einleitung in der Instrumentalmusik der Klassik und Romantik. Ein Sonderproblem in der Entwicklung der Sonatenform (Kölner Beiträge zur Musikforschung, 65), Köln 1971

A. Knöpfel, Fugen-Finalsätze

Knöpfel, Andreas: Die Fugen-Finalsätze in den Streichquartetten op. 20 von Joseph Haydn [Magister-Hausarbeit], München 1989

H. Chr. Koch, Versuch I-III

Koch, Heinrich Christoph: Versuch einer Anleitung zur Composition, Rudolstadt 1782-93, (Nachdruck in 3 Bänden: Hildesheim 1969)

K.-H. Köhler, Nachlaß

Köhler, Karl-Heinz: Die Erwerbungen der Mozart-Autographe der Berliner Staatsbibliothek - ein Beitrag zur Geschichte des Nachlasses, in: Mozart-Jahrbuch 1962/63, Salzburg 1964, S. 55-68

W. Konold, Streichquartett

Konold, Wulf: Das Streichquartett. Von den Anfängen bis F. Schubert (Taschenbücher zur Musikwissenschaft, 71), Wilhelmshaven 1980

E. Kroher, Polyphonie

Kroher, Ekkehart: Die Polyphonie in den Streichquartetten Wolfgang Amadeus Mozarts und Joseph Haydns, in: Wissenschaftliche Zeitschrift der Karl-Marx-Universität Leipzig (Gesellschafts- und Sprachwissenschaftliche Reihe, 5), Leipzig 1955/56, S. 369-402

S. Kunze, Mozarts Jugendwerk

Kunze, Stefan: Mozarts Jugendwerk. Tradition und Originalität, in: Hamburger Jahrbuch für Musikwissenschaft 5 (1981), S. 121-153

S. Kunze, Vorwort

Kunze, Stefan: Vorwort zu NMA II/7, Arien Bd. 1, Kassel etc. 1967

H. C. R. Landon, Concertos
Landon, Howard Chandler Robbins: The Concertos: Their Musical Origins and Development, in: The Mozart Companion, hrsg. von Howard Chandler Robbins Landon und Donald Mitchell, London 1956, S. 234-282

H. C. R. Landon, Symphonies
Landon, Howard Chandler Robbins: The Symphonies of Joseph Haydn, London 1955

J. P. Larsen, Haydn und Mozart
Larsen, Jens Peter: Haydn und Mozart, in: Österreichische Musikzeitschrift 14 (1959), S. 216-222

J. P. Larsen, Kataloge
Larsen, Jens Peter: Drei Haydn-Kataloge in Faksimile, Kopenhagen 1941

J. P. Larsen, Quartbuch
Larsen, Jens Peter: Evidence or Guesswork. The 'Quartbuch' Revisited, in: Acta Musicologica 49 (1977), S. 86-102

J. P. Larsen, Sonatenform-Probleme
Larsen, Jens Peter: Sonatenform-Probleme, in: Festschrift Friedrich Blume, hrsg. von Anna Amalie Abert und Wilhelm Pfannkuch, Kassel 1963, S. 221-230

U. Lehmann, Vorgeschichte
Lehmann, Ursula: Deutsches und italienisches Wesen in der Vorgeschichte des klassischen Streichquartetts, Würzburg 1939

F. Lippmann und L. Finscher, Doria-Pamphilij
Lippmann, Friedrich/ Finscher, Ludwig: Die Streichquartett-Manuskripte der Bibliothek Doria-Pamphilij in Rom, in: Analecta Musicologica 7 (1969), S. 120-144

F. Lippmann, Mozart
Lippmann, Friedrich: Mozart und der Vers, in: Analecta Musicologica 18 (1978), S. 107-137

F. Lippmann, Vers
Lippmann, Friedrich: Der italienische Vers und der musikalische Rhythmus: Zum Verhältnis von Vers und Musik in der italienischen Oper des 19. Jahrhunderts, mit einem Rückblick auf die 2. Hälfte des 18. Jahrhunderts, in: Analecta Musicologica 12 (1973), S. 252-369

H. Lühning, Rondo-Arie

Lühning, Helga: Die Rondo-Arie im späten 18. Jahrhundert. Dramatischer Gehalt und musikalischer Bau, in: Hamburger Jahrbuch für Musikwissenschaft 5 (1981), S. 219-246

H. Macdonald, Repeats

Macdonald, Hugh: Repeats in Mozart's Instrumental Music, in: Festschrift Wolfgang Rehm zum 60. Geburtstag am 3. September 1989, hrsg. von Dietrich Berke und Harald Heckmann, Kassel etc. 1989, S. 119-127

Chr.-H. Mahling, Bassi

Mahling, Christoph-Hellmut: Con o senza fagotto? Bemerkungen zur Besetzung der "Bassi" (1740 bis ca. 1780), in: Florilegium Musicologicum. Hellmut Federhofer zum 75. Geburtstag, hrsg. von dems., Tutzing 1988, S. 197-207

Chr.-H. Mahling, Orchester

Mahling, Christoph-Hellmut: Orchester, Orchesterpraxis und Orchestermusiker zur Zeit des jungen Haydn (1740-1770), in: Der junge Haydn. Wandel von Musikauffassung und Musikaufführung in der Österreichischen Musik zwischen Barock und Klassik. Kongressbericht 1970, hrsg. von Vera Schwarz, Graz 1972, S. 98-113 (inkl. Diskussion)

Chr.-H. Mahling, Vorwort 1983

Mahling, Christoph-Hellmut: Vorwort zu NMA V/14, Konzerte für Violine Bd. 1, Kassel etc. 1983

V. Mattern, La finta giardiniera

Mattern, Volker: Das Dramma giocoso «La Finta Giardiniera». Ein Vergleich der Vertonungen von Pasquale Anfossi und Wolfgang Amadeus Mozart (Neue Heidelberger Studien zur Musikwissenschaft, 13), Laaber 1989

W. Merian, Sonatenform

Merian, Wilhelm: Mozarts Klaviersonaten und die Sonatenform, in: Festschrift Karl Nef zum 60. Geburtstag, Zürich, Leipzig 1933, S. 174-201

H. Mersmann, Kammermusik

Mersmann, Hans: Die Kammermusik, in: Führer durch den Konzertsaal, Leipzig 1933, Bd. 1, S. 242-261

E. R. Meyer, Divertimento

Meyer, Eve Rose: The Viennese Divertimento, in: Music Review 29 (1968), S. 165-171

G. E. Meyer, Beethoven

Meyer, Gabriele E.: Untersuchungen zur Sonatensatzform bei Ludwig van Beethoven. Die Kopfsätze der Klaviersonaten op. 79 und op. 110 (Studien zur Musik, 5), München 1985

H. G. Mishkin, Sammartini

Mishkin, Henry G.: Five Autograph String Quartets by Giovanni Battista Sammartini, in: Journal of the American Musicological Society 6 (1953), S. 136-147

C.-G. S. Mörner, KB

Mörner, C.-G. Stellan: Kritischer Bericht zu Joseph Haydn, Werke, Reihe I, Bd. 6, Sinfonien 1767-1772, München/ Duisburg 1969

J. Müller-Blattau, Mozart

Müller-Blattau, Joseph: Mozart. Leben - Briefe - Werke, Königstein (Taunus) 1957

R. Münster, Lang

Münster, Robert: Nikolaus Lang und seine Michael Haydn-Kopien in der Bayerischen Staatsbibliothek, in: Österreichische Musikzeitung 27 (1972), S. 25-29

J. Neubacher, Finis

Neubacher, Jürgen: Finis coronat opus. Untersuchungen zur Technik der Schlußgestaltung in der Instrumentalmusik Joseph Haydns, dargestellt am Beispiel der Streichquartette (Mainzer Studien zur Musikwissenschaft, 22), Tutzing 1986

F. Neumann, Echtheit

Neumann, Friedrich: Zur Frage der Echtheit der "Romantischen Violinsonaten", in: Mozart-Jahrbuch 1965/66, Salzburg 1967, S. 152-160

R. J. Nicolosi, Aria

Nicolosi, Robert Joseph: The tempo di minuetto aria in Mozart's operas, in: College Musicological Symposium 23 (1983), S. 97-123

R. J. Nicolosi, Minuet

Nicolosi, Robert Joseph: Formal Aspects of the Minuet and Tempo di Minuetto Finale in Instrumental Music of the Eighteenth Century (Phil. Diss., Washington University) 1971

F. X. Niemetschek, Mozart

Niemetschek, Franz Xaver: Leben des k. k. Kapellmeisters Wolfgang Gottlieb Mozart, Prag 1798 (Faksimile, hrsg. und kommentiert von Jost Perfahl, München ^{2}1985)

G. N. Nissen, Mozart

Nissen, Georg Nikolaus: Biographie W. A. Mozarts. Nach Originalbriefen, Sammlungen alles über ihn Geschriebenen, mit vielen neuen Beylagen, Steindrucken, Musikblättern und einem Facsimile. Nach des Verfassers Tode hrsg. von Constanze, Wittwe von Nissen, früher Wittwe Mozart, Leipzig 1828 (Nachdruck, Hildesheim 1964)

F. Oberdörffer, Generalbaß

Oberdörffer, Fritz: Der Generalbaß in der Instrumentalmusik des ausgehenden 18. Jahrhunderts, Berlin 1939

A. Orel, Sommerreise

Orel, Alfred: Zu Mozarts Sommerreise nach Wien im Jahre 1773, in: Mozart-Jahrbuch 1951, Salzburg 1953, S. 34-49

A. Ott, Quintette

Ott, Alfons: Zu Mozarts Quintetten mit Streichern, in: Festschrift Erich Valentin zum 70. Geburtstag, hrsg. von Günther Weiß, Regensburg 1976, S. 167-174

A. Oulibicheff, Mozart

Oulibicheff, Alexander: Mozart's Leben nebst einer Uebersicht der allgemeinen Geschichte der Musik und einer Analyse der Hauptwerke Mozart's, 4 Bde., Stuttgart ^{2}1864

B. Paumgartner, Mozart

Paumgartner, Bernhard: Mozart, [Berlin ^{1}1927]; Zürich/ Freiburg ^{6}1967

P. Petrobelli, Mozart

Petrobelli, Pierluigi: Mozart in Italy (1769-1773), in: Mozart-Jahrbuch 1978/79, Kassel 1979, S. 153-156

R. Petzoldt, Mozart

Petzoldt, Richard: Wolfgang Amadeus Mozart. Leben und Werk, Wiesbaden 1948

H. v. d. Pfordten, Mozart

Pfordten, Hermann von der: Mozart, Leipzig ^{3}1926

A. Planyavsky, Kontrabaß

Planyavsky, Alfred: Geschichte des Kontrabasses, Tutzing ^{2}1984

W. Plath, Mozartforschung

Plath, Wolfgang: Chronologie als Problem der Mozartforschung, in: Bericht über den internationalen musikwissenschaftlichen Kongress Bayreuth 1981, hrsg. von Christoph-Hellmut Mahling und Siegrid Wiesmann, Kassel etc. 1984, S. 371-378

W. Plath, Schriftchronologie
Plath, Wolfgang: Beiträge zur Mozart-Autobiographie II. Schriftchronologie 1770-1780, in: Mozart-Jahrbuch 1976/77, Salzburg 1978, S. 131-173

W. Plath, Vorwort 1966
Plath, Wolfgang: Vorwort zu NMA VIII/20/1, Streichquartette Bd. 1, Kassel etc. 1966

J. Pohanka, Vorwort
Pohanka, Jaroslaw: Vorwort zu NMA VIII/20/2, Quartette mit einem Blasinstrument, Kassel etc. 1962

A. Raab, Unisono
Raab, Armin: Funktionen des Unisono. Dargestellt an den Streichquartetten und Messen von Joseph Haydn, Frankfurt/M. 1990

M. Radulescu, Violine
Radulescu, Mihai: Die Violine in Mozarts Musik, in: Neues Augsburger Mozartbuch, Zeitschrift des historischen Vereins für Schwaben 62/63 (1962), S. 503-542

W. Rainer, Orchesterserenaden
Rainer, Werner: Michael Haydns Orchesterserenaden, in: Mozart-Jahrbuch 1987/88, Salzburg 1988, S. 73-79

L. G. Ratner, Classic Form
Ratner, Leonard G.: Harmonic Aspects of Classic Form, in: Journal of the American Musicological Society II (1949), S. 159-168

L. G. Ratner, Classic Music
Ratner, Leonard G.: Classic Music. Expression, Form, and Style, New York 1980

J. F. Reichardt, Kunstmagazin
Reichardt, Johann Friedrich: Musikalisches Kunstmagazin Bd. 1, Berlin 1782

G. Rhau, Sammartini
Rhau, Günter: G. B. Sammartini, Notturno a quattro für Flöte, 2 Violinen und Baß (Edition), Wiesbaden 1956

F. Ritzel, Sonatenform
Ritzel, Fred: Die Entwicklung der 'Sonatenform' im musiktheoretischen Schrifttum des 18. und 19. Jahrhunderts (Neue Musikgeschichtliche Forschungen, 1), Wiesbaden ^{3}1974

G. Röthke, Divertimento
Röthke, Georg: Wolfgang Amadeus Mozart, Divertimento C-Dur für Streichorchester (KV 157) (Concertino, Bd. 175), Mainz 1973

Ch. Rosen, Sonata Forms
Rosen, Charles: Sonata Forms, New York 1980

T. A. Russel, Minuet
Russel, Tilden A.: Minuet, Scherzando, and Scherzo: The Dance Movement in Transition, 1781-1825 (Phil. Diss., University of North Carolina, 1983), Michigan (Ann Arbor) 1984

S. Sadie, Mozart
Artikel "Mozart" in: Grove Bd. 12, S. 680-752

G. de Saint-Foix, Quatre Quatuors
Saint-Foix, George de: Quatre Quatuors inconnus de Mozart, in: Bulletin de la Société Union Musicologique 3 (1923), S. 186-203

G. de Saint-Foix, Sammartini
Saint-Foix, Georges de: La Chronologie de l'oeuvre instrumentale de Jean Baptiste Sammartini, in: Sammelbände der Internationalen Musikgesellschaft 15 (1914), S. 308-324

G. Salvetti, Felice Giardini
Salvetti, Guido: Un maestro italiano del 'Quartetto': Felice Giardini, in: Chigiana 23 (1966), S. 109-133

G. Salvetti, Mozart
Salvetti, Guido: Mozart e il quartetto italiano, in: Analecta Musicologica 18 (1978), S. 271-289

A. Sandberger, Geschichte
Sandberger, Adolf: Zur Geschichte des Haydnschen Streichquartetts, in: Altbayerische Monatsschrift II (1900), S. 41-64; zitiert nach: Ausgewählte Aufsätze zur Musikgeschichte, München 1921, Bd. 1, S. 224-265

E. Sauzay, Quatuor
Sauzay, Eugene: Haydn, Mozart, Beethoven. Etude sur le quatuor, Paris 1861

E. Schenk, Mozart
Schenk, Erich: Wolfgang Amadeus Mozart. Sein Leben - seine Welt, Zürich ^{2}1975

L. Schiedermair, Mozart
Schiedermair, Ludwig: Mozart. Sein Leben und seine Werke, München 1922

S. Schmalzriedt, Analyse

Schmalzriedt, Siegfried: Charakter und Drama. Zur historischen Analyse von Haydnschen und Beethovenschen Sonatensätzen, in: Archiv für Musikwissenschaft 42 (1985), S. 37-66

E. F. Schmid, Biographie

Schmid, Ernst Fritz: W. A. Mozart, Lübeck ³1955

E. F. Schmid, Italien

Schmid, Ernst Fritz: Auf Mozarts Spuren in Italien, in: Mozart-Jahrbuch 1955, Salzburg 1956, S. 17-48

E. F. Schmid, Mozart

Schmid, Ernst Fritz: Mozart and Haydn, in: The Musical Quaterly 47 (1956), S. 145-161

E. F. Schmid, Sinfonie

Schmid, Ernst Fritz: Zur Entstehungszeit von Mozarts italienischen Sinfonien, in: Mozart-Jahrbuch 1958, Salzburg 1959, S. 71-76

M. H. Schmid, Instrumentennamen

Schmid, Manfred Hermann: Instrumentennamen und Stimmlagenbezeichnungen vom 16. bis 18. Jahrhundert, in: Kontrabaß und Baßfunktion. Bericht über die vom 28. 8. bis 30. 8. 1984 in Innsbruck abgehaltene Fachtagung, hrsg. von Walter Salmen, Innsbruck 1986, S. 17-32

M. H. Schmid, Mozart

Schmid, Manfred Hermann: Mozart und die Salzburger Tradition (Münchner Veröffentlichungen zur Musikgeschichte, 24), Tutzing 1976

M. H. Schmid, Violone

Schmid, Manfred Hermann: Der Violone in der italienischen Instrumentalmusik des 17. Jahrhunderts, in: Studia Organologica. Festschrift für John Henry van der Meer zu seinem fünfundsechzigstem Geburtstag, hrsg. von Friedemann Hellwig, Tutzing 1987, S. 407-436

L. Schmidt, Mozart

Schmidt, Leopold: W. A. Mozart, Berlin 1912

L. Schrade, Mozart

Schrade, Leo: W. A. Mozart, Bern/ München 1964

H. Schuler, Gemmingen

Schuler, Heinz: Ein "besonders guter Freund". Otto Heinrich Reichsfreiherr von Gemmingen zu Hornberg und Treschklingen (1755-1836), in: Acta Mozartiana. Mitteilungen der deutschen Mozart-Gesellschaft e. V. (1990), S. 41-45

A. Schurig, Mozart

Schurig, Arthur: Wolfgang Amadé Mozart. Sein Leben, seine Persönlichkeit, sein Werk, 2 Bde., Leipzig 1913

N. Schwindt-Gross, Streichquartette

Schwindt-Gross, Nicole: Drama und Diskurs. Zur Beziehung zwischen Satztechnik und motivischem Prozess am Beispiel der durchbrochenen Arbeit in den Streichquartetten Mozarts und Haydns (Neue Heidelberger Studien zur Musikwissenschaft, 15), Laaber 1989

H. Seeger, Mozart

Seeger, Horst: W. A. Mozart (1756 bis 1791), Leipzig 1956

W. Seidel, Haydns op. 71 Nr. 1

Seidel, Wilhelm: Haydns Streichquartett in B-Dur op. 71 Nr. 1 (Hob. III: 69) --Analytische Bemerkungen aus der Sicht Heinrich Christoph Kochs, in: Joseph Haydn. Tradition und Rezeption (Kölner Beiträge zur Musikforschung, 144), Regensburg 1985, S. 3-13

M. Seiffert, Geschichte

Seiffert, Max: Geschichte der Klaviermusik, Leipzig 1899

W.-D. Seiffert, "Absatzformeln"

Seiffert, Wolf-Dieter: "Absatzformeln" in den frühen Streichquartetten Mozarts, in: Festschrift Wolfgang Rehm zum 60. Geburtstag am 3. September 1989, hrsg. von Dietrich Berke und Harald Heckmann, Kassel etc. 1989, S. 128-138

W.-D. Seiffert, Anmerkungen

Seiffert, Wolf-Dieter: Anmerkungen zu Mozarts 'Serenadenquartett', in: Gesellschaftsgebundene Instrumentalmusik des 18. Jahrhunderts (Eichstätter Abhandlungen zur Musikwissenschaft, 7), Tutzing (im Erscheinen begriffen)

W.-D. Seiffert, Dejean

Seiffert, Wolf-Dieter: Schrieb Mozart drei Flötenquartette für Dejean? Neuere Quellendatierung und Bemerkungen zur Familienkorrespondenz, in: Mozart-Jahrbuch 1987/88, Kassel etc. 1988, S. 267-275

W.-D. Seiffert, Faksimile

Seiffert, Wolf-Dieter: W. A. Mozart, Streichquartett in F-dur KV 168 (Faksimile-Ausgabe mit einem Nachwort), München (erscheint voraussichtlich 1991)

W.-D. Seiffert, KB

Seiffert, Wolf-Dieter: Kritischer Bericht zu NMA VIII/20/1, Streichquartette Bd. 1, Kassel etc. 1989

W. Senn, Stift Heilig Kreuz

Senn, Walter: Die Mozart-Überlieferung im Stift Heilig Kreuz zu Augsburg, in: Neues Augsburger Mozart-Buch, Zeitschrift des historischen Vereins für Schwaben 62/63 (1962), S. 333-368

W. Senn, KB

Senn, Walter: Kritischer Bericht zu NMA IV/12, Kassationen, Serenaden und Divertimenti, Bd. 4, Kassel etc. 1978

W. Senn, Menuett KV 122

Senn, Walter: Das Menuett KV 122/73^t - eine Komposition Mozarts?, in: Acta Mozartiana 8 (1961), S. 46-52

Ch. H. Sherman, Masses

Sherman, Charles Henry: The Masses of Johann Michael Haydn: A Critical Survey of Sources (Phil. Diss., University of Michigan, 1967), Michigan (Ann Arbor) 1968

E. R. Sisman, Forms

Sisman, Elaine R.: Small and Expanded Forms: Koch's Model and Haydn's Music, in: The Musical Quaterly 68 (1982), S. 444-475

L. Somfai, Autographs

Somfai, László: An Introduction to the Study of Haydn's String Quartet Autographs, in: The String Quartets of Haydn, Mozart, and Beethoven. Studies of the Autograph Manuscripts, hrsg. von Christoph Wolff, Cambridge (Mass.) 1980, S. 5-51

L. Somfai, Bemerkungen

Somfai, László: Bemerkungen zu den Budapester Musik-Autographen von Johann Michael Haydn, in: Mozart-Jahrbuch 1987/88, Salzburg 1988, S. 31-48

L. Somfai, Echtheitsfrage

Somfai, László: Zur Echtheitsfrage des Haydn'schen 'Opus 3', in: Haydn-Yearbook 3 (1965), S. 153-165

R. Sondheimer, Sammartini

Sondheimer, Robert: Giovanni Battista Sammartini, in: Zeitschrift für Musikwissenschaft 3 (1920), S. 83-110

Ch. Speck, Boccherini
Speck, Christian: Boccherinis Streichquartette. Studien zur Kompositionsweise und zur gattungsgeschichtlichen Stellung (Studien zur Musik, 7), München 1987

W. Steinbeck, Menuett
Steinbeck, Wolfram: Das Menuett in der Instrumentalmusik Joseph Haydns (Freiburger Schriften zur Musikwissenschaft, 4), München 1973

W. Steinbeck, Mozarts "Scherzi"
Steinbeck, Wolfram: Mozarts "Scherzi". Zur Beziehung zwischen Haydns Streichquartetten op. 33 und Mozarts Haydn-Quartetten, in: Archiv für Musikwissenschaft 61 (1984), S. 208-231

W. Stockmeier, KB
Stockmeier, Wolfgang: Kritischer Bericht zu Joseph Haydn, Werke, Reihe I, Bd. 7, Sinfonien 1773-1774, München/ Duisburg 1967

R. Strohm, Oper
Strohm, Reinhard: Die italienische Oper im 18. Jahrhundert (Taschenbücher zur Musikwissenschaft, 25), Wilhelmshaven 1979

O. Strunk, Baryton
Strunk, Oliver: Haydn's Divertimenti for Baryton, Viola, and Bass, in: The Musical Quaterly 18 (1932), S. 216-251

L. F. Tagliavini, KB
Tagliavini, Luigi Ferdinando: Kritischer Bericht zu NMA II/5, Bd. 4 (Mitridate, Ré di Ponto), Kassel etc. 1978

L. F. Tagliavini, Vorwort
Tagliavini, Luigi Ferdinando: Vorwort zu NMA I/4, Bd. 2 (Betulia Liberata), Kassel etc. 1960

M. Taling-Hajnali, Fugierter Stil
Taling-Hajnali, Maria: Der fugierte Stil bei Mozart (Publikationen der Schweizerischen Musikforschenden Gesellschaft, II/7), Bern 1959

M. Tilmouth, String quartet
Tilmouth, Michael: Artikel "String quartet", in: Grove 18, S. 276-287

R. v. Tobel, Formenwelt
Tobel, Rudolf von: Die Formenwelt der klassischen Instrumentalmusik (Berner Veröffentlichungen zur Musikforschung, Bd. 6), Bern/ Leipzig 1935

F. Torrefranca, Influenza

Torrefranca, Fausto: Influenza di alcuni musicisti italiani vissuti a Londra su W. A. Mozart (1764-65), in: Bericht über den musikwissenschaftlichen Kongreß in Basel 1924, hrsg. von der Neuen Schweizerischen Musikgesellschaft, Leipzig 1925, S. 336-362

F. Torrefranca, Mozart

Torrefranca, Fausto: Mozart e il quartetto italiano, in: Bericht über die musikwissenschaftliche Tagung der Internationalen Stiftung Mozarteum in Salzburg 1931, hrsg. von Erich Schenk, Leipzig 1932, S. 79-102

F. Torrefranca, Origini

Torrefranca, Fausto: Le origini dello stile Mozartiano, in: Rivista Musicale Italiana 28 (1921), S. 263-308; 33 (1926), S. 321-342 und S. 505-529; 34 (1927), S. 1-33, S. 169-189 und S. 493-511; 36 (1929), S. 373-407

S. Tuja, Lettere

Tuja, Silvia: Le Lettere in Lingua Italiana di W. A. Mozart, in: Mozart in Lombardia a Cremona (Programmbuch), Cremona 1989

A. Tyson, Dates

Tyson, Alan: The Dates of Mozart's Missa Brevis KV 258 and Missa longa KV 262 (246^a). An Investigation into his "Klein-Querformat" Papers, in: Bachiana et alia musicologica. Festschrift Alfred Dürr zum 65. Geburtstag am 3. März 1983, hrsg. von Wolfgang Rehm, Kassel etc. 1983, S. 328-339

A. Tyson, "Prussian" Quartets

Tyson, Alan: New Light on Mozart's "Prussian" Quartets, in: Mozart. Studies of the Autograph Scores, hrsg. von dems., Cambridge (Mass.)/ London 1987, S. 36-47

A. Tyson, Studies,

Tyson, Alan: Mozart. Studies of the Autograph Scores, Cambridge (Mass.)/ London 1987

H. Unverricht, Basso

Unverricht, Hubert: The Instrumentation of the Lowest Part in the Divertimento à Quattro, in: Haydn Studies. Proceedings of the International Haydn Conference, Washington D.C. 1975, hrsg. von Jens Peter Larsen, Howard Serwer, James Webster, New York 1981, S. 233-235 (mit anschl. Diskussion)

H. Unverricht, Divertimento

Unverricht, Hubert: Das Divertimento für Streicher, in: Zur Entwicklung der Kammermusik in der zweiten Hälfte des 18. Jahrhunderts. Konferenzbericht der XIII. wissenschaftlichen Arbeitstagung Blankenburg/Harz, 21. Juni bis

23. Juni 1985 (Studien zur Aufführungspraxis und Interpretation der Musik des 18. Jahrhunderts, 28), Michaelstein/ Blankenburg 1986, S. 66-71

H. Unverricht, Kontrabaß

Unverricht, Hubert: Die Beteiligung des Kontrabasses in der Triosonate und Kammermusik von 1720 bis 1770, in: Kontrabaß und Baßfunktion. Bericht über die vom 28. 8. bis 30. 8. 1984 in Innsbruck abgehaltene Fachtagung, hrsg. von Walter Salmen, Innsbruck 1986, S. 109-122

H. Unverricht, Mozart

Unverricht, Hubert: Wolfgang Amadeus Mozarts Serenaden und Divertimenti, in: Zur Entwicklung der Kammermusik in der zweiten Hälfte des 18. Jahrhunderts. Konferenzbericht der XIII. wissenschaftlichen Arbeitstagung Blankenburg/Harz, 21. Juni bis 23. Juni 1985 (Studien zur Aufführungspraxis und Interpretation der Musik des 18. Jahrhunderts, 28), Michaelstein/ Blankenburg 1986, S. 85-89

H. Unverricht, Streichtrio

Unverricht, Hubert: Geschichte des Streichtrios, Tutzing 1969

E. Valentin, Mozart

Valentin, Erich: Mozart. Wesen und Wandlung, Salzburg ^{2}1953

K. Wagner, Stadler

Wagner, Karl: Abbé Maximilian Stadler, Materialien zur Geschichte der Musik unter den oesterreichischen Regenten (A-Wn, s. n. 4310), herausgegeben und kommentiert von Karl Wagner (Schriftenreihe der Internationalen Stiftung Mozarteum, 6), Salzburg/ Kassel o. J.

J. Webster, Bass Part

Webster, James: The Bass Part in Haydn's Early String Quartets, in: The Musical Quaterly 63 (1977), S. 390-424

J. Webster, Chronology

Webster, James: The Chronology of Haydn's String Quartets, in: The Musical Quaterly 61 (1975), S. 17-46

J. Webster, Diss.

The Bass Part in Haydn's Early String Quartets and In Austrian Chamber Music, 1750-1780 (Phil. Diss., Princeton University, 1974)

J. Webster, Haydn

Webster, James: The Scoring of Haydn's Early String Quartets, in: Haydn Studies. Proceedings of the International Haydn Conference, Washington D.C. 1975, hrsg. von Jens Peter Larsen, Howard Serwer, James Webster, New York 1981, S. 235-238 (mit anschließender Diskussion)

J. Webster, History
Webster, James: Towards a History of Viennese Chamber Music in the Early Classical Period, in: Journal of the American Musicological Society 27 (1974), S. 212-247

J. Webster, Scoring
Webster, James: The Scoring of Mozart's Chamber Music for Strings, in: Festschrift Barry S. Brook. Music in the classic period, hrsg. von Allan Atlas, New York 1985, S. 259-296

J. Webster, Violoncello
Webster, James: Violoncello and Double Bass in the Chamber Music of Haydn and His Viennese Contemporaries, 1750-1780, in: Journal of the American Musicological Society 29 (1976), S. 413-438

A. Weinmann, Musikverlage
Weinmann, Alexander: Beiträge zur Geschichte des Alt-Wiener Musikverlages (II/7): Kataloge Anton Huberty und Christoph Torricella, Wien 1962

R. S. Winter, Bifocal Close
Winter, Robert S.: The Bifocal Close and the Evolution of the Viennese Classical Style, in: Journal of the American Musicological Society 42 (1989), S. 275-337

K. H. Wörner, Fugenthemen
Wörner, Karl Heinz: Über einige Fugenthemen Mozarts, in: Mozart-Jahrbuch 1954, Salzburg 1955, S. 33-53

Ch. Wolff, Fragments
Wolff, Christoph: Creative Exuberance vs. Critical Choice: Thoughts on Mozart's Quartet Fragments, in: The String Quartets of Haydn, Mozart, and Beethoven. Studies of the Autograph Manuscripts, hrsg. von Christoph Wolff, Cambridge (Mass.) 1980, S. 191-215

Ch. Wolff, String Quartets
Wolff, Christoph: The String Quartets of Haydn, Mozart, and Beethoven. Studies of the Autograph Manuscripts, Cambridge (Mass.) 1980

C. v. Wurzbach, Mozart
Wurzbach, Constantin von: Mozart-Buch, Wien 1869

WSF I (II)
Wyzewa, Théodore de und Saint-Foix, Georges de: W.-A. Mozart. Sa Vie Musicale et Son OEuvre de l'Enfance a la Pleine Maturité (1756-1777), 2 Bde., Paris 1912

N. Zaslaw, List
Zaslaw, Neal: Leopold Mozart's List of his Son's Works, in: Festschrift Barry S. Brook. Music in the classic period, hrsg. von Allan Atlas, New York 1985, S. 323-358

N. Zaslaw, Symphonies
Zaslaw, Neal: Mozart's Symphonies. Context, Performance Practice, Reception, New York 1989

H. Zehetmair, Haydn
Zehetmair, Helmut: Johann Michael Haydns Kammermusikwerke a quattro und a cinque (Phil. Diss. masch.), Innsbruck 1964

H. Zehetmair, Vorwort 1974
Zehetmair, Helmut: Vorwort zu Michael Haydn, Streichquartette (P 116, 118, 19, 120, 122, 124) (Diletto Musicale 331-336), Wien/ München 1974

H. Zehetmair, Vorwort 1980
Zehetmair, Helmut: Vorwort zu Michael Haydn, Streichquartette und Streichquartettsätze (P 121, 125, 136) (Diletto Musicale 666-668), Wien/ München 1980

G. Zuntz, op. 3
Zuntz, Günther: Die Streichquartette op. 3 von Joseph Haydn, in: Die Musikforschung 39 (1986), S. 217-239

Register (Personen und Werke Mozarts)

Gerade Ziffer = Seitenzahl, kursive Ziffer = Fußnote.
Einzelsätze erscheinen nur dann, wenn sie mehr als einmal im Text erwähnt werden. Ohne Tabellen 8, 8a, 8b.

Albrechtsberger, Johann Georg: 260
André, Carl August: 21
André, Gustav: 21
André, Jean Baptiste: 21
André, Johann Anton: 17-21, 24, 208, 271; *89, 773*
André, Johann August: 21
Artaria & Comp.: 16, 20, 24; *89*
Bach, Johann Christian: 156; *383, 384, 498, 612*
Bach, Johann Sebastian: *223, 381, 653*
Bach, Wilhelm Friedemann: *363*
Beethoven, Ludwig van: 10, 154
Bernasconi, Andrea: *149*
Boccherini, Luigi: 13, 74, 158, 163, 217, 228-232; *59, 250, 391*
- op. 2: 228-229; *577*
- op. 9: 230-231
Breitkopf & Härtel: 8-9, 17, 20, 211; *3, 33*
Cirri, Giovanni Battista: *577*
Colloredo, Hieronymus Joseph Franz de Paula Graf: *522*
Elßler, Joseph: 267
Estlinger, Joseph Richard: 244
Ferdinand, Erzherzog: 218
Firmian, Karl Joseph Graf von: 4-6, 218
Fischer, Johann Christian: *379*
Gaßmann, Florian Leopold: 7, 74, 260; *119, 202, 629*
Gemmingen-Hornberg, Otto Freiherr von: 5, 18; *15*
Gerber, Ernst Ludwig: *115*
Giardini, Felice de: *59, 577, 604*
Gleißner, Franz: 19, 208
Grasnick, Friedrich August: 21
Händel, Georg Friedrich: 147
Hagenauer, Lorenz: 222
Hasse, Johann Adolph: 157; *383*
Haydn, Joseph: 3, 10, 12-16, 48, 62, 74, 131, 140, 164, 179, 192, 194, 198, 223, 229, 237, 242-264, 290; *57,*
173, 176, 237, 250, 269, 333, 391, 411, 431, 473, 494, 528, 629, 769
- Barytontrios: *199*
- Divertimento (Hob. II: 8): *380*
- Quartette "op. 1-2" und "op. 3": 157, 234, 243, 246-247, 267; *7, 36, 205, 240, 456, 631, 667, 670, 676, 812*
- Quartette "op. 9" (Hob. III: 19-23): 207, 220, 242-243, 246-247, 250-252; *7, 36, 632, 653, 664, 665, 676*
- op. 9,1: 251, 253-254
- op. 9,2: *671*
- op. 9,3: 253; *671*
- op. 9,4: 253; *671*
- op. 9,5: 251
- op. 9,5/3: 253; *671*
- op. 9,6: 253
- Quartette "op. 17" (Hob. III: 25-30): 12, 137, 207, 220, 243-264, 268; *7, 36*
- op. 17,1: 253; *644*
- op. 17,2: 248-249
- op. 17,2/2: 252; *671*
- op. 17,3: 253, 257; *671*
- op. 17,4: 251; *671*
- op. 17,5: 253, 257; *671*
- op. 17,6: *671*
- Quartette "op. 20" (Hob. III: 31-36): 12, 92, 137, 145, 207, 220, 243-264, 268; *7, 36*
- op. 20,1: 252-253; *670*
- op. 20,2: 149, 192, 253
- op. 20,2/2: 258-259
- op. 20,2/4: 259-263
- op. 20,3: *142*
- op. 20,3/2: 252; *670*
- op. 20,4/3: 253; *671*
- op. 20,5: *141, 671*
- op. 20,5/4: 259-263
- op. 20,6: 149, 253
- op. 20,6/4: 259-263
- "op. 33" (Hob. III: 37-42): 10, 207, 247; *7, 31*

- Violoncellokonzert (Hob. VIIb: 1): *380*
- Haydn, Johann Michael: 13-14, 74-75, 207, 232-242, 269; *119, 204, 206, 250, 253, 646, 769*
- Hofstetter, Romanus: *240*
- Jommelli, Niccolo: *149*
- Landsberger, Jacob: 21
- Ligniville, Eugenio Marquis von: *349*
- Martini, Giovanni Battista (Padre): 145-147
- Mayr, Albert Michael von: 6, 218
- Mozart, Konstanze: 9, 17, 20
- Mozart, Leopold: 1-2, 4, 6-8, 17-19, 21, 23-25, 132, 147, 208, 211, 218, 222, 265, 274-275, 277, 288-289; *13, 25, 30, 33, 117, 255, 265, 308, 569, 769, 784, 787*
- Mozart, Wolfgang Amadeus
- KV 15ss: 147
- KV 20: 147
- KV 30: 98; *252*
- KV 31: 98; *252*
- KV 32: 147
- KV 33: 147
- KV 41e: 147
- KV 41f: 147
- KV 44 (73u): *349*
- KV 45: 481
- KV 48: 180; *481*
- KV 49 (47d): 147
- KV 51 (46a): 280-281, 283; *768*
- KV 55-60 (Anh. C 23.01-23.06): *41, 52*
- KV 61b: 196
- KV 61g: 196
- KV 61h: 194, 196
- KV 63: 196, 281, 284
- KV 63/3: *393, 481*
- KV 63/5: 280; *481, 768*
- KV 65 (61a): 147
- KV 66: 147
- KV 66c (Anh. 215): 180
- KV 66d (Anh. 217): 180
- KV 66e (Anh. 218): 180
- KV 73: 181; *486, 790*
- KV 73/3: 196; *481*
- KV 73i: 147
- KV 73r: 147
- KV 73w: 147
- KV 73x: 147
- KV 74: 181, 183, 277, 281; *773*

- KV 75: 181, 194, 196; *461*
- KV 79 (73d): *783*
- KV 80 (73f): 3, 5, 9, 11, 17-23, 25, 27-28, 74, 128, 155, 169, 175, 179, 181-182, 203, 208-209, 212, 218-219, 223-224, 226-227, 231, 276; *40, 250, 305, 306, 519, 553, 579, 604, 629, 711*
- KV 80 (73f)/1: 62, 68, 73, 75, 160, 190, 215, 229; *144, 153, 208, 217, 385, 391, 396, 400, 412, 440, 450, 547*
- KV 80 (73f)/2: 68, 171, 188, 213, 216, 228; *153, 385, 400, 433, 448*
- KV 80 (73f)/3: 98, 116, 125, 127-129, 178, 196; *259, 261, 272, 276, 299, 429*
- KV 80 (73f)/4: 129, 132-134, 136, 171, 174, 181, 200; *306, 307, 314, 316, 429, 434, 445*
- KV 81 (73l): *215, 773*
- KV 84 (73q): 181; *773*
- KV 85 (73s): 147
- KV 86 (73v): 147
- KV 87 (74a): 4, 157, 161-162, 276-278, 280, 288; *8, 773, 778*
- KV 89 (73k): 147
- KV 95 (73n): *486, 773*
- KV 95 (73n)/3: *215, 486*
- KV 96 (111b): *486, 545*
- KV 97 (73m): 181; *481, 486, 773*
- KV 97 (73m)/3: 196; *486*
- KV 99 (63a): 196, 284; *481*
- KV 100 (62a): 196, 280-281, 284; *768, 784*
- KV 103 (61d): 194, 196; *490, 491, 492, 791, 792*
- KV 104 (61e): 196; *491*
- KV 105 (61f): 194, 196
- KV 107/I: 98; *252*
- KV 108 (74d): 279
- KV 110 (75b): 181, 196, 281, 283
- KV 111: 5, 214, 218-219, 281; *8, 379, 541, 561, 794*
- KV 112: 181, 204, 219, 281; *486, 560*
- KV 112/1: 204; *545, 794*
- KV 112/2: *417, 481, 540, 545, 555*
- KV 112/3: 196; *417, 481, 486, 540*
- KV 113: 208, 218-219, 279; *215, 498*
- KV 114: 181, 219, 281; *379, 545*
- KV 114/3: 196, 279; *481*

- KV 117 (66a): 280; *379*
- KV 118 (74c): 283
- KV 120 (111a): 219, 279
- KV 121 (207a): *111*
- KV 122 (73t): *262*
- KV 124: 181, 213, 219; *537, 555*
- KV 124/1: 185, 279
- KV 124/3: 194-198; *417, 540*
- KV 126: *522*
- KV 128: 181, 183-185, 219
- KV 128/2: 191-192, 204, 213, 279; *798*
- KV 128/3: 199-200; *417, 540*
- KV 129: 181, 183-184, 219
- KV 129/1: 184-185, 187-189; *503, 555, 794*
- KV 129/2: *480, 503*
- KV 129/3: 199, 201; *495*
- KV 130: 181, 184, 219
- KV 130/1: 185; *503*
- KV 130/2: *475, 480*
- KV 130/3: 196-197; *489, 503*
- KV 130/4: 199; *794*
- KV 131: 196, 208, 210, 219, 281; *89*
- KV 132: 181, 184, 219, 283
- KV 132/1: 183, 185
- KV 132/2: 192; *475*
- KV 132/3: 195-197; *481, 489, 501, 503*
- KV 132/4: 199-200
- KV 133: 181, 184, 219
- KV 133/1: 185-186, 190; *501*
- KV 133/2: 186, 192; *503*
- KV 133/3: 195-197; *501*
- KV 134: 181, 184, 219
- KV 134/1: 77, 184-186, 188-190; *503*
- KV 134/2: 186, 191-192; *480*
- KV 134/3: 195-197; *493*
- KV 134/4: 201; *499*
- KV 135: 5, 159-160, 214, 219, 225; *8, 111, 149, 398*
- KV 135a (Anh. 109): *111*
- KV 136-138 (125a-125c): 3, 5, 9, 11, 15, 17, 22-23, 68, 73, 179-183, 192, 202-221, 234, 265, 272, 274, 287-288; *40, 809*
- KV 136 (125a): 212, 223, 266; *196*
- KV 136 (125a)/1: 209-210, 212-213, 215-216; *378, 398, 548, 554, 566*
- KV 136 (125a)/2: 213; *378, 536, 539, 542, 546, 548, 550, 551, 555*
- KV 136 (125a)/3: 213-214; *378, 536, 539, 542, 548, 553, 554, 566*
- KV 137 (125b): 68, 212; *566*
- KV 137 (125b)/1: 73, 190, 213; *208, 378, 536, 542, 548, 550, 553, 554, 555*
- KV 137 (125b)/2: 68; *398, 549, 555*
- KV 137 (125b)/3: 213; *539, 543, 546*
- KV 138 (125c): 212
- KV 138 (125c)/1: 213; *539, 543, 550, 554*
- KV 138 (125c)/2: 212-213; *546, 548, 550, 551, 553, 566*
- KV 138 (125c)/3: 211, 213; *536, 539, 543, 546, 566*
- KV 139 (47a): 147
- KV 141 (66b): 147
- KV 141a: 181, 183, 186, 194
- KV 143 (73a): *110*
- KV 155-160 (134a-159a): 3, 5-6, 11, 13, 17, 19-27, 42, 56, 65, 69, 72-73, 78-79, 87, 90-91, 97, 113-114, 124, 128, 130, 155, 158, 168-169, 172-173, 175, 179-184, 187, 190, 202-203, 205, 208, 212-219, 223-224, 248, 263, 265-266, 272, 274, 278, 288; *36, 40, 69, 114, 149, 579, 581, 653, 657*
- KV 155 (134a): 173, 212, 289; *25, 113, 114, 216, 503, 713, 808, 809*
- KV 155 (134a)/1: 60-61, 66, 96, 161, 167, 173-174, 183, 193, 266, 284, 286-287; *149, 162, 163, 164, 167, 172, 378, 385, 393, 398, 405, 408, 412, 434, 448, 504*
- KV 155 (134a)/2: 79-81, 85, 177, 212; *385, 397, 400, 412, 419, 442, 450*
- KV 155 (134a)/3: 132-134, 136; *313, 316, 319, 400, 412, 418, 419, 422*
- KV 156 (134b): 173, 284; *216, 808*
- KV 156 (134b)/1: 29-41, 44-45, 47, 51, 59, 62, 68, 159, 173-174, 201; *163, 164, 165, 166, 172, 286, 394, 396, 400, 405, 408, 422, 448, 451*
- KV 156 (134b)/2 [erste Fassung]: 26, 80-86, 94, 192, 237; *40, 232*
- KV 156 (134b)/2 [zweite Fassung]: 79, 83-85, 231; *385, 408, 422, 442, 450*
- KV 156 (134b)/3: 99-107, 112, 122-123, 125, 129-130, 136, 174, 178, 196, 251-252; *250, 252, 259, 261, 265, 289, 303, 336, 418, 676*

341

- **KV 157**: 212, 284; *113, 120, 216, 808*
- **KV 157/1**: 59-62, 160, 167, 173; *144, 162, 163, 165, 166, 167, 168, 169, 171, 378, 385, 395, 396, 400, 403, 405, 418, 431, 434, 446, 448*
- **KV 157/2**: 69, 75, 77, 80, 84-86, 166, 231; *224, 227, 400, 423, 431, 449, 450, 476*
- **KV 157/3**: 132-133, 136, 200; *216, 314, 316, 319, 413, 420, 439, 445, 713*
- **KV 158**: 284, 289; *809*
- **KV 158/1**: 59-62, 107-108, 173, 267, 287; *144, 164, 165, 166, 172, 230, 288, 378, 394, 405, 408, 416, 418, 421, 423, 431, 446*
- **KV 158/2**: 69, 77, 79, 85-88, 92-93, 96, 174, 213, 231; *408, 412, 418, 442*
- **KV 158/3**: 99, 105, 107-115, 126, 129-130, 136, 171, 174, 178, 196, 251; *178, 230, 232, 250, 252, 259, 261, 265, 267, 274, 278, 279, 336, 412, 416, 418, 419, 420, 422, 429, 444*
- **KV 159**: 75, 175-176, 212, 284, 287; *114, 604, 713*
- **KV 159/1**: 68, 73, 75-78, 177, 190, 231; *385, 398, 400, 412, 418, 419, 422, 429, 442, 443*
- **KV 159/2**: 48, 68-70, 77-78, 175, 231; *141, 285, 398, 408, 412, 418, 420, 421, 422, 429, 443, 446, 448*
- **KV 159/3**: 70, 132-134; *308, 315, 316, 330, 413, 418, 419, 422, 426, 439, 443, 445*
- **KV 160 (159a)**: 27, 212, 284; *114*
- **KV 160 (159a)/1**: 38-48, 51, 53, 59, 64, 156, 165-166, 176, 183, 189, 215; *149, 162, 163, 164, 168, 170, 339, 394, 395, 396, 403, 405, 408, 418, 419, 431, 446, 448, 504*
- **KV 160 (159a)/2**: 80, 89-90; *289, 408, 442, 450*
- **KV 160 (159a)/3**: 70-71, 73, 136, 231; *192, 193, 194, 195, 196, 385, 400, 412, 413, 418, 419, 422, 429, 439*
- **KV 161**: *475, 477*; siehe auch KV 141a
- **KV 162**: 181, 183, 194, 219, 281
- **KV 162/1**: 185, 190
- **KV 162/2**: 185; *477*
- **KV 162/3**: 186; *794*

- **KV 164 (130a)**: 194, 196; *491*
- **KV 165 (158a)**: *111*
- **KV 166 (159d)**: 196
- **KV 166g (Anh. 19)**: 147
- **KV 168-173**: 3, 6-7, 12-13, 16-17, 19-27, 56, 72, 78-79, 91, 116-117, 128-129, 131, 155, 158, 168-169, 172-173, 175, 179, 181, 183-184, 186, 190, 192-193, 203-206, 213, 216-217, 242-248, 250, 252, 259, 271, 284; *30, 36, 40, 72, 116, 117, 312, 544, 642, 672*
- **KV 168**: 27; *121, 684*
- **KV 168/1**: 59, 61, 64-67, 172-174, 176; *158, 174, 385, 400, 406, 408, 413, 414, 446, 451*
- **KV 168/2**: 91-94, 174-175; *410, 442*
- **KV 168/3**: 117-118, 124-126, 178, 196, 253, 257; *259, 261, 267, 276, 295, 301, 417, 437, 444,*
- **KV 168/4**: 27, 136-137, 145-154, 164, 247, 260-263; *422*
- **KV 169**: 137; *684*
- **KV 169/1**: 43-48, 50-51, 53-55, 58, 60-61, 64-67, 161, 172, 174; *378, 385, 399, 400, 406, 408, 410, 422, 428*
- **KV 169/2**: 94-96, 164, 177, 193; *229, 398, 407, 408, 417, 436*
- **KV 169/3**: 118-119, 125-126, 174, 178, 196, 252; *259, 261, 295, 399, 414, 429, 437, 493*
- **KV 169/4**: 132-134, 171; *308, 311, 316, 417, 445*
- **KV 170**: 56; *83, 684*
- **KV 170/1**: 27, 62, 137-141, 190, 247, 252; *320, 407, 408, 414, 426*
- **KV 170/2**: 107, 116, 119-121, 126, 130-131, 174, 176, 178, 196, 252, 254; *259, 261, 295, 297, 301, 414, 423, 444*
- **KV 170/3**: 94-96, 161, 164; *400, 408, 432*
- **KV 170/4**: 132-134, 169, 175, 177; *308, 315, 316, 317, 385, 403, 417, 421, 422, 429*
- **KV 171**: 56; *684, 686*
- **KV 171/1**: 27, 62, 137, 141-145, 162, 166, 174, 190, 247, 252, 258-259; *230, 378, 400, 407, 410, 414, 417, 423*
- **KV 171/2**: 121-123, 125, 127-131, 174, 196, 252, 257; *231, 235, 259, 261, 294, 416, 417, 437*

- KV 171/3: 75, 91-94, 172, 174, 176, 178; *403, 442, 450*
- KV 171/4: 70-73, 136, 175, 177; *189, 190, 192, 193, 194, 195, 197, 198, 400, 410, 414, 421, 422, 425, 439*
- KV 172: 137; *30, 117*
- KV 172/1: 59-61, 66-67, 171; *400, 407, 410, 414, 417, 431*
- KV 172/2: 94-96, 164, 175; *400, 407, 408, 442, 449, 450*
- KV 172/3: 122-125, 127-130, 173-174, 178, 196, 252; *235, 259, 261, 267, 268, 289, 400, 407, 429, 437*
- KV 172/4: 70-73, 136, 177; *188, 192, 193, 194, 197, 198, 378, 400, 407, 410, 414, 417, 422, 429, 446*
- KV 173: 27, 48; *30, 69, 84, 117, 121, 140, 479, 686*
- KV 173/1: 48-55, 58, 61-62, 65-67, 69, 170, 174-176, 186; *400, 403, 406, 408, 421, 422, 446*
- KV 173/2: 78, 132, 135-136, 138, 171, 191; *69, 312, 403, 407, 417, 421, 476*
- KV 173/3: 122, 125-126, 196, 252, 255-258; *141, 259, 260, 261, 336, 378, 400, 408, 410, 414, 422, 423, 437, 452, 678*
- KV 173/4 [erste Fassung]: 26, 150-151; *116*
- KV 173/4 [zweite Fassung]: 27, 69, 136-137, 145-147, 150-154, 164, 247, 260-263, 271; *186*
- KV 174: 5, 17-18, 129, 196; *379*
- KV 176: 196; *111, 491, 493*
- KV 179 (189a): 5; *379*
- KV 181 (162b): 181, 183, 186, 194, 219, 281
- KV 181 (162b)/1: 185-186, 190
- KV 181 (162b)/2: 185-186; *475, 477*
- KV 181 (162b)/3: 199-200; *497, 499*
- KV 182 (173dA): 181, 186, 281; *479*
- KV 182 (173dA)/2: 191-192, 205
- KV 183 (173dB): 181, 189, 199, 201, 203, 281; *474, 476*
- KV 183 (173dB)/3: 195-197
- KV 184 (161a): 181, 183, 186, 194, 219, 281; *499*
- KV 184 (161a)/1: 185-186, 190; *769, 784, 787*
- KV 184 (161a)/2: 185-186, 192; *476, 479, 538*

- KV 185 (167a): 196, 281, 284; *798*
- KV 186 (159b): 196, 219; *111*
- KV 187 (Anh. C 17.12): 21
- KV 190 (186E): 281
- KV 199 (161b): 181, 183, 194, 281; *483*
- KV 199 (161b)/1: 186, 190; *788*
- KV 199 (161b)/2: 186, 192-193; *480*
- KV 199 (161b)/3: 186, 192, 199, 201
- KV 200 (189k): 181, 199, 201, 203; *482*
- KV 200 (189k)/1: 184-185
- KV 200 (189k)/2: 192, 205
- KV 200 (189k)/3: 195-197; *481, 501*
- KV 201 (186a): 181, 189, 192, 201, 203
- KV 201 (186a)/3: 196-197
- KV 202 (186b): 180-182
- KV 202 (186b)/2: 191, 193-194; *538*
- KV 202 (186b)/3: 196-197; *481*
- KV 202 (186b)/4: 201; *500*
- KV 203 (189b): 196, 279, 281; *798*
- KV 204 (213a): 281
- KV 205 (167A): 196, 273, 278
- KV 207: *80*
- KV 208: *215*
- KV 211: *80*
- KV 215 (213b): 281
- KV 216: *80*
- KV 218: *80, 309*
- KV 219: *252, 309*
- KV 222 (205a): 147
- KV 223 (166e): 147
- KV 239: 284; *253, 789*
- KV 242: *252*
- KV 246: *252*
- KV 247: 17, 21-22; *82*
- KV 247/6: 271; *805*
- KV 250 (248b): 284
- KV 251: 284; *320*
- KV 251/1: 271; *805*
- KV 254: 17-18, 21, 285; *82, 98, 252*
- KV 261: *111*
- KV 281 (189f): *309*
- KV 282 (189g): *253*
- KV 285: 21-22, 284; *30, 240*
- KV 285a: *30, 252*
- KV 287 (271H): 17, 21-22, 271; *82*
- KV 297 (300a): 180
- KV 298: 285
- KV 299 (297c): *790*

343

- KV 304 (300c): *252*
- KV 306 (300l): *215*
- KV 311 (284c): *309*
- KV 313 (293c): *252*
- KV 315g: *111*
- KV 319: *790*
- KV 322 (296a): 147
- KV 358 (186c): *379*
- KV 366: *789*
- KV 370 (368b): 284
- KV 375: *231*
- KV 375g (Anh. 41): 147
- KV 377 (374e): *252*
- KV 385: *149, 497*
- KV 387, 421 (417b), 428 (421b), 458, 464, 465: 1, 2, 4, 14, 16, 273, 285; *31, 647, 800*
- KV 387: 266
- KV 401 (375e): 147
- KV 404a: *363*
- KV 413 (387a): 273, 285-286; *252*
- KV 414 (385p): 273, 285-286
- KV 415 (387b): 273, 285-286
- KV 417B: 147
- KV 421 (417b): *379*
- KV 428 (421b): *231*
- KV 439b: 207
- KV 447: *231*
- KV 464: *770, 800*
- KV 465: *395*
- KV 478: *379*
- KV 481: *231*
- KV 485: 156
- KV 493: *231*
- KV 498: *253, 379*
- KV 499: 14; *31*
- KV 504: 183
- KV 511: *308, 309*
- KV 515: *272*
- KV 516: *309*
- KV 525: 287; *308*
- KV 527: *676*
- KV 543: *231*
- KV 550: *476*
- KV 563: *231, 516*
- KV 575, 589, 590: 14, 273; *31*
- KV 575: 272-273
- KV 588: *231*
- KV 593: 229
- KV 594: *332*
- KV 608: *231*
- KV 614: *800*
- KV 626b/28: *98*
- KV 626b/36, 44 etc.: 147
- KV Anh. 210-213 (C 20.01-20.04): siehe Schuster, Joseph
- KV Anh. A 17: *349*
- KV Anh. A 32: 147
- KV Anh. A 33: 147
- KV Anh. A 61: 147
- KV Anh. A 62: 147
- KV^6 deest, "Cornell"-Blatt: *349*
- KV^6 deest, Abschrift Händel: 147
- KV^6 deest, Londoner Notenbuch: 147
- KV^6 deest, Fragment E-dur: *644*
- KV^6 deest, Rätselkanons: 147

Nardini, Pietro: *577*
Niemetschek, Franz Xaver: 9
Nissen, Georg Nikolaus: 9, 17, 24, 208; *78, 92*
Pleyel, Ignaz: 24
Quantz, Johann Joachim: *306*
Reichardt, Johann Friedrich: 136
Rochlitz, Friedrich: 245
Sacchini, Antonio Maria Gaspare: *149*
Sammartini, Giovanni Battista: 4, 11-13, 74-75, 97, 224-228; *13, 57, 209, 250, 431*
Schrattenbach, Sigismund von: *522*
Schubert, Franz: *119, 221, 363*
Schuster, Joseph: *41, 253*
Sonnleithner, Christoph von: *745*
Stadler, Abbé Maximilian: 24, 271, 273; *115*
Tartini, Giuseppe: 224
Torricella, Christoph: 16-17, 20; *67, 69*
Valentini, Giuseppe: *596*
Wagener, Richard: 21
Ziegler, Leonhard: *92*